汉学
大系
丛书

·上卷·

神话之魅

中国古代神话图像研究

朱存明 等著

生活·讀書·新知 三联书店

图书在版编目（CIP）数据

神话之魅：中国古代神话图像研究 / 朱存明等著
. — 北京：生活·读书·新知三联书店，2021.3
（汉学大系）
ISBN 978−7−108−06451−6

Ⅰ．①神… Ⅱ．①朱… Ⅲ．①神话−研究−中国−古
代 Ⅳ．①B932.2

中国版本图书馆CIP数据核字(2019)第010540号

责任编辑　成　华
封面设计　米　兰
责任印制　黄雪明
出版发行　生活·讀書·新知 三联书店
　　　　　（北京市东城区美术馆东街22号）
邮　　编　100010
印　　刷　常熟高专印刷有限公司
排　　版　南京前锦排版服务有限公司
版　　次　2021年3月第1版
　　　　　2021年3月第1次印刷
开　　本　720毫米×965毫米　1/16　印张　44
字　　数　624千字
定　　价　148.00元

"汉学大系"总序

世界总是在不断地变化。历史上,有些文明消失了,有些文明则不断壮大,逐步形成了现代世界的格局。进入 21 世纪,世界格局面临新的调整。美国人塞缪尔·亨廷顿的《文明的冲突与世界秩序的重建》认为,不同文明的冲突将导致未来社会的对抗。这个观点值得警惕,也值得研究。做好中国自己的事,勇敢面对挑战是我们面临的任务。

中国文明发展了几千年,历史上曾经有过自己的辉煌,但是清朝后期,由于没有科学民主的现代理念,曾经落后挨打,令多少志士仁人痛心疾首。新中国成立后,经过一个甲子年的现代发展,中国又迎来了一个快速崛起的历史新时期。

中国文化现代性的发展,一方面要学习国外的先进经验,促进科学技术的发展与社会的进步;另一方面要不断回溯历史,在历史的记忆中寻求民族之根。当今世界的寻根与怀旧实际上都有现实的基础,它是民族凝聚力的根源。在回溯历史的新的阐释中,一个新的历史轴心期即将来临。

编纂"汉学大系"丛书就是为了探求中华文化的历史起源、学术源流、基因谱系、思维模式、道德价值等,为实现中华文化的历史复兴奠定基础。

"汉学",是一个历史的概念,因时间与空间的不同而发生变化。究其变化之因,皆因对"汉"字的理解与运用不同所致。"汉"字既可指汉代,也可指汉族,还可以作为中华民族的代称。"汉文化"可以指两汉文化,也可以代指中国传统文化。所以"汉学"一词在不同的语境中有不同的内涵,可以指两汉的学术文化,可以指清代的汉学流派,也可以指中国及海外关于中国文化的研究。具体来看,汉学研究范围以经学为中心,而衍及小学、音韵、史学、天算、水地、典章制度、金石、校勘、辑佚等,引证取材多集于两汉。"汉学"一词在南宋就已出现,专指两汉时期的学术思想。清朝汉学有复兴之势,江藩著《汉学师承记》,自居为汉学宗传。汉学又称"朴学",意为朴质之学。"朴学"重考据,推崇汉儒朴实学风,反对宋儒空谈义理。现代"汉学"或称作"中国学",自 20 世纪 80 年代以来,或称"海外汉学",是国外的学者对有关中国方方面面进行研究的一门学科。

梁启超在《清代学术概论》中提出清代汉学的复兴是对当时理学思潮的反动,其学术动力就来源于复汉之古;钱穆在《清儒学案》中认为,汉学的兴起是继承与发展传统的结果;侯外庐在《中国思想通史》等著作中认为,清代汉学思想的发展动力是"早期启蒙思想"。

在国外,相关的研究称为 Sinology(汉学),有的称为 Chinese Studies(中国学)。Sinology 或 Chinese Studies 是国外研究中国的学术总称,它们具有跨学科、跨文化的特征,反映着世界范围内的学术变化及学术发展趋势。

在西方,主要是欧洲,严格意义上的汉学研究已经有 400 多年的历史。这一学科的形成,表明了中国文化所具有的世界历史性意义。从汉学发展的历史和研究成果看,其研究对象不仅仅是中国汉民族的历史和文化,它实际上是研究包括中国少数民族历史和文化的整个中国的学问。由于汉民族是中华民族的主体,而且汉学最初发轫于汉语文领域,因而学术界一直将汉学的名称沿用下来。汉学只是一个命名方式,丝毫没有轻视中国其他民族的含义。经过几百年的发展,西方汉学已经形成三大地域,就是美国汉学、欧洲汉学和东亚汉学。

21 世纪以来,随着全球一体化的进程,国内外汉学的研究,又形成了一个热潮。在新的历史条件下,中国学术界也需要发出自己的呼声。海外汉学与中国本土学术只有进行跨文化对话,才能洞悉中国文化的深层奥秘;中国学人向世界敞开自己,才能进一步激活古老的传统和思想的底蕴。

因此，汉学是继承先秦诸子文化在汉代统一性国家建立基础上形成的中华民族的学术。"汉学"的研究中心是以中华民族统一性的价值观为主体，以汉语言为基础，以汉字为符号载体的文化共同体。汉文化是融合了不同民族、不同区域文化而形成的一个文化统一体。从人类文明发展史来看，这个文化与基督教文化、佛教文化、伊斯兰教文化有着不同的发展模式与价值体系。"汉学"作为中国传统学术流派的称谓，常常与"国学""经学"相混，也有人赋予"汉学"以新内涵，将国内的中国学研究也称为"汉学"，这可以称为"新汉学"。汉民族是历史上多民族长期交流融合的结果，历史上形成的汉语、汉字及独特的汉文化对中国文明以至世界文明都产生了巨大影响。汉学就是对建立在汉语、汉字、汉文化基础之上的中华民族的学术传统的学理性探讨。

中华文化在历史上就对世界产生过影响，中外文化交流一直是世界历史的一部分，16世纪以来，中华文化进一步引起了西方的注意，西方汉学研究也随之兴起。西方人的汉学研究是基于他们的文化立场，研究虽然取得了一些成果，但是也有一些误读。目前，时代赋予了我们新的历史使命，本课题就是基于目前中国的现实需要对"汉学"学术内涵进行的基础研究。

由于历史原因，一段时间内汉学研究在国外得到发展，国内研究反而滞后，国内外有些研究机构因此把汉学仅仅看成外国人对中国的研究，这无疑缩小了汉学的视域。西方有些国家从自身战略利益出发，正在通过各种渠道争夺中国的学术资源。今天我们有责任对民族文化进行深入系统的研究，为中华民族的现代复兴打下深刻的话语基础。文化是一个民族生存的基础，保护民族文化基因就是我们面临的一个重要的历史任务。

"汉学大系"丛书的编纂意在促进汉学的历史回归，它既是对汉学内涵的理论建构，也是对汉文化研究成果的学术汇编；既是对"国学"基因谱系的深度描述与重新阐释，也是对国外汉学研究历史的重新定位，更是在新的历史形势下对中国传统文化价值进行的一次新发掘。

目前中国的发展到了一个历史的转折点。过去我们大量翻译了西方的学术著作，促进了中国对国外的了解，也给新中国的建设奠定了基础；但是，长期以来，我们对传统文化否定破坏的多，肯定继承的少，中国传统学术在西学的影响下逐渐式微。现在中国面临一个新的发展机遇,就像西方的文艺复兴时代回归古希腊罗马文明一样,中国新的历史复兴将在恢复传统文化的基础上,指向科学民主繁荣昌盛的未来。

"汉学大系"丛书是关于汉文化学术成果的集约创新,既是对"汉学"内容的研究,又是对"汉学"内容的确定;既有深入的学术探讨,又有普泛性的知识体系;既有现代性的学科划分与学术视野,又有现代性的学术理念与学术规范。"汉学大系"旨在恢复汉代经学的原典传统,对经典进行现代性的阐释,从经学原著中深入挖掘对现代社会普遍有效的思想资源;明确中国汉学的智慧传统,为中国文化的复兴寻找历史的深度;以汉代汉学为正统,以清代朴学与海外汉学为两翼,深入探讨汉文化之源。

丛书将对汉学的内涵进行发掘、整理、探讨。将汉学历史的考据与研究同步进行;经典阐释与主题研究并重;历史的考据与新出土的文物相互发明;古典文献与出土简牍对应解读。以汉代的现实生活与原典为基础,兼及汉代以后的发展,参以海外汉学的不同阐释,通过比较来探讨汉学的真正内涵,寻求中华文化的话语模式,进而形成自己的话语权。同时,发掘中国的智慧,促进新观念的变革,促进社会进步,最终实现大同世界的美梦。

朱存明

2014 年 7 月 8 日

上卷　目录

导语

　　人类的存在需要一个陈述来确定，这个陈述最早的形式只能是神话。神话陈述的是祖先英雄的冒险故事、大自然无穷创造力的来源、对万事万物的神话解释、道德谱系的神灵描述等等。

　　神话的陈述又是一个信仰系统，是一个原始人对自己所处社会和生活与人生的"灵性化"创造；同时也是一个元知识解释系统，人类在自然宇宙中的生存智慧靠神话的陈述来传达给下一代；神话的陈述又是一个诸种关系确定的神性依据，国王的权力、祖辈的威望、社会的构成、伦理的规范都靠神性的"魅力"来完成。

　　中国文化的大传统就来源于神话时代的意识，它已构成民族文化的"文化基因"，在不断轮回的朝代中彰显。

　　今天的中国是在古老的国家基础上形成的。史前的古老部落，终于在一个统一的国家观念下形成了文化的统一体。远古的"万物有灵"充满"精魅"的世界渐行渐远，一个科学的新世界已经开启。世界在逐渐的"去魅"下而世俗化，众神的退隐使世界面临新的世俗狂欢化的社会转型，诸神被"放逐"，使"神"退居到"奥林匹斯山"或"昆仑山"上俯瞰现世人的种种表演。在一个没有诸神的世界里，人的欲望在恶性膨胀，肉体的享乐成为唯一可信的东西。

　　世界既存在于我们的意识之外，又存在于我们的观看之中，我们用语言来描述这样一个世界，这就奠定了文学的基础；我们用造型图像来形象直觉地表现这个世界，这便是艺术的基础。因此，神话研究除了研究语言陈述的神话故事与传说外，还应该包括"雕文刻画"中的图像。

西方人说太初有言，语言陈述处，万物复显现；言说之处，便是众神诞生之所。

此书，正发端于这样一种看法。中国除了一部部文字记载的历史外，还有一个图像描述的世界。从神话时代到后现代社会，从原始的岩画刻画到现代的数码成像，神话时代的中国，留下了诸神的身影。

汉画像艺术，便是这一图像世界的典型代表。汉代在中国民族统一性精神形成的同时也在汉代人想象的神仙世界的营造中，刻下了源于中国先秦时期最古老的图像呈现的智慧。

本书就是在汉画像图像中寻求神话时代民族文化的大传统、集体无意识的原型意象，借以展示中国文化神话陈述之魅的图像特征。

走进神话的图像世界，用生命去感受神圣的世界，用身心去体验瞬间的感动。

世俗的欢娱刹那就转为空幻，神话的魅力则使我们体验永恒。

本课题是对中国古神话在汉画像中的表现进行的探讨。

自从神话学产生以来，对中国古代神话的研究一直是学术研究中最活跃的问题之一，但是，犹如扑朔迷离的谜语一样，中国古神话的真实面目仍然没有被现代学术完全认识。中国古神话素来以散在、无系统而被言说。神话作为语言资料，当然保存着最古老的人类智慧，只是这种智慧与今天的科学理性有极大的不同。神话一般被视为关于神圣的传奇的故事，或者说神话就是神圣的话语模式。由于语言是人类把握世界的工具，因此可以说了解了语言的秘密才能了解神话的秘密。

语言首先是一个语音系统，这个语音系统当然指代一个现实的世界或者一个想象的世界，但是语音与现实的关系是一个不在场的形而上学。古代的语音绝对是真实的，但是现在它是不在场的。神话首先是口传的，但是随着神圣宣讲的仪式的消失它就消失了。留下的只是书写的文字，文字已经不是声音，而是符号。关于语言的产生与对世界的命名方式，我们知之甚少。在传统的神话研究中，我们总是从文字出发，企图阐释古老神话的内涵。但是对于没有文字记载的时代我们靠什么样的方式来了解呢？

一般认为文字来源于图画，有些文字本身就是由图画演变来的。所以对于人类的视觉而言，图像比文字来得更具有本源性。世界本来就以形象的形式呈现在人类的观看中，中国古老的书籍被称为"图书"，先秦有一部分书是图文并茂的，《山海经》有的篇章就来源于图像的说明，楚墓出土的帛书《月令》是一个偶然中的必然。这里就产生一个与语言同样重要的问题——"图像"问题。在史前考古学的研究中，由于没有文字记载，实际上我们的研究只能是"图像学"的，即对出土的文物的形象及其情景进行阐释。美术考古、艺术考古学的世纪兴盛，也说明这个问题的意义已经受到愈来愈多方面的重视。

现在的问题是，神话可以用图像表达吗？回答当然是可以的。中国的原始彩陶、石器与玉器的造型与纹饰，青铜器的装饰纹样，原始的岩画，等等，实际上都有中国古老神话的背景。我们对神话的研究之所以显得不够深入，是因为我们仅仅按照现代人的知识系统来看待它，无意中把它理性化了。我们过于依赖文献而轻视了图像。

汉画像是中国历史上保存古代社会图像最真实、最丰富、最神秘的艺术形式之一。汉画像形象地再现了汉代及汉代以前的社会生活、神话信仰。在视觉文化、图像理论兴起的今天，采用文献与图像的比较研究来分析中国古神话在汉画像中的表现便十分有意义。

一、神话的理解

神话是人类童年时代幻想的诗，是人类原始的集体无意识奇幻的梦。童年的诗带着天真幼稚的野趣，是人类企图对世界的掌握，表现了人类理想的追求。集体无意识的梦，带有信仰的痕迹和迷离的情感。

世界上各民族在它们的童年时代都创造过瑰丽的神话，神话是人类最早掌握世界的方式，神话是原始人的世界观、方法论，也是原始人的思维方式。只要有人类的地方，就有神话。神话是一种宗教，一种崇拜，一种信念，一种理想，一种风俗与习惯的组成部分，一种道德、科学和社会的结构模式。人类学、宗教学、考古学的发展，已经对原始神话与宗教的思维形式进行了研究。泰勒曾提出原始人的"万物有灵观"[1]；列维－布留尔提出原始人受"互渗律"支配的"原始思维"的特征[2]；维柯则把处在神话时代的人的思想称为"诗性的智慧"。

神话总包含着一个解释系统，要在超现实的神灵观念上叙述宇宙的起源、人类的起源、制度及事物的起源，向原始人传达的是一种原始的知识。神话要叙述民族英雄的丰功伟绩，讲述文化英雄的伟大创造。神话和仪式是史前人类加强集体秩序、维护首领权威、对氏族成员进行情感教育的一种手段。

神话以其神秘的混融性引起了许多研究者的兴趣，他们倾注了空前的好奇心，人们相信，一旦神话的根柢被揭示出来，必将给宗教、哲学、美学、艺术等几乎所有的人文学科带来根本性的改变。

古代神话，包容为数众多的有关神祇和英雄的故事，涉及宇宙的形成和演化、人的由来以及文明的创始。种种古老的神话外在的形式有许多差异，但内在的原型结构则有许多相同、相似或相通的地方。美国神话学家塞·诺·克雷默（Samuel Noah Kramer）说：

> 有些人把神话视为平淡乏味、纯属信仰范畴的故事，视为因其理智的精神的内涵而令人无法卒读之作，亦即产生于无所约束的虚构以及诡谲的幻想之作。而学者们的观点则截然不同。他们认为：古代人的神话是人类精神最深刻的成就之一，是天才创作智慧所产生的充满灵感之作，——这种创作智慧，未被学术界那种盛极一时的、执着于所谓分析思维的态度所损，因而为深邃的宇宙领悟开了方便之门（而诸如此类领悟，当时的善于思考者则因其抑制性的释义以及呆滞、僵化的逻辑而不可企及）。[3]

---

[1] [英] 爱德华·泰勒著，连树声译，《原始文化——神话、哲学、宗教、语言、艺术和习俗发展之研究》（重译本），桂林：广西师范大学出版社 2005 年版，第 1 页。

[2] [法] 列维－布留尔著，丁由译，《原始思维》，北京：商务印书馆 1985 年版，第 62 页。

[3] [美] 塞·诺·克雷默著，魏庆征译，《世界古代神话》英文版序言，北京：华夏出版社 1989 年版，第 3 页。

在神话混融性的思维中，可以分析出神话两方面的功能。第一是现实的、世俗方面的根源，因为神话谈的是这种或那种事物的现象，并用这种或那种方式解释其起源，正是基于此，有些神话便被解释为是自然力和社会形式本身；神话中的神灵，不过是历史上国王、酋长、巫师们死后被神化的结果。第二是超现实的、神圣方面的根源，因为神话总是叙述超现实的神灵的种种异行，表现的是超自然存在所构成的世界，叙述的是人类想象的历史，自然力和社会形式都被灵化了。因此神话一头连着现实，一头伸向超现实，于是出现了迥然相异的神话学理论。神话无疑是虚构的，但它是一种无意识的虚构，是原始灵感思维的必然产物。在这种虚构中，隐匿着神话世界的客观中心。

对神话的理解，应该从认识神话的特征入手。卡西尔在其著作《神话思维》《语言与神话》等著作中，对神话的产生进行了独特的探讨。他认为应从民族幻想的功能和结构形态出发来探讨神话。因为世界被认识是在形成过程中，而不是在其物的规定中。他设定神话的"客观性"并非取决于"客体"本身，而是取决于客观化手法，世界神话模式的演化历程可与世界的科学构想之逻辑起源相比拟。卡西尔认为，神话中的人的"界限"是变幻不定的，人们与其通过奇幻途径所施之于的那些现实成分构成统一体。朦胧的、有生命者同一之感，转化为尤为特殊的、与某些动物和植物物种具有亲缘之感，而体态的差异则成为"面具和服饰"。纯属人的意识发展迟缓，就外观而论，它表现为神祇的人化和英雄的神化。[1]

神话是原始人灵感思维的必然产物，灵感中的灵力、灵魂、祖灵、神灵的相互交感，构成了神话赖以生成的原始哲学基础。原始人在这种交感思维中，把一切自然的、社会的力量都加以灵性化，从而产生一个灵性系统，通过叙述神灵们的故事，进而巩固了原始人的集体无意识领域，神话的阐释系统，讲明了宇宙起源、人类起源与文化起源的超现实的存在。神话与一定的宗教、仪式及图腾崇拜、祖先崇拜相适应，增加了它的社会功

---

[1] ［德］恩斯特·卡西尔著，甘阳译，《人论》，上海：上海译文出版社 1986 年版，第 94 页。

能价值。在巫术的操作过程中，必有神话的叙述，神话成了巫术魔力的证明；与图腾崇拜行为相适应的必然有图腾神话的讲述，以此来巩固图腾信仰的神圣。宗教与神话在其起源及初期发展中几乎是不分的。宗教就意味着与超现实神灵的沟通而产生灵感效应，借以支配不可捉摸的自然之力和社会之力；神话则记载了宗教崇拜所幻想出的神的一切超现实的能力。当然，在神话中，蕴含着一个解释系统，原始人智力发展到一定的程度，就要求对世界的本源及特征做出起源性的说明，神话就满足了原始人的这种要求。这种解释就必然是灵性的和神性的。正是基于此，神话才成了科学的母胎。神话即人类最初的智慧，因为智慧一词的最初意义就是通过占卜星象等来与各种神灵产生灵感。[1]

二、神话与汉画

神话的产生是古老的事情，对神话的理解是神话学产生以后的事情。中国神话学已经有一百余年的发展历程，取得了辉煌的成果。[2] 古老神话的片段已经从浩瀚的文献中选择出来，并被连缀在一起，企图叙述一个古老的神话史诗，并对各个神话的细枝末节进行推敲，在一个宏大的体系内，对它进行文化的阐述。[3] 有关中国神话的著作已有许多，它们研究的着力点有所不同。有的偏重资料的收集与注释[4]，有的偏重单个神话的考据，有的侧重神话的考古[5]，有的侧重其哲学内涵的阐述[6]。有些学者企图

[1] 朱存明，《灵感思维与原始文化》，上海：学林出版社 1995 年版，第 146 页。
[2] 参见潜明兹《中国神话学》（银川：宁夏人民出版社 1994 年版）、袁珂《中国神话史》（上海：上海文艺出版社 1988 年版）。
[3] 袁珂，《中国古代神话》，北京：中华书局 1960 年版。
[4] 袁珂，《中国神话资料选》，成都：四川社会科学院出版社 1985 年版；《古神话选释》，北京：人民文学出版社 1979 年版。徐志平，《中国古代神话选注》，台北：里仁书局 2006 年版。
[5] 陆思贤，《神话考古》，北京：文物出版社 1995 年版。
[6] 叶舒宪，《中国神话哲学》，北京：中国社会科学出版社 1992 年版。

恢复中国神话真实的全貌，取得了许多学术成果。[1]

中国古神话是华夏民族灵性信仰的神圣图画，中国神话叙述的是天地、自然的神奇创造，万事万物的创生，古老部落的氏族图腾，远古英雄的神奇故事，神话可以证明古老巫术的神秘魔力，中国的古神话与中国原始宗教崇拜密不可分。神话从来就不是单纯的叙事故事，总有宗教的、智力的、伦理的、仪式的、审美的要素混融其中。中国神话作为某种混融的统一体，不仅孕育着中国宗教和最古老的哲学观念的胚胎，而且孕育着中国口头艺术的胚胎。

根据神话学者对神话的复原研究，我们可以列出中国古神话的主要分类与母题：创世神话、自然神话、感生神话、战争神话、变形神话、文化英雄神话（采用徐志平的分类说[2]）。具体被收入研究的神话个案有：女娲神话、伏羲神话、日月神话、图腾神话、洪水神话、盘古神话、黄帝与炎帝神话、西王母神话、尧与舜神话、鲧与禹神话。在这些神话文本的具体叙事时，又有一些细节性的神话因素与次要的人物或神物。

传统上对神话的研究，最发达的是在文学研究领域。神话一直以来都被认为是一种"文学"，研究方法主要也是靠文字的、文献的阐释。因为在中国历史上现代考古学出现以前，神话文物不易被发现，更谈不上研究了。没有照相、摄影、数码等图像复制的技术，古代图像研究当然也无从深入。例如中国宋代就出现了金石学，研究者们的著录很少对图像感兴趣。这是当时的技术条件决定的。当神话学遭遇现代考古学积累的资料后，神话学的研究当面临一场研究方法的变革或者转型。[3] 其实，中国老一代的神话学者，也注意到了神话与汉画像的联系，如鲁迅生前就广泛收集汉画像石拓片；闻一多写的《伏羲考》就采用了汉画像石中的材料。

在中国，随着考古学的发展，汉画像的研究也逐渐形成了高潮，不仅

[1] 王孝廉，《中国的神话世界》，台北：洪叶文化事业有限公司 2006 年版；锺宗宪，《中国神话的基础研究》，台北：洪叶文化事业有限公司 2006 年版；关永中，《神话与时间》，台北：台湾学生书局 2007 年版。
[2] 徐志平，《中国古代神话选注》，台北：里仁书局 2006 年版。
[3] 锺宗宪，《中国神话的基础研究》，台北：洪叶文化事业有限公司 2006 年版，第 438 页。

在 1989 年成立了全国汉画研究会，而且迄今已召开了 15 届年会与国际性的讨论会，取得了不少研究成果。如 2000 年就出版了信立祥的《汉代画像石综合研究》[1]、李凇的《论汉代艺术中的西王母图像》[2] 等著作。国外学者也对汉画像进行了许多研究。在日本，就出版有多种研究汉画像中神话问题的著作。如林巳奈夫的《汉代的鬼神世界》（1974）、曾布川宽的《昆仑山与升仙图》（1979）、佐原康夫的《汉代祠堂画像考》（1991）等。英国汉学家鲁惟一在其著作《汉代的信仰、神话和理性》中，也运用了汉画像的资料。[3] 学者巫鸿 1989 年在美国用英文发表了《武梁祠研究：中国古代画像艺术的思想性》，在美国引起学者对汉画像艺术的兴趣。巫鸿先生对汉代汉画像艺术的典型代表"武梁祠"的研究，开辟了一个方向，我们在他的著作中已经看到"图像学"方法的运用对解读中国古老的神话的启示。[4] 国内近年通过汉画像研究与神话有关问题的著作有了很大的发展，限于论文的篇幅，我们仅仅列一书目。[5]

实际上，这方面的工作还有待更深入的探讨。锺宗宪教授认为："其实我们可以从五个方面来诠释汉画像石的文化意义：第一，以功能性的角度来观察汉画像石的用途，进而解释其神话意涵。第二，先观其整体，后观其特殊单元形象来进行解释。第三，结合文献记载来呼应汉画像石的图像意义。第四，从文化背景上进行说明。第五，从神话中神的造像来对比

[1] 信立祥，《汉代画像石综合研究》，北京：文物出版社 2000 年版。
[2] 李凇，《论汉代艺术中的西王母图像》，长沙：湖南教育出版社 2000 年版。
[3] ［英］鲁惟一，《汉代的信仰、神话和理性》，北京：北京大学出版社 2009 年版。
[4] ［美］巫鸿著，柳扬、岑河译，《武梁祠：中国古代画像艺术的思想性》，北京：生活·读书·新知三联书店 2006 年版，第 125 页。
[5] 罗二虎，《汉代汉画像石棺》，成都：巴蜀书社 2002 年版；中国汉画学会：《中国汉画学会第九届年会论文集》，北京：中国社会出版社 2004 年版；张从军《黄河下游的汉画像石艺术》，济南：齐鲁书社 2004 年版；中国汉画学会、北京大学汉画研究所，《中国汉画研究》，桂林：广西师范大学出版社 2004 年版；李立，《汉墓神画研究》，上海：上海古籍出版社 2004 年版；周学鹰，《解读汉画像砖石中的汉代文化》，北京：中华书局 2005 年版；朱存明，《汉画像的象征世界》，北京：人民文学出版社 2005 年版；张道一，《汉画故事》，重庆：重庆大学出版社 2006 年版；杨爱国，《幽明两界：纪年汉画像石研究》，西安：陕西人民美术出版社 2006 年版；朱存明，《图像生存——汉画像田野考察散记》，桂林：广西人民出版社 2007 年版；李宏，《永恒的生命力量：汉代画像石刻艺术研究》，台北：历史博物馆 2007 年版；黄佩贤，《汉代墓室壁画研究》，北京：文物出版社 2008 年版。

汉画像石的图像而进行阐释。"

我们认为汉民族不仅有一部文字记载的历史，而且还有一个图像呈现的世界。汉画像的许多图像，在中国文化中有着神话-原型的意义。不少图像与神话密切相关，古老的神灵在汉画像石中得到形象的描绘，或简化为抽象的符号。汉画像石中不少怪异的图像可以追溯到神话巫术的时代。从内容上看，汉画像中的许多图像来源于中国古老的神话传说、图腾崇拜与民俗信仰；从形式上看，汉画像的一些表现形式，在先秦的雕刻、装饰纹饰、祠堂壁画中可以找到其渊源。在视觉文化日益成为重要话题的今天，我们对中国古代神话在汉画像中的表现进行探讨，以便从一个新的角度重新审视汉民族文化精神是很有意义的。

中国的主体民族是汉族，它是由古代华夏族和其他民族长期逐渐混血形成的，其人口占全国人口的百分之九十四以上。汉族的语言称为"汉语"，记录汉语的文字为"汉字"，汉儒把考据训诂的"朴学"称为"汉学"。直到今天，外国人仍称中国学问为"汉学"，把研究中国学问的人称为汉学家。汉文化的奠基在于"汉朝"（公元前 206—公元 220）。美国的汉学家郝大维（David L. Hall）、安乐哲（Roger T. Ames）认为：中国的形成其民族性的"神话"是这样一种叙述，它显示了汉朝统一的文化之构造。他们说：

> "汉"这个字含义丰富，其中大部分源于华中的一条河流（汉水），它在汉口进入长江。在诸如《诗经》《左传》这类经典中，"汉"字指"天汉"和"银汉"，即贯穿黑夜天幕的无数星球，放射出汇聚的灿烂光辉，我们西方人称之为"乳白色之道"（Milky Way）。"汉"字进一步成为"汉中"的简称，在秦帝国之前它是楚国的一块领土，此名称来自汉水。在公元前三世纪晚期，刘邦作为汉王在这个地区兴起。在他战胜项羽成为汉朝开国皇帝之后，他借用其发祥地之名命名他建立的朝代，这个朝代延续了四百多年。就是在汉朝期间，中国在社会、政治和文化上的同一性巩固下来了。这个文化母体是中国人所依靠的

根源，他们称自己为"汉人"。恰如美国成为"自由的土地和勇士之乡"，"汉"也获得了品格的意义，因而"男子汉"就是一个无畏的人。[1]

三、汉画像中的神话宇宙

在对中国古老的神话的具体个案进行深入分析以前，从整体上来看待神话观念对汉画像的影响是重要的。在对墓室、祠堂、汉阙、棺椁上的神话研究以后，我们认识到汉画像的神话内涵，首先表现为一种来源于中国古老神话的宇宙观。在汉画像中天地神人鬼都在一个神话的宇宙中存在，它呈现为一种宇宙象征主义的图式。这一图式不仅表现为人与现实世界的生活图景，而且表现为人对死后世界的理想建构。宇宙象征主义发轫于人和宇宙的关系，是人对外在世界关系反思的结果，根柢却在人的社会关系上，宇宙的秩序只是人的社会秩序的象征表现。它在汉画像中表现为"天地相通"的巫术观、"天人合一"的哲学观、"天人感应"的历史观、"尊天听命"的命运观、"不死升仙"的宗教观、"天遣祥瑞"的吉凶观、"天道自然"的审美观等等。汉画像艺术的宇宙象征主义具体表现在宇宙形态、天圆地方、法天则地、阴阳气化、升仙之路等诸多方面。

汉画像的世界是由一系列的图像、符号、语言及其象征、隐喻的内容所组成的，其内在的意蕴可以从两个方面来理解。一是指世界的构造及其形式在人心中的呈现。人的生命存在总依附于自然环境，时空是其存在的基本形式，对世界的理解和形象的呈现，就构成人赖以存在的基础。汉民族从古到今都注重人在宇宙中的地位，并以此作为安身立命的根本。二是指作为有灵性的生命体，外在世界又必须转化为文化中的信仰与知识才能被人所信奉和理解，因此建立在自然之道上的知识体系，是人文创造的另

[1] [美]郝大维、安乐哲著，施忠连译，《汉哲学思维的文化探源》，南京：江苏人民出版社1999年版，第2页。

一世界。世界与心灵相遇，通过人的直觉、符号、意识和无意识达成一种隐喻的象征表现，构成了中国文化的根基与审美的根基。

汉画像属于黑格尔所说的象征型艺术，它表现了汉民族源于远古神话时代的民族的集体无意识领域，构成了民族的心理原型。给宇宙一个固定的模式，并按这一模式的演变来生存，是人类神话思维的表现。人类对宇宙的兴趣与生俱来，而且经久不衰。千万年以来，对宇宙的言说一直是人类最激动人心的事件。在理解宇宙象征主义的时候，米尔恰·伊利亚德（Mircea Eliade）的理论给我们以极大的启示。他把宗教视为一种象征文化。他认为世界上有两种存在物，一是世俗的，一是神性的。神性是与世俗相对立的，宗教崇拜就是与神性打交道。他认为：当一棵树成为一种崇拜物时，它就不再是一棵受崇拜的树了，而是一个圣物，是神性的一种体现。[1]我们在汉代的画像艺术中看到这种神圣性，每一种图像都有宗教信仰的背景，归根结底都有"象征的"含义，因为每个图像、符号都具有超验的价值观念隐喻其中。埃利亚德描述了宗教象征文化的一般特点，他认为，宗教的象征就是一种宇宙的象征论，即象征符号发挥一种统一的功能，通过宗教象征"把杂七杂八的现实世界统而合一"，世界就被纳入一个统一的体系中，这一体系就具有了宇宙象征的意义。在这一体系中，不仅可以容纳合理的、有秩序的事物，甚至连各种怪异的、矛盾的、邪恶的事物都在这一宇宙统一的整体中得到表达和综合。[2]

汉代的人"就是生活在一种神圣化的宇宙之中"，他们对世界有一种基本的态度。给世界一个基本的结构，并在生活的实践中再造一个类似的结构，把它作为安身立命的根本。在汉代，中国人特别重视人在宇宙中的地位，天人关系一直是学术探讨的对象与政治信念的支撑。民俗中充满神圣宇宙的象征主义信仰。作为表现死亡的艺术，汉画像表现了那个时代人的神话宇宙观。从地下的墓穴到地上的祠堂画像，都是神圣宇宙的象征表

---

[1] ［罗马尼亚］米尔恰·伊利亚德著，王建光译，《神圣与世俗》，北京：华夏出版社 2002 年版，第 3 页。

[2] ［美］米尔恰·伊利亚德著，晏可佳、姚蓓琴译，《神圣的存在——比较宗教的范型》，桂林：广西师范大学出版社 2008 年版，第 7 页。

神话之魅

现。汉画像中的典型图像天文图、祥瑞图、升仙图、庖厨图、乐舞图、狩猎图等无不是在一个宇宙象征的模式中加以图式化的。米尔恰·伊利亚德的学生布鲁斯·林肯是芝加哥大学宗教史教授，他继承了老师的学术观点又有所发展。他探讨了死亡与丧葬的宇宙起源论，描述了人对天堂的想象，阴间的冥王以及死亡之河与摆渡死者的艄公。[1] 中国汉代人的丧葬习俗，与他的描绘有许多惊人的相似之处。如汉画像石中神仙世界的幻想、死后的冥界、车马过桥的征战、守护昆仑的九头兽、驱傩仪式上的各种怪物等等。

在远古，中国人把天穹的表面现象当作宇宙。人类对宇宙的认识是与对宇宙的观测和建立的知识结构相联系的。"宇宙"一词，起于春秋战国时期。到了汉代，人们的宇宙观，首先是怎样理解宇宙的形态问题。《淮南子》说："古往今来谓之宙，四方上下谓之宇。"宇宙的词义是建立在一种象征之上的。"宇"字原指屋檐。《易传·系辞下》曰："上古穴居而野处，后世圣人易之以宫室，上栋下宇，以待风雨。""宇"之古文即含有空间范围之意。这反映了古代人把建筑物看作宇宙象征的文化观念。城市、房屋、宗教遗址、祠堂、庙宇、坟墓，都有着宇宙象征主义的根源。"宙"在古代有多层意思。《说文》："宙，舟舆所极覆也。"《后汉书》卷二八引《苍颉篇》"舟舆所届曰宙"。《淮南子·览冥训》："而燕雀佼之，以为不能与之争于宇宙之间。"高诱注："宇，屋檐也；宙，栋梁也。"东汉著名文学家张衡在《灵宪》中说："宇之表无极，宙之端无穷。"他认为宇宙指超越可以观测的天体的无限。可以观测的天地是有限的，但不能说宇宙是有限的。可见宇指空间，空间是实在的，但无定处可求；宙指时间，时间是延展的，但无始终可说。这肯定了空间的实在性和时间的延续性，以及两者的无限性。汉画像中的神圣性正是来源于古人对神秘宇宙的体认。

商代人信仰的是"上帝"，周朝人信仰的是"天帝"。在汉代，"宇宙"的概念有时是与"天地"概念相等的。天指人头上的含有日月星辰、风雨雷电的天体及广阔的空间；地指人立足的大地，是由山岳平原和江河湖海

---

[1] ［美］布鲁斯·林肯著，晏可佳译，《死亡、战争与献祭》，上海：上海人民出版社 2002 年版，第 33 页。

构成的。"宇宙"与"天地"概念的等与不等取决于人们对天地时空范围的认识。汉代神圣宇宙论的主要内容仍是关于天地的理论。中国古代人们总是把天穹的表面现象当作宇宙，那时的宇宙学说，实际上只是人们对于天和地的看法。但是，宇宙包含的时空内容并不是"天地"的概念能完全包容的。天地更多的是一种直观的认识，宇宙则是一种理性的理解。对天地的认识是一个符号象征的过程。符号的确立，来源于人的直觉经验，以及对这种经验的象征表现。在中国文化中，天地不仅是天文学研究的主要对象，也是古代哲学、美学探讨的主要课题，许多思想家、文学家都经常谈天说地。如屈原的《天问》已经成为研究先秦神话学的重要资料。这种对宇宙的追问，实际是对人自身的追问，不了解中国人的宇宙观，就不能了解中国文化的本质。李约瑟说："对于中国人来说，天文学曾经是一门很重要的科学，因为它是从敬天的'宗教'中自然产生的，是从那种把宇宙看作是一部统一体，甚至是一部'伦理上的统一体'的观念产生的……这是从最早的时期开始就已贯穿在中国历史中的一条连续的线索。"从西方科学主义的世界观来观察中国人的天文学，就必然产生许多误解，列维-布留尔就把《史记·天官书》的记载，看成一种"原始思维"[1] 的表现。奥地利人纳特根据古代中国人把天文学家（占星家）"放在部长和国务卿一级的职位上"，而把中国人看作可怕的野蛮人。他根本不知道中国古代的农业文明与天文历法之间有多么重要的关系。现在的情况则有了很大的变化，法国的中国宗教史家施舟人（K. M. Schipper, 1934—）认为，西方的控制论和宇宙论都与中国思想有着至关重要的关系。如荣格的宇宙论，就是通过理查德·威尔海姆（Richard Wihelm）翻译的道家书籍与中国哲学有着直接的关联。他研究《老子中经》认为，中国人的"宇宙观建立在人类自身的基础之上，想象人体内存在一个内宇宙，并以此观察天地境界的对象"。他设想，通过一些图片可以了解宇宙的景象，并提出"汉墓中出土的神明图，都可与《中经》进行比较的研究"。

---

[1] ［法］列维-布留尔著，丁由译，《原始思维》，北京：商务印书馆 1985 年版，第 498 页。

　　　　　　　　　　　　　　　　　　　　　　　　神话之魅

四、天圆地方

　　天空给人们的印象是一个中部隆起、四周下垂的半球形，这就是天穹。太阳、月亮以及所有的行星，似乎都是在天穹上运行的。半球形的天穹的最高点，就是天顶。无论观测者处在何地，任何一个观测者都好像处在半球形天穹的球心，又是圆而平的地面的中心，天顶始终位于他的头顶上。这就是天和地给予人的直觉印象。南北朝时的鲜卑族歌手斛律金所歌唱的"天似穹庐，笼盖四野"所描述的就是这样的印象。在汉画像中，许多太阳与月亮是画在象征天穹的天庭，有些则刻画星相图。

　　在中国古代天地的形态往往被概括为"天圆地方"。表现在符号和图像上，便往往用圆和方作为宇宙模式的象征。汉代典型的墓穴往往做成上圆下方的形状，复杂一些的大型墓室的主室往往造成拱形的穹隆顶，便是"天圆地方"宇宙论的象征表现。

　　天文考古学已经证明，墓穴再现"天圆地方"的宇宙模式，可以追溯到遥远的古代。1987年6月在河南省濮阳市的西水坡发现了45号墓，墓作盖天图式，墓主骨架两侧发现用蚌壳精心摆塑的龙虎图案，在脚部发现两根人的胫骨。经研究，"这种奇特的墓穴形制，正是古老的盖天宇宙学说的完整体现"。苍龙、白虎象征天象，同时龙虎又有沟通天地的功能。可见汉画像中的龙虎图案以及升天的观念，是有极悠久的历史文化背景的。20世纪80年代初期，在辽宁省建平县牛河梁发现了红山文化晚期的"积石冢"遗坛，其祭天的坛作圆形三环，祭地的坛作方形两环，也是古代宇宙观的形象体现。原始思维认为，事物形状的相似，就是可以产生交感巫术效应的前提。另外安徽含山凌家滩出土的新石器时代的洛书玉版也是天圆地方的象征。太湖流域发现的良渚文化中的大量的玉琮，作外方内圆，被看作一种宇宙的象征，是沟通天地的一种礼器。1978年在湖北省随县擂鼓墩发现了公元前5世纪的曾侯乙墓，出土的器物中有一漆箱星象图，被看作古人宇宙观的形象表现。

战国末期和两汉时代，在宇宙论和天地观方面，曾展开过热烈的讨论。公元 180 年前后，蔡邕在上呈皇帝的书中，总结了当时形成的三家学说。言天体有三家：一曰周髀，二曰宣夜，三曰浑天。宣夜之学绝，无师法。周髀术数具存，验天然多所违失，故史官不用。唯浑天者，近得其情。周髀学派以后被称作"盖天学派"。盖天说是最古老的一种宇宙学说。《周髀算经》记载周公和商高的对话，商高提到"方属地，圆属天，天圆地方"。

关于"天圆"的看法，根源于人对天穹的直观感受，对这种感受的表达只能通过比喻或象征。所以有人用蛋壳、覆碗、盖笠或者车盖来加以比喻。关于"地方"的理解存在很大分歧。有人把地方看成地是方形的，并用棋局、像切的豆腐块那样来形容大地。《大戴礼记·曾子天圆》记载单居离问曾参："天是圆的，地是方的，真有这回事吗？"曾参说："如果天是圆的，地是方的，那么，圆的天就掩盖不了地的四角了。"曾子又说："我曾听孔老夫子说过，'天道是圆的，地道是方的'。""天圆地方"这里转化为一种人文意义的象征表现。实际上，关于盖天的种种隐喻的说法，都是天的象征符号。天的形状是不好表达的，只好用语言的符号来传达，隐喻的结果总是发生错位，在喻体和被喻体之间，有时有某些相同，在能指和所指之间，意义有时却是"延异"的。

中国古代的宇宙论，以"论天三家"影响最大。盖天说出现最早，在汉以前占统治地位，在神话传说、文艺作品、汉画像中有相当多的表现。浑天说出现于汉代，其萌芽也可以追溯到先秦，它的天地模式与现在球面天文学相类似，它是基于人的直觉观察而建立的一套象征模式，这一套象征模式能被实验证明，并能预告日食、制订历法。但浑天说也是建立在人为建构的虚拟体系上的，只是人实践经验的知识建构。中国早期天文观，带有强烈的政治色彩，当天盖与地舆分离后，天地之间的联系则靠巫觋类的人物来完成。河南濮阳西水坡 45 号墓发掘的图像说明，在公元前四五千年前，人是怎样把自己的墓穴做成宇宙象征主义图式的。在《国语·楚语下》和《山海经》

　　　　　　　　　　　　　　　　　　　　　　　　　　　　神话之魅

等古籍中，记载有群巫通天的事。人死后的世界，是人生前宇宙的模拟，人的灵魂借灵物而升天，生前人靠通天权的独享而获得政治地位，死后也要居住在宇宙的中央。

上古时代的天有两重意义，一是指有人格的上帝，一是指与地相对的天空。那时的人认为天是有意志的，人的行为应该向天学习，出于"敬顺昊天""法天则地"的观念，中国自商周以来即有"制器尚象"的传统。所谓"制器尚象"，就是依照天地的形象来制造各种器具或建筑物，体现了一种宇宙象征主义的文化观念。如古代礼制中的"明堂"，即是宇宙象征型的。明堂是"享上帝，礼鬼神""顺四时，行月令，祀先王，祭五帝"的神圣空间，它的形状是"上圆下方"的，它是仿照宇宙的样子设计的，是那种神圣空间的典型代表。

我们对汉代墓室的形制进行研究就会发现，汉代的那些因夯筑而得以残留的封冢遗址以及更晚的穹隆顶墓室结构都是天圆地方观念的直观反映。汉代墓室建筑几乎没有完全一样的，但进行分类归纳，汉墓室及其画像则是汉代人生死观和宇宙观的体现。像人类历史上的其他宗教艺术和祭祀艺术一样，汉画像石是一种因循性和传承性非常强的艺术，在其存在和发展的几百年间，尽管其题材内容在种类和数量上始终不断增加，但从其本质意义和其所表现的宇宙范围来看，可以说从始至终较少变化。这是因为汉画像石并不是一种自由创造的艺术，它是严格按照当时占统治地位的儒家礼制和宇宙观念刻在石结构墓室、石棺、祠堂和墓阙上的。

这种象征不仅表现在丧葬习俗中，而且还表现在其他事物中。如《周礼》还记载了圭形方以象地，璧形圆以象天。称"轸之方也以象地也，盖之圆也以象天也"。秦始皇陵出土的铜车马正是这样一个底方盖圆的样子。汉画像石中众多的车马出行图，也可见车的底方上圆的形状。安徽阜阳双古堆汉墓出土的"六壬占盘"和"太一九宫占盘"都是由上下两块构成，上层的盘是圆形的，可以转动，分别标有北斗七星、二十八宿和九宫；下层的盘都是正方形的，标有二十四方位。这正是"天圆地方"宇宙观的体现。汉画像图像中的一些抽象的图案，如"十字穿环""莲花纹""柿蒂纹"

等都是宇宙象征主义的符号表现。其他的如系璧图、墓室穹隆上的顶心石等，大都作内圆外方形，也是"天圆地方"宇宙观的符号体现。

五、天地创化

汉画像不仅表现了天的形态，而且还表现了天地的生成。天地的生成是人的经验之外的事，人无法观察到天地的生成过程，因此天地生成只能是理性思辨和天才想象的结果。汉代人宇宙生成论是一种气论的哲学。这一哲学范畴源远流长，它来源于原始人的"万物有灵"崇拜。在《老子》的学说中，演化为一种宇宙生成论。《老子》曰："道生一，一生二，二生三，三生万物。万物负阴而抱阳，冲气以为和。"战国时期的《易传》又提出一种以"太极"为天地本原的天地生成论。《系辞上》曰："易有太极，是生两仪，两仪生四象，四象生八卦。"在这里，天地的本原是"太极"，由太极而生天地，由天地而生四时，由四时而生八大类事物。汉代人认为宇宙的生成是元气运行的结果，人的生命也是元气的结果。古人认为气是生命之源。《管子·枢言》："有气则生，无气则死，生者以其气。"《周易·系辞上》："原始反终，故知死生之说，精气为物，游魂为变，是故知鬼神之情状。"《庄子·知北游》提出"通天下一气"的命题，"生也死之徒，死也生之始，孰知其纪？人之生，气之聚也，聚则为生，散则为死"。

在这种宇宙生成论学说的影响下，汉画像中常有"云气画"的图像和符号，其象征阴阳二气或弥漫于宇宙之间的真气。《汉书·郊祀志》："文成言'上即欲与神通，宫室被服非象神，神物不至'。乃作画云气车。"我们在山东嘉祥武氏祠前石室顶前坡东、西段画像中可以看到这种云气图。这里的天界神人，都笼罩在云气之间。云气的象征意义是明显的。汉代人认为，气为天地万物的本原，有"元气"才有万物。人的生命来自元气，人死了就没气了。人的精神和人的灵魂，都是气的表现形式。王充《论衡·论死》曰："人未生在元气中，既死复归元气。元气荒忽，人气在其中。"武氏祠前石室顶前坡东、西段画像中的这种云气图是汉代这种天地观的符号象征表现。

河南永城西汉梁王陵也发现了"云气画"。柿园汉墓的棺床室四壁及顶用泥涂平,在主室西三分之一部分顶部及南、西壁上绘有面积30平方米的彩色壁画,在壁画的四周边框及龙虎图像的周围绘有大量的云气纹、缭绕的装饰图案,被确定为《汉书》记载的"云气画"。这种画云气的图像,在陕北榆林、绥德、神木大保当的画像中也常见。其画像围绕墓门展开,门上有日月星辰、神灵仙界,左右门柱上有奇禽异兽、仙草树木,往往有云气画缭绕其间,贯通天地。

气又可以分为阴阳二气,《老子》曰:"万物负阴而抱阳,冲气以为和。"说明阴阳二气相交便可产生万物。《系辞上》曰:"一阴一阳之谓道。"《说卦》云:"立天之道曰阴曰阳,立地之道曰柔曰刚,立人之道曰仁曰义。"韩康伯注云:"在天成象,在地成形,阴阳者言其气,刚柔者言其形,变化始于气象而后成形,万物资始乎天,成形于地,故天曰阴阳,地曰刚柔也。"战国末年的邹衍以善谈阴阳被称为阴阳家。汉代的董仲舒将阴阳学说纳入自己的思想体系,建立了一套阴阳哲学。汉画像受到这种阴阳观的影响,往往用一些图像加以象征性地表现,如用伏羲女娲交尾图像象征阴阳。伏羲女娲图像是汉画像石中的典型图像,其表现方式有三大类型。1. 规矩型;2. 日月型;3. 芝草型。[1] 其文化内涵极其丰富,表达了伏羲女娲的图腾神话、日月神话、创造神话、生殖神话、婚姻神话、阴阳神话等内容。

六、汉画像中的仙界

扬雄在《法言》中说:"有生者必有死,有始者必有终,自然之道也。"

---

[1]　陈履生,《神画主神研究》,北京:紫禁城出版社1987年版。

人是有反思能力的，死在人的思考中占有极大的位置。人虽然不知道自己什么时间会死，人却能确信自己会死。别人的死是可见的事件，它只确定了人自己也会死的信念。但人又有生的本能来排斥死亡。于是人类形成了种种丧葬的习俗、灵魂的信仰、祖先的崇拜、永生的追求。在民族的信仰中死亡已经转化为一种文化。

根据"两元对立"的观点，人们相信死后也有一个世界，生界和死界才构成一个完整的宇宙。《列子·天瑞篇》说："死之与生，一往一反。故死于是者，安知不生于彼？"但死后的世界只能是一个幻境，是人所生存的现实世界的摹本。在佛教和基督教的天堂、地狱、上帝、轮回等观念没有进入中国人的信仰时，中国古神话中更注重人在宇宙中的地位，他们在一系列神话中营造的宇宙的模式中生存。人们相信自己营造了宇宙的图式，就掌握了无定数的命运。

人喜生而厌死，但是死亡仍然要来临。为了摆脱死亡的恐惧，人幻想出一种不死的信仰，这就是升仙。在汉代画像中，有相当一部分是关于神仙和升仙的图画。这种图画存在于墓室画像、祠堂画像与椁棺的画像中。汉代人把宇宙看成天圆地方的，墓室图像都模仿这一图式；又根据宇宙生存论的"元气"说，往往在图像中刻画"云气"。但人们对宇宙的认识和生成的认识，都不是人认识世界的目的。宇宙只有成为人类生存的环境，并根据天地的自然之道而为人所利用时，宇宙论才对人生有意义。升仙图就要放在这个宇宙论的图式中，才能显示其巨大的价值。中国古代没有创造出一个一神教的唯一的上帝，而是在个体生命的基础上创造了神仙的信仰和传说。在两汉的信仰中，神仙的信仰是极盛的，羽化成仙不仅是封建帝王、豪门贵族追求的目标，而且也成了平民百姓的理想愿望。

中国古代关于成仙的神话传说，有着宇宙论的根源。宇宙的图式有二维的和三维的，二维平面的图式便是太极、两仪、四象、八卦，是由"道"生出万事万物。三维的图式，便是有上下四方，垂直的宇宙表现为天、地、人。按照中国古代气论的哲学，天、地、人都是由气化生的，人的生命也是气化的结果。"有气则生，无气则死"，"人之生，气之聚也，聚则为生，

散则为死"。这种气，在中国古代称为"精"或"魂"，或称为"精神"和
"灵魂"。按照中国古代宇宙生成论，天是清气上升的结果，地是浊气凝聚
的结果。因此，人的精气在人死了以后便可以分化，融入宇宙之气中。汉
代人特别相信鬼神，认为人死后灵魂仍然存在，人的灵魂属于天，形骸属
于地。《淮南子·精神训》曰："圣人法天顺情，不拘于俗，不诱于人。以天
为父，以地为母；阴阳为纲，四时为纪；天静以清，地定以宁，万物失之
者死，法之者生。"《淮南子》认为神仙家是顺应宇宙本体进行修炼的。天
地是从混沌的虚无中产生的，人也是由阴阳二气所产生的，所以人要法天
顺情，清净自守，炼气养神，才能长生。

　　按照汉代人的天地观，天上是诸神的世界。我们在司马迁的《天官书》
中看到对这个世界的描绘，那里简直就像地上的一个国家。司马迁说："文
史星历，近乎卜祝之间。"《天官书》所描绘的天不是自然的天，而是占星术
中的天。天庭是人类社会的表现。我们在嘉祥武氏祠的画像石中看到这样的
描绘。[1]

　　汉代的人相信，人死了以后可以升入天上的仙界。葛洪《抱朴子·内
篇》说："按《仙经》云，上士举形升虚，谓之天仙。中士游于名山，谓
之地仙。下士先死后蜕，谓之尸解仙。"[2] 据此，升仙的路又是不同的。汉
画像中多描写天庭的形象。例如河南洛阳的汉代卜千秋壁画墓的天象图、
徐州睢宁祠堂汉画像石祠堂上盖石、四川出土的石棺顶盖上的龙虎衔璧与
牛郎织女天象图等。仙界往往有主宰生死的大神西王母和东王公，羽化成
仙是汉代人的真诚信仰。这是因为在人的眼中，只有鸟儿才能在天空自由
地飞翔，人要飞升，当然要生出羽毛。这是天仙。还有的图像，描绘的是
昆仑山的仙界内容，东王公和西王母及其随行，端坐在昆仑悬圃之上。这
里是天帝所居，仙人群集的昆仑之丘和增城的情况，有"饮之不死"的
丹水、"登之乃灵"的悬圃，有"众帝所从上下"的建木，还有"不死
树"等。

---

[1] 丁瑞茂，《朴古与精妙——汉代武氏祠画像》，台北："中央研究院"历史语言研究所 2007 年版。
[2] 〔晋〕葛洪撰，张松辉译注，《抱朴子·内篇》，北京：中华书局 2011 年版，第 59 页。

按汉代人的生死观，人死后形体要归幽都、地府。我们在《楚辞·招魂》中看到描述的幽都。那里有"土伯九约""叁目虎首"等妖怪。王逸注曰："幽都，地下后土所治，地下幽冥，故称幽都。"地府就是黄泉之国，是死者的世界。在汉代的墓中，发现一些陶瓶和书铅券上有一些朱书和墨书的镇墓文，从中可以看到汉代人关于幽都、地府的观念。[1]

汉代人认为，人死后精灵不灭，并转到彼岸世界。镇墓文写道："生人上就阳，死人下归阴；生人上高台，死人深自藏。""上天苍苍，地下茫茫，死人归阴，生人归阳，生人有里，死人有乡。"汉人认为不仅有阴间和阳间，而且阴间也有它的最高主宰。镇墓文中常提到"生人属西长安，死人属东太山"。《搜神记》曰："胡母班死，往见泰山府君。"在汉代，泰山是幽都。从墓葬制度考察，地下的幽都对人来讲是阴森、可怕、黑暗的，上天是光明的，因此汉人对死后世界的描绘是幻想一条升仙的路。

考察汉墓室画像、祠堂和椁棺画像后，我们可以描绘出一条升仙的路。人死后归土，在那儿肉体化为大地，但灵魂则是存在的。如果采用玉衣敛尸等方法，可以保持尸体的不朽，为灵魂找到寓所。人的灵魂乘车马出行，沿甬道进入地上的祠堂接受后人的祭祀，在祭祀以后踏上一条升仙的路。升仙的工具很多，代表性的有龙、凤、龙车、鹿车、羊车等。在天上有天门，天门往往用"双阙"表现，天门前有守门的天神接应。天上有主宰生死的大神西王母和东王公。那里有奇禽异兽，有操不死药的羽人、玉兔、蟾蜍，有三青鸟和九尾狐等。那里还有装满粮食的"太仓"，有摇钱树、不死药等。这些仙界的圣物不过是人的食、色、福、禄、寿等欲望的符号表达，借升仙的信仰而象征性地传达出来。

从汉画像的图像志考察，升仙有三种样式：一是升天式，西王母是天界的主宰，她戴胜杖端坐在龙虎座上。二是登仙式，西王母及其随行安坐

---

[1] 1916年罗振玉《古明器图录》收录有朱书陶瓶，他说："东汉末叶，死者每用镇墓文，乃方术家言，皆有天帝及如律令字，以朱墨书于陶甄者为多，亦有石刻者，犹唐之女青文也。"在许多镇墓文中，可以看到"为死人解适"的话，例如：立冢墓之□，为生人除殃，为死人解适。谨以铅人金玉，为死人解适，生人除罪过。所谓"解适"，就是解除罪谪之意。

在昆仑悬圃之上。三是羽化成仙式,这是人生时的信仰,不要经过死亡与入土,而是白日飞升。

七、汉画像神话内容的审美意义

中国古神话在汉画像中有丰富的表现,过去的研究取得了一定的成果,但是还有许多工作要做。在方法上,我们不能仅仅把汉画像作为证明文献的资料。实际上图像本身就是一个世界。我们要采用图像学的方法,把文本的与图像的表现进行互文性阐释。图像学的方法,不仅仅是图像志的排列,而是要把图像看成一个形象的世界,形象包括单独的图像,也包括图像与图像之间的关联,如某一个墓室图像之间的关联,也包括图像与其符号组成部分形成的形象世界。如西王母图像中的西王母肖像、玉胜、龙虎座、捣药兔、三足乌、九尾狐、蟾蜍、羽人、华盖、西王母旁的伏羲女娲、西王母前的鸡头人身、马头人身、牛头人身、人首蛇身神、玄圃、建木、九头怪等,每一个图像符号因素都有一定的文化意义,值得我们认真研究。更深一层西王母图像在整体图像中的位置也是图像学的重要内容,我们不能把西王母图像从整体图像的联系中独立出来,我们只有在更宏观的视野中才能探得西王母信仰的真谛。

从内容上来看,汉画像表现的神话世界有重要的美学意义。对人来讲,人活着是所有"人"问题的出发点,生命总表现为宇宙中的生命,具体说人是生存在天地之间。因此,对天地的认识就是人类一个永恒的话题。汉代人的头脑中还有对天地崇拜的神话观念,远古的神话还在起着社会的功能。人的生存受制自然,白昼的转换、四季的交替对人类来讲都是至关重要的。日月星辰的移动,风雨雷电的变化,与人的生命息息相关。汉代人认识到了天的这种奉养属性,所以把天神的地位放得很高,他们把风雨雷电都形象化为人格的神灵。《易传》曰:"天地之大德曰生。"天的奉养属性在于它的四序分明,生养万物,给人带来惠利,这样才能对人构成生活的价值。古神话讲，正是伏羲仰观象于天，俯观法于地，观鸟兽之文与地之宜，近取诸身，远取诸物，靠自己的能力创造了一个象征符号的世界，在创造符号的过程中，再现宇宙的形态是一个最根本的认识冲动与审美冲动。汉代人认为天又不是一个纯自然性的天，天文和人文又是相对应的，天还有道德的属性。《黄帝内经·素问》曰："善言天者，必应于人；善言古者，必验于今。""天人之征，古今之道也。"古人观察到自然的和谐有序，认为人的礼仪也应与天的秩序异质同构。

《乐记》认为乐是天地和谐相生的，人的礼仪是与自然的秩序相联的。天人同构就产生美。宇宙是自然的，对宇宙的言说则是人文的。存在只能通过人来表现它自身。当人们把宇宙与天地当作"大道"来看待时，人对天地的看法就具有了审美的属性。早在先秦，庄子就极力歌颂天的大美："夫天地者，古之所大也，而黄帝尧舜之所共美也。""天地有大美而不言，四时有明法而不议，万物有成理而不说。圣人者，原天地之美而达万物之理，是故至人无为。大圣不作，观乎天地之谓也。"汉代人称赞天地时，也包含审美的意义。《淮南子》说："见日月光，旷然而乐，又况登泰山、履石封，以望八荒，视天都若盖，江河若带，又况万物在其间乎？其为乐岂不大哉！"对天地之美的观照欣赏是人生一大享受。《易传》曰："悬象著明莫大于日月。"对古人来讲，日月运行就是一种大美。张衡在《灵宪》中，极力赞美天的这种大美："天以顺动，不失其中，则四序顺至，寒暑不减，致生有节，故品物用生。地以灵静，作合承天，清化致养，四时而后育，故品物用成。凡至大者莫如天，至厚者莫如地。"[1]在董仲舒的"天人感应"学说中，对天的审美属性也作了大量的发挥："仁之美在乎天。天，仁也。天覆育万物，既化而生之，有养而成之。事功无已，终而复始。""天地之行美也"，在于"不阿党偏私，而美泛爱兼利"，是一种"中和"之美。后来刘勰在《文心雕龙·原道》中把这种天文地理之美作为人文之美的本原，极力赞颂这种大美。

---

[1]　王志尧，《张衡评传》，郑州：河南大学出版社 1992 年版，第 246 页。

在汉人的眼中，天地是完美无缺的典型代表，人们对它的崇拜就上升到一种类似宗教的地位，在图像中再造一个神话的宇宙模式，以寄托自己的理想追求就成了时代精神的表现。

第二章

汉画像中的英雄神话

神话作为人类早期文明发展的最初文化形态，是原始先民在万物有灵思想的支配下，集体无意识地在原始思维的笼罩中对宇宙万物及其关系进行解释的一种文化整体形式。神话能为大家直觉地传感和接受，并在人们的不断相互交流中得到提高，共同酿造为能被一定社会，甚至世界范围的人的智力水平所接受的精神文化。"要了解一个民族的文化之根，必须了解它的神话。"[1] 在神话中，可以窥探到人类思绪最真和最深的那一类，而这种情感逐渐沉淀为民族的基本精神。中国学者对于神话的定义往往强调神话是象征性的表达，寓意着超越界的临现，并且充满正面的、庄严的、深刻的思考，这和人性中某种向善的情绪相呼应。而这精神恰恰在"英雄"这一主题中表现得最淋漓尽致。神话英雄是基于现实生存愿望的形象和人格化的虚幻反映，不仅具有人的意志和人格，而且具有超人和超自然的力量，可以战胜一切。表达了先人驾驭自然的理想追求。正如坎贝尔所说："英雄是能够成功地战胜自己的和当地的历史局限性，从而成为一般能产生效果的、具有常人形象的男人或女人。这种英雄的远见、卓识和灵感来自人类的生活和思想的原始源泉。因此他们所清晰显示的不是处于崩溃状态的当代社会和心灵，而是社会在其中重生的永不干涸的源泉。"[2] 关于英

---

[1] 陈建宪，《神祇与英雄：中国古代神话的母题》，上海：上海三联书店 1994 年版，第 14 页。

[2] [美] 约瑟夫·坎贝尔著，张承谟译，《千面英雄》，上海：上海文艺出版社 2000 年版，第 14—15 页。

雄的神话故事乃是英雄精神旅程的赞歌，在思维上体现了人类认识方向的逐渐转向以及认识范围的扩张，折射出漫长的原始社会到文明时代的过程中人类征服自然、创造文化的伟大功绩和悲壮历史，富有更丰富的人本主义色彩和社会性。

神话叙事的承载物可以是口头或书面的有声语言、固定的或活动的画面以及所有这些材料的有机混合，但无可否认的是：声音（口语）、文字和图像仍然是主要的"叙事承载物"，或者说是主要的叙事媒介。必须承认，任何一种媒介在叙事、说理、抒情方面都各有所长。由于声音（口语）叙事具有短暂性及难以把握的特点，所以一般难以进入研究者的视野；而且，就算是要研究口传的声音叙事，也必须借助文本——用于说唱的底本才能顺利进行。文字是一种抽象度极高的表意符号，而图像则是处于表意符号和纯粹符号之间的一种符号，它具有"造型"和"再现"的双重性质。米歇尔将图像与语词喻作说不同语言的两个国度，但它们之间保持着一个漫长的交流与接触的关系。[1] 显然，这"两种精神武器"用来叙事，自然是各不相同。图像是一种从事件的形象流中离析出的"语境化的存在"，图像能够超越民族、时代的界限，并且其中包含的观点相较于文字更具有丰富的色彩和内容。蕴藏量丰富的汉代神话，其载体形式多样，除了大量的历史文献、文学作品、谶纬之书外，还有大量以神话为主题的汉画像石、画像砖、汉墓壁画、汉帛画等等。它们通过能被视觉感知的鲜明构图和形象，提供了更真实、更直接的材料。"除了古人的遗物以外，再没有一种史料比绘画、雕刻更能反映历史上的社会之具体的形象，同时，在中国历史上，也再没有一个时代比汉代更好地在石板上刻出当时现实生活的形式和流行的故事来。"[2] 汉代匠工们以刀代笔、以石代帛呈现出一个由图像构成的象征世界。李泽厚在《美的历程》中说，如果说唐代艺术更多表现了中外艺术的融合，那汉代艺术则更为突出地呈现出中华本土的音调传统。[3]

---

[1]　[美]W. J. T. 米歇尔著，陈永国译，《图像学》，北京：北京大学出版社 2012 年版，第 56—59 页。

[2]　翦伯赞，《秦汉史·序》，北京：北京大学出版社 1983 年版，第 5 页。

[3]　李泽厚，《美的历程》，天津：天津社会科学院出版社 2001 年版，第 142 页。

汉代画像中有大量以中国古代神话中的英雄为主题的故事图像，如黄帝、伏羲、苍颉、神农、蚩尤等。这些画像以古拙的线条刻画着神话英雄们多姿的艺术形象，勾勒出丰富多彩的故事情节，在丰满朴实的意境中隐喻着一个民族最深层的情感。

一、英雄神话的文化溯源

（一）英雄与英雄神话

人类在神话中诉说着自己的童年，在原始社会较早时期，人类在万物有灵思想的支配下，将神秘的自然界人格化，产生了自然崇拜。随着人类文化和生产力的发展，人类产生了改造和支配自然的力量和愿望。初民对自然之神的敬仰，转变为对具有社会属性的、代表人类力量与意志的英雄人物的赞颂。神的时代一去不返，取而代之的是英雄时代。形形色色的英雄们，生气勃勃地活跃在神话舞台的中心。从形象上看，他们都是具有神性的超人，不是创造某种文化的始祖，就是在大灾难中拯救人类的智者，他们上天入地，或带来文明，或创立制度、建立国家。这些神话内容丰富，形象生动，其产生、流传的历史跨度较大，折射出漫长的原始社会到文明时代人类征服自然、创造文化的伟大功绩，讲述了人类从蒙昧初开走向早期共同体的艰辛历程。

中国传统文化概念中的"英雄"概念的生成经历了较长的历史时期。在"英"与"雄"还没有被搭配铸为新词的先秦时期，"英"与"雄"分别被作为两个单音节词使用，并经历本义、引申发展到后期多义并存的阶段，在被借指人物之品格这一引申上，两词的用法颇为相近。《孟子·尽心上》有"得天下英才而教育之"[1]；《荀子·正论》有"尧舜者，天下之英

---

[1] 〔清〕阮元校刻，《十三经注疏》（第五卷），北京：中华书局 2009 年版，第 6019 页。

也";《墨子·修身》中有"雄而不修者，其后必惰"[1]；《庄子·德充符》：
"勇士一人，雄入于九军。"[2] 可见，"雄"较"英"，尤强调勇武之意。是
先秦对以政治文化为主导的"人"的认识的逐渐深入、细致，并对"人"
与"自然"的关系有了更为深入的了解，以及对褒扬人物品格的概念有了
较明确的比较、归类意识，是一定历史阶段中的产物。《文子·上礼》言：
"智过万人者谓之英、千人者谓之俊、百人者谓之杰、十人者谓之豪。"[3]
可见"英""雄"是作为指称最高或较高阶层人物的品格褒词。

　　就我们所见，"英雄"被铸为新词，当首先见于汉代班彪在批判隗嚣
图谋称王而作的《王命论》和方望的《辞谢隗嚣书》。《王命论》中两次提
到了"英雄"一词："英雄陈力，群策毕举，此高祖之大略，所以成帝业
也。""英雄诚知觉寤，畏若祸戒。"[4] 方望《辞谢隗嚣书》中提到隗嚣"将
建伊吕之业，弘不世之功，大事草创，英雄未集"。可是，班彪、方望虽
然使用了"英雄"一词，但在西汉与东汉之交，"英雄"一词并未被广泛
使用，也并没有被用来代表一种时代人格的理想形象。到汉末、三国时代，
"英雄"才真正被整个社会各阶层普遍持续关注，三国时的刘邵在《人物
志》中说："夫草之精秀者为英，兽之特群者为雄，故人之文武茂异，取
名于此，是故聪明秀出谓之英，胆力过人谓之雄，此其大体之别名……能
役英与雄，故能成大业也。"并出现了《英雄记》，作为我国历史上第一部
专门记载"英雄"事迹的相关传记。刘志伟先生在考究中国古典"英雄"
概念后指出，"英"与"雄"分别作为植物界与动物界的最高代表，并组
合为新的双音节人物品格褒词的这种思想认识，强调了杰出人物与自然界
之间相融相合的关系，并且含有人是自然的主宰的含义。在此意义上的
"英雄"概念就如同自然界的最高代表"英"与"雄"，是中华民族在征服
和改造自然的历史过程中逐渐走向亲和并表现出的相当自信的产物。[5] 体

[1]　〔清〕孙诒让，《墨子间诂》，《诸子集成》（第四卷），北京：中华书局 1954 年版，第 6 页。
[2]　〔清〕王先谦，《庄子集解》，《诸子集成》（第三卷），北京：中华书局 1954 年版，第 32 页。
[3]　《文子缵义》，《二十二子》，上海：上海古籍出版社 1986 年版，第 872 页。
[4]　〔汉〕班固撰，〔唐〕颜师古注，《汉书》，《二十四史》，北京：中华书局 2000 年版，第 3089 页。
[5]　刘志伟，《英雄文化与魏晋文学》，兰州：兰州大学出版社 2004 年版，第 54 页。

现出中华民族天人合一的特有文化心理。由此可见，在中国传统文化中，无论英雄的概念还是英雄崇拜意识，都有着较为深厚的文化积淀。

西方英雄的概念导源于《荷马史诗》，指在《伊里亚特》和《奥德赛》中所描述的早期自由人，尤指杰出的人物：在战争与惊险中出类拔萃的和珍视勇敢、忠诚的美德超人。有些英雄的双亲之一是神。[1] 这种出身说明英雄具有超自然威力的原因，在此意义上的英雄人物是生而不凡的，血管中流淌着神的血液。但与"神"相较，"英雄"的肉体存在和人一样有限，本领也不如神一样无所不能。从维柯（《新科学》）、摩尔根（《古代社会》）、格罗特（《希腊史》），到马克思、恩格斯、弗洛伊德、黑格尔，西方世界在卡莱尔之前对于"英雄"概念的认知范围大致如此。"这种半神半人特性的西方式'英雄'概念，对西方文化研究具有极为深远的影响，被作为构建西方文化价值体系的重要基石。"[2] 1981 年，卡莱尔出版《英雄与英雄崇拜》一书，将英雄的概念拓展到世俗领域，从语义学的角度指出：不论是"hero"还是"Wuotan"或诸如此类的称呼，都是先民们在当时，对于最能表现强有力的、超人的、具有智慧的代表们的称呼。并提出了英雄的六大类型，即神明英雄（神性的，半神性的）、先知英雄（宗教领袖）、诗人英雄、教士英雄、文人英雄以及帝王英雄。强调英雄在其所处时代中对社会变迁的积极意义，宣示在各时代各地方英雄都应受到崇拜，好好观察他们，以"瞥见世界历史的精华"，并认为"英雄即伟人"。[3] 这是对西方主流文化中"英雄"概念的一次大规模的改造。

关于英雄神话，英国哲学家斯宾塞将神话分为 21 类，其中有"英雄神话"。美国著名民间文艺学家史蒂斯·汤普森在其著作《民间文学母题索引》中对民间文化中涉及的各种母题进行了全面系统的分类，并加以编号，其中涉及"半人半神和文化英雄"。苏联神话学家叶·莫·梅列金斯基在《神话的诗学》中认为，英雄神话讲的是关于"始祖 - 造物主 - 文化英

---

[1] 《简明大不列颠全书》，中国大百科全书出版社 1986 年版，第 163 页。

[2] 刘志伟，《魏晋文化与文学论考》，兰州：甘肃人民出版社 2002 年版，第 5—13 页。

[3] [英] 托马斯·卡莱尔著，何欣译，《英雄与英雄崇拜》，沈阳：辽宁教育出版社 1998 年版。

雄"的故事。这些神话的内容主要是古代社会文化知识、制度、技艺、风习及文艺、宗教等诸物质和精神文化的创制圣迹，通常称之为"文化英雄神话"。[1]

中国 20 世纪以来对"英雄"和"英雄神话"的研究，受到西方式"英雄"研究思维方式与研究方法的深刻影响。茅盾先生是中国神话研究领域较早借鉴西方式"英雄"概念的代表，在其著作《神话研究》中将神话分为六类，提出过"英雄神话"的概念，并将伏羲、黄帝举为"神及半神的英雄"帝皇，说羿、禹是"半神的英雄"。[2]茅盾先生的看法，显然受到西方式早期半人半神"英雄"概念的影响，但其研究对中国 20 世纪 80 年代以来的神话学、文化人类学研究领域产生了深远的影响。1941 年贺麟先生发表《论英雄崇拜》，全面论述了他的"英雄观"。他认为英雄就是伟大的人格，是永恒价值的代表者或实现者，是使人类理想价值具体化的人，并指出，"英雄崇拜"究其根本，应是关于文化、道德及人格修养方面的问题。[3]

英雄的生命是流畅无阻的，是社会重生的永不止息的泉源。在全世界许多历史阶段的故事中，一种特定、典型的英雄行为规律，甚至可以说成是只有一个原型的神话英雄，只是在不同地域的许多民族的神话中所呈现的表现形式不同。"我们所看到的总是那个形式千变万化，然而内容却始终如一的故事"。[4]英雄具备着宇宙发生循环的力量，通常是某种事物的创建者，将自己的生命奉献给比他更伟大的事物。英雄的这种行为可能是身体上的行为，在战场上做出勇敢之举。可能是精神层面的行为，英雄学习超常态的人类精神生活，然后回到现世传播信息。"英雄在他的一生中，经历了一系列冒险活动，英雄的性格在这冒险活动中形成，这些活动可能

---

[1] [苏] 叶·莫·梅列金斯基著，魏庆征译，《神话的诗学》，北京：商务印书馆 1990 年版，第 190 页。
[2] 茅盾，《神话研究》，天津：百花文艺出版社 1981 年版，第 214—222 页。
[3] 原文刊登于 1941 年 7 月 20 日《战国策》第 17 期，后收入贺麟《文化与人生》，北京：商务印书馆 1988 年版，第 71—79 页。
[4] [美] 约瑟夫·坎贝尔著，张承谟译，《千面英雄》，上海：上海文艺出版社 2000 年版，第 1 页。

是世俗的或是精神的，但从更深层次上来看，它们全是心理的。"[1]

　　神话中英雄的诞生、胜利、战败或死亡与人的生命有机循环之间建立了一种意味深长的象征性结构，并在一定的社会文化中形成其特有的命运及心理模式。荣格说："原始人对于显而易见的事物并不感兴趣，或者说在他的无意识心理中有一种不可压制的冲动，要把所有外在的感官经验同化为内在的通灵事件。看到日出和日落，对于原始人的心理来说是不能满足的，这种对外界的观察必须同时代表某个神或英雄的命运，而这一神或英雄归根结底只存在于人的灵魂中。"[2]美国神话学家戴维·利明提出了史诗英雄的"元神话"结构。将英雄的生命框架分为发生、成年、隐修、探索（或修炼）、死亡、降入地府、再生、神化这八个部分。[3]英国学者拉格莱更归纳出英雄神话惯用的母题模式22项。[4]约瑟夫·坎贝尔把神话与人类的潜意识联系起来，提出了英雄统一的冒险模式，即分离—传授奥秘—归来。"英雄自日常生活的世界外出冒险，进入超自然奇迹的领域，他在那儿遭遇到奇幻的力量，并赢得决定性的胜利，然后英雄从神秘的历险带着给予同胞恩赐的力量回来。"[5]他把英雄个人发展的心理层面和宇宙发生的形而上学层面在理论上联系起来。按照这些观点，世界上所有民族的英雄史诗，都应具有类似的结构模式。

（二）中国古代的英雄崇拜文化

　　远古时代，中华大地上曾存在过数以千计的氏族，丰富多姿的氏族文化在这里孕生，中华文明从这里起步，从某种意义上来说，"没有中华氏

---

[1] 朱存明，《灵感思维与原始文化》，上海：学林出版社1995年版，第268页。

[2] ［瑞士］荣格，《集体无意识的原型》，《荣格选集》第9卷第1部，1968年英文版，第6页。

[3] ［美］戴维·利明、埃德温·贝尔德著，李培茱、何其敏、金泽译，《神话学》，上海：上海人民出版社1990年版，第108页。

[4] ［英］罗伯特·斯柯勒，《文学结构主义导论》，耶鲁大学出版社1974年版。

[5] ［美］约瑟夫·坎贝尔著，张承谟译，《千面英雄》，上海：上海文艺出版社2000年版，第24页。

族文化，也没有中国文明时代"[1]。在中国较早的神话体系中，英雄就是氏族或部族的祖先，他们不但是这个集群的元父，而且也是这个集群事业的开拓者和奠基者。氏族祖先被其氏族视为全人类的始祖，"因为部落的界限与全人类的界限两者在原始公社成员的意识中是一致的"[2]。随着生产的不断发展和人的作用的日益显著，以及氏族组织体系趋于严密，氏族或部族首领的地位和作用对于一个氏族或部族的发展越来越重要，在其死后，他们的氏族和部族便会怀念他们，并认为他们的灵魂仍在自己的左右。他们有功于民，创造文明，建立社会和宗法教规制度，为人类文化的进步付出了艰辛的努力。因此，在中国古代神话中，中国的英雄崇拜往往与祖先崇拜相联系。

祖先崇拜"是在鬼魂崇拜的基础上，由生殖崇拜的传宗接代意识，加上图腾崇拜的氏族寻根意识和后期的男性家族观念，而逐渐形成并发展起来的"[3]。这种崇拜不同于自然崇拜和图腾崇拜，是"当人们确认氏族本原在人类自身，并且认为族灵可以保护子孙后代时"产生的。卡西尔在《人论》一书中认为："中国是标准的祖先崇拜的国家，在那里我们可以研究祖先崇拜的一切基本特征和一切特殊含义。"[4]中国英雄崇拜具有的这种重要特点使得它的崇拜对象既是氏族或部族的祖先，是超现实的神祇，又是曾经存在过的历史人物，他们既是虚幻的，又是真实的；既是当时人们的精神主宰，又是推动历史前进的动力。中国神话英雄人物的这种特征使得神话与历史之间产生超越一般意义的密切联系，也正是这种特殊关系构成了中国历史向神话演化的直接原因。

中国传统文化具有两个重要特征，一是集体意识，二是实践理性。正是这两大特征，决定了中国上古神话，尤其是神话英雄的命运。在中国古代神话中，英雄的名字最初并不是两个具体历史人物的专称，而是部族集

---

[1] 李学勤主编，《中国古代文明起源》，上海：上海科学技术文献出版社 2012 年版，第 2 页。

[2] ［苏］叶·莫·梅列金斯基著，魏庆征译，《神话的诗学》，北京：商务印书馆 1990 年版，第 190 页。

[3] 牟钟鉴、张践，《中国宗教通史》，北京：社会科学文献出版社 2000 年版，第 47 页。

[4] ［德］恩斯特·卡西尔著，甘阳译，《人论》，上海：上海译文出版社 1985 年版，第 109 页。

团或其首领的沿袭性称号。神话中英雄人物的种种功绩也并非具体的人物所为，而是氏族群众在长期的生活、生产活动中共同创造出来的。梅列金斯基在《神话的诗学》中说："始祖－造物主－文化英雄，实则为整个原始公社的模拟，原始公社即等同于'真实的人'。"[1] 李绍连认为："炎黄二帝……应是一个个实实在在的历史人物重叠形成的伟大形象，具有历史创造者的品格。"[2] 从整体上来说，人民群众无疑是推动历史前进的中坚力量，然而中国古代神话英雄人物作为集体主义符号式的精神存在，集中着人民的智慧和力量，是群体内人们共同的价值观、宇宙观、希望与恐惧等文化心理的象征。

鲁国名士柳下惠谈及"祀典"时说："夫圣王之制祀也，法施于民则祀之，以死勤事则祀之，以劳定国则祀之，能御大灾则祀之，能捍大患则祀之。非是族也，不在祀典。"[3] 英雄崇拜作为中国精神文化的原始表象，也浸染着这一实用的伦理色彩，实践理性的特征使得中国文化性格中在判断"英雄"概念时，尺度在于"贤"，即英雄应该"据事成效"。大凡被后人时代传诵的英雄人物，基本都是"法施于民""能御灾捍患""以劳定国"的人。《礼记·祭法》中列举了这类英雄圣贤式先祖的事迹：

> 是故厉山氏之有天下也，其子曰农，能殖百谷。夏之衰也，周弃继之，故祀以为稷。共工氏之霸九州也，其子曰后土，能平九州，故祀以为社。帝喾能序星辰以著众，尧能赏均刑法以义终，舜勤众事而野死。鲧障鸿水而殛死，禹能修鲧之功。黄帝正名百物以明民共财，颛顼能修之。[4]

中国古代英雄神话中所崇尚的英雄形象往往功高盖世，并且德行昭彰。

---

[1] 〔苏〕叶·莫·梅列金斯基著，魏庆征译，《神话的诗学》，北京：商务印书馆1990年版，第190页。
[2] 李绍连，《炎帝和黄帝探论》，《中州学刊》，1989年第5期。
[3] 徐元诰撰，王树民、沈长云点校，《国语集解》，北京：中华书局2002年版，第154—155页。
[4] 〔清〕阮元校刻，《十三经注疏》（第三卷），北京：中华书局2009年版，第3450—3451页。

《淮南子·览冥训》中言女娲"不彰其功，不扬其声，隐真人之道，以从天地之固然"[1]。《孟子·滕文公上》说禹"疏九河，瀹济漯而注诸海，决汝汉，排淮泗而注之江，然后中国可得而食也。当是时也，禹八年于外，三过其门而不入"[2]。这些神话英雄的所作所为都是为了给人类创造出一个更加安定的环境，他们有功于民，却不居功自傲，是德行的化身。神话英雄这种道德上的圆满与儒家的唯圣思想相契合，于是，神话英雄被儒者视为圣人得以崇拜。

圣人崇拜是中国古代一种独特的崇拜文化，主要由儒家所倡导。圣人是儒家哲学用以称谓完全人格的名词，古之被称为圣人者，在道德上是圆满无缺的。孟子曰："规矩，方员之至也；圣人，人伦之至也。"[3] 荀子言："圣人者，道之极也。"[4] 圣人功业博大，能普济万民；儒者常用"参天地""赞化育"来概括圣人的伟大功业。孔子认为能"博施于民，而能济众"者，谓之"圣"。先秦儒者推崇的圣人也是人，但不同于一般人，乃人中出类拔萃者，并且指出，圣人之中得势者称为圣王。

中国古代神话中英雄的形象是崇高而令人敬仰的，他们代表着人类的愿望和信仰，是人类理想、力量和意志的化身。中国古代的英雄、英雄神话以及英雄崇拜都深深根植于中国传统文化的土壤中，英雄的形象也不仅仅是一种特殊的符号，更像是历史舞台上的一个个演员，被赋予传奇地位的一个个在场人物，深刻反映着中国文明进程的特殊文化背景。

（三）汉代英雄神话的民族心志

继春秋战国时期大规模记录神话之后，汉代再次表现出对神话的热情，成为上古神话再度活跃的时期，并开始以新的心态关注神话。"汉的

---

[1] 陈广忠译注，《淮南子》，北京：中华书局 2012 年版，第 324 页。
[2] 〔清〕焦循，《孟子正义》，《诸子集成》（第一卷），北京：中华书局 1954 年版，第 221 页。
[3] 同上，第 288 页。
[4] 〔清〕王先谦，《荀子集解》，《诸子集成》（第二卷），北京：中华书局 1954 年版，第 137 页。

文化并不接自周、秦，而是接自楚，还有齐。原来就政治上说，打倒暴秦的是汉；但就文化说，得到胜利的乃是楚，楚人的文化实在是汉人精神的骨子。"[1] 在这个神话传播的黄金时代，活跃的神话深入两汉社会生活的各个层面，并以其独具魅力的特质塑造着汉人的灵魂，在当时的文学、艺术中打下了深深的烙印。李泽厚在《美的历程》中说："在汉代艺术和人们观念中弥漫的，恰恰是从远古传留下来的种种神话和故事，它们几乎成了当时不可或缺的主题或题材，具有极大的吸引力。"[2]

人们对神话的热情和集体关注，大多发生在社会文化重大变革的历史时期，与之同时出现的是文学和历史书写范式的反思与转型。汉高祖刘邦起于草莽，为了证明其取得政权的合法性，西汉王朝的统治者制造出"刘媪尝息大泽之陂，梦与神遇。是时雷电晦冥，太公往视，则见蛟龙于其上。已而有身，遂产高祖"[3] 的神话，为帝王刘邦披上神的外衣，意在向世人宣称，汉取代秦赢得天下乃是神的旨意。汉代司马迁作《史记》，在《五帝本纪》中祖述黄帝，并将黄帝、颛顼、帝喾、尧、舜组成了五帝系统，成为后世史书的主要范本。司马迁祖述黄帝，将夏代以前传说时期各族宗神以及各种英雄神话人物当作信史而记录下来，有着深刻的意义。锺宗宪先生认为："一方面是史家对于时间和世系的本能需要，另一方面也为了破除诸侯分割、民族对立的现象，宣示汉民族的同一性。"[4]

汉代谶纬之学是两汉时期的一种重要的社会思潮，其中的"纬"是相对于"经"而言的，所谓纬书，是"对一批流行于西汉末年至东汉末年的带有相当神秘色彩的书籍的总称"[5]，其内容相当庞杂，涉及天文、地理、伦理、哲学、历史、政治、神话、民俗等各个层面。在汉代纬书的书写中，英雄之所以能够成就伟大的文明业绩，源于他们的不俗出身，英雄都以神

[1] 李长之，《司马迁之人格与风格》，上海：开明书店 1948 年版，第 3—4 页。
[2] 李泽厚，《美的历程》，北京：生活·读书·新知三联书店 2009 年版，第 72 页。
[3] 〔汉〕司马迁，《史记·高祖本纪》，《二十四史》，北京：中华书局 2000 年版，第 241 页。
[4] 锺宗宪，《求索文化记忆中的神话拼图》，《民间文化论坛》，2005 年第 2 期，第 7 页。
[5] [日] 中村璋八、安居香山辑，《纬书集成》，石家庄：河北人民出版社 1994 年版，前言第 2 页。

奇的方式诞生：伏羲之母华胥，履大人迹于雷泽，而后生伏羲[1]，女登感神龙而生炎帝[2]，附宝见大电绕北斗而生黄帝[3]，女枢感瑶光而生颛顼[4]，庆都接触赤龙而生尧[5]，握登见大虹意感生舜[6]。在感天而生之后，英雄要遭受大自然的抛弃，炎帝神农便如此。

朱存明先生认为："英雄的感孕而生，是灵感文化中图腾转生信仰的表现。英雄婴孩时便被弃于自然，说明他的血缘是属于宇宙的，英雄从一开始就必须摆脱地域的束缚，学会普遍的神话语言，这样英雄才能超越时代的束缚开辟出一代伟业。"[7] 既然英雄的生命与宇宙紧密相关，也因此他们具有不同于凡俗之人的神奇力量。于是，他们也往往具有特殊的容貌，以此作为他们神性的标志。

汉代谶纬学说对英雄神话最为深刻的当为符瑞受命神话：

> 伏羲氏王天下，有神龙负图出于黄河。法而效之，始画八卦，推阴阳之道，知吉凶所在，谓之河图。[8]

（《龙鱼河图》）

> 天授元始建帝号，黄龙负图，从河中出，付黄帝，帝令侍臣写以示天下。[9]

（《龙河鱼图》）

> 尧游河渚，赤龙负图以出，图赤如绨状，龙没图在。[10]

（《春秋元命苞》）

---

[1] 〔宋〕李昉等，《太平御览》（第一册）卷七十八引《诗含神雾》，北京：中华书局 1960 年版，第 364 页。

[2] 同上卷七十八引《帝王世纪》，北京：中华书局 1960 年版，第 365 页。

[3] 同上卷七十九引《帝王世纪》，北京：中华书局 1960 年版，第 367 页。

[4] 同上卷七十九引《河图》，北京：中华书局 1960 年版，第 371 页。

[5] 同上卷八十引《春秋合诚图》，北京：中华书局 1960 年版，第 373 页。

[6] 同上卷八十一引《帝王世纪》，北京：中华书局 1960 年版，第 376 页。

[7] 朱存明，《灵感思维与原始文化》，上海：学林出版社 1995 年版，第 279 页。

[8] 〔日〕中村璋八、安居香山辑，《纬书集成》，石家庄：河北人民出版社 1994 年版，第 1149 页。

[9] 同上，第 1150 页。

[10] 同上，第 591 页。

黄龙从洛水出，诣虞舜，鳞甲成字。舜令写之，写竟去。[1]

（《龙鱼河图》）

尧使禹治水，禹辞，天地重功，帝钦择人。帝曰：出尔命图乃天。禹临河观，有白面长人鱼身，出曰：吾河精也。表曰：文命治淫水，（授）禹河图，去入渊。[2]

（《尚书中候》）

　　根据纬书所述，伏羲是受了"神龙负图"的符瑞而作八卦；黄帝是因为"黄龙负图"的符瑞而建帝号；尧得到"赤龙负图"的授命；舜受到"鳞甲成字"的授命；禹治水时获得河精"文命治淫水"的授命。

　　符瑞受命神话在于宣传"君权神授"，借以证明汉朝取代秦朝是神的旨意，秦朝之灭亡是不可逆转的趋势，汉得取天下更是顺应天命。纬书中对这类英雄帝王符瑞受命神话的推崇，当是汉代政治、思想意识下的产物。而英雄法天而为而得祥瑞之兆的神话，旨在劝诫帝王应广施仁德，使政治清明，这样才能与天感应，得到上天的庇佑。

　　董仲舒言："美事召美类，恶事召恶类，类之相应而起也。"[3]汉代神话中，英雄帝王因具有圣德而顺应天意，便会有祥瑞出现。如《易纬·坤灵图》："王者至德之萌，日月若连璧，五星若贯珠。"[4]或为芝草、嘉禾之类的神奇植物，如《礼纬·含文嘉》："神农作田道，就耒耜，天应以嘉禾，地出以醴泉。"[5]或是出现凤凰、麒麟之类的神异动物，《礼纬·含文嘉》："黄帝修兵革以德行，则黄龙至，凤皇来仪。"[6]也有玉璧、神鼎之类的神器，《尚书·帝验期》："舜在位时，西王母又尝献白玉琯。"[7]

[1]　［日］中村璋八、安居香山辑，《纬书集成》，石家庄：河北人民出版社 1994 年版，第 1150 页。
[2]　同上，第 406 页。
[3]　张世亮、钟肇鹏等译注，《春秋繁露·同类相动》，北京：中华书局 2012 年版，第 480 页。
[4]　［日］中村璋八、安居香山辑，《纬书集成》，石家庄：河北人民出版社 1994 年版，第 311 页。
[5]　同上，第 494 页。
[6]　同上，第 494 页。
[7]　同上，第 387 页。

由此可见，在具体社会情境中对于神话的反复言说，实际上是为重建一种整体性的话语资源，抑或是象征性地表达社会理想。历经战火纷飞、诸侯争霸而趋于统一的两汉时代，无论是在社会秩序还是意识形态方面都趋向于整合，以构建一个大一统的大汉帝国。英雄神话作为历史的元叙述，它必然参与历史和社会意识形态的建构过程，通过特定的叙述策略来满足社会建构的需要。汉代对英雄神话的民族心志便在于汉民族从争霸到集权的社会统一潮流中，对于重建具有一定向心力和广泛社会认同感的文化体系的内在需要。

二、汉画像英雄神话的图像表现

　　汉代对于英雄神话的关注深刻地体现在汉代画像艺术中，汉画像中有许多表现英雄神话的图像，或情节性地展现英雄旅程的某个侧面，或以单独的形象配置于画面之中。画像中的英雄们，或身着宽袍头戴旒冕展现其帝王之尊，或存留兽性隐含其图腾性。他们是民族历史的创造者，是神话中熠熠夺目的道德楷模，更是天赋异禀、豪迈刚毅的伟大人物。从已发现的汉画像来看，英雄神话图像多见于山东、江苏的东汉墓葬画像或祠堂画像中，四川、陕西也有少量画像出土，并且一些汉代铜镜上也有所展现，且多为东汉时期。对于英雄主题的刻画主要涉及英雄神话的四种类型，即带来文明、创制文化制度的"文化英雄神话"，征战、冒险和兴邦立国的英雄神话，灭患救世的英雄神话，以及以失败告终却猛志固常在的"悲剧英雄神话"。

（一）汉画像文化英雄神话

　　中国上古神话中关于文化英雄的记录异常丰富，史不绝书。这大概是源于古代各民族神话发展道路的差异性，任何民族神话的形成，都是自发的创造与多方面的继承这种双向运动的结果。希腊、北欧具有海外贸易和海外殖民的传统，属于继承型和派生型的第三、第四代文明；而埃及、中国则属于以农业立国的古老内陆国家，相对比较内向、闭锁一些，属于自发的、独立起源的第一代文明。[1] 因而中国神话所表现的自发性质便强一些，于是中国人多将自己的诸多发明创造归功于自己的文化英雄，而希腊神话则把其文化当作是"天神的恩赐"。中国神话中的英雄人物多为远古祖先，他们往往可以和历史发展的一些阶段相联系。人性的觉醒伴随着的是人类征服自然能力的显现，而征服自然又是以人创造了什么样的文化为标志的。人是具有文化的动物，所谓文化就是人类为了生存和发展的需要而人工创造的一切，是人类在利用和改造自然环境的基础上创造出来的"第二自然"。自从人类产生之后，他们就在漫长的岁月中缓慢地积累着文化创造。从学会用火，到使用石器、陶器、金属器，从野外露宿到进驻山洞，从赤身裸体到披毛皮裹树叶……他们在与自然的斗争中，不断地适应环境，创造文化。

人类的历史就是通过文化创造而在自然界中不断获得自由的过程，将文化的创造看作是文化英雄的丰功伟绩乃是人类集体力量的集中体现，代表着一个民族的共有价值。《韦氏大词典》中对于文化英雄有这样的定义："文化英雄，系传说人物，常以兽、鸟、人、半神等各种形态出现。一民族把一些对于他们的生活方式、文化来说最基本的因素（诸如各类重大发明、各种主要障碍的克服、神圣活动，以及民族自身、人类、自然现象和世界起源），加诸文化英雄身上……（文化英雄）为一民族或一社团理想的象征。"[2] 汤普森的《民间文学母题索引》将"文化英雄"与"半人半神"并列，隶属于"神话"类母题，是有关"创世和世界的本质"的内容。[3] 也就是说，"文化英雄"的功绩，涉及世界的存在原因。而人类生存的世

[1] 谢选骏，《神话与民族精神》，济南：山东文艺出版社1986年版，第35页。

[2] 《韦氏大词典》1961年英文版。译文见马昌仪《文化英雄论析——印第安神话中的兽人时代》，《民间文学论坛》1987年第1期，第55页。

[3] 陈建宪，《〈民间文学母题索引〉主要类目简表》，载《神话解读》，武汉：湖北教育出版社1997年版，第276—286页。

界分为自然的存在和文化的存在这两个维度，那么"文化英雄"则涉及这两方面的活动。第一类如开天辟地的盘古、造人补天的女娲，第二类如发明农业的神农、造字的仓颉等等。这类神话的主人公多数是神嗣人祖，是人类在漫长的文明旅程中集体创造的符号性象征。文化英雄的神话告诉人们，任何一种有价值的文化，必须由神性英雄经历若干不幸、灾难，竭力奋斗才能获取。体现了先人自我意识的崛起，是集体智慧和力量的象征。汉画像中有许多表现这类英雄神话的图像。

1. 伏羲女娲

居于文化英雄之首的是伏羲，许多文明功绩被认为是他创造的，甚至可以说，远古时期的各种主要生产技术和发明，几乎都与伏羲有关。《周易·系辞下》说伏羲作八卦："仰则观象于天，俯则观法于地，观鸟兽之文，与地之宜。近取诸身，远取诸物，于是始作八卦，以通神明之德，以类万物之情。"[1] 代表着原始符号时代的诞生，乃有文明开始的意义；又说其"作结绳而为罔罟，以佃以渔，盖取诸离"[2]，使得先民狩猎的效益变大、猎物增多，开始驯服圈养动物，原始畜牧业开始萌生。伏羲也是嫁娶之礼的制造者。《文选·东都赋》说："且夫建武之元，天地革命，四海之内，更造夫妇，肇有父子，君臣初建，人伦寔始，斯乃伏羲氏之所以基皇德也。"[3] 从生活用品的发明、社会规范的制定，人类文明的诸多重要发明、创造似乎皆源于伏羲。孟子曰："人之异于禽兽者几希。"伏羲使得先民从单纯的为物种繁衍交配时代，向礼让、乐和、夫妻相敬的时代迈进，带领先民从单纯的物质生活进入精神生活的领域。

汉画像中的伏羲形象常常表现为人首蛇（龙）身的样貌，并与女娲成对偶神的形式出现，或蛇尾相交，或伏羲捧日、女娲捧月，或各手持规矩。两神均有一尾，蛇身长短、粗细不一，尾端一般为尖形，腰部以上均为人形，穿袍子，戴冠帽。两人的脸面或背向或正向，或尾部紧密地扭在一起。

---

[1] 〔清〕阮元校刻，《十三经注疏》（第一卷），北京：中华书局 2009 年版，第 179 页。
[2] 同上。
[3] 〔梁〕萧统编，〔唐〕李善注，《文选·东都赋》，北京：中华书局 1977 年版，第 31 页。

图 2-1　山东嘉祥县武氏祠左右石室后壁小龛西侧画像第三层

山东（图 2-1）、河南（图 2-2）、江苏（图 2-3）、陕西（图 2-4）等多有
伏羲女娲像，形态不一，呈现一定的地方区域性特征，但其二者的形象迟
至东汉末年依然具有恒定的半人半兽、人首蛇身的样貌。

　　在汉代历史文献《淮南子·览冥训》中我们可以看到其首次将女娲与
伏羲的名字并列，并推崇伏羲、女娲"至虚无纯一"的"圣德"。[1] 女娲
作为古代文献中最早出现的女神，身兼创世和文化英雄的双重身份。女娲
创造了人类，《太平御览》卷七八引《风俗通义》云："俗说天地开辟，未
有人民，女娲抟黄土作人。"[2]《淮南子·览冥训》说女娲"炼五色石以补
苍天，断鳌足以立四极，杀黑龙以济冀州，积芦灰以止淫水。"[3] 为人类消
除祸患。前者创生之功的神格颇似希腊神话中的"地母盖娅"，而其一系
列补苍天、杀黑龙、立四极、止淫水等活动，却为我们塑造出一位杰出的

---

[1]　陈广忠译注，《淮南子》，北京：中华书局 2012 年版，第 333 页。

[2]　〔宋〕李昉等，《太平御览》（第一册），北京：中华书局 1960 年版，第 365 页。

[3]　陈广忠译注，《淮南子》，北京：中华书局 2012 年版，第 323 页。

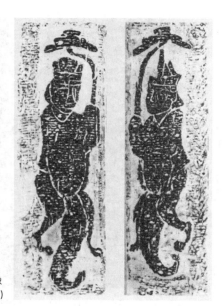

图 2-2　河南南阳市七一乡王庄出土"伏羲女娲"像
（采自《南阳两汉画像石》图 169、170）

图 2-3　江苏徐州睢宁县双沟出土"伏羲女娲像"
（《中国画像石全集》第 4 卷，图 104）

图 2-4　陕西绥德四十铺（田鲂墓）后室局部
（采自《绥德汉代画像石》第 21 页）

神话之魅

远古文化英雄的形象，乃是信仰中地位显赫、神力巨大的大女神，是恢复宇宙间正常秩序的神圣英雄。

汉画像中的伏羲与女娲成对偶神的形式出现，源于汉代人所尊崇的阴阳五行学说。阴阳五行思想可以说是汉代思想中最重要的一环，渗透于汉代社会的方方面面，对汉代的宗教、政治、信仰等几乎所有领域产生了广泛而深远的影响。顾颉刚先生说："汉代人的思想的骨干，是阴阳五行。无论在宗教上，在政治上，在学术上，没有不用这套方式的。"[1] 汉代人以阴阳之说统辖天地、昼夜、男女等自然现象，以及尊卑、刚柔、动静等抽象概念。热衷于以阴与阳的相互依存、相互作用的互动来解释宇宙自然的生成、变化和人的生、老、病、死。他们着迷于这种两分法，把阴阳理论应用于一切社会和自然现象，甚至艺术领域。有的汉画像中的伏羲女娲更是手捧日月（图 2-5），正所谓日为阳精之宗，月乃阴精之宗。伏羲女娲与日月的结合，可视为汉代人在阴阳思想观念下对伏羲女娲神话的一种丰富发展。

关于伏羲、女娲的神话传说在先秦已广泛流传。但在先秦的古籍记载中，除了《列子》（大约在公元前 6 世纪至前 4 世纪之间）和古代论著《文子》（准确年代不详，但不会早于公元前 6 世纪）的残简，我们没有找到古代中国人对于伏羲外貌想象的任何线索。先秦时期遗留至今的传世典籍中也没有对女娲的形象的直接描述：战国中后期楚国诗人屈原在《楚辞·天问》对于女娲有过"登立为帝，孰道尚之？女娲有体，孰制匠之？"的发问；成书或于战国中后期的《山海经·大荒西经》中"有神十人，名曰女娲之肠，化为神，处栗广之野，横道而处"[2] 的描述涉及女娲造化万物的英雄神迹，但对于其外在形象没有进行具体的阐释。由此可知，在先秦时期，女娲似乎还没有在人们心目中形成一个被社会普遍认同，并且较为固定的外在形象。

[1] 顾颉刚，《秦汉的方士与儒生》，上海：上海古籍出版社 2005 年版，第 1 页。
[2] 袁珂，《山海经校注》，成都：巴蜀书社 1993 年版，第 445 页。

图 2-5　四川郫县新胜乡竹瓦铺 1 号石棺
（采自《中国画像石全集》第 7 卷，图 127）

　　就现存文献而言，汉代对于伏羲、女娲神话形象的载录无疑是贫乏而零碎的，因而在文献中，我们所能了解到的大多只是只言片语，难以窥其全貌，直到大量伏羲、女娲画像呈现于世人面前，并随着三座汉墓中标有伏羲女娲榜题画像的出土，现在基本可以确认，汉画像中那些表现为对偶神形象，或手持规矩、日月等物件的人首蛇身像应该是伏羲、女娲。

　　在古代的神话信仰中，蛇定期蜕皮的生命特征，以及冬眠春醒的生物习性，被认为具有再生的魔力，拥有着通天通地、巨大权威的生命力量，象征着生命的永恒与不息。蛇乃不死之身的观念相当古老。世界范围内的民族神话中，"蛇蜕皮型"的死亡起源神话，在太平洋群岛和东南亚地区最为流传。[1] 中国独龙族的神话中也说：人最初不会死，就像蛇那样长生不死。[2] 在世界范围的神话传说中，蛇形往往是作为象征着繁殖和生育的神灵的形象：阿图姆是地中海地区古老的创世神，他的化身是蛇。非洲贝宁和几内亚湾沿岸地区的大神"达"，他既是蛇形的彩虹神，又是繁殖神。

---

[1]　郭于华，《死的困扰与生的执着》，北京：人民大学出版社 1992 年版，第 125—127 页。

[2]　谷德明编，《嘎没嘎莎造人》，《中国少数民族神话》（下），北京：中国民间文艺出版社 1987 年版，第 530—531 页。

同时，蛇既可以象征男性，也可以象征女性。《诗经·小雅·斯干》云：
"维虺维蛇，女子之祥。"[1] 在中国古代，虺蛇是作为女性的象征的。并且
在世界其他不少民族的神话与信仰中，始祖母往往呈现着蛇的形象。曾
经研究过印支及毗邻地区人民古代宗教的学者契斯诺夫认为："蛇跟土和
水是混合在一起的"，同样"蛇的崇拜最先跟母系氏族时期所特有的对始
祖母的崇拜有关"。[2] 这种象征了水、土以及丰饶的蛇身形象乃是对于生
命信仰的原型符号，以寻求归依并取得护佑。双蛇相交通天而上，象征着
具有巨大生命力的生命永生与生命繁衍的宇宙力量，体现着原初的生殖力
崇拜。

从神话研究的角度来看，这种人兽同体的肖像特征较动物神祇是一大
进步，但仍低于神人同形观念的阶段，是还没有完全摆脱非人力量依附心
理的体现。人兽同体的神祇虽已具有半人化的心智和人的面目，但身体依
然停留在泛灵论的动物世界里。这样的神性英雄，比起纯粹的动物神祇，
固然含有更多的"人性因素"：人们开始将自己的形体样貌融入神祇的塑
造中，将"人的要素"慢慢浸入神秘色彩浓厚的原始思维中。

中国古代神话中的伏羲和女娲，创造了许多对人类有突出贡献的发
明，为人类秩序的形成起到了决定性的作用，是规天矩地、规范世界的英
雄。汉代人并没有忘记他们的光辉业绩，汉画像中有许多执规、执矩的伏
羲、女娲像（图 2-6）。规和矩作为两种创造性的工具，规可以画出圆形，
矩可以画出方形，这在先秦时期已是常识。《淮南子·说林训》中亦强调
了规矩准绳定化方圆曲直的标准作用："非规矩不能定方圆，非准绳不能
正曲直。用规矩准绳者，亦有规矩准绳焉。"[3] 规和矩这两种创造型的工具，
不仅适用于定方圆，由于它们具有作为准绳、规范事物的作用，人们往往
亦将其比喻为定化人世间行事曲直的标准，进而象征着现实生活中人们要
循规蹈矩，是治国、修身的准则。《淮南子·天文训》言"其帝太皞，其

---

[1] 〔清〕阮元校刻，《十三经注疏》（第一卷），北京：中华书局 2009 年版，第 937 页。
[2] 《印支国家历史民族志》，第 186 页，转引自李福清《中国神话故事论集》，第 28 页。
[3] 陈广忠译注，《淮南子》，北京：中华书局 2012 年版，第 1026 页。

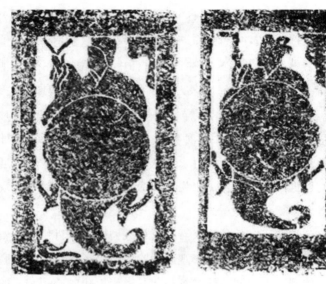

图 2-6　山东费县潘家疃出土"伏羲执规，女娲执矩"画像石
（采自《山东汉画像石选集》，图 328、429）

佐句芒，执规而治春"[1]，又说"其帝少昊，其佐蓐收，执矩而治秋"[2]。神
话中句芒是帮助伏羲治理东方的助手，规矩或本是伏羲和句芒治理东方的
工具。女娲与伏羲在汉代结合后，女娲成为"佐虑戏治"的"阴帝"，句
芒的助手工作让位于女娲，其手中的规也为女娲所执。汉画像中伏羲执规、
女娲执矩的形象无疑在一定程度上是对其英雄功绩的赞颂，并且借助原型
精神的力量护佑死者，昭示生者。

2. 炎帝

在山东武梁祠西壁画像的第二层，刻有 11 位古代英雄帝王的画像（图
2-7），当今学者习称之为"三皇五帝图"。作为华夏族帝王谱系的"三皇
五帝"，对于后世中华民族的认同，具有重大的符号象征意义。"三皇五

---

[1]　陈广忠译注，《淮南子》，北京：中华书局 2012 年版，第 112 页。
[2]　同上，第 113 页。

图 2-7　山东武梁祠西壁画像第二层画像石 （采自《中国画像石全集》第 1 卷，图 49）

帝说"历经战国至汉、东晋长期的排列组合，被各家从上古的神话人物和祖先神灵中挑选出八位人物组成不同的"三皇五帝"帝王谱系结构。关于三皇五帝的说法，学术界现在多有争论，尚没有一个确切的定义。武梁祠"三皇五帝图"的出现，为研究汉代人对于"三皇五帝"的认识有着关键的作用。可以看到，伏羲与女娲的画像是位于画面的最右侧，具有人类世界开创者的身份。画面从右至左位于第二位的是炎帝，之后是黄帝。

中国人具有十分强烈的文化认同感与归属感，常常自许为"炎黄子孙"，视炎帝、黄帝为自己的始祖，成为中华民族自我认同、自我凝聚的一个重要符号。作为血缘之源的祖先、文明的创制者，炎帝与黄帝的神话故事在历史上不断地被丰富和传承，成为中国古代神话中最为浓墨重彩的一笔。炎帝不仅是南方的始祖，也是农耕的业祖，故又有"神农"的世号。在中国古代种种文化创造中，农业的发明无疑具有决定性的意义。正是由于农业的发展，原始人才有了稳定的食物来源，才脱离了四处漂泊的生活从而定居下来，由此打下了文化积累和发展的新基础。在众多文献记述中，神农氏制耒耜锄耨，教民耕作；定日月时序；遍尝百草，宣药疗疾；创制弧矢，以威天下。文化创造业绩涉及农事、宗教、历法、医药、仪礼、兵器等诸多方面。炎帝以"士有当年而不耕者，则天下或受其饥矣。女有当年而不绩者，则天下或受其寒矣"[1] 为训辞，把社会生活的秩序建立在劳

---

[1]　陆玖译注，《吕氏春秋》，北京：中华书局 2011 年版，第 807 页。

图 2-8 炎帝神农氏 嘉祥武氏祠西壁画像石第二层部分
（采自《汉画故事》神农图）

动自养的基础上；并且广施德政，使民"衣食饶溢，奸邪不生。安乐无事，而天下均平"[1]。是社会生活与生产的训导者和组织者。从炎帝陵历代祭祀碑文看，帝王们战争、立储、登基，都要告祭，并视炎帝为佐邦佑国的英祖，并奉为护国之祖。

神话中的炎帝形象多为"人身牛首"。《帝王世纪》载："神农氏，姜姓也。母曰任姒，有乔氏之女，名登，为少典妃。游于华阳，有神龙首感女登于常羊，炎帝人身牛首，长于姜水，有圣德。"[2]多有学者认为这"牛首"乃是炎帝始祖图腾的象征，而陶思炎先生则认为炎帝神农氏的"人身牛首"，应是首佩牛饰，而角饰又是古代巫师习用的巫具。这种牛首的形象乃是象征着炎帝神农氏的巫师身份。[3]然武梁祠帝王图的炎帝图像（图2-8）头戴进贤冠，身着窄袖紧身服，手持木耜正在辛勤劳作。文献记载中的兽形荡然无存。画像左边题榜曰："神农氏因宜教田，辟土种谷，以

---

[1] 陈广忠译注，《淮南子》，北京：中华书局 2012 年版，第 622 页。

[2] 〔宋〕李昉等，《太平御览》（第一册），北京：中华书局 1960 年版，第 365 页。

[3] 陶思炎，《炎帝神话探论》，《江苏社会科学》，1998 年第 4 期。

图 2-9　江苏徐州市铜山区苗山汉墓前室前壁墓门西侧画像
（采自《中国画像石全集》第 4 卷，图 51）

赈万民。"更是对其勤勉于民生、德治天下之英雄功绩的褒赞。

徐州市铜山区苗山墓前室前壁墓门西侧汉画像石有一神人画像（图 2-9），头戴斗笠，身披蓑衣，赤足，左手牵凤，右手执耒耜。图片上方刻月中玉兔、蟾蜍，图下方刻神牛衔草。《淮南子·时则训》云："南方之极……赤帝、祝融之所司者，万二千里。"[1] 高诱注："赤帝，炎帝，少典之子，号为神农，南方火德之帝也。"[2] 凤凰即朱雀，乃南方之神鸟，火德之象。炎帝氏族的后裔仍崇拜凤凰，称之为"火凤凰"。由此看来，这右手执耒耜、左手牵凤凰的神人应是炎帝神农氏的形象。此炎帝之像虽为人形，但其下方却刻画有一头口衔仙草的神牛，牛肩生羽翼，此种刻画显示了炎帝与牛之间的亲密关系。

3. 黄帝

从文化到民生，自养生到成神。黄帝不仅拥有着中原始祖的地位，而且随着黄帝始祖地位的确立，文化创制与众多的优秀品质，也逐渐向他集中，其功绩涉及民生的方方面面，成为一位集德行与才智于一身的神话英雄。嘉祥武梁祠的黄帝像表现了其帝王之尊（图 2-10），头戴冕旒，身着长袍。左边题榜曰："黄帝多所改作，造兵，井田，垂衣裳，立宫宅。"书写出黄帝在衣、食、住、行方面的创制，塑造出其文化英雄的形象。

先秦时期关于黄帝的英雄神话主要涉及两个方面，一方面是各种文明制度的创制者，是作为文化英雄的黄帝：《太平御览》卷七七二引《释

---

[1] 陈广忠译注，《淮南子》，北京：中华书局 2012 年版，第 288 页。
[2] 〔汉〕刘安撰，高诱注，《淮南子》，《诸子集成》（第七卷），北京：中华书局 2000 年版，第 84 页。

图 2-10　山东嘉祥武氏祠西壁画像石第二层部分画像
（采自《汉画故事》）

名》："黄帝造车，故号轩辕氏。"[1] 卷七九引《管子》曰："黄帝钻燧生火，以熟荤臊，民食之，无肠胃之病。"[2] 另一方面是安定天下的贤君，是被视为圣王的黄帝，《淮南子·览冥训》言："昔者黄帝治天下，而力牧、太山稽辅之，以治日、月之行律，治阴、阳之气；节四时之度，正律历之数；别男女，异雌雄；明上下，等贵贱；使强不掩弱，众不暴寡；人民保命而不夭，岁时熟而不凶；百官正而无私，上下调而无尤……"[3] 黄帝制定了一系列制度，其统治活动具有开创文明秩序的人文创世之意义。《史记·太史公自序》中说："维昔黄帝，法天则地，四圣遵序，各成法度。"[4]《管子·任法》："故黄帝之治也，置法而不变，使民安其法者也。所谓仁义礼乐者皆出于法。"[5] 到了汉代，大一统的新兴政权面对广袤的疆土和众多的民族，急需对不同民族的祖先神话系统进行整合，以创设出一个民族共同的精神寄托。于是，黄帝的神话被以华夏民族共同始祖和中央之帝的地位

[1]〔宋〕李昉等，《太平御览》（第四册），北京：中华书局 1960 年版，第 3421 页。

[2] 同上（第一册），第 368 页。

[3] 陈广忠译注，《淮南子》，北京：中华书局 2012 年版，第 321 页。

[4]〔汉〕司马迁，《史记·太史公自序》，《二十四史》，北京：中华书局 2000 年版，第 2494 页。

[5]〔清〕戴望，《管子校正》，《诸子集成》，北京：中华书局 1954 年版，第 256 页。

神话之魅

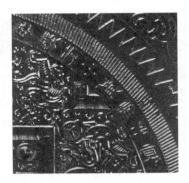

图 2-11　汉代"黄帝治竟"铭瑞兽博局纹镜 （采自《古镜今照》上册，图 59 ）

获得广泛的承认，成为中央权威的象征。田兆元在《神话与中国社会》中指出，重建王权的最高神——太一和确定民族的共祖——黄帝，为汉代神话的两件大事。[1]

　　汉代"黄帝治竟"铭瑞兽博局纹镜（图 2-11），由方框、博局纹和八乳钉将镜背主题纹饰分为四区，每一部分皆饰有各种仙禽异兽和羽人的形象，俨然一幅人兽同台之景，极有气魄地展现出一个琳琅满目的世界。其外铭文圈带内文字为："黄帝治竟四夷服，多贺新家人民息，官位尊显天下复，幸逢时年五谷熟，上有龙虎四十宜，长保二亲子孙力，传告后世乐无极兮。"汉王莽认为自己是黄帝的子孙，自己建立的新莽政权是顺应五行更替的必然结果。由镜铭"黄帝治竟"可以推断出此镜的年代应为新莽时期。也由此说明，在汉代，黄帝已逐渐成为一个公共符号，在不同的语境中被赋予不同的意义，作为围绕民族认同和权力正统的语境化存在。

　　河南南阳王庄汉墓盖顶石画像刻画了黄帝巡天之景象（图 2-12），上刻三神人合力共曳引一车，以头发后披可以看出其行走疾速。车上一驭者

---

[1]　田兆元，《神话与中国社会》，上海：上海人民出版社 1998 年版，第 224 页。

图 2-12　河南南阳卧龙区王庄墓顶盖石画像石　（采自《中国画像石全集》第 6 卷，图 156）

双手挽缰，另一神人端坐于车上。五星相连作车轮。画面下部有四个神人，皆抱罐倒水行雨。图右一巨神赤身踞地、屈膝伸臂作呼风状，此人当为风伯。画面左上方有斜对四星，以其组合之形状应为十七度室宿的云雨星座，下沿的中间有一星应是老人星，画面空白处云雾缭绕。[1]《淮南子·天文训》："东方木也，其帝太皞，其佐句芒，执规而治春……中央土也，其帝黄帝，其佐后土，执绳而制四方……北方水也，其帝颛顼，其佐玄冥，执权而治冬……"[2] 可见黄帝是居五天帝之中的中央天帝。又据《韩非子·十过》："昔者黄帝合鬼神于泰山之上，驾象车而六蛟龙，毕方并辖，蚩尤居前，风伯进扫，雨师洒道，虎狼在前，鬼神在后。"[3] 由此大概可以推知，这幅图像中乘车之"尊者"应为黄帝，一副叱咤于天的天神形象，并与众多神人构成一幅震人心神的"黄帝巡天图"。

　　作为神话的变种，仙话在战国中晚期已开始萌生，秦汉时期，求仙成了最为人津津乐道的话题之一。《山海经·西次三经》记载黄帝服食玉膏，又有拜赤松子及广成子等仙人为师的神话传说；道家形容黄帝生活"声禁重，色禁重，衣禁重，香禁重，味禁重，室禁重"[4]，清心寡欲，与老子虚

[1]　南阳市博物馆，《南阳王庄汉画像石墓》，《中原文物》，1985 年第 3 期。
[2]　陈广忠译注，《淮南子》，北京：中华书局 2012 年版，第 112—113 页。
[3]　〔清〕王先慎，《韩非子集解》，《诸子集成》（第五卷），北京：中华书局 1954 年版，第 44 页。
[4]　陆玖译注，《吕氏春秋》，北京：中华书局 2011 年版，第 28 页。

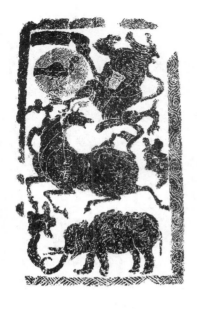

图 2-13　江苏徐州铜山苗山墓前室前壁墓门东侧
（采自《中国画像石全集》第 4 卷，图 50）

静的道家生活相符合；并且黄帝的治世之法"顺天地之纪、幽明之占、死生之说、存亡之难。时播百谷草木，淳化鸟兽虫蛾，旁罗日月星辰，水波土石金玉，劳勤心力耳目，节用水火材物"[1]，使人民在其治世下"不引而来，不推而往，不使而成，不禁而止"[2]。呼应老子所言："太上，下知有之……功成事遂，百姓皆谓我自然。"[3] 黄帝有这样与道教思想的相近度，又有近乎神的功业，则黄帝必然要走上成仙的道路。徐州铜山苗山汉墓墓室门东石刻（图 2-13），画面上方刻阳鸟旭日，旁有熊首人身并体生羽翼的神人，下刻天马腾空，马下一象，背负出珠。黄帝号曰有熊氏，图中的羽人有着熊的面孔，应视为黄帝的形象。《史记·封禅书》说起黄帝的成仙之事，言："鼎既成，有龙垂胡髯下迎黄帝，黄帝上骑，群臣后宫从上者七十余人，龙乃上去，余小臣不得上，乃悉持龙髯。龙髯拔，堕，堕黄帝之弓。百姓仰望黄帝既上天，乃抱其弓与胡髯号，故后世因名其处曰鼎湖，其弓曰乌号。"[4] 又说"黄帝已仙上天，群臣葬其衣冠"[5]。画面中的似马的形象应为黄帝升仙时所骑的"訾黄"，訾黄又名飞黄、乘黄、腾黄。《汉书·礼乐志》应劭注："訾黄一名乘黄，龙翼而马身，黄帝乘之而仙。"[6] 祥瑞吉光之兽訾黄与日中金乌、芝草，更是绘出一幅关于黄帝升仙的神话故事场景。

---

[1] 〔汉〕司马迁，《史记》，《二十四史》，北京：中华书局 2000 年版，第 5 页。
[2] 〔清〕戴望，《管子校正》，《诸子集成》（第五卷），北京：中华书局 1954 年版，第 255—256 页。
[3] 〔魏〕王弼，《老子注》，《诸子集成》（第三卷），北京：中华书局 1954 年版，第 13 页。
[4] 〔汉〕司马迁，《史记》，《二十四史》，北京：中华书局 2000 年版，第 1187—1188 页。
[5] 同上，第 1189 页。
[6] 〔汉〕班固，〔唐〕颜师古注，《汉书》，《二十四史》，北京：中华书局 2000 年版，第 904 页。

4. 仓颉

在中国古代神话中，将文字的产生归功于黄帝之史仓颉。关于仓颉造字的神话，先秦文献中多有记载。如《吕氏春秋·君守》言："奚仲作车，苍颉作书"[1]；《荀子·解蔽》："故好书者众矣，而仓颉独传者，一也"[2]。至两汉，《淮南子·本经训》有"昔者苍颉作书，而天雨粟，鬼夜哭"[3]；《春秋·演孔图》有"仓颉四目，是谓并明"[4]；《河图玉版》言"仓颉为帝南巡狩，登阳虚之山，临于玄扈洛汭之水，灵龟负书，丹甲青文，以授帝"[5]。由此可见，仓颉被视为创造文字的文化英雄受到崇拜。

四川新津崖东汉汉墓一石函（图2-14）从右至左第三部分刻两人，分别标有题榜，上刻"神农""仓颉"，神农一手拄杖，一手以物纳口，为尝百草之状；仓颉手执三歧之物。山东沂南汉墓中室南壁东侧画像上部也有类似画像（图2-15），画面中有一棵开花的大树，树下一人四目披发，右手握一圆棍形而末端柔软的东西置于膝上，其下刻榜题曰"仓颉"；另一人与"仓颉"相对，右手握一株小树，下部有榜无题。两人皆披发，着兽皮，踞坐。有学者认为无榜题之人应为沮诵，也是黄帝的史臣，是和仓颉一起创造文字之人。[6]但联系到上述四川新津画像石与此图颇为相似，于此，我们认为，该无榜题的老者形象应为神农。神农尝百草、采集药用植物为人治病，仓颉观鸟兽轨迹为民造字，这两幅画像将这两位发明创造者联系在一起，具有赞颂其文明功绩之意。

---

[1] 陆玖译注，《吕氏春秋》，北京：中华书局2011年版，第584页。
[2] 〔清〕王先谦，《荀子集解》，《诸子集成》（第二卷），北京：中华书局1954年版，第267页。
[3] 陈广忠译注，《淮南子》，北京：中华书局2012年版，第390页。
[4] [日]中村璋八、安居香山辑，《纬书集成》，石家庄：河北人民出版社1994年版，第574页。
[5] 同上，第1146页。
[6] 曾昭燏等，《沂南古画像石墓发掘报告》，北京：文化部文物管理局1956年版，第23页。

图 2-14　四川新津崖墓一石函　　　　　　图 2-15　山东沂南汉墓中室南壁东侧画像
（采自《中国画像石全集》第 7 卷，图 200）　　（采自《中国画像石全集》第 1 卷，图 210）

（二）征战、冒险和兴邦立国的神话英雄

　　创制文化器物，为人类带来文明的文化英雄是人类自我意识觉醒下的产物，而这种意识的外投则体现为对于空间、财富、政权的强烈愿望。于是，在共同体建立的艰辛历程中，涌现出一系列立下奇功伟业的英雄，他们成了民族的恩人，也成为氏族、国邦的始祖或君主。汉代画像中也有图像描绘了这类神话英雄人物。武梁祠西壁画像第二层画面从右至左第五格之后的颛顼、帝喾、尧、舜、禹的画像，颛顼、帝喾、尧、舜四位人物皆头戴旒冕，身着宽袖长袍，表现出帝王之尊。人物排成一行，姿态朝向右方，着重体现社会有序发展的进程。

1. 颛顼

武氏祠颛顼图像（图2-16）隔栏题榜曰：
"帝颛顼高阳者，黄帝之孙而昌意之子。"《史
记·五帝本纪》"帝颛顼高阳者，黄帝之孙而
昌意之子也"[1]，与此题榜相一致。

《说文解字》卷九言："颛，头颛颛谨貌；
顼，头顼顼谨貌。"[2]二字组合起来，就是一副
小头锐面的样子。在古代神话中，颛顼是一个
有谋、善养材、载时、知事的人物。《史记·五
帝本纪》说："帝高阳者，黄帝之孙而昌意之
子也，静渊以有谋，疏通而知事；养材以任天
地，载时以象天，依鬼神以制义，治气以教
化，絜诚以祭祀。"他的统治范围"北至于幽
陵，南至于交阯，西至于流沙，东至于蟠木。

图2-16　山东嘉祥武氏祠西壁
画像石第二层"颛顼"画像
（采自《中国画像石全集》第1
卷，图49）

动静之物，大小之神，日月所照，莫不砥属"[3]。颛顼所处时代是中国由父
系制文明向国家文明转变中承上启下的重要时期，这个时代民众崇尚鬼神
而废弃人事，一切决定都依靠占卜，不再诚敬地祭祀上天，也不安心地进
行农业生产，于是颛顼决定改革宗教。《国语·楚语下》："昭王问于观射
父，曰：'周书所谓重、黎实使天地不通者何也？'"《吕刑》注："颛顼
受之，乃命南正重司天以属神，火正黎司地以属民，谓绝地与天相通之道
也。"[4]这是天人概念上的第一次分离，天上的神灵与地上的统治关系相对
应，这对于社会形态结构的进一步发展具有关键的促进作用，宗教崇拜也
随着国家、阶级的产生趋于一致，对于中国之后的科技和文化的发展具有
重大影响。

---

[1]　〔汉〕司马迁，《史记》，《二十四史》，北京：中华书局2000年版，第9页。
[2]　〔汉〕许慎撰，〔清〕段玉裁注，《说文解字注》，上海：上海古籍出版社1981年版，第419页。
[3]　〔汉〕司马迁，《史记》，《二十四史》，北京：中华书局2000年版，第9页。
[4]　徐元诰撰，王树民、沈长云点校，《国语集解》，北京：中华书局2002年版，第512页。

图 2-17　山东嘉祥武氏祠西壁画像石第二层"帝喾"画像　（采自《中国画像石全集》第 1 卷，图 49）

2. 帝喾

在武梁祠古代帝王汉画像中，帝喾位于颛顼之后，图像的第六格（图 2-17），头戴旒冕，身着宽袖长袍，面向前方，双手抬起，左隔栏题榜"帝喾，高辛者，黄帝之曾孙也"。

中国古代典籍中关于帝喾的记载甚少，《史记·五帝本纪》说帝喾："生而神灵，自言其名。普施利物，不于其身。聪以知远，明以察微。顺天之义，知民之急。仁而威，惠而信，修身而天下服。取地之财而节用之，抚教万民而利诲之，历日月而迎送之，明鬼神而敬事之。其色郁郁，其德嶷嶷。其动也时，其服也士。帝喾溉执中而遍天下，日月所照，风雨所至，莫不从服。"[1] 帝喾有四妃，其子皆有天下：上妃姜嫄生后稷，为周的始祖；次妃简狄生契，乃商的祖先；次妃庆都生尧，成为有名的圣贤之君。帝喾德行昭彰，迎日送月，理化阴阳，敬事神明，仁威惠信，子孙隆昌。前承炎黄，后启尧舜，奠定了华夏民族的根基。

3. 尧、舜

尧、舜的画像位于帝喾之后，尧舜时代的社会已进入酋邦（部落联合体）阶段，这个时期虽仍以血缘为纽带，但氏族制度已趋于解体，社会等级制度开始形成，统一的决策机构开始建立，最高权威出现，战争连续不断，与考古学相对应的应是龙山文化时期。在古代神话中，尧有天地之涵养，圣人之德业，如日之光照临天下，深受人们的爱戴。尧设官掌管天地时令，制定历法，明确节令，促进了农业生产的进行和社会秩序的安定。

---

[1]　〔汉〕司马迁，《史记》，《二十四史》，北京：中华书局 2000 年版，第 11 页。

舜更是内修于己，并施礼教化，布五教于四方，使各诸侯国团结安定。并且"南抚交阯、北发，西戎、析枝、渠廋、氐、羌，北山戎、发、息慎，东长、鸟夷，四海之内咸戴帝舜之功"[1]。据诸典籍记载：尧"体长"（《荀子·非相》），"眉如八字"（《尚书大传》），"忧劳瘦臞"（《淮南子·修务训》），"形若腊"（《论衡·道虚》）。帝舜"霉黑"（《淮南子·修务训》）、"面额无毛"（《孔丛子·居卫》）、"两眸子"（《尸子》）。汉画像中没有表现出尧、舜在古文献中的这些神异的面貌特征，皆是身着宽袖长衣，头戴旒冕的样貌。

《史记·五帝本纪》云："尧知子丹朱之不肖，不足授天下，于是乃权授舜。"[2]之后舜也同样将帝位传于禹。这就是古代神话中的禅让，一种为后人所向往的制度，体现了一种权力的完美转移。对于"禅让"一词，《中华大字典》的解释是：禅，让也；禅让，谓天子让位于贤者也。《辞源》的解释为：以天下传他人，谓之禅让。从古至今的学者普遍将尧、舜、禹的禅让故事简单地与西方的军事民主制相等同。两汉的禅让学说主要为西汉后期的"禅让德运说"，并一直影响到魏晋时期，这种学说是以"古典哲学中的五行相生说"作为它的理论基础。[3]实际上，尧、舜、禹的禅让说反映的是氏族即将瓦解，国家即将产生的历史背景。这种被儒、墨两家所乐道的禅让之事也进入了汉代画像石的视觉表现体系中。山东沂南县北寨村东汉汉墓中室南壁东段画像石下端所描绘的两人物皆头戴帝冠——旒冕，身着宽袖的长袍。左者右手拄剑，左手下伸；右者佩剑拄杖。画面上方有榜，却已模糊不清。这两个人物的衣冠与武梁祠西壁画像中的黄帝、颛顼、帝喾、尧、舜五帝之样貌相似，从表情举止看，两人似在交谈，因而此图应当描述的是"尧禅舜让"的故事（图2-18）。

山东省莒县东莞镇东湾村东汉画像石第四层（图2-19）刻四人，每人右上方均有一题榜，左边为连理树，从左至右第一人坐于树下，榜题

[1] 〔汉〕司马迁，《史记》，《二十四史》，北京：中华书局2000年版，第32页。
[2] 同上，第23页。
[3] 郑洁文，《禅让学说的历史演化及其原因》，《中国文化研究》，2002年第1期。

图 2-18　山东沂南汉墓中
室南壁东侧画像下半部分
（采自《中国画像石全集》
第 1 卷，图 210）

图 2-19　山东省莒县东莞镇东湾村画像石 1 号石第四层
（采自《中国画像石全集》第 3 卷，图 140）

"尧"；第二人面朝左作跪坐状，榜题"舜"；第三人榜题"侍郎"，第四人榜题"大夫"，当是跟随舜前来拜谒尧的大臣。

人们常用"尧天舜日"比作理想中的太平盛世，孟子"言必称尧舜"，"言尧舜治天下，不失仁义之道"[1]。舜更是儒家传统文化标榜的道德楷模。舜在三十岁时被推举为尧的继承人，关于舜的美德的神话故事很多。武梁祠左右室第七石第一层，应为舜登梯涂廪的故事（图 2-20）。图像中的左边屋中坐一人，柱右一人执笏跪拜；另一人身背锸笼登梯向上，此人应当是舜；左一妇女持弓左向，意为害舜，后两人执笏而立，似在窃窃私语。

---

[1]　〔清〕焦循，《孟子正义》，《诸子集成》（第一卷），北京：中华书局 1954 年版，第 186 页。

图 2-20　山东省武氏祠左石室后壁小龛东壁画像石第一层画像
（采自《中国画像石全集》第 1 卷，图 83）

这幅高不盈尺的画面，讲述了舜的后母以及他父亲瞽叟和弟弟象合谋杀舜，舜在二妃的帮助下逃脱的故事。

《尚书中候·考河命》中叙述了这一故事的大概：

> 父母憎之，使其涂廪，自下焚之，舜乃服鸟工之衣飞去。又使浚井，自上填之，舜服龙工之服，自傍而出。舜之妃曰女英，帝尧之女也。作鸟工之衣、龙工之服，以授舜，俊其厄而著之。[1]

山东省莒县东莞镇东湾村画像石第二层右侧刻三人，其中右者荷物登梯，左一人张弓射之，两人间立一小人（图 2-21）。这幅画像与武梁祠左石室第七石第一层中所描绘的人物形象极为相似，但画面构成要素较之简单，唯有登梯者舜、张弓者以及站立的小儿。

舜以德化人、以诚待人、以仁感人的崇高品德一直为世人所敬仰和推崇，特别当他人意图谋害自己时，却依然"复事瞽叟，爱弟弥谨"。袁珂认为，这个"孝悌之道"的家庭伦理故事是神性英雄舜驯服野象的神话故事经过历史化的结果，言："舜亦古神话中之神性英雄，如羿、禹然。

---

[1]　[日] 中村璋八、安居香山辑，《纬书集成》，石家庄：河北人民出版社 1994 年版，第 429 页。

　　　　　　　　　　　　　　　　　　　　　　　神话之魅

图 2-21　山东省莒县东莞镇东湾村画像石 1 号石第三层画像
（采自《中国画像石全集》第 3 卷，图 140）

其一生之功业，厥为驯服野象。然舜服野象神话之最古面目已湮昧难晓矣。"[1] 而英雄舜也被装扮成了"二十四孝"之首的大孝子。[2] 在这生动的神话故事中，舜这一英雄形象具有中国文化精髓的符号性象征意义，践行着"孝弟（悌）忠顺之行立，而后可以为人，而后可以治人"[3] 的道德理念。

（三）灭患救世的英雄神话

　　远古时代的人们生活在神秘的自然力的威胁下，洪水、猛兽、大火等自然灾害都在客观上成为人类生存的敌对力量。主观上由于思维水平较低，受万物有灵思想的支配，对他们来说，世界充满着各种超自然的神秘力量。于是，人与自然之间的矛盾被幻想成妖、魔、鬼、怪等对人类社会秩序的破坏、压迫甚至毁灭。这类神话着力描述人类所历经的灾难以及拯救人类或民族的英雄行为。在这部分神话中，神话英雄人物的动作性、细节性较强，故事情节跌宕起伏。中国神话故事中与日赛跑的夸父、射日的后羿、治水的禹，都属于此类英雄神话。他们英勇超群，形体特异，有的是神的后代、兽的子孙。表达了人类征服自然的坚强意志和强烈愿望，充满英雄主义的牺牲精神。

[1]　袁珂，《山海经校注》，上海：上海古籍出版社 1980 年版，第 459—460 页。
[2]　袁珂，《中国神话通论》，成都：巴蜀书社 1993 年版，第 208 页。
[3]　〔清〕阮元校刻，《十三经注疏》（第三卷），北京：中华书局 2009 年版，第 3646 页。

1. 禹

远古洪水是极具普遍意义的神话母题，"在世界上历史较古的民族里面差不多都有关于洪水的传说，这种相似性，说明人类在起步阶段，总会经历某种相同的时期，而在这一时期，人类不分地区和史区，有某种惊人的巧合"[1]。在中外的这些洪水神话中，颇为相似之处在于洪水久远且极具毁灭性。在自然灾害面前，大部分民族采取消极的避水，而在中国"大禹治水"神话中，则是进行积极的疏导。中国古代神话中，对于洪水的治理经历了治水英雄们前赴后继的坎坷过程。《山海经·海内经》说："洪水滔天。鲧窃帝之息壤以堙洪水，不待帝命。帝令祝融杀鲧于羽郊。鲧复生禹。帝乃命禹卒布土以定九州。"[2]鲧窃取天帝的息壤，与希腊神话普罗米修斯盗取天上之火种赐予人间的神话相似，他们所得的结果也大体相同，鲧是被天帝派遣的使者杀戮在羽山，后者则是被宙斯锁在奥林匹斯山，叫岩鹰啄食他的心肝。鲧的尸体三年不腐，并且竟从腹中孕育出他的继承人——禹。斗争精神薪火相传，绵历不绝。在神话时代，氏族或部族的首领一般都身兼大巫，被看作神灵下凡，并被视为拥有与神沟通的能力。顾自力认为，鲧被杀和腹中生禹的神话，可能正是一场新老神祇交替时举行的"人祭"仪式。[3]

禹，传说为帝颛顼的曾孙，后世尊称大禹、夏禹、伯禹，夏后氏首领。大禹是中国古代神话中大名鼎鼎的英雄人物，其英雄功绩有四：大禹治水、征战三苗、涂山之盟和禹铸九鼎。鲧传说为禹之父，禹子承父业，继续着治理洪水的工作。治水初始之时，禹仍采用"湮"的方式。《楚辞·天问》云："洪泉极深，何以寘之？"王逸注："言洪水渊泉极深大，禹何用塞而平之乎。"洪兴祖补注："寘与填同。"[4]此犹言禹以息壤填洪水。之后，在

[1] 徐旭生，《中国古史的传说时代》，桂林：广西师范大学出版社 2003 年版，第 148 页。
[2] 袁珂，《山海经校注》，成都：巴蜀书社 1993 年版，第 536 页。
[3] 顾自力，《鲧禹神话新解——从原始巫术破译鲧禹神话》，载《中国民间文化》（第三辑），上海：学林出版社 1991 年版，第 192—217 页。
[4] 〔宋〕洪兴祖，《楚辞补注》，北京：中华书局 1983 年版，第 90 页。

前辈屡次失败的经验教训之下，并结合自己的实践，禹终于找到了彻底解决洪水问题的方法。《国语·周语下》比较完整地叙述了从共工、鲧到禹三代人的治水经验，在谈到禹庞大的治水工程时说：

> 高高下下，疏川导滞，钟水丰物，封崇九山，决汨九川，陂鄣九泽，丰殖九薮，汨越九原，宅居九隩，合通四海。[1]

顺着地理的自然形貌，高处筑之，低处掘之，将河流疏通，将积水导走，并使百姓在水旁的高处居住。通过这样的一套合乎自然规律的生态治理，基本解决了洪水的威胁。《史记·夏本纪》也记述了禹勉力勤谨治水的英雄故事：

> 禹乃遂与益、后稷奉帝命，命诸侯百姓兴人徒以傅土，行山表木，定高山大川。禹伤先人父鲧功之不成受诛，乃劳身焦思，居外十三年，过家门不敢入。薄衣食，致孝于鬼神。卑宫室，致费于沟淢。陆行乘车，水行乘船，泥行乘橇，山行乘檋。左准绳，右规矩，载四时，以开九州，通九道，陂九泽，度九山。[2]

《楚辞·天问》又云："河海应龙，何尽何历？"王逸注："禹治洪水时，有神龙以尾画地，导水所注当决者，因而治之也。"[3]《拾遗记》卷二云："禹尽力沟洫，导川夷岳，黄龙曳尾于前，玄龟负青泥于后。"[4]这是说禹治水时有神龙以尾划地，划过之处即变为深深的河道，是为"疏"；又从灵龟背上取青泥撒在需要加高的地方，则为"湮"，大禹湮疏并举完成了凿龙门、导黄河、治淮水等宏伟的治水工程，造福了子孙后代。神话

---

[1]　徐元诰撰，王树民、沈长云点校，《国语集解》，北京：中华书局 2002 年版，第 95—96 页。

[2]　〔汉〕司马迁，《史记·夏本纪》，《二十四史》，北京：中华书局 2000 年版，第 38 页。

[3]　〔宋〕洪兴祖，《楚辞补注》，北京：中华书局 1983 年版，第 91 页。

[4]　〔晋〕王嘉撰，萧绮录，《拾遗记》，北京：中华书局 1981 年版，第 37 页。

图 2-22　西周遂公盨

英雄禹借助神的帮助，勤勉有加，救人民于灾难之中，这是原始心理的反映，也是人性力量的象征，标志着原始社会水利事业的创始和农业的初步发展。

大禹治水的英雄神话和褒赞之语，著写于许多先秦文献中，也见诸已出土的许多先秦文物中。西周中后期遂公盨铭文，春秋时期秦公簋和齐叔夷镈、钟铭文也记载了禹之事迹。最为重要的当为现藏于北京保利艺术博物馆的我国西周中后期的一件遂公盨（图 2-22），又名豳公盨、燹公盨，重 2.5 千克，通高 11.8 厘米，口径 24.8 厘米，呈圆角的长方形，无盖，器口沿下饰鸟纹，腹部饰有瓦纹，小耳上有兽首，在器内底铭文共十行字，九十八个字，铭文通行字隶定为：

> 天命禹敷土，随山浚川，乃差地设征，降民监德，乃自作配乡（享）民，成父母。生我王作臣，厥沬（贵）唯德，民好明德，寡（顾）在天下。用厥邵（绍）好，益干（？）懿德，康亡不懋。孝友，讦明经齐，好祀无（废）。心好德，婚媾亦唯协。天厘用考，神复用祓禄，永御于宁。遂公曰：民唯克用兹德，亡诲（侮）。

　　　　　　　　　　　　　　　　　　　神话之魅

图 2-23　江苏师范大学博物馆藏拓片（大禹治水图）原石现藏徐州汉画像石艺术馆

图 2-24　长沙马王堆 3 号墓出土
西汉带柄铁錾木臿

图 2-25　山东嘉祥武梁祠西壁第二层部分画像
（采自《中国画像石全集》第 1 卷，图 49）

　　盨铭中"天命禹敷土，随山浚川，乃差地设征"，与《尚书·禹贡》：
"禹敷土，随山刊木，奠高山大川……"[1] 中的内容颇有相似的文句。此铭
文的发现是关于大禹治水的英雄故事的最早物证，一定意义上证明了夏王
朝的存在和大禹治水故事的真实性。

　　"茫茫禹迹，画为九州"，天下到处留下了大禹的足迹。然徐旭生认
为，洪水大致发生和大禹施工的地域，主要是在兖州、豫东以及徐州的部
分地区。也就是说洪水的危害区域主要集中在黄河下游的部分区域。[2] 从

[1]　〔清〕阮元校刻，《十三经注疏》（第一卷），北京：中华书局 2009 年版，第 307 页。
[2]　徐旭生，《中国古史的传说时代》，北京：文物出版社 1985 年版，第 139—140 页。

图 2-26　江苏徐州汉画像石艺术馆藏石

已出土的汉代画像石来看，表现这一故事题材的也多出现在江苏徐州以及山东沂南、临沂等地区。江苏徐州出土画像石（图 2-23）画面分为三组，共刻画十个人物。第一组刻一人面朝右，坐于树下，对面一人面向左站立。这与山东省莒县东莞镇东湾村画像石画面较为相似。刻画的应是尧、舜禅让的故事。旁边正面站立执锸者身穿宽袍，头戴斗笠。"锸"同"臿"，为铲土的工具，它在汉代有许多别名。《史记·秦始皇本纪》正义："臿，锹也。"全木制的臿曾在长沙咸嘉湖西汉曹㜰墓的填土中发现过一件[1]。长沙马王堆 3 号墓填土中出土有西汉带柄铁錾木臿，保存极为完整（图 2-24）。据《韩非子·五蠹》中记载："禹之王天下也，身执耒臿以为民先，股无胈，胫不生毛。"[2]"臿"应为禹治水时使用的工具。又见武梁祠西壁画像第二层第九格禹像肩上负"臿"（图 2-25），左侧题榜"夏禹长于地理，脉泉知阴，随时设防，退为肉刑"。因而，此人物形象应为"禹"。第二、三组画面共刻有七人，这两组画面在《尚书》中有所记载："娶于涂山，辛壬癸甲，启呱呱而泣，予弗子。"徐州汉画像博物馆同时藏有一画像石（图 2-26），图中上部偏右方有一身披蓑衣、手中执臿的形象，在他

[1]　长沙市文化局文物组，《长沙咸嘉湖西汉曹㜰墓》，《文物》，1979 年第 3 期。
[2]　〔清〕王先慎，《韩非子集解》，《诸子集成》（第五卷），北京：中华书局 1954 年版，第 340 页。

图 2-27　山东省临沂市
白庄汉画像石

图 2-28　山东沂南县任家
庄画像石（采自《中国
画像石全集》第 3 卷，图
117）

图 2-29　江苏徐州汉画像石
艺术馆藏石

周围还绘有许多形态各异的神怪形象，置于同一画面之上，颇为有趣。这一形象，也应为大禹。

　　山东省临沂市白庄出土一画像石（图 2-27），画面上部操蛇神人正面蹲坐，中部一人戴笠执耒，赤足立于一鸟首兽身神怪背上，下部则为两人，一人执便面，一人荷物，两人相对而立。山东沂南县任家庄出土的画像石（图 2-28），四周边栏各一道，局部饰有垂帐纹。画面分为上下两层，下层为一头戴斗笠之人，双手扶耒站立，刻画的应是大禹的形象。另外，江苏徐州出土画像石（图 2-29）中也有一类似形象，局部饰垂帐纹，人物身披蓑衣，头戴旒冕，双手扶耒。这三幅画像并没有十分丰富地展示故事的情节，却呈现出大禹身披蓑衣、头戴斗笠、执耒治水的英雄故事中最具孕育性的顷刻，使观者能够驰骋于自由的空间之内，感受着禹为民解忧的英雄精神。

　　在黄帝、尧、舜的时代，中华大地仍然处于部族林立的状态，《史记·五帝本纪》说黄帝"监于万国"、尧"合和万国"，所谓"天子"只是各自部落的共主，并没有绝对的权威。夏、商、周为我国古代历史中所谓的"三代"，夏为"三代"之始，禹为"三王"之首，夏代是我国原始国家肇始之时。《左传·哀公七年》"禹合诸侯于涂山，执玉帛者万国"[1]；《韩非子·饰邪》说："禹朝诸侯之君会稽之上，防风之君后至，而禹斩之。"[2]由此可见，禹的权力超过了其他的诸侯，夏朝是历史上所建立的第一个王朝。作为君王，他定田赋，使民开始有贡、税，文化开始向心集中。

大禹不仅在治水上勉力勤谨，为民生解除了隐患，更誓师出征，平定了三苗，并辅以"文德"：

> 令天子之国以外五百里甸服：百里赋纳緫，二百里纳铚，三百里纳秸服，四百里粟，五百里米。甸服外五百里侯服：百里采，二百里任国，三百里诸侯。侯服外五百里绥服：三百里揆文教，二百里奋武卫。绥服外五百里要服：三百里夷，二百里蔡。要服外五百里荒服：三百里蛮，二百里流。[3]

三苗接受王化文教，于是被融入了中华文化的范畴之内，不再有叛。

《史记·殷本纪》说商的始祖契"长而佐禹治水有功……兴于唐、虞、大禹之际，功业著于百姓，百姓以平"[4]。契之后十三世，汤继位，成为三代圣王之一，也成为殷商兴起的关键人物，继续施行重文教、修德行的治世之道。山东莒县东莞出土画像石第五层刻五人（图2-30），每人左上方皆有题榜。最左侧一人面向右而坐，怀中抱一幼儿，榜题"禹妻"；从左至右依次第二人刻榜题"夏禹"，头戴斗笠，向右作行走状；第三人头戴帝冕，右向侧立榜题刻"汤王"二字；第四人头梳高髻，博袖长裙，面朝左侧汤王站立，榜题"汤妃"；第五人亦向左侧立，有榜无题，人物形貌刻画较为细致，似在交谈。《太平御览》卷一三五引《帝王世纪》曰"汤

[1]〔清〕阮元校刻，《十三经注疏》（第四卷），北京：中华书局2009年版，第4697页。
[2]〔清〕王先慎，《韩非子集解》，《诸子集成》（第五卷），北京：中华书局1954年版，第91—92页。
[3]〔汉〕司马迁，《史记·夏本纪》，《二十四史》，北京：中华书局2000年版，第56页。
[4]〔汉〕司马迁，《史记·殷本纪》，《二十四史》，北京：中华书局2000年版，第67页。

图 2-30　山东省莒县东莞镇东湾村画像石第五层画像
（采自《中国画像石全集》第 3 卷，图 140）

婆有莘为正妃"，又引《列女传》曰"汤妃有莘氏之女也，德高而伊尹为之
胜臣佐汤"。[1] 画面中的"汤妃"应为有莘氏之女，而其后的侍者可能为
伊尹——商朝最为著名的丞相、政治家。他任丞相期间，整顿吏治，洞察
民情，使商朝初年经济比较繁荣，政治比较清明。伊尹又是中国第一个帝
王之师，《孟子·万章上》说："伊尹耕于有莘之野，而乐尧舜之道焉。"[2]
又说：伊尹"故就汤而说之以伐夏救民"，"以尧舜之道要汤"。[3] 教汤效
法尧舜的以德治天下，为救民而伐夏的方略。禹的时代与汤的时代相距甚
远，整幅画面将五个处于不同时代的人物共同置于同一画面之上，发挥了
汉代艺术家丰富的想象力和故事塑造能力，超越了俗世的时空观，表达出
具有象征意味的远古故事。

（四）悲剧英雄神话——蚩尤

　　创制文化、征战、冒险和兴邦立国的神话英雄，他们是中国儒道思想
中广入民心的英雄类型，在能否拯救万民痛苦的前提下形成。他们既能力
超群，又德行兼备，终生忙碌于百姓之事，思虑如何造福社稷。相较于这
种植根于中国儒道文化下的传统英雄类型，神话中存在有另一种类型的英

---

[1]　〔宋〕李昉等，《太平御览》（第一册），北京：中华书局 1960 年版，第 657 页。
[2]　〔清〕焦循，《孟子正义》，《诸子集成》（第一卷），北京：中华书局 1954 年版，第 385—386 页。
[3]　同上，第 387 页。

雄，他们着重体现了人类的"悲剧意识"。
这主题主要是由已有学者使用西方的定义来
分析中国神话英雄，将鲧、夸父、共工、蚩
尤、刑天等神话英雄视为悲剧型"向主权
者——帝抗争"的存在。

　　人类的悲剧意识是对悲剧性现实困境
的反映，也是对其悲剧性生存现实的精神把
握。人类的文明就是在挑战与应战的悲剧性
中诞生的。"在人类文明的成长中，挑战与
应战主要发生在人与自然之间，更主要地是
在人与人、阶级与阶级、集团与集团、社会
与社会、民族与民族、文明与文明之间，社
会文明就是在不断的挑战和应战的悲剧中夭
折和成长、沉沦和前进的。"[1] 也是在这悲剧
性的挑战与应战中，激发出了人类悲壮的
崇高精神境界。古希腊神话中，俄狄浦斯之

图 2-31　山东省沂南县北寨村出土
画像石　（采自《中国画像石全集》第 1
卷，图 194）

盲、西西弗斯之劳作、赫拉克勒斯之死，呈现的是英雄性格与命运之间撞
击出来的一连串火花。而中国古代神话中的刑天之反、共工之暴、蚩尤之
乱，他们英雄性格的全部气概都被凝聚在一个特别的行动中，悲剧的命运
使"英雄"的生命分量变得分外沉重，他生前的功绩也就愈加壮烈和光辉。

　　在现已发现的汉代祠堂、墓室画像石及汉墓出土的铜带钩上均刻画有
一种半人半兽的神怪形象，在头上、手上、脚上都持有诸如矛、戟、剑、
弓、戈等武器，有的还在两腿的裆间挂着盾牌，形态十分魁梧。这一神怪
的原型，应是神话故事中的战神蚩尤。

　　山东沂南汉墓出土汉画像石中可见这一半人半兽执兵器的神怪（图
2-31）。据《沂南古画像石墓发掘报告》描述：这幅画面的位置在"前室

---

[1]　张法，《中国文化与悲剧意识》，北京：中国人民大学出版社 1989 年版，第 5 页。

图 2-32　山东省嘉祥县武氏祠左石室屋顶前
坡西段第三层部分画像
（采自《中国画像石全集》第 1 卷，图 88）

北壁正中的一段"，即"通中室门的当中支柱"。从画面上看，神怪位于朱
雀之下，"虎首，头上顶着插三支箭的弩弓，张口露齿，胸垂两乳，四肢
长着长毛，左手持着短戟，右手举着带缨的短刀，右足握一短剑，左足握
一刀，胯下还立着一个盾牌"。[1] 收入《中国画像石全集》第 1 卷《山东
汉画像石》的这幅图，题"沂南汉墓前室北壁中柱画像"，释文说是"虎
首神怪"。[2] 张从军依据蚩尤"五兵说"的文献记载，猜测此神怪"可能
是蚩尤的形象"。[3]

　　山东武氏祠左石室屋顶前坡西段画像第三层右部也有一相似的形象
（图 2-32），神怪正面站立，兽身似熊，竖目，短尾，巨口。头顶弩弓，
一手执短戟，一手持剑，双足分别举钩镶和矛。有学者认为"这一怪物，
使用五种兵器，据说是方相氏"[4]。刘铭恕认为这一"头戴以弓，左右手一
持戈，一持剑，左右足一蹬弩，一蹑矛，睹其形状，至为狞猛"的画像乃
是与"蚩尤"的神话传说有关，并题其图为"黄帝战蚩尤"。[5]（图 2-33）
在刘兴珍、岳凤霞编写的《中国汉代画像石——山东武氏祠》中，将这一
幅图像的主题定义为"蚩尤战斗图"，并有解说文字："所谓蚩尤，是中国

[1] 曾昭燏、蒋宝庚、黎忠义，《沂南古画像石墓发掘报告》，北京：文化部文物管理局 1956 年版，第
　　15 页。
[2] 中国画像石全集编辑委员会，《中国画像石全集·1·山东汉画像石》，图 194。
[3] 张从军，《黄河下游的汉画像石艺术》（下），济南：齐鲁书社 2004 年版，第 246 页。
[4] 朱锡禄，《武氏祠汉画像石》，济南：山东美术出版社 1986 年版，第 116 页。
[5] 刘铭恕，《武梁祠后石室所见黄帝蚩尤战图》，《中国文化研究汇刊》，1942 年第 2 期。

图 2-33　山东省嘉祥县武氏祠左石室屋顶前坡西段第三层画像

传说中九黎族的首领，曾经起风呼雨，以金属制作兵器。后来与黄帝战于涿鹿（今河北涿鹿），兵败被杀。"[1] 这幅"黄帝战蚩尤"图位于画像的第三层，画面中，执五兵的神怪四周刻有执锤、勺、刀、魁、瓶、盆的神人及形态似熊的神怪，唯有对于执五兵的蚩尤为正面刻画。这种构图方式可被视为汉画像"偶像式"和"情节型"[2] 叙事系统的结合。作为"偶像式"中心的蚩尤形象在周围神人富有动态性的簇拥下更显示出其叙事的中心地位。整幅画面富有较强的运动感，向观者展现出生动的故事情节。

　　沂南汉墓前室北壁上横额，整幅刻着奇禽、怪兽、灵异之物。有一神物，虎首豹纹，面目狰狞，有五个头，四肢长着长毛，胸垂两乳，右手握着带缨的短戟，左手拿着带缨的刀子。（图 2-34）这种形象和握持武器的情况，皆与同为沂南汉墓前室北壁中柱画像、武氏祠左石室第三石第三层右方所见的那个持有五种兵器的神怪，以及美国波士顿博物馆中所藏的持有五种兵器的怪物带钩，有些相像。不过这一怪物画像，少拿了三种武器。刘铭恕先生认为"沂南画像的这个持有两种武器的怪物，也就是蚩尤的一个比较简单的画像，何况汉代有把蚩尤的五兵，简为一兵的"[3]。有的学者

[1]　刘兴珍、岳凤霞，《中国汉代画像石——山东武氏祠》，北京：外文出版社 1991 年版，第 130—131 页。
[2]　〔美〕巫鸿著，柳扬、岑河译，《武梁祠：中国古代画像艺术的思想性》，北京：生活·读书·新知三联书店 2006 年版，第 149 页。
[3]　刘铭恕，《关于沂南汉画像》，《考古通讯》，1955 年第 8 期。

图 2-34　山东省沂南汉墓前室北壁横额画像

认为这一"左右手分别拿着刀剑"的形象，与"方相氏"的形象有关。然而，我们应当注意的是，方相氏在古代典籍《后汉书·礼仪中·大傩》和《后汉书·礼仪下·大丧》中的形象皆为"黄金四目，蒙熊皮，玄衣朱裳，执戈扬盾"[1]。这与沂南汉画像北壁横额所见的左右手各持刀戟的形象是不同的。至于"神怪"头上的"五个人首"，应与蚩尤"五兵"说有着某种关联。

　　山东临沂白庄汉墓出土两幅画像石上的均刻有神怪持兵器的画像，其中一幅画像（图 2-35）中神怪兽身鸟足，小耳短尾，张口露齿，正面蹲踞，两目圆瞪；头顶弩箭，一手持斧，一手握锤，左右腰间分别佩挂着一剑一刀。神怪下方又刻有鸟啄兔、凤衔绶带等画像。另一幅画像中神怪执四兵（图 2-36），正面蹲立，兽身短尾，瞪目乍须，头生一对牛角并顶一弩，口衔匕首，一手持斧，一手握锤。神怪上方刻二凤共啄一物，其下又有鹰啄飞鸟、人物等图案。

---

[1]　〔南朝宋〕范晔撰，〔唐〕李贤等注，《后汉书》，《二十四史》，北京：中华书局 2000 年版，第 2121、2133 页。

图 2-35 山东省临沂市白庄出土画像石（采自《中国画像石全集》第3卷，图30）

图 2-36 山东省临沂市白庄出土画像石（采自《中国画像石全集》第3卷，图18）

　　从形象特征上看，此类神怪多是兽身、短尾，一些学者便认为这种神怪应为方相氏的形象。但我们不能因局部的形体似熊便认定其为方相氏，这执兵器的神怪除了熊的形体特征之外，尚又有牛头、鸟足等鲜明特征。首先，据《太平御览》卷七八引《帝王世纪》云"炎帝人身牛首，长于姜水"[1]，在远古神话中炎帝的形象为人身牛首；又《路史·后纪四》有一说云"蚩尤姜姓，炎帝之裔也"。既然蚩尤是炎帝的后代，那么蚩尤也应具有牛的某些特征。《太平御览》卷七九引《龙鱼河图》说蚩尤"兽身人语，铜头铁额"[2]；《述异记》描述蚩尤"人身牛蹄，四目六手"，同书又描

---

[1]　〔宋〕李昉等，《太平御览》（第一册），北京：中华书局 1960 年版，第 365 页。
[2]　同上，第 368 页。

　　　　　　　　　　　　　　　　　　　　　　　　　　　　　　　　神话之魅

述"蚩尤氏耳鬓如剑戟，头有角，与轩辕斗，以角抵人，人不能向，今冀州有乐名蚩尤戏，其民两两三三，头戴牛角而相抵"。[1] 凡此，均证明蚩尤族应是以牛为图腾的氏族，而"头有角""头戴牛角或牛蹄"更是说蚩尤是一个与炎帝差不多的半人半牛的形象。今山东南部一带的许多地方口语中仍"牛""尤"不分。其次，汉画像中神怪的"鸟足"特征与古东夷族人所崇拜的鸟图腾有着密切的关系。徐旭生先生在《中国古史的传说时代》一书中力陈蚩尤应属东夷集团，其活动地域应在鲁西南一带。一是因为《周书·尝麦篇》说蚩尤居于少昊之地，故其应属少昊集团，归东夷；二是鲁西南地区有蚩尤祠和蚩尤冢；三是蚩尤是九黎君长，九黎民族位于山东、河南、河北三省的交界处，汉代的黎县、黎阳因此得名。[2] 又《初学记》卷九引《归藏·启筮》云"蚩尤出羊水，八肱八趾疏首"[3]；那么汉画像"蚩尤"图像"鸟足"的特征也就不足为奇了。最后，由于蚩尤族在与黄帝族的战争中失败，被归于黄帝族团，而黄帝"都有熊"[4]，蚩尤族不得不把黄帝族的熊图腾神纳入自己的图腾崇拜体系中。综上来看，具有执五兵、牛头、鸟足、熊身等典型特征的汉画像神怪形象应为蚩尤。

《汉书·地理志》："寿良，蚩尤祠在西北（涑）上。"[5] 按照《中国历史地图集》标注的位置，寿良在今山东东平南[6]。《史记·五帝本纪》集解引《皇览》说"蚩尤冢在东平寿张县阚乡城中"，"肩髀冢，在山阳郡巨野县重聚"。[7] 寿张在今山东东平南，巨野在今山东巨野东北。徐旭生先生认为：蚩尤是一个失败的英雄，未能参加后世整理出来的圣帝明王系统，因而他的祠堂和坟墓很少有人去附会。唯寿张与巨野一带的人民依然崇拜如

---

[1] 《述异记》，转引自袁珂《山海经校注》，成都：巴蜀书社 1993 年版，第 493 页。
[2] 徐旭生，《中国古史的传说时代》，桂林：广西师范大学出版社 2003 年版，第 51 页。
[3] 〔唐〕徐坚，《初学记》，北京：中华书局 1962 年版，第 205 页。
[4] 《通志·都邑略》："黄帝都有熊，又迁涿鹿。"
[5] 〔汉〕班固撰，〔唐〕颜师古注，《汉书》，《二十四史》，北京：中华书局 2000 年版，第 1255 页。
[6] 谭其骧主编，《中国历史地图集》（第二册），北京：中国地图出版社 1982 年版，第 19—20 页，第 44—45 页。
[7] 〔汉〕司马迁，《史记》，《二十四史》，北京：中华书局 2000 年版，第 4 页。

斯，足以证明蚩尤与当地的人民有着很深的历史渊源。[1] 山东沂南县北寨、山东临沂、山东嘉祥武梁祠的汉画像蚩尤图像的出现，进一步说明了鲁西南地区对于蚩尤的广泛崇拜。

从目前发现汉画像蚩尤图像来看，有执五兵者，也有执四兵、执六兵的，且兵器的种类不尽一致。据《太平御览》卷二四一引《汉旧仪》曰："期门骑者，陇西工射猎人及能用五兵材力二百人，王莽以为虎贲郎。"[2] "能用五兵"是军人具备"材力"的基本条件，而"五兵"也成为指代武器的一种通用符号，泛指各种武器。并且"五兵"的具体所指未能一致。《太平御览》卷三三九引《周礼》："司兵掌五兵，五兵者，戈、殳、戟、矛、牟夷。"[3]《汉书·吾丘寿王传》："古者作五兵，非以相害。"颜师古注："五兵，谓矛、戟、弓、剑、戈。"[4] 既然对于"五兵"的解说各有不同，这便解释了为何汉代画像中"蚩尤五兵"具体形式的差异性。至于画像中兵器数量的差异，大概是因为神话叙事中并没有对于事实的苛求，而仅仅是出于以神圣的模式来规范现实的目的。

汉代铜镜中也有英雄"蚩尤"的形象，与汉画像石中的"蚩尤"十分相似，不同之处在于铜镜上的"蚩尤"没有执兵器。东汉"通承五行"铭同向式神兽镜（图2-37），主体纹饰采用高浮雕工艺，镜纽两侧为主题纹，左为头戴双胜的西王母，端坐于龙凤座上；隔纽主神为头戴三山冠的东王公，身体左倾似与西王母交谈。纽下方为一蚩尤力士图，双目圆睁、龇牙咧嘴，彰显威武之势。东汉"其师命长"铭龙虎镜（图2-38）中也有类似蚩尤的形象，其位于镜纽左方，双目圆睁，嘴闭，右手扶额，左手撑地，似体毛或头发物向四周张扬；其左右为镜面的主图，左面有双天禄戏羽人，右面为狮子、辟邪戏羽人。镜面通体漆古，品相极佳。

东汉"与天地同"铭龙虎镜（图2-39），以纽为中心左为辟邪，右为

---

[1] 徐旭生，《中国古史的传说时代》，桂林：广西师范大学出版社2003年版，第58—59页。

[2]〔宋〕李昉等，《太平御览》（第二册），北京：中华书局1960年版，第1142页。

[3] 同上，第1554页。

[4]〔汉〕班固撰，〔唐〕颜师古注，《汉书》，《二十四史》，北京：中华书局2000年版，第2111页。

图 2-37　东汉"通承五行"铭同向式神兽镜
（采自《古镜今照——中国铜镜研究会成员藏镜精粹》图 121）

图 2-38　东汉"其师命长"铭龙虎镜
（采自《古镜今照——中国铜镜研究会成员藏镜精粹》图 130）

图 2-39　东汉"与天地同"铭龙虎镜
（采自《古镜今照——中国铜镜研究会成员藏镜精粹》图 131）

天禄，辟邪、天禄挟纽相对。镜纽上方有一兽呈蹲式，肩上有毛，体毛奇长，拖沓至地面，长眉圆目阔唇，面目怪异之中又呈现祥和之状，双手置于胸前，一手握持。此镜铭文带一周铭为："雒家作竟，变易俗常，更造众倚，悉囹万疆，中建四禽，丞（承）福除殃。边则太一，参驾神龙，摭呼除道。蚩尤辟邪，穷倚（奇）食鬼……"此蚩尤形象与东汉"通承五行"铭同向式神兽镜（图 2-37）中的蚩尤形象相比，少了几分龇牙咧嘴威严之势，多了几分祥和之状。

在古代文献中，蚩尤乃是一位神话传说时代神而非圣的部族联盟首领，曾经与中原的炎帝、黄帝部落先后发生激烈的战争，并以失败告终，战死于涿鹿。古代文献中多有对这一系列战争的描述。《山海经·大荒北经》："蚩尤作兵伐黄帝，黄帝乃令应龙攻之冀州之野。应龙蓄水，蚩尤请风伯雨师，纵大风雨。黄帝乃下天女曰魃，雨止，遂杀蚩尤。"[1]蚩尤与黄帝、炎帝之战是中国神话史上颇为精彩的一幕，战争双方同为神性较大的英雄，

---

[1]　袁珂，《山海经校注》，成都：巴蜀书社 1993 年版，第 490—491 页。

　　　　　　　　　　　　　　　　　　　　神话之魅

是性质对等的主体。《史记·五帝本纪》言："蚩尤作乱，不用帝命。于是黄帝乃征师诸侯，与蚩尤战于涿鹿之野，遂禽杀蚩尤。"[1]《龙鱼河图》说："黄帝摄政前，有蚩尤兄弟八十一人，并兽身人语，铜头铁额，食砂石子，造立兵仗刀戟大弩，威震天下，诛杀无道，不仁不慈。万民欲令黄帝行天子事。黄帝仁义，不能禁止蚩尤，遂不敌，乃仰天而叹。天遣玄女下，授黄帝兵信神符，制伏蚩尤，以制八方。"[2]古文献中多言蚩尤是发动祸乱的战争狂，古代有"蚩尤旗"之说，并将其与"兵乱"联系在一起。《史记·天官书》说："蚩尤之旗，类彗而后曲，象旗。见则王者征伐四方。"[3]

就战争场面而言，"黄帝与蚩尤之战"的描绘，尽管先后加入了历史、谶纬、道教等等内容，但直接交锋的过程回避了如荷马史诗中那样直接的和赤裸裸的血腥搏杀。在这里，战争的总体描绘风格是简约、含蓄并富有象征性的，这或许也和中国古代神话材料来源的零星不全有关。但有论者通过分析《诗经》里对于战争的描写，认为其同样具有含蓄的呈现，体现了汉民族"战争与伦理意识相融通的文化特征"。[4]也就是说，中国古人对于战争的认识总是建立在既定的道德伦理之上，并强调其在维护道德和稳定秩序中的重要作用。《史记》说蚩尤"最为暴，莫能伐"，"作乱，不用帝命"，具有在道德和政治上的否定意义。于是，彰显"天道"的黄帝一族"以德治乱"，"惩治叛乱"。在黄帝建立华夏文明共同体的过程中，"蚩尤"便被指代为华夏政权所排挤的边缘人群，其悲剧的命运也在这群体的大事件以及群体心灵的记忆中呈现。

作为战败的一方，蚩尤以其生前显赫的地位与傲人的战绩被后人所敬畏，祀为兵主、战神。蚩尤在黄帝时代就被视为一兵之主。《龙鱼河图》说："蚩尤没后，天下复扰乱不宁。黄帝遂画蚩尤形象，以威天下。天下咸谓蚩尤不死，八方万邦，皆为殄伏。"[5]据《史记·高祖本纪》，汉高祖起

---

[1] 〔汉〕司马迁，《史记》，《二十四史》，北京：中华书局 2000 年版，第 3 页。
[2] 〔日〕中村璋八、安居香山辑，《纬书集成》，石家庄：河北人民出版社 1994 年版，第 1149 页。
[3] 〔汉〕司马迁，《史记》，《二十四史》，北京：中华书局 2000 年版，第 1148 页。
[4] 倪乐雄，《东西方战争文化的原型蠡测——"荷马史诗"与〈诗经〉比较研究》，《中国文化研究》，1994 年第 6 期。
[5] 〔日〕中村璋八、安居香山辑，《纬书集成》，石家庄：河北人民出版社 1994 年版，第 1149 页。

兵反秦时，"祠黄帝，祭蚩尤于沛庭"[1]。在平定天下之后，汉高祖下令，"令祝官立蚩尤祠于长安"[2]。郦生借喻"蚩尤"夸奖刘邦"发蜀汉、击三秦、举三十二城"等一系列军事战功，言"此蚩尤之兵也，非人之力也，天之福也"。[3] 在秦汉时代，蚩尤以"兵主"的身份，赫然出现在国家级祭祀中。《史记·封禅书》说："始皇遂东游海上，行礼祠名山大川及八神……八神：一曰天主，祠天齐……二曰地主，祠泰山梁父……三曰兵主，祠蚩尤。蚩尤在东平陆监（阚）乡，齐之西境也。"[4] 至汉宣帝时，"祠蚩尤于寿良"。《后汉书·马援列传》"敕严过武库，祭蚩尤"，李贤注引《前书音义》曰："蚩尤，古天子，好五兵，故今祭之。"[5] 出师之前军祭蚩尤，已经成为一种传统。

　　战场上的蚩尤威名赫赫，蚩尤族因在武器及战斗力方面的优势使得黄帝一族在战争的开始阶段节节败退。《太平御览》卷三三九引《太白阴经》说："黄帝之时，以玉为兵；蚩尤之时，烁金为兵，割革为甲。始制五兵，建旗帜，树夔鼓。"[6] 蚩尤发明、改善了兵器，对战争的意义重大。后代常常在兵器上作蚩尤像，如"蚩尤斧""蚩尤刀"等器物常见铸印。美国华盛顿弗利尔美术馆收藏有中国汉代蚩尤形铜带钩（图 2-40），蚩尤手足均持有兵器，口中衔一匕首，一只举盾的手臂充当了钩首，形象为牛首兽身。河北石家庄东岗头东汉墓也出土了一类似形带钩，在蚩尤的身侧还铸有四神。[7]《太平御览》卷三五四引《东观汉记》云："诏令赐邓遵金蚩尤辟兵钩一。"[8] 由此则知，汉代人有铸蚩尤形象于带钩的做法。而这正是源于汉代人佩戴蚩尤辟兵钩以"辟兵"的习俗。

[1]　〔汉〕司马迁，《史记》，《二十四史》，北京：中华书局 2000 年版，第 248 页。
[2]　同上，第 1177 页。
[3]　同上，第 2082 页。
[4]　同上，第 1169 页。
[5]　〔南朝宋〕范晔撰，〔唐〕李贤等注，《后汉书》，《二十四史》，北京：中华书局 2000 年版，第 575 页。
[6]　〔宋〕李昉等，《太平御览》（第二册），北京：中华书局 1960 年版，第 1556 页。
[7]　王海航，《石家庄市东岗头村发现汉墓》，《考古》，1965 年第 12 期。
[8]　〔宋〕李昉等，《太平御览》（第二册），北京：中华书局 1960 年版，第 1629 页。

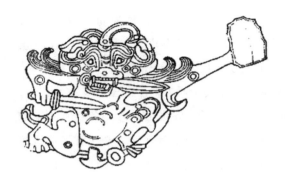

图 2-40　汉代蚩尤形带钩

　　蚩尤被视为兵神、战神，汉代人铸造蚩尤形带钩当是为了"辟兵"，但将其刻画于墓祠和随葬的铜镜中，当是汉代人在神话思维的作用下认为画像就是所画对象的事物本身，具有原型的力量，视蚩尤的形象是其文化符号意义上的原型再现。列维－布留尔通过人类学的方法得出过这样的结论：

　　　　原始人，甚至已经相当发达但仍保留着或多或少原始的思维方式的社会的成员们，认为美术像，不论是画像、雕像还是塑像，都与被造型的个体一样是实在的。格罗特写道："在中国人那里，像与存在物的联想不论在物质上还是精神上都真正变成了同一。特别是逼真的画像或者雕塑像乃是有生命的实体的 alter ego（另一个'我'），乃是原型的灵魂之所寓，不但如此，它还是原型自身。"[1]

　　现代人认为画像是一种艺术，而古人则认为画像就是所画对象的事物本身，在原始思维的笼罩下，其根本的创作心理恐怕是源于原始时代人们视图像为有生命物质的再现，是具有"神秘"属性之物。这一点正是汉代人对于神话潜意识的思维层面即神话思维方式的继承。在古人眼中，"肖像就是原型"，他们认为"从肖像那里可以得到如同从原型那里得到的一

---

[1]　[法] 列维－布留尔著，丁由译，《原始思维》，北京：商务印书馆 2010 年版，第 37 页。

样的东西"。汉代人祈望借由画像中蚩尤作为兵主、战神的原型的力量，助其辟除灾邪、护佑子孙。东汉"与天地同"铭龙虎镜（图 2-39）上"蚩尤辟邪"铭文的出现，又进一步证明了汉代人的这一思维。

在西方，悲剧型英雄是被盛赞的，相较于西方对于悲剧型英雄的认识，中国文化中对于此类英雄并不是非常推崇的，蚩尤的功绩难免被其失德盖过。中国文化中往往强调自省、德化的精神，于是在这种文化背景下所尊崇的英雄人物的挑战并不只是局限于自我表现，而要进一步地思虑他人的需求，英雄之死也经常是自我牺牲的结局。而悲剧型的英雄较为偏向个人英雄主义，且少了"上应天心，下合众望"的与世共存。但汉代人的信仰体系中依然存在这种英雄类型，它深刻地留存在汉代的文字与图像之中，并寄寓着汉代人独特的崇拜文化。

三、汉画像英雄神话图像的文化观念

哲学人类学的研究表明，人不仅是自然的、生物的存在，而且也是文化的、社会的、历史的以及传统的存在。汉画像中表现英雄神话的画像，就代表了这种存在。"文化是通过某个民族的活动而表现出来的一种思维和行动方式，一种使这个民族不同于其他任何民族的方式。"[1] 文化是人创造的，又反过来塑造人类自己。作为汉代丧葬习俗附属物的画像艺术，本质上就是一种文化行为。汉画像英雄神话图像，以图像叙事创设出一个宇宙象征主义空间，系统地表现了汉代人对于宇宙、时空、生死等方面的信仰。画像立足于民俗，并服务于祭祀活动，与现实生活息息相关，具有丰厚的文化传统和历史积淀，具有"恶以诫世，善以示后"的教化作用。古人通过图像叙述英雄神话，象征性地表达了其道德价值判断和崇拜之情，并在祭祀者的内心和行礼过程中产生质的变化。

---

[1] ［法］维克多·埃尔著，康新文、晓文译，《文化概念》，上海：上海人民出版社 1988 年版，第 5 页。

（一）图像叙事与神圣空间的建构

叙事是人类文化意识活动中一项必不可少的内容，它存在于任何社会、任何时代以及任何地方。人类对叙事媒介的探索经历了漫长的过程，傅修延在《先秦叙事研究——关于中国叙事传统的形成》中说："在未摸索出用文字记事之前，为了突破时空的限制，古人尝试用击鼓、燃烟、举火或实物传递等方式，将表示某一事件的信号'传于异地'；发明结绳、掘穴、编贝、刻契和图画等手段，将含事的信息'留于异时'。"[1] 神话是一种叙事的艺术，希腊语中"神话是故事，是叙述性或诗性的文学"[2]。亚里士多德在《诗学》中指出："神话"具有"情节、叙事性"的结构。[3] 鲁迅认为，神话是以"神格"为中枢，并推演为叙说。[4]

汉代对于神话特别是英雄神话的关注，真实地反映在汉代的画像艺术中。神话中对于英雄形象的表现在"叙事"中展开，在故事的叙说中，超越社会、历史以及时间、空间的限定，表达人类存在永恒的或本质性的规律。汉代画像艺术是包含文学性质的视觉艺术，它能在有限的、凝固的空间内描绘和塑造出具体的形象和传达故事的信息。由于图像本身丧失了时间性的扩延，它必须通过某种空间性的物质，把某一时空中的情景单元凝固在图像中，用共时性的画面去再现历史性的叙事过程。所以，图像叙事对动作延展的空间性描写往往和时间交织在一起。

尽管图像具有无可否认的空间性，但我们永远无法改变这样一个事实——叙事，是要在时间中延续展开的，因而它必须占据一定的时间长度，并遵循一定的时间进程。汉画像英雄神话图像中的时间已经脱离了原来的时间进程，凝结在空间。要使图像这种已经化为空间的时间切片达到叙事

---

[1] 傅修延，《先秦叙事研究——关于中国叙事传统的形成》，北京：东方出版社 1999 年版，第 16 页。
[2] [美] 约翰·维克雷编，潘国庆等译，《神话与文学》，上海：上海文艺出版社 1995 年版，第 13 页。
[3] [古希腊] 亚里士多德著，陈中梅译，《诗学》，北京：商务印书馆 2005 年版。
[4] 《中国小说史略》，《鲁迅全集》，北京：人民文学出版社 1973 年版，第 158 页。

的目的，反映或暗示出事件的运动过程，我们必须将它重新纳入时间的进程中去。也就是说，图像若要叙事，必须将空间时间化，在不同的图像叙事模式中将神话故事的情节性展示在空间艺术中。汉画像中的英雄神话图像常常选用单幅图像，即在一幅单独的图像中达到叙事的目的。根据对时间的处理方式不同，又分为单一场景叙述和综合性叙述两种模式。

1. 单一场景的叙述

单一场景的图像叙述，将"最富孕育性的顷刻"通过单一场景表现出来，以暗示出事件的前因后果，从而使观者在意识中完成一个叙事的过程。关于这种类型的叙事模式，最著名的就是莱辛在《拉奥孔》中的相关表述，"最富孕育性的顷刻"就是在这部著作中提出的。莱辛认为：艺术由于材料的限制，只能把它的全部模仿局限于某一顷刻，并指出画家应挑选的和最能产生效果的是可以让想象自由活动的那一顷刻。[1]也就是说，图像所描绘的那一最富孕育性的顷刻，必须既使人看得出前因（过去），也让人看得出后果（将来）。也只有这样的图像，才能让人们在观看时产生时间流动的意识，从而达到叙事的目的。

汉画像英雄神话图像多采用这种类型的叙事模式，有的画面由多个人物构成，并通过他们之间的互动再现故事中"最富孕育性的顷刻"。如武梁祠左右室第七石第一层的舜登梯涂廪的故事画像（图2-20），讲述了舜的后母以及舜的父亲瞽叟和弟弟象合谋杀舜，舜在二妃的帮助下逃脱的故事。画面给予观者极大的想象空间，不仅可以窥见三人合谋前的种种劣迹，而且可以感受到舜在后母和象的迫害下仍旧以德报怨的美好品行。又如沂南汉墓中室南壁东侧"尧舜禅让"画像，画面上只刻画两人，身穿长袍，头戴旒冕，动作幅度并不明显，却令观者驰骋于广阔的想象空间。再如山东沂南县任家庄出土的"大禹治水"画像（图2-28），大禹双手扶锸正面站立，身穿斗篷，似在进行治水工程。画面刻画刚劲有力，只刻画出禹一

---

[1] [德] 莱辛著，朱光潜译，《拉奥孔》，北京：人民文学出版社 1979 年版，第 23—24 页。

人的肖像，却再现了大禹治水的英雄故事中最为生动的一幕。蚩尤图像也多采用这种叙事模式，蚩尤持各种兵器，或是表现其斗争中的威武有加，或是赞颂其发明兵器的伟大事迹，再现了其英雄故事中最为光辉的一幕。

2. 综合性叙述

"综合性叙述"，即在处于不同时间点上的场景或事件要素中择取重要者"并置"在同一幅图像中，或把故事中相继发展但不属于同一时段的"瞬间"提取出来，通过一定的组合方式，"综合性"地并置在同一画面中。这种图像叙事模式改变了故事的原始语境，带有某种"纲要性"的特征，使观者在意识中完成整个叙事过程。

山东武梁祠西壁画像第二层"三皇五帝"画像石，选取人物最为显著的特征，姿态朝向右方，左侧皆刻有评价性的题榜，从右到左按顺序依次排列成一行。与单一场景叙述不同，这幅画像表现的并不仅仅是一个故事的一个场景，而是将处于不同神话历史时期的英雄人物"综合性"地并置于同一画面中，着重体现出社会有序发展的过程。这种叙事方式也应用于江苏徐州出土的"大禹治水"画像石（图 2-23）中，画面分为三组，共刻画十个人物。将尧舜禅让、大禹治水、三过家门而不入等故事情节并置于画像中，这三个画面组合各来源于英雄禹生命历程的不同阶段，通过提取这一系列故事中的各个"瞬间"，述说了其德行昭彰、大公无私的一生。图 2-14 和图 2-15 将仓颉与神农创制的故事并置于同一画面当中。图 2-30 将禹、禹妃、汤、汤妃刻画于同一画面。这种综合性的叙述模式将发生在不同时间和地点的图绘故事，并置于同一画面当中，象征着超地点、超时间的一个个永恒性的价值原则。

不同的叙事模式运用不同的表现方式，将作为空间性艺术的汉画像纳入时间的进程中，在有限的空间暗喻出故事情节性的发展过程。而这种空间化的时间并非"世俗性"的时间，而是"神圣性"的时间。在这个时间里，英雄祖先的各种原型行为得以显示，构成了神话时间的"永恒的现在"。这种神圣时间与世俗时间的对立统一性探讨，米尔恰·伊利亚德的理论给我们极大的启示，他认为：“神显时间和世俗时间两者并非均质性的……每一次仪式或者任何有意义的行为的重复，便是神或者祖先的原初行为的重复，这种原初行为发生在时间开始的时候，换言之，发生在一种神话时间里面……那段时间是‘创造性的’，因为正是在那时、在从前，宇宙的创造和安排得以发生，也正是在那时，诸神、祖先或者文化英雄的各种原型行为得以显示。”[1] 汉代墓葬艺术是宇宙象征主义的，表现为一种神圣空间的建构过程，在他们看来，神话图像所叙述的“过去”乃是他们需要效法的范例，并作为一种“历史典范”讲述一个发生在过去的，且对人类有意义的事件，表现出古人对意义的、创造性的、具有范式作用的诸实在的兴趣。

诸多学者在论述汉画像英雄神话的图像时，指出过这类图像所具有的“复古性”。巫鸿在《武梁祠：中国古代画像艺术的思想性》中详细地论述了《史记》与武梁祠历史故事画像在思想与结构方面的内在关联性，并认为武梁祠古帝王画像中着重体现了以社会体制之变革为线索解释历史发展的倾向：以人与自然界的分离为代表的“伏羲”开始，进而表现的三个重要发展是神农所象征的农业发明、黄帝所象征的中央集权政治的诞生和有组织的暴力的出现，以及夏代的建立所象征的世袭制的开始。[2] 将这些具有人类生产和制度创作者身份的英雄视为历史进化的不同阶段，在“人格化”的历史中融入超历史的道德尺度，“过去”变得既富于启发性又具有指导性。郑文惠在论及武梁祠叙事画像时认为：“武梁祠古皇画像当是以宗族为本位之‘尊古’思潮下所映射而出的一种文化再现。”[3] 汉画像英雄神话叙事中回归文明创制时期的原初事件，如伊利亚德所指出的那样：周期性地希望回归到事物起源的神话时代和宇宙创生的原型中，以此来不断

---

[1] ［美］米尔恰·伊利亚德著，晏可佳、姚蓓琴译，《神圣的存在——比较宗教的范型》，桂林：广西师范大学出版社 2008 年版，第 370—371 页。

[2] ［美］巫鸿著，柳扬、岑河译，《武梁祠：中国古代画像艺术的思想性》，北京：生活·读书·新知三联书店 2006 年版，第 182 页。

[3] 郑文惠，《礼教图式与死亡信仰——东汉武氏祠历史故事画像之文化叙事新论》，《励耘学刊》，2010年第 1 期。

获取其存在的价值以及意义。[1] 将个体与生命远古时期有关宇宙秩序的英雄神话原型相联系，以获得生存的实在感。

（二）民俗性的礼教图式与英雄信仰的情感建构

从叙事学的角度来说，叙事是以故事的方式传达人生经验本质和意义的一种文化媒介[2]。汉画像作为一种空间性的叙事艺术，其意义是在形象的节奏形式与内容的相互关联中形成的，既注重具体形式的表达，也赋予了深邃的思想情感。如宗白华所言："美与美术的特点是在'形式'、在'节奏'，而它所表现的是生命的内核，是生命内部最深的动，是至动而有条理的生命情调。"[3] 巫鸿认为："在武梁祠画像中，故事和征兆的图像来源于图籍和其他流行画集。这些图籍中的素材既隐喻着抽象的观念，又是表达个人思想的参考书和索引。"[4] 嵌入图像叙事中的象征符号，它们像代码一样，是一个民族精神文化的延续。图像叙述有关事件的神话故事，与关于某种信仰的理论范式，在一个信仰体系内部提供某种互为补充的观点。每个图像题材必定在一般意义上隐喻着一个抽象的观念，图像的形式与内容之间相互作用而相互关联，成为汉代思想道德、英雄信仰表达的神圣空间，也成为其民俗性礼教图式的表达场所。

汉画像作为汉代丧葬艺术，更作为一种文化存在的表达方式，反映的是建造墓葬、祠堂者与观者之间的关系。巫鸿先生曾在《中国古代艺术与建筑中的"纪念碑性"》中围绕死者家庭成员、死者生前好友和同事、死者本人，以及墓葬的建造者这四类人群讨论东汉墓葬建筑的社会功能，并提出："一座汉代墓地是社会的一个交叉点：它不仅是家庭中祖先崇拜的

---

[1] ［美］米尔恰·伊利亚德著，杨儒宾译，《宇宙与历史——永恒回归的神话》，台北：联经出版事业公司 2000 年版，第 9 页。

[2] ［美］浦安迪，《中国叙事学》，北京：北京大学出版社 1996 年版，第 5—6 页。

[3] 宗白华，《美学散步》，上海：上海人民出版社 1981 年版，第 119 页。

[4] ［美］巫鸿著，柳扬、岑河译，《武梁祠：中国古代画像艺术的思想性》，北京：生活·读书·新知三联书店 2006 年版，第 249 页。

中心，而且也是家庭之外社会关系的一个焦点。其中的建筑不仅是死者的财产，而且也汇聚了赞助人和建造者的思想。"[1] 沿用这一思路，我们对汉画像英雄神话图像的分析将从墓室、祠堂画像的创造者和观者这两个角度展开，探讨此类图像是如何体现汉代人对于英雄的情感构造，从而进一步挖掘其如何发挥民俗性的礼教图式。

对于中国人而言，英雄崇拜与祖先崇拜不可分割，那些对氏族、国家做出巨大贡献的远古祖先成为后人心目中的英雄。据《礼记·祭法》载："有虞氏禘黄帝而郊喾，祖颛顼而宗尧。夏后氏亦禘黄帝而郊鲧，祖颛顼而宗禹。殷人禘喾而郊冥，祖契而宗汤。周人禘喾而郊稷，祖文王而宗武王。"[2] 黄帝、帝喾、颛顼、尧、鲧、禹等这些为后人敬仰的英雄无不是为了达到崇高的目的，而以超凡的勇气与魄力克服种种艰难险阻，创造伟大功绩的祖先神。英雄祖先也成为古代仁人志士争相效法的范式。孔子一生都"祖述尧舜，宪章文武"，《论语·泰伯下》："子曰：'巍巍乎！舜禹之有天下也而不与焉。''大哉尧之为君也！巍巍乎！唯天为大，唯尧则之。荡荡乎！民无能名焉。巍巍乎其有成功也，焕乎其有文章！'"[3] 祖先英雄是后世子孙心中至善至美的化身，为了歌颂和赞扬其完善人格，更以礼乐的方式进行表达："《大章》，章之也。《咸池》，备矣。《韶》，继也。《夏》，大也。殷、周之乐尽矣。"[4]《大章》歌颂尧，《咸池》表彰黄帝，《韶》赞美舜，《夏》则是用来颂扬禹的功德的。汉画像刻画英雄祖先神话，即表达了建造者对于英雄祖先的崇拜之情。"祖考精神便是吾之精神"，人格上完美无缺的英雄祖先是后代子孙在思想、行为上的修养范式。子孙万代继承先祖英雄之遗业、德行，勿改古道，勿违古训，"非先王之法服不敢服，非先王之法言不敢道，非先王之德行不敢行"[5]。

[1] 〔美〕巫鸿著，李清泉、郑岩等译，《中国古代艺术与建筑中的"纪念碑性"》，上海：上海人民出版社 2009 年版，第 251 页。
[2] 〔清〕阮元校刻，《十三经注疏》（第三卷），北京：中华书局 2009 年版，第 3444 页。
[3] 〔清〕阮元校刻，《十三经注疏》（第五卷），北京：中华书局 2009 年版，第 5402 页。
[4] 〔清〕阮元校刻，《十三经注疏》（第三卷），北京：中华书局 2009 年版，第 3325 页。
[5] 〔清〕阮元校刻，《十三经注疏》（第五卷），北京：中华书局 2009 年版，第 5538 页。

当一个口头流传或书面描写的故事被表现在汉画像艺术中时，它的叙事结构和意义必然发生在两个层面上。第一层是图像学的含义，一个画面是在讲述一个故事，但由于画像石刻所具有的特性，故事发展的时间顺序基本得不到完整表现，一个故事往往借由一个个分散的"片段"表现，只有观者将自己投置于其中，图像所创设的物质环境才得以连续并成为一个整体的叙事结构。第二层是象征性或礼义的含义。汉画像叙事图像表现的"片段"被观者进行"复原""串联"之后，在观者脑中架构起的就将是完整的故事情节及其象征意义。这个架构的成立是靠神话所隐喻和共识的善恶、向背，进而引导观者领会该画像的象征性含义，并受到其礼义上的教化。

中国拥有悠远的历史文明，并沉淀出绵延数千年而不断统绪的文化形态。中华文化具有集体性和传承性的文化特征，并注重人文精神的养成和风俗教化的传统。"民俗是一个国家或民族中广大民众所创造、享用和传承的生活文化。"[1] 是由人民群众所创造，又人人传习，用以自我教化的习俗。民俗与一个民族的文化意识形态具有巨大的内在关联性，它紧联着上层建筑却又是人民群众社会生活的一部分。民俗在一定社会生活中具有鲜明的导向、教化、整合作用，是一个民族文化得以传承的基本途径。神话通常所叙述的内容涉及与共同体最初起源和命运有关的关键问题，英雄神话更是关于共同体文明起源与发展的故事性叙述，是共同体成员信赖并经历的事实，它能够被多种文化接受并转化为巨大的叙述性力量。

汉代人在墓室、祠堂画像中援引一个神话英雄故事，通过图像的叙述表达赞助者、墓主以及建造者的"意图"，将他们对子孙的希冀和道德训诫以图像的形式保存在石刻中，通过与观者的联系实现其价值。战国屈原作《天问》对楚先王庙及公卿祠堂内壁画进行的描写 [2]、东汉王延寿对鲁恭王灵光殿壁画的描述 [3]，无不是观者留下的记录，汉画像作为一种文化

---

[1] 锺敬文主编，《民俗学概论》，上海：上海文艺出版社 1998 年版，第 1 页。
[2] 〔宋〕洪兴祖，《楚辞补注》，北京：中华书局 2002 年版，第 85—119 页。
[3] 〔梁〕萧统编，〔唐〕李善注，《文选》，上海：上海古籍出版社 1986 年版，第 508—522 页。

存在，也只有依靠观者的观看才能实现其礼仪和社会的功能。郑岩先生将这种"观者"分为两类：一是丧家和创作者所设的观者，二是丧家和制作者未曾预设的观者。第一类观者是画像礼教功能预设的实现主体，而后者则属于画像所属的礼仪系统之外，构成一部"话语的历史"。[1]

对于观者而言，英雄神话图像所表述的不仅仅是关于英雄创制文明的神圣故事，更是"寓言"的汇聚，是汉代宇宙性信仰的载体。卡莱尔在谈到英雄和英雄崇拜对于人类的意义而言时说："人之需要不是得到的美丽'寓言'，不是得到完美的诗的象征，而是了解他们对宇宙应该有什么信仰，了解他们在这宇宙中应该选择的道路。在他们的神秘的'生命'中，他们必须希望什么，恐惧什么，必须做什么，必须避免做什么。"[2]英雄祖先在漫长的文明探索中付出过艰辛的努力，因此而受到尊崇、祭祀，成为子孙后代的道德范式。在汉代厚葬风俗的社会背景下，汉画像英雄神话装饰具有丧葬——祭祀意义的礼仪性空间，通过英雄神话的演绎和英雄形象的再制，成为宗法共同体的集体性文化叙事与道德伦理认同的转喻形式，承载着共同体的意识形态和文化构念。在祭祀中将英雄神话"转化为一个不断回忆的事件，以强化宗法社会的礼制与教化，以抗拒死亡的虚无带给人的'无'，与生相对的死亡世界便转化为了'有'"[3]。

（三）英雄神话与英雄崇拜的精神指归

神话中关于英雄历险的故事是宇宙与文化生命不朽的主题，尽管描述它的文字或角度随着时代的演变而更迭，各种文化和社会也因需求的差异而强调不同的英雄典型，但是人类社会需要英雄，同时英雄之所以成为英雄的质素也是所有文化都强调的。"英雄"主题是神话里的灵魂，而不同

---

[1] 郑岩，《逝者的面具：汉唐墓葬艺术研究》，北京：北京大学出版社 2013 年版，第 147 页。
[2] ［英］托马斯·卡莱尔著，何欣译，《英雄与英雄崇拜》，沈阳：辽宁教育出版社 1998 年版，第 6 页。
[3] 朱存明，《汉画像之美——汉画像与中国传统审美观念研究》，北京：商务印书馆 2011 年版，第 210 页。

的英雄精神，往往体现一个民族的精神内核。黑格尔在论及古埃及神话时说：“我们可以把狮身人首兽看作是埃及精神所特有的意义的象征。”[1] 同样的，中国古代神话中的英雄，亦可视为中华民族精神所特有的意义象征。

英雄是领袖、模范，从更广大的意义而言，是创造者。“‘宇宙历史’，这部记载人类在这个世界中完成的事业的历史，基本上是那些曾在这个世界上工作的‘伟人的历史’。”[2] 据考古发现，在距今七八千年之前的浙江河姆渡遗址的第四文化层中，在十多个探方广达 400 平方米的区域内，不仅普遍发现稻粒、谷壳、稻秆、稻叶的遗存，甚至形成了 20 – 50 厘米厚的堆积层。[3] 中国古代英雄神话中也有神农氏辨别植物、教人耕种的传说。《周易·系辞下》有黄帝“刳木为舟，剡木为楫”[4] 的神话记载。考古学家则在长江下游的河姆渡遗址和慈湖遗址发现了世间最早的船舶推进工具——木桨。[5]《周易·系辞下》、《汉书》卷二八上《地理志》、《太平御览》卷七七三引《古史考》，皆持“黄帝作车”之说。而发现于河南偃师商城城墙内侧路土之上的车辙，“确凿地表明至迟到商代早期，双轮车已在我国出现”[6]。透过这些远古遗迹，我们似乎找到了英雄神话与历史相生相合的演进历程。

英雄神话所述说的，是人类不断创造物质文化与精神文化的历史，也是一个民族在文明进程中由集体在漫长的生产、生活中所创造的历史。泰勒认为：“神话是其作者的历史，而不是其自身内容的历史。神话记录的不是超人英雄的生活，而是富于想象力的民族生活。”[7] 马林诺夫斯基在《巫术科学宗教与神话》中说：“存在蛮野社会里的神话，以原始的活的形式而出现的神话，不只是说一说的故事，乃是要活下去的实体。那不是我

[1] ［德］黑格尔著，朱光潜译，《美学》（第二卷），北京：商务印书馆 1979 年版，第 77 页。
[2] ［英］托马斯·卡莱尔著，何欣译，《英雄与英雄崇拜》，沈阳：辽宁教育出版社 1998 年版，第 1 页。
[3] 浙江省博物馆自然组，《河姆渡遗址动植物遗存的鉴定研究》，刊《考古学报》，1978 年第 1 期。
[4] ［清］阮元校刻，《十三经注疏》（第一卷），北京：中华书局 2009 年版，第 180 页。
[5] 李学勤主编，《中国古代文明起源》，上海：上海科学技术文献出版社 2007 年版，第 241 页。
[6] 中国社科院考古研究所河南第二工作队，《河南偃师商城东北隅发掘简报》，《考古》，1998 年第 6 期。
[7] ［英］泰勒著，蔡江浓译，《原始文化》（第一卷），北京：生活·读书·新知三联书店 1962 年版，第 306 页。

们在近代小说中所见到的虚构，乃是认为在荒古的时候发生过的实事，而在那以后便继续影响世界影响人类命运的。"[1] 英雄所创造的文化、制度真实地存在过，古人将其归功于神秘的"英雄"，所包含的乃是文明人观之常以为不合理的"野蛮的要素"。[2]

然而英雄神话述说的不但是中华民族由蒙昧走向文明的历史，也是一个民族具有精神凝聚性的历史。"神话故事乃形成文化中一件有机的成分。这类故事的存在与影响不但超乎讲故事的行为，不但取材于生活与生活的趣益，乃是统治支配许多文化的特点，形成原始文明武断信仰的脊骨。"[3] 每一篇英雄神话所掀开的是中国文明史中浓墨重彩的一页，关于英雄祖先的信仰也构成中华民族精神的有机成分。

神话起源于自然与人的关系，中华传统文化所推崇并在后世文学中得到赞颂的英雄，其实都是与自然并存又从中取得和谐之道者。女娲炼石补天地，是在改善原始社会恶劣的自然环境；伏羲法天地制八卦的阴阳符号，是源于对自然世界的观察及理性的总结；禹顺地性而治水，是遵守自然的规律性。孟子曰："数罟不入洿池，鱼鳖不可胜食也。斧斤以时入山林，材木不可胜用也。"[4] 这也都是先民在生活历程中，从自然界习得的智慧，并在之后形成在自然中取得平衡的精神性原则，也是中国传统儒家对天人关系认知的产物，其根本原则在于和谐，即人与自然的相互调谐，和合共存。

中国古代英雄神话中所崇尚的英雄形象往往功高盖世，他们的努力也往往是要去帮助人民带来文明和禳除灾难，是要为天下大利而无私奉献的人，孟子曰："乐以天下，忧以天下。"[5] 这也是符合中国儒道传统中的爱

---

[1] ［英］马林诺夫斯基著，李安宅译，《巫术科学宗教与神话》，北京：中国民间文艺出版社 1986 年版，第 85 页。

[2] 林惠祥，《文化人类学》，北京：商务印书馆 1998 年版，第 268 页。

[3] ［英］马林诺夫斯基著，李安宅译，《巫术科学宗教与神话》，北京：中国民间文艺出版社 1986 年版，第 92—93 页。

[4] 〔清〕焦循，《孟子正义·梁惠王上》，《诸子集成》（第一卷），北京：中华书局 1954 年版，第 32 页。

[5] 〔清〕焦循，《孟子正义·梁惠王下》，《诸子集成》（第一卷），北京：中华书局 1954 年版，第 70 页。

民精神的。并且，和西方来自神或神的后裔的英雄不同，中国传统文化所尊崇的英雄更注重"人"本身的努力，正所谓"一日克己复礼，天下归仁焉"[1]。英雄祖先具有圣德，法天而为，是英雄立身的个体性特征。氏族各成员及其他氏族尊崇其"圣德"，进而效仿，是当时最主要的社会形态特征，也成为中华民族初创时期的维系文化共同体的精神纽带。这种对英雄的要求，也成为中华儿女共同的内在期许，使整个群体心态中拥有"止于至善"的强大动力。英雄祖先也因为崇德而成就"大业"，成为中华文明史中一个个时代的象征符号。

两汉是中国古代文化极为光辉灿烂的时代，继承和发扬了远古的文化精神，凝聚了远古的诸子学说、典章文物，建立起四百多年的帝国文明，更构造出中华汉文化独特的精神内涵和思想表征。陈启云曾指出："在今日，汉王朝成为历史陈迹已千余载。然而汉文化传统所模塑出之民族与文化仍与中华名号常存：中国语文，在日本称'汉文''汉字'，在东南亚称'华文'，在国内称'汉语'，而在西方的中国研究称为'汉学研究'，都是明显的例子。"[2] 汉画像作为汉代美术集大成者，向后人展示了一个图像呈现的世界，汉画像英雄神话主题更展现出汉代人独特的精神面貌，凝练出汉民族深层的文化底蕴。无论是创制文明的文化英雄还是征战、冒险和兴邦立国的神话英雄，抑或是并未纳入正统英雄体系的悲剧英雄蚩尤，关于他们的神话故事都生动地展现在汉代画像中，以图像呈现的叙事方式，发挥其礼教性，传递着汉代人关于生命的信仰。

对我们而言，四百年的两汉帝国已成为无法复现的历史，而那些关于汉代人的故事和信仰却深深地镌刻于石头上的世界。中国久远的祖先崇拜、圣人崇拜文化，汉代人对于天人关系的独特思考和对待神话历史的建构态度、方式，甚至是关于宇宙和生命的信仰都被凝练为一个个关于英雄的故事并以视觉感知的形式保存于那神圣的空间，由子孙后代瞻仰、感知，并

[1] 〔清〕刘宝楠，《论语正义·颜渊第十二》，《诸子集成》（第一卷），北京：中华书局1954年版，第262页。

[2] 陈启云，《儒学与汉代历史文化》，桂林：广西师范大学出版社2007年版，第19页。

成为一个宗法共同体的信仰源泉。在这个不断被"回忆"的"宇宙""历史"空间中，借此唤起自己回归内在生命中心及使生命更新的回忆，获得生存的实在感。

至今，我们仍旧能从这斑驳沧桑的画像中感受着信仰的力量。"过去时代的英雄们已经走在我们前面；对迷宫的奥秘已经了如指掌；我们只需要沿着标明英雄足迹的麻线走。"[1]故事是指派给生命与宇宙的情节，是我们对于事情该怎样进行的基本假设与信仰。它塑造着我们感情的态度，提供给我们生活的目标、行动的动力，神圣化苦难并引导教育我们。我们每个人都是人生旅程中接受试炼的潜在英雄，完成生命赋予我们的神圣使命。神话故事中的英雄，一生经历试炼、考验、折磨，而我们并非人人都是拯救社会的伟大英雄，但我们在心理及精神上，仍可以经历这样的心理历程。坎贝尔说："这种伟大英雄就在我们每个人的心中，这里所说的我们每个人不是能在镜子中见到的自我，而是我们心中的主宰。"[2]从这个意义上来讲，英雄就是那些潜藏在我们每个人内心具有创造性救赎意义的具有神圣意象的象征，这个形象等待着我们去了解、实现。人类在神话中发现自我，接触永恒，参悟生死，体悟神性。通过神话，人们学习生命的智慧，咀嚼存在的经验，使自身同所处的时代、环境发生意义。

国家必须有某种意念，才能以统一的力量运作。黑格尔曾说："古人在创造神话的时代，就生活在诗的气氛里，所以他们不用抽象演绎的方式而用凭想象创造形象的方式，把他们最内在深刻的内心生活变成认识的对象。"[3]原始人的思维方式是异于我们的，他们习惯于仅凭直觉同时把握表象和内涵，然后通过形象无意识地将两者融合为一。原始思维的集体表象的形成和发展或是表面化为约定俗成的社会意识或民族思维共相，或深层化为"集体潜意识或民族心理共相"。在这英雄的生命旅程中寄托了崇拜者的信仰和愿望，英雄的故事就是围绕英雄崇拜意识的寓言的集聚，犹如

[1] ［美］约瑟夫·坎贝尔著，张承谟译，《千面英雄》，上海：上海文艺出版社 2000 年版，第 19 页。
[2] 同上，第 377 页。
[3] ［德］黑格尔著，朱光潜译，《美学》（第二卷），北京：商务印书馆 1979 年版，第 18 页。

健康的身体围绕着灵魂一般。卡莱尔认为："信仰即是对某个神启的导师、某个精神上的英雄实行效忠。因此，如非英雄崇拜之流露，如非对真正伟人的屈从的敬佩，那么'忠贞'，这社会的生命又是什么呢？社会建立在英雄崇拜上。所有人类社会所依赖的社会地位阶级，就是一种可称为的'英雄政体'，因为它是足够神圣的。"[1] 一个民族一旦有了信仰，它的历史就会丰富多彩，民族精神亦变得崇高而伟大。

四、结语

在神话英雄原型塑造的深层结构中，深刻地体现着一个民族早期的文化，并在之后的历史进程之中，积淀在民族精神的最深层并进而转变为一种自律性的集体无意识，深刻地影响着一个民族文化的整体发展。中国文化，是一种历史悠久的文化传统积习甚深的文化，因此必须有一套强大得足以浸没各种个体的社会结构和价值系统。中国神话同中国文化一样，更重于建构某种社会集体意识极强的价值系统。中国神话中的诸神形象在美学意识上是零散的、个体模糊的，但在构成社会系统结构的关系中却是严密的、各安于所司社会职能的。汉画像英雄神话图像中的英雄原型以及隐喻于英雄形象刻画中的那些美好品质、道德力量，只不过是这一价值系统中某一文化事象的代号，与中国传统文化相互渗透，深刻地影响着中华民族的文明进程。

---

[1]　［英］托马斯·卡莱尔著，何欣译，《英雄与英雄崇拜》，沈阳：辽宁教育出版社1998年版，第11页。

第三章

汉画像图腾神话遗迹

"图腾"一词为舶来品，是北美印第安阿尔衮琴部落奥吉布瓦方言"Totem"（在英文拼写中，另有人写作 Totam 或 Dodaim）的译音 [1]。首先把"图腾"（Totem）一词介绍给学术界的是一位名叫约翰·朗格（John Long）的英国人。"图腾"一词为学术界的通用术语，它的含义要根据世界各民族的图腾文化现象来考察。而最早把"Totem"翻译为中文"图腾"，并介绍给国内学术界的是严复。对于中国是否存在图腾文化，国外的学者起初是持怀疑态度的，不管是弗雷泽、弗洛伊德还是倍松、海通，他们在介绍世界各民族的图腾文化时，都没有提到中国的图腾文化，难道中国真的不存在图腾文化吗？笔者认为答案是否定的。由中国的上古典籍和考古文物可以得到答案：中国存在图腾文化，而且丰富多彩，源远流长。岑家梧、李则纲、袁珂、郭沫若、闻一多、孙作云、杨堃、叶舒宪、郑元者、何星亮等都对中国的图腾文化进行过研究。

历史在不断地发展，文化在一步步进化，随着人类的不断进步，活跃在史前的图腾文化逐渐变成残余，但却尾随至今。无论是文字学资料，还是民族学资料，无论是历史学资料，还是考古学资料，中国图腾文化的遗迹随处可见，俯拾皆是。中国是拥有五千年文化历史的文明古国，在进入文明社会之前（即夏朝建立之前），中国的图腾文化便经历了发生、繁荣

---

[1] 何星亮，《图腾文化与人类诸文化的起源》，北京：中国文联出版社 1991 年版，第 8 页。

（发展、演变）、衰落的过程。随着人类的发展，人们的物质生活和精神状态都有所改变，但人类在原始文化中，在图腾时代所建立的和追求的理想并没有从根本上改变。[1] 封建阶级社会的到来，标志着人类进入了文明的社会，社会制度的确立，推进了文明的发展和历史的进步。何星亮先生认为，有序社会的形成是文明形成的主要标志，而图腾文化体系的形成，为早期有序社会的形成奠定了基础。[2] 因此，图腾在人类文明形成的过程中起着十分重要的作用。

汉代是一个大一统的多民族融合的文明繁荣的朝代，汉文化是继承先秦诸子百家的思想，并在汉代形成统一性国家基础上形成的汉民族的文化。作为中华民族文化的主体部分，汉民族文化是融合了不同民族、不同区域文化而形成的一个文化统一体。汉画像是汉代文化遗产中宝贵的一部分，为我们后人研究先人的思想、政治、经济、文化以及社会体制提供了宝贵的图像资源。汉画像是汉民族精神的一个"镜像"阶段。[3] 汉画像的内容是汉代文化生活的真实写照。图腾文化虽然兴盛于史前时代，但是其文化残余仍流传至今。图腾意识还保留在汉代先民的记忆之中，并反映在汉画里，有一部分图像看着神秘，隐藏着汉代先人的图腾信仰。英国学者鲁惟一说："汉代人有一种共识，认为不可见的力量能够影响人的命运，人可以与这些力量进行交流，从而致福避祸。"[4] 这不就是万物有灵的图腾信仰观念吗？

神话是一种流行于上古民间的故事，所叙述者，是超乎人类能力以上的诸神的行事，虽然荒唐无稽，但是古代人民互相传述，却信以为真。[5] 汉代的神话是中国神话的成熟和全面发展的时期，对汉画像石中神秘的神画进行研究有助于我们更好地了解中国的神话。神话的种类有很多，且中外学者亦对其做出许多不同的学术分类，但是根据神话本身的特点，尤其

[1] 朱存明，《图腾美学与精神家园》，《民族艺术》，1998 年第 1 期。
[2] 何星亮，《图腾与人类文明形成》，《中南民族大学学报（人文社会科学版）》，2007 年第 27 卷第 6 期。
[3] 朱存明，《汉画像的象征世界》，北京：人民文学出版社 2005 年版，第 1 页。
[4] [英]鲁惟一著，王浩译，《汉代的信仰、神话和理性》，北京：北京大学出版社 2009 年版，第 7 页。
[5] 茅盾，《神话研究》，天津：百花文艺出版社 1981 年版，第 3 页。

是根据中国神话的具体情况，以及兼顾世界其他各民族的神话，王增永在其著作《神话学概论》中，将神话分为：氏族先祖神话、自然神话、图腾神话、变形神话、文化起源神话、创世神话、历史传说性神话以及仙话性神话。[1] 而所谓图腾神话，是随着图腾崇拜的出现而形成的。在《神话学概论》中，王增永将图腾神话分为姓氏族名图腾、氏族女祖无意中与图腾神接触、人兽同体图腾、卵生图腾神话、氏族女祖无意中吞食代表图腾的事物怀孕、氏族先祖直接与图腾婚配、图腾附身氏族女祖、氏族先祖在危急时得到图腾的庇护、氏族先祖直接由图腾化生、龙图腾神话等。而据何星亮先生所讲，图腾神话是最早的神话，且可分为祖先恩人神话、始祖创生神话和创造者神话。由此可见，对于图腾神话的划分王增永和何星亮是有共识的。可是为什么说图腾神话是最早的神话呢？何先生给出两点理由：第一，神话和宗教是息息相关的。第二，神话是一种解释系统，而人的思维总是由简单到复杂、由低级到高级发展的。[2] 同时，他还运用杨堃先生和苏联著名学者柯斯文的话来论证其观点。杨堃先生说："神话是宗教的重要组成部分之一。一旦出现了宗教，同时也必然会出现与之有关的神话。"[3] 图腾崇拜是最早的宗教形式，所以他认为与之有关的图腾神话便是最早的神话。而柯斯文又说："最早的神话彻头彻尾地为图腾主义所渗透。它的主题在于说明人和在原始人的认识中与人无别的动物是如何发生的。较此为晚的题目是解释大地和整个世界的起源。"[4] 由此何星亮推测出：图腾神话是最早的神话。

汉画像石的题材非常广泛，内容也极其丰富，那些墓室、石棺、祠堂和墓阙上的部分图像，神秘之中透露出汉代人所保留的原始初民的思维信仰和对图腾、对神的崇拜，是汉代先民集体无意识的表达。图腾神话的遗迹神秘地隐藏在这些画像中。孙作云先生较早而全面系统地从图腾理论

[1] 王增永，《神话学概论》，北京：中国社会科学出版社 2007 年版，第 38、39 页。

[2] 何星亮，《图腾文化与人类诸文化的起源》，北京：中国文联出版社 1991 年版，第 319、320 页。

[3] 杨堃，《论神话的起源和发展》，《民间文艺学坛》，1985 年第 1 期。

[4] [苏] 柯斯文著，张锡彤译，《原始文化史纲》，北京：人民出版社 1955 年版，第 196 页。

入手来研究中国古代神话，视角新颖独特，体现出孙先生非凡的学术洞察力，并取得重大的突破。因此，从图腾理论入手，探讨汉画像中表现汉代先民图腾信仰和死亡意识的部分图片[1]，结合神话传说来阐释那些神秘画像后隐藏的汉代先民的祖先崇拜、民族精神、儒道思想、生命感悟等，是一条可行的研究途径。就像朱存明先生所讲："'万物本乎天，人本乎祖'，祖先崇拜成了汉画像产生的社会根源与信仰性根源之一。"[2] 祖先崇拜促成了汉画像的产生，且 H. 斯宾塞也认为图腾崇拜是祖先崇拜的第一个阶段。也就是说，图腾崇拜和祖先崇拜之间是存在必然联系的。汉代人事死如事生，在儒家文化的影响下，重仁孝，"汉代的厚葬加速了灵魂世界的神话表现，而这一表现主要体现在汉代画像石和少量的帛画上"[3]。因此，敬畏祖先的汉代人在创造汉画像石这一文化艺术时，也将神话注入其中，而图腾神话即隐藏在部分神秘的画像中。汉代在中国历史上是真正意义上的大一统，神话在某种意义上为中央集权扮演了神秘的助推者角色。祖先的神话是利用图腾物，将祖先推到神的宝座上面，这是一个鲜明的等级特征。田兆元曾讲过："无论是图腾神话还是祖先神话，它们的演进都受制于优胜劣汰的自然选择规律，最后一同迈向了政治神话的轨道。"[4] 所以图腾神话在一定意义上也在为皇权政治服务。

综上，我们可以看出，已经处于文明社会的大一统的汉王朝，儒道思想盛行，政治稳定，经济繁荣，文化昌盛，这样的历史背景使得中国神话得到全面的发展，图腾文化的残余深深地渗透在其中并对中国神话的发展和社会文明的进步起到助推的作用。孙作云在研究中国古代神话时的一个显著特点是利用"图腾遗痕理论"来阐释中国神话，以此来恢复其本来面

---

[1] 鉴于很多专家学者对于中国是否有图腾一说持否定态度，且很多研究中国图腾的学者很容易犯"泛图腾论"的错误，所以文章所涉及的汉画像中的图像，均属带有"图腾神话"色彩的部分图像，用以帮助理解汉画像中的图腾神话的遗迹以及在文化传承中所产生的变化。

[2] 朱存明，《汉画像的象征世界》，北京：人民文学出版社 2005 年版，第 2 页。

[3] 黄震云、孙娟，《汉代神话史》，长春：长春出版社 2010 年版，第 22 页。

[4] 田兆元，《图腾神话与祖先神话的传承流变》，《上海社会科学院学术季刊》，1995 年第 3 期。

目，并认为"真是治神话的最妙的方法"。[1] 由此可见，探讨汉画像中的图腾神话遗迹，有助于我们更好地了解中国的神话和汉代先民的原始思维和民族信仰。

一、汉画像图腾神话的镜像

如前文所说，汉画像是汉民族精神的一个"镜像"阶段[2]，它真实地再现了汉代人的社会生活的方方面面和对人死后世界的看法。汉画像就像是一面镜子，映射出两千多年前汉代人对于生死的态度，对生命的追求，将现实世界曲折地反映出来，来表现汉代人信仰的阴间世界。汉画像是一种装饰艺术，但它呈现在世人面前的却是一种对生命意识的幻象。人只能生活在一个现实的世界里，不可能生活在一个死后的世界里，但人们却可以幻想出一个死后的世界；同理，人只能生活在大地上，不可能飞天成仙，但人们却可以幻想羽化成仙。不死的幻想是人们对于现实生活的眷恋，而汉画像就似镜子一般将这些幻象映射出来。汉画像中的图腾神话神秘地映射着汉人的原始思维和精神信仰，在一定意义上折射出汉代人崇拜神、敬畏祖先、渴望升仙、追求生命的永恒和天人合一的思想境界。

（一）伏羲、女娲图像

伏羲、女娲画像是汉画像中较常见的题材和内容。据考，目前发表、载录于正式出版物的伏羲、女娲画像已经超过两百幅，主要分布在山东、江苏、河南、陕西、山西、北京、安徽、四川、云南等地，而实际上，散落于民间而未得到发表和载录的伏羲、女娲图像应该更多。据考证，伏羲女娲神话最繁荣的时期是汉代。在汉代人眼中，伏羲、女娲既是人类的创

---

[1]　孙作云，《中国古代神话传说研究》（下），开封：河南大学出版社 2003 年版，第 466 页。
[2]　朱存明，《汉画像的象征世界》，北京：人民文学出版社 2005 年版，第 1 页。

图 3-1 南阳汉画像石伏羲女娲交尾图

造者又是人类的保护者，在黄老思想和厚葬成风的影响下，大多数的墓室、祠堂和石阙上面都刻有伏羲、女娲图像，而且有很多是刻在墓门上面或其他很显要的位置。可见，在汉代人的心目中，伏羲、女娲占据很重要的地位。汉墓中的伏羲、女娲图像多呈对偶式出现，且大部分是交尾图像（如图3-1），画面所刻的伏羲、女娲均人首蛇（龙）躯，头梳髻发，身着上衣，下垂曲尾，手持灵芝，两曲尾相交。伏羲、女娲图像具有明显的对偶性，即使不在同一画面中，也会在同一墓室里出现。伏羲、女娲人首蛇（龙）身，这半人半兽的怪诞形象背后到底隐藏着先人怎样的神话思维？我们知道图腾崇拜有过人兽同体的阶段，故而我们若探讨伏羲女娲的形象问题只能从远古的图腾神话里找到答案。汉代把这种图腾延续下来，并在广大地区内流行着。[1]

女娲

《楚辞·天问》中："登立为帝，孰道尚之。女娲有体，孰制匠之？"在上古神话体系中，女娲的形象从传世的文献可查，最初是不确定的，后经秦及西汉时期的不断改造，直到东汉才有了"人首蛇身"的具体形象。汉代崇拜龙，女娲的形象很有可能是随着其对偶神伏羲的形象而来的，伏羲女娲原本是独立神，最晚在战国时期，就有了伏羲女娲结合在一起的神话，并且随着父系社会的到来，女性社会地位的下降，女娲由独立的创世神、始祖母，成了伏羲的配偶，并且出现了伏羲女娲共同造人的神话。尤其到了汉代，伏羲女娲作为人类的始祖神和保护神，是汉墓中必不可少的

---

[1] 李陈广，《汉画伏羲女娲的形象特征及其意义》，《中原文物》，1992 年第 1 期。

图 3-2　青海柳湾马家窑文化马厂类型　　　　　　　图 3-3　甘肃天水师赵村彩陶

内容。综上，女娲神话早于伏羲神话，在女娲"人首蛇身"的形象之前，必有其原始的形象存在。

　　女娲是中国古代的一位创造大神，她"抟黄土为人"、制婚姻、补苍天，是化生万物的原始大母神，是中华民族文化心理积淀而成的"原始模型"[1]。在众多女娲溯源的研究中，有关女娲形象的说法已成鼎足之势的有：龙蛇说、鲵鱼说、蛙类说三种。[2] 朱存明先生在《中国的丑怪》中说："女娲的原始形态是对青蛙（蟾蜍）图腾的崇拜。"[3] 对此，笔者持相同观点。其实，从女娲的名字中我们就可以探究出远古的文化信息。女娲的名字即来源于古代的蛙神崇拜。西北部甘肃的马家窑文化出土了很多蛙形纹陶器，青海乐都的柳湾也出土了一件属于马厂类型的人像彩陶壶，腹部硕大且浑圆，壶身有蛙纹和裸体人像。陶壶的背后也有非常醒目的蛙形纹。[4]（如图 3-2）甘肃天水师赵村出土的马家窑类型的彩陶内发现的蛙形纹则具备了很强的写实性："蛙首与身躯皆以圆形构图，前两肢向前划，后两肢向

[1]　[德] 埃利希·诺伊曼著，李以洪译，《大母神——原型分析》，北京：东方出版社 1998 年版，第7 页。
[2]　王贵生，《从"圭"到"黽"：女娲信仰与蛙崇拜关系新考》，《中国文化研究》，2007 年夏之卷。
[3]　朱存明，《中国的丑怪》，徐州：中国矿业大学出版社 1996 年版，第 37 页。
[4]　青海文物考古研究所，《青海柳湾》，北京：文物出版社 1984 年版，第 116 页。

后蹬，蛙眼圆睁，遨游于水（以点纹表示）中，颇富动感。"[1]（如图 3-3）此外，陕西省华阴西关堡、临潼姜寨，河南陕县庙底沟、渑池县仰韶村等，都有数量众多的蛙纹彩陶出土。这些蛙纹皆表现了远古时期女娲部的图腾形象。据考，黄河中上游流域是女娲部活动的中心区域，而上述所举事例基本上都分布在这一区域或邻近地域。可见，女娲氏图腾是蛙。

杨堃先生在《女娲考——论中国古代母性的崇拜与图腾》一文中指出，"女娲神话的来源是来自母系氏族社会以蛙为图腾的氏族"，"我认为女娲氏的由来，原是一个通名而非专名，是指生育人类的原始祖母而言。其所以名之为娲者，是由于婴儿的叫声。而婴儿的叫声又和蛙的叫声相同，故认为蛙是和婴儿和全氏族同体，所以，这一氏族叫蛙氏族，蛙便是这一氏族的图腾。这位女氏族长便被后人尊称为女娲氏"[2]。叶舒宪在《千面女神——性别神话的象征史》中也提到"蛙"与"娃"、"蛙"与"人"的关系。何星亮先生在《中国图腾文化》一书中，也认为："娲即蛙当无疑义，而女与雌义同，所谓女娲，其实就是'雌蛙'。大概雌蛙原是某氏族部落的图腾，后来图腾演化为神，雌蛙也就演变成女娲。"[3]美国汉学家 E. 舍弗尔也认为女娲可能是蛙女神。舍弗尔将"女娲"的"娲"与同音字其中包括"蜗"进行对比，并援引了一系列同音字或近音字，如"蛙""洼"等。舍弗尔对此提出了一个假说，认为女娲最初可能是水洼之神，是居住在潮湿地带的湿淋淋的、全身光滑的生物。所以，才会有女娲最可能是蛙女神的推测。

"蛙"字在古代作"黽"，在古文字中黽、蛙、洼、哇、娃、娲皆可通。《广雅》有云："黽，始也。"而《说文》云："始，女之初也。"[4]《说文·女部》："娲，古之神圣女，化万物者也。"[5]显然"娲"创生万物，是世界万物之始。可见，始的意义是从女性而来，这与人类早期对于女性的生育认

---

[1] 吴诗池，《原始艺术》，北京：紫禁城出版社 1996 年版，第 53 页。

[2] 杨堃，《杨堃民族研究文集》，北京：民族出版社 1991 年版，第 498、502 页。

[3] 何星亮，《中国图腾文化》，北京：中国社会科学出版社 1992 年版，第 74 页。

[4] 〔汉〕许慎撰，〔清〕段玉裁注，《说文解字注》，上海：上海古籍出版社 1981 年版，第 617 页。

[5] 同上。

识有关，正是由此女性便具有创始的意义。因为蛙为水族之物，故在洪水时代人们皆以此作为部落的图腾。同时，蛙的形象又与人似，其圆腹也似孕妇的大腹一般圆滚，蕴含着生殖崇拜的意义。古人把"蛙"同"始"相联系，蛙为图腾祖先，所以由蛙而人格化的女娲就成了人类的始祖神。今天，我们仍然称婴儿为"娃娃"，笔者认为这个意义正是从"蛙"引发而来的。蛙为动物图腾，人为娃，人生娃，则正是感应蛙神的结果。另外，从发声上来求证，青蛙的叫声与婴儿的哭声相同。婴儿的哭声为"呱"，《尚书·益稷》云："辛壬癸甲，启呱呱而泣。"[1] "呱"与"呙"同音，故可证明婴儿的哭声与青蛙的叫声是相同的。

在神话的记述中，女娲作为"抟黄土造人"的始祖神，其功能与繁殖能力极强的蛙是相符的，由此也可证明女娲与远古的蛙崇拜有着密切的关系。《山海经·大荒西经》有云："有神十人，名曰女娲之肠，化为神，处栗广之野，横道而处。"另郭璞云："女娲，古神女而帝者，人面蛇身，一日中七十变，其腹化为此神。"[2]《大荒西经》是《山海经》中最古老的神话，最能表述远古神话特点。女娲既是以蛙为图腾的神灵，那么女娲的神性必然和蛙相似。蛙类在繁衍过程中，是将卵带成串地排泄在浅水塘中，借助水温孵化幼蛙。蛙的卵带呈串状，且连绵细长，状似肠子。所以蛙类排卵生育的过程，古人便以为是蛙类将肠子排出体外，以致有了蛙类无肠之说。因此，当蛙崇拜民族创造女娲化生众神的时候，自然而然就想到蛙类排卵生育的样子。所以有"女娲之肠，化为神"的神话传说。而且，蛙类大量排卵孵化幼蛙的情景也印证了《淮南子·说林训》中所谓"女娲所以七十化"[3]，即化生数量众多。而至于"七十"，袁珂先生也说是虚数，表众多的意思。可是笔者对此有疑问。在传统的中国文化中表示多的数字有三、九、百、千、万等，为何要用"七十"来表示多的意思呢？研究中国文化中符号象征的美国学者爱伯哈德在《中国文化象征词典》中

---

[1] 〔清〕阮元校刻，《十三经注疏》（第一卷），北京：中华书局 2009 年版，第 301 页。

[2] 袁珂，《山海经校注》，成都：巴蜀书社 1993 年版，第 445 页。

[3] 陈广忠译注，《淮南子》，北京：中华书局 2012 年版，第 985 页。

讲："中国文化中'七'与女性的关系特别密切，其特殊性或许与古时先民对女性生理的认识有关。"[1] 在古代中国，数字"七"及"七的倍数"（如"七十"）是一个模式数字（pattern number），或者叫作神秘数字（mystic number）。说女娲"七十化"，有着加强造人活动的神秘性及神圣性等方面的考虑。[2]

赵国华先生在《生殖崇拜文化论》一书中讲道："女娲本为蛙，蛙原是女性生殖器的象征，又发展为女性的象征，尔后再演为生殖女神。"[3] 由此可见，女娲以蛙为图腾，作为"生殖女神"的女娲"抟黄土造人"是化生万物的始祖母。上文我们已经探讨"女娲之肠，化为神"的神话传说与蛙类排卵生育之间的关联。我们知道蛙是卵生动物，成熟的雌蛙一次可以孕育上万颗卵，且孵化幼蛙的时间也短，繁殖能力极强。蛙的这一生命繁衍过程在古代是最易被人直观考察到的。所以在生殖崇拜盛行的原始时代，蛙便是女神的象征。女娲的神话传说中，最著神力的在一个"化"字，袁珂先生认为"化"当作"化生""化育"解。这更强调了女娲生殖女神的神话功能，同样也验证了女娲是以蛙为图腾的。

伏羲

伏羲是上古神话中极重要的人物之一，在先秦文献、汉代史书及历来的典籍中，都将伏羲列为古圣王"三皇"之首，且在相关的神话传说中，伏羲是教人结网罟、捕猎、画八卦记事、创造各种文明的文化英雄，被后人称为"人文初祖""人祖之宗"。有关伏羲的最早记载，大致出现在战国中叶，《管子》《荀子》《庄子》《商君书》及《左传》《战国策》等史书中都有提及。[4] 如：

---

[1] ［美］W. 爱伯哈德著，陈建宪译，《中国文化象征词典》，长沙：湖南文艺出版社 1990 年版，第291 页。

[2] 钟年，《数字"七"发微》，《中南民族学院学报》，1994 年第 4 期。

[3] 赵国华，《生殖崇拜文化论》，北京：中国社会科学出版社 1990 年版，第 371 页。

[4] 刘惠萍，《伏羲神话传说与信仰研究》，台北：文津出版社 2005 年版，第 20 页。

《管子·轻重戊》曰：

> 自理国虙戏以来，未有不以轻重而能成其王者也。[1]

《荀子·成相》云：

> 文武之道同伏戏。[2]

《庄子·缮性》曰：

> 逮德下衰，及燧人伏羲始为天下，是故顺而不一。德又下衰，及神农黄帝始为天下，是故安而不顺。[3]

《商君书·更法》亦云：

> 伏羲神农教而不诛，黄帝、尧、舜诛而不怒。[4]

《战国策·赵策》又云：

> 古今不同俗，何古之法？帝王不相袭，何礼之循？宓戏、神农教而不诛，黄帝、尧、舜诛而不怒。[5]

由以上典籍记载我们可以断论出"伏羲乃上古帝王之一"的结论，然而先秦文献中，如孔子和孟子皆不言伏羲。伏羲之名最早是出于战国中晚

---

[1] 戴望，《管子校正》，《诸子集成》（第五卷），北京：中华书局1954年版，第414页。
[2] 王先谦，《荀子集解》，《诸子集成》（第二卷），北京：中华书局1954年版，第306页。
[3] 郭庆藩，《庄子集释》，《诸子集成》（第三卷），北京：中华书局1954年版，第243、244页。
[4] 严万里校，《商君书》，《诸子集成》（第五卷），北京：中华书局1954年版，第2页。
[5] 〔汉〕刘向集录，《战国策》，上海：上海古籍出版社1985年版，第663页。

期的《庄子》。"《庄子》一书最好谈伏羲，所言伏羲，亦虚亦实，亦神亦人。《庄子》中关于伏羲的记载有五处：《人间世》《大宗师》《胠箧》《缮性》《田子方》。一书之中，伏羲名号有三种写法：'伏羲''伏牺''伏戏'，前后不统一；身份混乱，或人或神；在古帝王中序列不定，或在禹、舜、黄帝之后，或在其前，这说明在庄子时期，伏羲尚在传说时期、创造过程中，是一个不确定的、尚未定型的人物。"[1]

在文献记载中伏羲的名号驳杂不一，在上古的"三皇五帝"之中是最多的，包括有：包羲、宓羲、庖羲、包牺、宓牺、伏戏、虑戏……[2]关于伏羲的记载是在战国中叶以后，春秋以前的典籍尚未见伏羲。战国至秦汉，时代越往后，有关伏羲的记载愈是详细。尤其是汉代，由于受到雷神神话以及龙蛇图腾崇拜的影响，伏羲的形象常被刻在各种墓葬装饰艺术中，并以创始始祖神的姿态出现。是汉代画像中的重要主神。那么，伏羲究竟是何形象呢？

有关伏羲的长相，历来说法众多。《太平御览》引《帝系谱》："伏羲人头蛇身，以十月四日人定时生。"[3]《帝王世纪》曰："蛇身人首，有圣德。"[4]《路史·后纪》曰："伏羲龙身。"东汉王延寿《鲁灵光殿赋》曰："伏羲鳞身，女娲蛇躯。"[5]众多文献典籍都有对伏羲相貌的表述，但是伏羲究竟是人首龙身还是人首蛇身呢？笔者认为，这要从伏羲的出生与出身中找答案。东汉王符《潜夫论·五德志》云："大人迹出雷泽，华胥履之生伏羲。"[6]《帝王世纪》云："太昊帝庖牺氏，风姓也，母曰华胥。燧人之世，有巨人之迹出于雷泽之中，华胥以足履之，有娠，生伏羲，长于成纪。"[7]《太平御览》引《诗含神雾》称："大迹出雷泽，华胥履之，生伏

[1] 过文英，《论汉墓绘画中的伏羲女娲神话》，《浙江大学学报》，2007年第5期，第21页。
[2] 刘惠萍，《伏羲神话传说与信仰研究》，台北：文津出版社2005年版，第71页。
[3] 〔宋〕李昉等，《太平御览》（第一册），北京：中华书局1960年版，第364页。
[4] 同上。
[5] 董治安等主编，吴庆峰、刘保贞、庄大钧整理，《两汉全书》（第十八册），济南：山东大学出版社2009年版，第11020页。
[6] 同上（第二十二册），第12602页。
[7] 〔晋〕皇甫谧，《帝王世纪》，沈阳：辽宁出版社1985年版，第2页。

羲。"[1] 司马贞《补史记·三皇本纪》云："太皞庖牺氏，风姓。代燧人氏继天而王。母曰华胥，履大人迹于雷泽，而生庖牺于成纪。"由以上典籍我们知道，伏羲是"华胥履大人迹"而有孕所生，伏羲的诞生神话是感生神话的一种。上述有关伏羲的出生记载，大致意思皆为：伏羲的母亲华胥在雷泽附近，见到地面上有一个大脚印，她踩了一下，于是就有感而孕生了伏羲。那么"大人迹"究竟是谁的脚印呢？《山海经·海内东经》曰："雷泽中有雷神，龙身而人头，鼓其腹。在吴西。"[2]《淮南子·墜形训》中说："雷泽有神，龙身人头，鼓其腹而熙。"[3] 闫德亮先生在《中国古代神话的文化观照》中称"伏羲是雷神的儿子，伏羲有'龙相'"[4]，袁珂先生在其《中国古代神话》中也称"伏羲实在就是雷神的儿子"[5]。所以"大人迹"是雷神的脚印，伏羲是雷神的儿子，伏羲是龙子，伏羲的形象应作"人首龙身"，以龙为图腾。但众多典籍亦作"人首蛇身"解，皆是因为，在古代龙蛇不分，龙是由蛇而来的，龙的基调是蛇，龙和蛇是分不清的。闻一多在《伏羲考》中认为：龙是一种混合的图腾，是自然界不存在的生物，大概图腾在未合并之前，龙只是一条大蛇，而这种大蛇就被称作龙，后来以这种大蛇为图腾的氏族兼并吸收了许多别的形形色色的图腾氏族，这条大蛇才接受了兽类的四脚，马的头、鬃、尾，鹿的角，鱼的鳞和须，狗的爪，于是才有了我们所知道的龙。[6]

（二）龙图像

龙图像在汉画像中亦是一种常见的题材，并且呈现出丰富多彩的图像模式。汉画像中的龙是对汉代政治、经济、社会文化、风俗信仰、宗教等

---

[1] 〔宋〕李昉等，《太平御览》（第一册），北京：中华书局 1960 年版，第 364 页。
[2] 袁珂，《山海经校注》，成都：巴蜀书社 1993 年版，第 381 页。
[3] 陈广忠译注，《淮南子》，北京：中华书局 2012 年版，第 225 页。
[4] 闫德亮，《中国古代神话的文化观照》，北京：人民出版社 2008 年版，第 118 页。
[5] 袁珂，《中国古代神话》，北京：中华书局 1960 年版，第 47 页。
[6] 霍想有主编，《伏羲文化》，北京：中国社会科学出版社 1994 年版，第 225 页。

方面的折射。总结前人的研究，汉画像中的龙图像具有极特殊的意义：它是引魂升天的工具；是沟通天、地、人、鬼四界的桥梁；是代表东方的神兽；也是自然雨师的化身；它既可作为阴阳变换的符号，又可充当瑞兽为人们祈愿吉祥。我们知道，汉代以后，龙是整个汉民族的符号象征，直到今天我们还自称是"龙的传人"。汉高祖刘邦是"龙子"，是其母刘媪感交龙而生，且《史记》载刘邦是"赤帝之子"[1]，所以，龙同时也是帝王专有的象征，龙则是皇帝的"个人图腾"[2]。但是，汉代墓室中的龙，在作为"引魂升天的工具、沟通四界的桥梁"的背后，所传达的是作为图腾保护神引领死者亡魂回到祖先那里。何星亮先生在《图腾文化与人类诸文化的起源》中讲过："所谓图腾神观念，既不把图腾看作是亲属，也不认为它是祖先，而是把它视为氏族、胞族、部落或家庭、个人的保护神或保护者。认为它具有超自然的力量，既能降福于人，又能为人排忧解难。……中国的龙和凤也具有图腾神的性质，是蛇图腾和鸟图腾的神化。"[3] 所以，龙作为汉民族的图腾神出现的汉墓中"引魂升天""沟通四界"的功能再形象不过了。

　　人类文明的进步是和对人自身生命死亡的思考分不开的，生命的死亡对于古人来讲具有极大的神秘性。在朱存明先生的观念中，汉画像是一种生命意识的幻象，成仙是人恐惧死亡的一种自我安慰。在整个自然体系中，死亡是不可避免的环节。正如扬雄在《法言·君子》中说："有生者必有死，有始者必有终，自然之道也。"[4] 所以，古人就幻想一个死后的世界，并设想着这个世界即"天堂"（或"仙界"）的存在，从而厚葬以求死后如生，同时热切渴望能长生不老，渤海里的"三神山"、昆仑山仙界都成了

[1]　〔汉〕司马迁，《史记》，《二十四史》，北京：中华书局1999年版，第248页。
[2]　"个人图腾"是图腾文化类型中的一种。图腾文化类型有很多种，但究竟有多少，目前尚无定论。中外学者对于图腾文化类型的分类各持己见，说法不一，但不管是何分类，"个人图腾"都是其一。何星亮根据中外学者的研究资料，将图腾文化类型主要分成九种：群落图腾、氏族图腾、胞族图腾、部落图腾、民族图腾、性别图腾、婚姻级图腾、家庭图腾和个人图腾。
[3]　何星亮，《图腾文化与人类诸文化的起源》，北京：中国文联出版社1991年版，第62、63页。
[4]　〔汉〕扬雄，《扬子法言》，《诸子集成》（第七卷），北京：中华书局1954年版，第40页。

人们竭力追求的去所并真实地反映在汉画里。秦汉以来，上至君王统治者，下至平民百姓，都幻想羽化成仙。不死的幻想是人们对于现实生活的眷恋，于是在汉代人的心目中，"天堂"（或"仙界"）往往是现实世界的延伸。

"汉代是一个重仙好祀、神秘浪漫的时代。以汉武帝为例，他的一生就同鬼怪神仙永远联系在一起。统治集团的好尚，加之汉代厚葬风气的盛行，导致了汉人生活的每一个空间，甚至每一个角落无不飘散着神灵的迷雾。"[1]汉代人所营造的死后世界是完整的，同时也是有层次的。"汉画像石并不是一种自由创造的艺术，它是严格按照当时占统治地位的儒家礼制和宇宙观念刻在石结构墓室、石棺、祠堂和墓阙上的。"[2]"这里所说的宇宙观念，并不是哲学意义上人对物质与精神相互关系的认识，而是原始信仰中对宇宙层次的基本划分及对宇宙不同层次相互关系的认识。汉代人认为，全部宇宙是由从高到低的四个部分构成的。首先是天上世界，这是一个由作为宇宙最高存在的上帝和诸多人格化的自然神组成和居住的诸神世界。其次是由西王母居住的昆仑山所代表的仙人世界。第三个宇宙层次是现实的人间世界，而第四个宇宙层次是地下的鬼魂世界。"[3]人死后的灵魂只能在"天堂世界"与"人间世界"之间游移，需要加以引导才能升入仙界，否则将堕入恐怖的"地下鬼魂世界"。龙在汉画像中的形象穿梭游走于四个世界之间，扮演着通向"天堂世界"使者的角色。《山海经·海外东经》云：

> 东方句芒，鸟身人面，乘两龙。[4]

《山海经·海外南经》云：

---

[1] 张宏，《汉代〈郊祀歌十九章〉的游仙长生主题》，《北京大学学报》（哲社版），1996 年第 4 期。

[2] 朱存明，《汉画像的象征世界》，北京：人民文学出版社 2005 年版，第 89 页。

[3] 信立祥，《汉代画像石综合研究》，北京：文物出版社 2000 年版，第 60 页。

[4] 袁珂，《山海经校注》，成都：巴蜀书社 1993 年版，第 314 页。

南方祝融，兽身人面，乘两龙。[1]

《山海经·海外西经》云：

西方蓐收，左耳有蛇，乘两龙。[2]

《山海经·海外北经》云：

北方禺强，人面鸟身，珥两青蛇，践两青蛇。[3]

《山海经》所载四方之神，东方句芒、南方祝融和西方蓐收均"乘两龙"，唯独北方禺强"践两青蛇"。有古谚语云："蛇升天则成龙，龙入地则为蛇。"上文亦说明古时龙蛇不分，龙是由蛇而来的，龙的基调是蛇，龙和蛇是分不清的。所以，四方之神皆乘龙（如图 3-4），"两龙"成了神仙的驾乘，如此看来，汉代人选择龙充当墓葬文化中引魂升天的引导者就很好理解了。龙既作为仙人登天的工具，那么现实中的人就很自然地联想到死后可以用龙来引导灵魂升天，进入幻想中美好的"天堂世界"。

在汉画像的描绘墓主人通过神龙引魂升天的图像中，长沙马王堆一号西汉墓出土的 T 形彩绘帛画无疑是最具代表性的一幅作品（如图 3-5）。[4]这幅非常著名的帛画是 1972 年长沙马王堆一号汉墓出土的，画面呈"T"形，通长 205 厘米，是长沙相利仓妻子的"非衣"，属西汉前期（前175—前 145）的绘画作品。"'T'形帛画从上至下可以分为四个层次，最上一层画幅最宽，绘有日、月、星、辰和天上的诸神世界；其下的第二层是死者死后灵魂已达到的昆仑山仙界，以天门及守门神作为象征；第三层

[1] 袁珂，《山海经校注》，成都：巴蜀书社 1993 年版，第 249 页。
[2] 同上，第 273 页。
[3] 同上，第 295 页。
[4] 湖南省博物馆等，《长沙马王堆一号汉墓》，北京：文物出版社 1973 年版，第 5 页。

神话之魅

图 3-4　四方之神"乘两龙"形象

是画有祭祀死者场面的现实世界，画的是墓主生前的受谒图；第四层则画的是脚踏巨龟、双手托撑大地神怪的地下世界。"[1] 俞伟超先生对这幅帛画有着这样的理解："当时，凡死者刚亡，都要招魂。……招魂之时，都要拿着死者的衣服。《丧大记》说：'小臣复，复者朝服。'……这幅帛画，正略具衣服之形，可进而表明复者招魂时就是拿着它来呼号的。"[2] 我国古代认为，人的魂和魄是有区别的。魂，指魂气；魄，指躯体。人死之后，魂气便会离开躯体而游荡在外。《礼记·郊特牲》："魂气归于天，形魄归于地。"[3]《礼记·檀弓下》："骨肉归复于土……若魂气则无不之也。"[4] 因此认为，必须以衣招魂，使魂附于体，然后才能入葬。"马王堆一号墓出土的帛画之所以作 T 字形并且以'衣'来命名，当是从这种以衣'招魂以复

[1]　朱存明，《汉画像之美》，北京：商务印书馆 2011 年版，第 183 页。

[2]　俞伟超，《马王堆一号汉墓帛画内容考》，载《先秦两汉考古学论集》，北京：文物出版社 1985 年版，第 154—155 页。

[3]　〔清〕阮元校刻，《十三经注疏》（第三卷），北京：中华书局 2009 年版，第 3156 页。

[4]　同上，第 2844 页。

图 3-5 长沙马王堆一号汉墓
出土的"T"形帛画

神话之魅

魄'的习俗发展而来。"[1] 既然"非衣"可以招魂，那么，墓主的魂气被招回后，又该如何升入"天堂世界"呢？如上文所述，龙在该幅帛画中即发挥了其"引魂升天"的引导功能。"T"形帛画层次分明，分别刻画了诸神世界、昆仑山仙界、现实世界以及地下世界，并且由神龙串联。在第三层现实世界中，两条长龙交缠穿一巨型圆璧，谷纹巨璧之上有双豹顶承白色平台，平台之上站一拄杖老妪即墓主，老妪前有二人在跪拜，身后则有三位侍女拱手相随。两条巨龙穿璧腾起，组成一只升天龙舟，负载墓主人的灵魂升入天堂世界。整幅帛画中一共刻画了四条巨龙，贯穿于天上、人间、地下。其中下面的两条巨龙穿璧后，从地下世界腾空而起负载着墓主人的灵魂飞入天上世界，远离恐怖的地狱，登入美好的天堂。

"引导、负载墓主人灵魂升入'天堂'的龙图像可以参照洛阳烧沟村西汉卜千秋墓壁画，对于理解同题材的画像石图像有代表意义。"[2]1976年河南省洛阳市发掘的卜千秋墓为夫妻合葬墓，是迄今发现的最重要的汉代早期壁画墓。因墓中有一铜质阴刻篆书"卜千秋印"，而得知男性墓主的姓名为卜千秋。墓室顶部绘有墓主人升仙的在空中行进的一幅长451厘米、宽32厘米的长卷式壁画（如图3-6）。"有人首蛇身的伏羲女娲，有内画踆乌的日轮和内画蟾蜍的月轮，有表示天象的青龙、白虎以及一些神兽，其中心图像是画在脊顶右侧的墓主升仙场面，女墓主乘立在一只三头神鸟的背上，下边的男墓主乘立在一条巨蛇身上，他们正在云气、日轮、伏羲间飞驰，并有九尾狐与蟾蜍伴行，前有持巨大仙草的玉兔为先导。"[3]这是一幅典型的墓主升仙图，女墓主捧神鸟立于三头凤鸟背上，男墓主持弓立于舟形龙背之上，旁边彩云缭绕，男女墓主之间，蟾蜍及九尾白狐皆随行飞驰，男女墓主俨然已来到了西王母居住的仙人世界，即他们所追求的"天堂世界"（如图3-7）。龙、凤以图腾保护神的角色引导墓主亡魂升仙，帮助他们离开恐怖的地下世界，升入梦想的天堂。

---

[1] 刘敦愿，《马王堆西汉帛画中的若干神话问题》，《文史哲》，1978年第4期。

[2] 洛阳博物馆，《洛阳西汉卜千秋墓壁画墓发掘简报》，《文物》，1977年第6期。

[3] 朱存明，《汉画像之美——汉画像与中国传统审美观念研究》，北京：商务印书馆2011年版，第185页。

图 3-6　洛阳卜千秋墓墓室顶部画像

图 3-7　洛阳卜千秋墓墓室顶部
夫妇升仙图

　　朱存明先生在其著作《汉画像的象征世界》一书中提到："汉画像反映了汉代人对人死后世界的看法。……这个世界叫'黄泉'，泰山是所有人死后灵魂的归宿处。但汉画像所表现的汉代人信仰的阴间世界，只是人现实世界的曲折反映。汉画像中的怪异画表现了人潜意识中对死亡的恐惧。……表现了处处求祥瑞的避凶趋吉的心态。"[1] 我们知道，图腾发生的

----

[1]　朱存明，《汉画像的象征世界》前言，北京：人民文学出版社 2005 年版，第 2、3 页。

　　　　　　　　　　　　　　　　　　　　　　　　　　　　　　神话之魅

原因是：求安。然而"人们之所以把某种有生物或无生物作为自己的亲属或祖先，主要是基于人的感情，即主要基于三方面的感情：因威胁而恐惧，因受益而感激，因迷惑而好奇"[1]。所以，以此三种感情为基础，选择图腾的原因是：恐惧、感激、神秘。汉代人希望死后不朽，然而死亡却是一个不可避免又超出生活经验的阶段，是永恒的恐惧之源，汉代人只有通过幻想死后灵魂能够升入"天堂"，内心才能得到寄托。此时，具有超自然力量可以帮助人们排忧解难的图腾神"龙"，便成了引导或保护在未知世界中准备升入天堂的灵魂的保护神。汉画像中的龙图像引领亡魂返回墓中或指引其升天的功能，正是汉代人畏惧死亡、渴望超自然的力量帮助他们远离恐惧、避凶趋吉的图腾神性的体现。

（三）鸟图像

同龙图像一样，鸟图像也是汉画像中常见的动物形象之一。张道一先生的《汉画故事》中讲述的鸟类有：凤凰、朱雀、鸤鹊、金乌、三青鸟、毕方鸟、比翼鸟、玄鸟、鹳鸟、白雉、鸡、鸠、鹄、人首鸟等，李发林先生在《汉画考释和研究》中讲道："汉画像中有相当数量的鸟类画。四川、河南南阳汉画像中的鸟类画不多，大都不过是凤凰、鸾鸟、朱雀、金乌之类的神鸟。现实生活中的鸟类比较少见。而山东、陕北汉画像中的鸟类，除凤凰、朱雀、金乌等神鸟外，还有多种现实生活中的鸟类，其可辨认者，即有啄木鸟、猫头鹰、雉、山鹊、雁、鹭、鹰、鸡、鹅、鸭等家禽及野禽。"[2] 其中，还有鸟头人身怪和鸡头人身怪等半人半兽的神怪。鸟崇拜是自原始社会以来便有的图腾崇拜，鸟图腾文化与龙图腾文化是中华古文明不可缺少的一部分，谈龙说凤，鸟图像亦是汉画像中"镜像"图腾神话的一类图像。

---

[1] 何星亮，《图腾文化与人类诸文化的起源》，北京：中国文联出版社 1991 年版，第 210 页。
[2] 李发林，《汉画考释和研究》，北京：中国文联出版社 2000 年版，第 376 页。

凤鸟

郭沫若曾讲过："凡图形文字之作鸟兽虫鱼之形者，必系古代氏族之图腾或其孑遗。其非鸟兽虫鱼之形者，乃图腾之转变，盖已有相当之文化而脱去原畛域者之族徽也。"[1] 郭沫若先生的意思是在文字、图形中遗留动物之形的必然受上古图腾的影响，那么汉画中出现频繁的凤鸟必和远古的鸟图腾崇拜有关。

凤凰信仰自新石器时期就已开始出现，从出土文物看，浙江余姚河姆渡文化遗址出土的颇似凤凰的双鸟朝阳纹象牙骨器（如图3-8），距今已有7000年的历史。湖南省洪江市高庙文化遗址曾出土一白色陶罐，该陶罐上绘有类似"凤凰"的鸟图案，有冠，长喙，长颈，长尾，与今天的"凤凰"形象极为相似，距今约7400年。我们都知道，汉文化深受楚文化的影响，楚人是以凤为图腾的。楚人的先祖祝融就是凤的化身。《白虎通义·五行篇》说："其神祝融，属续也。其精朱鸟，《离》为鸾故。"[2] 鸾是凤一类的鸟。《太平御览》中引《春秋元命苞》："火离为鸾。"[3] 在中国的远古传说中"凤凰涅槃，浴火重生"，凤凰是可火中重生的不死之鸟，是火神，而祝融也被尊为"火神"。所以，凤凰是祝融的精元，祝融以凤为图腾。楚人的另一先祖少昊，也是以鸟为图腾的。少昊名挚，挚通鸷，是猛禽的一种。《左传·昭公十七年》记：

> 秋，郯子来朝，公与之宴。昭子问焉，曰："少皞氏鸟名官，何故也？"郯子曰："吾祖也，我知之。……我高祖少皞挚之立也，凤鸟适至，故纪于鸟，为鸟师而鸟名：凤鸟氏，历正也；玄鸟氏，司分者也；伯赵氏，司至者也；青鸟氏，司启者也；丹鸟氏，司闭者也；

---

[1] 郭沫若，《殷彝中图形文字之一解》，《殷周青铜器铭文研究》，1961年。

[2] 董治安等主编，李士彪、吴士英、张海峰整理，《两汉全书》（第十五册），济南：山东大学出版社2009年版，第9200页。

[3] 〔宋〕李昉等，《太平御览》（第四册），北京：中华书局1960年版，第4054页。

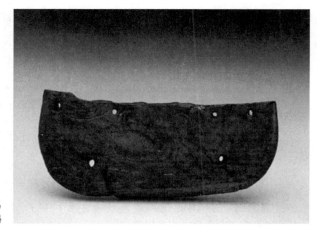

图 3-8 河姆渡遗址出土双鸟
　　　　朝阳纹象牙骨器

祝鸠氏，司徒也；睢鸠氏，司马也；鸤鸠氏，司空也；爽鸠氏，司寇也；鹘鸠氏，司事也。五鸠，鸠民者也。五雉为五工正，利器用，正度量，夷民者也。九扈为九农正，扈民无淫者也。"[1]

上述除了五雉和九扈之外，五鸠五鸟以鸟名官的职守都写得非常清楚。"二十四官，无一非鸟，这是保持鸟图腾制的最完备的记录。"[2] 从这个叙述中可探知，少昊部落中，大图腾中包含小图腾集团，组成了一个鸟图腾氏族部落社会的两个组织形式：部落图腾（鸟）和胞族图腾（五鸟、五鸠、五雉、九扈）。

"凤凰具有'向阳'的神性，而'向阳'也就意味着'达天'，因为，太阳高悬在天上，飞向太阳，也就等于飞向蓝天。即使不向着太阳飞奔，天也是凤凰翱翔的空间，因为凤凰源于鸟禽，而鸟禽们一旦展翅飞起，必定达天、在天。"[3]《诗经·大雅》载"凤凰于飞，翙翙其羽，亦傅于天"[4]，这里的"傅"字应当作"附着""挨着""挨近"来讲。凤凰达天的神性在

[1]〔清〕阮元校刻，《十三经注疏》（第四卷），北京：中华书局 2009 年版，第 4523—4525 页。
[2] 朱存明，《中国的丑怪》，徐州：中国矿业大学出版社 1996 年版，第 49 页。
[3] 庞进，《凤图腾》，北京：中国和平出版社 2006 年版，第 164 页。
[4]〔清〕阮元校刻，《十三经注疏》（第一卷），北京：中华书局 2009 年版，第 1179 页。

《韩诗外传》中被描绘得更为形象："夫凤凰之初起也，翾翾十步，藩篱之雀喔咿而笑之。及其升少阳，一诎一信，展羽云间，藩篱之雀超然自知不及远矣。"[1]《太平御览》引《韩诗外传》说凤凰能"究万物，通天地"[2]。可见，汉代人对于凤凰"达天"的神性也早已有所描绘和论述，并反映在汉画中。图3-7洛阳卜千秋墓墓室顶部夫妇升仙图中，"女墓主捧神鸟立于三头凤鸟背上，男墓主持弓立于舟形龙背之上"，龙、凤指引着男女墓主一起升入"天堂世界"。凤鸟"乘凤凰，去天堂"的"达天"的神性同龙图像所具有"引领亡魂返回墓中或指引其升天"的图腾神性功能一致，也说明了"中国的龙和凤也具有图腾神的性质，是蛇图腾和鸟图腾的神化"。[3]

玄鸟

《诗经·商颂》曰："天命玄鸟，降而生商。"[4]《史记·殷本纪》曰："殷契，母曰简狄，有娀氏之女，为帝喾次妃。三人行浴，见玄鸟堕其卵，简狄取吞之，因孕生契。"[5]《礼记·月令》也注云："玄鸟遗卵，娀简吞之而生契，后王以为媒官，嘉祥而立其祠焉。"[6]所以，商以玄鸟为图腾。《史记·秦本纪》曾记载秦的始祖母女修，"玄鸟陨卵，女修吞之，生子大业"[7]。又《通志·氏族略二》考证，"秦氏嬴姓，少昊（暤）之后也……非子初封于秦谷为秦氏。秦谷，故陇西秦亭是也"。秦人是少昊之后，上文已论述少昊部族以鸟为图腾，所以秦的图腾为鸟（玄鸟）是无疑的。根据

[1] 董治安等主编，庄大钧、王承略、刘晓东整理，《两汉全书》（第二册），济南：山东大学出版社2009年版，第783页。
[2]《太平御览》引《韩诗外传》曰："黄帝即位，施圣仁恩，承天明命，一道修德，惟仁是行，宇内和平。未见凤皇，乃召天老而问之曰：'凤皇何如？'天老对曰：'夫凤之像，鸿前而麟后，蛇颈而鱼尾，龙文而龟身，燕颔而鸡喙；首戴德，颈揭义，背负仁，心入信，翼挟义，足履正，尾系武；小音金，大音鼓；延颈奋翼。五光备举；食有质，饮有仪；往即文，来则喜，游必择所，饥不妄下。'其鸣也，雄曰'节节'，雌曰'足足'；昏鸣曰固常，晨鸣曰发明，昼鸣曰保章，举鸣曰上期，集鸣曰归昌。夫唯凤为能究万物，通天地，象百物，达乎道，律五音，成九德，览九州，观八极。……"
[3] 何星亮，《图腾文化与人类诸文化的起源》，北京：中国文联出版社1991年版，第63页。
[4]〔清〕阮元校刻，《十三经注疏》（第一卷），北京：中华书局2009年版，第1343页。
[5]〔汉〕司马迁，《史记》，《二十四史》，北京：中华书局1999年版，第67页。
[6]〔清〕阮元校刻，《十三经注疏》（第三卷），北京：中华书局2009年版，第2948页。
[7]〔汉〕司马迁，《史记》，《二十四史》，北京：中华书局1999年版，第125页。

图 3-9　玄鸟（燕子）1973 年浙江
海宁长安镇汉墓出土（画像石局部）

何星亮先生在《图腾文化与人类诸文化的起源》中对于图腾神话的划分，
某氏族祖先由卵孵化或某女子吞食鸟卵而生[1]，属于动物图腾创生神话。
始祖创生神话是图腾神话中最重要、最丰富的类型。

　　"玄鸟就是燕子，是神话中的燕子。"[2] 玄，即黑色，玄鸟即黑色的燕
子。玄鸟"降而生商"，玄鸟开启了商朝的历史，"玄鸟陨卵，女修吞之，
生子大业"，玄鸟亦打开了秦朝的历史大门，玄鸟是商、秦的图腾，所以
燕子在中国的历史上受到了重视。然而不知是何原因，玄鸟（燕子）在汉
画像中并不常见。1973 年，在浙江海宁长安镇出土的一座东汉晚期的汉
墓中，其中一幅祥瑞图中，"有一只飞翔的玄鸟"。[3]（如图 3-9）玄鸟（燕
子）出现于祥瑞图中，应该已经失去了其图腾神话的神秘色彩，更多的是
表达一种吉祥的意义在里面，这应该是图腾神话在文化传承中的变异（详
见下文第三部分），笔者认为，玄鸟在汉画中隐藏的图腾神性的功能应该
表现在另一图像上：猫头鹰。

猫头鹰

　　猫头鹰亦被认为是"玄鸟"，叶舒宪先生在《玄鸟原型的图像学探
源》[4] 一文里提出：玄鸟应为鸱鸮即猫头鹰。古代对于猫头鹰一类禽鸟的

---

[1]　何星亮，《图腾文化与人类诸文化的起源》，北京：中国文联出版社 1991 年版，第 101 页。
[2]　张道一，《汉画故事》，重庆：重庆大学出版社 2006 年版，第 235 页。
[3]　同上。
[4]　叶舒宪，《玄鸟原型的图像学探源》，《民族艺术》，2009 年第 3 期。

统称是：鸱鸮，或者简称鸮。"鸮"与"枭"通，故亦称猫头鹰为枭。猫头鹰的长相与习性同其他的鸟类不同。猫头鹰的眼睛不似其他的鸟类生长在头部两侧，它的眼睛如人的眼睛一般位于正前方，且眼的周围羽毛呈放射状形成所谓的"面盘"。猫头鹰的喙和爪都如钩般弯曲，且非常锐利，周身的羽毛稠密而松软，飞行时没有声响。猫头鹰（枭）为殷商的图腾，从大量出土的商代青铜器和雕塑上，我们发现：猫头鹰在当时是受到人们重视的（如图 3-10、3-11、3-12、3-13）。

然而到了汉代，猫头鹰却受到冷落。《汉官仪》载："夏至赐百官枭羹，欲绝其类也。夏至微阴，始起育万物，枭害其母，故以此日杀之。"《正字通·木部》曰："枭，鸟生炎州，母姬子百日，羽翼长，从母索食，食母而飞。"汉代的大文字学家许慎在《说文解字》中说："枭，不孝之鸟也。故日至捕枭磔之。"[1]东汉桓谭在《新论》中也说："闻枭生子，子长，且食其母，乃能飞。"[2]由于受儒家思想的影响，汉代人们的行为准则和伦理规范是"百善孝为先"，所以"食母"的枭（猫头鹰）自然遭到人们的憎恶和冷落。加之猫头鹰总是在夜间活动，且叫声凄惨，使人产生不好的联想，一直被视为"恶鸟""祸鸟""凶鸟""不祥之鸟"。既然猫头鹰是"恶鸟""不祥之鸟"，那为什么汉人还要将其刻在汉画像石上出现在墓葬中呢？李发林先生在《汉画考释和研究》一书中，对此作这样的解释：

> 一是视枭为猛禽，取其勇敢，意图让它帮助守卫墓室，防止别的恶魔侵害。二是墓在地下，属于阴间，很黑暗。而猫头鹰能够夜中活动，可借助猫头鹰为墓主服务。三是作为凤凰的陪衬。如邹县下镇一石，枭是小的，凤凰则刻得大而威风。故枭可能是作为对立面或对比物而出现。贾谊《吊屈原赋》说："鸾凤伏窜兮，鸱鸮翱翔。"四是作

---

[1] 〔汉〕许慎撰，〔清〕段玉裁注，《说文解字注》，上海：上海古籍出版社 1981 年版，第 271 页。

[2] 董治安等主编，项永琴、王承略整理，《两汉全书》（第十二册），济南：山东大学出版社 2009 年版，第 6629 页。

图 3-10　商代鸮卣

图 3-11　殷墟妇好墓鸮尊

图 3-12　殷墟 1001 大墓出土 "大理石鸮
形立雕"

图 3-13　殷墟 1001 大墓出土 "大理石鸮
形小立雕"

图 3-14　长沙马王堆一号汉墓出土
"T"形帛画局部

为装饰用，滕县庄里一石，楼房空处刻枭两只，其意义或许是在于填空作装饰用的吧。[1]

对此，笔者持认同的态度，这同时也体现了猫头鹰所具有的图腾神性的功能。猫头鹰作为阴间的黑暗使者，除了"守卫墓室"外还将如何"为墓主服务"呢？"人在活得健康时并不想遇到猫头鹰，可是一旦离开人间，进入另一个世界，却要求助于猫头鹰，它能引导人的灵魂升天。"[2] 长沙马王堆一号西汉墓出土的 T 形彩绘帛画中，除了两条穿璧的巨龙具有引导墓主灵魂升入"天堂"的功能外，二龙头之间的猫头鹰也具有同样的"引魂

[1]　李发林，《汉画考释和研究》，北京：中国文联出版社 2000 年版，第 379 页。
[2]　张道一，《汉画故事》，重庆：重庆大学出版社 2006 年版，第 246 页。

升天"的功能，指引墓主的灵魂离开恐怖的地狱，登入美好的天堂世界。因此，猫头鹰"引魂"的功能亦是汉代人畏惧死亡、渴望超自然的力量帮助他们远离恐惧、避凶趋吉的图腾神性的体现（如图 3-14）。

二、图腾遗存面面观

图腾崇拜是图腾神话诞生的前提，汉画像中的部分图像带有图腾神话色彩，为汉画像增添了神秘感。汉墓的构造是按照"天圆地方"的古老宇宙观建造的，汉画像石亦不是一种自由创造的艺术，"它是严格按照当时占统治地位的儒家礼制和宇宙观念刻在石结构墓室、石棺、祠堂和墓阙上的"[1]。汉墓中的图像蕴含着丰富的汉代信仰，丰富地传达了汉代的生殖崇拜、祖先崇拜、自然神崇拜等观念。

（一）图腾崇拜与生殖崇拜

宇宙间所有的生命都需要生殖，生殖崇拜是人生命的驱动力，是图腾活动的主旋律和基调。梅新林在《祖先崇拜起源论》一文中指出：

> 从原始文化进化历程上看，生殖崇拜晚于图腾崇拜，因为人类总是从最初的自然崇拜逐步走向自我崇拜，从自我否定逐步走向自我肯定的。图腾崇拜本质上是一种自然崇拜，是人类出于对自然物又敬又畏双重心理而奉之为自己的祖先或保护神，代表了自我否定倾向。然而，生殖崇拜则已开始转到了人类自身，已从祈求动植物的增殖转向祈求人类自身的增殖，只不过是这种自我崇拜还没有从根本上摆脱自然崇拜的束缚而走向独立，更多的是往往表现为这样一种交叉情况：

---

[1] 朱存明，《汉画像的象征世界》，北京：人民文学出版社 2005 年版，第 89 页。

就其从动植物转向人类自身而论，表现了自我肯定的倾向，已属于自我崇拜；就其注重人类自身的生殖力以及通过祈求动物的增殖达到人类自身增殖而论，则仍属于自然崇拜。因此，生殖崇拜最初即是自然崇拜与自我崇拜、自我否定与自我肯定的双重混合。[1]

并同时指出生殖崇拜大致经历了自然生殖力崇拜、生殖器崇拜与生殖神崇拜三个发展阶段。

1. 自然生殖力崇拜

自然生殖力崇拜主要是指，人类出于生存本能的需要而对自然界中的某些动物或植物旺盛的生殖力产生的崇拜心理，通过祈求动物或植物的增殖来达到人类自身增殖的目的。赵国华先生在《生殖崇拜文化论》一书中讲到：

> 远古人类以鱼象征女阴，首先表现了他们对鱼的羡慕和崇拜。这种羡慕不是一般的羡慕，而是对鱼生殖能力旺盛的羡慕；这种崇拜也不是宗教意义上的动物崇拜，而是对鱼生殖能力旺盛的崇拜。原始人类混沌初开，人兽之间尚无严格的分野，由鱼及女阴的相类联想，引发出他们的一种模拟心理。经过与鱼生殖能力的比照，远古先民尤其是女性，渴望对鱼的崇拜能起到生殖功能的转移作用或者加强作用，即能将鱼的旺盛的生殖能力转移给自身，或者能加强自身的生殖能力。用今天的语言来说，初民是渴望通过对鱼的生殖能力的崇拜，产生一种功能的转化效应。为此，远古人类遂以鱼象征女性生殖器，并且应运诞生了一种祭祀礼仪……鱼祭，用以祈求人口繁盛。[2]

[1] 梅新林，《祖先崇拜起源论》，《民俗研究》，1994 年第 4 期。
[2] 赵国华，《生殖崇拜文化论》，北京：中国社会科学出版社 1990 年版，第 168、169 页。

图 3-15　西安半坡仰韶文化遗址
　　　　出土的"人面鱼纹"彩陶盆

　　如陕西西安半坡新石器时代仰韶文化遗址出土的西安半坡文化彩陶盆（如图 3-15），彩陶盆内部"人面鱼纹"彩绘，"更具有鲜明的图腾性质"。[1]"'人面鱼纹'图案一般都是圆圆的脸盘，头上戴有'非'字形的装饰物，眼、耳、口、鼻等五官形象是用直线、曲线或空白等简单线条表示，如鼻子用'⊥'形态表示，或者用垂三角形表示。眼睛表示的方法多用直线，但也有的用睁大的眼睛表示。'人面鱼纹'的嘴部则全部露白，呈'X'形状态，嘴角每每衔着两条鱼或简化的'鱼形'纹，耳部向外平伸翘起弯曲成钩状，有的则是'珥两鱼'。"[2] 从 20 世纪 60 年代初，就有学者对此怪异图像进行推测，说法各异，有图腾说、水虫形象说、氏族成员装饰说、图像说、巫术活动面具说、太阳崇拜说、生命之神象征说、原始婴儿出生图说；更有学者惊人地指出是外星人形象、女阴象征形象、飞头颅精灵。[3] 学者们的观点均带有神秘的图腾色彩，"女阴象征形象"的说法更论证了赵国华先生的观念：远古人类渴望将鱼旺盛的繁殖力转移在自己身上，以加强自身繁殖能力的自然生殖力崇拜。

[1]　陶思炎，《中国鱼文化》，南京：东南大学出版社 2008 年版，第 97 页。

[2]　朱存明，《中国的丑怪》，徐州：中国矿业大学出版社 1996 年版，第 19 页。

[3]　刘云辉，《仰韶文化"鱼纹""人面鱼纹"内涵二十说述评——兼论"人面鱼纹"为巫师面具形象》，《文博》，1990 年第 4 期。

2. 生殖器崇拜

"生育是由于图腾入居妇女体内，死亡就是人返回于自己的氏族图腾。"[1] 原始先民最初并不知生育原理，他们以为妇女生育是因为图腾魂[2]进入妇女体内的结果。"但女性的生殖过程则是可以通过直观感知得到的。这样，祈求人类自身增殖的生存本能的驱使下，便通过对女性生殖功能的神化而产生生殖器崇拜。"[3] 初始的生殖器崇拜当然仅限于女性，因为原始初民并不知道男性在生育过程中扮演的角色，但是随着社会的发展，男性的社会地位逐渐高于女性的社会地位，同时人们也认识到男性在"绵延子嗣"中的重要性，因此亦开始崇拜男性生殖器。生殖器崇拜是自然生殖力崇拜的形式之一，但相较于自然生殖力崇拜，生殖器崇拜又上升了一个层面。

汉代宗法制的封建体系强调家长制，儒家强调"不孝有三，无后为大""天地之大德曰生"的生殖观念。在生殖崇拜文化观照下，封建社会男尊女卑的不平等观念产生的一夫多妻制度，其主要目的还是为了"绵延子嗣""开枝散叶"。"图腾崇拜本身便蕴含了生殖崇拜的动机，所以有的图腾物本身便是牝器的象征。"[4] 虽然不是所有的图腾物都是由生殖器崇拜演化而来的，但具有生殖器特征的崇拜物，必是古代人们崇拜的图腾。汉画像中的鱼鸟图便形象生动地体现了带有图腾色彩的生殖器崇拜。

"鱼鸟图"是汉画像中凤鸟图像的母题形式之一，在鱼、鸟相组合的各种图像中，"鸟啄鱼"图像最能反映图腾崇拜下的生殖崇拜观念。上文已述汉画像中的鸟图像（部分）是以图腾神的角色发挥着引领墓主灵魂升天的神性功能。那么，在汉画像中，鱼是否依旧具有神秘图腾色彩呢？

---

[1] ［苏］柯斯文著，张锡彤译，《原始文化史纲》，北京：人民出版社1955年版，第171页。
[2] 何星亮，《图腾文化与人类诸文化的起源》，北京：中国文联出版社1991年版，第89页。图腾魂或称"婴儿魂""婴儿胚胎"……它是一种使妇女怀孕的与图腾有关的超自然物体。他们认为，每个妇女怀孕的直接原因是图腾魂进入妇女体内，因而，每个人都是由图腾转生的。
[3] 梅新林，《祖先崇拜起源论》，《民俗研究》，1994年第4期。
[4] 潜明兹，《中国神话学》，银川：宁夏人民出版社1994年版，第283页。

图 3-16　陕西靖边东汉墓室壁画局部　　　　　图 3-17　彩陶鹳鸟叼鱼缸

答案是肯定的。在陕西靖边东汉墓室壁画（如图 3-16）上有一幅鱼车图，图上绘有一尊者端坐在由三条鱼拉着的云车上向左行驶，尊者的衣物服饰显示出其真实身份应是墓主人，而不是河伯、雷神等神人。鱼拉云车暗示着鱼同龙、凤（鸟）一样，具有引导墓主人升仙的功能，云车亦说明墓主的灵魂在神鱼的帮助下，已经来到了天界。所以，"鱼"在此类图像中亦扮演着指引墓主的灵魂离开恐怖的地狱、登入美好的天堂的图腾神的角色。鱼和鸟都是古人崇拜的图腾物，在图腾崇拜的文化观念影响下，汉画像中的鸟啄鱼图像究竟怎样体现生殖器崇拜呢？

　　其实，早在 6800 多年前的新石器时代，"鱼""鸟"就已经作为生殖器的象征被先民们崇拜了。20 世纪 80 年代初，在河南临汝阎村遗址发现了"鹳鸟叼鱼缸"的彩陶，彩陶上绘有《鹳鱼石斧图》（如图 3-17），这立即引起了专家学者们的高度重视。图画中绘有一只白鹳，口中衔有一尾鲢鱼，旁边竖立一把大石斧，石斧的柄上，画有"×"形符号。[1] 以赵国华先生为代表的学者们认为，"石斧"在远古象征"男根"，"×"是"五"字，是初民的极数，鱼象征女性，鸟象征男性，图画表达的是对子孙"瓜

[1]　临汝县文化馆，《临汝县岩村新石器时代遗址调查》，《中原文物》，1981 年第 1 期。

图 3-18　邹城郭里乡出土鸟啄鱼画像

图 3-20　滕州马王村出土鸟啄鱼画像

图 3-19　山东微山两城镇出土铺首衔环

飕绵绵"的愿望,是对男性成员的渴求。[1]鱼是女阴的象征,鸟是男根的象征,"鸟鱼的相接正是阴阳、男女的相合,其象征作用服务于生殖目的"[2]。在古代,鸟崇拜和太阳崇拜是分不开的,就像汉画像中的三足乌,太阳的东升西落就像金乌驮着太阳在飞行。孔子曰:"乌,呕呼也,取其

---

[1]　赵国华,《生殖崇拜文化论》,北京:中国社会科学出版社 1990 年版,第 109 页。

[2]　陶思炎,《鱼考》,《民间文学论坛》,1985 年第 3 期。

助气。故以为乌乎。乌为日中之禽，故为象形也。"[1] 所以，鸟属阳，第三足即是男根的表达。新石器时期出土的一些彩陶上绘有大量的鱼纹和鸟纹，大都与生殖器有关，是典型的带有图腾崇拜色彩的生殖崇拜。郭沫若先生说："无论是凤或燕子，我相信着传说是生殖器的象征，鸟直到现在都是生殖器的别名，卵是睾丸的别名。"[2] 赵国华先生亦赞同这一说法："不论燕也好，凤也好。神话中之鸟都是李逵口中所说之鸟。这种说法也许不无道理。"[3] 鱼是女阴的象征，又是水中之物，性阴；鸟是男根的象征，又代表太阳，性阳。"鸟啄鱼"就意味着男女交合，阴阳相交。山东邹城郭里乡出土的一块汉画像"鸟啄鱼"图像（如图3-18），是元帝到平帝时期的画像。画像的右侧刻有两只鸟儿共同啄食一条鱼，左边鸟儿的一只爪儿还抓住另一条鱼。微山湖周围出土过很多块汉画像石，微山两城镇的一块画像石上，画面中心刻有一头熊，旁边是两个铺首衔环，铺首顶端呈"山"字形，两边为鱼鹰首，鱼鹰嘴中各衔一条鱼（如图3-19）。山东省滕州市马王村出土的一个"鸟啄鱼"图像上（如图3-20），两亭檐上各立一只鸟，且二鸟共同啄食一条鱼，形成一"拱门状"，两个亭子中间立有三人，一人执盾，二人执戟。

3. 生殖神崇拜

"生殖神崇拜是祖先崇拜形成的重要基础，某一氏族或民族的生殖神往往就是该氏族或民族的始祖神。"[4] 这同时也说明了祖先崇拜晚于生殖崇拜。

上文已述，伏羲、女娲是人类的始祖神，且在汉画像中多成对出现，女娲以"蛙"为图腾，伏羲以"龙"为图腾。在先秦古文献中，伏羲、女娲是互不相干的，且女娲的神话早于伏羲，但是到了汉代，伏羲、女娲却

---

[1] 张道一，《汉画故事》，重庆：重庆大学出版社2006年版，第175页。
[2] 《郭沫若全集·历史编》第一册，北京：人民出版社1984年版，第329页。
[3] 赵国华，《生殖崇拜文化论》，北京：中国社会科学出版社1996年版，第256页。
[4] 梅新林，《祖先崇拜起源论》，《民俗研究》，1994年第4期。

成了一对夫妻对偶神。伏羲女娲图像一般可以分为两大类：单身像和双身像。双身像的伏羲、女娲同刻一石，即便是单身像，也会刻在墓中或墓前祠堂和阙的对应的位置上，呈对偶出现（如图3-21、图3-22）。为何汉代墓室中要刻伏羲女娲图像呢？这与汉代极为流行的阴阳五行说有关。伏羲女娲图像中，有的手持日月，有的手持规矩，还有的被高禖（亦有学者说是盘古或太一神）抱在怀中，且有时两尾作相交状。这反映了阴阳相交、化生万物的观念。故伏羲女娲图像在汉代墓葬中不仅是作为图腾神性的保护神的身份出现的，同时也象征对生殖的崇拜，传达宇宙阴阳调和的信仰。故此，伏羲、女娲不仅是汉代人崇拜的"始祖神"，更是他们崇拜的"生殖神"。

据考，山东地区的伏羲女娲画像多持规矩或同时怀抱日月。二神蛇尾相交，相对或相背而立。1959年山东邹城市郭里乡黄路屯村出土的一块画像石上，东王公拱手端坐于画面上部，两侧为伏羲和女娲，伏羲、女娲均人首蛇身且蛇尾相交。二神共擎一轮日轮，蛇尾相交之处刻有二鸟相对，二鸟下方还有一只体形较大的鸟儿踩一鱼上啄食另一条鱼（如图3-23）。规和矩是两种创造性的工具，用规可以画出圆形，用矩可以画出方形。《墨子·法仪》云："百工为方以矩，为圆以规，直以绳，正以县。"[1]《淮南子·说林训》："非规矩不能定方圆，非准绳不能正曲直。"[2] 在古人的宇宙观中：天是圆的，地是方的，而天道以规画成，地道以矩方之。扬雄在《太玄经》中说："天道成规，地道成矩。"[3] 伏羲女娲除了是人类的始祖，还是创造文化的圣王英雄，因此在汉代人眼中，伏羲、女娲持规矩是再适合不过的了。规与矩、日与月、伏羲与女娲都是呈对偶的关系存在的，伏羲女娲交尾、鸟啄鱼是阴阳交合的典型象征，清晰地传达出生殖崇拜的信息。1974年四川郫县（今成都市郫都区）新腾乡竹瓦铺出土的一号石棺后挡头，刻有伏羲女娲，人首蛇身，且两尾相交，双面相吻。左为伏羲

---

[1] 〔清〕孙诒让，《墨子间诂》，《诸子集成》（第四卷），北京：中华书局1954年版，第11页。

[2] 陈广忠译注，《淮南子》，北京：中华书局2012年版，第1026页。

[3] 〔汉〕扬雄撰，〔宋〕司马光集注，刘韶军点校，《太玄集注》，北京：中华书局1998年版，第212页。

图 3-21　睢宁双沟伏羲女娲交尾画像石

图 3-22　绥德墓门左、右立柱画像

图 3-23　伏羲·女娲·东王公画像

图 3-24　四川郫县一号石棺伏羲·女娲

手持日轮，轮中有金乌，右为女娲手持月轮，轮中有蟾蜍（还似有一条蛇）（如图 3-24）。《淮南子·天文训》云：

> 天地之袭精为阴阳，阴阳之专精为四时，四时之散精为万物。积阳之热气生火，火气之精者为日；积阴之寒气为水，水气之精者为月。日月之淫为精者，为星辰。[1]

在汉代人观念中，日和月代表着阳和阴，日月有规律地运行，阴阳两方面协调地相互依存，宇宙间就充满和谐美。日与月不仅代表着阳和阴，还是男和女、夫与妇的象征。阴阳合，万物生，这是汉代生殖崇拜的体现。

（二）图腾崇拜与祖先崇拜

祖先崇拜是生殖崇拜的承绪。祖先意识源于生殖崇拜和血缘观念，虽然生殖崇拜先于祖先崇拜，但是在一定的社会时代背景下，生殖崇拜是祖先崇拜的表现形式。祖先崇拜是奉先祖为神灵，而永世致以崇拜，祈求先祖保护子孙后代。"斯宾塞认为，祖先崇拜是鬼魂崇拜中最发达的一种。由于父母、祖父母与子孙的关系极为密切，所以，父母或祖父母死后其鬼魂仍在冥冥之中窥视子孙的行为，或加以保护，或予以惩罚。因而其子孙不敢不崇奉他。祖先崇拜遂由此而产生。"[2] "祖先崇拜是一种以崇祀死去祖先亡灵而祈求庇护为核心内容，由图腾崇拜、生殖崇拜、灵魂崇拜复合而成的原始宗教……从发生学的角度观之，祖先崇拜最初可以直接追溯到图腾崇拜，因为某一氏族或民族一旦确认某一非人类的特定的图腾物为自己的祖先或保护神时，即已基本确立了自己的图腾祖先偶像，从而也就初步奠定了祖先崇拜的基础。但图腾崇拜毕竟与后代的祖先崇拜有着质的区

---

[1]　陈广忠译注，《淮南子》，北京：中华书局 2012 年版，第 104 页。
[2]　转引自袁珂，《中国古代神话》，北京：中华书局 1960 年版，第 226 页。

134　　　　　　　　　　　　　　　　　　　　　　　　神话之魅

图 3-25　山东嘉祥县武梁祠西壁画像

别，前者还必须经过与生殖崇拜、灵魂崇拜的复合，才能最终完成向后者的演变。"[1] 到了汉代，祖先崇拜早已经完成了图腾崇拜与生殖崇拜、灵魂崇拜的复合，成为"以崇祀死去祖先亡灵而祈求庇护为核心内容"的宗教活动。因此，祭祀在古代是一种神圣而庄严的活动，是全民都要参与的重要的节日。汉人祭祀祖先，祈求祖先保佑后代子孙满堂、人丁兴旺，祖先对于汉人而言就是他们的保护神。汉画像中，最能体现祖先崇拜观念的就是祠堂画像。

　　1786 年山东省嘉祥县武宅山村北出土的武梁祠西壁画像（如图 3-25），此石长 140 厘米，高 184 厘米，上部呈锐顶状。整幅画自上而下共分为五层："第一层，锐顶部分，西王母端坐正中，两侧有羽人、玉兔、蟾蜍、人首鸟身者等灵异侍奉。第二层，自右而左依次刻伏羲与女娲、祝诵、神

––––––––––––––

[1]　梅新林，《祖先崇拜起源论》，《民俗研究》，1994 年第 4 期。

农、黄帝、颛顼、帝喾、帝尧、帝舜、夏禹、夏桀古帝王图像，其左皆有榜题。第三层，右起刻曾母投杼、闵子骞御车失棰、老莱子娱亲、丁兰刻木四组孝子故事，皆有榜题。第四层，右起刻曹子劫桓、专诸刺王僚、荆轲刺秦王故事，皆有榜题。第五层，一列车骑左向行。"[1] 第二层所刻的帝王图像，均是人类先祖，由传说中的帝王祖先"三皇五帝"到有历史记载的第一个王朝君王"夏禹""夏桀"。伏羲女娲作为人类的始祖神更是被排在最前面，并且手持规矩，两尾相交，暗示其"规天矩地，繁衍人类"的始祖神性质。在这样一幅传说中的祖先与有历史记载的祖先共存的典型的具有祖先崇拜意义的画像上，亦传达出浓厚的英雄崇拜色彩，且还隐藏着各祖先的图腾形象。虽然这个时候，祖先崇拜早已经完成了图腾崇拜与生殖崇拜、灵魂崇拜的复合，成为以崇祀死去祖先亡灵而祈求庇护为核心内容的宗教活动，但以英雄主义崇拜为文化内涵的祖先崇拜，仍透露出汉代人对祖先英雄的崇拜。

祖先崇拜带有浓厚的英雄崇拜色彩，崇拜英雄是任何一个社会都普遍存在的自然现象。因为他们是全族人民的领导者，是当时社会和自己部落中的杰出领袖，创造了许多英雄的传说，在后人的眼里他们既是祖先，又是英雄，是受到人们普遍崇拜的神化的人。因此他们在作为祖先的同时，也被作为英雄加以崇拜。这些英雄形象的祖先概括了全氏族的力量与智慧，同时又具备着某种超自然能力，造福着一方土地，因此而受到后人的崇拜。

1. 伏羲、女娲——伏羲、女娲是人类的始祖神，这一点是学术界认可的，毋庸置疑的。上文已述伏羲是以"龙"为图腾的，女娲是以"蛙"为图腾的。伏羲女娲在作为人类始祖神的同时，还是创世英雄和文化英雄。《淮南子·览冥训》曰："往古之时，四极废，九州裂，天不兼覆，地不周载，火爁炎而不灭，水浩洋而不息；猛兽食颛民，鸷鸟攫老弱。于是女娲炼五色石以补苍天，断鳌足以立四极，杀黑龙以济冀州，积芦灰以止淫

---

[1] 《中国画像石全集》（第 1 卷），济南：山东美术出版社 2000 年版，图版说明第 16 页。

　　　　　　　　　　　　　　　　　　　　神话之魅

水。"[1]女娲使得濒临灭绝的世界得到拯救，具有再造世界的功绩，是名副其实的创世英雄。而另一位创世大神伏羲，则创造了人类的文明。他具有超人的智能和创造力，还有敏锐的观察力和理解力。他根据自己对天地万物的观察，"始作八卦，以通神明之德，以类万物之情"，他还模仿蜘蛛结网，制作了捕鱼的网和捕鸟的罗，并且还发明了火的使用、"冶金成器，教民炮食"，还制作了琴瑟、尝百草发明医药、造书契、制嫁娶[2]，开创了中华文明，是"人文之祖"的文化英雄。

2. 炎帝——炎帝为"神农氏"，有的典籍还称作是"连山氏"或"烈山氏"。《补史记·三皇本纪》中："炎帝神农氏，姜姓也，母曰任姒。有蟜氏之女，名女登，为少典妃，游于华阳，有神龙首，感女登于常羊，生炎帝，人身牛首，长于姜水，因以姓焉。"《帝王世纪》云："神农氏，姜姓也，母曰任姒，有乔氏之女名登，为少典妃，游华阳，有神龙首，感女登于常羊，炎帝人身牛首，长于姜水，有圣德，以火承木……故谓之炎帝。"[3]《春秋元命苞》亦云："少典妃安登，游于华阳，有神龙首，感之于常羊，生神子。人面龙颜，好耕，是谓神农。"[4]"女登生神子，人面龙颜，始为天子。"[5]可见，炎帝是其母"感神龙"而生，是以"龙"为图腾的，而其"牛首人身"的形象是因为神农氏是中国古代神话中发明农业之神。东汉班固《白虎通·号篇》曰："古之人民皆食禽兽肉。至于神农，人民众多，禽兽不足，于是神农因天之时，分地之利，制耒耜，教民农作。神而化之，使民宜之，故谓之神农也。"[6]此外，他还叫人们建市场，彼此买卖交换。东汉王符《潜夫论·五德志》载："有神龙首出常羊，感任姒，生赤帝魁隗。身号炎帝，世号神农……日中为市，致天下之民，聚天下之

---

[1] 陈广忠译注，《淮南子》，北京：中华书局2012年版，第323页。
[2] 刘惠萍，《伏羲神话传说与信仰研究》，台北：文津出版社2005年版，第48—52页。
[3] 〔宋〕李昉等，《太平御览》（第一册），北京：中华书局1960年版，第365页。
[4] 〔日〕中村璋八、安居香山辑，《纬书集成》，石家庄：河北人民出版社1994年版，第589页。
[5] 〔宋〕李昉等，《太平御览》（第一册），北京：中华书局1960年版，第655页。
[6] 董治安等主编，李士彪、吴士英、张海峰整理，《两汉全书》（第十五册），济南：山东大学出版社2009年版，第9176页。

货，交易而退，各得其所。"[1]

3.黄帝——黄帝姓姬，因世居轩辕之丘，所以称为轩辕氏。《史记·五帝本纪》曰："黄帝为有熊。"[2]《史记正义》曰："黄帝有熊国君，号曰有熊氏。"《大戴礼》曰："黄帝，少典之子，曰轩辕。"[3] 所以，黄帝最初所属的"有熊氏"部落的图腾，应为"神熊"。《山海经·海内经》云："黄帝生骆明，骆明生白马，白马是为鲧。"[4] "鲧"为黄帝的后世子孙，且《国语·晋语》云："昔有鲧违帝命，殛之于羽山，化为黄能，以入于羽渊。""黄能"，一般说为"黄熊"，譬如《楚辞·天问》《左传·昭公》都说"化为黄熊"，可见，黄帝以"熊"为图腾。黄帝"教熊罴貔貅䝙虎，以与赤帝战于阪泉之野"[5]，又"征师诸侯，与蚩尤战于涿鹿之野，遂禽杀蚩尤"[6]。结束了远古长期战乱，统一了中华民族，是开创中华民族文明的祖先。

4.颛顼——颛顼姓姬，相传是黄帝的子孙，号高阳氏。《山海经·海内经》曰："黄帝妻雷祖，生昌意，昌意降处若水，生韩流。韩流擢首，谨耳，人面，豕喙，麟身，渠股，豚止，取淖子曰阿女，生帝颛顼。"[7] 又《史记·五帝本纪》云：黄帝之子昌意，"降居若水。昌意娶蜀山氏女，曰昌仆，生高阳……是为帝颛顼也"。[8] "颛顼"又有神名曰"玄冥"，《淮南子·时则训》载："北方之极……颛顼玄冥之所司者，万二千里。"[9] 据《史记》记载，帝颛顼"静渊以有谋，疏通而知事；养材以任地，载时以象天"[10]。说他有谋略，晓事理，并善于创造财富，能够按天象划分年历四季。

[1] 董治安等主编，吴庆峰、刘保贞整理，《两汉全书》（第二十二册），济南：山东大学出版社 2009 年版，第 12603 页。
[2] 〔汉〕司马迁，《史记》，《二十四史》，北京：中华书局 1999 年版，第 1 页。
[3] 〔宋〕李昉等，《太平御览》（第一册），北京：中华书局 1960 年版，第 368 页。
[4] 袁珂，《山海经校注》，成都：巴蜀书社 1993 年版，第 528 页。
[5] 〔宋〕李昉等，《太平御览》（第一册），北京：中华书局 1960 年版，第 368 页。
[6] 〔汉〕司马迁，《史记》，《二十四史》，北京：中华书局 1999 年版，第 3 页。
[7] 袁珂，《山海经校注》，成都：巴蜀书社 1993 年版，第 503 页。
[8] 〔汉〕司马迁，《史记》，《二十四史》，北京：中华书局 1999 年版，第 8 页。
[9] 陈广忠译注，《淮南子》，北京：中华书局 2012 年版，第 291 页。
[10] 〔汉〕司马迁，《史记》，《二十四史》，北京：中华书局 1999 年版，第 9 页。

颛顼作为黄帝的子孙，当然是沿袭其祖先的图腾，以龙为图腾。上文论述黄帝有熊氏以熊为图腾，为何此处又变为龙了呢？那是因为，黄帝统一中原之后，成为中华民族的祖先，最终沿袭了人类始祖伏羲的"龙"图腾。此外，《山海经·海内经》郭璞注引《开筮》云："鲧死三岁不腐，剖之以吴刀，化为黄龙。"[1]《山海经》又说"鲧为白马"[2]，而《周礼·夏官司马·廋人》说，"马八尺以上为龙"[3]，因此，"鲧化龙"不足为奇，且《淮南子·天文训》云："中央土也，其帝黄帝……其兽黄龙。"[4]《山海经·海外西经》亦云："轩辕之国……人面蛇身。"[5]《山海经·大荒北经》也说"黄帝生苗龙"[6]，《春秋元命苞》也讲"黄帝龙颜"[7]，可见，说黄帝以"龙"为图腾也不为过。上文说颛顼"载时以象天"，《国语·周语下》说"星与日辰之位，皆在北维，颛顼之所建也"。另《山海经·大荒西经》："颛顼生老童，老童生重及黎，帝令重献上天，令黎邛下地；下地是生噎，处于西极，以行日月星辰之行次。"[8]颛顼以星辰为主观测星而治历，形成我国最具科学性的古老历法——《颛顼历》，因而，颛顼被尊为"历法之宗"。

　　5. 帝喾——帝喾也姓姬，是黄帝的重孙，史称高辛氏。《史记·五帝本纪》中说："帝喾高辛者，黄帝之曾孙也。"[9]帝喾是黄帝的重孙，故沿袭其先祖的"龙"图腾。《大戴礼·五帝德》说他"夜观北斗，昼观日，作历弦、望、晦、朔，迎日推策"，《太平御览》引《礼记》曰："帝喾能序星辰以著众。"[10]使得人们可以依据科学的时辰顺序去从事农牧畜业，而不是盲目地日出而作、日落而息。极大地促进了社会生产力的发展，使得

[1]　袁珂，《山海经校注》，成都：巴蜀书社1993年版，第537页。
[2]　《山海经·海内经》曰："黄帝生骆明，骆明生白马，白马是为鲧。"袁珂，《山海经校注》，成都：巴蜀书社1993年版，第528页。
[3]　〔清〕阮元校刻，《十三经注疏》（第二卷），北京：中华书局2009年版，第1860页。
[4]　陈广忠译注，《淮南子》，北京：中华书局2012年版，第113页。
[5]　袁珂，《山海经校注》，成都：巴蜀书社1993年版，第266页。
[6]　同上，第495页。
[7]　〔宋〕李昉等，《太平御览》（第一册），北京：中华书局1960年版，第368页。
[8]　袁珂，《山海经校注》，成都：巴蜀书社1993年版，第460页。
[9]　〔汉〕司马迁，《史记》，《二十四史》，北京：中华书局1999年版，第10页。
[10]　〔宋〕李昉等，《太平御览》（第一册），北京：中华书局1960年版，第372页。

华夏农业出现了一次改革，农耕文明走进了一个崭新的时代。

6. 帝尧——传说帝尧是黄帝的五世孙，是帝喾的儿子，史称陶唐氏。《竹书纪年》中载："帝尧陶唐氏，母曰庆都，生于斗维之野，常有黄云覆其上。及长，观于三河，常有龙随之，一旦龙负图而至，其文要曰：亦受天佑，眉八彩，须发长七尺二寸，面锐上丰下，足履翼宿，既而阴风四合，赤龙感之，孕十四月而生尧于丹陵，其状如图。"[1] 关于尧的出生，《汉碑·成阳灵台碑》中也有记载："昔者，庆都兆舍穹精氏，姓曰伊，游观河滨，感赤龙，交始生尧。"可见，帝尧亦是其母"感龙而生"，所以，帝尧也是以龙为图腾的。《史记·五帝本纪》中说："帝尧者，放勋。其仁如天，其知如神。就之如日，望之如云。富而不骄，贵而不舒。黄收纯衣，彤车乘白马。能明驯德，以亲九族。九族既睦，便章百姓。百姓昭明，合和万国。乃命羲、和，敬顺昊天，数法日月星辰，敬授民时。"[2] 帝尧亦是重视农业生产、关心群众生活的帝王。相传帝尧时期，洪水泛滥，帝尧派鲧去治水，鲧治水九年无功而返，尧又派鲧的儿子禹去治水，使得洪水得以治理，造福人类。而且尧还开了帝王禅让制之先河，认为自己的儿子丹朱不成器，便从民间选举贤良之才，将帝位禅让给了舜。

7. 帝舜——相传帝舜为颛顼的七世孙，黄帝的九世孙，史称有虞氏。《竹书纪年》曰："帝舜有虞氏，母曰握登，见大虹意感而生舜于姚虚。目重瞳子，故名重华，龙颜大口，黑色身长六尺一寸，舜父母憎舜，使其涂廪，自下焚之，舜服鸟工衣服飞去；又使浚井，自上填之以石，舜服龙工衣，自旁而出。"《帝王世纪》也说："舜，姚姓也，其先出自颛顼……妻曰握登，见大虹意感而生舜于姚墟。故姓姚，名重华，字都君，龙颜大口，黑色身长六尺一寸，有圣德。"[3] 故，舜亦为龙种，同其先祖颛顼、黄帝一样，以龙为图腾。舜得帝位，是因其是一位有才干的贤者才得尧帝禅让，相传舜帝同尧帝一样，都是得民心的圣贤君王，将国家治理得井井有条，

[1] 〔清〕徐文靖，《竹书纪年统笺》，《二十二子》，上海：上海古籍出版社 1986 年版，1050 页。

[2] 〔汉〕司马迁，《史记》，《二十四史》，北京：中华书局 1999 年版，第 12、13 页。

[3] 〔宋〕李昉等，《太平御览》（第一册），北京：中华书局 1960 年版，第 376 页。

百姓亦安居乐业。

8.夏禹——夏禹同其父鲧一样是治水高手，且禹还建立了第一个有历史记载的文明社会——夏朝。《史记·夏本纪》曰："禹之父曰鲧，鲧之父曰帝颛顼……禹者，黄帝之玄孙而帝颛顼之孙也。"[1]夏禹既是黄帝和颛顼的后代，故禹也是以龙为图腾的。夏禹制服洪水，造福百姓，是百姓心中的治水英雄。

在这十位古帝王中，伏羲、女娲与神农之间的是祝融，上文图3-4中"南方祝融，兽面人身，乘两龙"，祝融是南方之神，被尊为火神。有传说称祝融为颛顼的后代重黎，《史记·楚世家》载："高阳生称，称生卷章，卷章生重黎。重黎为帝喾高辛居火正，甚有功，能光融天下，帝喾命曰祝融。"[2]然而，依上所述，十位古帝王当时按着时间先后的顺序排列的，祝融若为颛顼后代，怎会被排在伏羲女娲之后颛顼之前呢？有传说祝融氏为燧人氏，是上古三皇之一，与伏羲氏（日）、女娲氏（月）、共工氏（水）是同时代，是崇拜自然中日、月、水、火的氏族。比神农氏、轩辕氏等氏族还要早。若按照汉人对于十位古帝王的排列顺序，祝融排在炎帝、黄帝之前，便有理可证了。十位古帝王的最后一位是夏桀，是历史上出了名的暴君。图3-25中夏桀骑于二人之上，生动形象地体现了夏桀的残暴与昏庸。在这层帝王图像中，从伏羲女娲到夏禹，全部都是圣贤君王，除了标明姓名之外，还有题榜赞扬其圣贤功德，唯独夏桀只标其名而未有榜题。这样的反差暗含了儒家思想所传达的政治愿望：希望统治者以圣贤君王为榜样，以亡国暴君夏桀为借鉴，反思历史兴衰，做到"仁政"。

（三）图腾崇拜与自然神崇拜

柯斯文认为，自然崇拜是在图腾崇拜和巫术之后形成的。[3]柯斯文这

---

[1] 〔汉〕司马迁，《史记》，《二十四史》，北京：中华书局1999年版，第37页。

[2] 同上，第1387页。

[3] 〔苏〕柯斯文著，张锡彤译，《原始文化史纲》，北京：人民出版社1955年版，第117页。

一观念，是世界上大多数学者所公认的。图腾在最初的时候是被认作某氏族或部落的亲属和祖先，而并不是神，在万物有灵的观念产生之后图腾才逐渐被神化，成为氏族或部落的保护神。而且人们不仅以动物或植物为本氏族、部落的图腾，还以某些自然现象或自然物为图腾，所以，自然崇拜和图腾崇拜之间有密不可分的联系。自然神是自然崇拜的主要对象[1]，在汉代人的宇宙观中，"天上是诸神世界（汉代主要是自然神），地上有昆仑山、三神山、天柱等可以与上天世界沟通"[2]，可见，汉代人是崇拜自然神的。所谓自然神，即自然物、自然现象和自然力的神灵化，它既有人格，又有神性、神职。[3]自然神在一般情况下是为人类排忧解难、消灾降福的，但若人们冒犯它，它也会降祸于人。因此，我们可以认为，汉代人崇拜自然神的目的是希望得其庇佑或希望它可以满足人们的愿望。

中国的龙崇拜最早应追溯到史前社会，但其真正成为整个中华民族的象征应是从汉代大一统之后，因为龙是整个汉民族的图腾，亦是从汉代高祖皇帝开始，龙是帝王的专有图腾物与象征物，龙象征着天命所归和帝德，是汉人崇拜的神物。在中国数千年的悠久历史上，龙崇拜能够长期延续的最重要的原因，是以农牧业生产为基础的自然崇拜。中国自古便是农业大国，因此作为主宰雨水之神的龙便备受人们尊崇。"神崇拜形成之前，人们主要崇拜图腾。……神灵观念产生之后，一些重要的氏族部落图腾被赋予神性和神职，成为某种事物的主宰者，受到不同氏族部落人们的共同崇拜。图腾的神化，是神形成的一条主要途径。……中国的龙之所以具有图腾的基本特性，又具有神的特性，就是因为后来它由图腾演化为神。"[4]龙神观念产生之后，不少自然神都是以龙的形象为象征，其中最主要的有雷神、雨神和虹神。

---

[1] 何星亮，《中国自然崇拜》，南京：江苏人民出版社 2008 年版，第 8 页。
[2] 朱存明，《汉画像的象征世界》，北京：人民文学出版社 2005 年版，第 2 页。
[3] 何星亮，《中国自然崇拜》，南京：江苏人民出版社 2008 年版，第 9 页。
[4] 何星亮，《图腾与中国文化》，南京：江苏人民出版社 2008 年版，第 477 页。

神话之魅

图 3-26 《山海经》中龙身人首的雷神

1. 雷神

雷神是最早的自然神之一，在至上神观念产生之前，雷神在农牧业发达地区备受人们尊崇，甚至被一些民族奉为最大的神。直到至上神的"天""上帝"形成之后，雷神的地位才开始下降。雷神是人格化的神，雷神的神性、神职在各民族中都有不同，但雷神的确被一些民族视为最高的自然神。费尔巴哈说："甚至在开化民族中，最高的神明也是足以激起人最大怖畏的自然现象之人格化者，就是迅雷疾电之神。有些民族除了'雷'一字以外，没有其他字眼来表示神。"[1] 可见，雷神在人类眼中的重要性。也许在汉代，雷神不是至高无上的大神，但是，却同样受到汉代人的崇拜。那么，雷神的形象究竟为何呢？

最早的雷神形象为龙或人首龙身。《山海经·海内东经》中记载："雷泽中有雷神，龙身而人头，鼓其腹。在吴西。"[2]（如图 3-26）《淮南子·墬形训》中也记载："雷泽有神，龙身人头，鼓其腹而熙。"[3] 然而随着社会

---

[1] ［德］费尔巴哈著，林伊文译，《宗教本质讲演录》，北京：商务印书馆 1937 年版，第 30 页。

[2] 袁珂，《山海经校注》，成都：巴蜀书社 1993 年版，第 381 页。

[3] 陈广忠译注，《淮南子》，北京：中华书局 2012 年版，第 225 页。

和思维的发展，雷神的形象也有所变化，尤其是汉代，"汉代人不仅按照神话传说塑造了各种神灵的形象，并且以自己的生活推测那些神灵的活动。譬如听到雷声以为是天神击鼓，或是拉着一串石球在崎岖的路上滚动，发出轰鸣的声音"[1]。汉画像中有很多雷神出行图和雷神击鼓图，且画面中的雷神形象已经不再是龙形。1956年徐州市洪楼出土的一块祠堂顶部画像石（如图3-27），右下角有一熊状的神人坐在三龙驾着的鼓车上出行，徐州汉画像石艺术馆藏的另一残石上（如图3-28），画像石顶部也有一熊状的神人，笔者认为，这当是雷神。

　　传说黄帝之母附宝"见大电光绕北斗"而娠，因此黄帝是雷神之子，有些传说甚至认为黄帝就是雷神，《河图帝纪通》载："黄帝以雷精起。"黄帝又号称"轩辕氏"，《春秋合诚图》云："轩辕，主雷雨之神。"上文已述，"黄帝为有熊"以熊为图腾，故汉画中的雷神面部似熊便不奇怪了。最早的雷神形象为龙，到了汉代又似熊，上文在论述颛顼帝时已表述，黄帝一统中原以后以龙为整个部族的图腾，且"熊"与"龙"之间本就有互通之意，这一点，从"鲧死三年不腐……化为黄熊，寻化为黄龙"的神话可以得到证明。

　　可是，汉代人为什么崇拜雷神呢？首先，作为古老的农业国，人们最关心的当然是他们赖以生存的农作物的生长问题，他们发现春雷响后万物便复苏，以为雷具有催生万物的功能。《周易·说卦》曰："动万物者，莫疾乎雷。"[2]《说文》中亦云："霆，雷余声铃铃，所以挺出万物。"[3]这种春雷响而催生万物的自然现象使得古人联想到雷是主宰万物生长、保护农牧业的保护神。其次，雷电出现后往往会降雨水。古人并不知道雷电和雨水之间的关系，加之雷神的初始形象是龙，使得人们联想到雨水是雷电（龙）带来的，"并认为雷电是司雨之神"[4]。第三，在中国古代，人们普遍认为

---

[1] 张道一，《汉画故事》，重庆：重庆大学出版社2006年版，第199页。

[2] 〔清〕阮元校刻，《十三经注疏》（第一卷），北京：中华书局2009年版，第197页。

[3] 〔汉〕许慎撰，〔清〕段玉裁注，《说文解字注》，上海：上海古籍出版社1981年版，第572页。

[4] 何星亮，《中国自然崇拜》，南京：江苏人民出版社2008年版，第218页。

图 3-27　神人出行画像一

图 3-28　神人出行画像二

打雷是老天爷在发怒要惩罚恶人。《论衡·雷虚篇》："隆隆之声，天怒之音，若人之呴吁矣。"[1] 人若是做了十恶不赦的坏事，便会受到雷神的惩罚。《周易·震·象辞》曰："洊雷，震。君子以恐惧修省。"[2]《礼记·玉藻》曰：

---

[1] 董治安等主编，胡长青整理，《两汉全书》（第十七册），济南：山东大学出版社 2009 年版，第 10161 页。

[2] 〔清〕阮元校刻，《十三经注疏》（第一卷），北京：中华书局 2009 年版，第 127 页。

"若有疾风迅雷甚雨则必变，虽夜必兴，衣服冠而坐。"[1]在古人眼中，雷神就是明辨是非的惩恶之神，而从古至今人们所说的"五雷轰顶""遭雷劈"等都是说明雷神是专门扶持正义、替天惩罚恶人的大神。基于以上三点，我们便可以理解为何汉人会崇拜雷神了。

2. 雨神

古人崇拜雷神的原因之一是雷电之后会有雨水相随，在还不知道可以人工降雨只能祈求雨神降雨的汉代，人们对于雨神的崇拜是自然崇拜中最普遍、最经常的，因为雷虽然可以"催生万物"，但是万物的生长也离不开雨水的滋润。雨神的观念是在雨崇拜的基础上产生的，这与雨能滋养万物密不可分。《释名·释天》云："雨者，辅也，言辅时生养也。"农作物需要适当的雨水才能够苗壮成长，但若雨水过多反而会起到反作用甚至成灾。《尔雅·释天》曰："甘雨时降，万物以嘉。"[2]只有适时、适量的雨水才会滋养万物，因此古人才会崇拜雨神，祈求风调雨顺。如前所述，龙最初是雷神的形象，在中国古代人们皆以为它主宰雨水，"上古时代的祭龙求雨实质上就是祭雷求雨"[3]，《吕氏春秋·有始览》也说"龙致雨"[4]，《后汉书·礼仪中》也记载："……其旱也，公卿官长以次行雩礼求雨。闭诸阳，衣皂，兴土龙……"[5]纬书《遁甲开山图》中也说："绛北有阳石山，有神龙池。黄帝时，遭云阳先生养于此，帝王历代养龙之处。国有水旱不时，即祀池请雨。"[6]可见，古人将龙作为主宰雨水的雨神形象是有据可依的。《淮南子·墬形训》中说"黄龙入藏生黄泉"[7]，"青龙入藏生青泉"[8]，

[1] 〔清〕阮元校刻，《十三经注疏》（第三卷），北京：中华书局 2009 年版，第 3196 页。
[2] 〔清〕阮元校刻，《十三经注疏》（第五卷），北京，中华书局 2009 年版，第 5680 页。
[3] 何星亮，《中国自然崇拜》，南京：江苏人民出版社 2008 年版，第 239 页。
[4] 《吕氏春秋·有始览第一·应同》曰："天为者时，而不助农于下。……平地注水，水流湿；均薪施火，火就燥；山云草莽，水云鱼鳞，旱云烟火，雨云水波，无不皆类其所生以示人。故以龙致雨，以形逐影。"陆玖译注，《吕氏春秋》，北京：中华书局 2011 年版，第 377 页。
[5] 〔南朝宋〕范晔撰，〔唐〕李贤等注，《后汉书》，北京：中华书局 2000 年版，第 2113 页。
[6] 〔宋〕李昉等，《太平御览》，北京：中华书局 1960 年版，第 57 页。
[7] 陈广忠译注，《淮南子》，北京：中华书局 2012 年版，第 235 页。
[8] 同上，第 236 页。

"赤龙入藏生赤泉"[1]，"白龙入藏生白泉"[2]，"玄龙入藏生玄泉"[3]。这种说法虽然是在五行说产生之后才有的，但是它却明确地表达了在汉代以前"龙能生水"的民间信仰。那么，在汉画像中，崇龙的汉代人是如何把龙和雨神联系在一起的呢？

"神话传说中的应龙，具有呼风唤雨的神性，当是较早的雨水神形象。"[4] 据《山海经·大荒东经》记载："……应龙处南极，杀蚩尤与夸父，不得复上。故下数旱，旱而为应龙之状，乃得大雨。"[5]《大荒北经》载，黄帝大战蚩尤的时候曾得到应龙的帮助，"蚩尤作兵伐黄帝，黄帝乃令应龙攻之冀州之野。应龙畜（蓄）水，蚩尤请风伯雨师，纵大风雨"[6]。"应龙已杀蚩尤，又杀夸父，乃去南方处之，故南方多雨。"[7] 故应龙应是黄帝的雨神。那么这位雨神的样貌如何呢？《广雅·释鱼》曰："有翼曰应龙。"郭璞注《山海经·大荒东经》云："应龙，龙有翼者也。"[8]（如图 3-29）然而在汉画像中，我们亦可见到带着翅膀的应龙，张道一先生也说过："应龙在龙群中的特点是有翼。"[9]（如图 3-30、图 3-31）

3. 虹神

霓虹是一种自然现象，它是阳光射入水滴经折射、反射、衍射而形成的在雨幕上或雾幕上的圆弧。但是古人却不知道雨后霓虹这一自然现象产生的原因，只以为它是龙在喝水。距今 3000 多年的甲骨文中就已有象形"虹"字，像龙蛇一类的动物，龙身形如弓状似虹，两端各有一个龙头。《说文》释虹曰："虹，螮蝀也，状似虫。"[10] 陈梦家先生也讲过："卜辞虹字

[1] 同上，第 236、237 页。
[2] 同上，第 237 页。
[3] 同上，第 237、238 页。
[4] 何星亮，《中国自然崇拜》，南京：江苏人民出版社 2008 年版，第 240 页。
[5] 袁珂，《山海经校注》，成都：巴蜀书社 1993 年版，第 413 页。
[6] 同上，第 490、491 页。
[7] 同上，第 487 页。
[8] 同上，第 414 页。
[9] 张道一，《汉画故事》，重庆：重庆大学出版社 2006 年版，第 299 页。
[10] 〔汉〕许慎撰，〔清〕段玉裁注，《说文解字注》，上海：上海古籍出版社 1981 年版，第 673 页。

图 3-29 《山海经》中的应龙

图 3-30　1972 年山东临沂市白庄汉墓出土·应龙（局部）

图 3-31　1977 年河南方城县东关汉墓出土·应龙（局部）

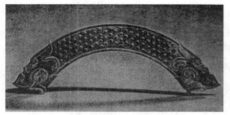
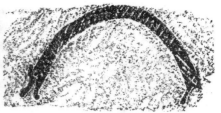

图 3-32　战国玉璜"双头龙纹"　　　图 3-33　河南唐河县针织厂出土·龙头彩虹

象两头蛇龙之形。"[1] 近现代民族至今仍存在虹即龙蛇能饮水的观念,郭沫若先生就曾说:"吾蜀乡人至今犹有虹有首饮水之说。"[2] 王孝廉先生也曾指出:"以虹为蛇的信仰也是许多民族所共有的,南洋一带的原始民族把虹看作是一条灵蛇,东亚日本、韩国,也有以虹为龙或为蛇的信仰,澳洲的原始民族把虹当作巨蛇图腾,印度阿萨姆一带称虹为地蛇,他们相信虹是守护大地的巨蛇,每当雨停之后,巨蛇的影子投映到天空,就是虹。"[3] 由于上古人们皆认为虹是龙蛇状动物,雨后出现霓虹是虹在吸水为了下次降雨之用,因此人们就把虹视为雨水之神。

综上,虹神必是以龙为形象的雨水神,考古学的资料可以进一步说明龙在古代曾被奉为虹神。除上文所述甲骨文"虹"字外,在安徽长丰县杨公乡出土的战国玉璜"两头龙纹"(如图 3-32),双龙首,弧度相对较小,嘴张开,形象生动。在汉画像中,亦不少龙头彩虹。1972 年河南唐河县针织厂出土的一块西汉画像石上刻有"龙头彩虹"(如图 3-33),虹呈半圆形,弧度较大,两龙头张开大口,似饮水状。江苏邳州占城出土的一块祠堂顶盖画像石,画面呈水平三段分割,中间一格刻两道龙形彩虹,彩虹下为三鱼拉车,车舆上前面一人为驭者,后面一位应为雨师(水神),车轮为卷状龙蛇(如图 3-34)。这说明汉代人亦把虹看作龙,人们崇拜虹神同崇拜雨神一样,都是希望风调雨顺万物丰收。此外,在古代霓虹的出现

[1]　陈梦家,《殷墟卜辞综述》,北京:中华书局 1988 年版,第 243 页。
[2]　郭沫若,《卜辞通纂》,北京:科学出版社 1983 年版,第 388、389 页。
[3]　王孝廉,《花与花神·灵蛇与长桥》,台北:洪范书店 1982 年版,第 57 页。

图 3-34　江苏邳州占城出土龙形彩虹·水神出行·鱼莲

亦被认为是祸福、吉凶的征兆。《太平广记》卷三九六引《祥验集·韦皋》云："夫虹霓，天使也，降于邪则为戾，降于正则为祥。"《后汉书·杨震列传》引《春秋谶》曰："天投蜺，天下怨，海内乱。"[1] 这些祸福、吉凶的征兆都是和虹神司雨水于人有利有害相关。

三、图腾文化传承中的文化变异

事物总是在不断的运动变化中发展，每一个存在在时间的流动中都会发生变化，图腾文化在传承过程中会产生变异。原始社会时期的图腾信仰经过历史的洗涤，隐藏在汉画像中的图腾文化残余已经改变了其原始面貌，朝着另一个方向发展。两汉四百年文化传承中发生的变化，在汉画像的部分图像上可以得到体现。部分带有图腾神话色彩的汉画像继续透露着神秘感，而有些却已经传达出另一种文化内涵。

（一）始祖神——仙人

大概从西汉末到东汉末是伏羲女娲在史乘上最活跃时期，正如上文所

---

[1] 〔南朝宋〕范晔撰，〔唐〕李贤等注，《后汉书》，《二十四史》，北京：中华书局 1999 年版，第 1201 页。

述，伏羲女娲作为人类的始祖神是备受汉人尊崇的。然而，即便盛行于两汉的伏羲女娲信仰亦在文化传承中发生了变化。正如学者刘惠萍所说："伏羲、女娲在汉代墓葬建筑物中位置的变化，也反映出伏羲、女娲在不同时期，其神性职能的改变。"[1]

据考，从现存的汉代画像石来看，伏羲、女娲的形象较早出现于祠堂画像中，如图 3-25，伏羲女娲手持规矩并交尾，正是"规天矩地"的创世神和"繁衍人类"的始祖神的象征，此时伏羲女娲是最高神。而到了东汉中期以后，伏羲女娲的形象就较少出现于祠堂画像中，而是多出现于一般的墓室壁画上，且多被绘制在墓室的藻井之上，象征着主宰东、西及阴阳的神灵；或被刻绘在墓室中的墓门或门柱上，以驱鬼辟邪、保护墓主灵魂平安的保护神的角色出现（如图 3-22）。伏羲、女娲神职地位的下降，与西王母信仰的盛行有关。东汉晚期，西王母和东王公的题材在墓室中被大量应用，西王母跃居为最高神以后，伏羲、女娲多以围绕在西王母（或东王公）身边的仙人身份出现在以西王母为代表的仙人世界中，伏羲、女娲的神职已经大大减弱。如山东省滕州市东寺院出土的一块汉画像石刻画的就是伏羲、女娲与西王母的画像（如图 3-35），画面分为五层：第一、二层，西王母正中端坐，伏羲、女娲交尾侍其两侧，左右有众多人物端坐在两旁。第三层，从左至右是一对凤鸟昂首对立，二神兽及玉兔捣药，并有两个仙兽持物对立。第四层，中间刻一人抚琴，身后四人端坐，面前有六个人躬身坐。第五层为车马出行图。而伏羲、女娲与东王公组合的图像如上文图 3-23 所述。

（二）鬼神信仰

人们对于神的信仰早在原始社会的混沌岁月里就已经开始了，如图腾

---

[1] 刘惠萍，《伏羲神话传说与信仰研究》，台北：文津出版社 2005 年版，第 327 页。

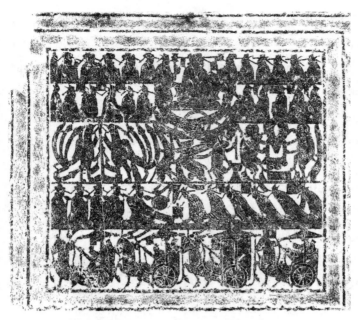

图 3-35　山东滕州东寺院出土 西王母·抚琴人物·车骑出行画像

文化的产生就是由于原始时期生产力水平低下，人们对于风雨雷电等自然现象的产生以及生老病死等现象缺乏科学的认识，于是才有了"万物有灵"的原始意识和思维方式，继而表现在原始人头脑中的是把自然力加以形象化，并在恐惧、疑惑中产生对神、灵魂不灭等愚昧的信仰崇拜。但即便是愚昧的迷信思想，却也是中国文化发展中必不可少的重要内容。其实，相信万物有灵、灵魂不死的观念本就是原始人的宇宙观。"事实上，神或灵魂的存在是古代社会中人们的心理反应，是人们求得生存、抗拒死亡、渴望生命延续的理想与愿望，是把神灵、鬼魂与人自身的生命、思想与情感等密切联系在一起的思维方式。"[1] 当人类的先民产生死亡意识之后，就开始创造某类与死亡相反的叙事，即升仙，以便来面对死亡。基于"万物有

---

[1]　郑立君，《剔图刻像——汉代画像石的雕刻工艺与成像方式》，重庆：重庆大学出版社 2010 年版，第 265 页。

灵"观念的图腾文化与鬼神信仰之间是密切相关的，这是两个不同的概念，却又有一个共同的集合。鬼神信仰不能说是从图腾文化发展而来的，但图腾文化在传承中会向鬼神信仰方面发生变异，而这些变异很好地体现在汉画中。

秦汉时期，尤其是汉代，人们不仅相信神灵的存在，而且受到道家思想、阴阳五行学说和谶纬迷信等思想的影响，进一步把神、仙、鬼和人联系在一起，创造出诸多的神界、仙界、人间和阴间相联系的，鬼神主导人生命、观念的迷信思想。如上文所述，汉画像中的龙图像和鸟图像，它们在作为"引领亡魂返回墓中或指引其升天"的图腾神时，亦是帮助墓主升仙的驾乘工具，而伏羲、女娲作为人类的始祖神，在其神职发生变化后，亦有驱鬼辟邪、保护墓主灵魂平安的保护神的意义。

汉代承继了商、周的观念，认为鬼神有异于常人的能力，能支配生者的吉凶祸福。天神较公正，然而人鬼难缠，一般人所以崇祀鬼神，基本上是希望能因此获得鬼神的福佑，而免遭祸祟。活着的人为求福避祸，因而便形成了许多与鬼神有关的习俗。"汉画中的怪异画表现了人潜意识中对死亡的恐惧。驱傩图像则传达了人的这种恐惧，表现了处处求祥瑞的避凶趋吉的心态。"[1] 傩祭为岁末驱除鬼邪之大祭，周朝时便已经开始了。《周礼》《礼记》中曾有记载。汉代的傩祭承自周代，《后汉书·礼仪志》中详细记载了汉代的祭祀仪式。汉代的岁末大傩，是由主持其事的方相氏戴上带有四眼的金色假面具，然后蒙上熊皮，上衣为黑色，下衣为赤红色，手持戈盾率领十二位穿有毛角兽形衣的人，一起歌舞欢呼，最后并以火炬驱逐瘟疫和鬼怪出门外。武氏祠后石室第三石上，画面共分四层，其中第三层画像上有一熊状怪物（如图3-36），手足均拿着兵器。"有人说他是方相氏。这个场面是进行大傩。"[2]

---

[1] 朱存明，《汉画像的象征世界》，北京：人民文学出版社2005年版，第3页。

[2] 李发林，《汉画考释和研究》，北京：中国文联出版社2000年版，第194页。

图 3-36　武氏祠后石室第三石局部

（三）祥瑞吉祥

汉代的鬼神信仰在一定程度上演变成了一种吉祥文化，突出辟邪求吉的一种吉祥观念，神灵鬼怪在汉画像中已经不仅仅是一种信仰意识，而是驱邪避灾的符号表达，是崇尚祥瑞的象征。崇拜鬼神、祭祀鬼神的目的本就是为了祈求远离灾难和厄运，祈愿得到吉祥和福寿。因此，汉画像中除了一些神怪画像之外，还有一部分祥瑞画像。

根据李发林先生在《汉画考释和研究》一书记载，汉画像中的祥瑞画有凤凰、龙、蓂荚、神鼎、狼井、六足兽、玉英、银瓮、比目鱼、白鱼、比肩兽、比翼鸟、玄圭、璧流离、木连理、赤罴、玉马、泽马、白马、巨畅、麒麟、河精、三足乌、九尾狐、白鹿、嘉禾、甘露、白虎、玄武、白象、朱雀、玉女、金胜、芝英、白雉、白兔。[1] 有关祥瑞的文献记载，《艺文类聚·祥瑞部上》中说："圣王用民必顺，使无水旱昆虫之灾。民无凶饥妖孽之疾。天不爱其道，地不爱其宝，人不爱其情，是以天降甘露，地出醴泉，山出器车，河出马图，凤皇麒麟。皆在郊薮。龟龙在宫沼，其余鸟兽之卵胎，皆可俯而窥也。则是无故，先王能修礼以达义，体信以达顺，此顺之实也。"[2] 《墨子·非攻下》云："赤鸟衔珪，降周之岐社，曰：天命周文王，伐殷有国。泰颠来宾，河出绿图，地出乘黄。……天赐武王黄鸟之旗。"[3] 《山海经》中亦有关于祥瑞的记载，《山

---

[1]　同上，第 225—235 页。

[2]　〔唐〕欧阳询，《艺文类聚》（下册），上海：上海古籍出版社 1965 年版，第 1693 页。

[3]　〔清〕孙诒让，《墨子间诂》，《诸子集成》（第四卷），北京：中华书局 1954 年版，第 94、95 页。

图 3-37 西王母·九尾狐·异兽

海经·东山经》曰："又东南二百里，曰钦山，多金玉而无石。……有兽焉，其状如豚而有牙，其名曰当康，其鸣自叫，见则天下大穰。"[1]《山海经·南山经》曰："又东五百里，曰丹穴之山，其上多金玉。……有鸟焉，其状如鸡，五采而文，名曰凤皇，首文曰德，翼文曰义，背文曰礼，膺文曰仁，腹文曰信。是鸟也，饮食自然，自歌自舞，见则天下安宁。"[2]《山海经·西山经》曰："又西百八十里，曰泰器之山。观水出焉，西流注于流沙。是多文鳐鱼，状如鲤鱼，鱼身而鸟翼，苍文而白首赤喙，常行西海，游于东海，以夜飞。其音如鸾鸡，其味酸甘，食之已狂，见则天下大穰。"[3]《山海经·海内经》曰："有人曰苗民。有神焉，人首蛇身，长如辕，左右有首，衣紫衣，冠旃冠，名曰延维，人主得而飨食之，伯天下。"[4]汉画像中表现祥瑞的图像亦有许多，简单列举，如邺城市高庄乡金

---

[1] 袁珂，《山海经校注》，成都：巴蜀书社 1993 年版，第 138 页。

[2] 同上，第 19 页。

[3] 同上，第 52 页。

[4] 袁珂，《山海经校注》，成都：巴蜀书社 1993 年版，第 518 页。

斗山出土的一块画像石上（如图 3-37），西王母正中凭几而坐，两侧有男女侍者持便面踞侍，下有九尾狐、龙、虎、玄武、神鹿及其他祥禽异兽，表现出西王母的仙界景象。上文图 3-7 河南洛阳卜千秋墓墓室顶部画像"展现了引魂升天、吉祥永生以及镇墓辟邪这三大内容"[1]。这三大内容都包含了祥瑞题材在其中。

在汉代，祥瑞图跟谶纬神学有着莫大的关联，表现为一种征兆和预示。皇权是一种至高无上的权力，帝王关系着一国的社稷和安危，帝王的言行是天意的体现，而祥瑞就是上天对帝王行为的反馈和天命的体现。《春秋繁露·王道篇》曰："王正，则元气和顺，风雨时，景星见，黄龙下。"[2]《艺文类聚》引《白虎通》曰："天下太平，符瑞所以来至者，以为王者承天顺理，调和阴阳。阴阳和，万物序，休气充塞，故符瑞并臻，皆应德而至。德及天，即斗极明。日月光，甘露降。德至地，即嘉禾生，蓂荚起。德至鸟兽，即凤皇翔，鸾鸟舞，麒麟臻，狐九尾，雉白首，白鹿见。德至山陵，即景云出，芝实茂，陵出黑丹，山出器车，泽出神马。德至渊泉，即黄龙见，醴泉涌，河出龙图，洛出龟书，江出大贝，海出名珠。德至八方，即祥风至，钟律调，四夷化，越裳来。孝道至，即蓂蒲出庖厨，不摇自扇，于饮食清凉，助供养也。"[3] 祥瑞征兆无意中也在帮助帝王巩固政权，帝王有帝德、有德行便"天降祥瑞"，《汉书》《后汉书》《春秋繁露》《白虎通》等汉代书籍都详细记载了祥瑞思想。祥瑞思想连同君主感生神话，一起为王权政治的巩固和发展做文化铺垫，武梁祠的祥瑞图即表现了这种"流行于汉代、将某些特定自然现象解释成上天意愿的思想模式。这种思想方式与汉代建立在天命论基础上的政治体系息息相关"[4]。

[1] 贺西林，《洛阳卜千秋墓墓室壁画的再探讨》，《故宫博物院院刊》，2000 年第 6 期。
[2] 张世亮等译注，《春秋繁露》，北京：中华书局 2012 年版，第 103 页。
[3] 〔唐〕欧阳询，《艺文类聚》（下册），上海：上海古籍出版社 1965 年版，第 1693 页。
[4] ［美］巫鸿著，柳扬、岑河译，《武梁祠：中国古代画像艺术的思想性》，北京：生活·读书·新知三联书店 2006 年版，第 103 页。

图 3-38　陕西绥德墓门祥瑞画像

　　"汉代画像中的吉祥画像是一些散漫不定的图像，具有多义性的特征，一个吉祥画像（或符号）可能同时表达几种吉祥含义或表示一系列的吉祥征兆。"[1] 在神仙灵异画像中，这些祥瑞元素自成一体，通过各种组合象征仙界的意境，如上文图 3-37 所述西王母仙境画像。在升仙图中，这些祥瑞元素多伴随在升仙者（墓主）周围，或作为引导升仙的工具，是天界或仙界的标志，如上文图 3-7 所述卜千秋墓室顶部夫妇升仙画像。在墓门上则具有驱邪避灾的作用，如 1981 年 7 月陕西省绥德县出土的一块画像石，门楣正中刻有一羊，表吉祥，羊两侧有两羽人骑鹿飞奔，鹿下有朱雀、飞鹤，鹿后有奔腾的天马，马下为博山炉，门楣两端分别有日、月、朱鹭衔鱼；墓门刻铺首衔环，铺首上有朱雀，下有翼龙、翼虎；墓门左、右立柱上刻有人首蛇身的伏羲、女娲，下刻执笏捧盾小吏，小吏身前各竖刻一鱼。整幅画几乎全为祥瑞（如图 3-38），伏羲、女娲、铺首、吉羊、龙虎在此均表示驱凶避邪。

---

[1]　周保平，《汉代吉祥画像研究》，天津：天津人民出版社 2012 年版，第 31 页。

（四）图腾神话——政治神话

　　王增永先生在《神话学概论》一书中讲过："氏族为何要信仰图腾，图腾能给氏族带来什么益处……后期出现少量的超自然物的文化形象图腾，如龙图腾。"[1] 汉代为何要崇拜龙，无非是因为汉高祖乃龙之子。《史记·高祖本纪》："其先刘媪尝息大泽之陂，梦与神遇。是时雷电晦冥，太公往视，则见蛟龙于其上。已而有身，遂产高祖。"[2] 高祖刘邦出身低下，为了合乎正统称帝，刘邦把自己渲染成为龙子，这样便"天命所归"顺理成章地登上皇帝的宝座。从此龙成了汉民族的图腾，亦是代表皇帝的个人图腾。米尔恰·伊利亚德说："每一个神话，不管其本质如何，都讲述了一个发生在从前的事件。"[3] 图腾神话在文化传承中已经发生了变异，在此时已开始为政治神话服务。

　　感生神话是图腾神话的一种表现，是图腾崇拜观念下的产物，它起初所反映的是原始人类的生殖观念，然而当人类对两性生殖过程有了正确的认识之后，"感生"便成为带有神话色彩的奇迹，从而有了神化祖先的政治文化功能。感生神话主要诞生在两种人的身上：某氏族或部落的始祖，或某国家的开国君主，即君主感生神话。当感生神话以政治人物及其政治活动为主题时，这种感生神话便成为政治感生神话，这是图腾神话在文明时期发生的带有文明标志的变异。"从性质上讲，它（感生神话）只是秦汉以及先秦帝王符瑞神话的变种……所以从本质上讲它是政治神话，对其王朝的存在具有强大的神权支撑作用。"[4]

　　图腾神话发生的变异（政治神话）不是偶然的，它是文明社会发展到一定阶段的大时代背景下现实需要的产物。对于神化自己民族（部族）的始祖这一文化现象在人类历史上是非常普遍的。英国功能派人类学代表马

---

[1]　王增永，《神话学概论》，北京：中国社会科学出版社 2007 年版，第 38 页。
[2]　〔汉〕司马迁，《史记》，《二十四史》，北京：中华书局 1999 年版，第 241 页。
[3]　〔美〕米尔恰·伊利亚德著，晏可佳、姚蓓琴译，《神圣的存在——比较宗教的范型》，桂林：广西师范大学出版社 2008 年版，第 401 页。
[4]　田兆元，《神话与中国社会》，上海：上海人民出版社 1998 年版，第 330 页。

林诺夫斯基说："神话的功能，乃在将传统溯到荒古发源事件更高、更美、更超自然的实体而使它更有力量，更有价值，更有声望。"[1]冷德熙在《纬书政治神话研究》一书中对"政治神话"的定义是："所谓政治神话……它是阶级社会中怀着特定的政治倾向性的人们（即使是个别也采取匿名的方式），为了某些政治目的（如要使汉帝禅让天下于贤人，或王莽代汉等），借助文化传统中的宗教思想和神话传说资料而造作的虚构性诸神故事。"[2]可见，图腾神话走向政治神话或政治利用图腾神话，是现实政治需要的产物，这种文化变异的目的就是建立和维持政权。《史记》记载，汉朝开国皇帝刘邦是其母感蛟龙而生，东汉光武帝亦是"感生帝王"。据《后汉书·光武帝纪下》载"建平元年十二月甲子夜，有赤光照入室中。光影如龙似凤，其母诞下光武帝"。汉代开了政治神话的先河，在汉以后三国、两晋南北朝、唐、宋、辽、金、明、清等朝代都有君主感生神话。"感生"会给君主的身份带来神秘感和神圣感，在一定程度上神化了君主的出身，抬高了君主的历史地位，增加其神权性。在政权更迭的过程中总会产生一些关于中心人物的神话，这会替改朝换代的政治革命打上"天命"或"顺应天理"的正义标签。因此，政治神话在政权建设中担当着非常重要的角色，这也是统治者变相利用图腾感生神话来逐鹿天子宝座的政治手段。

四、结语

神话是原始人类认识世界的方式之一，也是人类集体无意识的缩影，是人们观念、思想的一种反映与呈现。当人类进入历史时期，人们又利用神话传说来表达他们的生活经验、他们对宇宙的了解和看法以及他们所共同承认的历史。因此，关于神话传说的研究应该是多元的，其中应包括：

---

[1] ［英］马林诺夫斯基著，李安宅译，《巫术科学宗教与神话》，北京：中国民间出版社 1986 年版，第 127 页。

[2] 冷德熙，《超越神话——纬书政治神话研究》，北京：东方出版社 1996 年版，第 40 页。

文学、语言学、心理学、人类学、宗教学、民俗学等各个层面。"图腾"本就是关于人类学、宗教学、民俗学等社会文化的一门学问，图腾图像本身就是一种神话的表达方式，我们从图腾神话的角度入手研究探讨汉画像中的图腾神话遗迹，从远古的神话思维出发研究汉代的神话，以全新的视角发掘汉画像的图像内涵。汉代是政治、经济、文明全面发展的大一统时期，早已脱离亘古时期的图腾祖先时代，然而，文化的传承仍旧将图腾文化遗留在部分神秘的神话图像上，是汉代人民集体无意识的思维表达。为了避免"泛图腾论"的错误，文章所涉及的汉画像中的图像，均属带有"图腾神话"色彩的部分图像，用以帮助理解汉画像中的图腾神话的遗迹以及在文化传承中所产生的变化。

本章从汉画像——图腾神话的镜像、图腾遗存面面观、图腾文化传承中的文化变异三个大方面来探析汉画像中的图腾神话遗迹。首先，对汉画像中带有"图腾神话"色彩的部分图像进行分类，探讨了始祖神伏羲、女娲的图腾，龙图像和鸟图像的图腾神话。其次，对图腾遗存问题做多面观察，讨论了图腾崇拜与生殖崇拜、祖先崇拜及自然神崇拜之间的关系，探讨了汉代对生命的追求、对祖先的敬畏以及对自然神崇拜。最后，分析了图腾文化在文化传承中的变化，总结出图腾神话在汉代朝着鬼神信仰、吉祥文化、政治神话等方向发生变化，以及始祖神伏羲、女娲神职地位的下降。

汉画像图腾神话的遗迹探析，有助于我们进一步了解汉文化，了解汉代人的信仰和思维方式。

第四章

神话与仪式在汉画像中的表现

　　神话与仪式始终伴随着人类的发展，无论是以语言为基础的神话、以行为为中心的仪式，两者密不可分。哈里森认为所有神话都源于对民俗仪式的叙述和解释，所有原始仪式，都包括两个层面，即作为表演的行事层面和作为叙事的话语层面，动作先于语言，叙事源于仪式，叙事是用以叙述和说明仪式表演的，而关于宗教祭祀仪式的叙事，就是所谓神话。[1]同样希腊语中"在仪式中所说的东西"是指"神话"，暗指"神话"在表述之时已经和仪式相伴而生。

　　神话和仪式一旦相遇，便互相补充强化对方：神话赋予单纯的人类行为以神性的起源，仪式则将单纯的故事变成一种最恭顺的规定行为，[2]在汉画像石中布满神话与仪式的结合的图像。

　　神话是人们受原始思维所创造的超越现实与理想的世界，仪式是人类沟通神圣与世俗、生死两界的行为。繁复的礼仪活动也可以成为从另一个方面看待中国神话的角度。礼仪中体现出来的种种观念是与神话观念相通的。儒家理想的"不语怪力乱神"与"祭神如神在"的矛盾或许正透露出理性时代神话思维的变相存活和表达自己的方式。[3]

---

[1] ［英］简·艾伦·哈里森著，刘宗迪译，《古代艺术与仪式》，北京：生活·读书·新知三联书店 2008 年版，第 2 页。

[2] ［美］克莱德·克拉克洪，《神话与仪式中的一般理论》，载［美］约翰·维克雷编，潘国庆等译《神话与文学》，上海：上海文艺出版社 1995 年版，第 102—103 页。

[3] 叶舒宪，《后现代神话观——简评〈神话简史〉》，《中国比较文学》，2007 年第 1 期。

世代沿袭的礼仪是文化记忆最重要的载体，但同时礼仪活动不能自圆其说，因此我们只能在仪式与神话二者相互因果的密切关系中寻找失传了的东西，或依据尚存的礼仪活动去发现或重构已失传的相关神话，或依据尚存的神话去复原已失传或残缺的仪式模式。[1]

神话与仪式之间存在着某种相互依赖的关系，这取决于两者某种永恒不变的功能，人类学家布朗和瓦纳认为的：人类发现那些自己感觉到超越自己理性及技术控制的行为与体验的领域可以通过象征加以支配，神话和仪式都是象征程序，两者被这一事实——以及其他事实——紧密地联系在一起。神话是词汇象征体系，而仪式则是物体与行为的象征体系。神话和仪式都是用同一感情方式处理同样情景的象征过程。[2]

杨宽先生从礼的起源上看到了象征意义的存在，他说："礼的起源很早，远在原始氏族公社中，人们已经习惯把重要行动加上特殊的礼仪。原始人常以具有象征意义的物品，连同一系列的象征性动作，构成种种仪式，用来表达自己的感情和愿望。这些礼仪，不仅长期作为社会生活的传统习惯，而且常被用来维护社会秩序、巩固社会组织和加强部落之间的联系的手段。进入阶级社会后，许多礼仪还被大家沿用着，其中部分礼仪往往被统治阶级所利用和改变，作为巩固统治阶级内部组织和统治人民的一种手段。我国西周以后贵族所推行的'周礼'，就是属于这样的性质。"[3]

一、中国仪式的建立——礼仪

中国皆以"礼仪制度"为总纲，是最具中华文明特色的制度。"经礼三百，曲礼三千"便是对"仪式化社会"的典型写照。人的一生都离不开

---

[1] 叶舒宪，《中国神话哲学》，西安：陕西人民出版社 2005 年版，第 264 页。

[2] ［美］克莱德·克拉克洪，《神话与仪式中的一般理论》，载［美］约翰·维克雷编，潘国庆等译《神话与文学》，上海：上海文艺出版社 1995 年版，第 96—97 页。

[3] 杨宽，《古史新探》，北京：中华书局 1965 年版，第 234 页。

礼仪,同时也离不开人们的日常生活及仪式庆典。人际关系,人与神之间的联系,个人与部落都严格按照礼仪的既定程序进行仪式活动。"神圣礼仪的意象统一了或融合了人的存在的所有这些维度。"[1]礼仪是人类经验历史积淀所形成的人性表现,礼仪践行可使人性在社群的整体脉络中趋于完善。

中国的礼仪制度是对仪式的规范化,研究礼仪的起源首先要研究"礼"字的结构。东汉许慎《说文解字》:"禮,履也,所以事神致福也。从示从豊,豊亦声。"又:"豊,豆之豊满也,从豆,象形。"这已成为经学释"禮"的玉律。邱衍文在《中国上古礼制考辨》中指出"礼"字字形解说有四种:从示从豊,像二玉在器中之形;从示从豊像行礼之器;从示从乙,像芽始发;从示从玄,像玄鸟,以开生之候鸟,象征形礼之初。[2]

对"礼"的最新的解读来源于甲骨文的发现,王国维用甲骨文对豊、禮的解码,即"豊"从豆从珏,最初指器皿(即豆)盛两串玉祭献神灵,后来兼指以酒祭神灵(分化为醴),最后发展为一切祭神之统称(分化为礼)。[3]

杨宽认为应进一步将"醴"与"禮"的关系分辨清楚,他据《礼记·礼运》篇中"夫禮之初,始诸饮食"之论,认为古人首先在分配生活资料,特别是饮食中讲究敬献仪式,敬献用的高贵礼品就是"醴",后来就把各种敬神仪式一概称为"禮"了。又推而广之把生产生活中需要遵循的规则以及维护贵族统治的制度和手段都称为"禮"。[4]考古实证比王国维的论证更为久远,叶舒宪先生发现中国8000年前葬玉、礼玉、祀玉、食玉等崇玉传统,认为"玉"是奉献给永生不死神灵世界的神圣事物,神圣礼仪的功效就在于以饮食献祭的方式来达成人神两界的沟通,"禮"与"醴"

---

[1] [美]赫伯特·芬格莱特著,彭国翔等译,《孔子:即凡而圣》,南京:江苏人民出版社2002年版,第15页。

[2] 邱衍文,《中国上古礼制考辨》,台北:文津出版社1990年版,第17—26页。

[3] 王国维,《观堂集林》卷六《释礼》,北京:中华书局2006年版。

[4] 杨宽,《古史新探》,北京:中华书局1965年版,第308页。

二字非常形象地暗示出献祭给神的美食（玉）与美酒。[1]

古文字学家裘锡圭、康殷等认为"豊"字，不是豆形，而应该从壴从珏，本是一种鼓的名称。[2]郑杰祥进而补充论证"禮"字初文即以鼓之形状会意，指涉古人在鼓乐声中以玉来祭享天地鬼神之状。[3]刘宗迪认为甲骨文"豊"象征羽毛置于鼓架，象征鼓舞以祭神。[4]杨志刚在《中国礼仪制度研究》一书中则采取了综合的说法，认为不管是将玉盛在豆形器中敬神求福，还是在鼓乐声中以玉祭享鬼神，抑或用甜酒敬献，"豊"都是与先民的仪式活动有关。

《礼记·礼运第九》：

> 夫礼之初，始诸饮食。其燔黍捭豚，污尊而抔饮，蒉桴而土鼓，犹若可以致其敬于鬼神。及其死也，升屋而号，告曰："皋某复。"然后饭腥而苴孰，故天望而地藏也。体魄则降，知气在上，故死者北首，生者南乡，皆从其初。[5]

可见原始的祭祀礼仪活动便涉及食、酒与鼓乐，跟随着人类文化的进步成为祭祀的必备元素。

"礼"与"仪"字的起源都是关于礼的起源，现在基本上有以下几种不同的观点：一、人情说，以荀子、司马迁、李安宅等为代表；二、史前祀神仪式说，以许慎、王国维、郭沫若、王梦鸥、叶舒宪为代表；三、原始祭神鼓舞说，以裘锡圭、康殷、郑杰祥、刘宗迪等为代表；四、原始礼仪说，以杨宽、李泽厚、杨志刚等为代表；五、交往说，以杨向奎为代表；六、风俗说，以刘师培、吕思勉等为代表；七、饮食分配说，以杨英杰为代表。关于礼的起源，陈戍国《中国礼制史》和邹昌林的《中国礼文

---

[1] 叶舒宪，《河西走廊：西部神话与华夏源流》，昆明：云南教育出版社 2008 年版，第 33—41 页。
[2] 裘锡圭，《甲骨文中的几种乐器名称》，《中华文史论丛》，1980 年第 2 辑。
[3] 郑杰祥，《释礼·玉》，《华夏文明》第一辑，北京：北京大学出版社 1987 年版。
[4] 刘宗迪，《礼仪制度与原始舞蹈》，《民族艺术》，1998 年第 4 期。
[5] 〔清〕阮元校刻，《十三经注疏》（第三卷），北京：中华书局 2009 年版，第 3065 页。

化》中已经进行了详细的论述。

中国古代礼仪是发生在世俗世界的神圣叙事，在仪式的背后，隐藏着潜在的神话信仰和神话思维。礼仪中的神仙信仰就是明显的例证，按照神话思维建构的关于时空、关于世界构成及宇宙秩序是礼仪当中存在的秩序法则的原型，礼仪中的崇尚古朴是回归神圣的需要。统治者和权力集团倚靠仪式，并利用其中的神话信仰和神话思维来为等级分层和既定秩序服务，并根据现实需要适时地对其做出修补变通，甚至人为地将祖先、历史、行为、物件等等对象神圣化，以达到统治者获得权力的神圣性、合法有效性的目的。

汉代是一个思想活跃的时代，有些思想对汉代的社会、文化生活产生了巨大影响。汉代是祭祀盛行的时代，因此如天人感应思想、阴阳五行、谶纬、长生等思想对祭祀文化也产生巨大的推动作用。

其中汉代人重祭祀受楚人的影响很大，楚人崇尚巫风"畏鬼""信祀"，因为楚地也有很多关于鬼神的传说，汉代上层统治集团一大部分来自楚地，对楚地的祭祀传统给予了发扬和继承，《风俗通义·祀典》记述："自高祖受命，郊祀祈望，世有所增，武帝尤敬鬼神，于时盛矣。至平帝时，天地六宗已下，及诸小神，凡千七百所。"[1] 汉代的各项祭祀活动，在继承古制的基础上，有了很大的发展。汉代人认为祭祀已经是生活中平常而不可缺少的一件事情，正如《后汉书·祭祀》所载："祭祀之道，自生民以来则有之矣。豺獭知祭祀，而况人乎！"[2] 史籍所见两汉时期的祭祀活动不仅是时人精神生活的头等大事，也是社会生活的重要组成部分。

汉代祭祀之礼为汉代的统治服务，董仲舒极力提倡，他要求人们要以虔敬之心去对待祭祀："尊天，美义也；敬宗庙，大礼也。圣人之所谨也。不欲多而欲洁清，不贪数而欲恭敬。君子之祭也，躬亲之，致其中心之诚，尽敬洁之道，以接至尊，故鬼享之。享之如此，乃可谓之能祭。祭者，察

---

[1] 〔汉〕应劭，《风俗通义》，北京：中华书局1985年版，第190页。

[2] 〔南朝宋〕范晔撰，〔唐〕李贤等注，《后汉书》，北京：中华书局2000年版，第2143页。

也，以善逮鬼神之谓也。善乃逮不可闻见者，故谓之察。吾以名之所享，故祭之不虚，安所可察哉？祭之为言际也与，祭然后能见不见。见不见之见者，然后知天命鬼神。知天命鬼神，然后明祭之意。明祭之意，乃知重祭事。孔子曰：'吾不与祭，如不祭。祭神如神在。'重祭事，如事生。故圣人于鬼神也，畏之而不敢欺也，信之而不独任，事之而不专恃。"[1]

《史记·礼书》云："故礼，上事天，下事地，尊先祖而隆君师，是礼之三本也。"[2]《礼记·祭统》也曰："祭者，所以追养继孝也。孝者，畜也。顺于道，不逆于伦，是之谓畜。是故孝子之事亲也，有三道焉：生则养，没则丧，丧毕则祭。"即祭祀是用来追养双亲而继续尽孝。……孝子侍奉双亲，有三条原则：双亲在世就赡养，去世就服丧，服丧完毕就祭祀。[3]在儒家看来：孝，就是孔子所云"生，事之以礼；死，葬之以礼，祭之以礼"。"祖有功而宗有德"，因而敬天与祭祖是互相配合的。[4]《礼记·中庸》："事死如事生，事亡如事存，孝之至也。郊社之礼，所以事上帝也；宗庙之礼，所以事乎其先也。"即侍奉死者如同活着时一样，侍奉亡者如同在世时一样，这是孝的最高表现；举行郊祭和社祭，是用来侍奉上帝（和地神的）；宗庙的礼仪，是用来侍奉祖先的。[5]根据祭祀地点的不同，李如森把汉代的祭祀分为墓所设祠堂祭祀、墓前露祭和墓内设奠三类。[6]墓前露祭和墓内设奠两种祭祀只能从古籍中证实，而祠堂祭祀我们可以从祠堂画像石找到图像得以分析。

汉代画像石具有一套仪式的空间叙事，虽然现在我们无法看到恢宏的祭祀场景，但我们只需从汉代祠堂画像刻画中，就可以看到"礼乐文化"的传承与发展。

---

[1] 张世亮等译注，《春秋繁露》，北京：中华书局 2012 年版，第 600—602 页。
[2] 〔汉〕司马迁，《史记》，《二十四史》，北京：中华书局 2000 年版，第 1030 页。
[3] 杨天宇，《礼记译注》（下册），上海：上海古籍出版社 1997 年版，第 828 页。
[4] 熊铁基，《秦汉文化史》，上海：东方出版中心 2007 年版，第 235 页。
[5] 杨天宇，《礼记译注》（下册），上海：上海古籍出版社 1997 年版，第 909—910 页。
[6] 李如森，《汉代丧葬礼俗》，沈阳：沈阳出版社 2003 年版，第 64 页。

祠堂艺术是一种观念艺术或功能的艺术 [1]，美国学者费慰梅女士最早指出，汉代墓上石结构祠堂的功能，是"祀奉族中死者的祠堂"。[2] 祠堂的"祠"字，有"祭祀"的意思，也说明墓上祠堂与在墓地上举行的祭祀仪式有关。祭祀是我国重要的一种宗教礼仪文化。祭祀很早就开始兴起，古人为了祭祀求吉祥把祭祀礼仪称为吉礼，吉礼也是我国古代五种重要的礼仪之一。《周礼·春官·大宗伯》将五礼分为吉礼、凶礼、军礼、宾礼、嘉礼。五礼当中最重要的便是吉礼，吉礼即祭祀之礼，《左传·成公十三年》有云："国之大事，在祀与戎。"祭祀在古代人的生活中占有极其重要的地位。《礼记·祭统》云："凡治人之道，莫急于礼；礼有五经，莫重于祭。"[3] 祭祀仪式往往假定在现实世界之外存在着一个超验的神圣世界，仪式则是由现实世界通往神圣世界的桥梁。

汉代的人们一般都相信，人死之后，他的灵魂仍然需要饮食，而灵魂能够享用这些物质资料的唯一途径，就是接受仍然在世的家人或者族人的供奉。[4] 他们认为，一个活着的人身上同时存在着代表精神之灵的"魂"和代表躯体的"魄"，人死后，灵魂还会在另一个世界继续存在。《礼记·郊特牲》"魂气归于天，形魄归于地"典型地反映了这种思想，"事死如事生，事亡如事存"的态度以及为死者举行的烦琐隆重的仪式都是基于灵魂存在、死者有知的观念，希望死者的灵魂能够保佑生者平安，带来福佑。既葬之后举行虞祭，即安魂礼，然后是袝祭，将死者之灵位放置于祖庙中，意味着灵魂的升仙，它将和祖先之灵一起，在特定的祭祀时间，享受子孙后代的供奉。如《论衡·讥日篇》就记载了关于供奉的原因：

> 夫祭者，供食鬼也；鬼者，死人之精也。若非死人之精，人未尝见鬼之饮食也。推生事死，推人事鬼。见生人有饮食，死为鬼，当能

---

[1] 吉南，《东汉石祠艺术功能的观察》，《美术研究》，1987 年第 3 期。
[2] 〔美〕费慰梅著，王世襄译，《汉"武梁祠"建筑原形考》，《中国营造学社汇刊》，1945 年第 2 期。
[3] 〔清〕阮元校刻，《十三经注疏》（第三卷），北京：中华书局 2009 年版，第 3478 页。
[4] 瞿同祖著，邱立波译，《汉代社会结构》，上海人民出版社 2007 年版，第 37 页。

复饮食，感物思亲，故祭祀也。[1]

古不墓祭，先秦时期的祭祖活动都是在都邑中的宗庙里进行，祠堂是在墓祭盛行的汉代才出现的。王充《论衡·四讳篇》曰"古礼庙祭，今俗墓祀"，"墓者，鬼神所在，祭祀之处"。郑岩先生认为："此处的'墓'字并非仅指墓室，而是指整个丧葬建筑系统，应包括祠堂在内。"[2] 据信立祥先生研究，西汉早期就已经出现墓上祠堂。[3] 杨宽先生认为"至少到西汉中期昭帝的时候，官僚墓前祠堂建筑已比较流行"。[4] 人们在墓地上建造祠堂，举行墓祭仪式，这是与当时的社会思想密切相关的。武帝以后，儒家思想占据统治地位，"天人感应"学说被确立，原始巫术和黄老思想仍在延续，这样，在墓地祠堂举行的祭祀就包含了多方面的意向。

如此一来，设立祠堂的目的不仅是为了祭祀墓中的死者，其中还寄托了生者对死者真挚的哀思。山东宋山安国祠堂的题记"草庐庙舍，负土成坟，徐养陵柏。朝暮祭祀，甘珍滋味兼设，随时进纳省定若生时"[5]，表明祭祀的内容之一是向死者的灵魂供献各种食物。所以一些祠堂的石刻题记中，把祠堂也称为"食堂""斋祠"或"食斋祠"。

人鬼之祭主要是对祖先的祭祀。在古代祭祀是国家的头等大事，祭祀与争夺领土、树立权威的战争相提并论，同时也是显现其宗法地位的主要标志。祭祀的发展在上层社会形成严格的规范，而贫民阶层则在允许的范围内形成祭祀习俗。因而祭祀行为形成了"礼"和"俗"两大支流，承传于数千年的历史洪流之中，随着时代的发展而不断地磨合，最后合而为一，成为具有中国特色的祭祀文化。

西汉时期，上冢之礼逐渐风行，官僚、贵族甚至借上冢之机在墓地

[1] 程湘清等编，《论衡索引》，北京：中华书局1994年版，第1509页。
[2] 郑岩，《关于汉代丧葬画像观者问题的思考》（注释一），载朱青生主编《中国汉画研究》（第二卷），桂林：广西师范大学出版社2006年版，第39～55页。
[3] 信立祥，《汉代画像石综合研究》，北京：文物出版社2000年版，第67页。
[4] 杨宽，《中国古代陵寝制度史研究》，上海：上海人民出版社2003年版，第125页。
[5] 济宁地区文物组、嘉祥县文管会，《山东嘉祥宋山1980年出土的汉画像石》，《文物》，1982年第5期。

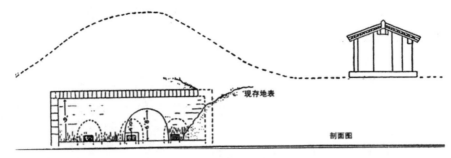

图 4-1　墓与祠堂剖面图

举行大规模的祭祀仪式和盛大的招待酒会，把上冢的礼俗作为维系和团结宗族、宾客、故人以及地方官僚的一种重要手段。修建和装饰较大规模的祠堂便为这一目的服务。到西汉末期，建造祠堂的风气十分流行。一些主张薄葬的人死后不建祠堂反而成了不合礼俗的事情。如西汉哀帝时曾任谏议大夫的龚胜，在去世前就写下遗嘱"衣周于身，棺周于衣，勿随俗动吾冢，种柏，作祠堂"。另《东观汉记·吴汉传》载："夫人先死，薄葬小坟，不作祠堂。"东汉时期，由于豪强大族势力的进一步扩大，儒家讲究的孝道和厚葬的风俗更加流行，加上东汉政府实行的"举孝廉"制度，将"孝悌"列为选拔、任用官吏的重要标准，使得许多期望入仕的人"崇饰丧纪以言孝，盛飨宾旅以求名"。以至于接下来，在东汉社会厚葬习俗的推动下，祠堂又成了巩固家族地位，向他人显示家族的孝顺、德行并为家族博取名声的"道具"。

巫鸿在《礼仪中的美术》一书中指出："东汉时期茔域中地面上的享堂称为'祠'或'庙'，地下的墓室为'宅'或'兆'，二者构成一个'墓''庙'合一的整体。"[1] 这里的祠堂具有"庙"的功能，说明祠堂的前身即是宗庙，不过是被搬到墓地的宗庙。[2]

综上所述，祠堂这种丧葬建筑物的功能具有双重性，它首先为死者而

[1]　[美]巫鸿著，郑岩等译，《礼仪中的美术》，北京：生活·读书·新知三联书店 2006 年版，第 566 页。

[2]　信立祥，《汉画像石综合研究》，北京：文物出版社 2000 年版，第 65 页。

建，同时又为生者服务。下文，笔者将结合汉代祠堂画像中独立的构成元素，来解读汉代的仪式空间。

二、仪式图像在祠堂画像石上的呈现

汉代的人们按照当时信仰的宇宙观念在汉代祠堂这个丧葬礼仪空间里"图画天地"。祠堂内部由画像构建的上、中、下三个层次——"天界、仙界、人间"构成了汉代人心目中的整个宇宙空间。祠堂的顶部象征着天上世界；祠堂的山墙以及墙壁上部布置了象征仙界的画像；祠堂墙壁下部的画像描述了人间生活。祠堂的左右侧壁下部一般都配有狩猎图和庖厨图。狩猎图是后世子孙祭祀祖先准备祭品的过程。祠堂最重要的位置——祠堂后壁，是祠主灵魂接受后世子孙祭拜的场所，受祭画像占后壁面积的一半以上。后壁的下半部分刻画是祠主灵魂往来阴阳两界的车马队伍，长度横贯左右壁最下层，"将祠主车马出行图配置在'祠主受祭图'之下，显然是表示祠主的车马行列是从位置较低的地下世界而来，目的是到墓地祠堂区接受子孙的祭祀"[1]。其他祠堂画面上刻画着庖厨图、狩猎图和乐舞图才是祠主的现实生活。

汉代人在墓葬建筑的不同空间雕刻这些看似"程式化"的画像，正是当时"天人合一"思想的体现。汉代墓葬的这种画像配置方式也从一个侧面体现了汉代文化的深层结构。

（一）拜谒图中的仪式元素

祠堂的画像内容及其配置呈现出很强的规律性和一致性。从祠堂画像

---

[1] 信立祥，《苏、皖、浙地区汉画像石综述》，载《中国画像石全集》第4卷，济南：山东美术出版社2000年版，第6页。

的内容看，大体可分为可变性内容和不变性内容两大类，可变性内容是每座祠堂所特有的、各座祠堂都不同的画像内容，而不变性内容则是所有祠堂共有的、表现固定含义的画像内容。其中，最重要的不变性内容，就是祠堂后壁的楼阁拜谒图和与之密切相关的车马出行图。[1] 祠堂石刻画像从内容到其整体布局安排都是模仿早已定型化的土木结构祠堂画而来。

"汉代石祠堂画像后壁中央有一幅楼阁人物画像，画面中间有一座二层楼阁，楼阁前的两旁立有双阙，楼下楼上分列男女主人与拜谒、侍仆人物等，此画像一般被称为楼阁拜谒图。"[2] 拜谒礼仪是中国古代礼仪中的一项重要礼仪活动。西周时期开始形成一套健全的礼仪制度，礼仪是统治者"敬天保民""明德慎行"维护周王朝统治的规范性法典。汉代继承和发扬了儒家思想，礼仪成为汉朝统治者为政的根本和维护统治政权的无形基石。

拜谒礼仪是我国古代人际交往中一种非常重要的礼节，它是由"行止"礼仪中的见面礼仪演化而来的。行止礼仪除包括与行动有关的行立坐卧等容姿外，主要包括与人交接往来之中的见面礼仪。宋朱熹在《增损吕氏乡约》中指出这种"礼俗相交"的主要内容：一曰尊幼辈行；二曰造请拜揖；三曰请召送迎；四曰庆吊赠遗。拜谒礼仪主要分拜礼和揖礼。揖礼是一种站着施行的见面礼。拜礼较揖礼更加正规和隆重，是一种坐着施行的见面礼。因古人常见的坐姿为跪坐，而拜为两手布于席上行礼，故拜礼就是跪坐在地上双手布于席上行礼。《周礼·春官·大祝》中分别对拜时的动作、次数及拜的对象等拜谒礼仪做了模式化的规定。贾谊《新书》专有一篇《容经》，把"坐容"分为"经坐、共坐、肃坐、卑坐"[3]。对汉代坐姿介绍得十分详细。在汉代画像石中，无论是在表现汉代社会生产的宴饮迎谒、车骑出行，还是古圣先贤、忠臣孝子或是神话传说、升仙画像等题材中都有拜谒礼仪图像的出现。

---

[1] 信立祥，《汉画像石综合研究》，北京：文物出版社 2000 年版，第 83 页。

[2] 蒋英炬，《汉代画像/楼阁拜谒图中的大树方位与图像意义》，《艺术史研究》第六辑，广州：中山大学出版社 2004 年版，第 149 页。

[3] 〔汉〕贾谊撰，阎振益、钟夏校注，《新书校注》，北京：中华书局 2000 年版，第 227—228 页。

图 4-2　周公辅成王

　　山东嘉祥宋山画像石墓出土的周公辅成王图（图 4-2），画面刻八人，正中站立的小人物为成王，他头戴山字形王冠，脚踏几案形基座，正在接受诸臣的拜谒，左一人执华盖，右一跪拜者为周公，另有四人执笏揖拜。

　　《礼记·曲礼》关于臣见君的记载：

　　　　士大夫见于国君，君若劳之，则还辟，再拜稽首。君若迎拜，则还辟不敢答拜。[1]

　　先秦时期君臣之间并无极为悬殊的尊卑秩序，相互之间可行答拜礼仪。汉朝统一中国以后对君臣之礼进行了严格的规定，"命叔孙通制礼仪，以正君臣之位"[2]。将君臣礼仪作为建立政治秩序与维护中央集权的重要手段。见《后汉书·礼仪上》：

　　　　夫威仪，所以与君臣、序六亲也。若君亡君之威，臣亡臣之仪，上替下陵，此谓大乱。大乱作，则群生受其殃，可不慎哉！[3]

　　为了维护统治者地位的合法性，董仲舒还运用阴阳五行学说，提出

---

[1] 〔清〕阮元校刻，《十三经注疏》（第三卷），北京：中华书局 2009 年版，第 2725 页。
[2] 〔汉〕班固，《汉书》卷二十二《礼乐志》，北京：中华书局 1983 年版，第 883 页。
[3] 〔南朝宋〕范晔撰，〔唐〕李贤等注，《后汉书》，《二十四史》，北京：中华书局 1999 年版，第 2101 页。

神话之魅

图 4-3　阁楼·人物·车骑出
　　　　行图

图 4-4　人物·百兽·车骑出
　　　　行图

了为君者"受命于天，天意之所予也。故号为天子者，亦视天如父，事天
以孝道也"。君为天之子，禀承天的旨意，代天主宰天下，治理臣民。把
天与君联系在一起，给为人君者加上了神圣的色彩与神的印迹。《春秋繁
露·郊义》："天者，百神之君也，王者之所最尊也。"所谓"百神"，不但
包括各种自然神灵，如山神、水神、星神、风神、雨神等，也包括社会神
灵，如祖先神。《白虎通义·天地》："天者，何也？天之为言镇也。居高
理下，为人镇也。"陈立疏证：《尔雅》《释文》引《礼统》对其解释"天
之为言镇也，神也，陈也，珍也"。《说文·一部》"天，颠也"。"颠为人

图 4-5　曾母投杼图

首，故臣以君为天，子以父为天，妻以夫为天。"[1] "天子者，则天之子也。以身度天，独何为不欲其子之有子礼也。今为其天子，而阙然无祭于天，天何必善之？"[2] 天的地位最高，同时帝王是天的儿子，这无疑确立了汉代帝王权力的至高无上。君权神授论使得君权变得至高无上，所以汉画像中臣对君的拜谒不单反映了君臣之间的见面礼仪，它还融入了汉代统治者至高无上的君权和不可侵犯的神权思想。

　　除了以上君臣拜谒的图像以外，在河南、山东、江苏等地的画像石、砖上，车马出行图像中也有拜谒仪式图式。画面上一般是一队车马行列向同一方向行进，队首或队尾有躬身送别或持笏迎谒者。

　　车马出行是上层社会的标志，从一些有榜题文字如"二千石""相"等的车马出行图看，表现的应是墓主生前的仕宦经历，墓主如生前一样，作为车马出行队伍的主人正在接受来自下属的迎送拜谒。但据对一些墓主身份考证看，有些墓主生前地位并不显赫，可能只是身份低微的官吏，未必有过前迎后拜的宏大出行场面，那么这些画像中刻的车马出行图代表的应是汉代社会的一种普遍的理想与追求，"是为亡灵安排在另外一个世界

[1]〔清〕陈立撰，吴则虞点校，《新编诸子集成：白虎通疏证》，北京：中华书局1994年版，第420页。
[2]　张世亮等译注，《春秋繁露》，北京：中华书局2012年版，第537页。

里的理想生活，未必是生前真实的写照"[1]。所以画面中那些迎驾拜谒者应是生者为墓主安排的冥府地史。也有人认为祠堂汉画中车骑出行图表现的是"墓主人的灵魂从地下世界赴墓地祠堂去接受祭祀的"[2]。

汉画中那些刻画在大门门柱、门扉或主室门柱、门阙上的单个执笏、执盾、执棨戟、执钺、执剑拜谒画像，表现的也应是下级对上级的拜谒。像那些执盾、执棨戟作恭迎拜谒状者，可能是亭长一类，主要职责是保护墓主人宅第安全并送迎宾客的；而那些单个执笏拜谒者应是墓主人属下官吏到墓主人官府谒见墓主人的，有些则可能是墓主人的侍从。[3]

在孝子题材的汉画像中，拜谒形式出现得也较多，如山东嘉祥武氏祠出土的曾母投杼图（图4-5），为武梁祠西壁画像第三层右边，此画像在伏羲、女娲画像的下方。画上，曾母坐在织布机的座位上，回头向后看。曾子面向曾母跪着，两手抬起在胸前，上方有题榜"曾子质孝，以通神明，贯感神祇，著来方，后世凯式，（以正）樵纲"；曾子下方的隔栏上，有题字"谗言三至，慈母投杼"。[4]

中国古代的养老传统始于虞舜，称为燕礼，夏称乡礼，殷称食礼。孝的观念还融入社会的礼制教化中，以达治国安邦之作用。汉代自刘邦起就开始重孝，刘邦在建汉之初就倡导尊崇"三老"；惠帝时首次表彰"孝悌、力田者"。到武帝时采取"孝治"，号称"以孝治天下"，并将孝治具体化为用人制度上的"举孝廉"，认为"事亲孝，故忠可移于君……是以行成于内而名立于后世矣"。[5]武帝以后还将《孝经》作为治国的经典。在封建统治者的大力倡导和社会教化的双重影响下，汉代行孝成风，孝敬父母这种观念已深深植入汉人的信仰之中。

---

[1] 王步毅，《安徽宿县褚兰汉画像石墓》，《考古学报》，1993年第4期。

[2] 信立祥，《汉代画像石综合研究》，北京：文物出版社2000年版，第118页。

[3] 柴中庆，《南阳汉画像石墓墓主人身份初探》，载《汉代画像石研究》，北京：文物出版社1987年版，第45页。

[4] ［美］巫鸿著，柳扬、岑河译，《武梁祠：中国古代画像艺术的思想性》，北京：生活·读书·新知三联书店2015年版，第89页。

[5] 〔清〕阮元校刻，《十三经注疏》（第三卷），北京：中华书局2009年版，第5562页。

（二）狩猎图、庖厨图

狩猎图与庖厨图在汉代祠堂画像中属于常见图像。"它具有一定的神圣性，在于祠主的子孙要通过狩猎活动来为自己的祖先准备献祭时的牺牲用品，庖厨图则是为祭祀祠主准备祭食的场面。"古代祭祀崇尚"血食"，即重视用牺牲进行祭祀。

《礼记·郊特牲》记载：

> 魂气归于天，形魄归于地，故祭求诸阴阳之义也。殷人先求诸阳，周人先求诸阴。诏祝于室，坐尸于堂，用牲于庭，升首于室。直祭祝于主，索祭祝于祊，不知神之所在，于彼乎？于此乎？或诸远人乎？祭于祊，尚曰求诸远者与？祊之为言倞也，肵之为言敬也。富也者，福也。首也者，直也。相飨之也。嘏，长也，大也。尸，陈也。
>
> 毛、血，告幽全之物也。告幽全之物者，贵纯之道也。血祭，盛气也。祭肺肝心，贵气主也。祭黍稷加肺，祭齐加明水，报阴也。取膟膋燔燎升首，报阳也。明水涗齐，贵新也。凡涗，新之也。其谓之明水也，由主人之絜著此水也。[1]

"在狩猎所获为主要经济来源的时代，基于猎物的所得没有保障、时机不易把握等特点，人们寄希望于神灵的恩赐，一旦获得猎物，要先祭祀鬼神，其动机、目的与后来的农耕社会的尝新是一致的。而且人们相信、祭献次数越多，敬意越诚，鬼神的恩赐才会增多。"[2]

狩猎图、庖厨图等祠堂画像都是与先秦时期的宗庙祭祀活动有关的画像。[3] 日本学者土居淑子认为庖厨图像与西王母组合在同一个画面上，是

---

[1] 〔清〕阮元校刻，《十三经注疏》（第三卷），北京：中华书局 2009 年版，第 3156、3157 页。

[2] 信立祥，《汉代画像石综合研究》，北京：文物出版社 2000 年版，第 99 页。

[3] 同上，第 137 页。

图 4-6　庖厨·宴饮画像　　　　　　　图 4-7　前凉台墓庖厨画像

因为被捕猎的鸟兽是供奉西王母的牺牲，同时也是献给祖先的贡品。对此，信立祥先生有不同的看法，他认为将祠主和西王母都看成是祭祀对象，这与作为祭祀祖先用的墓地祠堂的建筑性质不合。先秦时期的狩猎活动是带有军事和祭祀相关的重要礼制活动，《礼记·射义》中记载："天子将祭，必先习射于泽。……而后射于射宫，射中者得与于祭，不中者不得与于祭。"[1] 可见习射在祭祀中的重要性，《左传·隐公五年》载：

　　五年春，公将如棠观鱼者。臧僖伯谏曰："凡物不足以讲大事，其材不足以备器用，则君不举焉。君将纳民于轨物者也。故讲事以度轨量谓之轨，取材以章物采谓之物，不轨不物谓之乱政。乱政亟行，

---

[1] 〔清〕阮元校刻，《十三经注疏》（第三卷），北京：中华书局 2009 年版，第 3667 页。

所以败也。故春蒐、夏苗、秋狝、冬狩，皆于农隙以讲事也。三年而治兵，入而振旅，归而饮至，以数军实。昭文章，明贵贱，辨等列，顺少长，习威仪也。鸟兽之肉不登于俎，皮革齿牙、骨角毛羽不登于器，则公不射，古之制也。"[1]

（三）乐舞图

在早期的画像中，乐舞图与庖厨图的图像配置均是仿效宗庙画像而来。庖厨图是为了飨神存在，乐舞图更多是为了娱神存在的，同样它们也具有祭祀意义与共存价值。

《礼记·乐记》：

> 天高地下，万物散殊，而礼制行矣。流而不息，合同而化，而乐兴焉。春作夏长，仁也；秋敛冬藏，义也。仁近于乐，义近于礼。乐者敦和，率神而从天；礼者别宜，居鬼而从地。故圣人作乐以应天，制礼以配地。礼乐明备，天地官矣。[2]

乐是因变动而生，是强调合同作用，礼是按照不同类别区分其性质。圣人作乐以应天，制礼以配地，天地各尽其职。

以早期祠堂为例，图4-6山东嘉祥纸坊镇敬老院出土的画像石，分上下两层，上层的画像将奏乐的场面与建鼓乐舞图合二为一，下层为庖厨图。图4-9山东嘉祥县五老洼出土的画像石，画面上分为上、中、下三层，上层为五人演奏乐队，中层为建鼓乐舞，下层庖厨图。画像中的乐舞图与庖厨图都是重要的组成部分。

《吕氏春秋·古乐》："昔葛天氏之乐，三人操牛尾，投足以歌八阕：

---

[1] 〔清〕阮元校刻，《十三经注疏》（第四卷），北京：中华书局2009年版，第3747—3749页。
[2] 同上（第三卷），第3319页。

图 4-8　乐舞·庖厨图　　　　　　　　　　图 4-9　乐舞·建鼓·庖厨图

一曰《载民》，二曰《玄鸟》，三曰《遂草木》，四曰《奋五谷》，五曰《敬天常》，六曰《达帝功》，七曰《依地德》，八曰《总万物之极》。"[1] 这八阕有着原始的文化意蕴，随着社会的发展，它逐渐成为祭祀鬼神的工具。

中国古代"用舞降神"，古人认为舞蹈艺术可以达到"通灵"和"娱神"的目的。"原始宗教的祭祀活动中已潜藏着艺术的要素和审美的愉悦"，"活跃的经济活动必须造成相对富足和闲暇，繁重的劳作之余应该有定期的休憩和安慰，然后才能把纯粹的祭神求神酬神变成赛神乐神连带娱人，才能使迷信式的宗教活动逐步世俗化、娱乐化、艺术化，才能做到'精神体质两愉悦'"。[2]

乐舞图"应是模仿和沿袭皇帝陵庙中同类题材的图像而来，其目的是代替实际的乐舞以取悦来祠堂接受子孙祭祀的祖先的灵魂"[3]。取悦并不是

---

[1]　陆玖译注，《吕氏春秋》，北京：中华书局 2011 年版，第 147 页。

[2]　萧兵，《楚辞的文化破译》，武汉：湖北人民出版社 1991 年版，第 482 页。

[3]　信立祥，《汉代画像石综合研究》，北京：文物出版社 2000 年版，第 142 页。

主要目的，《后汉书·刘盆子传》："军中常有齐巫鼓舞祠城阳景王，以求福助。"[1] 可见祈求祝福也是乐舞的目的之一。

（四）建鼓

建鼓作为乐舞与庖厨图的连接图式出现较多。如图 4-8、图 4-9、图 4-10、图 4-11，建鼓都在画面中占有一定的比重。《诗经·商颂·那》记载："庸鼓有斁，万舞有奕。"[2] 古代文献中有相关记载，建鼓的"建"字，有建立、创立、竖起、树立、建筑、建造之意，甚至有设立标准的含义。如许慎《说文解字》中所言，"建，立朝律也"。据《隋书·音乐志》："建鼓，夏后氏加四足，谓之足鼓。殷人柱贯之，谓之楹鼓。周人悬之，谓之悬鼓。近代相承，植而贯之，谓之建鼓，盖殷所作也。又栖翔鹭于其上，不知何代所加。或曰，鹄也。取其声扬而远闻。或曰，鹭，鼓精也。"[3] 早期的建鼓称谓不同、造型各异，经夏商周之后，其造型逐渐确定下来：上有鸟类装饰，下有鼓座，中悬鼓身，楹木竖立，这也是汉画像中常见的建鼓形制。

建鼓中的楹木是传说中的神木——建木，在《广韵》中有对建木的记载："木名。在弱水，直上百仞，无枝。"在《后汉书·马融传》中有"珍林嘉树，建木丛生"的记载。可知道，建木是既高大又具有神性的，它认为是天帝的中心，"日中无影"，是"众帝所自上下"的所在。于是建木与鼓组成的建鼓也同时具有了沟通天帝和娱人娱神的能力，并被世人视为神圣的器物。

建鼓图像之所以作为汉画像中的一个必要元素，是因为它被人们赋予了沟通天地的神性，并希望逝者能借助建鼓的神力进入理想天国。建鼓是

---

[1] 〔南朝宋〕范晔撰，〔唐〕李贤等注，《后汉书》，《二十四史》，北京：中华书局 1999 年版，第 319 页。

[2] 王延海，《诗经新注全译》，石家庄：河北人民出版社 2000 年版，第 850 页。

[3] 〔唐〕魏徵，《隋书》，《二十四史》，北京：中华书局 1999 年版，第 251 页。

图 4-10　东王公·六博·乐舞　　　　　　图 4-11　六博·建鼓·纺织图

实现汉代人升仙观念的一种特殊的文化符号。

　　在汉代民俗的演变过程中，建鼓图像逐渐成为代表升仙仪式、升仙观念的重要组成部分，带有鲜明的汉代文化符号。正是基于汉代的升仙观念，丧葬礼制在我国几千年来一直都备受关注。

　　古人看待天人关系有一个发展过程。据《国语·周语》记载，在远古时期曾经"民神杂糅""家有巫史"，说明当时每人都可以与天对话，并不是神秘的事情。随着国家的产生，封建等级制度的建立，人们对天人关系进行了变革。"乃命重、黎，绝地天通"，从此人神对话都交由巫师通过特殊的仪式和神器来实现了。《仪礼·大射》："建鼓在阼阶西南鼓，应鼙在其东南鼓。"郑注："建犹树也，以木贯载之树之跗也。"[1] 在先民的意识中，鼓与鼓声同时具有神秘性与威慑性。于是建鼓等礼器被赋予了神性，广泛应用于各种礼仪中。其中建鼓被认为具有送灵魂升天的功能，从而它成为丧葬礼仪重要的组成部分。如《汉书·王莽传》："或言黄帝时建华盖以登仙，莽乃造华盖九重，高八丈一尺，金瑵羽葆，载以秘机四轮车，驾六马，

---

[1] 〔清〕阮元校刻，《十三经注疏》（第二卷），北京：中华书局 2009 年版，第 2224 页。

力士三百人，黄衣帻，车上人击鼓，挽者皆呼'登仙'。"[1] 这段史料是对西汉晚期皇家仪式的记载。其中对建鼓的描写，充分说明了建鼓在仪式中的通神作用。

综上所述，庖厨、乐舞和建鼓图像都在祠堂上出现，而且图像以一定的规律性呈现。"这两种图像（乐舞图和庖厨图）在早期祠堂和晚期祠堂画像中都可以经常看到，而且都配置在祠堂东侧壁。"[2]

仪式场景的规律性给我们暗示，不仅是庙宇建筑内部拜谒场景是宗教仪式的再现，而且宗庙建筑外部庖厨、乐舞场面也包含在宗庙仪式之中。《诗经·周颂·有瞽》：

> 有瞽有瞽，在周之庭。设业设虡，崇牙树羽。应田县鼓，鞉磬柷圉。既备乃奏，箫管备举。喤喤厥声，肃雍和鸣，先祖是听。我客戾止，永观厥成。[3]

可见周礼宗庙祭祀中确有乐舞场面无疑。另据《仪礼·少牢》：

> 明日，主人朝服，即位于庙门之外，东方南面。宰、宗人西面北上。牲北首东上。司马刲羊，司士击豕。宗人告备，乃退。雍人概鼎、匕、俎于雍爨，雍爨在门东南，北上。廪人概甑、甗、匕与敦于廪爨，廪爨在雍爨之北。司官概豆、笾、勺、爵、觚、觯、几、洗、篚于东堂下。勺、爵、觚、觯实于篚。卒概，馈豆、笾与篚于房中，放于西方。设洗于阼阶东南，当东荣。[4]

---

[1] 〔汉〕班固撰，〔唐〕颜师古注，《汉书》，《二十四史》，北京：中华书局 2009 年版，第 3059 页。
[2] 信立祥，《汉代画像石综合研究》，北京：文物出版社 2000 年版，第 139 页。
[3] 程俊英注，《诗经译注》，上海：上海古籍出版社 2004 年版，第 526、527 页。
[4] 杨天宇注，《仪礼译注》，上海：上海古籍出版社 2004 年版，第 453 页。

182   神话之魅

从中可知宗庙仪式中的庖厨图确实在宗庙东侧。由此推断，画像石中的拜谒图、庖厨图、乐舞图等图像都是当时宗庙仪式的场景。祠堂中的宗庙仪式画像是来源于宗庙建筑的壁画，祠堂画像中的宗庙建筑与图像中的宗庙仪式结合来看，祠堂画像再现了当时的宗庙仪式的场景。

三、神话图像在祠堂画像石上的呈现

在人类社会的早期就产生了万物有灵和灵魂不灭的观念，因而人们对死去的祖先进行祭祀，向他们祈福。有些传说中的祖先最后幻化成一个部族或国家的祖先神，由于远古人们的思想还不够发达，在万物有灵观念、图腾崇拜观念的作用下人们对一些自然物、自然现象也进行祭祀，祭祀活动除了具有纪念意义外，从本质上说最重要的是人本身的功利性，就是古人把人与人之间的求酬报关系，推广到人神之间而产生的活动。对人类无法理解和无法达到的目的寻求一种心灵上的自慰和满足。所以具体的表现形式是向神献礼、致敬、祈祷。这种功利性与人们对自然界和人类社会的认识程度有关，人们往往把自身无法办到的事情寄托于神灵。随着人类社会的发展、阶级和国家的出现，祭祀与国家政权联系在一起，使其在国家社会生活中的地位逐渐提高成为古代五礼之首，詹鄞鑫在《神灵与祭祀——中国传统宗教综论》一书中认为："古人之所以看重祭祀，有两方面的原因。首先是出于对神灵所代表的自然力的崇拜。……另一方面，随着文明的发展，在鬼神崇拜逐渐淡化的同时，由于神权与政权的合一，祭祀的政治意义日益显得浓厚起来。这又导致祭祀不仅没有随鬼神崇拜的淡化而逐渐衰落，相反地却越来越强化了。"[1]

---

[1] 詹鄞鑫，《神灵与祭祀——中国传统宗教综论》，南京：江苏古籍出版社2000年版，第181页。

（一）太一

"太一"神是先秦已有的祭祀之神，从两汉祭祀中我们发现，汉武帝时期对太一神的神格进行了提升，被奉为最尊神。汉承秦制，到汉武帝时期为了维护其大一统的政治地位，汉代统治者采取了多项措施，其中重要的一项措施是推行大一统、天人感应思想。大一统、天人感应不仅为其政治统治服务，同时对汉代人民的思想也产生了一定的影响。"大一统"一词最早见于《公羊传·隐公元年》："元年春，王正月。"传文说："王者孰谓？谓文王也。曷为先言王而后言正月？王正月也。何言乎王正月？大一统也。"[1]

大一统思想对汉代的祭祀也有着很大的推动作用，如对太一神的推崇。太一，又作大一、泰一、泰壹、太极，是先秦就有的概念，有关太一的材料最早见于郭店楚简《太一生水》篇，到了汉代太一有三种含义：一是哲学意义的宇宙创生的本源，二是宗教神学意义上的至尊天神，三是古代的天文术数意义的太一星。春秋时期诸侯争霸，礼崩乐坏，各国祭祀天神不一。武帝时期谬忌奏祠太一："天神贵者泰一，泰一佐曰五帝。"[2]汉武帝将太一封为至尊天神，春祭太一于东南郊，太一是众神中的统领，这是汉代维护王权的重要表现，在占有王权的同时掌握控制人们的神权，实现精神领域的大一统，确立天子的权威地位。

"泰"最早出现在《周易》：

泰。小往大来吉亨。则是天地交而万物通也。[3]

《正义》曰：

阴去故小往，阳长故大来，以此吉而亨通。此卦亨通之极，而四

---

[1] 〔清〕阮元校刻，《十三经注疏》（第五卷），北京：中华书局2009年版，第4766页。
[2] 〔汉〕班固撰，〔唐〕颜师古注，《汉书》，《二十四史》，北京：中华书局2000年版，第1013页。
[3] 〔清〕阮元校刻，《十三经注疏》（第一卷），北京：中华书局2009年版，第54页。

德不具者物既太。[1]

由上述记载可知"泰"最早并不是神灵，只是一种"卦"象，表示亨通、通达。

《礼记》中所提到"大一"：

> 是故夫礼，必本于大一，分而为天地，转而为阴阳，变而为四时，列而为鬼神，其降曰命，其官于天地。[2]《正义》曰：必本于大一者谓天地未分，混沌之元气也。极大曰天未分，曰一。[3]

大一就是一，一可以分天地，也可以变幻阴阳四时，可以整列鬼神，这里的"大一"开始和神发生关系了——"列而为鬼神"。而且"大一"不仅可以列鬼神，还可以命鬼神，官天地，具有至高无上的权力，是最尊贵、最崇高的神。

《吕氏春秋·大乐篇》：

> 音乐之所由来者远矣。生于度量，本于太一。太一出两仪，两仪出阴阳……万物所出，造于太一，化于阴阳。[4]

早期"太一""泰""大一"更多的与"卦象""道"有关，到后来"太一"才开始具有"天"和"神"的概念。《淮南子·主术训》："上通太一。太一之精，通于天道。天道玄默，无容无则，大不可极，深不可测，尚与人化，知不能得。"[5]"太一"和天、天道便联系在一起了。

"太一"作为天神祭祀当最早见于《楚辞·九歌·东皇太一》，其注疏

---

[1] 〔清〕阮元校刻，《十三经注疏》（第一卷），北京：中华书局2009年版，第54页。
[2] 〔清〕阮元校刻，《十三经注疏》（第三卷），北京：中华书局2009年版，第3078页。
[3] 同上。
[4] 陆玖译注，《吕氏春秋》，北京：中华书局2011年版，第132页。
[5] 〔汉〕刘安等编，高诱注，《淮南子》，上海：上海古籍出版社1989年版，第56页。

更记录了对"太一"的整个祭祀过程。

> 五臣云:每篇之目皆楚之神名……太一,星名,天之尊神。祠在楚东,以配东帝,故云东皇。补曰:《汉书·郊祀志》云:天神贵者太一。太一佐曰五帝。古者天子以春秋祭太一东南郊。《天文志》曰:中宫天极星,其一明者,太一常居也。《淮南子》曰:太微者,太一之庭;紫宫者,太一之居。说者曰:太一,天之尊神,曜魄宝也。《天文大象赋》注云:天皇大帝一星在紫微宫内,勾陈口中。其神曰曜魄宝,主御群灵,秉万机神图也。其星隐而不见。其占以见则为灾也。又曰:太一一星,次天一南,天帝之臣也。主使十六龙,知风雨、水旱、兵革、饥馑、疾疫。占不明反移为灾。[1]

这里的"太一"就明确了是地位最高的天神。

秦始皇统一中国之后想改称号,在《史记·秦始皇本纪》中记载:

> 臣等谨与博士议曰:古有天皇,有地皇,有泰皇,泰皇最贵。臣等昧死上尊号,王为"泰皇"。……王曰:"去'泰',著'皇',采上古'帝'位号,号曰'皇帝'。"[2]

意思是说群臣建议说,古时有天皇、地皇和泰皇,其中最尊贵的是泰皇,就改秦始皇为"泰皇"称呼。秦始皇只采纳一半,他把三皇与五帝结合,定尊号为"皇帝"。由此可以看来,在天上有一个最尊贵的"泰一"神,在人间也应该对应有一个地位最高的人神,秦始皇第一次以最高人神的形象给自己定尊号为"皇帝"。

汉代儒学的大一统、天人合一体现了和谐的文化观念。即人与神、人

---

[1] 〔宋〕洪兴祖,《楚辞补注》,北京:中华书局1983年版,第57页。
[2] 〔汉〕司马迁,《史记》,《二十四史》,北京:中华书局1999年版,第168页。

与自然、人与社会的和谐。董仲舒在《春秋繁露·阴阳义》中说："天亦有喜怒之气、哀乐之心，与人相副，以类合之，天人一也。"[1] 汉代帝王为了维护和宣扬其作为天子的至高地位，必然重视祭祀，尤其祭天之礼。

董仲舒提倡大一统的儒家思想同时还提倡天人感应、天人合一，进一步巩固天子的权威地位。如《春秋繁露·郊义》："天者，百神之君也，王者之所最尊也。"所谓"百神"，不但包括各种自然神灵，如山神、水神、星神、风神、雨神等，也包括社会神灵，如祖先神。以类合之，天人一也。《史记·孝武本纪》：

> 孝景十六年崩，太子即位，为孝武皇帝。孝武皇帝初即位，尤敬鬼神之祀。[2]

董仲舒认为天的地位最高，而帝王则是天的儿子，这无疑确立了汉代帝王权力的至高无上。《论衡·雷虚》："天神之处天，犹王者之居也。"《史记·孝武本纪》中关于泰一坛祭祀的记载：

> 亳人薄诱忌（索隐"薄"为衍字，而"谬"误作"诱"）奏祠泰一方，曰："天神贵者泰一，泰一佐曰五帝。古者天子以春秋祭泰一东南郊，用太牢具，七日，为坛开八通之鬼道。"于是天子令太祝立其祠长安东南郊，常奉祠如忌方。其后人有上书，言"古者天子三年一用太牢具祠神三一：天一，地一，泰一"。天子许之，令太祝领祠之忌泰一坛上，如其方。后人复有上书，言"古者天子常以春秋解祠，祠黄帝用一枭破镜；冥羊用羊；祠马行用一青牡马；泰一、皋山山君、地长用牛；武夷君用干鱼；阴阳使者以一牛"。令祠官领之如其方。而祠于忌泰一坛旁。……其明年，郊雍，获一角兽，若麃然。有

---

[1] 张世亮等译，《春秋繁露·阴阳义》，北京：中华书局 2011 年版，第 445 页。
[2] 〔汉〕司马迁，《史记》，《二十四史》，北京：中华书局 1999 年版，第 317 页。

司曰："陛下肃祗郊祀，上帝报享。锡一角兽，盖麟云。"于是以荐五畤，畤加一牛以燎。赐诸侯白金，以风符应合于天地。[1]

《史记·封禅书》关于泰一坛祭祀的描写：

> 亳人谬忌奏祠太一方，曰："天神贵者太一，太一佐曰五帝。古者天子以春秋祭太一东南郊，用太牢，七日，为坛开八通之鬼道。"于是天子令太祝立其祠长安东南郊，常奉祠如忌方。其后人有上书，言"古者天子三年壹用太牢祠神三一：天一，地一，太一"。天子许之，令太祝领祠之于忌太一坛上，如其方。后人复有上书，言"古者天子常以春解祠，祠黄帝用一枭破镜；冥羊用羊祠；马行用一青牡马；太一、泽山君地长用牛；武夷君用干鱼；阴阳使者以一牛"。令祠官领之如其方。而祠于忌太一坛旁。……其明年，郊雍。获一角兽。若麃然。有司曰："陛下肃祗郊祀。上帝报享，锡一角兽，盖麟云。"于是以荐五畤，畤加一牛以燎。赐诸侯白金，风符应合于天也。[2]

《汉书·郊祀志》：

> 亳人谬忌奏祠泰一方。曰："天神贵者泰一，泰一佐曰五帝。古者天子以春秋祭泰一东南郊。日一太牢。七日，为坛开八通之鬼道。"于是，天子令太祝立其祠长安城东南郊。常奉祠如忌方。其后，人上书言"古者天子三年一用太牢祠三一：天一、地一、泰一"。天子许之。令太祝领祠之于忌泰一坛上。如其方。后人复有言"古天子常以春解祠，祠黄帝用一枭、破镜；冥羊用羊祠；马行用一青牡马；泰一、皋山山君用牛；武夷君用干鱼；阴阳使者以一牛"。令祠官领之如其

---

[1] 〔汉〕司马迁，《史记》，《二十四史》，北京：中华书局 1999 年版，第 320 页。
[2] 同上，第 1182 页。

神话之魅

方。而祠泰一于忌泰一坛旁。……后二年。郊雍，获一角兽，若麃然。有司曰："陛下肃祗郊祀，上帝报享，锡一角兽，盖麟云。"于是以荐五畤，畤加一牛以燎。赐诸侯白金，以风符应合于天也。[1]

从上引资料我们看出，郊祀太一以太牢之大礼，太一地位在五帝之上，"太一"和"泰一"指同一个神。

后来武帝又在汶上造明堂，把太一和五帝祀在明堂之上，五帝分司五个天，太一掌管五帝。《史记·封禅书》有明确记载：

> 于是上令奉高作明堂汶上，如带图。及五年修封，则祠太一、五帝于明堂上坐，令高皇帝祠坐对之。[2]

> 令祠官宽舒等具太一祠坛，祠坛放薄忌太一坛，坛三垓。五帝坛环居其下，各如其方，黄帝西南，除八通鬼道。[3]

那么"太一"作为汉代的最高神，他在汉代人心中的形象是什么样的呢？1973年长沙马王堆汉墓3号墓出土的帛画《太一将行图》（图4-12）是最早的图像资料。"该图为细绢彩墨画，已残缺不全，经修复，现存长43.5厘米，宽45厘米，接近正方形。"[4]此帛画向我们展示的太一是一个男性天神的形象，此图兼有图画和文字，图是用青、赤、黄、白、黑五色绘成，图的上部正中有"大"字形神物，头戴"鹖冠"，巨眼圆睁，张口作吐舌状，上衣模糊不清，双手下垂，着短裤，为青色或黑色，赤足跨腿作骑马状。右腋下书一"社"字，头侧（东）书"大（太）一将行□□□……神从之以……"字样。根据题文字可知应该是"太一"。

---

[1] 〔汉〕班固撰，〔唐〕颜师古注，《汉书》，北京：中华书局1999年版，第1013—1014页。
[2] 〔汉〕司马迁，《史记》，《二十四史》，北京：中华书局1999年版，第1192页。
[3] 〔汉〕司马迁，《史记》，《二十四史》，北京：中华书局1975年版，第1188页。
[4] 何介钧，《马王堆汉墓》，北京：文物出版社2004年版，第67页。

图 4-12 太一将行图

　　同样在汉画像中也出现太一神的图像。图 4-13 为滕州市龙阳店出土的画像石，此画像中伏羲、女娲分立太一神的两侧，伏羲在左，女娲在右，二人皆用手触神的头角，其尾部与神物的两腿相交。

　　图像材料已经证明了太一神的存在，那么武帝时期太一为什么会受到如此之高的礼遇，被奉为最尊神呢？张新科先生在《文化视野中的汉代文学》一书中是这样认为的：由郊祭五帝发展到郊祭太一，不只是祭祀对象的变化，更重要的是体现了汉人宗教观念的变化，是汉代大一统政治的形象展现。众神归一，说明天下一统。[1] 彭卫、杨振红在《中国风俗通史·秦汉卷》中对这一问题也进行了阐述：随着楚势力的扩展，对太一的崇拜也随之向东方和南方沿海地区蔓延。汉王朝的建立者来自东楚，他们入主关中后，也将太一崇拜引入黄河中游地区。大一统的政治统治需要相应的神学说教，因此象征大一统的太一神顺理成章地被汉代统治者所接受。这个事件发生在中央集权得到空前加强的武帝时期有其必然，而以先秦楚人的上帝而不是用黄河流域五帝作为全国的上帝，同样有其必然。[2] 汉代先人大多来自楚国，受楚风的影响而推崇"太一"为其政治服务是必然的。对太一神的祭祀，得以维护汉朝大一统的政治思想应当是最重要的原因。

[1]　张新科，《文化视野中的汉代文学》，北京：中国社会科学出版社 2006 年版，第 207 页。
[2]　彭卫、杨振红，《中国风俗通史·秦汉卷》，上海：上海文艺出版社 2002 年版，第 546—547 页。

图 4-13　太一・伏
羲・女娲

（二）伏羲、女娲

同太一一样，伏羲、女娲与东王公、西王母是汉代艺术中最为常见的神话人物。在以儒家学说和道教神仙思想相融合的汉代神学中，他们占有极其重要的地位。迄今出土的汉代画像石中，以伏羲、女娲及东王公、西王母为主要表现内容的神话题材占了相当大的比重，不仅数量众多，而且流传区域广大，在我国汉画像石比较集中的几个地区，都有此类题材的画像石出土。而山东地区以其数量多、内容丰富、关系演变特殊等特点，在其中表现得尤为突出。从这一地区汉画像石的出土情况看，以伏羲、女娲及东王公、西王母为题材的汉画像石占了相当大的比重。张光直认为："如果说祭祀及有关的物事如祖庙、牌位和礼器有约束与警示的作用，并作为氏族凝聚的象征，神话则赋予氏族徽章，以证明其存在的合理性。英雄神话几乎总是千篇一律地讲述宗族祖先的功德行为，他们正因此而在祭祀时受人赞颂。"[1]

---

[1] ［美］张光直著，郭净译，《美术、神话与祭祀》，北京：生活·读书·新知三联书店 2013 年版，第31 页。

伏羲的异名在上古的"三皇五帝"之中是最多的，伏羲古书亦称"牺""伏戏""虙戏""宓牺""虙羲""宓戏""宓羲""庖羲""伏牺""庖牺"，对于伏羲的众多名号，许多学者多有论及。

古史中最早记载伏羲的是出于战国中晚期的《庄子》，《庄子》一书最好谈伏羲，所言伏羲，亦虚亦实，亦神亦人。其中关于伏羲的记载有五处：《人间世》《大宗师》《胠箧》《缮性》《田子方》。书中伏羲名号有三种写法："伏羲""伏犠""伏戏"，前后不统一，身份混乱，或人或神，在古帝王中序列不定，或在禹、舜、黄帝之后，或在其前，这说明在庄子时期，伏羲尚在传说、创造过程中，是一个不确定的、尚未定型的人物。[1]

其中大多是根据伏羲的传说事迹来解释的，如"庖牺氏"之名，一些学者认为"取牺牲以供庖厨"是"庖牺氏"的功绩之一。《说文解字》："庖，厨也。"[2]《说文解字》："牺，宗庙之牲也。"[3] 由此可以推测庖牺的称谓可能与古代社会环境下对火的使用有关，庖牺教人们如何使用火来烤熟食物，以此来填饱肚子、饲养牲畜。

伏羲作为远古时期的一个部落的首领，他的诞生的神话传说也反映原始先民对于自己首领的崇拜，他被人们赋予了神的力量。司马贞的《补史记·三皇本纪》：

> 太皞庖牺氏，风姓，代燧人氏继天而王。母曰华胥，履大人迹于雷泽，而生庖牺于成纪。蛇身人首，有圣德。仰则观象于天，俯则观法于地，旁观鸟兽之文与地之宜。近取诸身，远取诸物，始画八卦，以通神明之德，以类万物之情，造书契以代结绳之政。于是始制嫁娶，以俪皮为礼。结网罟以教佃渔，故曰宓牺氏，养牺牲以庖厨，故曰庖牺，有龙瑞，以龙纪岁，号曰龙师，作三十五弦之瑟。

---

[1] 过文英，《论汉墓绘画中的伏羲女娲神话》，《浙江大学学报》，2007 年第 5 期。
[2] 〔汉〕许慎撰，〔清〕段玉裁注，《说文解字注》，杭州：浙江古籍出版社 2006 年版，第 443 页。
[3] 同上，第 53 页。

关于伏羲的记载，伏羲功业卓勋，在古帝王世系中的地位越来越高。《汉书》：

> 炮牺继天而王……作网罟以田渔，取牺牲，故天下号曰炮牺氏。[1]

《淮南子集释》：

> 今易之乾坤，足以穷道通意也，八卦可以识吉凶、知祸福矣，然而伏羲为之六十四变，周室增以六爻，所以原测淑清之道，而捃逐万物之祖也。[2]

《白虎通疏证》：

> 伏羲作八卦何？伏羲始王天下，未有前圣法度，故仰则观象于天，俯则察法于地，观鸟兽之文与地之宜。近取诸身，远取诸物，于是始作八卦，以通神明之德，以象万物之情也。[3]

伏羲被认为是创世之祖，《长沙子弹库战国楚帛书·乙篇》：

> 粤古□赢雹戏，出自□霊，居于睢□。氒田渔渔，□□□女，梦梦墨墨，亡章弼弼，□□水□风雨。是於乃娶虘□□子之子，曰女媧（婚）。是生子四□，是襄天竢，是格参化。废逃，为禹为萬（离），以司堵，襄晷天步。途乃上下朕断，山陵不疏。乃命山川四海，□熛气豁气，以为其疏，以涉山陵，瀧汨淵漭，未有日月，四神相隔，乃步以为歳。是惟四時。长曰青榦，二曰朱四單，三曰習黄難，四曰□

---

[1] 〔汉〕班固，《汉书·律历志下》，北京：中华书局 2000 年版，第 870 页。
[2] 何宁，《淮南子集释》，北京：中华书局 1998 年版，第 1455 页。
[3] 〔清〕陈立撰，吴则虞点校，《白虎通疏证》，北京：中华书局 1994 年版，第 447 页。

墨榦。千有百歲，日月允生，九州不平。山陵備峽，四神乃乍（作），至于覆。天方動，扞蔽之青木、赤木、黃木、白木、墨木之精。炎帝乃命祝融以四神降，奠三天；□思敩，奠四亟（極）。曰：非九天則大峽，則毋敢敳天靈。帝夋乃為日月之行。[1]

关于伏羲的形象先秦典籍中记载得比较少，到了汉代伏羲的形象越加具体。汉代人描述伏羲的形象大致可分为两类：一是认为伏羲是人首蛇身，其描述为："庖牺氏、女娲氏、神农氏、夏后氏，蛇身人面，牛首虎鼻：此有非人之状，而有大圣之德。"东汉王延寿《鲁灵光殿赋》云"伏羲鳞身，女娲蛇躯"。在汉代的画像石中伏羲多是与女娲交尾的蛇身，从汉代画像石来看伏羲蛇身的说法应该流传广泛。

另一种观点认为伏羲的形象是龙，《春秋纬·合诚图》："伏羲龙身牛首，渠肩达掖，山准日角，奰目珠衡，骏毫鼹鼠，龙唇龟齿，长九尺有一寸，望之广，视之专。"[2] 此外王符《潜夫论·五德志》："大人迹出雷泽，华胥履之生伏羲。其相日角，世号太皞。都于陈。其德木，以龙纪，故为龙师而龙名。作八卦，结绳为网以渔。"[3]《孝经·援神契》曰："伏羲大目，山准日角，衡而连珠。宋均注曰：伏羲木精之人，日角额有骨表，取象日所出。房，所立有星也。珠衡，衡中有骨表如连珠，象玉衡星。"[4]《白虎通·圣人》云："伏羲日禄衡连珠，大目山准龙状，作《易》八卦以应枢。"[5] 这里的日角、大目当是龙的特征，《山海经·海内东经》记载："雷泽中有雷神，龙身而人头，鼓其腹。"《潜夫论》载："大人迹出雷泽，华胥履之生伏羲。"这可能是伏羲龙的形象的源头。

关于伏羲的形象问题是学者们关注的问题，伏羲的形象是蛇还是龙呢？我赞同伏羲原型是蛇的说法，龙只是古代人们想象的一种图腾，现实

[1] 李零，《长沙子弹库战国楚帛书研究》，北京：中华书局1985年版，第64页。
[2] 〔日〕安居香山、中村璋八辑，《纬书集成》，石家庄：河北人民出版社1994年版，第762页。
[3] 〔汉〕王符撰，龚祖培校点，《潜夫论》，沈阳：辽宁教育出版社2001年版，第66页。
[4] 〔日〕安居香山、中村璋八辑，《纬书集成》，石家庄：河北人民出版社1994年版，第964页。
[5] 〔清〕陈立撰，吴则虞点校，《白虎通疏证》，北京：中华书局1994年版，第337页。

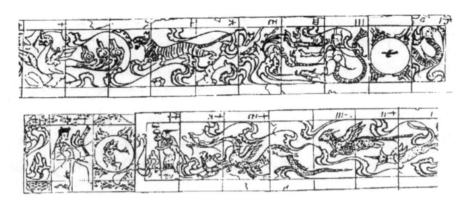

图 4-14　卜千秋墓室壁画

生活中并不存在，龙是蛇图腾崇拜发展到一定阶段的产物，龙应当源于蛇。闻一多先生曾作《伏羲考》一文，对伏羲的形象进行考证，先生认为龙是一种图腾，"并且是只存在于图腾中而不存在于生物界中的一种虚拟的生物，因为它是由许多不同的图腾糅合成的一种综合体"[1]。闻一多还认为蛇是古代的一种图腾，是古代各种图腾中最为强大的一种，龙是由蛇演化而来的，龙蛇当为一种图腾，龙是一种大蛇的名字，伏羲由蛇演变为龙是古代社会图腾合并的结果。[2] 伏羲、女娲为蛇图腾产生很早，河南安阳殷墟侯家庄 1001 号大墓中出土的一件蛇形器为伏羲女娲形象之雏形，据梁思永遗稿、高去寻辑补的《中国考古报告集·侯家庄》一书对其进行了描述：头为饕餮形，左身弯曲成正 S 纹，右身反 S 纹，两相交叠，皆饰同心棱纹，上面全部涂朱红色，发现时头右部、右身之尾已被毁。这一形象，梁、高二先生以及李济诸氏，都认为是一首二身，李氏并以为此当为"肥遗"。丙逸夫疑为《山海经》中所记的"延维"，也即流传在东汉及隋唐的石刻、绢画上的伏羲、女娲。认为殷代文献——甲骨卜辞中的"烛"字极可能就

---

[1]　《闻一多全集》，北京：生活·读书·新知三联书店 1982 年版，第 26 页。
[2]　同上，第 26—27 页。

是伏羲、女娲。认为此即汉代画像的雏形，"烛"字即其象形文字。[1]

洛阳卜千秋壁画墓于1976年被发掘，为西汉昭宣时期（前86—前49）的一座壁画墓。该墓是由主室和四个耳室组成的，壁画分别绘于墓门的上额、后壁和脊顶砖上。壁画的内容主要是描绘了想象的天堂场景及升天的场面，在墓的顶棚上，自内向外，即自西向东，所绘依次为：黄蛇、日（中有飞鸟）、伏羲、墓主卜千秋夫妇、仙女、白虎、朱雀、二枭羊、二龙、持节方士、月（中有蟾蜍与桂树）、女娲。[2]如图4-14所示，伏羲、女娲分别位于画面的两端，伏羲、女娲皆人首蛇身。

伏羲制定礼制，规范人们的行为，形成正常的人伦规范。同时，伏羲制作音乐来教化人民，《风俗通义》引《世本》曰："宓羲作瑟，长八尺一寸，四十五弦。"《楚辞·大招》："伏戏《驾辩》，楚《劳商》只。"王逸注："伏戏，古王者也。始作瑟，《驾辩》《劳商》皆曲名也，言伏戏氏作瑟，造《驾辩》之曲，楚人因之作《劳商》歌。"在汉代的一些画像石如四川及河南南阳等地的汉画中已有伏羲、女娲执乐器的形象。[3]

女娲这位创世大神，不仅补天，立地，息洪水，化育万物，而且是抟土造人，置人类婚姻之制的第一位"皋禖之神"，其功绩和光辉决定了其在我国神话中的始祖母地位。女娲之名较早见诸《楚辞·天问》和《山海经·大荒西经》。《楚辞·天问》中有云"女娲有体，孰制匠之"，似乎有点没有来由。检索古代文献，我们可以看到女娲神话的角色多重转换及其中的衍生等现象：有神十人，名曰女娲之肠，化为神，处栗广之野。横道而处。[4]

关于女娲的神话，司马贞《补史记·三皇本纪》有记载：

> 女娲氏，亦风姓，蛇身人首，有神圣之德，代宓牺立，号曰女

---

[1] 李零，《长沙子弹库战国楚帛书研究》，北京：中华书局1985年版，第64页。
[2] 孙作云，《洛阳西汉卜千秋壁画考释》，《文物》，1977年第6期。
[3] 吕思勉、童书业，《古史辨》（第七册中编），上海：开明书店1947年版，第51页。
[4] 袁珂，《山海经校注》，成都：巴蜀书社1993年版，第445页。

图4-15　西王母 伏羲·女娲（原石）　　　　　图4-16　西王母 伏羲·女娲（拓片）

希氏。[1]

　　黄帝生阴阳，上骈生耳目，桑林生臂手，此女娲所以七十化也。
高诱注：黄帝，古天神也。始造人之时，化生阴阳。上骈、桑林皆神
名。女娲，王天下者也，七十变造化，此言造化治世非一人之功也。[2]

　　《后汉书·周燮传》对女娲形象的记述有最早记录："伏羲牛首，女娲
蛇躯，皋繇鸟喙，孔子牛唇，是圣贤异貌也。"[3]《文选》记载："伏羲鳞身，
女娲蛇躯。女娲，亦三皇也。善曰：'列子曰：伏羲、女娲，蛇身而人面，
有大圣之德。《玄中记》曰：伏羲龙身，女娲蛇躯。鸿荒朴略，厥状睢
盱。'"[4]汉代王延寿《鲁灵光殿赋》中对女娲形象的文字描述："五龙比翼，
人皇九头。伏羲鳞身，女娲蛇躯。"[5]在汉代文献中关于女娲蛇躯人身的记
载很少，但在出土的汉代画像中，伏羲、女娲的形象一般都是人首蛇身。

[1]　戴逸主编，《二十六史大辞典》，长春：吉林人民出版社1993年版，第2页。
[2]　陈广忠译注，《淮南子》，北京：中华书局2012年版，第985页。
[3]　〔南朝宋〕范晔撰，〔唐〕李贤等注，《后汉书》，北京：中华书局2000年版，第1175页。
[4]　〔梁〕萧统编，〔唐〕李善注，《文选》（卷十一），北京：中华书局1977年版，第171页。
[5]　费振刚、仇仲谦、刘南平校注，《全汉赋校注》，广州：广东教育出版社2005年版，第852页。

在山东地区的汉画像石中，伏羲、女娲形象最早见于长清孝堂山郭氏祠堂。郭氏祠是一座单檐悬山顶两面坡的南向祠堂。表面呈双向开间形式，为我国地面现存最早，也是最完整的一座房屋建筑。根据其中画像石的雕刻技法及题刻铭文，可以推断其年代大约是在西汉时期，最迟不晚于公元一世纪，即东汉初年。在这座祠堂中，伏羲、女娲形象分别列于东、西二壁。东壁构图大致可以分三部分（图4-17）：上部一层，伏羲位于上部三角尖顶部分，人身蛇尾，面北执矩而立。其北侧有一儿童赤身跳舞，其他人物持树枝而立。南侧一女子侧面正坐，旁有五人相向作视礼状。其下有座二层门楼，内有一人持弓而坐，旁侍二人。楼前二车，车内一人双手击鼓，似雷神；中部一层为车骑出行及历史故事，下部一层其北侧下角已残毁，内容为庖厨、狩猎及百戏场面。西壁构图与东壁呈对称格局，也分三部分（图4-18）：上部一层，女娲在山墙的三角尖顶部分，人首蛇身，手持规，旁边有一对男女相向而跪。其北侧有一裸身童子跳跃。南侧有二犬被一人逐向中心。其正中刻二贯胸人，四人以木棍抬行。另有二人与其相背行。其南为一妇人携童子，后又随二人，再下正中刻西王母正坐，两侧有祝寿行列及珍禽异兽等；中部一层与东壁相呼应，也为出行行列；下部一层为战争及狩猎场面。

　　随着汉人对伏羲、女娲尊崇敬奉程度的不断加深，他们被赋予了更为重要的神职，"伏羲制嫁娶，以俪皮为礼"，"女娲祷祠神，祈而为女媒，因置婚姻"。他们开始与人类的媒约嫁娶制度联系起来。伏羲创制婚姻礼节，女娲则为婚姻之神，二神都有担当嫁娶及繁衍后嗣的神力。至此，他们才逐渐以配偶神的面目出现，多为交尾之状，或相向而亲。

　　山东地区墓祠中，伏羲、女娲形象的画像石发展到后期，在形式上趋于模式化，在祠堂中的重要地位已经有所改变。从东汉中期以后，伏羲、女娲的形象就多出现在墓室画像石上。

　　伏羲、女娲从寄托哀思、祭拜死者及祈求神灵的祠堂中，逐渐销声匿迹，反映出汉人鬼神观念发生了变化，繁衍子嗣显然不再是人类生活中的第一需求。此时的伏羲、女娲更多地以人类保护神的神性出现。在墓室

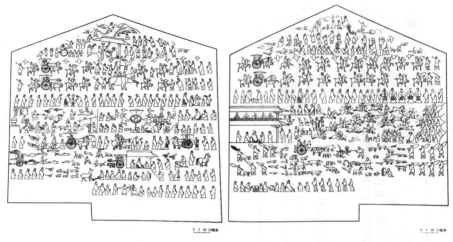

图 4-17　孝堂山东壁祠堂画像　　　　　　图 4-18　孝堂山西壁祠堂画像

中他们一般被镌刻于墓室中墓门或墓门侧柱上，用以避除凶邪，护卫死者魂灵平安。在山东沂南北寨画像石墓以及滕州龙阳店画像石墓、绥德墓门（图 4-19），都具有同样的特点。

西汉末到东汉中、晚期是伏羲、女娲神最为显赫的时期，他们的形象在汉画像石的内容、形式、位置的变换以及功能等方面都发生了巨大的变化。导致这种图像变迁的最直接的原因是西王母神话在汉代的发展。

（三）西王母

西王母是我国传统文化中重要的民间神话人物之一。她的传说很早就出现了，甚至可以上溯到商代，考古学者曾在殷墟的卜辞中发现有"西母"之名，但"西王母"一名最早见于文字记载则还是在战国时期，关于西王母的传说，最早见于《山海经》。

《山海经·西山经》：

图4-19　绥德墓门左、右立柱画像

又西三百五十里，曰玉山，是西王母所居也。西王母其状如人，豹尾虎齿而善啸，蓬发戴胜，是司天之厉及五残。[1]

《山海经·大荒西经》：

西海之南，流沙之滨，赤水之后，黑水之前，有大山，名曰昆仑之丘。有神——人面虎身，有文有尾，皆白——处之。其下有弱水之渊环之，其外有炎火之山，投物辄燃。有人戴胜，虎齿，有豹尾，穴处，名曰西王母。此山万物尽有。[2]

[1] 袁珂，《山海经校注》，成都：巴蜀书社1993年版，第59页。
[2] 袁珂，《山海经校注》，上海：上海古籍出版社1985年版，第272页。

《山海经·海内北经》：

> 蛇巫之山，上有人操柸而东向立。一曰龟山。西王母梯几而戴胜杖，其南有三青鸟，为西王母取食。[1]

《穆天子传》中也有记载：

> 吉日甲子，天子宾于西王母。乃执白圭玄璧，以见西王母。好献锦组百纯，组三百纯。西王母再拜受之。乙丑，天子觞西王母于瑶池之上。西王母为天子谣，曰："白云在天，丘陵自出。道里悠远，山川间之。将子无死，尚能复来。"天子答曰："予归东土，和治诸夏。万民平均，吾顾见汝。比及三年，将复而野。"西王母又为天子吟曰："徂彼西土，爰居其野。虎豹为群，於鹊与处。嘉命不迁，我惟帝女。彼何世民，又将去子。吹笙鼓簧，中心翱翔。世民之子，惟天之望。"天子遂驱升于弇山，乃纪丌迹于弇山之石，而树之槐。眉曰：西王母之山。[2]

汉代前后，西王母的神话传说被逐渐地充实丰富，并根据汉代人的社会需要，西王母神话与其他神话传说相结合，成了一个复杂的神话系统。首先是西王母与嫦娥奔月的传说故事的结合。《山海经·海内西经》云"开明北有……不死树"，这是西王母之不死药传说之始，因而才出现了"昔嫦娥以西王母不死药服之，遂奔月为月精"的说法。张衡在《灵宪》一文中也有相关的内容。不死药的传说映射了汉人追求长生不死、羽化登仙的欲求，因此，西王母的神话在汉代广为信奉。《汉书·哀帝纪》及《汉书·五行志》中都有关于民间歌舞聚会祭祀西王母的记述。另外，汉朝政

---

[1] 袁珂，《山海经校注》，上海：上海古籍出版社1985年版，第226页。
[2] 《穆天子传》，北京：商务印书馆1939年版，第15页。

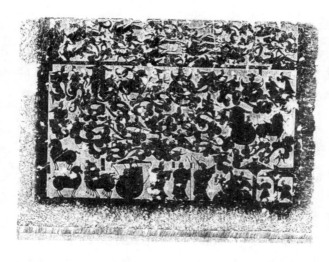

图 4-20　武氏祠左石室屋顶
前坡东段画像

府也正式规定各地方政府祭祀西王母。

汉代人对西王母的尊崇也在汉画像石上得到印证，它也就构成了另一种独特的神话题材。特别是在山东地区，由于生活上的安富尊荣、奢侈豪华，这一地区的人们更加渴望长生不死、羽化登仙，因此，山东地区的墓阙、祠堂以及墓室中，以西王母神话为主要表现题材的汉画像石开始大量出现。

以西王母为题材的画像石，在发展早期，西王母的神话功能仅仅是为人祈福，赐人以长生不死药。西王母的神话系统缺乏如伏羲、女娲神话的完整性，这与西汉晚期经济、文化及汉人的鬼神观念有着密切的联系。但从东汉前期开始，西王母题材的汉画像石进入了成熟阶段。此期间最大的特点就是东王公形象的出现。

东汉初年，由于道教盛行，汉人便根据其阴阳五行学说，为西王母配置了一位对应的男仙东王公。关于他的形象，《神异记》中这样说："东荒山中有大石室，东王公居焉，长一丈，头发皓白，人形鸟面而虎尾，载一黑熊，左右顾望。"此书旧说是汉代人东方朔所撰，晋人张华注释，但一般认为是六朝文士假借汉人之名而作。然而神话中的东王公在东汉时期确

图 4-21　西王母·伏羲女娲　　　　　　　　　图 4-22　东王公·车马

是被推崇的，汉画像石中东王公形象即为事实。东王公的由来，可能是因古人附会而产生的。西王母为女仙，在汉人的观念中就应有一对应男仙相配，一西一东各在一端。西方有白虎，东方有苍龙，西王母座下虎与东王公座下龙便由此而来。从已出土的有纪年的汉画像石资料来看，至少在延光元年（122 年）以前，东王公的形象就应在汉画像石中出现了，但在墓祠中最早出现却还是在嘉祥武氏祠的画像石上，然而，从画像石的内容、形制及风格等诸多因素来判断，东王公形象出现于祠堂中的时间，可能更早一些。

　　在画面中，东王公戴山形冠，有时面有须。西王母戴胜，面容有较明显的女性特征。两人多拱手正坐，座下或为龙座、虎座或为山形座、双蛇座等，而龙虎座为西王母所坐。两人周围有玉兔、蟾蜍、三青鸟、九尾狐、仙人以及人身蛇尾神怪等。在山东地区的祠堂中东王公、西王母题材的画像石占据了极其重要的地位。从某种意义上讲，它不仅取代了伏羲、女娲形象原来在汉代祠堂中的特殊地位，而且两种神话在地位上产生了主次关系。

　　在山东地区的汉画像石中西王母及伏羲女娲的形象基本上是同时出现

图 4-23　武氏祠西壁画像

图 4-24　武氏祠东壁画像

于西汉末至东汉初，可能西王母形象的出现实际还要略晚于伏羲、女娲一些。这一点从长清孝堂山郭氏墓祠中，伏羲、女娲形象在汉画像石上的完整程度，就可以得到证明。此时的伏羲、女娲在祠堂中被分置于东、西两壁相对应的最高位置处，显示出他们被大加尊崇的神话地位。出现于同一祠堂内西壁下层的西王母形象，从位置上就是在伏羲、女娲之下，而且在内容上也远不及他们丰富，神话职能也只限于祈人长生、与人赐福。在这一时期的祠堂中，就神话地位而言，伏羲、女娲是在西王母之上的。

西王母神话渐而发展，神话系统也逐渐复杂、丰富。在武氏祠中东、西两壁最高处的东王公、西王母形象便是成熟时期的作品（图 4-23、图 4-24）。此时，伏羲、女娲交尾的形象已退居于西壁二层的位置上，与三皇五帝的图像并列。

四、结语

总之，作为仪式空间的载体，汉代祠堂画像石上刻画的拜谒、庖厨、乐舞等是墓祭仪式的具体表现。西汉时期，原始巫术与黄老思想在社会上依然盛行，并与"天人感应"的儒家思想体系相融合。因此祠堂的仪式功能必然包含以上的思想观念，那时的人们认为通过祭祀仪式就可以祈求神明，一方面是为祭祀死者，而另一方面就是祈求死者能保佑家宅安宁、子孙繁衍。

而伏羲、女娲及东王公、西王母题材的汉画像石，在山东地区祠堂中所显示的这种特殊的关系的演变过程，与汉代人在不同时期对神话人物不同的诉求，汉代人的鬼神观念是有直接联系的。

西汉末至东汉初，是连年征战时期，社会的动荡不安使人口骤减，生产力水平大幅度降低，因此渴求人丁兴旺、生活安宁富足成了这一时期汉人生活中的首要需求。故而，教民渔猎嫁娶的伏羲及抟土造人、炼五色石以补苍天的女娲成了汉人最为尊崇的神话人物，他们的形象于是被置于祠堂东、西二壁的最高处。

随着政治的渐趋稳定以及经济的发展等一系列社会生活的变化，东汉以后祠堂反映现实生活的功能有所改变。生前的富贵荣华，使人更加幻想死后亦能如此，繁衍子嗣的要求逐渐淡化。再加上东汉初年道教盛行，汉代统治者与民间的信奉也是离不开的，为此，炼丹、求神仙、求长生便成了当时人们生活中的一个重要内容。在这种社会背景下，拥有不死之药、能让人羽化登仙的西王母，逐渐成为东汉中、晚期祠堂画像中一位重要人物。从神话传说的内容及流传范围看，东王公、西王母在汉以前并不占有十分重要的地位。造神运动在西汉以后开始盛行，由于他们的神性迎合了当时社会的信仰，因此被大力推崇，并渐而取代了伏羲、女娲在祠堂中的特殊地位。这种现象在山东地区的画像石中，表现得尤为突出，以至成为地区文化特征。这与此地富庶的经济是分不开的，长生不老从而永享这些荣华富贵。这种欲求反映于祠堂中，就出现了对东王公、西王母的格外尊崇，即便是人类的始祖神伏羲、女娲，也只能渐而退居次要。

第五章

汉画像中的太阳鸟神话

中国远古的神话中有许多关于太阳和鸟的传说，有的学者认为太阳本身就是鸟，还有的学者认为太阳是由金乌负载运行的，这是太阳运行的神话性的解释。文本记载和图像表现的太阳鸟比比皆是：如《淮南子·精神训》中的"日中有踆乌"；河姆渡文化时期，雕在象牙上的"双鸟太阳图"即"双凤朝阳图"；两汉时期有一种常见的神话图像，一只鸟形的太阳在云中飞行，民间称其为"金乌"。关于太阳鸟形象的意义有不同的说法，有的认为是图腾崇拜的遗留，也有的认为是先民对太阳黑子的观察。以上例证说明，从远古时期开始，鸟与太阳就常常联系在一起，成为一个普遍的神话意象。太阳化身为鸟，鸟通常作为太阳的象征，这成为世界各地太阳神话中常见的情形。太阳鸟的形象代表着鸟图腾崇拜和太阳崇拜的融合，同时也说明崇拜太阳的民族也存在着对鸟的崇拜。汉画像中的太阳鸟形象有源远流长的历史文化传统，这一形象是汉代人智慧和想象力的凝聚，它蕴含着深刻的文化意蕴和审美特性。

一、太阳鸟神话形象的起源

（一）太阳鸟形象的由来

母系社会晚期，随着原始农业的发展，春种秋收日益繁忙。人们对气候冷暖的变换更加关注，于是他们将目光转向了决定春秋代序和寒来暑往

图 5-1　乌鸦负日纹
陕西泉护村彩陶残片

的太阳。太阳的凌空运行和鸟类的凌空飞行十分相似,远古人类便认为太阳是一个飞行物,太阳或太阳神是鸟的化身。在他们看来,鸟或者作为太阳的使者,给人类带去光明和温暖;或者作为太阳的载体,每天背负着太阳飞行。在这种神话思维的影响下,太阳与鸟在古代先民的心中,从此结下了不解之缘。陕西华县柳枝镇泉护村遗址"乌鸦负日纹"彩陶残片(见图 5-1),便是太阳与鸟形象的真实写照。该图四周的弧线表示天穹,鸟背上有一个大圆点代表太阳,太阳鸟呈负日飞翔状。"太阳鸟"是一个笼统的概念,它是指具有日神信仰的民族关于鸟图腾与太阳崇拜结合的情况。

我国的古代典籍中有许多关于太阳鸟形象的文字描述。《山海经·海外东经》云:

> 下有汤谷。汤谷上有扶桑,十日所浴,在黑齿北。居水中,有大木,九日居下枝,一日居上枝。[1]

《山海经·大荒东经》云:

> 汤谷上有扶木,一日方至,一日方出,皆载于乌。[2]

---

[1]　袁珂,《山海经校注》,成都:巴蜀书社 1996 年版,第 308 页。
[2]　同上,第 408 页。

图 5-2　三足乌与九尾狐
四川郫县（今成都郫都）
竹瓦铺汉墓出土石棺

《淮南子·精神训》云：

> 日中有踆乌。高诱注：踆，犹蹲也，即三足乌。[1]

以上资料表明，《山海经》中记载的"阳乌载日"和《淮南子》中记载的"日中有踆乌"在后来成为太阳鸟的最原始的形象。汉代王充《论衡·说日》（卷十一）曰："日中有三足乌，月中有兔、蟾蜍。"在《论衡》的叙述中，我们发现太阳鸟形象常与月中的蟾蜍或者玉兔结合，成为太阳和月亮的象征。

《楚辞·天问》问道："羿焉彃日？乌焉解羽？"[2] 在"后羿射日"的神话中，"乌"为日之精并居日中，这时的太阳神已用乌来代替。《史记·司马相如列传》说道："（西王母）戴胜而穴处兮，亦幸有三足乌为之使。"[3] 汉代画像砖上西王母旁边常伴有三足乌为其取食，三足乌多刻画在西王母的周围，作为西王母的陪衬，以此突显西王母的威严（见图 5-2）。在如此漫长的岁月里，太阳鸟形象的记载反映了这样一个事实：先秦时期至汉代，以太阳鸟为原型的神话广为流传，其崇拜的习俗对后世影响深远。在

---

[1] 〔汉〕刘安等编，高诱注，《淮南子》，上海：上海古籍出版社 1989 年版，第 69 页。

[2] 黄寿祺、梅桐生，《楚辞全译》，贵阳：贵州人民出版社 1995 年版，第 60 页。

[3] 〔汉〕司马迁，《史记》，《二十四史》，北京：中华书局 1972 年版，第 3060 页。

这些古籍和文物中，为什么太阳与鸟总是密切联系呢？笔者将在下一节进行叙述。

1. 太阳与鸟的神话结合

太阳与鸟在远古神话思维中有着密切的联系，太阳与鸟的结合分为两种体系：一种体系认为太阳本身就是鸟；另一种体系认为，日中有金乌（或者三足乌）。这是两种不同体系的神话，表现出来的就是两种不同的自然意象。从太阳本身就是鸟的意象来看，此形象合理地解释了太阳的运动，太阳是负载于鸟身上运行的。从"日中有金乌"的真实意象出发，它是天文历法的一种解释，这种解释究竟代表着何种含义，本文将在后文进行深入探讨。从《山海经》中对"太阳鸟"形象的记载到汉画像中大量的"太阳鸟"图像的出现，我们发现"太阳鸟"的造型形式多样、内容广泛而且富有深刻的文化内涵。接下来笔者将从太阳鸟的形象特征和原始时期的神话思维出发，去探讨二者的共通点。

（1）原始互渗律

"'原始互渗律'是原始初民的一种古老的思维方式，也叫作'以类相感说'，西方人称之为'远古思维互渗律'。它是人类童年的一种思维规律，远古人类的思维与人类童年的思维很像，都充满了表象关联，表象之间的关联也不受逻辑思维的任何规律支配，它们是靠存在物与客体之间的神秘互渗来彼此关联的。"[1] 太阳朝升夕落，鸟儿在天空自由飞翔，天空世界是各种能够飞翔动物的王国，所以人们常常设想太阳是有翅膀的鸟类生物。神话思维往往是根据事物的某一个外在特征就按照类比的联想将其归入具有同类特征的类别中去，而忽略了其他方面的差异。于是古埃及人用神鹰的形象来标志太阳神，古赫梯人的太阳神也是生有一对翅膀和尾翼的形象。在中国，玄鸟、燕子、凤凰，这些都是能够飞翔的动物，并且和太阳一样有定时出没循环规律可寻，在神话思维中是可以和具有类似定时隐

---

[1]　王大有，《龙凤文化源流》，北京：北京工艺美术出版社 1988 年版，第 20 页。

现规律的太阳类比的。从形象上看，鸟的羽毛和太阳的光环很像，使飞鸟及羽毛具有太阳和太阳光的属性，这就将鸟与太阳从本质到形式完全等同起来，形成了鸟和太阳的综合崇拜。通过对太阳鸟形象的分析，我们可以看到原始初民探求宇宙奥秘的思想光辉以及幻想支配自然的美好愿望。

（2）图腾感生

"每种现象都必须被视为一个神显，因为它通过某种方式表达了神圣在历史上某个瞬间所表现出来的某种模态，也就是说人类已有的诸多神圣经验中的某一种。每一个现象皆因其告诉我们两件事情而具有意义：其一，它是一个神显，所以它揭示了神圣的某种模态；其二，它是一个历史事件，所以就揭示了当时人类对于神圣的态度。"[1] 这是米尔恰·伊利亚德在《神圣的存在》中所持的观点。"中国从母系氏族公社起，每个氏族都会用一种自然界中的动物、植物或非生物作为本氏族的名称，并认为它们与本族有血缘关系，称自己为它们的亲族，这就是图腾。图腾这一词原系印第安人阿尔衮琴部落内的阿尔吉瓦方言，转译为'他的亲族'即氏族标志。每个古老的氏族都有一个原生态的图腾，而且这个图腾的实体，必是此氏族生活的客观世界中确实存在物。"[2] 东夷族是地处黄河流域以农耕文化为主的部落，人们在农耕的过程中意识到太阳对植物生长起到促进的作用，于是形成了以"太阳"为其部落的原生态图腾。"普列汉诺夫指出：'图腾崇拜的特点就是相信人们的某一血缘的联合体和动物的某一种类之间存在血缘关系。'柯斯文氏也认为：'一个氏族集团的一切成员都起源于某种动物或植物或其他的物体或现象，这种动物或植物或其他的现象就成为他们的图腾。'"[3] 从历史上追溯，远古时期东夷族是崇拜鸟的氏族，东夷视凤凰为本氏族的祖先并以凤凰作为其图腾崇拜的标识。东夷族全用鸟为名号，属风姓（风即凤凰的凤），历史上也称这一带的古代居民为鸟夷。

[1] ［美］米尔恰·伊利亚德著，晏可佳、姚蓓琴译，《神圣的存在——比较宗教的范型》，桂林：广西师范大学出版社 2008 年版，第 2 页。
[2] 王大有，《龙凤文化源流》，北京：北京工艺美术出版社 1988 年版，第 4 页。
[3] 龚维英，《原始崇拜纲要——中华图腾文化与生殖文化》，北京：中国民间文艺出版社 1989 年版，第 85 页。

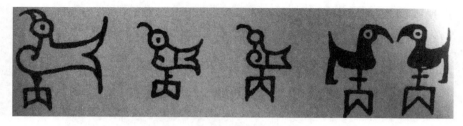

图 5-3　商族徽　商周青铜器上的族徽

它的族群分为：蚩尤氏、虞氏和殷商氏三个氏族，其中蚩尤氏和虞氏的原生态图腾为太阳，殷商氏的原生态图腾为鸟。东夷族的首领为太昊、少昊、帝俊、帝喾、帝舜，而东夷族亦是太阳神崇拜的部落。这能看出鸟和太阳有着间接的关系。前文已经提到，殷商族以鸟类为其图腾崇拜的对象，且"天命玄鸟，降而生商"（见图 5-3）的神话广见于《诗·商颂》诸古籍记载，《史记》云："殷契母曰简狄，有娀氏之女，为帝喾次妃。三人行浴，见玄鸟堕其卵，简狄取吞之，因孕生契。"三闾大夫屈原的笔下也数次触及"玄鸟生商"的神话，如《天问》："简狄在台，喾何宜？玄鸟致贻，女何喜？"《思美人》曰："高辛之灵盛兮，遭玄鸟而致诒。"

通过以上文字记载，我们不仅发现玄鸟是殷商族的图腾祖先，还发现鸟卵有繁衍人类的功能。在古人看来，人之所以可以生育子女，是因为图腾投胎入居妇女体内的结果，这就是图腾感生的原始由来。它是指男女不通过交媾繁衍子嗣，育龄妇女直接与氏族图腾相"感应"生儿育女。"玄鸟生商"的故事反映了中华图腾最精炼的"卵生文化"，鸟卵中因为含着胚胎，能孵出小生命，一直被认为是生命、生殖的象征。"人们对图腾怀着极大的尊敬，称它为'祖父''父亲'，相信氏族起源于自己的图腾，人死后灵魂会转化为图腾动物。"[1] 实际上，玄鸟的卵能使女人怀孕生子这种现象只能看作是原始人关于图腾主义的梦呓罢了。至于"玄鸟生商"中的

---

[1]　龚维英，《原始崇拜纲要——中华图腾文化与生殖文化》，北京：中国民间文艺出版社 1989 年版，第 259 页。

玄鸟是什么鸟，"杨公骥先生指出：'玄鸟即日中之乙，系太阳神鸟。'郑笺云：'天使鳦下而生商者，其鳦，即为日中之乙。'"[1] 由此推断可以得出，殷商人认为全族人的生命之源，来自日中飞鸟的遗传，并由此形成了中国历史上赫赫有名的殷商太阳鸟族。

（3）文化的融合

"太阳鸟信仰，既不是单一的太阳崇敬，也不是单纯的鸟信仰，这是一种鸟信仰为原型构成的太阳与鸟复合体信仰。"[2] 生活在中国古代的夷、越地区的原始居民几乎都自认为是太阳鸟的子孙，并以太阳鸟形象为他们氏族的族徽。这与单一的动物图腾信仰不同，太阳鸟是太阳与鸟的复合信仰，现实世界中无法找到与之相对应的形象。所以，同为太阳鸟族的子民，由于历史地理的变迁、部族的迁移，以及生态环境和人群心理气质的变化，在勾勒体现同一血统的太阳鸟图腾标识时，对太阳鸟的组合，也会有不同的形态。

纵观我国以太阳鸟为图腾的族群，大概有三种类型：一是以鸡与太阳或单纯的以公鸡为太阳鸟原型标志的太阳鸟族徽。这种类型主要流行于长江中下游地区，包括崧泽文化、大溪文化、河姆渡文化、良渚文化类型中遗存的原始太阳鸟形象，7000 年前的河姆渡文化遗址中的"双鸟朝阳图"，是经后世艺术美化的"丹凤朝阳图"的最早版式，表明了以凤鸟为图腾范式的太阳鸟部落的存在是确凿无误的。二是以鸷鸟与太阳的复合形象为太阳鸟原型的太阳鸟形象，主要是以黄河下游和淮河流域为中心的东部沿海地区，它主要包括连云港云台山一带原始崖画、大汶口文化、龙山文化遗存的原始太阳鸟形象。三是中国西部以黄河上游、中游为中心的仰韶文化、马家窑文化及巴蜀文化类型中，遗存的原始太阳鸟形象所显示的同族徽识。它是以变异或解析的太阳鸟纹为特色，并都是以太阳和黑色鸟类相复合构成的鸟形日中鸟出现的。由于这种徽识在本族的时代转移摹写中，由写实

---

[1]　陈勤建，《中国鸟文化》，上海：学林出版社 1996 年版，第 53 页。

[2]　陈勤建，《太阳鸟信仰的成因及文化意蕴》，《华东师范大学学报》，1996 年第 1 期。

逐步向写意转化，由具象到抽象，图形会发生一些变异。如图 5-4 是仰韶文化时期庙底沟出土的"金乌负日"太阳鸟纹族徽。它把鸟的各部分进行解析并与日纹进行重新组合，表达族源共识的一系列图形语素和字根，并由此组合出一系列有独立风采的异体太阳鸟形象。可见，中华大地远古文化太阳鸟早期的形象，异彩纷呈，远比同时期的龙形象具体、明确与丰富。这表明以太阳鸟为族标的部族，煊赫煌煌，占有主导的地位与优势。由此同一信仰旗帜凝聚的内在黏合力，为中华民族的形成和统一奠定了核心的基石。

　　太阳鸟形象中"鸟"形象的变化反映了不同时期人们对鸟崇拜的认识状况。中国远古的太阳鸟信仰主要发源地在河姆渡文化至良渚文化的时空范围内。这是一种以凤鸟形为原型，并经历了纯自然物的太阳与鸟到鸟与人的图腾转化的过程，最后形成了以鸟为姓的东方太阳鸟族。在《山海经》中，书中描述的帝俊有"五采之鸟"——凤鸟相随。画龙点睛地道出了凤与俊、鸟与人合一的图腾实景。综上所述，帝俊是一位以凤鸟自居的、人化的太阳神鸟图腾的首领。后来的许多文献也陆续证明炎帝、蚩尤、太昊、少昊、伏羲、颛顼、祝融等部落首领均为太阳鸟部族的成员，拥有太阳鸟信仰，他们也是太阳鸟盟主帝俊的子孙。灿烂的楚文化中"拜日崇火尊凤"是它的主流。楚人奉祝融为始祖，汉《白虎通·五行篇》说，"祝融"，"其精为鸟，离为鸾"，鸾即凤，祝融是凤的化身。先秦时代，楚人好以凤喻人，在他们眼中，凤至善至美至真，人的灵魂只有在凤的引导下，才能飞登九天，周游八极。为此，屈原在《离骚》中写下："吾令凤鸟飞腾兮，继之以日夜。"除楚人崇凤鸟外，尚东与尚赤也是楚时期太阳鸟信仰文化的印证。日出东方，日中有火，火为赤色，故楚俗尚赤，相沿不衰。从信仰的渊源来看，楚人尚东尚赤的情感，与尊凤的情怀，两种信念的内涵是完全一致的。归根到底，还是对远古先祖太阳鸟信仰的认同、继承和发展。世界第八奇迹，秦始皇兵马俑重见天日后，人们惊讶地发现，兵马俑的整个方阵都面向东方。在保留完好的汉画像遗迹中，我们常常会看到西王母的形象，西王母是由东方迁徙过来的属于东夷太阳鸟族部落的一位头领，后来她移居西方。在西王母身边为其取食的三青鸟就是传说中的三足乌，这可以看出在汉代有三足乌的传说，西王母移居西土，贴身服侍为东方的太阳神鸟。这也从一个方面说明，西王母同样从属于东方太阳神鸟族。通过对秦汉文化的解析，可以清楚地了解太阳鸟族信仰的起源，这也使我们进一步览观了太阳鸟文化流遍神州大地的真实图景。

2. 汉画像中太阳鸟形象分类

"一个民族，不仅有一个文字记载的历史，而且有一个视觉图像叙述的历史。如汉代的历史就有《史记》《汉书》《后汉书》以及各种铭文、碑刻所记载的历史，同时还有一个视觉图像的历史。汉墓中的画像石以及各种器物上的装饰图案的抽象符号，都可以看作是该时代的反映。文字的记载相对于其他方式较准确、确切，代表着当时的历史学家对历史的叙述和阐释，它往往是逻辑的、理性的，是历史话语权的表现，表达的是道德和价值观。汉画像的图像方式，相对来讲直观、表象、隐秘、朦胧，往往代表的是当时世俗文化对现实的感觉和对理想的追求，它是直觉的、感性的，是边缘文化的产物。"[1] 汉画像中大量的太阳鸟形象的出现，标志着汉代存在着鸟崇拜和太阳崇拜的综合崇拜现象。

---

[1] 朱存明，《汉画像的象征世界》，北京：人民文学出版社 2005 年版，第 8 页。

经过汉画像石专家的考察，山东、江苏、浙江、山西、陕西、四川、河南南阳是汉代画像的主要分布地区。笔者通过对《中国画像石全集》中的太阳鸟图像进行搜集整理后发现太阳鸟形象主要分布在山东和河南南阳一带，以下将从图像配置和图像内容方面进行分类：

（1）按图像配置分类

经过资料的梳理，太阳鸟形象分为两类：单一的太阳鸟形象和作为图像组成部分的太阳鸟形象。单一的太阳鸟形象可分为鸟在太阳中、鸟驮太阳两种。其中，鸟在太阳中的"鸟"的姿态有所不同，有三足的太阳鸟形象如"日中有踆乌"（见图5-5）和飞翔的太阳鸟形象（见图5-12）。鸟驮太阳的典型形象为河南南阳出土的"星象图"（见图5-8）。作为图像组成部分的太阳鸟图像通常与汉代神话相结合，可分为人擎太阳鸟形象和三足乌形象。典型图像为"伏羲女娲擎日月"（见图5-9）和"后羿射日"（见图5-10）图像。

（2）按图像表达内容分类

根据图像表达的内容，太阳鸟形象又可分为以下几类：有表现汉代天文宇宙观的"日中有踆乌""日月画像"和"天象"图（见图5-8）。其中"日中有踆乌"图像一共有2幅，分别在山东和河南南阳；"日月画像"（见图5-7）共7幅，山东2幅，江苏、浙江各1幅，安徽的淮北1幅，陕西2幅；"天象"图共10幅，题材也呈多样化，河南南阳7幅，其中有"幻日"图、"星座"图、"日月合璧"图、"日月同辉"图和"日月星辰"图等。汉代崇尚阴阳五行说，于是汉画像中也有表达这一主题的图像。如"伏羲女娲擎日月"共15幅，山东3幅，河南南阳10幅，还有2幅在四川。"后羿射日"神话在先秦广为流传，后羿为太阳神。在此，太阳鸟形象多以三足乌代替，作为太阳的象征。"后羿射日"图像共4幅，河南2幅，山东2幅。太阳鸟形象与神话故事的结合，使汉画像中太阳鸟形象更加生动，寓意更加深远。

综上所述，汉画像中太阳鸟的形象的总和为38幅，山东出现的汉画像中的太阳鸟形象内容丰富，样式繁多。河南南阳则多以天象图为主。"伏

　　　　　　　　　　　　　　　　　　　　　　　　神话之魅

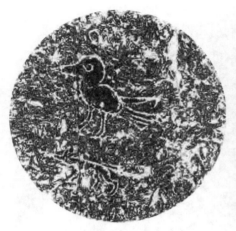

图 5-5　日中有踆乌　山东枣庄市出土

图 5-6　三足乌　四川彭山石棺

图 5-7　金乌和蟾蜍　陕西绥德县出土

图 5-8　日月合璧　河南南阳出土

图 5-9　伏羲女娲擎日月　山东临沂市白庄出土（部分）

神话之魅

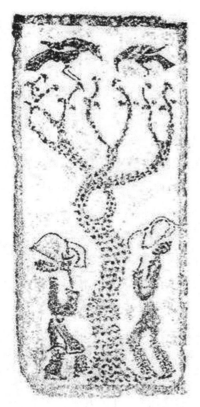

图5-10　树、射鸟画像　曲阜市张家村
出土

图5-11　太阳鸟　陕西神
木大保当墓右立柱

图5-12　太阳鸟　陕西神木大保当墓门楣画像

羲女娲擎日月"则多分布在四川一带。如此丰富的太阳鸟形象，其实都在传达汉代有太阳神崇拜信仰的存在。

（二）汉代的太阳神崇拜

1. 汉画像中的太阳神

太阳神崇拜贯穿于人类文明发展的始终，在汉代更是到达了鼎盛时期。董仲舒在《春秋繁露·郊义》中说："天者，百神之君也。"这里的"天"为百神之首，"天人合一"是汉代思想文化的核心内容。"汉武帝时期建立了以太一为中心的鬼神类型化的神学体系。"[1] 在汉代以前的文献里，有一个非常重要的哲学概念名为"太一"，或名"大一"。《九歌》曰"东皇太一"。《礼记·礼运》云"夫礼，必本于大一，分而为天地，转而为阴阳，变而为四时"。这样看来，太一就与"易""道"同义。《老子》云："道生一，一生二，二生三，三生万物。"由此可知，太一、太极、易、道是同一回事。何新说："最早的'太极'是太阳。东皇太一也是太阳。"[2] 从文化角度来看，"汉代学者大多数把太阳视为人君"[3]，如"云日者众阳之尊，人君之美，至尊之象"，"日者，太阳之精，人君之象"，其说甚多，不胜枚举。由此可见，太阳在汉人心目中地位颇高，汉时期代表太阳神崇拜的图像在汉画像中频频出现，正是汉代人崇拜太阳的图像写照。那么，在这些表现太阳神崇拜的画像中，"日中有踆乌"中代表"踆乌"的帝俊，"伏羲女娲擎日月"中的伏羲和"后羿射日"中的后羿，又是否为太阳神呢？

《周易·系辞下》说："古者包牺氏之王天下也，仰则观象于天，俯则观法于地，观鸟兽之文与地之宜，近取诸身，远取诸物，于是始作八卦，以通神明之德，以类万物之情。"[4]《系辞》中表明伏羲为创始神。王逸《章

---

[1] 黄震云，《汉代神话的多态性和政治》，《文学评论》，2010 年第 2 期。

[2] 何新，《爱情与英雄》，成都：四川人民出版社 1992 年版，第 81—87 页。

[3] 杨希枚，《先秦文化史论集——中国古代太阳崇拜研究》，北京：中国社会科学出版社 1995 年版，第 756 页。

[4] 周振甫译注，《周易译注》，北京：中华书局 2012 年版，第 335 页。

图 5-13　伏羲捧日图像
山东临沂出土

句》解释："言伏羲始画八卦，修行道德，万民登以为帝，谁开导而尊尚
之也？"在此伏羲为太阳神的说法已被多数学者认同。图 5-13 为山东临
沂出土的伏羲捧日图像，图像中的伏羲为人首龙躯，左手于腹部捧一日轮，
右手持规。《世本》云："羲和作占日，占日者，占日之晷景长短也。"[1] 这
伏羲手中的规正是古籍中所说测日影用的。楚帛书记载伏羲女娲为日神月
神，二者交配后有四子，为四神，四神掌管着四季。根据《尚书·尧典》
中记载四神为：羲仲、羲叔、和仲、和叔。其中羲仲为春分神，羲叔为夏
至神，和仲、和叔则为秋分神和冬至神。于是，春分夏至为阳符号；秋分
冬至为阴符号。伏羲女娲的结合达到阴阳和谐，这正是阴阳观在汉代的
延续。

　　《淮南子·精神训》曰："日中有踆乌。""日中有踆乌"是汉画像中太
阳鸟的典型形象。长沙子弹库出土的战国十二月神帛书说"日月夋生"，
"帝夋乃为日月之行"。《吕氏春秋·勿躬》说："羲和作占日，尚仪作占

---

[1] 〔汉〕宋衷注，〔清〕秦嘉谟等辑，《世本八种·张澍稡集补本》，北京：中华书局 2008 年版，第 9 页。

月。"[1] 尚仪即常羲。帝俊有两个妻子，一个是羲和，一个是常羲，羲和生了十个太阳，常羲生了十二个月亮。所以帝俊成了十个太阳和十二个月亮的父亲。在先秦的许多文献中帝俊代表着天帝，帝俊是众神之中地位最高的至上神，他创造了日月并为其运行。所以帝俊无疑是日之父，当之无愧的太阳神。

《山海经·海内经》曰："帝俊赐羿彤弓素矰，以扶下国，羿是始去恤下地之百艰。"[2] 这里的羿之"下地"，说明"羿"本属神籍，具有神的血统，住在永生的天神世界。[3]《天问》曰"帝降夷羿，革孽夏民"，这暗示后羿和帝俊有着特殊的关系。前面已经提到帝俊是太阳神，闻一多说他是"殷人东夷的天帝"[4]。徐旭生说他在《山海经》记载的诸神中是"第一烜赫"。正像希腊神话中的"众神之父"宙斯那样，天神世界中许多重要的神都是帝俊的儿子。单从后羿与鸟部落有关，这位发明弓箭的后羿是不是也是帝俊的后代呢？由于上古神话的零散分布，所以很难找到直接的答案，对于这点只能进行一些猜测。帝俊是东夷人的天帝，根据史料可知，后羿为东夷之神，他的名字在《天问》《左传》《夏训》以及《吕氏春秋》这几部书中均出现，名为"夷羿"。再从后羿善射的特征入手，人类学家利普斯曾概括过太阳神话的特点："太阳神可以是一个神、一个英雄、一根燃烧的柱子，太阳光芒是太阳神射向地球的箭……"可见善射是太阳神的普遍象征。所以"后羿"[5] 是太阳神的后代。

汉画像中还有大量的图像证明太阳神崇拜的存在，太阳神崇拜和太阳

[1] 陆玖译注，《吕氏春秋》，北京：中华书局 2011 年版，第 594 页。

[2] 袁珂，《山海经校注》，成都：巴蜀书社 1993 年版，第 530 页。

[3] 叶舒宪，《英雄与太阳：中国上古史诗的原型重构》，上海：上海社会科学院出版社 1991 年版，第 73 页。

[4] 闻一多，《天问疏证》，上海：上海古籍出版社 1985 年版，第 54 页。

[5] 传世文献中有两个，一个是侍尧帝的夷羿，一个是夏朝时代的后羿。在学界对羿是有争议的，有的学者认为羿与后羿，当加以区别，可视为"两羿分离说"，如袁珂（《中国神话通论》，成都：巴蜀书社 1993 年版，第 218 页）、张振犁（《中原古典神话流变论考》，上海：上海文艺出版社 1991 年版）、董治安（《先秦文献与先秦文学》，济南：齐鲁书社 1994 年版）；另一些学者则认为后羿乃夷羿之流变，可称"两羿一系说"。刘尧民（《关于〈天问〉中羿之分化》，载《思想战线》，1984 年第 6 期）、叶舒宪（《英雄与太阳》，上海：上海社会科学院出版社 1991 年版）是其代表人物。本文赞同"两羿一系说"。

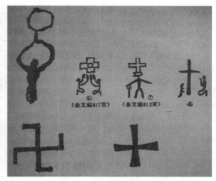

图 5-14　后羿射日　山东嘉祥武梁祠　　　　图 5-15　十字图纹　商周甲骨文、金文

神形象的各种遗迹既反映了原始文化的内容也见证了太阳神崇拜的印记。

2. 太阳神崇拜的原因和历史

（1）太阳神崇拜的原因

太阳神话是一个全球性的话题，世界上几乎每个角落都流传着关于太阳的传说。太阳神话可以作为一切神话的核心，之后出现的一切神话都是由这个神话派生出来的。在中国新石器时代的器物上可以看到一种常见的"十"字或类"十"字的符号（见图 5-15）。这种"'十'字图纹曾经也在商周甲骨文和青铜器铭文中出现，经过证实这是太阳最早的象征。"[1] 由此可见，人类在原始社会晚期就已经形成了对太阳的崇拜。太阳神崇拜出现的原因有以下几点：

首先，农耕文化的需要。苏联著名的宗教史专家克雷维列夫说过："在原始时代，日常现象未必会引起原始人的特别注意。每天的日出使他们感到无所谓，因为这种现象并没有破坏他的生活秩序，而日食倒会引起他的兴趣、恐惧和惊奇……正是由于异乎寻常的诸如此类的事情并不是屡屡发生，也就没有铭刻在原始人的不稳定的意识中。"这句话说明在生产力低

---

[1]　何新，《诸神的起源》，北京：时事出版社 2002 年版，第 1—2 页。

下的旧石器时代至中石器时代，人类不会去注意太阳，只有在农耕经济的普及和繁荣时期，人们才注意到太阳的重要性。太阳能使农作物长得好，果实丰满。它又可以把农作物晒死导致颗粒无收。如果没有太阳，将对农业和畜牧业产生很大的影响。与此同时，人们也注意到自然的暴力总是带来巨大的灾害。于是，在农耕文化中的人们开始思考，他们认为自己的劳动成果与太阳有着密不可分的关系，认为太阳能使万物复苏，是他们得以丰产的最重要的保证。

其次，对温暖的需求。"北京人"早在五六十万年前就运用他们的智慧发现了钻木取火，从这可知火神比太阳神出现得还要早，火神非常可怕，当野火突然燃烧起来的时候，大片的森林和草场都会在最短的时间内付之一炬。"原始初民在日落之后，不仅被黑暗、寒冷笼罩，而且极容易遭到食肉动物的袭击，但所有食肉动物都惧怕火，这迫使原始初民学会用火，从而驱走黑暗、寒冷和食肉动物。"[1] 太阳是红色的，火也是红色的，而红色是生命的象征。在此，太阳与火有了一定的联系。火与太阳一样都能给人们带去无限的温暖和光明。所以人们认为太阳神是天上的火神，火神是地上的太阳神，他们都是代表光明、温暖、生命之神。最后，是帝王的保护神。这一观念的产生是建立在前两个原因之上的。恩格斯在《自然辩证法·科学历史摘要》里指出："首先是天文学——游牧民族和农业民族为了定季节，就已经绝对需要它。这就是亚洲和其他地方崇拜太阳、重视太阳的原因。"太阳除了能促使农作物生长也能给人们带来光明和温暖。人们发现太阳能满足人们最原始的自然欲望，每天东升西落，周而复始。于是，很多民族都奉太阳为保护神。《史记·匈奴列传》载"匈奴单于朝出营，拜日之始生"，这说明匈奴人是崇拜太阳的民族。匈奴人常言"南有大汉，北有强胡，胡者天之骄子也"。这里的"天之骄子"应该理解成至高无上的、独一无二的。因为白天茫茫的天空中只有太阳，"人们便自然地认为

---

[1]　吴天明，《中国神话研究》，北京：中央编译出版社 2003 年版，第 207 页。

太阳是'天之骄子'"。[1] 张华在《博物志·异闻》中说：夏代末年天有二日，东日灿烂而西日沉沉，意谓东部的殷人将如朝日升起，西部的夏人将如落日西沉。[2]《吕氏春秋·慎大》中也有"东日、西日相斗的梦境"的记载。以上的诸例证明，太阳在古代不只代表光明、温暖，也代表着一个帝国存亡的关系。

（2）太阳神崇拜的历史

上古时期太阳神崇拜的信仰在中国广为流行，在甲骨文的记载中，十干中的第一字"甲"就记为"十"。"十"字，在干支的纪日法中记作"日"，是太阳的象征。在上古新石器时期的陶器和其他器物中，以及夏、商、周、秦、汉的青铜器中，大部分的"十"字、"亚"字以及类"十"字（戈麦丁）的图案都是以描写太阳神的图形为母题的。有太阳神崇拜留下的遗迹就有太阳神崇拜的部落和祖系。根据搜集的资料来看，这些崇拜太阳神的部落都曾把太阳作为自己的始祖神，并且其酋长多有以太阳神为自己命名的习俗，这些部落大概分为两大系统："北方的一系为颛顼族，它们的部落称太阳神为羲，这一族是以龙为太阳神的象征物。东方也有一族称为帝喾族，这一族称太阳神为'夋'，以'凤鸟'作为他们部落的象征物，这一系是商人的祖先，只是他们的后裔后来有一支南下进入了江汉平原成为楚王族的一族。"[3] 中华的上古文化有四大族群，分别为东夷、华夏、北狄、南蛮。上古四大文化通过黄河流域中原文化的聚集、中介、传递，再经过长江流域江汉文化的融汇、改造、消化，于春秋战国时期在楚国国土上开花结果，形成了兼有中原文化和浓郁本土气息的楚文化。在楚文化和《楚辞》中最丰富的就是崇拜太阳和鸟图腾的东夷人集群的文化因子。"楚人敬祀的东皇太一和东君，正是楚人认为的'太阳神'。秦时期，从秦文化最深层的文化心理结构看，秦始皇的东游是为了迎接日出，迎接

---

[1] 何星亮，《中国自然神与自然崇拜》，上海：上海三联书店 1992 年版，第 153 页。
[2] 参见〔晋〕张华《博物志·异闻》，贵阳：贵州人民出版社 1992 年版，第 169 页。
[3] 何新，《诸神的起源》，北京：时事出版社 2002 年版，第 59 页。

光明，就像殷墟卜辞'日出'之祭一样，这些行为也表现出秦时期具有崇拜太阳的文化意识存在。"[1] 由于汉代人在建政后依然有强烈的东夷情结，"崇鸟崇日"的图像在汉画像中的出现，也印证了汉代人对太阳的崇拜、对光明的追求以及实现道家升天求生的愿望。

二、汉画像中的太阳鸟形象

从仰韶文化时期的"双鸟太阳图"，到殷商、楚文化中对太阳鸟形象的猜测，再到后来秦、楚文化中衍生出的拜日崇火和尊凤的习俗。太阳鸟信仰随着历史的发展呈现出从一元到多元的形象变化，这种形象的演变一直延续到汉代。汉代出土的画像石中，有两种形象比较突出，一种是"日中有踆鸟"，另一种是"阳鸟载日"，这两种都属于单一的太阳鸟形象。《墨子》曰："赤鸟衔珪，降周之岐社，曰命周文王代殷有国。……河出绿图，地出乘黄……天赐武王黄鸟之旗。"[2] 这段话证明太阳鸟代表了上天传授的旨意。汉代人们崇尚阴阳学，相信五行说，在许多的墓室尤其是夫妻合葬墓中我们常看到"伏羲女娲擎日月"图像，这时的太阳鸟只作为整幅图像的一个部分，它被太阳神伏羲捧在手中，象征着太阳，和女娲手中的月中蟾蜍彼此呼应，成为汉代阴阳学的代表。通过"伏羲女娲擎日月"图像，我们发现太阳鸟图像逐渐成为一种形象表达的意象，它代表了汉代对太阳神的崇拜。"后羿射日"是从先秦就流传下来的神话故事，它是汉代人英雄主义情结的写照，具有丰富的文化内涵。总之，汉画像中太阳鸟形象体现出汉代人丰富的想象力，太阳鸟形象的演变过程将有助于后人对汉代政治、天文、文化等方面进行更深入的探讨。

---

[1] 萧兵，《楚辞文化》，北京：中国社会科学出版社 1990 年版，第 70 页。
[2] 〔清〕孙诒让，《墨子间诂》，《诸子集成》（第四卷），北京：中华书局 1954 年版，第 94 页。

图 5-16　三足乌
河南唐河针织厂墓出土

（一）"日中有踆乌"

1. "日中有踆乌"的形象

《淮南子·精神训》云："日中有踆乌。"高诱注："踆，犹蹲也，谓三足乌。"张衡的《灵宪》中记载："日者，阳精之宗，积而成鸟，象乌而有三趾。"通过古籍的描述，可以总结出"日中有踆乌"中"乌"的形象为圆头，三足，有双翅，位于日中或呈正面飞翔状。图 5-16 是河南唐河针织厂出土的西汉墓太阳鸟形象，从图像上看，太阳和三足乌的关系非常密切，用原始思维渗透律的观念理解，太阳和三足乌是同一的，这代表崇拜太阳的一族同样也崇拜着象征太阳的"乌"。那么"日中有踆乌"这个"乌"到底是一种什么样的鸟呢？经过考证有几种说法，一种认为"乌"是朱雀，这和太阳鸟信仰的起源有关。据记载，远古时期南方炎热，土色朱红，故为太阳神炎帝精魂的踆乌也就随着炎帝族的一支南迁成为红色。新疆出土的一幅隋唐时期的星象帛画上的"踆乌"，形象很像是一只朱雀，可见朱雀和"踆乌"曾经是同一的。还有一种说法认为"乌"即是凤，《鹖冠子》说："凤，火鸟，鹑火之禽，阳之精也。"这是对日中"乌"的形象猜测。从直观的形象和字意上看，日中的"踆乌"是一只半蹲着有三只脚的乌鸦。其中"踆"解释为半蹲的形态，"乌"即乌鸦。乌鸦在现代作为一种兆祸的恶鸟，它为什么会与太阳联系在一起？一般的飞禽类都只有两脚，这日中的"踆乌"又为什么会有三只脚呢？

首先，"日中踆乌"的"乌"是否为乌鸦？《礼斗威仪》记载："江海不扬鸿波，则东海输之苍乌。"又曰："君乘木而王，其政升平，则南海输以苍乌。"[1]《尚书纬》曰："火者阳也，乌有孝名，武王卒成大业，故乌瑞臻。"[2] 这些记载说明乌鸦是祥瑞的象征。由此可见，先秦至汉代，乌鸦被认为是五谷丰登、经济繁荣、天下太平、政治清明的象征。《吴历》曰："吴王为神王表，五庙苍龙门外，时有乌巢朱雀门上。"《说文》曰："乌，孝鸟也。"《孙氏瑞应图》说："三足乌，王者慈孝，天地则至。"《春秋元命苞》曰："火流为乌。乌，孝鸟，阳精，天意，乌在日中，从天以昭孝也。"汉时期乌鸦的形象开始从神鸟向孝鸟转变，汉代"罢黜百家，独尊儒术"的确立，使"孝"成为儒家所宣扬的家庭伦理道德的核心内容，随即更上升为政治话语，出现了"孝廉"这一举荐类别。中国自古以来凡是大事都要有神异肇端，要宣扬"孝"当然也应该"以天昭孝"了。乌鸦作为"孝"的代表出现在太阳中有了以上的解释便更加的合理化。

我们也可以从"原始互渗律"的概念出发，就像前文叙述的太阳和鸟的结合观念一样，古代人总是喜欢把许多具有共同特征的物体联系起来作为同一的意向。这是由于当时的生产力水平低下，人们的认知能力还不够造成的。"古人缺乏对颜色细微变化的分辨力，于是就容易把同类色，或者相邻的色混称为一种颜色。把黑、苍、青、蓝、灰、深绿、褐色等都统称为玄色。"[3] 玄色，据《周礼·考工记》载："五入为缬，七入为缁。"汉代的郑玄注解："凡玄色者，在缬缁之间，其六入者与？"可知玄为一种黑中带红的颜色，实为赤黑色，泛指黑色。根据"原始互渗律"，"乌"为黑

---

[1] ［日］安居香山、中村璋八辑，《纬书集成》，石家庄：河北人民出版社 1994 年版，第 523、524 页。
[2] 同上，第 390 页。
[3] 王大有，《龙凤文化源流》，北京：北京工艺美术出版社 1988 年版，第 69 页。

图 5-17　三足乌与九尾狐　河南郑州出土空心模印砖　　　图 5-18　白陶　大汶口文化晚期

色，它是玄色的一种。再从原始巫术角度探析，云南大学人文学院张福三教授在其论文《太阳·乌鸦·巫师》中提出更为合理的解释："乌者巫也，乌鸦就是巫师的化身，是他的象征物，或者是沟通神灵的使者。"[1] 这一说法显然更为合理。

其次，"日中踆乌"为何有三足？通过"日中踆乌"中"乌"为乌鸦的解释，我们明确了乌鸦与太阳结合的合理性。由图 5-16 看出，"日中的踆乌"形象有一突出的特点——三足。太阳鸟在上古的图纹中也经常被绘作三足乌（见图 5-17）。《淮南子·精神训》云："日中有踆乌。"高诱注："踆，犹蹲也，谓三足乌。"

古文字中，"踆"与"蹲"相通。再从甲骨文的造型中得知，这些造型与普通的鸟形的不同之处，就是强调了鸟的足部。第三足所包含的意义有以下几种可能：

其一，"踆乌"的"三足"代表三足鼎立的稳定性。在文献中已经对"踆乌"的形象进行定义，"踆"犹如蹲的姿势，表示的是鸟不动的状态，由此可以看出"踆"具有稳定性的特质，这与飞翔的鸟的动态形象进行了区别。仰韶文化、大汶口文化有许多器具出现（见图 5-18），这些陶器最

---

[1]　何辉兰，《论太阳与鸟的神话意象及其文化内涵》，《南方论刊》，2008 年第 8 期。

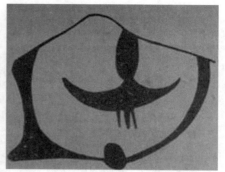

图 5-19 铜三足乌 陕西宝鸡出土   图 5-20 三足乌纹 仰韶文化庙底沟彩陶

显著的特点就是不管它们的造型如何变化，只有三个支点做支撑。这可以看出初民对物造型的把握已经掌握了三个支点稳定性的道理。图 5-18 是大汶口文化晚期的白陶，其上高 29.5 厘米、下高 21.6 厘米、最宽 16.9 厘米。它的形象如一只引颈鸣啼的鸟儿，一共有三足，是一个可以盛美酒的容器。图 5-19 是陕西宝鸡茹家堡出土的西周时期的铜鸟，其高 23.7 厘米，长 32 厘米，现藏于宝鸡市博物馆。从铜鸟的三足形象可以理解三足的意义。"三足之鸟为踆，它是表达此鸟不善于走而善于蹲，它与落日同在，因为三足具有稳定性，所以能够背负起偌大的太阳。"[1]

其二，"第三足"是男性生殖器的象征。远古先民常以"鸟"象征男根，这"三足"则是男性两腿之间夹一男根，其数有三，所以他们在绘制象征男根的鸟纹时，为了强调其产卵的尾部，以局部对应的突出男性生殖器的特征，所以将鸟的足画成了"三足"。另外，男根由一阴茎二睾丸组成，其数也为三，为了与此相合，就将其两个睾丸变形为两条竖直线，这也可能是鸟出现"三足"的原因。在远古先民的心目中，负日飞行的鸟，由于增添了神话色彩，自然不应该是两足的凡鸟，于是他们就进一步把象征男根的三足鸟和负日飞行之乌合二为一，演化出了日中有三足乌的"金

---

[1] 周怡，《太阳鸟与鸟蛇并绘——中国早期鸟造型与鸟图腾的演变》，《寻根》，1998 年第 5 期。

乌"形象。日中三足乌是男性的象征，从俗文俚语中也可以找到佐证。今天不少的地区将男子的性行为称为"日"，究其深层含义，中国古代神话中常常将太阳和扶桑联系到一起，认为扶桑是日出之处。这是因为演成神木的扶桑的桑林本是女阴的象征，后来发展为女性的象征；演成太阳神鸟的三足乌本是男根的象征，后来发展成为男性的象征，"日出扶桑解释为男出于女也"[1]。在龚维英的《原始崇拜纲要》中提到"三足乌被认为是男根的人性化——帝俊"[2]。因为从历史角度看，最早的太阳神为帝俊，帝俊被认为是玄鸟的化身，鸟又是生殖器官的象征，所以帝俊的原型不过是男性的性器官的变形。（见图 5-20）

2. "日中有踆乌"的形象意义

首先，是远古人们对太阳黑子的天文观察。根据大量材料的证明，"日中有踆乌"的真实意象可能指的是太阳黑子。在很早以前古代人就发现太阳中有黑点。最早的日中有黑子的记载见于《周易·丰卦》中"日中见斗"，"日中见沫"（沫通昧，即晦）。按，"沫""昧"同音相假。"日中见斗，可有两种解释：第一，白天中午天空中出现了斗，这意味着发生了日全食；第二，太阳中发现斗状的黑斑，即黑子。"[3] 这后一段解释毫无疑问地断定太阳中有黑子的存在。《汉书·五行志》记载：汉成帝河平元年（公元前 28 年），日出黄，有黑气大黄，居日中央。[4] 古人观测到太阳中的黑子，而乌鸦色黑，故比之为乌。甘肃临洮沙村辛店文化遗址出土的一只彩陶罐上的太阳纹，圆圈中绘一黑点，这代表青铜时代已观察到太阳中有黑子的现象。

其次，是图腾崇拜与自然崇拜的整合。"日中有踆乌"形象把鸟和太阳结合起来，这是一种图腾的模式，它代表着图腾崇拜向自然崇拜的过渡，

---

[1] 赵国华，《生殖崇拜文化论》，北京：中国社会科学出版社 1990 年版，第 265 页。
[2] 龚维英，《原始崇拜纲要：中华图腾文化与生殖文化》，北京：中国民间文艺出版社 1989 年版，第 256 页。
[3] 何新，《诸神的起源》，北京：时事出版社 2002 年版，第 109 页。
[4] 〔汉〕班固撰，〔唐〕颜师古注，《汉书》，《二十四史》，北京：中华书局 2000 年版，第 1218 页。

也是鸟崇拜向太阳神崇拜的过渡。太阳鸟形象从古人原始渗透思维出发，形成了自成一体的崇拜体系。这种崇拜体系，因为地域的差异和时代的变迁显示出不同的人文文化特点。随着社会的发展，它将与原始的自然崇拜逐渐融为一体，自然崇拜由于具有悠久的历史和良好的生存土壤而会得到不断的发展，太阳鸟由于形象的不稳定性必将使其失去赖以长期生存的根基，最终导致图腾化逐渐的衰弱。所以，这种类似于太阳鸟的复合式图腾在历史上只能作为过渡的形式存在，它只能作为太阳神崇拜的一个动物形象符号。

最后，是祥瑞和光明的象征。在汉代，祥瑞是代表"上天垂象"的某些自然现象。汉代的政治体制和道德准则都建立在天命观的基础之上。由于人们相信上天通过祥瑞与地上的人沟通，所以祥瑞的出现就构成了这一环节。"三足乌"即太阳鸟。在汉画像中它和玉兔常常作为侍应被雕刻在西王母身旁。《山海经·海内北经》曰："西王母梯几而戴胜杖，其南有三青鸟，为西王母取食，在昆仑墟北。"[1] 三足乌形象被安排在西王母旁边，加强了西王母神格的威严。三青鸟即"三足乌"，古人称"乌"为祥瑞的阳鸟。在这里，"'三足乌'和玉兔是太阳和月亮的象征，'三足乌'也就理所应当地象征着光明"[2]。

（二）"阳乌载日"与日月崇拜

1. 日月崇拜图像

（1）"阳乌载日"

在汉画像中，太阳和鸟之间的组合图像有两种，一种是鸟在日中呈蹲坐姿态，另一种则是鸟驮着太阳运动。上一节阐述了"日中有踆乌"的形象，那么，以下则是对"阳乌载日"图像的分析。"阳乌载日"的具体形

---

[1] 袁珂，《山海经校注》，成都：巴蜀书社 1993 年版，第 358 页。
[2] 张道一，《汉画故事》，重庆：重庆大学出版社 2006 年版，第 175 页。

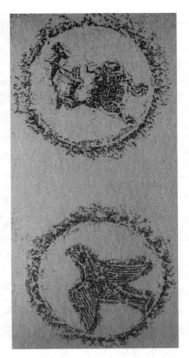

图 5-21　日·神灵　河南南阳
出土

图 5-22　日月　安徽淮北出土

象是一只在其腹部刻一圆轮的飞鸟，这里的圆轮代表着太阳。"阳乌载日"
图像通常被刻画在汉墓的顶部，它是太阳运动的符号。图 5-21 是南阳出
土东汉时期的名为"日·神灵"的画像，它被刻在前室东盖的顶端，阳乌
身体为圆形，表示日轮，翅和尾伸张呈飞翔状，象征着鸟载着太阳运动。
在古代，人们把太阳叫作乌鸦。《山海经·大荒东经》云："汤谷上有扶木，
一日方至，一日方出，皆载于乌。"在《广雅》这本书中提到太阳的别名
叫朱明，一名耀灵，一名东君，一名大明，亦名阳乌。何为阳乌，就是运
载太阳的乌鸦。汉画像中"阳乌载日"图像不是古代人凭空臆造出来的，
它是人类直观观察的结果。太阳每日自东向西反复运行，这种自然天象在
原始先民的眼中可能是一件不可思议的怪事，他们想象在天空能飞翔的只
有鸟类，认为太阳是在鸟的驮负下运行的。这也是太阳鸟的神话故事产生

图 5-23　金乌和蟾蜍　陕西米脂出土

图 5-24　日月合璧　河南南阳出土

的缘由。与此同时，"阳乌载日"的神话也揭示了远古人类对太阳运行动力来源的一种可贵的探索精神。

（2）日月图像

从古至今太阳和月亮是天空中最引人注目的两种物体，它在人类的生活和生产中发挥着十分重要的作用，所以日月成为人类最早崇拜的天体星象。太阳的东升西落，月亮的阴晴圆缺，发人深思，使人幻想，进而创造

　　　　　　　　　　　　　　　　　　　　　　　　神话之魅

图 5-25　日月同辉　河南南阳出土

出许多美丽动人的日月神话。世界上许多的国家都有属于自己的日月神话，我国人民也凭着自己的智慧和丰富的想象力塑造了许多具有地方特色的日月神形象。有日月崇拜的传说就有日月崇拜的画像，汉画像中的日月图像作为弥足珍贵的图像资料保留至今。

图 5-22 是安徽淮北出土的日月图像，它被刻在墓室的顶盖，上面的月轮中有一蟾蜍，下面的日轮中有一只金乌飞翔。金乌和蟾蜍象征着天上的太阳和月亮。图 5-23 为陕西米脂出土的金乌与蟾蜍图像，图中左边的日中乌代表太阳，右边的月中蟾蜍代表月亮，整幅图代表着日月崇拜。

南阳汉画像中有一幅被学者命名为"日月合璧"的天文图，即日月相重叠的日蚀天象图（见图 5-24）。该图出于东汉时期，分为上下两组。"下组右为苍龙星座，左为毕宿，内刻一玉兔。上组右边刻阳乌，左为日月合璧，刻一金乌，背负内有蟾蜍之月轮。日月重叠，表示日蚀现象。"[1] 以上是《中国汉画像全集》对该图像的注解。我国是世界上古代天文学资料保存最丰富的国家之一，商周甲骨文时期就已有关于日蚀、月蚀的记录。《诗经·小雅·十月》中载："十月之交，朔月辛卯，日有食之。"由此可见，汉代已经有日蚀方位、亏起方向、初亏复圆时刻的观测记录。明确了本图包含的内容，下面笔者将结合方位对整幅图进行分析。首先，我们发现这幅图被画成两个方向，即上方两个身体成圆盘形的鸟与下方的苍龙星宿和

---

[1]　中国画像石全集编辑委员会编，《中国画像石全集》第 6 卷图版说明，郑州：河南美术出版社 2000 年版，第 56 页。

毕宿的方向是相反的。这暗示了日月的运行方向和星宿的运行方向是相反的。经过专家的测量发现，"上方的两只鸟内部的圆盘直径基本上是一样大的，这表明两者的地位形似并且对等"[1]。左边那只鸟的圆盘中有一只蟾蜍，这是月亮的标志，右方的阳鸟代表太阳，二者结合正暗示了汉人对太阳和月亮的崇拜。

"日月同辉"是汉画像中关于日月崇拜的又一个体现（见图 5-25）。这类图像大部分都是刻在条形的石头上，石头的一端刻画"阳鸟载日"，一端刻蟾蜍月宫，星斗在其间出没。"日月同辉"又叫作"日月相望"，现实生活中人们会把太阳从东方升起同时月亮还挂在西边的这段间隙叫作"日月同辉"。《释名》云："朔，苏也。月死复苏也。弦，月半之名也。其形一旁曲，一旁直，若张弓施弦也。望，月满之名也，月大十六日，小十五日。日在东，月在西，遥相望也。"[2] 图 5-25 为"日月同辉图"，左方为日轮，日轮中有一飞鸟，右方月轮，月轮中有一蟾蜍，中间云雾缭绕，天空中群星密布，这幅图正是汉代人天象观的缩影。"日月合璧"图和"日月同辉"图将成为我国古代天文学研究的珍贵资料。

形象各异的"日月图像"出现在汉画像中，显示了古代日月神话在流传演变过程中的诸多变异特征。"任何一种文化现象一旦产生，便不会轻易地退出历史舞台。"[3] 从"日中有踆乌"到"日月图像"，汉画像中的太阳鸟形象逐渐反射出汉代盛行的阴阳五行哲学观。在这种哲学观的影响下，日月神的崇拜也从刚开始的动物形象逐渐演变成了带有人文色彩的形象，这些形象证明了汉代民间仍悄然流传着日月崇拜的古老习俗。

2. 日月崇拜图像的意义

18 世纪末 19 世纪初西方哲学大师康德曾在《实践理性批判》中说过："有两样东西，我们愈经常愈持久地加以思索，它们就愈使心灵充满

---

[1] 吴曾德、周到，《南阳汉画像石中的神话与天文》，《郑州大学学报》，1978 年第 4 期。

[2] 〔汉〕刘熙，《释名》，北京：中华书局 1985 年版，第 8 页。

[3] 何星亮，《中国自然神与自然崇拜》，上海：上海三联书店 1992 年版，第 203 页。

神话之魅

图 5-26 金乌·星座 河南南阳丁凤店出土

日新又新、有加无已的敬仰和敬畏：在我之上的星空和居我心中的道德法则。"[1] 中国自远古开始就已产生独有的宇宙观，大自然的瞬息万变，气象万千，季节轮回交替。《易经》曰："观乎天文，以查时变；观乎人文，以化成天下。""天垂象，见吉凶。圣人象之。""在天成象，在地成形，变化见矣。"这些记载表明，古人观乎天文变化的目的是为了分辨吉凶。圣人们"仰则观象于天，俯则观法于地"，"以通神明之德，以类万物之情"。虽然天和地在此并称，但在古人的心目中，"天"是至尊的，是决定一切的。汉代人在建造自己的墓室的时候已融入了自身对宇宙天象的理解，并且运用最简单的图画创造出了日、月、星宿以及各种的神灵异兽。图 5-26 是东汉时期河南南阳卧龙区丁凤店出土的"金乌·星座"图，画面的左端为背负日轮的金乌，金乌左边的一星为太白，乌尾三星连着为河鼓二。连成菱形的四星似为女宿，连成勺形的为北斗七星。北斗柄下星为相，柄上三星为天枪。

　　汉画像中的天象图是一种占星的符号，它既反映了汉代人对宇宙天文的观察，也反映了当时社会的意识形态。人类对自然的一切发现的最终目的都是为了更好地使其为自身服务，趋利避害，如人们通过天象的观察知道人事的吉凶，人世间的制度按天象的格局来加以安排和制定等等。天象如此重要，所以在汉代的画像中，表现科学天文的内容异常丰富，不仅包

---

[1] [德] 康德著，韩水法译，《实践理性批判》，北京：商务印书馆1999年版，第177页。

括日月星辰和具体的星座，还有许多的人文内容如"伏羲女娲擎日月"。

（三）"伏羲女娲擎日月"

在远古时期，人们把天穹当作宇宙，而宇宙的概念有时又是等同于天地概念。古人通常用"天圆地方"描述天地的关系，所以"圆"和"方"作为宇宙模式上的象征常常出现在汉代墓室中，例如一座墓葬的顶部可以象征整个天空。中国古代天文与人文总是存在着相互的联系，其研究的最终目的总是落在人事上，所以带有人文特征的人的形象在宇宙中也会常常出现。例如在星宿云气散布的墓顶，"伏羲女娲擎日月"的画像数不胜数，它与其他的神祇并列于天界，这又蕴含着何种意义？

1. 伏羲女娲形象解析

德国哲学家卡西尔在《神话思维》中写道："在世界神话观的早期阶段，尚无分离人与生物总体、动物界和植物界的鲜明界线。"[1]"于是人以其自身趋同于动植物的行为和特征，在动植物的生命形式中体会自身的存在。在人类早期，一些神话人物的形象往往被幻想成熟悉的动物形象，这种形象的动物化，是早期神话的一个显著特点。"[2]"伏羲女娲"二神就是个很鲜明的例子。《天问》中说："登立为帝，孰道尚之？女娲有体，孰制匠之？"伏羲、女娲形象不仅常在古籍中出现，也常作为神祇出现在汉画像中。其总体形象特征为：伏羲、女娲两者上半身皆为人形，下半躯为龙体和蛇体。男神伏羲戴冠，女神女娲头梳发髻。伏羲、女娲相对而立，或并肩交尾。"在形体上全国各地都有基本的共性特征，只是伏羲、女娲手中捧的附属物呈现出丰富多彩的地域性特征。具体可分成三大类：1. 持规

---

[1] ［德］恩斯特·卡西尔著，黄龙保、周振选译，《神话思维》，北京：中国社会科学出版社 1992 年版，第 199 页。

[2] 李立，《文化嬗变与汉代自然神话演变》，汕头：汕头大学出版社 2000 年版，第 11 页。

图 5-27　伏羲女娲擎日月
四川石棺画像

矩型；2. 擎日月型；3. 芝草型。"[1] 究其原因应该与各地的文化风俗的差异密切相关。以四川地区出土的"伏羲女娲"图像为例（见图 5-27），二者多为左右分布，右边伏羲和左边的女娲交尾，两者手中都托着圆，右边圆中是一个飞鸟，左边圆中是一蟾蜍。由于右边圆中的乌与太阳鸟的形象相符，所以它是日神的代表。四川之所以出现"伏羲女娲擎日月"形象，是因为它地处古代巴蜀的文化区，那里独立的自然环境、崇尚自然的原始宗教以及古朴与苍茫的地域特色，造就了巴蜀人崇拜日月的远古遗风。既然每个民族都有崇拜日月的习俗，汉画像中太阳鸟形象又代表着太阳神的崇拜，"伏羲女娲擎日月"图像的出现是不是也映射着从远古就流传的日神月神的神话呢？接下来，笔者将对此问题进一步深入分析。

（1）日神月神

首先，《世本·作篇》说："黄帝使羲和作占日。""占日者，占日之晷景长短也。"[2] 王充《论衡》中说："众阴之精，月也。方诸乡月，水自下

[1] 牛天伟、金爱秀，《汉画神灵图像考述》，开封：河南大学出版社 2009 年版，第 1 页。

[2] 〔汉〕宋衷注，〔清〕秦嘉谟等辑，《世本八种·张澍稡集补注本》，北京：中华书局 2008 年版，第 9 页。

来。月离于毕，出房北道，希有不雨。月中之兽，兔、蟾蜍也，其类在地，螺与蚄也。月毁于天，螺蚄舀缺，同类明矣。雨久不霁，攻阴之类，宜捕斩兔、蟾蜍，椎被螺蚄，为其得实。"[1] "以上三个例子证明了伏羲为日神，日神伏羲有造历法之事。当雨多的时候人们便祭女娲，女娲又名女蛙，因为蛙知雨之将至而鸣。祭女娲实际就是祭月。"[2]

其次，从历史的演变出发去探究"伏羲女娲"和日月神之间的关系。上古时期的中国和全世界其他国家一样都有过太阳神崇拜，丰富的文字和文物资料证明了太阳崇拜在当时盛行的状况。就人类文明的发展历史来看，太阳神崇拜属于自然神崇拜，它是较为朴素的原始信仰。太阳神是始祖神，是被人化了的创始者。叶舒宪的《英雄与太阳：中国上古史诗的原型重构》和萧兵《楚辞文化》等著作认为，上古以及秦楚时期，伏羲、羲和、帝俊、太昊、少昊、黄帝、炎帝、颛顼等帝王都是上古时代的太阳神。到了汉代，越来越多的学者认为，泰一、太一、泰皇均是太阳神。黄帝、尧、舜、后羿、商汤、炎帝等许多帝王很可能都是由太阳神演化而来的。这些文献表明，远古时期特别是周代之前中国就存在着一元的太阳神崇拜，而黄帝、伏羲则为诸神中的最高神。自古就有羲和生十日的传说，羲和是太阳神的母亲，它的古音读作 xie，缓读即"羲——娥"，或"羲——和"。这可以推断出，月亮神女娥是华夏民族的母神女娲，它是从太阳神"羲"的名号分化出来的，它象征着古人对月亮的崇拜。女娲和伏羲在传说中是兄妹兼夫妻，所以在汉画像中会出现连体孪生的形象。

综上所述，到了汉代，阴阳五行观思想的盛行，"远古的原始崇拜已渐渐地从一元崇拜衍化成二元崇拜，从单一的太阳神崇拜变成对太阳和月亮的二元崇拜"[3]。

（2）阴阳神

"伏羲女娲"形象代表着汉代对自然神的崇拜已由单性向两性相偶模

[1] 董治安等主编，胡长青整理，《两汉全书》（第十七册），济南：山东大学出版社 2009 年版，第 10351 页。

[2] 田合禄、田峰，《周易与日月崇拜》，北京：光明日报出版社 2004 年版，第 33 页。

[3] 李立，《文化嬗变与汉代自然神话演变》，汕头：汕头大学出版社 2000 年版，第 10 页。

神话之魅

图 5-28　伏羲女娲
四川江安四号石棺

式的演变和定型，是汉代自然神话受到阴阳五行思想规范和制约而形成的必然结果。阴阳五行说在先秦时期就已形成，汉代的阴阳五行说从建构到解构的过程引起自然神话的变化，自然神属性与阴阳五行的对应，是自然神与阴阳五行体系的同构。"董仲舒在《春秋繁露》中说：'天道之常，一阴一阳。'阴阳是天道的常理、常规，因此阴阳便成为当时涵盖一切事物发展变化的恒常之理。根据这样的恒常之理，一切事物必然是由相反的事或物所组成，即'凡物必有合'，而组成事物的相反的两方又必然属于不同的性质，即'合必有阴阳'，阴阳性质不同，阳尊而阴卑，即'同度而不同意'。阴阳五行思想作为汉代的指导思想，其阴阳天道的思维模式为汉代自然神话自然神形象的塑造设下了'窠臼'。"[1]伏羲、女娲一阳一阴，两者形象交尾为合。阴阳学说出自《周易》。"《周易》的根本精神是变化、运动和发展。汉人认为阴阳是事物矛盾的两个方面各自性质的体现，事物的发展和变化体现在内在矛盾变化之中，阳极则阴生，阴至则阳萌，阴阳互化，导致事物性质的变化。"[2]《淮南子·原道训》中的"泰古二皇"和《淮南子·精神训》中的"二神"都解释为伏羲、女娲。日神伏羲和月神女娲为阴阳二神。

---

[1] 李立，《文化嬗变与汉代自然神话演变》，汕头：汕头大学出版社 2000 年版，第 9 页。
[2] 同上，第 12 页。

2. 伏羲、女娲形象的意义

据统计，伏羲、女娲多出现在墓室中的两个位置，一个是墓顶，还有一种是夫妻的合葬墓中。刻在墓顶的"伏羲女娲"图像，前面已经提过它们是日月的象征、宇宙的象征。被刻在夫妻合葬墓中的"伏羲女娲"图像则有其他的寓意。纵观"伏羲女娲"形象出现的地点，它们大多是刻在同一夫妻合葬墓中的对应位置上的，这种对应正响应了前文所提的阴阳对偶。除此之外，"伏羲女娲擎日月"图像在汉画像中的出现也代表着汉代婚姻制度的发展。图5-28是刻在四川石棺上的"伏羲女娲擎日月"图。从图中可以看到石棺上刻有伏羲、女娲阴阳二神，将日月神刻于墓中反映了当时流行的一种丧葬习俗。江苏东海县发现的一座东汉时期的夫妻合葬画像石墓，东主室顶部刻绘伏羲举日像，西主室顶部刻绘女娲举月像。《礼记·礼器》云："大明生于东，月生于西，此阴阳之分，夫妇之位也。"这些例子无非说明伏羲、女娲代表着阴阳两性，在墓中这阴阳的二元正好与男女墓主人的性别相对应。这是对太阳神的一元崇拜到对日月二元崇拜的发展，这种二元的观念又是参照着男女两性的交合模式而产生的，把这种两性交合的观念刻画在墓中作为神话意象就成了伏羲、女娲的交尾图像。伏羲、女娲交尾图像是中国古代哲学阴阳和谐的思想在汉代丧葬文化中的体现。"它借由'日月交合'之象来象征阴阳的和谐，男女墓主人夫妇和睦。"[1]

（四）"后羿射日"

1. "后羿射日"的神话

《楚辞·天问》曰："羿焉彃日？乌焉解羽？"《庄子·秋水》成玄英疏引《山海经》佚文云："羿射九日，落为沃焦。"《易林·履之履》："十

---

[1] 牛天伟、金爱秀，《汉画神灵图像考述》，开封：河南大学出版社2008年版，第30页。

242   神话之魅

图 5-29　后羿射日　河南郑州出土空心模印砖拓片

图 5-30　后羿射日　河南南阳汉墓出土

乌俱飞，羿射九雌，雄得独全，虽惊不危。"这是"后羿射十日"神话在典籍中的最初记载，到了汉代，射十日的故事却发生了重大变化。它演变成："尧时，十日并出，尧命羿射十日，结果射中九日。"西汉刘安撰《淮南子·本经训》云："尧之时，十日并出，焦禾稼，杀草木，而民无所食。猰貐、凿齿、九婴、大风、封豨、脩蛇，皆为民害。尧乃使羿诛凿齿于畴华之野，杀九婴于凶水之上，缴大风于青丘之泽，上射十日而下杀猰貐，断脩蛇于洞庭，禽封豨于桑林。万民皆喜，置尧以为天子。"[1]《淮南子》又云："尧时十日并出，草木焦枯。尧命羿仰射十日，其中九日，日中九乌皆死，堕其羽翼，故留其一日也。"后羿射日，结果射中了九日。我们可以这样理解其原始的寓意："小儿子羿射落了他的九个哥哥（或姐姐），独立继承了母亲羲和的太阳神籍。"[2]这恰巧印证了后羿的身份是太阳神。

[1]　陈广忠译注，《淮南子》，北京：中华书局 2012 年版，第 393 页。
[2]　叶舒宪，《英雄与太阳：中国上古史诗的原型重构》，上海：上海社会科学院出版社 1991 年版，第78 页。

如果我们认为"后羿射十日"的故事是合理的,那么后羿就完全丧失了作为太阳神的特性,成了十日的敌对者,这显然是与后羿的原始身份不相吻合的。

2."后羿射日"的形象

"后羿射日"神话形成于先秦,后羿既是射日英雄又是太阳神话的主人公。"后羿射日"的神话故事在汉代古籍和汉画像中也有记载。图 5-29 和图 5-30 是河南郑州和南阳汉墓出土的"后羿射日"的图像,图像上一个人手持弓正准备射树上的几只鸟。"后羿射日"的传说是射日,在汉画像中我们发现日变成了鸟,这也说明着鸟和太阳之间存在着一定的关系。本章第一节已经从"日中有踆乌"这一图像论证"乌"是阳精的聚集,太阳与鸟以"阳"而整合。经过对汉画像中太阳鸟形象的剖析,我们可以发现日轮中通常都立着一乌,无论是在西汉马王堆出土的帛画还是东汉流传下来的神话,乌在日中的实例不胜枚举。这种现象表明乌在日中是两汉时期具有的普遍性神学共识,它是汉代太阳神话的主要情节。太阳与鸟相合,二者均为阳精的代表。"乌是太阳阳精凝炼、聚合的结果,乌立日中,表明乌既是太阳的'生命',又是太阳的'化身'。因此,以乌作为太阳阳德属性的承载之体,将太阳'物化'为神鸟的形象,便成为汉代后羿射日传说在情节上演变的结果。"[1]

3."后羿射日"的形象意义

"后羿射日"形象包含的寓意,传统的观点不外两种,一种说法为农业上的抗旱需要,另一种说法为太阳家族的内部矛盾。

(1)农业抗旱的需要。所谓"十日并出,焦禾稼,杀草木,民无所食",令人酷热难耐。在这种情况下,人们很自然地形成了本能的反抗意识——射杀害人的、多余的太阳。在农耕时期的生产生活领域,定居的农

---

[1] 李立,《文化嬗变与汉代自然神话演变》,汕头:汕头大学出版社 2000 年版,第 25 页。

耕部落具有抗旱的需要，是为生存所迫；抗旱是最为直接的认识，是对自然现象最直接的反应。从人类学的角度解释，"'十日并出'说大概也是从原始时代的生活经验发生的"[1]。因而抗旱便由一种古代英雄般超凡的行为——射日来表现出来。除此之外，射日神话还反映人类和大自然抗争的主题。"后羿是人类的化身，'后羿射日'神话，表现的是人类自我意识的萌醒，是对人类自我力量的肯定，是对自己创造工具的礼赞！"[2]后羿的种种壮举，反映了人定胜天的精神，其中射日是这些壮举中的组成部分。

（2）太阳神家族的内部矛盾。根据《淮南子·本经训》对"后羿射日"的缘由、过程和结果的描述，从文字上看，"后羿射日"的目的是解除干旱和酷热之苦，但从人类学深究，它实际是代表母系社会的一种"末子相续"制度。"末子相续"制度是指由最年幼的儿子或女儿继承家庭遗产。"后羿"是伏羲和羲和之子，自古有"十个太阳"的传说，羲和为十个太阳之母。太阳十兄妹为了争权夺利，都想独占鳌头，于是原有的轮流值班制度遭到破坏，就出现了"十日并出"的局面。最后，"后羿"射掉了他九个哥哥（或姐姐），剩一个太阳在天上，冲突才得到了解决。神话中曾出现过"羿落九日，落为沃焦"的说法，那么天空中剩下的一个太阳神自然就是后羿本人了。"后羿射日"的神话故事隐隐约约透露出民族学家和人类学家从母系社会中总结出来的所谓"'末子相续'制（又称'幼嗣继承制'）的遗迹"。[3]除此之外，"'后羿射日'神话的寓意还被视为政治统一的标志——十日灭其九，这意味着九个部落被兼并，于是统一的太阳神信仰观念最终被接受"[4]。《帝王世纪》称：商朝人崇拜太阳，"天之有日，犹吾之有民，日亡吾乃亡也"。孟子在《孟子·万章上》中援引孔子的话说"天无二日，民无二王"，实际上也反映了政权统一的愿望。

---

[1] 茅盾，《神话研究》，天津：百花文艺出版社1981年版，第187页。

[2] 廖群，《神话寻踪》，上海：上海科学技术出版社1996年版，第64页。

[3] 叶舒宪，《英雄与太阳：中国上古史诗的原型重构》，上海：上海社会科学院出版社1991年版，第78页。

[4] 孙作云在其《后羿传说丛考》（载《中国学报·第1卷》，1944年）、李玄伯在其《中国古代社会新研》中都持这一观点，其他学者如朱天顺、郭沫若等人也坚持此一观点。

三、汉画像中太阳鸟形象的审美内涵

卡西尔认为创造与运用符号是人类的基本特征，各种文化都产生于人类的符号活动，各种文化现象都是符号形式表示出来的人类经验。"文化的世界不是一个自然的对等物或模仿物，而是人创造的符号象征物。"[1] 从河姆渡文化开始，一直到汉代，太阳鸟凭借着它栩栩如生的形象和深厚的文化内涵昭示着人类世界对光明的向往和对永生的追求。汉画像中的太阳鸟形象是汉代文化的缩影，是汉代具有文化意义的符号象征。"这些象征符号之体系不要仅仅被理解为和解释为趋于多种不同方向，而且弥散于我们精神生活领域与人类心灵的简单表露。它们尽管有差异，但都具有一种内在的统一性。"[2] 太阳和鸟的结合代表着人们对太阳神的崇拜，是祖先崇拜和生殖崇拜的整合。米尔恰·伊利亚德在所著的《神圣的存在》中提到："人类在涉及所有这些神圣时候的自相矛盾的态度。一方面，他希望通过获得同神显和力显的有效联系而确保并加强他自己的存在；另一方面，他又害怕如果他被完全提升到一个比他自然的世俗状态更高的状态，就会彻底失去同它们的联系；他希望超越它却不能完全离开它。"[3] 太阳鸟形象是早期太阳神崇拜的表现形式，随着太阳神信仰的进一步完善，到了后来，太阳与龙、蛇等其他动物结合形成了新的信仰。以至于太阳鸟形象的自然特征逐渐减弱，到最后只作为一种文化的遗存流传后世。当太阳神信仰形成比较完整的原始宗教体系之后，太阳鸟则只保留有象征的意义，其本身不复存在。

---

[1] 朱存明，《汉画像的象征世界》，北京：人民文学出版社 2005 年版，第 25 页。

[2] ［德］恩斯特·卡西尔著，李小兵译，《符号·神话·文化》，北京：东方出版社 1988 年版，第 25 页。

[3] ［美］米尔恰·伊利亚德著，晏可佳、姚蓓琴译，《神圣的存在——比较宗教的范型》，桂林：广西师范大学出版社 2008 年版，第 14 页。

（一）汉画像中太阳鸟形象的象征意义

"仙道思想和求仙愿望是汉代带有普遍性的公众意识，它带来了汉代自然神话的仙化。在汉代自然神话中，自然神形象的神性内涵不断地萎缩，其神仙的特征越来越丰富。这些特征构成了自然神形象新的符号形式，并以其生动活泼的姿态和丰富多彩的形式显示了非同寻常的美学和文学的价值。"[1] 这种仙化思想在许多艺术领域都有所体现，汉画像作为一种体现汉代社会生活百态及人们信仰的艺术形式，它以图像表现的方式向我们直接展示了汉代的风土民情和汉代的生活状态。太阳鸟刻画凭借太阳与鸟形象的结合及神话传说的演绎，在汉代呈现出不同的图像形式和丰富的文化内涵。

1. 对光明的追求

"在中国神话宇宙观的时空坐标中，东方模式是日出处，西方模式是日落处；在神话宇宙模式的垂直系统中，上为阳，下为阴。上和下以不同的动物形象来象征。天空为上，它是各种飞行动物的王国，所以上界的象征几乎没有例外均由鸟类形象来充当。"[2] 这是在中国神话宇宙观模式中太阳和鸟的结合。在前文已经提到"原始互渗律"的概念，"它是初民的神话思维，是根据事物某一点的外在特征按照类比的联想将其归入具有同类特征的类别中去，而不考虑其他方面的差异"[3]。鸟之所以在中国古代神话中代表着太阳，是因为它和太阳同在天空中运行这点相似性。泰勒认为："太阳神崇拜较之其他的物神更早。"太阳是人类最直接感受到温暖的来源，阳光对生命而言是必需的，日升与日落又与昼夜交迭、四季更替有着直接联系，这使人们更容易将太阳神化并加以膜拜。太阳的朝出夕落是人类祖先借以建立时间意识和空间意识的最重要的一种基型，也是引发出阴与阳、

---

[1]　李立，《文化嬗变与汉代自然神话演变》，汕头：汕头大学出版社 2000 年版，第 13 页。

[2]　叶舒宪，《中国神话哲学》，北京：中国社会科学出版社 1992 年版，第 48 页。

[3]　同上。

光明与黑暗、生命与死亡等各种对立的哲学价值观念的原始基型。汉画像中有"十个太阳"形象，《后汉书·仲长统传》中说："沆瀣当餐，九阳代烛。"在谶纬迷信盛行的汉代，人们认为得道升仙的人会把露水当饭吃，用九个太阳代替蜡烛来照明。所以汉代人死后会把"九阳"同时刻画在长夜难明的阴宅。

　　另外，在已发现墓葬中，我们惊奇地看到：被葬原始初民的头部都是朝向东方的，这也与他们的原始宗教神话观念有一定的关系。尼采曾说："金太阳像（所有自然物的）君王，它使自己无论何时何地都要独享人类的崇拜和宗教虔敬。"[1] 东西方在宇宙创生的神话中认为宇宙是由太阳——光明出现为开端的，太阳中心观念的宗教体现了人们对太阳神的崇拜。根据史料记载，太阳神的崇拜经过了四个重要的阶段，首先是人类对初始神太阳神的崇拜，其次是各民族通过对太阳神的崇拜衍生出各族群的始祖神话，紧接着是观象制器神话的出现，最后这一切神话的发展引起了人们对宇宙起源的思考。"太阳每天都从东方升起，给原始初民带来了光明和温暖；有了太阳的照耀，大地才生机勃勃，先民才有充足的食物，才能成功地躲避食肉动物的袭击。相反，如果太阳西沉，随之而来的便是黑暗的降临、寒流的袭击，还有食肉动物的偷袭，总之都是死亡的威胁。"[2] 基于以上的原因，原始初民认为下葬时应让去世的人的头迎向太阳升起的东方，这是因为他们把太阳视为生命体，视为神灵，把太阳视为温暖和生命的象征。赫拉克利特曾说过："太阳是时间的管理者和坚守者，它建立、管理、规定并揭示出变迁和带来一切的季节。"这句话表明：太阳与人类定居生活密切相关，太阳的规则运行为定居的农民们提供了最基本的行为模式和最基础的空间和时间观念，它成为人类认识宇宙秩序，给自然万物编码分类的坐标符号。

---

[1]　何新，《诸神的起源》，北京：时事出版社 2002 年版，第 44 页。
[2]　吴天明，《中国神话研究》，北京：中央编译出版社 2003 年版，第 201 页。

2. 灵魂不灭的信仰

恩格斯在《路德维希·费尔巴哈和德国古典哲学的终结》中说道："在远古的时代，人们产生了一种观念，他们的思维和感觉不是他们身体的活动，而是一种独特的寓于这个身体之中而在人死亡时就离开身体的灵魂的活动。……既然灵魂在人死时离开肉体而继续活着……这样就产生了'灵魂不死'的概念。"[1] 班固的《汉书·艺文志》道："神仙者，所以保性命之真，而游求于其外者也。聊以荡意平心，同死生之域，而无怵惕于胸中。"这句话可以看作班固对神仙下的定义，神仙最重要的特征即在于肉体之长生不死。这种把"长生不死"作为主要追求的神仙思想产生于战国中后期。到汉代，由于神话思维、日月周期变化和时间循环的不朽观的驱使，道家的"肉体不死""灵魂升天"的神仙思想、神仙信仰在统治阶级内盛行，自此以后，神仙信仰即与历代的帝王们结下了不解之缘。帝王们的此种"升仙"情怀对中国几千年的封建社会产生了持久和深远的影响。太阳鸟形象表示人们对太阳的崇拜，人们崇拜太阳不是为了死，而是为了灵魂永生。对太阳的崇拜与灵魂不死的原始意识密切相关，灵魂之所以不死是因为它们同不死的太阳走同一路线。人的肉体死后，灵魂来到了地下世界，经过百般考验，最后借助太阳神的力量重返阳界。人的灵魂若能与太阳结伴而行，人就能超越生死，得到再生。让我们再回到"神话宇宙模式"的垂直系统，在这个系统中东方代表着生，西方代表着死，南方代表着阳，北方代表着阴。一生一死，一阴一阳，两两对立。总之，道家思想中的阴阳观念，阴阳、生死的二元对立的宇宙观对中国古人的神话思维有非常重要的影响。二元论的宇宙观认为：世界万物有相反的两个方向，这两个方向在对立统一中同时存在，在对立和统一的同时也蕴含着一元的宇宙观，即世界的本源是太阳。

---

[1] 《马克思恩格斯选集》（第4卷），北京：人民出版社1972年版，第219—220页。

3. 天文历法的记录

太阳鸟的远古文字记载的形式是"☉"，这是远古初民根据对太阳的观察总结出来的符号，它是对太阳黑子的天文记录。在上古时代，中国的天文历法较为发达，这都归功于先民对天象的观测和研究。《山海经·大荒南经》说："羲和者，帝俊之妻，生十日。"《大荒东经》说："汤谷上有扶木，一日方至，一日方出，皆载于乌。"以上是对太阳的运动规律的记载。《左传·昭公五年》说："日之数十，故有十时，亦当十位。"杜预注："甲至癸也。"《周礼·春官·冯相氏》说："掌十有二岁，十有二月，十有二辰，十日，二十八星之位，辨其叙事，以会天位。"[1]《淮南子·天文训》曰："日之数十。"以上记载证明，太阳神在中国的神话传说中司职历法，古代以十干（十日）为纪年工具。

中国古代还存在着另一历法形式——鸟历。这是太阳与鸟之间密切关系的又一证明。杜预《集解》曰："八方之气，谓之八风。"《说文·风部》曰："风，八风也。东方曰明庶风，东南曰清明风，南方曰景风，西南曰凉风，西方曰阊阖风，西北曰不周风，北方曰广莫风，东北曰融风。"[2]古人认为，八节应八方八风。风与凤通，凤鸟是太阳鸟，可知八风乃是太阳之气所化。古人把鸟作为太阳的象征，这实际是他们祭祀太阳的又一种形式。古人认为是鸟载着太阳在运动，因此太阳的运动规律也被赋予在鸟的身上，于是鸟历就变成了太阳历。鸟历实际上是根据候鸟的迁徙规律制定的一种物候历，因为候鸟的迁徙是根据太阳的运动规律而进行的。另外，在汉画像中，我们发现"后羿射日"图像也有历法改革的寓意。《左传·昭公五年》曰："日之数十，故有十时，亦当十位。"从古籍记载上可以看出，"十日"与"十时"有着关系。上古时期存在着这样一种历法：把一年的周期划分为十等份，或者划分为十个太阳"月"。然后每月用十干中的一个字为其命名，如甲月、乙月、丙月……十月轮完就度过了一年。一

---

[1] 〔清〕阮元校刻，《十三经注疏》（第二卷），北京：中华书局 2009 年版，第 1767 页。
[2] 〔汉〕许慎撰，〔清〕段玉裁注，《说文解字注》，上海：上海古籍出版社 1981 年版，第 677 页。

图 5-31　双鸟负日图（兽骨雕刻）、双鸟朝阳图（象牙雕刻）河姆渡遗址出土

年 365 天，分作十份，成为每月 36 天，余 5 天作闰。这样的纪年方法会不断地积累误差，长此以往，必定会在某一年出现历法混乱、寒暑颠倒的结果，所以就出现了尧命"后羿射日"的神话。

（二）太阳鸟形象的演变及审美特性

1. 太阳鸟形象的演变

河姆渡文化时期，在骨匕上刻有异首同身的双鸟，双鸟的身子上载着闪着火焰的太阳，距今已有 7000 年（见图 5-31），这是迄今发现最早的太阳鸟的图像资料。这类鸟纹的图像很明显出自古籍记载的太阳鸟形象，太阳鸟形象的出现反映了河姆渡人对鸟的特定审美观念。"1980 年陕西临潼姜寨遗址出土一葫芦形彩陶瓶，彩陶瓶上部纯黑而下部绘彩，下部纹饰中，正反两面各有上下相对的两个四方形纹，在方形纹饰中又各有一个鸟头形纹。"[1] 该彩陶瓶距今有 6800 年。

在此之后，安徽省含山县铜闸镇凌家滩遗址出土了名为玉鹰的牙雕，这与河姆渡出土的双鸟纹非常相似。该匕胸腹刻有大小两圆，两圆之间刻有八角星纹，象征太阳与八风八节，鹰首侧视，双翼展翅，神采飞扬（见图 5-32）。两者都是六个钻孔，中心都有太阳纹，都有鸟的形象，可以看出两者有着不可思议的亲缘关系。

---

[1]　蒋书庆，《起飞的太阳鸟——半坡鱼鸟纹初探》，《西北师大学报》，1992 年第 3 期。

图 5-32　玉鹰　安徽凌家滩遗址出土

图 5-33　日乌山　山东莒县
陵阳河出土

在 20 世纪 70 年代，中国考古学者发现了三件大型礼仪性的刻纹陶尊，均属于大汶口文化。山东莒县陵阳河遗址出土的一件陶尊上刻画了一个日乌山的主题符号（见图 5-33），这个图案是东夷人祭日的图腾——太阳鸟。整幅图分为三个部分，上面两个部分代表着太阳和正面展翅欲飞的鸟的复合，图像中太阳被简化成了同心圆，鸟简化成只有飞动的双翅和头部。

浙江余杭良渚文化出土的玉璧，距今已有 5000 年，玉璧上刻有"鸟立祭坛"的图像，该玉璧在考古界有"佛利尔一号璧"（见图 5-34）之称，今收藏在美国佛利尔美术馆里。璧上刻一鸟立在阶梯形基座上，基座中一圆圈纹，下面有一新月形。黄懿陆先生认为："玉璧上的图案可能是传说中以鸟为官职或氏族标志的一种鸟符。"[1]

2001 年 2 月成都金沙遗址出土的太阳神鸟金箔饰（见图 5-35），堪称太阳神鸟的绝唱。"其形制为圆形，用很薄的金箔制作而成，图案可分为内外两层，内层图案中心为一镂空的圆圈，周围有十二道等距离分布的象牙状的弧形旋转芒。外层图案是四只逆向飞行的神鸟，引颈伸腿，展翅

---

[1]　涂敏华，《〈山海经〉太阳鸟神话的考古印证及其文化内涵》，《漳州师范学院学报》，2009 年第 2 期。

图 5-34　鸟立祭坛　良渚文化玉璧　　　　图 5-35　太阳神鸟金饰　成都
金沙遗址出土

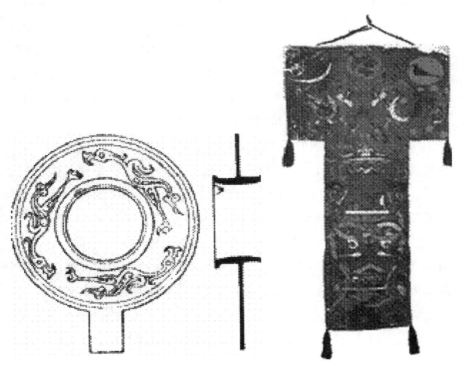

图 5-36　铜三鸟纹璧形器　成都金沙遗址出土　　　图 5-37　T形帛画　长沙马王堆出土

飞翔，首足前后相接，围绕在内层图案周围，排列均匀对称。整幅图案好似一个神奇的漩涡，又好像是旋转的云气或是空中光芒四射的太阳，四只飞行的神鸟则给人以金乌驮日翱翔宇宙的联想。"[1]

太阳鸟的金饰可以看作是古蜀文化的载体，也可以看作是一种信仰的载体。除"太阳神鸟"金饰外，同样在金沙出土的带柄铜璧（见图 5-36），其环面近边缘处有两道同心弦纹，在弦纹与孔壁间铸有三只相同的首尾相接的鸟，圆眼钩喙，长冠长尾，长颈前伸，一对翅膀作展开飞翔状。这两种鸟形的器物，尤其太阳鸟金箔与《山海经》中"金乌载日"的神话相吻合，与同属于古蜀文明的"三星堆文化"出土文物共同印证了一脉相承的"崇鸟崇日"的习俗。

另外，"太阳鸟"形象的岩画在台州亦有发现。2002 年 12 月台州市路桥区桐屿街道共和村茅山头发现秦汉时期的岩画，《台州市志》编者严振非先生在《东瓯国研究·东瓯文化考》认为，所刻的太阳、鸟、禾的图案可能是古越先民图腾崇拜的反映。现今出土的汉代有关太阳与鸟的文物如汉画像砖、墓葬帛画、漆画、岩画等器物的数量则更多，这时太阳鸟形象不仅形式多样而且题材丰富。如西汉时期湖南长沙马王堆一号汉墓出土的帛画（见图 5-37），通长 205 厘米，顶端宽 92 厘米，末端宽 47.7 厘米，呈 T 字形状。这幅帛画的画面，大体可以分成两个部分：上部绘日、月、升龙及蛇身神人等图像；下部绘交龙及墓主人等图像。在帛画的右上角绘一轮红日，日中有一只黑色的鸟，应为"金乌"。可见"金乌"形象在此象征着天上的太阳。整幅帛画勾勒出汉代人心目中的宇宙世界。

经过对各个时期太阳鸟形象的梳理，笔者发现，古代先民的太阳鸟的信仰至少延续了 7000 余年。历史上至少出现过三个阶段的高潮，以河姆渡文化时期为第一阶段，其次是与良渚文化前期相当的大汶口文化期，再次是两汉画像石阶段。太阳鸟形象从最初的"双鸟太阳图"到"日鸟山"的族徽，再到"⊙"作为太阳黑子的象征，最后抽象简化成汉文字"日"，

---

[1] 黄剑华，《太阳神鸟的绝唱——金沙遗址出土太阳神鸟金箔饰探析》，《社会科学研究》，2004 年第 1 期。

可以发现，太阳鸟形象由于人文信仰和历史文化的发展，在每个阶段都呈现出不同的特点。

汉画像作为一种视觉艺术，通过视觉感知的方式表达了人们的宗教幻想和历史文化。巫鸿先生曾讲过："汉画的贡献在于，它由过去的非纯粹艺术欣赏变成了视觉艺术。"所以太阳鸟形象的产生，有着丰富的文化内涵和独特的美学特征。下面笔者将根据汉画像中出现的太阳鸟形象和太阳鸟衍生出的神话故事来解读汉画图案的审美特性。

2. 汉画像中太阳鸟形象的审美特性

（1）规范而夸张，简约而生动

汉画像中鲜活的太阳鸟形象隐含着汉人追求灵魂不死的愿望和羽化登仙的梦想。从刻画手法上看，汉画像雕刻工艺的多样化使其在图案的造型手法上表现出规范而不缺夸张、简洁而充满生动的特点。汉人通过他们的聪明才智和丰富的想象力，运用简单的线条勾勒出一幅幅汉代社会生活的历史画卷。如汉画像中的太阳鸟形象（见图5-1），首先，它采用简单的剪影式平面造型方法刻画出太阳和鸟的外形，然后运用阴线的雕刻突出太阳中鸟的三足的形体特征或者一只飞翔的鸟的动态特征，其余的细枝末节则一概省略掉。通过对太阳鸟形象的概括，我们可以发现，一方面，汉代受材料工艺的制约，其刻画出来的形象具有简约概括的特点；另一方面，其大胆夸张的主体形态又体现了强烈的艺术性，且这种图像的夸张往往是围绕着形态夸张和动态夸张两个方面展开。形态的夸张主要反映在主体部分的夸大上。如"阳鸟载日"（见图5-21）形象，鸟的腹部被夸大，腹部中间刻有一日轮代表着太阳。如"伏羲女娲擎日月"图（见图5-27），它采取人物形象适应平面性的工艺特点，其形象多用方圆结合的手法，整幅图像没有更多的细节刻画，只是表现出人物大体的形象特点以及动态特征。从图像分布上看，伏羲女娲多数是按左右对称的形式组织的正面形象，伏羲女娲相对，日月相对，采取意象化的夸张手段创造出人首兽身的伏羲女娲形象。动态的夸张主要是指汉画像形象的运动形态和气势上的夸张，这是汉画像最重要的美学特征之一。"伏羲女娲擎日月"画面上的对称以及"日月合璧图"中"金乌"动作的一致，它们之间的彼此呼应构成了和谐之美。综上所述，汉代画像石上雕刻的太阳鸟形象既运用平面剪影式的概括简化的手法，也采取强化和夸大的方式突出了对象的典型性，使最终呈现出来的形象不仅简洁明了，而且粗犷生动，充分展示出汉代艺术的力量之美、运动之美和气势之美的时代特色。

以上是对太阳鸟形象的初步分析，由此可见，汉画像的第一个审美特征是注重图像的形式美。在原始社会，图案是图腾和巫术的综合产物，它是远古时期人们丰富的想象力和对生活美好愿望的凝结。到了汉代，由于董仲舒新儒学的推崇，形成了儒学和巫术的统一。这时的图案既来源于现实又不拘泥于现实，它运用简单的线条来再现想要表达的形象，然后经过抽象、夸张变形、借用、象征寓意、双关谐音等方法重新加强艺术的创造力，使之成为装饰化和理想化的图形。如"伏羲女娲"的形象采取了解析组合的构图方法，人们运用丰富的想象力把许多动物和人的形象中具有的美的因素组合在一起，形成了中国人基于理想之上的现实创造。在形式的表达上，汉画像中的图像也存在着在对比中追求整个画面的统一完美的特征。还是以"伏羲女娲"为例，一阴一阳，一刚一柔，从对比中寻求阳刚之美、阴柔之美。另外，汉代画像中形式美的注重具有归纳简化的特点，并运用夸张变形、添加组合、分析重构的手法，使表现出的形象充满内涵和象征意义。

（2）寓意统一，具有象征意义

寓意是指借物托意。"象征是指以彼物比此物、引譬连类。它们的共同点都是以具体的事物的形态、色彩、生活习性等为依据，取其相似或相近之处加以类比，用以表达某种抽象的内涵意义。"[1] 因此，人们在图像的创作中善于把某些自然生活中的动物、植物、人物和景物转化成表达人们某种意念和情感的符号模式。汉画像中的太阳鸟形象就是一个典型，太阳

---

[1] 回顾，《中国图案史》，北京：人民美术出版社 2007 年版，第 7 页。

每天的朝升夕落犹如候鸟的春来秋去，太阳之所以会爬上天空成为人们自然崇拜的产物是因为它是被鸟驮着运行的，这所有的一切都证明太阳和鸟有着不可分割的关系。太阳的光芒就是鸟的鸟羽，太阳像鸟一样在天空飞翔。后来，中国远古对鸟崇拜的情结由起初对太阳的崇拜发展成人类对生殖的崇拜。殷商时期的"玄鸟生商"感生神话和卵生神话的传播，使人们对鸟和太阳又有了新的崇拜——图腾崇拜。太阳崇拜和鸟图腾、鸟部落首领的结合，说明了图腾文化在原始部落的广泛传播。这种图腾文化虽然后来被具体的宗教观念逐渐弱化，但在历史的洪流中仍不可忽略它存在的价值。

太阳和鸟的结合是光明和温暖的代表，是人们灵魂不灭永生愿望的寄托，是至今犹存的英雄主义的延续。通过对太阳鸟形象的文化意义上的探讨，可以总结出汉画像中形象的另一个审美特征——注重图像内涵的表达，这种内涵的表达不是简单的说教或图示，而是通过人类的丰富的想象力做基础，运用具体而生动的纹样形式和象征寓意的艺术手法，使形式美和内涵美融为一体，成为一种有意味的形式。

汉画像中太阳鸟形象是原始初民对大自然变化规律的关注和领悟，是人类思想意识活动的反映。一幅图像的审美价值往往取决于它内涵意义的表达，图像创作的原动力不是来自图像的外在形式多么的华丽，多么的铺张，而是来自图像创作者的情感追求。汉画像中的太阳鸟形象启迪我们，在艺术创作过程中，不应局限于对客观事物的简单摹写，而要将客观事物与人的精神需求相结合，使二者在物质和精神的构架中互相依存。内涵美借助形式美的表达，使图像呈现立象达意、以形传神的美学特征。

综上所述，太阳鸟形象反映出中国图像的双重特点——形式美和内涵美，即创作出来的图像既要注重图像的审美性，又要注重图像的表意性。太阳鸟形象是中华先民太阳崇拜以艺术形式表现的杰出代表之作，它反映了先民们对美好生活的向往，太阳鸟形象表达着追求光明、团结奋进、和谐包容的精神寓意，它造型精练，线条流畅又极富美感，具有非凡而独特的徽识特征。

四、结语

汉画像中的太阳鸟形象代表着远古太阳神崇拜在汉代的延续，这一形象的产生，是原始初民神话思维的结果。到了汉代，由于阴阳五行说的融入和谶纬迷信之说的盛行，汉画像中的太阳鸟形象具有了极为丰富的文化内涵。本文首先追溯了太阳鸟形象的历史根源，用文字和图像的记载证明了太阳鸟形象在河姆渡文化时期就已经出现，太阳和鸟的结合是动物图腾和自然崇拜的整合，它反映了太阳崇拜早期阶段的自然特征。

由于受西汉中期兴起的董仲舒提倡的新儒学及东汉时期形成的道教影响，该时期的太阳鸟形象不仅形式多样而且内容丰富，其图像包括体现太阳神崇拜的"日中有踆乌""金乌载日"、反映道家阴阳和谐观念的"伏羲女娲擎日月"、呈现汉代人宇宙观的"日月合璧"和"日月同辉"，以及赞扬太阳英雄主义的"后羿射日"。通过对汉画像中出现的太阳鸟形象特征的深入分析，证明太阳鸟形象有着光明、生命和永恒的精神寓意，是汉代人民"天人合一"的哲学思想、丰富的想象力和非凡的艺术创造力的完美结合。在两汉时代特有的宇宙观念和审美文化背景下，汉画像中的太阳鸟形象体现出其独特的审美内涵。太阳鸟形象极具张扬的运动感，富于情态的艺术韵律，是汉代人在社会统一、人本位意识增强时期的个性张扬的展现。

第六章

汉画像伏羲女娲的对偶性

汉画像是汉代人留给我们的珍贵的艺术，其内容十分丰富。其中伏羲、女娲图像所占比重较大，对这些图像的研究虽然已经积累了一些成果，但随着艺术考古学的发展，对其研究仍有进一步深入的需要。汉画像中的伏羲、女娲图像不仅具有地域分布特点，同时也有位置分布的特点。伏羲、女娲图像在汉画像中从最初的神仙世界中的最高神，逐渐退居到次要位置，成了西王母、东王公的随从。这说明了伏羲、女娲的神话传说在汉代流传过程中发生了改变，很明显地受到汉代的社会思想及世俗观念的影响。

在汉画像中，伏羲、女娲图像在构图上具有明显的对称性，体现了一种对偶性，如伏羲女娲人首蛇身、蛇尾相交、手执规矩、手捧日月等。伏羲、女娲图像的对偶性不仅体现在空间结构上，同时也体现在构成元素上，更重要的是体现在内容的对偶上。伏羲、女娲本身构成男、女性别上的对偶，男阳、女阴。其手执的规、矩及手捧的日、月也具有对偶性。规天矩地、日阳月阴，构成了一对对的对偶关系。伏羲、女娲图像的对偶性体现了汉代人的两元对立的思维，即万事万物都是矛盾对立的。汉代人用一分为二的观点看待问题，认识到事物在矛盾运动中达到统一的状态，达到中和之美。在墓葬中刻画伏羲、女娲的对偶图像则表现了汉代人的阴阳哲学观，寄托着人们对于阴阳相合、生殖崇拜、子孙繁衍的美好愿望。在充满死亡气息的墓葬中刻画如此具有生命活力的图像，也表达了人们对于再生的美好愿景。

汉画像中伏羲、女娲形象刻画生动，对偶性的图像呈现出丰富的意义内涵，具有独特的艺术魅力，是汉画像中极具特色的图像。伏羲、女娲图像的对偶性表达的阴阳相合的观念一直属于人类最基本的愿望，也是人类得以繁衍的基础，对人类来说具有重要的意义。伏羲女娲图像的对偶性表现，具有重要的美学价值。它表现了中国人在汉代以前就形成的阴阳观念，是汉代阴阳哲学的图像呈现，形象直觉地表现了汉代人的对称之美、中和之美、创造之美。

一、汉画像中伏羲、女娲图像概述

汉画像是中国艺术的典型代表，不仅具有很高的艺术价值，而且对于学者研究汉代的丧葬艺术及汉代的思想风俗有很好的参照价值。汉画像，也称汉画，通常包括画像石、画像砖、壁画、帛画、漆画、铜镜纹饰、玉饰等图像资料[1]。其中汉画像石，就是指汉代地下墓室、祠堂、墓阙等建筑上刻有画像的建筑石块，它们大多属于丧葬礼制性建筑。画像砖、壁画、帛画等汉画像也大多出于墓葬，故多与丧葬活动有关，故汉画像应是一种祭祀性的丧葬艺术。学者对汉画像都给予很高的评价，例如翦伯赞先生就说："我以为除了古人的遗物以外，再没有一种史料比绘画雕刻更能反映出历史上的社会之具体的形象。同时，在中国历史上，也再没有一个时代比汉代更好在石板上刻出当时现实生活的形式和流行的故事来。……在有些歌舞画面上所表示的图像，不仅可以令人看见古人的形象，而且几乎可以令人听到古人的声音。这当然是一种最具体真确的史料。……这些石刻画像假如有系统地搜集起来，几乎可以成为一部绣像的汉代史。"[2] 信立祥也认为："汉画像石无疑应是汉代美术艺术的精华。"[3]

---

[1]　朱存明，《汉画像的象征世界》，北京：人民文学出版社 2005 年版，第 1 页。
[2]　翦伯赞，《秦汉史·序》，北京：北京大学出版社 1999 年版，第 5—6 页。
[3]　信立祥，《汉代画像石综合研究》，北京：文物出版社 2000 年版，第 4 页。

汉画像的内容非常丰富，可谓包罗万象，不仅有神话传说、历史故事，还有渔猎、庖厨、宴会、出行等生活场景。汉画像就如同描绘汉代的画卷，很生动地反映了汉代的社会生活，也反映了汉代人的宗教信仰、思想意识及审美追求。在汉画像中，伏羲女娲的图像占很大的比重，各地出土的汉画像中几乎都能看见伏羲女娲的身影。在这些图像中，伏羲女娲具有独特的形象特征，画面多呈现对称的样式，且二人多是以对偶的形式出现，具有很高的辨识性。

(一) 分布特点

1. 地域分布

汉画像是随着汉墓的不断发现与发掘，才得以展现在人们面前的。汉墓所处的地域不同，出土的汉画像也具有差异。从出土的情况来看，汉画像的分布是不平衡的，按照分布的密集情况可以分为五个区域：第一分布区是由山东省全境、江苏省中北部、安徽省北部、河南省东部和河北省东南部组成的广大区域，第二分布区是以南阳市为中心的河南省西南部和湖北省北部地区，第三分布区是陕西省北部和山西省西部地区，第四分布区是四川省和云南省北部地区，第五分布区是河南省洛阳市周围地区。[1] 根据已经出版的图像资料统计，有关伏羲、女娲图像的汉画像大概有 151 幅（见附录《汉画像中伏羲、女娲图像一览表》），这些伏羲女娲的图像也具有地域的分布特点，大致分布在以山东、四川、河南、陕北这四个区域为中心的地域。

区域不同，图像展现的方式和特色也不同。伏羲、女娲的形象、组成元素也各有特色，如以山东为中心的地区刻有伏羲女娲图像的汉墓主要有安丘董家庄画像石墓[2]、沂南北寨村画像石墓[3]、徐州青山泉白集画像石

---

[1] 信立祥，《汉代画像石综合研究》，北京：文物出版社 2000 年版，第 13—15 页。
[2] 山东省博物馆，《山东安丘汉画像石墓发掘报告》，《文物》，1964 年第 4 期。
[3] 华东文物工作队山东组，《山东沂南汉画像石墓》，《文物参考资料》，1954 年第 8 期。

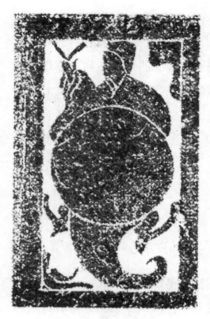

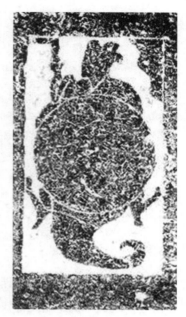

图 6-1　伏羲执规画像　　　　　　　　　　图 6-2　女娲执矩画像

墓[1]等。这些地区汉墓中的伏羲、女娲的形象多为人首蛇身，图像构成元素多是规矩与日月。伏羲、女娲手执规矩或怀抱日月，成对地出现（如图6-1、图6-2）。还有的就是多与西王母或东王公组合出现，伏羲、女娲位于西王母或东王公的两侧，俨然是他们的随从（如图6-3）。

　　图6-1、图6-2为山东省费县垛庄镇潘家疃出土的石刻画像，图6-1为伏羲执规图，在画像中伏羲是人首蛇尾，且具有兽足。手中执规，身上还刻有一个大圆轮，应为太阳。图6-2为女娲执矩图，画面构成与图6-1相似，女娲也是人首蛇尾、兽足。但手中所执物为矩，且身上也刻有一大圆轮，与伏羲对应，这应为月亮。

　　以河南为中心的地区出土的刻有伏羲女娲图像的汉墓主要有南阳针织

<hr />

[1]　南京博物院，《徐州青山泉白集东汉画像石墓》，《考古》，1981年第2期。

图 6-3　西王母、人物、牛羊车画像

厂画像石墓[1]、南阳唐河发电厂画像石墓[2]、南阳市十里铺二号画像石墓[3]
等。此区发现的伏羲女娲图像的特征是，少了手执规矩的图像，而多了手
持仙草、灵芝、华盖的图像。灵芝在汉代人观念中是一种具有神力的药物
和瑞草，在汉画中，灵芝出现的频率很高。此外，此地区的图像中伏羲女
娲除了手持仙草等物之外，还与日月结合出现。在与日月组合的图像中，
伏羲女娲或怀抱日月，或手托举日月，这和山东、徐州等地的图像相似。
另外，在河南地区的伏羲女娲图像当中，常常有云气缭绕。古人认为云
气是阴阳聚合而生的瑞应，故也是汉画中常出现的祥瑞图，如图 6-4、图
6-5。

[1]　周到、李京华，《唐河针织厂汉画像石墓的发掘》，《文物》，1973 年第 6 期。
[2]　《南阳汉画像石》编委会，《唐河县电厂汉画像石墓》，《中原文物》，1982 年第 1 期。
[3]　南阳市文物管理所，《河南省南阳市十里铺二号画像石墓》，《中原文物》，1996 年第 3 期。

图6-6 长宁二号石棺 伏羲·女娲

图6-4 伏羲　　图6-5 女娲

　　图6-4、图6-5中的汉画像为南阳出土，图6-4为伏羲，人首蛇身，蛇尾处生有两兽足。戴冠，着襦服，手执华盖侧身端立，其华盖应为仙草等物的转化，四周装饰着云气。图6-5中刻的是女娲，也是人首蛇身，蛇尾之处也有两兽足。戴冠，着襦衣，手中所持之物为仙草，周围也装饰着云气。

　　以四川为中心的地区的画像石出现的时间晚于河南、山东等地，流行于东汉中期到蜀汉时期。本地区的画像石主要包括石阙、崖墓、石棺等的石刻画及画像石墓和画像石砖墓中的画像石。此地区的画像石中的伏羲女娲图像多呈现手举日月的形象，有时则是一手擎日或月，一手持其他的物件。本地区刻有伏羲女娲图像的墓主要包括长宁县七个洞崖墓群[1]、成都

[1] 长宁县文化馆，《四川长宁"七个洞"东汉纪年画像崖墓》，《考古与文物》，1985年第5期。

　　　　　　　　　　　　　　　　　　　　　　　神话之魅

天回山崖墓[1]等（如图6-6）。

图6-6为四川长宁二号石棺中的画像，画像中的伏羲、女娲，人身兽足，在两足间生有蛇尾，且两尾相交。他们面向而立，手捧日月，另一只手共捧一物，看形状似为灵芝。

以陕北为中心的地区出土的画像石很多，其中以绥德出土的画像石最多。陕北的画像石在墓中主要用于墓门的装饰，一般分布在过道横楣、中柱及边柱上。其中伏羲、女娲图像多分布在门柱和横额的两端，画像主要出现在米脂和绥德等地的汉墓中。如米脂官庄汉画像石墓[2]、黄家塔东汉画像石墓群[3]、绥德辛店画像石墓[4]等。

图6-7 绥德墓门左、右立柱画像

在这个地区出土的伏羲女娲画像由于受到所处位置空间的限制，故画像多比较小，多是分列而立，成对地出现在左右石柱及横额画像的两端。图像刻画没有其他地区复杂，多如水墨描绘一般。如图6-7所示，为绥德墓门左、右立柱画像，伏羲、女娲人身兽足，在两足间生有蛇尾，分别立于两边，手笼在袖中，相对而立。

（二）所处位置

汉画像中的伏羲、女娲图像除了分布的地域不同之外，其所出现的位置也不同。有的刻画在祠堂内，有的刻在墓室的屋顶上，有的刻在门阙上，

[1] 刘志远，《成都天回山崖墓清理记》，《考古学报》，1958年第1期。

[2] 陕西省博物馆、陕西省文管会写作小组，《米脂东汉汉画像石墓发掘简报》，《文物》，1972年第3期。

[3] 戴应新、魏遂志，《陕西绥德黄家塔东汉画像石墓群发掘简报》，《考古与文物》，1988年第6期。

[4] 吴兰、志安、春宁，《绥德辛店发现的两座画像石墓》，《考古与文物》，1993年第1期。

也有的刻在墓室的石壁上。同时伏羲、女娲在画像中的位置也有变化，从中可以看出汉代人对于伏羲、女娲崇拜程度的转变，这对于伏羲、女娲的研究也具有一定的意义。

带有伏羲女娲图像的"壁画墓"是从西汉晚期开始出现在河南、河北以及辽阳等地区。壁画是具有色彩的墓室墙壁装饰画，是不同于雕刻或模印的墓室装饰方式。两汉时期，出现伏羲女娲图像的壁画墓有洛阳卜千秋壁画墓[1]、洛阳浅井头壁画墓[2]、洛阳烧沟61号壁画墓[3]等，在此主要介绍洛阳的卜千秋壁画墓中的伏羲女娲图像。

洛阳卜千秋壁画墓于1976年被发掘，为西汉昭宣时期（公元前86—前49）的一座壁画墓。该墓是由主室和四个耳室组成的，壁画分别绘于墓门的上额、后壁和脊顶砖上。壁画的内容主要是描绘了想象的天堂场景及升天的场面，在墓的顶棚上，自内向外，即自西向东，所绘依次为：黄蛇、日（中有飞鸟）、伏羲、墓主卜千秋夫妇、仙女、白虎、朱雀、二枭羊、二龙、持节方士、月（中有蟾蜍与桂树）、女娲。[4]如图6-8所示，伏羲、女娲分别位于画面的两端，伏羲、女娲皆人首蛇身。在此画面中，伏羲与日相伴，女娲与月相伴，分居画面的西、东两侧，代表着阴、阳两极，中间则为引导和护卫亡灵升天的羽人以及天界的四方神灵。伏羲、女娲均着宽大的服装，将手笼在袖中，各自面对身侧巨大的太阳和月亮，日中有金乌，月中绘有桂树和蟾蜍。从整座墓的壁画内容来看应是以阴阳五行为架构，展现了阴魂升仙的场面，寄托着吉祥永生的愿望。

墓地祠堂又称"祠庙"，是祭祀祖先之处。在墓地建造祠堂，是后人为了给自己的祖先一个灵魂之所。正如巫鸿所说："一旦一个祠堂建造起来，祖先的灵魂居住在里面以后，死者和生者之间的关系便通过不断的祭

[1] 洛阳博物馆，《洛阳西汉卜千秋壁画墓发掘简报》，《文物》，1977年第6期。
[2] 吕劲松，《洛阳浅井头西汉壁画墓发掘简报》，《中原文物》，1996年增刊《洛阳考古发掘与研究》专号。
[3] 洛阳区考古发掘队，《洛阳烧沟汉墓》，北京：科学出版社1959年版。
[4] 孙作云，《洛阳西汉卜千秋壁画考释》，《文物》，1977年第6期。

神话之魅

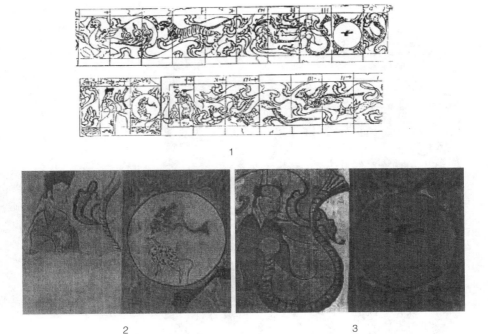

1.壁画摹本　　2.女娲（局部）　　3.伏羲（局部）

图 6-8　洛阳西汉卜千秋墓墓室脊顶壁画

祀而得以延续。"[1]

因此，汉代墓室中多有祠堂的兴建。这类墓地祠堂目前主要见于山东地区，包括山东与江苏徐海地区。其形式有两种：一种是可以供人出入的大型祠堂，有的还会在祠内置有祭台，可摆放祭器、供品，如山东长清孝堂山郭氏祠堂、山东嘉祥武氏祠堂等。还有一种则是不能容身的小型祠堂，如山东嘉祥宋山出土的汉画像小祠堂，这种祠堂据学者的考证，其大小类同于昔日农村所见的土地庙。[2] 在这些石祠中刻有伏羲和女娲图像的有：

[1]　[美] 巫鸿著，柳扬、岑河译，《武梁祠：中国古代画像艺术的思想性》，北京：生活·读书·新知三联书店 2006 年版，第 242 页。

[2]　蒋英炬，《汉代的小祠堂——嘉祥宋山汉画像石的复原》，《考古》，1983 年第 8 期。

图 6-9　武梁祠西壁画像

山东长清孝堂山郭氏墓石祠 [1]、山东肥城乐镇村石祠 [2]、山东嘉祥武氏石祠等，在这些石祠中最有名的当数山东嘉祥武氏石祠。

　　武梁祠西壁画像（图 6-9），该石共分为五层，第一层刻着西王母和许多奇禽异兽；第二层自右至左刻有伏羲、女娲、祝融、神农、黄帝、颛顼、帝喾、尧、舜、禹、桀等一些中国古代传说中的帝王。伏羲、女娲均为人首蛇身，其尾交缠。女娲举规，伏羲持矩，他们中间有一小孩。左边隔栏上题有"伏羲仓精，初造王业，画卦结绳，以理内海"的榜题文字。

[1]　罗哲文，《孝堂山郭氏墓祠堂》，《文物》，1961 年第 4、5 期合刊。
[2]　王思礼，《山东肥城汉画像石墓调查》，《文物参考资料》，1958 年第 4 期。

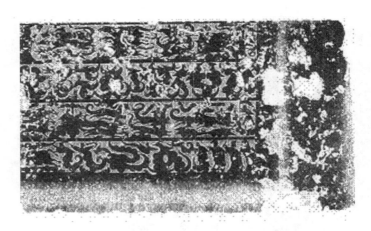

图 6-10　武氏祠前石室屋顶前坡东段画像

此外，同样在武梁祠的前石室屋顶前坡东段画像（图 6-10）中也刻有伏羲女娲的图像。此石画面分四层：伏羲、女娲位于第二层，其中伏羲、女娲位置偏后，女娲执规，伏羲执矩，其尾相互交缠。女娲在后方，面向左，其后有两个人身蛇尾女侍者，一人手举便面。她们后面刻有半个长发小人。伏羲头戴斜顶高冠，面向右。同样的，在武梁祠左石室的后壁小龛西侧画像（图 6-11）中也有伏羲、女娲的形象。

此石共分三层，第一层刻管仲射小白的故事，第二层刻荆轲刺秦王的故事，两层均为历史故事。而第三层中刻有伏羲、女娲，伏羲头戴斜顶高冠，女娲头戴华冠，均为人首蛇尾，两尾交缠。他们背向而立，伏羲执矩，女娲举规。二者当中有两个人首蛇尾的小仙人，两尾部也相互交缠。伏羲面前还刻一长尾、肩生双翼的小仙人，其下刻云纹。女娲面前有一长尾小女仙飞翔，其下也装饰着云纹。在此画像中，伏羲、女娲应是在仙界之中。

汉画像中伏羲、女娲的图像很多，不仅出现在壁画和祠堂画像中，还出现在地下的墓室中。在全国范围内发现和发掘的汉画像石墓已超过两百座，其分布范围较广，"东起海滨，西到甘肃、四川一线，北自陕西的榆

图 6-11　武氏祠左石室后壁小龛西侧
画像

林、北京，南至浙江的海宁、云南的昭通一线"[1]。在早期的墓葬画像中，伏羲、女娲大多出现在墓地上的祠堂画像上，其中如山东长清孝堂山郭氏祠堂及山东肥城乐镇东汉墓等，伏羲、女娲的位置是高踞画像最高层的山墙三角尖顶部分，是创世最高神灵的象征。然而，到了东汉中期以后，伏羲、女娲的形象就较少见于墓祠之中，而多出现于一般的墓室壁画中。如卜千秋墓及其他各壁画墓中的伏羲、女娲也是被绘制在墓室的藻井之上，象征着主宰东、西及阴、阳的神灵。此时，伏羲、女娲更多地以保护神的面目出现，他们一般被刻绘在墓室中的墓门或墓门的侧柱上，用以辟除凶邪、护卫死者的灵魂平安，而西王母反而跃居为最高神灵，居较高的位置。[2] 此地区的画像中的伏羲女娲图像则呈现了一种小尺寸的特征，且伏

---

[1]　信立祥，《汉代画像石综合研究》，北京：文物出版社 2000 年版，第 13 页。
[2]　刘惠萍，《伏羲神话与信仰研究》，台北：文津出版社 2005 年版，第 328 页。

羲、女娲多分立门柱两边，呈现两两相对的对偶形态，具有较强的对称性。

综上所述，从这些汉代墓室的空间结构和图像配置中，已清晰地反映了当时墓葬艺术蕴含的深刻思想与信仰。各式的墓地祠堂或地下墓室中，不同题材内容的画像，其实是按照汉代当时人的宇宙方位观念有规律地配置着的。一般而言，表现墓主在地下世界日常生活的画像配置在后室；其他各类内容的画像主要配置在中室、前室和墓门，大多在天井配置天上世界的内容的图像，门柱和立柱上部多配置仙人世界内容的画像，横梁和门额上配置表现祭祀墓主活动的画像。而其中的伏羲、女娲和镇墓避邪神灵，则具有阴阳和谐、祥瑞平安的寓意。

（二）图像构成要素

在汉画像中，伏羲、女娲的对偶图像构成主要是人首蛇身、伏羲女娲手执规矩及伏羲女娲手捧日月这三种，辅助的图像主要是与西王母、东王公及高禖的组合上。在许多典籍的记载中，伏羲、女娲的形象多是人首蛇身，在汉画像中呈现的伏羲、女娲的形象也是人首蛇身的，这成为伏羲、女娲最显著的特征。人首蛇身的伏羲、女娲对偶图像多呈现两种组合形式：分列和交尾。

伏羲女娲分列的图像是指伏羲、女娲分别被刻画在两块相对的不同的画面上，此类图像大多出现在墓室的门柱上，如山东费县潘家疃石刻画像（图 6-1、图 6-2）、陕西省绥德县石刻画像（图 6-7）等。

另有刻绘在同一画面内，如山东滕州市龙阳店石刻画像。伏羲、女娲呈分列的形式，有时是以二者分居东、西代表阴、阳；有时则受到墓室结构及形制的限制，而不得不让二者分列而立。如图 6-12，此图为滕州市龙阳店出土的画像，在此画像中，伏羲、女娲分立一神物的两侧，伏羲在左，女娲在右，二人皆用手触神物的头角，其尾部与神物的两腿相交，此图也表现了一种很明显的对称关系。

伏羲、女娲蛇尾相交的图像一般呈现的是伏羲、女娲相向而立，尾部

图 6-12 伏羲·女娲

图 6-13 伏羲·女娲·群兽

图 6-14 郫县一号石棺 伏羲·女娲

相交，这种图像在汉画像中经常出现，可称为伏羲女娲的经典组合图。伏羲女娲尾部相交，在画像上则呈现了一种很亲密的关系，如山东滕州市龙阳店附近出土的石刻画像（图 6-13）、四川郫县（今成都郫都区）石刻画像（图 6-14）等。

神话之魅

图 6-13 为早年滕州市龙阳店镇附近画面上刻的伏羲、女娲，人首蛇尾，尾部有足，其尾交缠在一起，二人相对而立，呈现出明显的对称关系；伏羲女娲图像下面则刻有三龙、三虎。图 6-14 为四川省郫县（今成都郫都区）一号石棺中的画像，画面中伏羲、女娲人首蛇身，两尾相交，双面相吻，表现了很明显的亲密关系。此外左边伏羲手执日轮，轮中有金乌；右边女娲手执月轮，画面构造得很有对称之美。

伏羲、女娲最初作为创世的始祖神被崇奉，到了汉代，随着社会环境的变迁与宗教信仰的演变，往往又与阴阳概念相结合，或捧日月或执规矩，于是这两位原始的神灵又被赋予了不同的形象意涵与信仰功能。

《淮南子·说林训》："非规矩不能定方圆，非准绳不能正曲直。"[1]

规和矩是画方圆的工具，属于一种创造型的工具，由于它们具有规范事物，以为准绳的作用，人们往往亦将其比喻为定化世间行事曲直的标准。"故绳者，直之至也；衡者，平之至也；规矩者，方员之至也；礼者，人道之极也。然而不法礼者不足礼，谓之无方之民；法礼足礼，谓之有方之士。"[2]

规矩不仅用于定方圆，同时也代表着现实生活中人们要循规蹈矩，是修身、治国的准则。在汉画像中多出现伏羲执规、女娲执矩的画像，如山东省嘉祥县武氏祠中的伏羲女娲画像（图 6-11）。

在汉画像中，伏羲、女娲除了手执规矩之外，还出现了手捧或怀抱日月的图像（手捧日月的图如图 6-6、图 6-14，怀抱日月的图如图 6-1、图 6-2）。

伏羲、女娲除了手执规矩、日月之外，在汉画像中还出现伏羲女娲手握芝草的图像，河南南阳汉墓中出土的画像石中多有伏羲女娲手拿灵草的图像。灵芝，汉人以为是瑞草和神药。芝草在汉代是神仙思想的一种符号性的象征物，它在汉代美术中被较多地表现。芝草之所以能获得超于它本

---

[1] 陈广忠译注，《淮南子》，北京：中华书局 2012 年版，第 1026 页。
[2] 〔汉〕司马迁，《史记》，北京：中华书局 1959 年版，第 1172 页。

身的社会意义，是因为在汉代以前它就和兰、桂等芳香类植物一起被喻为品德高洁的人。到了汉代，芝草则成为圣德的产物，所以在南阳地区出土的画像石中，伏羲、女娲常执芝草，其形象一般为上部呈伞盖形，下部为长柄，或弧线，或曲线。

综上可知伏羲、女娲图像中的手执物主要分为规矩、日月、芝草这三种，各个分布区虽然有地区的特点，但是伏羲女娲手中所执物也主要是这三种，而没有日常生活中常见的生活物件。可见对于伏羲、女娲手中所拿之物并不是人类随便所选的，而是在一定的社会风俗和思想观念的影响下选择的。"至于选用这些执捧物，也不是为了再现人们所熟知的事物，而是为了表现一些较为具体的人类大脑活动痕迹组成的抽象的认识结构。所以这些执捧物已由人间之物变为神界的一种象征之物，成为一种符号。"[1]这种符号是一种不同于语言符号的特殊符号形式，它们与伏羲、女娲结合具有特殊的含义在里面，不仅成了伏羲女娲图像组成系统的一部分，而且为伏羲女娲图像的内涵增加了更深的含义，使伏羲、女娲与阴阳的观念结合得更加紧密。对于伏羲、女娲手中所执物的选择，包容了人类把存在于思想中的那些类似于现实的幻觉成分加以系统化的种种活动。通过它的刻画，传达了包含其中的人们百般祈求获得祥瑞和子孙繁衍的美好愿望。

伏羲、女娲与西王母、东王公同是汉画中主要的神灵，西王母原是穴居在昆仑之丘中的西方貘族所奉祀的图腾神像。随着时代的发展，西王母的形象逐渐发生着改变，最后发展成了一个貌美的神人，神仙地位逐渐地提高，最后成了掌管不死之药、管理神仙的首领。也是到了汉代，西王母才与东王公成为对偶的关系，共同成为神仙的首领，上升到最高神的地位。伏羲、女娲则从至上神的地位降为西王母、东王公的随从，在汉画像中出现的伏羲、女娲与西王母、东王公组合的图像形象地体现了这种地位关系。

如滕州市东寺院出土的汉画像石（图6-15）刻画的就是伏羲、女娲与西王母的画像，画面分五层：第一、二层，西王母正中端坐，伏羲、女

---

[1]　陈履生，《神画主神研究》，北京：紫禁城出版社1987年版，第35—36页。

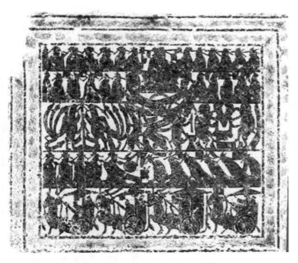

图 6-15　西王母·抚琴人物·车骑出行　　　　图 6-16　伏羲·女
娲·东王公

娲交尾侍在两侧，左右有众多人物端坐在两旁。第三层，左端是一对凤鸟
昂首对立，中间二仙兽及玉兔捣药；右端为两个仙兽对立持物。第四层，
中间刻画一人抚琴，身后四人端坐，面前有六个人躬身坐。第五层为四车
出行图。与东王公组合的图像有邹城市郭里乡黄路屯村画像石（图 6-16），
画面上部刻东王公拱手端坐，两侧为伏羲女娲，伏羲女娲均人首蛇身，蛇
尾相交。二人手举一轮日轮，下部刻三鸟啄鱼。

　　在汉画像当中，伏羲、女娲的图像中还出现一种具有特点的图像，即
伏羲、女娲二人被一神人拥抱在一起（如图 6-17、图 6-18）。有的图像
上的神人为高禖，有的只说是一神人或力士。这种图像组合展现的似乎是
伏羲、女娲强行被撮合在一起，被一种强制的力量控制着。怀抱伏羲、女
娲的神人究竟是谁？学术界众说纷纭，有人认为是盘古，有人主张是高禖，
还有人认为是太一神。《中国画像石全集》（第 2 卷）山东汉画像石图版说
明标为"高禖"，陈长山也认为拥抱伏羲、女娲的天神图像，是古代人们

图 6-17　高禖·伏羲·女娲·孔子
见老子·升鼎画像

图 6-18　沂南汉墓墓门东立柱画像

所膜拜祭祀的与婚姻和人类繁衍攸关的高禖神[1]。而吴曾德则认为此神"或许是天神中最最尊贵的'太一'神","一手抱伏羲，另一手抱女娲，像是强行把他俩结合在一起。一男一女的结合还需外来的力量，可知他们本心是不情愿的……"[2] 同时贺福顺也认为此神是太一神，刘弘也认为"这种神话图像居中的大神即汉代的至上神太一神"[3]。究竟画像中的神是高禖还是太一神，学术界没有统一的论断，故有待后人查证。

　　通过对汉画像中伏羲女娲图像的分布和图像的分析可以看出，到了汉代，伏羲女娲的神话出现了比较复杂的情形，这可能与汉代的社会意识、

[1]　陈长山，《高禖画像小考》，《考古与文物》，1987 年第 5 期。

[2]　吴曾德，《汉代画像石》，北京：文物出版社 1984 年版，第 108 页。

[3]　刘弘，《汉画像石所见太一神考》，《民间文学论坛》，1989 年第 4 期。

哲学思想、宗教文化有极为密切的关系，特别是宗教文化对于汉画中伏羲女娲神话的变化有很大的影响。

（三）汉画像中伏羲、女娲图像出现的思想背景

任何艺术都有适合它存在的土壤，汉画像艺术也不例外。汉画像作为一种丧葬艺术，自然与丧葬习俗有关。自古至今，死亡一直是人类面临的最大的困惑，同时也是人类面对的一件大事。如何面对生命的结束及对死者的安葬的问题，一直是人类关心的问题。"死亡虽被称为生命不受欢迎的结局，却从古到今不断地纠缠着人类的思考：或是引出哲理的冷峻思辨，或是导致宗教的狂迷与执着，或是触发艺术创造的冲动。在人类的思想史和文化史中，死亡与爱情一样也是一个永恒的主题。"[1] 伏羲女娲画像出现在汉代墓室当中，自然与汉代的丧葬习俗有关，同时从伏羲女娲图像的选择到图像展现的特征中可以窥视到汉代人的心理及思想观念。汉代人并不是简单地将神话中的伏羲女娲形象刻画到画像当中，对于画像的选择和表现可以看出更加深层的意义，对于了解汉代人的观念和哲学思想有一定的价值。

1. 厚葬之风

面对死亡这个重大的问题，各国人都有属于自身民族的方式，中国人则特别注重葬礼的形式，这与中国文化中的礼制有关。礼制的目的之一就是要限制人们的情欲，防止感情过分外露；所以各种行为准则控制了人们的感情流露方式，人们就会去创造某种形式来表达自己对逝者的悲痛情感，这样在丧葬活动中就出现了许多细节。这些细节与葬礼的形式就寄托着人们悲痛之情，人们将自己的情感化在行为之中。故在礼的约束下，人们非

---

[1] 郭于华，《死的困扰与生的执著——中国民间丧葬仪礼与传统生死观》，北京：中国人民大学出版社1992年版，第1页。

常注重葬礼，另外在攀比或炫耀财力或借着葬礼来展现自己的孝道的世俗思想影响下，神圣的葬礼仪式被加上了众多的世俗观念。厚葬的习俗在中国自古就有。特别是到了汉代，厚葬之风更加盛行。不论王室国戚、诸侯贵族，还是富商、地主，只要有一定的财力都会选择厚葬。厚葬之风发展到了西汉末年，则成了社会上下各个阶层的风俗，世人争相仿效。到了东汉，厚葬之风更加严重。

> 又今外戚四姓贵幸之家，及中官公族无功德者，造起馆舍，凡有万数，楼阁连接，丹青素垩，雕刻之饰，不可单言。丧葬逾制，奢丽过礼，竞相仿效，莫肯矫拂。[1]
>
> 今京师贵戚，郡县豪家，生不极养，死乃崇丧。或至刻金镂玉，襦梓楩柟，良田造茔，黄壤致藏，多埋珍宝偶人车马，造起大冢，广种松柏，庐舍祠堂，崇侈上僭。宠臣贵戚，州郡世家，每有丧葬，都官属县，各当遣吏赍奉，车马帷帐，贷假待客之具，竞为华观。[2]

举行葬礼，就是为了安慰死者，让已逝者可以安息。古人认为人死后会去另一个世界，这个世界和现实的世界是一样的，人死后在另一个世界当中仍然要生活，仍需要在世时所需的东西。同时也为了死者在另一个世界可以生活得更好，而选择种种随葬品。

2."万物有灵"观

汉代人为何如此看重葬礼的奢华程度？一方面可能是为了跟风仿效，为了向世人展示自己的孝道，另一方面可能是与汉代人对于生死的思考有关。古人一般认为"万物有灵"，这也是古人一直的普遍信仰。中国人认为人类不仅具有这个肉身，还有魂和魄。"根据一个更加复杂的信仰体系，

[1] 〔南朝宋〕范晔撰，〔唐〕李贤等注，《后汉书》，北京：中华书局2000年版，第1708页。
[2] 〔汉〕王符撰，〔清〕汪继培笺，《潜夫论笺校正》，北京：中华书局1985年版，第137页。

人被认为包括一个肉体和两种非物质要素。其中之一称为魄，是使肉体活动的力量，并能操纵它的四肢和器官；另一个要素称为魂，是体验和表达智力、情感和精神活动的工具。"[1] 即认为人是有灵魂的，人的死亡只是肉体的死亡，而灵魂却可以脱离死亡的肉身而存在。

这种灵魂不死的信仰表现了人类对于死亡的不承认，认为死亡只是人的一种状态，并不是人的结束，而是另一种生的状态的开始。灵魂不死的信仰已经深深地渗透到古代人的思想之中。"不死的信仰，乃是深切的情感启示底结果而为宗教所具体化者；根本在情感，而不在原始的哲学。人类对于生命继续的坚确信念，乃是宗教底无上赐与之一；因为有了这种信念，遇到生命继续底希望与生命消失底恐惧彼此冲突的时候，自存自保的使命才选择了较好一端，才选择了生命底继续。相信生命底继续，相信不死，结果便相信了灵底存在。"[2]

"在远古时代，人们还完全不知道自己身体的构造，并且受梦中景象的影响，于是就产生一种观念：他们的思维和感觉不是他们身体的活动，而是一种独特的、寓于这个身体之中而在人死亡时，就离开身体的灵魂的活动。……既然灵魂在人死时离开肉体而继续活着，那么就没有任何理由去设想它本身还会死亡，这样就产生了灵魂不死的观念。"[3] 既然人的灵魂不死，那么对于死者的安葬便尤为重要，因为这是一种再生的仪式。死者是到另一个世界当中生活，所以各种随葬品是必不可少的。现实中存在的物品被送入陵墓和死者一起安葬，只能表示人类对于死者的生活上的关注，而墓室画像的出现，则显示出了人类对于死亡的想象和寄托，表达了人们对于已逝者的以后生活状态的想象和希望。

---

[1] ［英］崔瑞德、鲁惟一编，杨品泉等译，《剑桥中国秦汉史》，北京：中国社会科学出版社1992年版，第684页。

[2] ［英］马林诺夫斯基著，李安宅译，《巫术科学宗教与神话》，上海：上海文艺出版社1987年版，第47页。

[3] 《马克思恩格斯选集》（第4卷），北京：人民出版社1972年版，第219—220页。

3. 墓室画像的选择及作用

人类既然有魂和魄，而人死后灵魂不死，所以人们要为不死的灵魂安排以后去处。"对魄的需要的注意说明了出现大量有豪华装饰和陈设的墓葬的原因，在墓中魄就可以具备所需要的设备和防备危险的必要手段。对魂来说，人们可能提供象征的手段和护符，以送它平安地到达乐土。此外，还有一种习俗，即墓葬中的陈设包括一件直接取材于五行论的特种护符；通过这个手段，人们希望死者的灵魂将被安全地安置在可以想象到的宇宙中最有利的环境之中。"[1] 这表达了人们对于死者灵魂的去处的美好愿望。

在祠堂或墓室中描绘或刻画图像，是有一定的思想载体的。所画的画像不单单是图像，而是承载了思想的有灵魂的符号。"原始人，甚至已经相当发达但仍保留着或多或少原始的思维方式的社会的成员们，认为美术像，不论是画像、雕刻或者塑像，都与被造型的个体一样是实在的。格罗特写道：'在中国人那里，像与存在物的联想不论在物质上或精神上都真正变成了同一。特别是逼真的画像或者雕塑像乃是有生命的实体的 alter ego（另一个'我'），乃是原型的灵魂之所寓，不但如此，它还是原型自身……'"[2] 所以画像具有一定的灵性，具有一定的象征意义。在汉代的墓室中出现的画像，可能是一种随葬品，这种画像的出现可能是受到西汉以来在日常居室中流行壁画的影响。汉画像的内容包罗万象，不仅有社会生活，还有神仙世界；不仅有历史故事，还刻有神仙故事。人类既然相信万物有灵、灵魂不死，所以为死者准备的一切就是为了死者能够在另一个世界当中过舒适的日子。因此"墓室壁画不仅是对生前实际生活的描述，更是具有实质意义的一种随葬物。这种现象，被解释为古代人思维中对文字、图像所具有的魔力的相信，即凡是可以说出、写出、绘出的事物，在一定的宗教仪式的转化下，即成为真实存在于此世或另一世界中的事物。这是

---

[1] ［英］崔瑞德、鲁惟一编，杨品泉等译，《剑桥中国秦汉史》，北京：中国社会科学出版社 1992 年版，第 685 页。

[2] ［法］列维－布留尔著，丁由译，《原始思维》，北京：商务印书馆 1985 年版，第 37 页。

古代宗教中再生仪式和死后世界信仰之所以能成立的基本原因"[1]。

为何在墓室中选择刻画伏羲女娲图像？前面已经分析了伏羲女娲画像的特征，从那些图像特征中可以看出伏羲、女娲与日月、规矩的联系，间接反映了伏羲、女娲与阴阳的联系，此外伏羲女娲以对偶的形式出现，且有时蛇尾相交，这反映了阴阳相交、化生万物的观念。故伏羲女娲图像出现在汉墓中不仅是作为一种保护神的身份，同时也应象征对生殖的崇拜、希望子孙繁衍的愿望及宇宙阴阳调和的信仰。

二、伏羲、女娲神话与图像中的对偶性

汉画像中的伏羲、女娲图像是根据伏羲、女娲的神话传说而塑造的，在神话传说中，伏羲、女娲是上古重要的神灵。他们原属于不同的部落神灵，是独立存在的，只是在以后发展过程中，伏羲、女娲神话传说受世俗观念的影响逐渐发生了改变，伏羲、女娲由原来独立的神灵而成了对偶神。汉画像中的伏羲、女娲图像不仅体现了伏羲、女娲在神话传说中的形象特征，更重要的是展现了伏羲、女娲在汉代的思想观念的影响下发生的改变。对偶性是伏羲、女娲神话与图像中共同展现出来的特征，伏羲、女娲对偶神的形成与对偶图像的呈现，明显地体现了汉代人对于和谐美、对称美、中和美的追求。

（一）对偶与汉文化

对偶本是中国语言文学中的一种修辞手法，指的是字数相等、结构相同或相似、意义相关的字或词组合在一起，形成了中国语言文字中独特的修辞方式。在古代的诗、词、文中，对偶这种修辞方式被大量地运用，创

---

[1] 蒲慕州，《墓葬与生死：中国古代宗教之省思》，北京：中华书局 2008 年版，第 198—199 页。

造出了许多经典的诗词歌赋，同样也产生了独特的魅力。对偶的特点是成双成对，具有对称之美，同时也具有节律感。许多专著都论及对偶，如黄伯荣、廖序东在其主编的《现代汉语》中谈到对偶时认为："对偶，从形式上看，音节整齐匀称，节律感强；从内容上看，凝练集中，概括力强。它有鲜明的民族特点和特有的表现力。"[1]

对偶的对称均衡之美，不仅仅体现在形式上，它更体现了中国传统宇宙模式和思维模式的统一。对偶体现的是一种辩证的思维，体现了对立统一的观念，是中国传统思维模式的产物。"对偶或对仗，实际上就是硬性规定的一个格式，叫你揭露矛盾、对立，看起来是公式化，形而上学，运用起来，却又是很辩证的，有助于辩证思维的发挥作用。"[2] 辩证思维是一种通过"对客观事物进行矛盾分析，揭示事物的内在矛盾和矛盾运动，从而得出合乎逻辑的结论"[3] 的思维方式。辩证思维是中国传统哲学的特点之一，这种思维特点体现在中国传统文化的很多方面。如老子的"道生一，一生二，二生三，三生万物，万物负阴而抱阳，冲气以为和"。具有对偶性的词包含天地、尊卑、男女、阴阳、刚柔、日月、生死等，这些词也体现了一种对立统一的关系。每对词中都是由两个相互对立的字构成，但是这些相互矛盾对立的字组合在一起，就体现了事物的本质。

对偶不仅体现了汉民族的辩证思维，也体现了汉文化中的对称之美、中和之美。首先对偶具有形式上的对称美，"对偶所以成立，在形式方面实是普通美学上的所谓对称"[4]。张弓先生在《现代汉语修辞学》中也曾说过："对偶式的特征就是对称均齐。"[5] 对偶的形式均衡、整齐，具有美学上的对称，这种对称符合大众的审美心理。每个人都希望得到和谐，在艺术中追求对称之美。中国传统的美学追求就是成双成对、双宿双飞，万事成双。简言之就是追求对称美，追求和谐美、中和美。对偶体现了整齐感，

[1] 黄伯荣、廖序东，《现代汉语》（下册），北京：高等教育出版社 2002 年版，第 264 页。
[2] 严北溟，《论律诗对偶形式与辩证思维》，《社会科学战线》，1982 年第 3 期。
[3] 辩证逻辑纲要编写组编，《辩证逻辑纲要》，郑州：河南人民出版社 1982 年版，第 97 页。
[4] 陈望道，《修辞学发凡》，上海：上海教育出版社 2001 年版，第 206 页。
[5] 张弓，《现代汉语修辞学》，天津：天津人民出版社 1963 年版，第 143 页。

但是这种整齐并不是一致，而是由相互对立的事物组成，整齐中蕴含着变化，呈现的是一种动态的均衡之美。

对偶由一种修辞手法逐渐被转化为一种美学追求，由原初的用在诗词歌赋之中，逐渐扩散至整个艺术、生活之中，中国的绘画、雕塑，甚至建筑中都能看到对称的形式。汉画像中最突出的就是伏羲、女娲图像的对偶，这种对偶体现了汉代人对于对偶的继承与发展，同时也体现了汉民族对于和谐美的追求。伏羲、女娲这对对偶神形成的阴阳关系，蕴含的阴阳学说体现了汉代人对于中和美、和谐美的追求，对偶这一修辞手法发展到汉代，具有了均衡美的象征。

（二）神话传说中伏羲、女娲对偶神的出现

1. 神话传说中的伏羲

关于伏羲的传说，古代典籍中多有记载。但是在各种文献记载中，伏羲的名号比较繁杂，有多种不同的写法，如庖牺、宓羲、伏戏、宓牺、虙戏、宓戏等，归纳起来有十余种。如《荀子》《庄子》和《淮南子》等书中写作"伏戏"；《帝王本纪》中写作"包牺氏"；《汉书·司马迁传》《管子·轻重戊》作"虙戏"；《汉书·古今人表一等上》作"宓牺"；《易·系辞下》作"庖牺"……

对于伏羲的众多名号，学者多有论及。其中大多是根据伏羲的传说事迹来解释的，如"庖牺氏"之名，一些学者认为"取牺牲以供庖厨"是"庖牺氏"的功绩之一。汉唐以来的学者，在考察伏羲的名号之时，大多将伏羲看作上古神人或帝王，一般从字的意义或读音方面来研究。近代以来的学者，多将伏羲与图腾信仰相结合来探讨其名号。以上学者对于"伏羲"名号的解释大多是根据字的读音和意义及伏羲的传说和事迹来推测的，认为伏羲的名号与渔猎、畜牧活动及图腾崇拜有关。但是在远古时代，并没有汉字。古人一般通过镌刻或结绳记事，一些传说故事大多通过口头相传，所以"伏羲"二字也许只是记音的符号，不一定有特殊的含义。关于

后来出现众多的名号，可能是后人推崇伏羲这个古代圣王，而多穿凿附会。对此王献唐认为：

> 故书所释伏羲名义，如"伏别羲献"及"取羲充庖""包含万象""服牛乘马"诸说，更可勿须置辩。以牺为牺牲，则无以解戏；以伏为别，则无以解包；以庖为庖厨，则无以解宓。而伏羲十名，又皆异字同称，不能以一义通释，皆非真谛也。真谛之出，愈古愈质，必眼下浅显事理，一语可以勘破者。汉、魏而下，但望字生义，展转推籀，愈求愈深，而去古愈远。[1]

故对于伏羲各种名号的解读大多没有什么意义，"伏羲"一词具有如此多的写法，可得知此词没有固定的字，也没有固定的形。也许只是在人们的口头传播的过程中，记录者依音记字，且没有统一的标准，故会出现如此多的写法。

作为神话传说中的人物，伏羲的诞生也具有很明显的神话色彩，关于他的诞生有以下记载：

> 太昊帝庖牺氏，风姓也，母曰华胥。燧人之世，有巨人迹出于雷泽，华胥以足履之，有娠，生伏羲。长于成纪，蛇身人首，有圣德。[2]
>
> 大迹出雷泽，华胥履之，生伏羲。[3]

由此可知，伏羲是其母华胥踩到神人的足迹而感孕所生。这种传说是蒙昧时期的产物，在远古时代，原始先民处于一种生产力低下的阶段，属于母系社会，婚姻状况比较混乱。那时的人类文明程度不高，还不明白生命因何而诞生，认为母亲孕育并创造生命是一个奇迹，所以关于伏羲出生

---

[1] 王献堂，《炎黄氏族文化考》，青岛：青岛出版社 2006 年版，第 310 页。
[2] 〔晋〕皇甫谧，《帝王世纪》，北京：商务印书馆 1936 年版，第 2 页。
[3] 〔宋〕李昉等，《太平御览》（第一册），北京：中华书局 1960 年版，第 655 页。

的传说正是反映了母系社会的社会特征。伏羲作为远古时期的一个部落的首领，他的诞生神话传说也反映了原始先民对于自己首领的崇拜，他被人们赋予了神的力量。

综合以上的文献记载，伏羲被描绘成一个神人的形象，与凡人大异。关于伏羲人首蛇身的问题，闻一多在其著作《伏羲考》中指出，伏羲的人首蛇身形象，说明伏羲氏族是蛇部落或龙部落。对伏羲女娲人首蛇身（或龙身）外表形象的神话传说，"不但是褒之二龙以及散见于古籍中的蛟龙、螣蛇、两头蛇等传说的共同来源，同时它也是那人首蛇身的二皇——伏羲女娲和他们的化身——延维或委蛇的来源。神话本身又是怎样来的呢？我们确信，它是荒古时代的图腾主义的遗迹"[1]。

在先秦的典籍中记载的伏羲是上古氏族部落的一名首领，但是经过战国末年诸多学者的加工与编造，伏羲成为上古时期帝王的"三皇"之首。到了汉代，又受阴阳五行学说及纬书的影响，伏羲神话被改造成了政治社会的宣传工具。关于伏羲的神话传说，也就由原始的神话传说转变为圣王的神话，由此伏羲具有多种文明创造如结绳网罟、创制八卦、制嫁娶之礼及作琴瑟等等。

最早提到伏羲的典籍是《易经》，其他的典籍中也记载了关于伏羲的功绩。

古者包牺氏之王天下也，仰则观象于天，俯则观法于地，观鸟兽之文，与地之宜；近取诸身，远取诸物，于是始作八卦，以通神明之德，以类万物之情。作结绳而为罔罟，以佃以渔，盖取诸离。[2]

炮牺继天而王……作罔罟以田渔，取牺牲，故天下号曰炮牺氏。[3]

今《易》之《乾》《坤》，足以穷道通意也，八卦可以识吉凶、知祸福矣，然而伏戏为之六十四变，周室增以六爻，所以原测淑清之道，

[1] 闻一多，《伏羲考》，上海：上海古籍出版社 2006 年版，第 24 页。
[2] 〔魏〕王弼撰、楼宇烈校释，《周易注校释》，北京：中华书局 2012 年版，第 247 页。
[3] 〔汉〕班固，《汉书》，《二十四史》，北京：中华书局 2000 年版，第 870 页。

而据逐万物之祖也。[1]

以上关于伏羲创制各种文明业绩的传说，说明了人类向文明发展的必然成就，这些文明的创制加在伏羲的身上，使伏羲的形象更加高大，逐渐成了文化英雄的代表。

2. 神话传说中的女娲

女娲，是中国民族神话传说中最古老的先祖之一。对于女娲的记载，多见于《楚辞·天问》《礼记·明堂位》和《山海经·大荒西经》。在流传下来的文献中，女娲被描述成创造和化孕人类的始祖神。如《大荒西经》云：“有神十人，名曰女娲之肠，化为神，处栗广之野，横道而处。”[2]

对于女娲名字的由来，众多学者皆有论及。女娲的名字是由两个汉字组成：“女”和“娲”，“女”的意思是“女性”“女人”，而“娲”则是一个特殊意义的汉字。“娲”从“女”，“呙”声，《说文解字》上说：“娲，古之神圣女，化万物者也。从女，呙声。”[3] 在词源上，“呙”字有圆形、盘旋、上面微凹等意思。刘毓庆在《“女娲补天”与生殖崇拜》中分析了一些从“呙”的字，这些字多与器皿和圆形有关，由此刘毓庆认为，“娲”字本意所指，是与女性有关的呈圆状之物或容具，“娲”字之本意即女性器，女娲乃女生殖器的生命化、人格化。[4]

另外，李福清在其书《中国神话故事论集》中也介绍了关于女娲名字的研究，其中主要介绍了美国汉学家 E. 舍弗尔对此的研究，主要论述如下：

E. 舍弗尔是专门研究中国古代女神问题的，他试图从分析“娲”

---

[1] 陈广忠译注，《淮南子》，北京：中华书局 2012 年版，第 1261 页。
[2] 袁珂，《山海经校注》，成都：巴蜀书社 1993 年版，第 445 页。
[3] 〔汉〕许慎，《说文解字》，北京：中华书局 1963 年版，第 260 页。
[4] 刘毓庆，《“女娲补天”与生殖崇拜》，《文艺研究》，1998 年第 6 期。

字本身也是由限定词"女"和语音部分"呙"组成的出发，解释女娲
其名的语源。"呙"的独立的意义是"变弯曲"，"歪斜的脸"。很明显，
语音在这里没有加进补充的意义，然而 E. 舍弗尔把复合词"女娲"
中"娲"（娃、剐二音）与同音字其中包括"蜗"作对比，"蜗"的偏
旁"虫"（按巴第词典，常把女娲的名字写成"蜗"——蜗牛的情形）。
这位美国汉学家援引了一系列同音或者近音字："洼""蛙"等等。他
提出一个假设，认为女娲最初可能是水洼之神，居住在潮湿地带的湿
淋淋的、全身光滑的生物。E. 舍弗尔认为，女娲最可能是蛙女神。[1]

其中提到了"蛙"，蛙在先民的生殖崇拜中是作为女性的象征物存在
的，后来也有人认为女娲即蛙。"在动物世界里蛙最富有生殖能力，蛙便
成为女神的象征。"[2]

"女娲实为古中原一部落的首领，后被神化为创世神，她的部落以蛙
为图腾，故号为女娲。性崇拜转为图腾物是件轻而易举的事，因为性象征
物本身就因为性崇拜而具神性，氏族组织在推究先祖的来源时，很自然就
跟生殖神挂上钩，这样便造就了蛙这一集女性崇拜与图腾崇拜为一体的神
物，女娲又从图腾物中诞生出来，所以，蛙的符号成为神的符号的重要来
源。"[3]据以上分析可知，女娲的名字与生殖崇拜有关。

关于女娲的神话，据司马贞《补史记·三皇本纪》载：

> 女娲氏，亦风姓，蛇身人首，有神圣之德，代宓牺立，号曰女
> 希氏。[4]

一曰：女娲亦木德，王盖宓牺之后，已经数世，金木轮环，周而
复始，特举女娲，以其功高而充三皇，故频木王也，当其末年也，诸

---

[1]　[俄]李福清，《中国神话故事论集》，北京：中国民间文艺出版社 1988 年版，第 26—27 页。

[2]　田兆元，《神话与中国社会》，上海：上海人民出版社 1998 年版，第 8 页。

[3]　同上，第 11 页。

[4]　上海古籍出版社、上海书店编，《二十五史》，上海：上海古籍出版社、上海书店 1986 年版，第
　　362 页。

侯有共工氏，任智刑，以强霸而不王，以水承木，乃与祝融战，不胜而怒，乃头触不周山，崩，天柱折，地维缺，女娲乃炼五色石以补天，断鳌足以立四极，积芦灰以止淫水，以济冀州，于是，地平天成，不改旧物。[1]

对于这位人类的始祖神究竟是什么形象，典籍中多记载为"人首蛇身"的形象，如东汉王逸在《楚辞·天问》注中写道："女娲，人头蛇身。"这和伏羲的形象是一致的，女娲的人首蛇身的形象也可以理解为女娲所处的部落是以蛇或龙为图腾的，对于这点冯天瑜是这样论及的："'人头蛇身'的女娲成为古代长江流域普遍崇拜的始祖神，说明中部地区上古初民是以蛇为图腾的，而北方初民则以熊为图腾，这大约与黄河流域、长江流域的气候特点有关。前者较为寒冷干燥，多产熊罴，后者较为温暖潮湿，多产长蛇。熊和蛇分别对北方和中部的初民生活发生重大影响。因此，北方和中部的初民分别对熊和蛇顶礼膜拜，甚至将其视作始祖神。"[2]

据典籍的记载，女娲的功绩主要有化生万物、抟土造人和炼石补天。较早记载女娲的古代典籍是《山海经·大荒西经》和《楚辞·天问》，《大荒西经》云：

> 有神十人，名曰女娲之肠，化为神，处栗广之野，横道而处。郭璞注："女娲，古神女而帝者。人面蛇身，一日中七十变。其腹化为此神。"[3]

此中出现了很重要的"化"字，女娲的肠子化成了十个神人，这种传说反映了尸体化生的观念。尸体化生的方式主要出现在宇宙和人类的起源

---

[1] 上海古籍出版社、上海书店编，《二十五史》，上海：上海古籍出版社、上海书店1986年版，第362页。
[2] 冯天瑜，《上古神话纵横谈》，上海：上海文艺出版社1983年版，第70页。
[3] 〔汉〕刘歆编，〔晋〕郭璞注，《山海经》，上海：上海古籍出版社1989年版，第110页。

神话中，如中国神话中盘古死后化生万物。

另外在《淮南子·说林训》中则有诸神合作创造万物的记载：

> 黄帝生阴阳，上骈生耳目，桑林生臂手，此女娲所以七十化也。
> 高诱注："黄帝，古天神也。始造人之时，化生阴阳。上骈、桑林
> 皆神名。女娲，王天下者也，七十变造化，此言造化治世非一人之
> 功也。"[1]

袁珂就此提出了女娲为主、众神为辅的创造人类的观点："原来在女娲与诸神合作创造人类、一天孕育多次的过程中，有来助其生阴阳性性器官的，有来助其生耳目手足的。"[2] 无论是女娲化生神人还是和众神合作创造万物，总之都体现了女娲化育万物的功能，体现了人类始祖母的神格。

女娲抟土造人的神话在中国流传得很广，这是关于人类起源的神话。《太平御览》卷七八引《风俗通义》：

> 俗说天地开辟，未有人民。女娲抟黄土作人，剧务，力不暇供，
> 乃引绳于缍泥中，举以为人。故富贵者，黄土人也；贫贱凡庸者，缍
> 人也。[3]

从这段记载中可知女娲创造人类之时，天地刚开辟还没有人类，女娲创造了最初的人类。

再者从女娲造人的工具上来看，女娲是选用黄土来捏制人类的。关于泥土造人的神话，在世界的许多民族都有流传，成为一个神话母题。为何要用泥土来造人，学者冯天瑜作了这样的推想："初民在劳动时，身上常常产生汗泥，用手一搓，便出现泥条，这就容易使人产生'人类由泥土造

---

[1] 何宁，《淮南子集释》，北京：中华书局 1998 年版，第 1186 页。
[2] 袁珂，《古神话选释》，北京：人民文学出版社 1985 年版，第 19 页。
[3] 〔宋〕李昉等，《太平御览》，北京：中华书局 1966 年版，第 365 页。

成'的错觉。更重要的是，在氏族社会后期，当人类由'蒙昧时代'进入'野蛮时代'之际（如中国的仰韶文化阶段），开始学会用土坯烧制陶器。泥土既然可以制作各种形状的器物，人们当然就会联想到用泥土造人。这大概是巴比伦、埃及、希腊、犹太和中国都有泥土造人传说的缘故。"[1]

化生人类和抟土造人是女娲作为始祖母的事迹，另外女娲炼石补天、理水、制婚姻等则体现女娲的文化英雄神格。文化英雄"不仅用于称呼那些最先发现或发明种种文化成果（如使用火、创制劳动工具、培育植物、驯养动物等）并将其技艺授予人类的神话人物，也包括那些制定最初的婚姻制度、习俗、仪礼，以及祛凶除怪、消除世间混乱、为人类确立较普遍的社会生活秩序的神话英雄"[2]。此外梅列金斯基在《神话的诗学》中也有关于文化英雄的解说，即"文化英雄的特质不仅归结于有益于人类的文化客体之获取，而且'文化'也包括总的协调；这种协调正是为取得自然界的均衡、保证日常生活所必需"[3]。由此可知女娲不仅是上古时期的始祖神，同时也是一位文化英雄。

作为一位文化英雄，女娲的功绩首先体现在炼石补天上。关于女娲补天的神话最早出现在《淮南子·览冥训》中，书中记载的神话是这样的：

> 往古之时，四极废，九州裂，天不兼覆，地不周载；火爁炎而不灭，水浩洋而不息；猛兽食颛民，鸷鸟攫老弱。于是女娲炼五色石以补苍天，断鳌足以立四极，杀黑龙以济冀州，积芦灰以止淫水。苍天补，四极正；淫水涸，冀州平；狡虫死，颛民生；背方州，抱员天；和春阳夏，杀秋约冬，枕方寝绳。阴阳之所壅沉不通者，窍理之；逆气戾物、伤民厚积者，绝止之。[4]

[1] 冯天瑜，《上古神话纵横谈》，上海：上海文艺出版社 1983 年版，第 74 页。
[2] 杨利慧，《女娲的神话与信仰》，北京：中国社会科学出版社 1997 年版，第 44 页。
[3] [苏] 叶·莫·梅列金斯基著，魏庆征译，《神话的诗学》，北京：商务印书馆 1990 年版，第 222 页。
[4] 陈广忠译注，《淮南子》，北京：中华书局 2012 年版，第 323 页。

除了炼石补天和理水之外，女娲的另一个作为文化英雄的事迹是制定了婚姻规矩。由于婚姻与子嗣是相连的，所以在民间女娲也被奉为"送子娘娘"。总之，女娲是上古时期重要的始祖神，是万物的化生者。"即使在现存的女娲这样一个女性神的形象身上，仍然折光镜似的反映着史前母系氏族公社制度的生活情景，表现了妇女在人类社会发展那一重要阶段所起的决定性作用。"[1]

3. 伏羲、女娲对偶神的出现

在文献典籍中，女娲之名大多列于伏羲之后，但是在先秦文献中，女娲的名字却较伏羲出现得早些。两者的名字并称最早见于《淮南子·览冥训》。但是关于二者关系，历来学者说法不一，大致有兄弟说、兄妹说和夫妇说这三种。关于兄弟说，闻一多认为是最无理由的，是学者有意歪曲事实的。"较早而又确能代表传说真相的一说，是兄妹说。"[2]

伏羲、女娲本是两个各自流传的神话，只是到了后来才融合在一起的。对此锺敬文认为："伏羲大概是渔猎时期部落的酋长形象的反映，而女娲却似是农业阶段女族长形象的反映。所以他们被说成相接续的人皇，被说成兄妹，被说成夫妻。"[3] 这是从时代的承接性来看伏羲、女娲被相提并论的原因。而李子贤则认为："从古代文献中关于女娲、伏羲的神话内容来看，女娲应是母系氏族的神祇，伏羲是父系氏族公社的神祇，二者系代表两个不同社会发展阶段的神，是不大可能成为兄妹或夫妻的。……关于女娲、伏羲为兄妹或夫妻的文字和图画，可能是后人的穿凿附会，也可能是受南方少数民族神话的影响。"[4]

对于伏羲女娲的结合，前辈学者也有不同的主张：郭沫若认为，母系社会转变为父系社会，所以把原是至高神的女娲降到伏羲之妻的从属

---

[1] 冯天瑜，《上古神话纵横谈》，上海：上海文艺出版社 1983 年版，第 77 页。

[2] 闻一多，《伏羲考》，上海：上海古籍出版社 2006 年版，第 4 页。

[3] 锺敬文，《马王堆汉墓帛书的神话史意义》，《中华文史论丛》，1979 年第 2 辑。

[4] 李子贤，《试论云南少数民族的洪水神话》，《思想战线》，1980 年第 1 期。

地位上；森山树三郎认为，由于中国汉民族不喜欢独立神，总是把原来的独立神配以他神而成为对偶神的习惯使然。古野典之则提出，画像上出现的伏羲女娲对偶神的原因是基于当时他界再生的民间信仰，而从独立神到对偶神的转化期间，是汉民族受到洪水神话的影响。杨利慧则主张伏羲女娲二神的黏合是因为二者都是被尊奉的部落或氏族的始祖或文化英雄，她还从文化史的角度对此进行了解释："原本独立的女神，在社会发展过程中，尤其是到了男性中心的社会，会逐渐粘连上一位男性神作配偶，这也是文化史上常有的事。比如中国古典神话中，原本'蓬发戴胜''豹尾虎齿'的西王母，后来嫁给一位被创造出来和她匹配的东王公；另一位女性神仙嫦娥，本是以月神常羲为原型的，同后羿并没有什么关系，但到了汉初《淮南子》等文献中，他们就变成夫妇关系，并在后来的民间神话传说、戏曲以至文人诗词中逐渐固定下来。女娲与伏羲的婚姻关系，情形大概与此相同。"[1]

女娲的原型应是人类的始祖母，在神话的发展过程中，她又黏合种种神迹，成为拥有文化英雄神格的神话人物。伏羲的原型应是古史传说中的文化英雄，在神话的传承中被视为始祖神。始祖神和文化英雄的共同神格成为伏羲女娲对偶神形成的基础。到了汉代，伏羲、女娲的神话出现了比较复杂的情形，这可能与汉代的社会意识、哲学思想、宗教文化有极为密切的关系，特别是哲学思想对于汉画中伏羲女娲神话的变化有很大的影响。汉代阴阳五行之说盛行，凡宇宙万物皆可加以比附，故汉人以天地阴、阳二神，阳神管天，阴神管地，创造了宇宙世界。

正如陈履生所说的那样："伏羲、女娲和东王公、西王母作为汉代神画中的两对主神，他们在汉以前均未形成明确的对偶关系。只是到了汉代，由于社会的要求，人们为了追求心理平衡，也希望神和人一样具有夫妻关系，同时也为了附会阴阳学说，从而支配和管理人间的这种关系。两对主

---

[1] 杨利慧，《女娲的神话与信仰》，北京：中国社会科学出版社1997年版，第98页。

神对偶关系的形成，正是神朝世俗化方向发展的必然结果。"[1] 所以由于阴阳思想对神话的改造，伏羲、女娲从最初始的创世始祖神又进一步与阴、阳的概念相结合，成了表现阴阳观念的对偶神。

（三）汉画像中伏羲、女娲图像的对偶表现

通过对众多汉画像中伏羲女娲图像的观察可发现一种现象，就是图像中的伏羲女娲多呈现对偶的形式。伏羲、女娲大多成对地出现，无论是人首蛇身的形象还是手中所拿或所捧的物件，都呈现对称性。在神话传说中，伏羲、女娲本是独立的神。神话传说在流传的过程中，被人们加工改造，故伏羲、女娲的神话传说也受世俗观念的影响，他们逐渐由独立的神成为对偶神。在汉代之前，伏羲、女娲已形成了夫妻的关系，但是并没有明显的对偶关系。但是在汉画像中伏羲女娲图像则呈现了明显的对偶性，这说明在汉代的阴阳思想的影响下，伏羲女娲神话传说也受其社会思想的影响，发生了一定的变化，这种变化便直接呈现在汉画像中。在图像中，伏羲女娲人首蛇身，或分列而立，或蛇尾相交，或捧奉日月，或手执规矩，这些对偶形式的伏羲女娲图像成了汉画像中重要的图像。

与伏羲、女娲对偶图像有相似对称性质的则是西王母和东王公的图像。伏羲、女娲与西王母、东王公是分属不同的主神。"在汉代神画中，虽然两对主神分属不同的思想体系，其成因与发展过程也不尽相同，但他们之间还是有着许多共性。伏羲、东王公与女娲、西王母都分别代表了男女不同的性别，而且在神界都和日、月神有关。而伏羲、女娲或东王公、西王母之间又都有男女、阴阳等对称关系。同时还表现为功能对称，规天－矩地，掌管男仙－掌管女仙，如此等等，在绘画表现上则有形象、结构及其他构成元素上的对称。"[2]

---

[1]　陈履生，《神画主神研究》，北京：紫禁城出版社 1987 年版，第 19 页。
[2]　同上。

图 6-19　睢宁双沟画像石　　　　　　　　　　图 6-20　南阳汉画像石

　　从哲学方面来说，具有对称的事物体现了这种事物具有同一性，但这种同一性并不是绝对的同一、没有差别的一致，而是包含着差异的同一。在汉画像当中，对称的伏羲、女娲图像不仅表现了空间上的对称关系即形象的对称及结构的对称，还表现为内容上的功利对称。

　　在汉画像中，伏羲、女娲图像的构图具有空间上的对称关系，此空间上的对称关系包括结构的对称和形象的对称。在众多的伏羲、女娲图像中，伏羲、女娲多是成对出现，无论是分列还是交尾。分列的图像中，伏羲、女娲被刻画在不同的画面中，但是二者的构图比较一致。要么相向而立、要么同向端立。无论是图像的大小，还是二者的姿态，都基本一致，具有很明显的对称性。在伏羲、女娲交尾的图像中，二者更明显地显示了对偶关系。二者均是人首蛇尾，尾部交缠很均匀，尾部几乎相同，如图6-19，蛇尾交缠时的弯曲也具有对称的关系。

伏羲、女娲图像的对偶性还体现在图像的构成元素上的对偶，如组成伏羲女娲图像的元素规矩、日月、灵芝等（如图6-13、图6-14、图6-20），规和矩、日和月均是对应的范畴，这在组成元素上就构成了明显的对称关系。在同一处的伏羲、女娲的图像中，伏羲执规、女娲执矩或伏羲擎日、女娲擎月，手中的所执物没有错乱过，均是对应出现的。汉画像有这些对称的元素形象与伏羲、女娲相组合就形成了伏羲、女娲图像在构图上的对称关系。

汉画像中伏羲、女娲图像的对偶性还体现在内容的对偶，即伏羲、女娲本身的性别对偶、规矩对偶及日月对偶。伏羲、女娲本身构成的是男、女对偶，男为阳，女为阴，形成的是男女阴阳关系，这是最原初的对偶关系。

规矩本是画方圆的工具，后延伸为循规蹈矩、修身、治国的准则，汉画像中出现伏羲、女娲执规矩的画像，则代表了伏羲、女娲画定方圆、创造万物的开创性功绩，是人们对于二神的崇拜，并将这种崇拜加入了画像的造型当中。此外在汉代阴阳学说的神学体系中，规矩可以是阴阳的象征。在此思维意识观念的影响下，规矩与伏羲、女娲在汉画像中的结合，则呈现出一种阴阳对应的关系：

规—圆—天—阳—伏羲
矩—方—地—阴—女娲 [1]

由此可知，伏羲女娲与规矩的结合，不仅体现了伏羲、女娲是创造万物的始祖神，同时也是体现阴阳观念的神灵。

根据相关的文献记载，伏羲、女娲与日、月并没有什么联系。但是在

---

[1]　陈履生，《神画主神研究》，北京：紫禁城出版社1987年版，第33页。

汉画像中，多有伏羲捧日、女娲捧月的画像，在此，伏羲、女娲与日、月的共同构图说明了伏羲、女娲与日、月之间存在着某种联系。这种现象可能是受汉代人的思想观念的影响，对此陈履生认为日、月"和阴阳的契合，更成为汉代哲学中用以引申的概念，同时他又附会了男女不同的性别，所以伏羲、女娲在其演化中逐渐和日月结合起来"[1]。另外在画像中，日中多有金乌，月中多有蟾蜍或玉兔，所以伏羲女娲与日月的结合更加体现了汉代的阴阳观念。

汉代以阴阳五行思想作为宗教神学的基础，在日与月的关系中注入了阴与阳的哲学内涵。如《淮南子·天文训》云：

> 天地之袭精为阴阳，阴阳之专精为四时，四时之散精为万物。积阳之热气生火，火气之精者为日；积阴之寒气为水，水气之精者为月。日月之淫为精者为星辰。[2]

所以，日为阳之长，月为阴之母，以日月象征阴、阳相偶成，日月便以阴阳的关系而体现出两性的对偶。日与月的相互浸淫，正是阴与阳的相互偶成，其大概态势既构成内在的生殖力，又显示了持阴秉阳的自然之德。这样，日与月便以内含着特殊意义的符号形式而成为汉人进行神学附会的工具。[3]

日月除了象征阴阳，也与方位有关，太阳从东方升起，月亮有时从西方升起，日月交替，昼夜更迭，阴阳相巡。伏羲女娲与日月的组合，也说明了伏羲女娲如东西方向的关系。俄国、苏联学者李福清在谈到人类始祖伏羲、女娲的肖像描绘时，也注意到了伏羲、女娲与四方的联系，并有了精确的分析，他认为：

---

[1] 陈履生，《神画主神研究》，北京：紫禁城出版社1987年版，第33页。
[2] 陈广忠译注，《淮南子》，北京：中华书局2012年版，第104页。
[3] 李立，《由日月相偶到阴阳相配——论日月神话在汉代的发展与演变》，《九江师专学报》（哲社版），1999年第1期。

河南唐河县的那件石刻，不禁使人猜想女娲本人相应地该是象征世界的另一方，最可能是西方。假如把这些石刻跟在四川广汉城附近发现的画像砖上的两位始祖的画像相比较，那么我们会清楚地看见对缝结合的砖上，女娲尾巴下面有一个朱雀的插图——南方的象征。因此，这里可以看到明显给世界各地标定了方向，借助这种定向，人物形象本身仿佛把世界另外两个方向东方和西方拟人化了。从《淮南子》这本书中得知，在汉代伏羲被作为东方神灵来祭祀，因此他的形象跟东方相联系是不难理解的。比较复杂的是在女娲方面。按照排斥女神的那种分类，西方之帝名少昊，然而在许多古籍中，他却未能跻身于按五行排列的宇宙各方神系的行列之中。由此想到，女娲作为更古老的女神，最初正是同西方结合起来的，这已经不止一次地为研究者们所指出。在公元一世纪的汉代石刻上女娲依然象征西方这一点，证明它们比《淮南子》更为古远。[1]

规动矩静、日明月暗、男阳女阴，这三种对立而又统一的关系均在伏羲女娲画像中展示了出来，由此体现了伏羲女娲图像在内容上的对称关系。在汉画像中伏羲执规，女娲就执矩，伏羲捧日，女娲相应地就捧月。即使两人处于墓室门柱的两侧，手中所执或所捧之物也是对称的，这不仅体现了画面形象上的对称关系，同时在展现内容方面也是对称的。这种对称，抑或对偶的关系，体现了汉代人对于宇宙构成上的观念认识，"从伏羲女娲交尾图我们可以得到这些符号的意象：日与月、阳与阴、男与女、规与矩，以及交尾。这些意象与笔者上面分析的'十字穿环''二龙穿璧''天圆地方'以及阴阳交感、男女构精、规动矩静、天人合一在原型上是同一的，它反映了汉代人源于神话时代颇具怪异的宇宙观念"[2]。

---

[1]　[俄]李福清，《中国神话故事论集》，北京：中国民间文艺出版社 1988 年版，第 39 页。
[2]　朱存明，《汉画像之美》，北京：商务印书馆 2011 年版，第 335—336 页。

三、伏羲、女娲对偶性的意义

在墓室中刻画伏羲、女娲对偶图像，不仅仅是为了画面的对称美观，更重要的是为了展现汉代人的思想观念及美好的愿望。伏羲、女娲图像的对偶性展现了古代人的两元观念，事物的两个方面构成矛盾对立的关系，事物就在矛盾对立中得到发展，最终达到统一。这也就是中国美学中的中和美，即强调审美事物、审美系统中相互矛盾、彼此对峙的两个方面达到均衡持中的和解与统一。汉画像中伏羲、女娲图像的对偶性体现的就是阴阳两种观念矛盾对立，在运动中达到阴阳相合的观念。

被刻画在墓室中的伏羲、女娲画像，带有汉代人对于生死的思考及对于古代宇宙观的感应。伏羲、女娲图像的对偶性，体现了阴阳这两种互相对立力量的对立与融合。阴和阳作为相互补充的对立力量，阴阳对偶，化生万物，日月合璧，子孙繁衍，最终达到理想中的和谐状态。

（一）对立统一

在唯物辩证法中，对立统一的思想是其重要的内容。而中国哲学中多用物生有两、相反相成来体现对立统一观念，也即一与两的辩证关系。"中国哲学中两一的概念，可以说与西洋哲学之辩证法中所谓对立统一原则，极相类似。对立统一原则，是辩证法核心，中国哲人所阐发的已精而详。虽仍有不清楚不完备之点，但大体亦甚丰富而深彻。这实在是中国过去哲学之可贵的贡献。"[1] 在中国哲学两一观念的影响下，中国美学特别注重事物之间的对称之美，注重事物之间的对偶关系，特别喜欢在两两相对的审美矛盾因素之间思考问题，特别擅长用朴素辩证的"二分"法来认识和解释审美世界。这种思维即《周易》中所谓的"阴阳两仪"，古代人擅

---

[1]　张岱年，《张岱年全集》（第 2 卷），石家庄：河北人民出版社 1996 年版，第 157 页。

长用两两相对的视角来观察和解释事物。把矛盾的两种物体放在一起，并不是为了寻求二者的互斥，相反是为了二者在矛盾斗争中的结合。"万物负阴而抱阳，冲气以为和。"就表现了这种矛盾的运动。"一方面，'万物负阴而抱阳'，任何统一体中都存在着阴与阳的内在矛盾；另一方面，'冲气以为和'，互相矛盾的阴阳二气又处在一种冲和的统一状态中。阴与阳这种既对立又统一的矛盾关系乃是事物从起点发展到终点，形成周期运动的契机。"[1]

阴阳的矛盾对立最后达到统一，这体现了中国美学的中和思想。"所谓'中和'范式，简单说就是指中国美学在解释'美是和谐'这一本体规定时，着重强调审美事物、审美系统中相互矛盾、彼此对峙的两个方面，或两极、两端……之间不偏不倚均衡持中的和解与统一。它把这种均衡持中的和解统一状态视为审美、艺术的最高的理想、原则、目标和境界。"[2]事物一分为二，包含对立的方面，万物在两方面对立中彼此消长，彼此压制，同时又彼此共同起作用，最终促使事物的发生与发展。对偶性体现的是中国美学或哲学中的二分法，属于一种辩证的思维方式，属于"阴阳两仪"的思维。这种辩证思维用两两相对的视角来观察和解释万事万物，矛盾的双方相互依存，相成相济，"对立面的交感、融合，被认为是运动的契机和生命的源泉"[3]。事物得以发展，最终达到人们追求的中和的理想。

（二）阴阳相合

阴阳本是指阴阳二气，即两种寒暖不同的气；引申而指一切相互对立的两个方面，即相互对峙的"两端"。以阴阳指相互对峙的两端，始于

---

[1] 《中国哲学史研究》编辑部，《中国哲学史主要范畴概念简释》，杭州：浙江人民出版社1988年版，第69—70页。

[2] 仪平策，《"中和"范式·"阴阳两仪"·"一两"思想——中国美学精神的思维文化探源》，《周易研究》，2004年第1期。

[3] 金春峰，《汉代思想史》（第2版），北京：中国社会科学出版社1997年版，第179页。

《易传》，到张载而更加明显了。[1] 后来阴阳学说发展到了西周末年，人们从矛盾性现象的观察中逐步把矛盾概念上升为阴阳范畴，并用阴阳二气的消长来解释事物运动变化的原因。阴阳学说到汉代，经过董仲舒的发展，阴阳观念与五行结合在一起，构成了阴阳五行学说，"阴阳作为哲学范畴，与'五行'一样，它们既不是纯粹抽象的思辨符号，又不是纯具体的实体或因素。它们是代表具有特定性质而又相互对立补充的概括的经验功能和力量。"[2] 阴与阳也指日光的向背，背对太阳的一面为阴，如山的北面、河的南面，由于物体的遮盖故受阳光照射得少，阴的一面寒冷、阴暗。而阳的一面是接受阳光多的地方，如山的南面、水的北面，这些地方常常温暖而明亮。这是阴与阳最原始的特点，体现了一寒一暖、一明一暗，相互对立的因素相互运动的关系。

关于阴阳的论述古已有之，《吕氏春秋·仲夏纪》："太一出两仪，两仪出阴阳。阴阳变化，一上一下，合而成章。……万物所出，造于太一，化于阴阳。"[3]

《淮南子·本经训》："阴阳者，承天地之和，形万殊之体；含气化物，以成埒类。"[4]

而这种原始的阴阳观发展到了汉代，受到汉代人的加工和改造，并与五行相联系，逐渐成了汉代人的思想骨干。"无论在宗教上，在政治上，在学术上，没有不用这套方式的。推究这种思想的原始，由于古人对宇宙间的事物发生了分类的要求。他们看见林林总总的东西，很想把繁复的现象化作简单，而得到它们的主要原理与其主要成分，于是要分类。但他们的分类法与今日不同，今日是用归纳法，把逐件个别的事物即异求同；他们用的演绎法，先定了一种公式而支配一切个别的事物。其结果，有阴阳之说以统辖天地、昼夜、男女等自然现象，以及尊卑、动静、刚柔等抽象

[1]　张岱年，《中国古典哲学概念范畴要论》，北京：中国社会科学出版社 1989 年版，第 88 页。
[2]　李泽厚，《中国古代思想史论》，北京：人民出版社 1985 年版，第 162 页。
[3]　陆玖译注，《吕氏春秋》，北京：中华书局 2011 年版，第 132 页。
[4]　陈广忠译注，《淮南子》，北京：中华书局 2012 年版，第 398 页。

观念。有五行之说，以木、火、土、金、水五种物质与其作用统辖时令、方向、神灵、音律、服色、食物、嗅味、道德等等，以至于帝王的系统和国家的制度。"[1] 阴阳五行是汉代思想的骨干，是一切合理性的依据，是人们行为的前提和生活的准则，阴阳是天地自然和生命万物的力量源泉。汉代的阴阳观念渗透到了汉代的思想及艺术的各个方面，"汉画像受到这种阴阳观的影响，往往用一些图像加以象征性地表现，如用伏羲女娲交尾图像象征阴阳"[2]。阴与阳这对哲学概念，"体现着内涵的丰富性和矛盾发展的辩证关系"[3]。伏羲、女娲图像的对偶性体现阴阳两种对立关系的统一，是矛盾存在着的事物在对立中寻求统一，最终达到汉代人希望的阴阳相合的愿望。

伏羲、女娲从性别构成上看是生理上男、女的阴阳对偶，在古人的阴阳中，男人为阳，女人为阴。世间只有同时具有阴阳两性，人类才能发展。人类的发展自然和男女阴阳交合是分不开的，伏羲、女娲蛇尾相交则体现了结合生殖的过程，是化生万物的开始。男女构精，阴阳相合，方能创生。

伏羲、女娲图像的特征除了蛇尾相交直接象征阴阳观念之外，还有手执规矩和手捧日月也间接体现了阴阳观念。规矩本就是一对成双的工具，具有规天矩地的功能。天地属于宇宙的一部分，同时人也是生活在天地中间的，关于天地及人的关系，古人有这样一种分类："除了理性主义者之外，把宇宙看作由三种相互作用的成分构成的统一整体是所有思想家的共同点。这个统一整体的三种成分即天、地、人，宇宙因此被看成一个有生命的有机体，其中任何一个成分的命运都会影响其他成分的命运。阴阳五行的总体模式控制着所有的活动，无论是天空中的、地上的还是人类活动领域的。"[4] 汉代人用阴阳五行来规划天、地、人三者之间的关系，希望达到天人合一，这也是一种追求阴阳相合的表现。伏羲执规，用以规划天，

[1] 顾颉刚，《汉代学术史略》，北京：人民出版社 2008 年版，第 1 页。
[2] 朱存明，《汉画像之美》，北京：商务印书馆 2011 年版，第 350 页。
[3] 李立，《文化整合与先秦自然神话演变》，昆明：云南人民出版社 2002 年版，第 232 页。
[4] [英] 鲁惟一著，王浩译，《汉代的信仰、神话和理性》，北京：北京大学出版社 2009 年版，第 45 页。

女娲执矩，用以矩划地，使天地秩序得到一致。规象征阳，矩象征阴，阴阳相合，天人合一，方能达到宇宙阴阳和谐。

　　日与月自古以来就有日代表阳、月代表阴的观点，日月被刻画在汉画像中，自然又受到汉代阴阳五行哲学观念的影响，而更加与阴阳观念结合了。故陆思贤认为："伏羲、女娲分别手捧太阳与月亮，意为伏羲是太阳神，是阳精，女娲是月亮神，是阴精，取义阳光雨露滋育着万物生长。"[1]此外在画像中，日轮中多画金乌，月轮中多刻画蟾蜍或玉兔，金乌与日结合，自然成了太阳的象征，蟾蜍或玉兔也成了月亮的象征，它们也被浸染在阴阳观念之中。同时我们在许多汉墓中，也经常可见伏羲、女娲举日、月相配，分居东、西的配置。以伏羲与日居于东；女娲与月居于西，可能即是阴阳五行原理中所谓的"大明生于东，月生于西。此阴阳之别、夫妇之位也"的道理。因此，在各墓室中，日月圆轮无论是与伏羲女娲，或是他们手上所执规矩相配，甚至是日月中的金乌、蟾蜍、兔，可能都已被赋予了强化日与月"阴阳属性"的功能与意义。

　　"因此可见，阴阳的均衡协调，交通互动，不仅导致天地自然和生命万物的生成与变化，而且还决定国家的命运与众生的福祉。汉画中阴阳主神的大量涌现可谓汉代阴阳思想最具体和最直观的表征，其显然具有调阴阳、法天地、化万物、主沉浮的功能和象征意义。"[2]这可以看作是汉代人对于宇宙阴阳和谐、人间男女阴阳相合、万物得以延续的美好的期望。

（三）生殖崇拜

　　生命的诞生与生命的结束一样是人们重视的过程，古代先民们畏惧死亡的同时，更希望新生命的诞生，把生命的诞生看成是件神圣的事情。正

---

[1]　陆思贤，《神话考古》，北京：文物出版社 1995 年版，第 281 页。
[2]　贺西林，《汉画阴阳主神考》，《美术研究》，2011 年第 1 期。

如恩格斯所说："根据唯物主义观点，历史中的决定性因素，归根结蒂是直接生活的生产和再生产。但是，生产本身又有两种。一方面是生活资料即食物、衣服、住房以及为此所必需的工具的生产；另一方面是人类自身的生产，即种的蕃衍。"[1] 人类为了生存离不开生活资料的生产，同时为了种族的不灭，人类也重视子孙的繁衍。原始先民们在面对生命诞生的问题上很困惑，认为生命从母体中诞生出来是件庄严而神奇的事情，故关于生殖的信仰和崇拜逐渐发展起来。而女娲在神话传说中是人类的始祖母，是化生万物之神，是人类崇拜的生殖大母神，有些地区还将女娲奉为"送子娘娘"。此外，许多研究者认为女娲与蛙有关，蛙是生殖能力很强的物种，将女娲比为蛙神，也就赋予女娲生殖的信仰。

中国的生殖崇拜经历了漫长的时期，这在人类的文化史上具有重要的影响。傅道彬认为："从本质上讲，一切具有真正意义的文化都是崇尚生命的文化。在中国上古文化里，天地万物的产生被描绘成庄严的两性行为。《易·系辞》谓'天地絪缊，万物化醇；男女构精，万物化生'。这样，生殖特点也就由人类普及而至自然万物的普遍现象中去，宇宙同人类一样都存在着相同的生命孕育化生的法则。在认识论上，中国哲学表现出浓厚的生殖文化倾向。"[2] 故汉人面对死亡的同时，也不忘生命的延续，在墓室的画像中也表达生殖崇拜的观念及希望子孙繁衍的美好愿望，承载这些观念和愿望的画像当数伏羲女娲画像。在汉画像中，伏羲、女娲人首蛇身、蛇尾相交的图像特征可以看出是古代人的生殖崇拜观念。

关于伏羲女娲人首蛇身的形象，许多学者认为这与中国上古时期的蛇崇拜有关，是蛇崇拜的一种变形。关于蛇的崇拜，许多国家和民族都有，如"在希腊神话里，蛇还象征着生育、繁殖，因为蛇既象征男性生殖器，

[1] 《马克思恩格斯选集》（第 4 卷），北京：人民出版社 1972 年版，第 2 页。
[2] 傅道彬，《中国生殖崇拜文化论》，武汉：湖北人民出版社 1990 年版，第 2 页。

又穴居地下"[1]。"男性性器最重要的象征则是蛇。"[2]蛇是大自然中一种繁殖力很强的动物，具有强大的生命力，蛇是中国古代东夷部族的图腾，在他们眼中，蛇除了具有顽强的生命力和强大的生殖力之外，还死而不僵，僵而不死，是永恒生命的象征。文化人类学认为，上古时代的初民有这样一种认知，对神秘的敌对力量进行安抚和祭祀，可以化异己力量为自己拥有的力量，于是，人们开始抚慰和祭祀活着和死亡的蛇的灵魂，开始产生蛇的崇拜，蛇便升格为神灵了。这种神灵，代表着生命力和普遍的繁荣昌盛，起初这种神灵几乎到处都有，到最后，浓缩成伏羲、女娲神话形象。[3]伏羲女娲人首蛇身也可能就与这种蛇崇拜有关，是旺盛生殖力的象征。

此外，伏羲女娲还出现蛇尾相交的画像，这不仅显示了他们对偶神的关系，同时展示的也是一种生殖的行为。因为尾部在古人看来是生殖的部位，伏羲女娲蛇尾相交，表现的就是交合的过程。正如尼采所说："真正的生命即通过生殖、通过性的神秘仪式而达到的总体的永生。因此，对希腊人而言，性的象征是真正可敬的象征，是全部古代虔敬中真正深奥的思想。生殖、怀孕和分娩行为中的每一个环节都会唤起最崇高、最庄严的情感。……在这种象征中，至深的生命本能、趋向生命之将来的本能、趋向生命之永恒的本能，以宗教的方式被感觉到——通往生命之路，生殖，作为神圣之路……"[4]古代先民认为生殖是个神圣的过程，充满着神秘的色彩，是种族繁衍的基础，故人们刻画伏羲女娲蛇尾交合的画像就是为了体现汉代人对于生殖的崇拜与信仰。

另外，在河南南阳、山东嘉祥等地的一些画像石中，伏羲女娲蛇尾相交的图像中间绘有小人，这可以看作是生殖繁衍的象征。在作为丧葬艺

[1] 〔美〕丹尼斯·赵著，王骧、万柯译，《中国人信仰中的蛇》，载《民间文艺集刊》第7集，上海文艺出版社1985年版，第280页。

[2] 〔奥〕弗洛伊德著，赖其万、符传孝译，《梦的解析》，北京：中国民间文艺出版社1986年版，第278页。

[3] 范立舟，《伏羲、女娲神话与中国古代蛇崇拜》，《烟台大学学报》（哲学社会科学版），2002年第4期。

[4] 〔德〕尼采著，李超杰译，《偶像的黄昏：或怎样用锤子从事哲学》，北京：商务印书馆2009年版，第99页。

术的汉画像中表达生殖崇拜的观念和子孙繁衍的愿望与死亡的主题并不矛盾，死亡可以看作是一种此世的结束，但也代表另一种开始，在死亡的墓葬中绘有表达生殖崇拜的画像与死亡构成冲突，在冲突中更加显示出古人对于生命的尊重，对于子孙繁衍的期望。

（四）升仙再生

古人一般认为"万物有灵"，这也是古人一直存在的普遍信仰。中国人认为人类不仅具有这个肉身，还有魂和魄，魄是使肉体活动的力量，操纵人类的四肢运动和器官的活动；而魂则更是一种非物质性存在，是体验和表达智力、情感和精神活动的工具。即认为人是有灵魂的，人的死亡只是肉体的死亡，而灵魂却可以脱离死亡的肉身而存在。

这种灵魂不死的信仰则表现了人类对于死亡的不承认，认为死亡只是人的一种状态，并不是人的结束，而是另一种生的状态的开始。灵魂不死的信仰已经深深地渗透到古代人的思想之中，既然人的灵魂不死，那么对于死者的安葬则尤为重要，因为这是一种再生的仪式。死者是到另一个世界中生活，所以各种随葬品是必不可少的。现实中存在的物品被送入陵墓和死者一起安葬，只能表示人类对于死者的生活上的关注，而墓室画像的出现，则显示出了人类对于死亡的想象和寄托，表达了人们对于已逝者以后生活状态的希望和想象。

关于人死后的去处，古人有多种想象，其中之一就是关于天堂和地狱的想象。人们认为世间存在一个神仙的世界，通过这个世界就可以羽化成仙，进入神仙的天堂之中。面对死后的世界，人类都希望进入天堂，或羽化升仙，或获得再生。汉画像中也体现了汉代人的这种美好愿望，这种愿望主要体现在画像中西王母神仙世界的描述，伏羲女娲形象有时也存在于西王母的神仙世界之中，此外伏羲女娲还被刻画在墓门的两边，或立柱的两侧，体现的是一种保护神或引导者的角色，保护墓中的灵魂或引导灵魂进入神仙世界，进入一种再生的状态。

伏羲、女娲图像对应着阴阳，阴阳同时也对应着生死，汉画像毕竟是墓室中的画像，毕竟和死亡有着某种联系。作为墓葬中的画像，其内容并没有全部展示死亡阴郁与悲伤，相反它展现的却是另一个世界，另一种美好的世界。这个世界中有神灵仙界，有珍禽仙草，有祥兽瑞符，它为死者描绘的是一种美好的死后世界或升仙之路。在石头上刻画阴阳和谐的图画，体现了汉代人阴阳调和、生死循环的愿望，"阴和阳是指暗和明、静和动、冷和热等相互补充的对立力量。每一种力量在其处于支配地位时适时地向前运动，并且发展到一个顶点；然后，它会在前进中的另一种力量面前退让；通过这些上升和下降的交替运动，它们促成了生、死乃至再生的永恒周期"[1]。阴阳的显著特征是相辅相成、相互转化。生死、死生，也是一个无限循环的过程。汉代人并没有把墓葬看成死者的埋葬地，而是另一种生的状态，是另一种生活的世界，或者是另一种再生前的状态，只有阴阳相合才能化生万物。

总之，汉画像伏羲、女娲图像作为汉代艺术题材之一，既保留了古代神话瑰丽迷人的传说，又在新的历史时期，与当时的政治、经济、文化、思想意识等相结合，而被赋予新的内容，使其充满新的活力。汉画像中伏羲、女娲图像的对偶现象不仅体现了形式上的对称美，同时也表达了汉代人对于阴阳和谐的美好追求及再生的愿望，这种思想对于后世具有很深的影响。

四、结语

神是人类在原始时代创造的产物，是一种虚幻的观念存在，是人们为了对抗大自然，在内心创造出来的得以依赖的幻象。神被刻画在汉画像中，则寄托了人类的希望与诉求。汉画像作为一种丧葬艺术，为我们展现了汉

---

[1] [英] 鲁惟一著，王浩译，《汉代的信仰、神话和理性》，北京：北京大学出版社2009年版，第45页。

代匠人的完美工艺，为我们展现了雄壮的画卷，体现了汉代人的审美趣味与艺术追求。透过那一块块、一幅幅的画像，我们似乎能看到它们画面内隐藏的深意。汉画像不仅是一种墓室的装饰艺术，而且应该是一种汉代人的思想观念及宗教信仰的展示平台，那些带着远古时代气息的画像在为我们讲述着汉代的故事。

神话中重要的两位神灵——伏羲、女娲，他们的画像被大量地刻画在汉代的墓室中，这表示汉代人对于伏羲、女娲的尊崇。作为远古时代的神灵，伏羲、女娲自身带有某种象征，关于他们的神话传说流传到汉代后，受到汉代思想和世俗观念的影响，伏羲、女娲又被赋予更多的象征意义。在汉代，伏羲、女娲神话传说最重要的变化是与汉代的阴阳五行观念的结合，他们从独立的神发展成了夫妻神，这种改变明显地体现在汉画像中。在汉画像中，伏羲、女娲的形象多为人首蛇身，他们或交尾或分立。与神话传说中不同的是，他们的形象被加了一些要素，即与规矩、日月的结合，这些画像体现出很明显的对偶性。这可以看作是汉代人对于伏羲、女娲形象的改造，这种改造自然与阴阳哲学观密切相连。

在汉画像中，伏羲、女娲图像呈现的对偶现象，体现了汉代人的二元对立的思维，也体现了阴阳二者矛盾运动，最终达到统一的中和之美，中国美学讲究的就是和谐美。在墓室中刻画具有对偶性的伏羲、女娲画像，一方面为了构图结构上的对称之美，另一方面则具有独特的内涵。伏羲、女娲男阳女阴，手中所执规矩则体现了规天矩地的功能，男人即天，女人即地，天地阴阳，故规矩也即阴阳的化身。日与月则更是阴与阳的直观象征，男阳女阴，男女构精方能化生万物。故汉代人在墓室中刻画伏羲、女娲画像则体现了汉代人的阴阳哲学观，伏羲、女娲画像则被赋予了更深的象征意蕴。人类在面对死亡之时，都希望可以获得再生或升仙，所以象征阴阳的伏羲、女娲对偶图像则体现汉代人对于再生的美好愿望。墓室中刻画如此具有阴阳观念的画像，同时也体现了汉代人对于生殖的崇拜，希望阴阳可以得到调和，最终达到子孙繁衍、家族昌盛的愿望。

总之，伏羲、女娲在汉画像中，形象独特，内涵丰富，是汉画像中阴阳观念画像的典型代表，呈现了神话与画像结合之美，也体现出人类的理想。对偶性的伏羲、女娲画像传达出阴阳相合的和谐之美，这具有积极的意义。人类要得以繁衍，就必须注重阴阳的调和，注重自然的规律。这不仅适用于人类自身的繁衍上，也适用于自然界。人类要得以生存，也要注重大自然界的阴阳调和，要懂得保护自然，只有人和自然同时得到阴阳相合，才能达到人与自然的和谐相处的状态。

汉学大系丛书

·下卷·

神话之魅

中国古代神话图像研究

朱存明　等著

生活·讀書·新知 三联书店

图书在版编目（CIP）数据

神话之魅 ：中国古代神话图像研究 ／ 朱存明等著
. — 北京 ：生活·读书·新知三联书店，2021.3
（汉学大系）
ISBN 978-7-108-06451-6

Ⅰ．①神… Ⅱ．①朱… Ⅲ．①神话-研究-中国-古
代 Ⅳ．①B932.2

中国版本图书馆CIP数据核字(2019)第010540号

下 卷 目录

第七章
汉画像西王母的神怪侍者

本章从不同的角度对汉画像西王母座前人兽混合型神怪侍者进行研究。西王母图像系统除了西王母（东王公）这一主神图像外，还有诸多附属图像，大致可以分为传统型动物侍者和怪异型侍者两类。传统型动物主要有青鸟、玉兔、蟾蜍三种，它们自战国以来就频繁出现在各种文献中，具有强烈的代表性和象征性，因为其形象为日常多见，故称为传统型。西王母座前侍者，除了上文所述的动物侍者形象，还有诸多神怪侍者，如长翅膀的羽人形象、人兽混合型的神怪侍者形象，这是本文要讨论的重点。

一、汉画像西王母神怪侍者探析

作为我国具有典型代表意义的汉代艺术品，汉画像的图像神秘多姿，内容奇特多变，其中有很多人兽混合形象的神怪造型，这类图像多在西王母座前出现，学术界较少问津。本文总结目前我国所发现汉画像中人兽混合型神怪图像的基本情况，在对汉画像西王母神怪侍者进行图像志研究的基础上，对其所表现出的汉民族观念中关于丑怪形象的审美，进行深入探讨。

汉画像西王母座前的神怪侍者形象充满"怪"的意味，鲁迅先生认为："中国人又很有些喜欢奇形怪状，鬼鬼祟祟的脾气。"[1] 对于奇怪的事物，中国人总是愿意抱着"相信"的态度。汉画像中的人兽混合型神怪形象，不是到了汉代才有，也并非中国所独有，汉以前的原始时代以及世界其他地区也出现过这类图像。从整个世界范围看，人类的历史已经有几十万甚至几百万年，一般认为艺术起源于数万年前，而所发现的原始洞穴壁画显示，人类对自身形象的认识和描绘是晚于对动物的描绘的。同本文论述的内容相似的形象，大多是壁画，如莱特·特洛亚·费莱尔洞中，在一群动物中间，有一个牛首人身直立的形象，被认为是手持乐弓，戴着动物面具或者头盔的正在演奏的巫师。同一洞穴中的"特洛亚·费莱尔神"，戴着由驯鹿的角支撑的头盔，耳朵被长发覆盖，有着猫头鹰一样的眼睛和长胡须，身体前倾，仿佛在跳舞，背后有一条尾巴。有人称其为"鹿角巫师"，这是众多人兽混合型的典型代表。

在中国古代神话故事中，记载了数百个神灵，其形象却不是美的，相反，其形象极为不好看，甚至是丑的，大多是人兽同体或者半人半兽的特征。据统计，中国古代神话中的人形神与非人形神的比例约为 1 ：4[2]。盘古开天辟地伊始，各大神的形象多数是非人形的且多为人兽混合型：伏羲、女娲是人首蛇身；炎帝是牛首人身；《尸子》记述"黄帝四面"，即黄帝是一个长了四张脸的怪形象；轩辕国是黄帝的子孙所在国，也都是人面蛇身；蚩尤人身牛蹄，四目六手；逐日的夸父则是状如禺而文臂豹尾；西王母在《山海经》中的形象也是"豹尾虎齿而善啸"[3]。

汉画像中神怪侍者图像，集中出现在以徐州为中心的鲁南、苏北地区，四川地区至今没有发现。这些侍者大多是身体某一部分为动物形象，而另一部分仍为普通凡人的样子，穿着衣袍，有的执有各种物件，侧身向主神或跪或立，与凡人侍者大体相仿。本文的判断依据为：着人类服饰和人兽混合。

[1] 鲁迅，《捣鬼心传》，载《鲁迅全集》（第 4 卷），北京：人民文学出版社 1981 年版，第 616 页。
[2] 闫德亮，《中国古代神话的文化观照》，北京：人民出版社 2008 年版，第 314 页。
[3] 方韬译注，《山海经》，北京：中华书局 2009 年版，第 41 页。

汉画像的年代跨越了西汉晚期（前48—前5年）到东汉年间的两百多年历史。它拥有一定的造型和装饰特征，虽然这些图像在不同的环境和时代、不同的生产技艺和制作水平，以及不同的审美观念和风俗习惯条件下，表现出不同的物质形态，但都会经历一个产生、盛行和消亡的演变过程，"这个过程又是前后连贯、有轨迹可循的"[1]。笔者将37幅汉画像中的西王母神怪侍者图像进行了列表归类，按照时间年代排列（表1）。

从表1中可以看出：第一，西王母神怪侍者在汉画像中，主要出现在两大区域，苏北鲁南地区以徐州为中心，共有三十余幅，位置不统一，棺椁、墓室墙壁处都有。陕西地区，出现较少，仅是单独出现，没有和西王母处于同一图像中，或者是以牛首西王母、鸡首东王公的形象出现，位置多数是在墓室门楣处。现在的四川地区，由于在汉代时为羌，不属于汉王朝的统治，受地理、文化等的影响，没有发现这类图像。第二，神怪侍者图像中，鸡首人身神怪出现的数量最多，且这类图像产生的年代都在西汉晚期，多为人首蛇身神怪、马首人身神怪和鸡首人身神怪同时出现。第三，表1中所列图像，绝大多数都是同西王母（或东王公）处于同一图像中，只有个别的是单独出现。且同西王母（或东王公）形象同时出现的图像集中在徐州中心区为主，图像配置上多同庖厨、圣人、乐舞等其他生活场景的图像共同构成于完整的一幅图像之上。

表1 汉画像西王母神怪侍者出土地、年代

序号	题名内容	发现地区	年代	神怪侍者形象				备注
				人首蛇身	牛首人身	马首人身	鸡首人身	
1	庖厨、百戏、神话画像	山东微山县夏镇	西汉晚期（前48—前5年）			●	●	
2	双阙、狩猎、拜谒图	山东微山县	西汉晚期（前48—前5年）				●	
3	西王母、车马、除虫	山东微山县	西汉晚期（前48—前5年）	●		●	●	

---

[1] 孙长初，《中国艺术考古学初探》，北京：文物出版社2005年10月重印，第184页。

序号	题名内容	发现地区	年代	神怪侍者形象				备注
				人首蛇身	牛首人身	马首人身	鸡首人身	
4	西王母、弋射、建鼓	江苏徐州沛县栖山	东汉早期（25—88年）	●		●	●	
5	西王母、作坊、胡汉交战	山东嘉祥洪山村	东汉早期（25—88年）				●	
6	西王母、公孙子都暗射颍考叔	山东嘉祥宋山	东汉早期（25—88年）				●	
7	西王母、玉兔、云车、狩猎	山东嘉祥宋山	东汉早期（25—88年）				●	
8	孝堂山石祠西壁画像	山东长清孝堂山	东汉章帝时期（76—88年）	●				
9	"乐武君"画像	江苏徐州铜山汉王乡	东汉元和三年（86年）		●		●	
10	武氏祠左石室东壁上石画像	山东嘉祥武宅山村	东汉建和二年（148年）				●	
11	东王公、讲学、出行、庖厨	安徽宿县（今宿州市）褚兰镇	东汉熹平三年（174年）		●			
12	西王母、长袖舞、械斗、捕鱼画像，鸡头人身神	安徽宿县（今宿州市）褚兰镇	东汉熹平三年（174年）				●	
13	武氏祠前石室屋顶前坡东段画像	山东嘉祥武宅山村	东汉建宁元年（168年）				●	
14	离石马茂庄三号墓前室东壁右侧画像	山西离石马茂庄	东汉桓灵时期（147—189年）		●			
15	离石马茂庄二号墓前室东壁左侧画像	山西离石马茂庄	东汉桓灵时期（147—189年）		●			
16	东王公、奏乐、庖厨、车骑出行画像	山东嘉祥武山	东汉桓灵时期（147—189年）			●	●	
17	东王公、庖厨、车骑画像	山东嘉祥宋山	东汉桓灵时期（147—189年）			●	●	

序号	题名内容	发现地区	年代	神怪侍者形象				备注
				人首蛇身	牛首人身	马首人身	鸡首人身	
18	东王公、六博游戏、孔子见老子	山东嘉祥宋山	东汉桓灵时期（147—189年）			●		
19	东王公、狩猎、车骑出行画像	山东滕州桑村镇	东汉桓灵时期（147—189年）		●		●	
20	西王母、东王公、祥瑞图	山东临沂白庄镇	东汉（25—220年）			●		
21	西王母、二桃杀三士、历史人物	江苏邳州占城	东汉（25—220年）		●			
22	米脂党家沟墓门右立柱画像	陕西米脂	东汉（25—220年）		●			
23	横山孙家园子墓室壁组合画像	陕西横山	东汉（25—220年）	●	●			
24	神木大保当墓门楣画像石	陕西神木大保当乡	东汉（25—220年）				●	
25	绥德墓门楣画像	陕西绥德	东汉（25—220年）				●	
26	绥德墓门右立柱画像	陕西绥德	东汉（25—220年）		●			
27	绥德墓门左立柱画像	陕西绥德	东汉（25—220年）		●			
28	东王公、珍禽异兽画像	江苏邳州	东汉（25—220年）				●	
29	榆林古城滩墓门左右立柱画像	陕西榆林	东汉（25—220年）		●			
30	女娲执矩、带日抱月画像	山东费县	东汉（25—220年）		●			
31	孔子见老子、异兽图	江苏徐州	汉		●		●	徐州汉画像石艺术馆馆藏

序号	题名内容	发现地区	年代	神怪侍者形象				备注
				人首蛇身	牛首人身	马首人身	鸡首人身	
32	东王公、珍禽异兽图	江苏徐州	汉		●			徐州汉画像石艺术馆馆藏
33	羽人饲凤、鸡首人身神、马头人身神	江苏徐州	汉			●	●	张伯英艺术馆馆藏
34	西王母出行、鸡头人身神、马首人身神	江苏徐州	汉			●	●	张伯英艺术馆馆藏
35	捣药图、鸡首人身神怪		汉				●	江苏师大馆藏
36	九头怪等神兽、牛首人身神怪、鸡首人身神怪		汉		●		●	江苏师大馆藏
37	西王母、拜谒、庖厨图		汉		●		●	江苏师大馆藏
38	鸡首人身神怪、羊		汉				●	江苏师大馆藏

（一）西王母神怪侍者的怪诞主题

"怪诞"能包容可笑事物同与之对立的事物。[1] 这一词属于美学的范畴，是指在奇特异常的情况下，所显示出或发现的美。在西方，怪诞最早是用来描绘 14 世纪末至 15 世纪初的一种艺术装饰风格[2]。到了 17 和 18 世纪，中国的瓷器、绘画等艺术品传到欧洲，各国都以收藏中国艺术品为荣耀，于是"怪诞"一词的意思因为被用于描绘中国古玩而得到扩展。文艺复兴时期，"怪诞"一词是一种来自古典时代的独特装饰风格，艺术家

---

[1] ［英］菲利普·汤姆森著，黎志煌译，《怪诞》，哈尔滨：北方文艺出版社 1988 年版，第 4 页。

[2] ［德］沃尔夫冈·凯泽尔著，曾忠禄、钟翔荔译，《美人和野兽——文学艺术中的怪诞》，西安：华岳文艺出版社 1987 年版，第 8 页。

用这个词来表示的是某种滑稽的欢乐、毫不顾忌的古怪和面对一个陌生世界时体会到的不吉祥、险恶和预感——"在这个陌生的世界里，无生命的事物同植物、动物和人类混在一起"[1]。

作为一种创作现象，怪诞很早就在我国艺术史上留下了足迹。《山海经》中对诸多怪兽奇人的描绘，是我国艺术史早期的怪诞形象。商周时代，在青铜器皿上铸造的狞厉的"饕餮纹"，也是怪诞装饰纹样的一种。盛行于我国南方的巫术文化，同样孕育着丰富的怪诞元素。在文学领域，"怪诞"获得了一定的繁荣：如繁荣于魏晋时的志怪小说；唐代李贺的诗歌中展现出的"虚荒诞幻"意象；宋元时期，说话艺术中的传奇情节及人物，都是文学史上具有明显怪诞倾向的作品；到了明清时期，长篇小说得到长足发展，"怪诞"获得了广阔的发展空间，如明代《西游记》《封神演义》等神魔小说的兴盛，无疑都是我国怪诞幻想的巅峰之作；此外，如清代画坛上的"扬州八怪"，都将"怪诞"作为表现自我个性和审美趣味的自觉追求。从我国古代的怪诞艺术中可以看出，我国的怪诞题材大多来源于神魔鬼怪故事，古人以这种面貌异常和有神异功能的怪诞形象作为表达自我理想的方式，其中亦达到了讽刺针砭现实社会的目的。

怪诞在我国美术史上没能持续性地发展，而在汉代以及更早时期的艺术品中，却展现出了先民们难以磨灭的执着追求怪诞的情感。汉画像中的神怪侍者形象，透露出震慑、古怪、陌生的怪诞特征。在汉语中，怪诞主要是指离奇和荒诞。《说文》解释"怪"为："异也。"[2]柳宗元的《辨晏子春秋》载："其言问枣及古冶子等，尤怪诞。"[3]也就是讲，不正常的事物，都是怪的，可见怪本来是指我们所生活的物质世界反常的现象。比如《左传·宣公十五年》载："天反时为灾，地反物为妖。"[4]这里的"反时""反

---

[1] 〔德〕沃尔夫冈·凯泽尔著，曾忠禄、钟翔荔译，《美人和野兽——文学艺术中的怪诞》，西安：华岳文艺出版社 1987 年版，第 11 页。

[2] 〔汉〕许慎撰，崔枢华、何宗慧校点，《标点注音说文解字》，北京：北京师范大学出版社 2000 年版，第 439 页。

[3] 〔清〕姚鼐选纂，宋晶如、章荣注释，《古文辞类纂》，上海：上海古籍出版社 1986 年版，第 149 页。

[4] 袁行霈主编，《国学研究》第三卷，北京：北京大学出版社 1995 年版，第 10 页。

物"是"灾""妖",为反常的现象,在古人眼中即为怪。到了秦汉之后,用来指动植物或无生命的精灵,即怪物,可见这一含义发生变化。古人认为,怪异的事物能够预知吉凶,因此古人关注的是天地间的反常事情、怪异的现象与吉凶征兆之间形成联系,进而怪异反常的事物逐渐有了审美的意义,因此产生怪诞的形象。

由此可知,在中国古代,怪异的事物有两种,一为灾,二为异。古代"善则为瑞,恶则为异"[1] 的伦理善恶观念,其中善、恶表现出的形式即美、丑。因而,怪异导致了审美领域的丑,但是"这种丑又处在矛盾的运动和转化之中,丑怪的事物就有了审美的意义,这就形成了审美上的怪诞"[2]。汉画像神怪侍者图像展示出来的怪诞主题,也在多方面体现着"怪诞"主题的本质和内涵。

1. 极端反常性

中国自古以来就对怪诞事物有着难以磨灭的情结,从孔圣人到太史公司马迁,都对怪异、怪物有着研究和了解。孔子的"子不语怪力乱神"仅仅是作为人师而不妄与学生谈论的内容,而孔子本身,对怪的事物,还是有其自己的见地的,例如《孔子家语·辨政》记载了孔子谈怪的故事:

> 齐有一足之鸟,飞鸟集于宫朝,下止于殿前,舒翅而跳。齐侯大怪之,使使聘鲁问孔子,孔子曰:"此鸟名曰商羊……急告民趋治沟渠,修堤防,将有大水为灾。"[3](《孔子家语疏证·卷三》)

此外,还有如下记载:

---

[1] 转引自吴林伯《〈文心雕龙〉义疏》,原载〔汉〕荀悦《汉纪·前汉孝武皇帝纪四卷第十三》,武汉:武汉大学出版社 2002 年版,第 55 页。

[2] 朱存明,《中国的丑怪》,徐州:中国矿业大学出版社 1996 年版,第 10 页。

[3] 〔清〕陈士珂辑,《孔子家语疏证》,上海:上海书店 1987 年版,第 91 页。

子曰："禹，吾无间然矣！菲饮食而致孝乎鬼神。……禹，吾无间然矣！[1]（《论语·泰伯》）

以上是孔子语怪的典型例证，可以看出，孔子赞同孝敬鬼神。表明孔子认同天命，信奉鬼神，语涉怪异。"不言""不语"等，只是态度问题，并非说孔子对天道、天命和神怪就从未产生过看法。在孔子看来，天道隐微，难以谈说，而天命显露，可以证实；所以孔子经常谈论天命问题，并形成一贯的观点。对于神怪，孔子并非一概"不语"，而是反对一味地猎奇好异。后世的胡应麟在《少室山房笔丛》卷三十八称孔子为"万代博识之宗""语怪之首也"[2]。

前文也已经提到，英国学者菲利普·汤姆森在《论怪诞》中给怪诞下了一个系列定义："有着矛盾内涵的反常性。"[3] 将正常的事物极端地反常化是怪诞构成的本质原则。汉画像中神怪侍者的怪诞特征，具体来看，表现为以下几个方面。

（1）形象与行为的反常。

形象的反常是神怪侍者最普遍的特征之一，他们往往将人类最熟悉的事物陌生化，将现实的东西非现实化。主要体现在：

其一，把正常的人或物极端夸张，扭曲变形。如陕西绥德墓门楣画像中，画像左边为西王母头戴胜杖，拥袖端坐，其一侧，为一跪拜侍者，其中一个鸡首人身的形象值得注意，它跪于西王母座前，手持笏或仙草，向西王母跪拜。可以看出，此形象身着人类的衣服，且跪侍动作为人形，但是，其腿部却表现出鸡这种动物的肢体特征，大腿健硕，小肢细长。可见，这是民间艺术者把鸡的形象极端夸张、扭曲变形成了半人半兽形象的代表。其二，将不同领域、不同性质、不同时空的事物混合组接在一起。这一类形象，是汉画像西王母神怪侍者的绝大部分造型，也是讨论的重心所在，

[1] 杨树达，《论语疏证》，南昌：江西人民出版社 2007 年版，第 134 页。
[2] 〔明〕胡应麟，《少室山房笔丛·华阳博议》，上海：上海书店出版社 2009 年版，第 382 页。
[3] 〔英〕菲利普·汤姆森著，黎志煌译，《论怪诞》，哈尔滨：北方文艺出版社 1988 年版，第 4 页。

图 7-1　陕西绥德墓门楣画像　38cm×167cm　东汉
1955 年 5 月陕西省绥德县征集　现藏于陕西省碑林博物馆
（图像采自《中国画像石全集》第 5 卷，图 153）

例如在我国《山海经》中也记载了很多"人首蛇身"的形象（见表 2）。

表 2　《山海经》所载人面蛇身或人面龙身神 [1]

方位	经	名	形象
中	《中山经》（次十）	首山至丙山诸神	皆龙身人面
南	《南山经》（次三）	天虞之山至南禺之山诸神	皆龙身人面
	《海内经》（南方）	延维	人首蛇身
西	《西山经》（次三）	鼓	人面龙身
	《海外西经》	轩辕	人面蛇身尾交首上
北	《北山经》（首、次二）	单狐之山至隄山诸神 管涔之山至敦题之山诸神	皆人面蛇身 皆蛇身人面
	《海外北经》又《大荒北经》	烛龙（烛阴） 相柳（相繇）	人面蛇身赤色 九首人面蛇身自环色青
	《海内北经》	贰负	人面蛇身
东	《海内东经》	雷神	龙身而人头

　　而在神怪侍者中，所出现的人首蛇身神怪侍者形象，最早的年代可以追溯到西汉晚期，为山东微山县微山岛乡发现的"西王母、车马、除虫"图，而相距不远的江苏徐州沛县栖山也发现有类似的图像："西王母、弋

---

[1]　《闻一多全集》（第一卷），上海：上海三联书店 1982 年版，第 44 页。

图 7-2　西王母·弋射·建鼓　87cm×275cm　东汉
1977 年徐州市沛县栖山出土　现藏于徐州汉画像石艺术馆
图像采自江苏师范大学汉画像石（砖）数据库

射、建鼓"图（图 7-2）。图上的人首蛇身神怪，同身后的侍者一同参拜
西王母，作揖请安，除了人类腿部变为了蛇尾之外，其上身为人形，着人
衣，拱手拜立于王母座前。

　　再如，汉画像中的牛首人身神怪，也是将牛这种家常所见动物，与人
类自身形象相融合，如果掩盖住牛首不看，单纯看其身形、动作，都具有
人类的特征，将这种四蹄行走的动物，直立起来，让其两足站立，在汉代
人的意识里，完成了自我从动物到人类的过渡。图 7-3 为山西离石马茂庄
二号墓前东壁左侧画像，在中心区域图像的下部，为牛首人身神怪，此形
象头部为牛首，其衣着为人服，长袍侧立，手持符节。这一怪诞的形象呈
现出一种反常的画面，容易引起人的视觉震惊感，然而在文艺史中，纯视
觉的怪诞只是怪诞艺术的较低层次。

　　怪诞艺术除了表现怪诞的外在形象之外，主体行为的反常也是一种较
普遍的表现手法。"行为的反常"是指形象的行动违背现实中的常情常理，
往往是不一的、矛盾的，出人意料的。如图 7-4 与图 7-5，两块画像石都
发现于安徽的同一地点，且纪年时间为东汉熹平三年（174 年），从构图
形制上看，两幅图都是分层设计的，只有最上一层出现了西王母（东王
公），并伴随有神怪侍者。西王母座前为鸡首人身神怪，跪立参拜，东王
公座前为牛首人身神怪，跪立参拜。

图 7-3　离石马茂庄二号墓前东壁
左侧画像　135cm×87cm　东汉
晚期
1990 年 10 月山西省离石县（今吕
梁市）马茂庄西出土　现藏于吕梁
市文物管理所
（图像采自《中国画像石全集》第 5
卷，图 247）

图 7-4　西王母·长袖
舞·械斗·捕鱼画像
98cm×92cm　东汉熹平
三年
1991 年安徽宿县（今宿
州市）褚兰镇宝光寺出土
现藏于宿州市文物管理所
（图像采自《中国画像石全
集》第 4 卷，图 171）

　　　　　　　　　　　　　　　　　　神话之魅

图7-5 东王公·讲学·出
行·庖厨图像 98cm×92cm
东汉熹平三年
1991年安徽宿州褚兰镇宝光
寺出土 现藏于宿州市文物管
理所
(采自《中国画像石全集》第4
卷,图170)

　　形象与行为的反常,构成了汉画像西王母侍者怪诞主题的一个方面。
在西王母座前的神怪侍者,拥有不同人兽混合的形象,对西王母进行参见
跪拜的行为本身,也是反常的表现,这都是正常的事物极端的反常化,构
成了怪诞的主题。通过观察安徽宿州褚兰镇宝光寺所出土的两块汉画像石,
可以得知,图7-4画像,第一层为西王母接受神怪侍者参拜,第二层为长
袖歌舞,第三层为械斗图,最下层为捕鱼场面;图7-5画像,第一层为东
王公接受神怪侍者参拜,第二层为师长讲学,第三层为出行图像,第四层
为庖厨场面。对比两幅图像,第一层都出现了神怪侍者,而第二层往下的
图像,都是人间常见场景,在画面配置的规则上,将神仙世界与凡人世界
共同配置在一幅图上,这本身就是反常的表现方法。

（2）创造性思维的反常。

世界上任何民族，在童年时期都依靠自身的想象力，编制和创造过宇宙起源、人类起源的神话故事，世界上各类神话故事都说明：人类一直在思考宇宙和自身起源的问题，从而对于难以解释的事物，发挥了自身的"灵感思维"[1]，这就由原始宗教意识中的"通灵"发展为现代意义上的"创造性思维"。美好形象的塑造需要出色的审美创造性思维，而对丑恶怪诞形象的创造更需要杰出的创造性思维，并且，只有一反常态的创造性思维，在怪诞形象创造中，才能不靠构成材料的贵重、罕见，也并不重视艺术技艺的高超与否，而最重视的是把材料的要素构成整体形象时的奇思妙想——人类的创造性思维。可以看出：怪诞形象之所以形成，是用最美、善的形成最丑、恶的，用现实的构成了超现实的，用非人的构成人体的，用熟悉的构成陌生的。一句话概括，即将最正常的变成最反常的。正如本文讨论的神怪侍者形象，正是"人＋牛＋神""人＋鸡＋神""人＋蛇＋神""人＋马＋神"等这类形象。而"人＋动物＋神"将人们所熟悉的几方面的要素，经奇思妙想的创造性组合后，既突出神怪的神性，又赋予其人的普遍性，还凝聚了动物的特性。丑怪形象的创造，体现了人类独特、巧妙的创造性思维。

日本学者井上圆了在《妖怪学》中提到："妖怪者，何耶？其义未定：或曰幽灵；或曰精凭；或曰鬼魅；或曰狐惑；或若阴火；若神光；若奇草；若异木。是皆妖怪之现象，而非其解释也。其解释，则或云不可思议，或云异常及变态。"[2]神怪侍者的人兽混合形象，正是这种"异常及变态"的典型代表。汉代人的文学作品中，也有很多富于创造性的文学作品，《山海经》中的怪诞形象，自不需多言。单是《神异经》中就记载了许多怪诞

---

[1] "灵感思维"带有原始人世界观的性质，它早于人的逻辑思维和形象思维，它是原始文化存在的心理基础，原始人正是在原始灵感思维的基础上，创造了奇诡变幻的原始文化。……灵感思维与文化应有对应关系，灵感思维的原型便在原始人"万物有灵"观中。（朱存明，《灵感思维与原始文化》，上海：学林出版社1995年版，第1页）

[2] ［日］井上圆了著，蔡元培译，《妖怪学》，上海：上海文艺出版社1992年版，第1页。

形象，现举几例[1]：

> 东荒山中有大石室，东王公居焉。长一丈，头发皓白，人形鸟面而虎尾。载一黑熊，左右顾望，恒与一玉女投壶。(《神异经·东荒经》)
>
> 南方有犬，人面鸟喙而有翼，手足扶翼而行，食海中鱼。有翼不足以飞……(《神异经·南荒经》)
>
> 西方荒中有兽焉，其状如虎而犬毛，长二尺，人面虎足，猪口牙，尾长一丈八尺，搅乱荒中……(《神异经·西荒经》)
>
> 西北荒有人焉，人面朱发，蛇身人手足，而食五谷禽兽。贪恶愚顽，名曰共工。(《神异经·西北荒经》)

从以上内容可以看出，《神异经》对怪诞形象的关注，同样钟情于人兽混合型的神怪形象。其中谈到东王公的形象是"人形鸟面而虎尾"；说到共工的形象是"蛇身人手足"，且长着朱红色的头发，俨然一个怪物的形象。可见，古人对怪诞形象的关注，远远超出今人的想象。文献资料中的神怪形象与汉画像中神怪侍者的形象一样，都是通过人类不断的探索，夹杂着奇思妙谈，将材料要素构成完整形象，用载入了创造性思维的反常形象体现出来。

从上面对神怪侍者怪诞主题的极端反常性的探讨中可知，汉画像中神怪侍者的出现，并不是偶然的，其怪诞主题的形成，是有其必然性的。通过图像所表现出来的形象的行为反常，以及艺术者创造性思维的反常，都体现出神怪侍者怪诞主题的极端反常性。汉画像艺术中反常规的、超现实的美，通过将人物、动物加以变态、扭曲和极度夸张的方式进行展现。让后人体会到的是怪诞主题下的奇异感，以及艺术家内心深处所暗含的茫然与不安。

---

[1] 〔汉〕东方朔，《神异经》，《汉魏六朝笔记小说大观》，上海：上海古籍出版社1999年版，第49—56页。

2. 以丑为美

早在我国商周时期，美术史上有名的饕餮纹样就是一种怪诞性的礼仪图式，并非单纯起装饰作用。李泽厚在《美的历程》中指出，以饕餮为代表的青铜器纹饰具有某种原始的天真、拙朴之美。各式各样的饕餮纹样及以它为主体的整个青铜器的其他纹饰和造型，都在突出一种无限广阔的原始力量，突出在这种神秘威吓面前的神圣、怪诞的特征。"它们呈现给你的感受是一种神秘的威力和狂厉的美。"[1] 著名的商鼎和周初鼎，其中满身布满雷纹同饕餮纠缠在一起的夔龙及夔凤，那变异了的、并不存在于现实世界的动物形象，都是早期艺术品中丑、怪的代表。

美和丑，是相互对立又是相互依存的，美之所以美，是因为依靠了丑的衬托，丑之所以丑，是因为有美的衬托。丑与怪在现代社会逐渐被摒弃和当作笑谈，可在古代社会，"在人类最初的审美意识的起源上，它与审丑、审怪是处在混融状态的"[2]。在审美意识的最初阶段中，审美与审丑是处于同等地位的，只有研究丑怪，研究不符合常理的形象，才能帮助人们发现美、认识美和欣赏美。因而，只有研究了汉画像中的丑怪形象，才能更好地理解汉代人对艺术的审美，接触其心灵深处的审美情感。

这种以丑为美的感觉，在汉代艺术和人们观念中留存，正是说明汉代人已经意识到怪异的事物，有着非同寻常的深刻意义和不一般的美感。而这也恰恰与从远古传留下来的种种神话故事相吻合，成为神话故事不可缺少的主题或题材，如女娲、伏羲的人首蛇身，夸父逐日的形象，双臂化翼的不死仙人王子乔等。就是司掌人间生死的西王母的形象，在神话故事的最初原始形态下，也是丑陋怪异的，《山海经》中描绘的西王母形象为：

---

[1] 李泽厚，《美学三书·美的历程》，天津：天津社会科学院出版社2003年版，第33页。
[2] 朱存明，《中国的丑怪》，徐州：中国矿业大学出版社1996年版，第2页。

又西三百五十里，曰玉山，是西王母所居也。西王母其状如人，豹尾虎齿而善啸，蓬发戴胜，是司天之厉及五残。[1]（《山海经·西山经》）

西海之南，流沙之滨，赤水之后，黑水之前，有大山，名曰昆仑之丘。……其下有弱水之渊环之，其外有炎火之山，投物辄然。有人戴胜，虎齿，有豹尾，穴处，名曰西王母。此山万物尽有。[2]（《山海经·大荒西经》）

《山海经》中对于西王母的描述主要着力于"虎齿""善啸""豹尾"等，毫无贵妇人温文尔雅的气质可言，其怪异形象显而易见。但是，到了汉代，在汉画像中出现的西王母形象，都变成了一位气质高贵的妇人，"尤其面部形象的勾勒，尽显女性的柔美和温雅；鼻部的曲线上至细眉，鼻头弯曲而小巧，现出娇小的媚态；双眼间距较宽；与圆面、大嘴相配，体现出和蔼、宽厚、仁慈的精神状态"[3]，她坐于龙虎座之上，威严地接受各类侍者的服侍和朝拜，虽然西王母的形象逐渐由怪异丑陋演变为高贵典雅，可是在她身边的侍者却依然集丑陋、怪诞于其身，这也就值得我们深思。

蒋孔阳先生在他的《美学新论》中说："审丑历来都是人们审美活动的一个重要方面，因此，历来的文学艺术都有表现奇丑怪异的杰作。"[4] 丑与美一样，是一个历史发展的重要美学范畴，美是一种和谐，丑则是一种不和谐或反和谐。丑，作为文艺美学的重要范畴，在中国文艺史上源远流长，但它一直是作为美的补充而存在的。丑是由怪异所导致的，而在矛盾运动和转化中，丑怪的事物有了审美的意义和价值，形成了审美上的怪诞。同时，中国古人对怪、丑的事物，也有着不可磨灭的情感，他们甚至认为

---

[1] 方韬译注，《山海经》，北京：中华书局 2009 年版，第 41 页。
[2] 同上，第 255 页。
[3] 李立，《汉墓神画研究——神话与神话艺术精神的考察与分析》，上海：上海古籍出版社 2004 年版，第 224 页。
[4] 蒋孔阳，《美学新论》，北京：人民文学出版社 2006 年版，第 408 页。

图 7- 6　离石马茂庄三号墓前东壁左侧画像
120cm×53cm　东汉晚期
1990 年 10 月 山西省吕梁离石马茂庄西出土 原石现藏于山
西省考古研究所
〔采自《中国画像石全集》第 5 卷，图 263〕

丑具有一种神秘之感、神圣之美，例如在本文所收集的汉画像里，图 7-6 中的牛首人身神怪是处于云气缭绕的神仙世界，本来动物的形象与人类的形象混合之后，产生丑的感觉，但是，汉代人将其安放于仙境之中，把丑寓于美中，不但没有刻画出丑，反而让丑怪的事物显现出独特的美感和神秘性。汉画像中将丑怪寓于美景的事实，表现了汉代先民善于发现美、以丑见美的审丑意识。这种审丑意识通过展露丑来揭示美的真谛，从而达到以丑见美的审丑目的。

以丑为美是一种传统审丑意识，它主要通过剥离形式上的外表丑来展示本质美，对神怪侍者的审丑，在丑中发现美，又并非具有故事形态的审丑，作为前期的审丑活动和艺术表现，值得我们深入分析。

　　　　　　　　　　　　　　　　　　　　　　　　　神话之魅

3. 夹杂恐怖与威慑的震惊感

丑恶怪诞的事物为什么能给人以美感？这与当时人们的原始宗教观念有关。幻想的可怖的动物形象具有威吓神秘的力量，这些怪异形象的象征符号指向了不能用概念语言来表达的原始宗教的情感。可见，丑恶怪诞的形象同样具有威慑侵犯者以达到保护神灵的作用。在世界的其他文化中，也有将这类形象作为保护教堂、寺庙等宗教祭祀场所或者住宅的护符。其中最有代表性的是埃及的大斯芬克斯雕像。

古人普遍相信怪诞形象能够拥有驱除邪恶的非凡力量，具有战胜一切入侵敌者的能力。于是这类丑怪形象的图像就转化成了威慑侵犯敌者的护符。同时，古人还相信，丑怪的形象越是可怕凶恶，其驱赶邪恶的威力也越大。于是人们在创造形象时就必然在可怕性上下功夫。例如在陕西横山党岔乡孙家园子收回的一块墓室门楣画像石上（图7-7），出现了诸多组

图 7-7　横山孙家园子墓室壁组合画像（局部）
173cm×232cm　东汉
1992 年 3 月 1 日陕西横山党岔乡孙家园子收回　现藏
于榆林地区文物管理委员会办公室
图像采自江苏师范大学汉画像石（砖）数据库

图 7-8　神木大保当墓门楣画像石 34cm×193 cm　东汉　1996 年陕西神木大保当乡出土 现藏于陕西省考古研究所 （采自《中国画像石全集》第 5 卷，图 218）

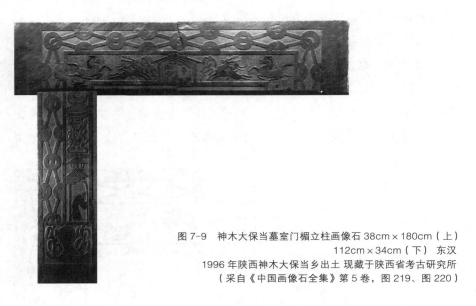

图 7-9　神木大保当墓室门楣立柱画像石 38cm×180cm（上）
112cm×34cm（下）　东汉
1996 年陕西神木大保当乡出土 现藏于陕西省考古研究所
（采自《中国画像石全集》第 5 卷，图 219、图 220）

图形象，其中，右侧立柱上部，有一身着无领宽衣、头部呈牛首状、双肘弯于胸前、两腿叉开站立的形象。相较于同一画面的其他形象，这一形象有如下不同：第一，头部呈现兽首形象，是非正常的人类造型，两只眼睛炯炯有神，牛角尖锐；第二，肩宽异常，显示出身体的壮硕和强健。

　　同样是墓室门楣的位置，在陕西神木大保当出土的两块画像石，也都在墓室门楣或者立柱上刻绘了怪异的人兽混合型的神怪形象。如图 7-8 墓门画像石上，也有牛首人身神怪形象和鸡首人身神怪形象出现，画面中部刻绘一熊，箭步摆尾，张牙舞爪，面左做扑斗状。熊眼施红彩，以黑彩点睛；左右两侧分别刻以正襟盘坐于石枰上的牛首和鸡首双翅人身神怪。画面左右两端分别刻月轮和日轮，月中有蟾蜍，日中有金乌，在图像四周云气环绕。图7-9为陕西神木大保当出土的另外一组墓室门楣立柱画像石，为两块石头组合而成，上方横向为门楣，画面分为上下两栏。上栏刻画的是十字穿环，两端下折与左右门楣立柱相接；下栏居中一祠堂，用阴线刻表现瓦脊，减地平刻楹柱，朱绘平叠拱，帷幔轻垂，祠堂内有三人，祠堂两侧为对称的图像，神人骑鹿及奔马，左右两侧刻绘两兽与下面的门柱相连，左侧为一牛首人身，竖角垂耳，右侧为一鸡首人身神怪。右侧门柱画像石已散失，左侧为左门柱，画面同样分为上下两栏，上栏左侧为接门楣的十字穿环，右侧上部为牛首人身神怪躯体部分端坐于高台之上，下部为门吏在阙中瞭望，图像下栏为博山炉。

从上述在陕西地区发现的几块画像石的位置以及其内容可以得知，这些牛首人身神怪和鸡首人身神怪的出现，都具有守卫墓室的职能，其丑陋、怪异的形象，恰恰起到了威慑的作用。因为人们相信，人和动物在暴怒时最危险、最具攻击性，它此时的整体所体现出的怪异神态也最可怕，所以人们把这类怪异形象装饰在墓室门楣上以增强其可怕性，震慑来者，以保卫亡者灵魂的安宁，驱除邪恶的侵扰。

同样，我国夏周时期在青铜器上纹饰凶怪恐怖的饕餮形象，"它一方面是恐怖的化身，另一方面又是保护的神祇。它对异氏族、部落是威慑恐吓的符号；对本氏族、部落则又具有保护的神力。这种双重性的宗教观念、情感和想象便凝聚在此怪异狞厉的形象之中"[1]。直到当今社会，通过阅读现代民俗学的相关资料我们可以发现：其对中国西南少数民族的调查表明，牛首作为巫术宗教典礼的主要标志，被高高挂在树梢，对该氏族部落具有极为重要的神圣意义和保护功能。它实际上是原始祭祀礼仪的符号标记。这种丑、怪的符号在人们的幻想中含有巨大的原始力量，是神秘、恐怖、威吓的象征。[2] 陕西出土的几块墓室门楣画像上的丑怪形象也具有这

[1] 李泽厚，《美学三书·美的历程》，天津：天津社会科学院出版社2009年版，第39页。
[2] 同上，第38页。

样的意义，它们怪诞的形象作为审美对象，会给观者带来巨大的冲击与震撼，起到强迫注意、铭刻记忆的作用。它的丑恶引发恐怖感，指向一种神秘的原始力量，突出这种力量的畏怖、恐惧、凶狠的特征，以威慑墓门以外的世界。

综上，在汉画像艺术诞生的时代里，艺术家不仅在文学领域对怪诞主题的创作有所青睐，在艺术领域更是钟爱有加。从当时的艺术品里，能够分析出在怪诞主题下所展现出的极端反常性，以丑为美和夹杂恐怖与威慑的震惊感中所隐含的人类思想潜意识里的个性审美认识及自觉追求，面对陌生世界时所隐含的不吉祥、险恶和预感，通过汉画像神怪侍者怪诞的主题形象表现出的人类集体无意识中"信怪"的倾向。

二、怪诞主题下的文化探析

第一部分是对神怪侍者的怪诞主题进行的解析，探讨出图像学角度的怪诞主题下，神怪侍者表现出的人类集体无意识中"信怪"的倾向。这一部分将在怪诞主题下分别对西王母座前的鸡首人身神怪、牛首人身神怪、马首人身神怪和人首蛇身神怪进行文化人类学角度的解读，对其神性分别进行探析。

（一）鸡首人身神怪：太阳"金鸡神"与吉祥的追求

本文收集到的汉画像中，神怪侍者中数量最多的是鸡首人身神怪，共有 24 幅。最早的可考时间为公元前 48 年至公元前 5 年的西汉晚期，徐州中心区多是独立出现。只有在徐州汉画像石馆馆藏的一块画像石上，鸡首人身神怪与牛首人身神怪对立出现，而陕西地区有较多鸡首人身神怪是以东王公的形象，同牛首西王母对偶出现。有学者认为，鸡首人身神怪与牛首人身神怪对应，且是以东王公的形象出现，所以鸡首人身神怪就应该是男性的象征。本文在深入研究鸡首人身神怪相关资料的基础上，认为这种观点失之偏颇：因为在我国神话传说的历史上，西王母的出现是伴随着"母"崇拜而来的。在早期的汉画像中，最高神只有一个，即西王母，这一形象要早于东王公，汉画像中的东王公的形象到东汉才逐渐形成，且都与西王母对偶出现。事实上，东王公只是汉代人为了给西王母寻找一个对偶神而讹造出来的形象。可见，简单地认为鸡首人身神的神性是男性的象征，并不十分完整，应该更深入地看到"鸡"背后的隐喻文化内涵，从而解读其神性。

另外，鸡与鸟，在古代都是禽类，尤其在头部是十分相似的，所以今人对汉画像中鸡首人身神怪的命名上，有些时候称为"鸟首人身神怪"，本文认为本质上没有区别，因而放在一起讨论。以上为本节需要说明的地方。

1. 史前太阳信仰中的"金鸡神"

（1）崇日民族与崇鸟民族的融合

从文献记载和考古遗址的散布来看，东夷人的势力范围大致包括今山东全境，河北大半部，并延伸至辽东半岛，向南延伸至苏北地区，也就是现在的徐州一带，向西延伸至豫东地区。这正是本文所讨论的集中出现鸡首人身神怪图像的地区。

对太阳神的崇拜及太阳神话几乎在世界各民族都曾出现过，太阳作为万物滋生繁衍、丰饶富庶的根本，是许多地域供奉的人类始祖。"人类学之父"泰勒在其《原始文化》中也认为："凡是阳光照耀到的地方，都会有太阳神话的存在。"[1] 宗教学家麦克斯·缪勒认为一切神话皆源于太阳。太阳是高于人类社会之上的神之世界里最著名的代表，在各类宗教信仰中都有着非同一般的地位。

---

[1] ［英］爱德华·泰勒著，连树声译，《原始文化——神话、哲学、宗教、语言、艺术和习俗发展之研究》，桂林：广西师范大学出版社 2005 年版，第 238 页。

在中国，有大量实物和文字证据可以证明太阳神信仰的存在。广西左江流域的崖画、江苏连云港将军崖都是这些地区原始初民对日月之神崇拜的见证。至今中国五十几个少数民族都曾存在类似日月崇拜的万物有灵[1]的观念，有些民族如藏、彝、黎、羌、拉祜、赫哲、傈僳等族都把太阳神崇拜放在重要的位置。文字记载反映了远古中国太阳神信仰的盛行，《礼记·郊特牲》郑玄注："天之神，日为尊。"[2]古代文献中也有"天之诸神，莫大于日"[3]的说法。太阳神被中国人熟知的名字是羲和，中国远古时代的伏羲、太昊、颛顼、黄帝等也都曾被认为是太阳神的化身。

太阳的动物象征在中国突出地表现为凤鸟，这在包括汉画像石在内的许多历史遗迹中得以证实，而太阳凤鸟的图纹发现于浙江余姚河姆渡遗址、山东泰安大汶口文化遗址等。除了在连云港地区有崇日的遗迹外，还在山东的城子崖遗址和莒县陵阳河有类似的重大发现，这是古东夷地区崇信太阳的一个有力物质证据。同样，在中国有关太阳的古老文献中，与太阳关系最密切的也是凤鸟。《山海经·大荒东经》载十个太阳每天轮流由汤谷的扶桑出发值班照耀大地的故事，它们"皆载于乌"。《楚辞》中屈原对太阳神的描述是：

---

[1] "万物有灵"，即泛灵信仰（Animism），又译万物有灵信仰、万物有灵观、万物有灵论。Animism来源于拉丁语 Anima（"生命""灵魂""气息"的意思）。Animism 是指对 Anima 的信仰以及有关 Anima 的学说和理论。我国学术界多用"万物有灵观（论）"这个译名。"万物有灵"一词只是一种比喻，是个约定俗成的术语。人类学、民族学调查资料表明，原始人只对与他们密切相关的人、事、物和现象感兴趣，并赋予它们以灵魂，并非认为万事万物均有灵魂，他们还未形成这个观念。我们在使用这个词时，指的是原始人相信人、生物或非生物有一个可与其形体分开的灵魂体。"万物有灵学说"是由英国人类学家爱德华·泰勒在《原始文化》一书中提出，本文认为汉代人也有"万物有灵"的观念。泰勒在《原始文化》一书中提出："万物有灵观是那种跟唯物主义哲学相对立的唯灵主义哲学本质的体现。……万物有灵观构成了处在人类最低阶段的部族的特点，它从此不断地上升，在传播过程中发生深刻的变化，但自始至终保持着一种完整的连续性，进入高度发展的现代文化中。……万物有灵观既构成了蒙昧人的哲学基础，同样也构成了文明民族的哲学基础。……万物有灵的理论分解为两个主要的信条，其中的第一条，包括各个生物的灵魂，这灵魂在肉体死亡或消灭之后能继续存在。另一条则包括各个精灵本身，上升到威力强大的诸神行列。"（详见，[英]爱德华·泰勒著，连树生译《原始文化——神话、哲学、宗教、语言、艺术和习俗发展之研究》，桂林：广西师范大学出版社 2005 年版，第 349 页）

[2] 张舜徽，《郑学丛著·郑雅·释天弟八》，武汉：华中师范大学出版社 2005 年版，第 239 页。

[3] 武文主编，《中国民俗学古典文献辑论》，北京：民族出版社 2006 年版，第 229 页。

暾将出兮东方，照吾槛兮扶桑。抚余马兮安驱，夜皎皎兮既明；驾龙辀兮乘雷，载云旗兮委蛇；长太息兮将上，心低徊兮顾怀。[1]（《东君》）

古代典籍中所提到的旸谷（又写作"汤谷"），传说中是太阳升起的地方。日出的地方是海外东方的水里，地名为"旸谷"。《山海经·大荒东经》载："有谷曰温源谷。汤谷上有扶木，一日方至，一日方出。"[2]《山海经·海外东经》："汤谷上有扶桑，十日所浴，在黑齿北。居水中，有大木，九日居下枝，一日居上枝。"[3]《淮南子》云："日出于汤谷，浴于咸池，拂于扶桑，是谓晨明。登于扶桑，爰始将行，是谓朏明。"[4] 此外，《山海经·大荒南经》载："东南海之外，甘水之间，有羲和之国，有女子名曰羲和，方日浴于甘渊。羲和者，帝俊之妻，生十日。"[5] 郭璞注："羲和盖天地始生主日月者也。故《归藏·启筮》曰'空桑之苍苍，八极之既张，乃有夫羲和，是主日月，职出入，以为晦明。'又曰：'瞻彼上天，一明一晦。有夫羲和之子，出于汤谷。'"[6]

东夷人对太阳神的崇拜，从以上资料中可以窥见一斑，而对鸟的崇拜也是历史事实。在《山海经》中记载有卵民国、羽民国、鸟氏和咸鸟遗迹等许多鸟形与人形混合的神与方国：

羽民国在其东南，其为人长头，身生羽。[7]（《山海经·海外南经》）……有人长颊鸟喙，赤目白首，身生毛羽，能飞不能远，似人而

---

[1] 〔宋〕洪兴祖，《楚辞补注》，北京：中华书局 1983 年版，第 74 页。

[2] 方韬译注，《山海经》，北京：中华书局 2009 年 4 月重印，第 271 页。

[3] 同上，第 226 页。

[4] 〔汉〕刘安，《淮南子》（光绪二年据武进庄氏本校刻），《二十二子》，上海：上海古籍出版社 1985 年版，第 1228 页。

[5] 方韬译注，《山海经》，北京：中华书局 2009 年 4 月重印，第 285 页。

[6] 同上，第 292 页。

[7] 同上，第 191 页。

卵生穴处。[1]（《异域志》）

……有人名曰张弘，在海上捕鱼。海中有张弘之国，食鱼，使四鸟。[2]（《山海经·大荒南经》）

东夷部族的文化遗物中有大量的鬲、鬶、盉等陶器，器形如鸟。细高的觚形三足器和高柄杯则明显模仿鸟足。此外，也可以看到鸟头形器盖、鸟头形鼎足和鸟喙形突饰等。

以上资料都证明东夷部族，同样也是一个鸟图腾信仰的部族，更多情况下是两个不同部族融合成一个部族，崇日部族屈服于崇鸟部族。《吕览·勿躬》："夷羿作弓。"[3]《淮南子·本经训》："尧之时，十日并出，焦禾稼，杀草木而民无所食。……尧乃使羿……上射十日……"[4]《说文》："夷，东方之人也，从大从弓。"[5]从神话故事中可以得知，羿善于射术。《墨子·非儒下》载："古者羿作弓。"[6]《管子·形势解》："羿，古之善射者也。"[7]羿射十日故事实际上揭示了崇鸟部族征服崇日部族的过程，并且，相互融合成一个东夷部族。既然太阳和鸟都是曾出现在这一地区的东夷族人一生所向往的信仰对象，这也就理解为什么太阳的出现"皆载于鸟"，以及在汉画像中所出现的日中三足乌。

在徐州汉画像石艺术馆馆藏石中，有一块阴线刻画像石（图7-10），图像和线条十分简单，上部是两个人物对立，边上一个小孩在玩轮车，疑为孔子见老子，孩童为项橐。在下半部分，为鸡首人身神怪与牛首人身神怪对面而立，鸡首人身神怪在构图上呈鸡首、人身跪拜式的图像，在头部

[1]〔元〕周致中，《异域志》，北京：中华书局1981年版，第63页。
[2]方韬译注，《山海经》，北京：中华书局2009年4月重印，第258页。
[3]陆玖译注，《吕氏春秋》，北京：中华书局2011年版，第594页。
[4]〔汉〕刘安，《淮南子》（光绪二年据武进庄氏本校刻），《二十二子》，上海：上海古籍出版社1985年版，第1239页。
[5]〔汉〕许慎撰，崔枢华、何宗慧校点，《标点注音说文解字》，北京：北京师范大学出版社2000年版，第425页。
[6]〔清〕孙诒让，《墨子间诂》，《诸子集成》（第四卷），北京：中华书局1954年版，第181页。
[7]〔清〕戴望，《管子校正》，《诸子集成》（第五卷），北京：中华书局1954年版，第327页。

神话之魅

图 7-10　孔子见老子、鸡首人身神怪与牛首
　　　　 人身神怪 118cm×148cm　西汉
　　　（残石 手绘图 原石藏于徐州汉画像石艺
　　　　 术馆）

显示出如同太阳光芒一样的图形。伊利亚德认为"在任何太阳的神显中显
而易见的、容易把握的内容通常只是在漫长的理性化过程将此神显磨灭之
后所遗留下来的东西，而且是在我们没有意识到的情况下，通过语言、习
俗和文化而传承下来的。太阳如今已经成为模糊的宗教经验中的平常之物，
太阳的象征已经简化成为一系列手势或者片言只语"[1]。有碍于科技水平，
当时人们对太阳的了解，仅限于圆形、金色、温暖、光明等表象，这也为
太阳形象的物化提供了可能。万物有灵是太阳崇拜的发端，因此太阳崇拜
具有强烈的神性意义，物化后的太阳形象具有民族的尊严和保护神的意味。
而这里的鸡首人身图像就是汉代人在图像上简化出的"片言只语"——对
太阳神的崇拜，通过汉画像这种文化形式传承遗留下来，属于物化后的太
阳形象。

---

[1]　[美] 米尔恰·伊利亚德著，晏可佳、姚蓓琴译，《神圣的存在——比较宗教的范型》，桂林：广西师
　　　范大学出版社 2008 年版，第 121 页。

（2）太阳鸟的世俗化——动物的人格化、神格化

前文提到，汉画像鸡首人身神怪是太阳神的物化形象。此外，鸡首人身神怪还是太阳神的世俗化身。这是汉代人在"集体无意识"中将动物人格化、神格化的过程。许慎在《说文解字》中载："鸡，知时畜也。"[1]《青史子》载："鸡者，东方之牲也，岁终更始，辨秩东作，万物触户而出，故以鸡祀祭也。"[2] 从以上文献记载可以看出，古人把鸡的职能视为"知时鸟"，所以，鸡是鸟类的一种，而鸡与生俱来的报时功能——鸡鸣，很早就受到了先民的关注。鸡在先民的生活中享有崇高的地位，民间流行的世俗观念认为，鸡与其他鸟类不同，它与太阳是有关联的，鸡鸣才引得太阳东升，而鸡与太阳运行的自然默契，以及它特有的司鸣报晓的习性，使得人们除以幻想的故事编织叙述外，更以现实的姿态加以利用。这也就为构成鸡首人身神怪形象提供了世俗化的基础。

在先民的直观印象中，鸡鸣迎来太阳东升，二者一脉相通。在长期的生产实践下，鸡作为象征性的表象符号，人们自然而然地将它与每天东升西落的太阳联系起来，与东方日出、光明取代黑暗、阳战胜阴、春脱于寒冬等现象相关联。人们的原始神话思维 [3] 把鸡同太阳东升、光明到来解释为必然的因果关系，而这一关系明确地体现在"阳鸟"这个名称上，人们视其为"阳鸟"——太阳神在现实中的化身；并将自己对太阳神的敬畏崇拜之情，附着在家常可见的鸡的身上，形成了太阳金鸡神信仰。而在《风俗通义》中记载了鸡的起源神话的表述，也是证明太阳与金鸡关联的有力

---

[1] 〔汉〕许慎撰，崔枢华、何宗慧校点，《标点注音说文解字》，北京：北京师范大学出版社 2000 年版，第 145 页。

[2] 王利器，《风俗通义校注》，北京：中华书局 2010 年版，第 374 页。

[3] 原始神话思维是原始先民企图解释世界和人自身的一种具象思维，是一种运用想象、投射和幻化等方式去记叙神话世界和巫术世界中的各种深层秩序的思维程序，即原始思维。在这类思维中，物的因素与心的因素相互渗透，天的因素与人的因素相互感应，形成了在巫术与神话里特有的超自然和超现实的深层秩序。德国著名哲学家恩斯特·卡西尔在他的文化哲学名著《神话思维》导言《神话哲学问题》中有过精辟的论述："神话由于表达了人类精神的最初取向、人类意识的一种独立建构，从而成了一个哲学上的问题。谁要是意在研究综合性的人类文化系统，都必须追溯到神话。"（[德] 恩斯特·卡西尔著，黄龙保、周振选译，《神话思维》，北京：中国社会科学出版社 1992 年版，第 4 页。）

证据:"呼鸡曰朱朱。俗云,相传鸡本朱氏翁化为之,今呼鸡皆朱朱也。"[1]
这个朱氏翁就是太阳神朱明,而后人称鸡为"朱朱"或者"祝祝",正是
因为阳鸟本为太阳所化的缘故。

汉画像中的鸡首人身神怪形象,多是人的身躯,头部为动物形,这种
怪异的造型,显然并非真实存在,这一形象是动物被穿上了人类的衣服,
也就是把动物人格化。从神话学角度看,这是《山海经》等神话传说在汉
代人心中所留下的印象,经过艺术的加工,将其现实化,具有神性,从而
实现神格化的过程。在上古的中国神话中并没有像古埃及、古巴比伦神话
那样"强调太阳与阴间世界的绝对敌对关系"[2],相反,在中国神话中十分
突出的是光明与黑暗、阳与阴之间的相生相化的依赖关系,所以高高在上
的太阳神可以与下界的动物金鸡产生关联,并且可以通过功能转换统一起
来,金鸡成为太阳神的民间形象。

综上,在汉画像中出现的鸡首人身神怪,是东夷人心中的"太阳金鸡
神"象征,是史前文化在汉代的遗留。人们已经意识到太阳具有滋养大地
万物生命的功能,作为太阳神的金鸡神,在世俗化的过程中,完成了动物
的人格化到神格化。

2. 吉祥与驱邪的仪式性图像

汉画像中的诸多图像并不是简单地表现现实生活和想象中的浪漫世
界,而是具有礼仪性质的图像。其中有许多图像来源于汉代之前的神话传
说。而鸡首人身神怪在本文列入讨论的 21 幅图片中,有 14 幅是呈现行
礼、拜跪的动作。本文认为这是传统的礼仪行为,是仪式性的图像。叶舒
宪认为:"礼仪活动不能靠它自身来说明自身,它是前逻辑的,前语言的,
甚至是前人类的,因为人类学家在动物那里也发现了类似仪式的行为程式。
用语言来说明仪式,便产生了仪式性神话。"[3] 而诸多研究成果已经证明图

---

[1] 王利器,《风俗通义校注》,北京:中华书局 1981 年版,第 603 页。
[2] 叶舒宪,《中国神话哲学》,西安:陕西人民出版社 2005 年版,第 61 页。
[3] 同上,第 264 页。

图 7-11　绥德四十里铺墓门楣画像　30cm×159cm　东汉
1975 年陕西省绥德县四十里铺出土　现藏于绥德县博物馆
（采自《中国画像石全集》第 5 卷，图 177）

画是文字的源头，而文字用以记录表达语言，可见，图画是另一种形式的语言。图 7-11 是典型的仪式性图像，此图位于墓室门楣，图中部用铺首门的形式将人间世界与西王母世界分开，左侧的人间世界在拜叩长者，右侧的西王母世界出现了鸡首人身神怪拜叩西王母。

　　"神话的主要功能就是要确立一切仪式以及人类一切有意义行为的典范模式。"[1] 在原始神话思维中，我们可以通过仪式与神话二者互为因果的密切关系中寻求隐喻其后失传的东西，或者根据现存的神话去还原已残缺或失传的仪式模式，同样，可以依据尚存的仪式活动去发现、重建已失传的相关神话。本文认为，通过对汉画像中鸡首人身神怪这一仪式性图像的解读，集合残缺的神话，可以探索出其背后隐喻的是吉祥与驱邪的神性功能，寻求其背后的神话原型。

　　（1）吉祥意义的仪式性图像。

　　在远古时代，人们相信太阳被神鸟背着每天从东方飞至西方落下，《山海经·大荒东经》载："汤谷上有扶木，一日方至，一日方出，皆载于乌。"[2]《尧典》中记载的尧是一个善于治理洪水的王，水灾造成了古时最大的苦难，在严重的水灾中，因会飞翔能躲避灾难的鸟成为人们羡慕的对象，于是鸟成为人们崇拜的精灵。另有古史记载，原始人在烧焦的鸟儿的腹中发现了香气浓烈的稻米，便跟随飞鸟寻觅到了野生稻子。可以

[1]　[美] 米尔恰·伊利亚德著，晏可佳、姚蓓琴译，《神圣的存在——比较宗教的范型》，桂林：广西师范大学出版社 2008 年版，第 385 页。

[2]　方韬译注，《山海经》，北京：中华书局 2009 年 4 月重印，第 271 页。

说鸟实际上是一个被人格化的崇拜对象，也可以说鸟是人对生存的一种希望。

与鸟类似的鸡是古人最早驯服的禽类之一，中国人对鸡的信仰自古就有，考古学家在距今4000多年前的属于龙山文化时期的遗址发现了鸡的骨骼。在湖北发现的陶鸡更距今有5000年之久了。据记载，周朝时就已设专职官员来主管祭祀宗庙的鸡，可见当时养鸡已经相当普遍了。古文献中对鸡的评论亦颇多，祭祀的时候，除了用三牲之外，经常也能见到鸡。同样，《风俗通义》有如下记载：

> 太史丞邓平言："腊者，所以迎刑送德也，大寒至，常恐阴胜，故以戌日腊。戌者，土气也，用其日杀鸡以谢刑德，雄著门，雌著户，以和阴阳、调寒暑、节风雨也。"[1]

可见，古人认为，鸡还具有"和阴阳、调寒暑、节风雨"的职能，这是其他禽类动物所未具有的。

历史上关于鸡首人身形象的记载，大部分认为是"陈宝"，扬雄在《校猎赋》记载："罕车飞扬，武骑聿皇，蹈飞豹，追天宝。"[2]应劭曰："天宝，陈宝也。"[3]苏林曰："质如石，色似肝。"[4]臣瓒曰："陈仓县有宝夫人祠，或一岁二岁与叶君合，叶君神来时，天为之殷殷雷声，雉为之雊也。"[5]此外，《列异传》中也有记载：

> 秦穆公时，陈仓人掘地得物，若羊非羊，若猪非猪，牵以献穆公。

---

[1]　王利器，《风俗通义校注》，北京：中华书局1981年版，第374页。

[2]　〔宋〕杨侃撰，车承瑞点校，《两汉博闻》，哈尔滨：黑龙江人民出版社1990年版，第8页。

[3]　〔汉〕王逸注，〔宋〕洪兴祖补注，《楚辞章句补注》，北京：中华书局2005年版，第278页。原文为："东汉，扬雄《校猎赋》云：'追天宝，出一方，应軨声，击流光。野尽山穷，囊括其雌雄。'注云：'天宝，陈宝也。'"

[4]　转述自李发林《汉画考释和研究》，北京：中国文联出版社2000年版，第192页。

[5]　同上。

图7-12 鸡首人身神怪、羊 108cm×25cm 东汉（江苏师范大学汉文化研究院藏拓片）

道逢二童子，童子曰："此名为媪，常在地食死人脑，若欲杀之，以柏捶其首。"媪曰："彼二童子，名为鸡宝，得雄者王，得雌者霸。"陈仓人舍媪，逐二童子。童子化为雉，飞入平林。陈仓人告穆公，穆公发徒大猎，果得其雌，又化为石。置之汧、渭之间，至文公，为立祠名"陈宝"。雄者飞南集，今南阳雉县即其地也。秦欲表其符，故以名县。每陈仓祠时，有赤光长十余丈，从雉县来，入陈仓祠中，有声殷殷如雌雄。其后光武起于南阳。[1]

上引文中提到"得雄者王，得雌者霸"，并且用东汉光武帝刘秀发家于南阳做例子，足以见得鸡首人身神怪在古人心中的重要性，是能辅助得到它的人成就"王"业、"霸"业的吉祥之物。鸡所具有的吉祥神性，在汉画像中也得到了具体的表现。图7-12是江苏师范大学汉文化研究院馆藏的拓片，从图上可以看出，上部分是鸡首人身神怪，下面为一只卧羊，众所周知，"鸡"与"吉"同音，至今我国还有过节时食用鸡会得"吉利"的说法，而"羊"与"祥"相似，所以整幅画面具有祈求吉祥的寓意，而鸡首人身神怪则亦具有祈求吉祥的神性。

（2）驱邪的仪式性图像。

探索鸡首人身神怪的驱邪神性，需要将其放到动物的宇宙象征[2]的分类模式中进行讨论。在世界各个民族的神话宇宙观中，上中下三分模式常常由不同的动物形象来象征，其中的对应关系大致

---

[1] 〔魏〕曹丕，《列异传》，北京：文化艺术出版社1988年版，第1页。

[2] 有关汉画像宇宙象征主义的讨论，详见朱存明在《汉画的象征世界》中的论述，北京：人民文学出版社2005年版。

为：上界对应"空中的飞鸟"，中界对应"陆地动物"，而下界对应"水生动物"。[1] 原始神话思维下的动物分类，不同于现代动物学分类，原始神话思维往往是根据事物的某一种外在的特点，按照类比联想将其归入具有同类特征的类别中，而不考虑其他方面的差别。

鸡首人身神怪是否具有驱邪的隐喻神性？在《荆楚岁时记》中记载了新年正月一日（鸡日）中国民间的宗教礼俗："元日食鸡子一枚，以炼形也。"[2] 所进行的这些巫术、避邪活动已经透露出了鸡的特殊功能，以及鸡同东方、同新生（时间）的内在联系。如果说这一推测还需要进一步落实的话，那么史料中的下述说明无异于正面解释了鸡作为驱鬼辟邪之阳物的巫术功能："帖画鸡，或斫镂五采及土鸡于户上，悬苇索于其上，插桃符其旁，百鬼畏之。"[3] 同书注又引《括地图》："桃都山有大桃树，盘屈三千里，上有金鸡，日照则鸣；下有二神，一名郁，一名垒，并执苇索以伺不祥之鬼，得则杀之。"[4] 后代文献中将桃都山上的金鸡说成是主管日出的"天鸡"："日初出照此木，天鸡即鸣，天下鸡皆随之。"[5] 有学者据此将桃都山大桃树认同为东方日出处的扶桑树[6]，这就间接说明了"日照则鸣"的鸡同太阳东升之间的隐喻关系。实际上，原始神话思维在"日出而作"和"鸡鸣而起"这两种由来已久的作息活动中早已找到了将鸡同太阳相类比的逻辑根据：一是依赖视觉的时间信号，另一是依赖听觉的时间信号，虽然传递信息的方式不同，但是所传达的时间信息却是一致的。因而鸡与太阳被归类为同类事物。

汉画像中的鸡首人身神怪，是引导亡者灵魂前往阴间世界的神物，同样具有驱邪的神性职能。这从陕西地区很多鸡首人身神怪出现的墓室门楣

---

[1] 动物象征的三分模式，详见叶舒宪《中国神话哲学》，西安：陕西人民出版社 2005 年版，第 54—55 页。
[2] 王利器，《风俗通义校注》，北京：中华书局 1981 年版，第 603 页。
[3] 〔南朝梁〕宗懔著，姜彦稚辑校，《荆楚岁时记》，长沙：岳麓书社 1986 年版，第 6 页。
[4] 同上。
[5] 〔唐〕欧阳询撰，汪绍楹校，《艺文类聚》，上海：上海古籍出版社 1982 年版，第 1584 页。
[6] 相关论述见郭沫若《桃都·女娲·加陵》，《文物》，1973 年第 1 期。

图 7-13　陕西出土汉画像组图
米脂党家沟汉墓门右立柱画像（左）
116cm×34cm　东汉
1981 年陕西省米脂县党家沟出土　现藏于
米脂县博物馆
绥德门柱右立柱画像（右）
135cm×36cm　东汉
1976 年 11 月陕西省绥德县征集　现藏于
绥德县博物馆
（采自《中国画像石全集》第 5 卷，图 50、
132）

位置就可以看出，如图 7-13 的两幅陕西出土的汉画像，都是在墓门位置的右侧出现鸡首人身神怪，在配置规律上，墓门位置是连接人间世界和阴间世界的桥梁，墓主人在墓室中的安宁依靠墓门上的神怪来保护。

　　无独有偶，据文献记载，在我国南方也有许多民族，如壮族、哈尼族、珞巴族等都有崇拜鸡的传统，在观念上普遍认为鸡能"逐阴导阳"，驱邪恶降吉祥。举行丧葬仪式的时候，必请道公（即巫师）诵"定穴鸡歌"。歌词如下："好金鸡，好金鸡，须眉山上高声啼。头戴金冠光闪闪，身着五色花花衣。今日请你下山来，妖魔鬼怪都逃离。……亡人听得金鸡啼，早升天界莫要迟。"[1] 同样，在汉画像盛行的中原一带的丧葬风俗中，也信

---

[1]　倪宝诚，《金鸡报晓喜迎春——中国民间鸡文化信仰》，《寻根》，2005 年第 1 期。

奉鸡具有吉祥驱邪的作用，人们认为鸡以其驱邪通天的神性，可以引死者平安地到达极乐世界。具体表现是先人去世后，后辈在安放棺木时，将一只鸡置于棺下，俗称"引魂鸡"。或在寿枕上绣上"童子打灯，金鸡引路"的图饰，皆属同一意思。至今部分地区的丧葬仪式中还有如此的习俗，这与汉画像中出现鸡首人身神怪，司吉祥之事，驱邪通天，具有相同的职能。

汉代先民奉行"万物有灵"的原始宗教观，相信超自然的力量，相信"神鬼之力"可以预知祸福吉凶、驱邪魔和咒仇敌。因此，巫术、宗教活动较为频繁，多为祈求丰年和超度亡灵的祭祀，使得鸡成了祭祀占卜动物中最常见的家禽，而其与"吉"相通的语音，让鸡具有了祈求吉祥的神性。因而，出现鸡首人身的画像，也就可以解释了。

综上所述，在汉画像中出现的鸡首人身神怪，是东夷人心中的"太阳金鸡神"。是史前文化在汉代的遗留。而在鸡首人身神怪的礼仪行为下所展现出来的，是汉代人对吉祥的追求，从而生发出驱除鬼邪的职能。

（二）牛首人身神怪："母"以及对生命循环的向往

在汉画像盛行的两汉时期，早期以黄老哲学为社会主流思想，到了汉武帝之后，董仲舒"罢黜百家，独尊儒术"思想的提出，使得儒家思想成为政治统治的主导思想。但是，老子哲学对汉代人的影响依然在民间盛行。老子的思想中充斥着女性崇拜意识，这也就可以理解，为什么汉代人将西王母置于东王公之上的重要地位，对西王母的崇拜，远远早于、甚于东王公。

寻求老子的思想中女性崇拜意识，并不困难：

> 道可道，非常道。名可名，非常名。无名，天地之始；有名，万
> 物之母。故常无，欲以观其妙；常有，欲以观其徼。此两者，同出而

异名，同谓之玄、玄之又玄，众妙之门。[1]

在这里出现的"万物之母"，并且以"同谓之玄""众妙之门"来解释"万物之母"的意义，正是老子女性崇拜意识的体现，要真正体会到"道"，就需要找到万物之母。此外：

> 天下有始，以为天下母。既知其母，又知其子；既知其子，复守其母。没身不殆。[注]母，本也，子，末也。得本以知末，不舍本以逐末也。[2]

在老子的哲学思想中，自然之"道"的根基就是"母"，是雌性、女性的，因而母性所具备的生育能力，就成了生生不息生命循环活力的代表，而且，人类文明的源头也是母性和女性的，作为"子"的男性，同样来源于"母"。老子更执着于相信母系社会的女性崇拜，这一思想影响到了后世之人，正如在中国古文字中，许慎的《说文·女部》载："母，牧也。从女，象怀子形。一曰象乳子也。"[3]同样可以读出古人心目中，对母的认识，集中于"生子"这一生命的延续和循环过程之下，如果没有"生子"，则难以称为"母"。

汉画像中的牛首人身神怪代表了汉代人对"母"的崇拜，对土地的崇拜，以表达对生命循环的向往，这些将在以下进行分析论述。

1. "母"崇拜

牛首人身神怪的形象，在笔者收集到的汉画像图片中共有 11 幅，有纪年的画像石图像，最早出现在江苏徐州铜山汉王镇，为东汉元和三年（86 年）的"乐武君"画像（图 7-14），画面共四层。牛首人身神怪位于

---

[1]　〔魏〕王弼注，《老子》（华庭张氏原本），《二十二子》，上海：上海古籍出版社 1985 年版，第 1 页。
[2]　同上，第 6 页。
[3]　〔汉〕许慎撰，〔清〕段玉裁注，《说文解字注》，上海：上海古籍出版社 1988 年版，第 614 页。

图 7-14　荣成、乐武君画像　77cm×74cm　东汉
江苏徐州铜山汉王镇东沿村出土　现藏于徐州汉画像石艺术馆　图像采自江苏师范大学
汉画像石（砖）数据库

　　第一层，左侧刻四只人面兽，兽神两端刻人头兽足，兽神中部刻二人连体，面相相背，左上刻题榜"荣成"二字；画面中部刻男女主人交谈，女子头有胜饰，疑为西王母，坐在榻上，身后立一侍者；侍者身后立鸡首人身神怪、牛首人身神怪，其上均有榜题，可惜皆漫漶。

　　（1）汉画像牛首人身神怪的女性形象。

　　汉画像中，除了在西王母前出现的牛首人身神怪侍者外，也有一些是将牛首附着在至高女神西王母的形象上，构成了牛首西王母形象。这类图像，多出现在陕西地区，它们虽被认为是西王母，但也具有兽首人身的特

图 7-15　陕西出土汉画像组图
绥德墓门右立柱画像（左）109cm×36cm 东汉
1957 年 3 月陕西省绥德县征集 现藏于陕西省碑林博物馆
绥德墓门左立柱画像（中）135cm×36cm 东汉
1976 年 11 月陕西省绥德县征集 现藏于绥德县博物馆
米脂党家沟左立柱画像（右）116cm×34cm 东汉
1981 年陕西米脂县党家沟出土 现藏于米脂县博物馆
（采自《中国画像石全集》第 5 卷，图 133、131、49）

征，故归入本文讨论研究的范围。图 7-8 和图 7-9 是在陕西神木大保当发现的墓门楣画像石，石上均有牛首人身形象，而图 7-15 的三幅图和图 7-16 左、中图，也同样出现了牛首人身形象坐立于神山仙树之上。

　　仔细观察这五幅图，可以发现它们具有如下相同点：

　　第一，都出现牛首人身形象，且都坐于高台之上，周围仙气缭绕，应为神仙居住之所。

　　第二，皆有阙、门吏、神怪异兽、马匹、仙树等意象反复出现在各幅图中。

　　　　　　　　　　　　　　　　　　　　　　　　　　神话之魅

图 7-16　陕西出土汉画像组图
绥德墓门画像局部图（左）155cm×34cm　东汉
1980 年 6 月陕西省绥德县出土　现藏于绥德县博物馆
神木大保当墓门左立柱画像（中）110cm×34cm　东汉
1996 年陕西省神木大保当乡出土 现藏于陕西省考古研究所
绥德杨孟元墓墓门右立柱画像（右）113cm×36cm　东汉
1982 年 3 月陕西省绥德县征集　现藏于绥德县博物馆
（采自《中国画像石全集》第 5 卷，图 112、227、90）

　　第三，画面构成格式，基本为上下两层，且上层被分为左右两格。

　　第四，按照石头大小和内容，结合出土时的位置推断，为墓室门立柱位置的画像石。

　　如果说对上列图像中的牛首人身形象就是西王母的说法有所质疑，相信图 7-16 右图可以从图像学的角度，作为图像辅证来解释这种推论。图 7-16 右图是陕西绥德县出土的杨孟元墓墓门立柱画像，其在整体构图结构、图像配置方面，与前面所述的图像共同点是相符的，唯一的不同就是坐于高台之上的是"头戴胜"的妇人，这便是西王母。故而，同一地区出土的模式相同的画像中牛首人身神怪是女性形象，则为成立的。

（2）世界视野下的"性别的错位"。

牛首人身怪象征"母"，这让按照常规的逻辑思维方式思考的当代人难以理解。叶舒宪认为这是"神话学中的性别错位现象"[1]，事实上，这类性别错位现象，不只在中国汉代出现。通过检索资料，可以发现在世界上的其他具有古文明的地区也同样有牛首与女性之间关联性的表现。牛首人身的形象在人类各民族的神话中都有出现，毕竟牛是人类最早的图腾之一，代表了力量与丰饶。古埃及神话中的哈托尔（Hathor）就是一个在外形上长有牛耳、戴有角和太阳盘头饰的女人，哈托尔是古埃及的欢乐和爱情女神，外形化成母牛，作为仁慈的保护神而存在。她的形象曾被广泛雕刻在公元前 1350 年至公元前 1100 年之间的大量法老陵墓的石壁上。她被描绘成躺在芦苇席上的牛，或者是具有牛首的女神，或是一个美丽的女神。无独有偶，在《荷马史诗》中天后赫拉被称为"牛眼的天后"（the ox-eyed Queen）[2]，荷马两部流传至今的史诗中，常常用一个形容词来描述战场上的神与半人神，那就是"牛眼睛的"，某些情况下就等同于"超越凡人的"。这些都表明古希腊、古埃及的女性神与史前的牛首象征联系在一起。

牛首人身神怪，之所以代表着"母"，这要源于我国史前信仰中的地母崇拜。从《周易·说卦》中可以得知："坤，顺也；坤为牛；坤为腹；坤，地也，故称乎母。"[3] 从《说卦》中可以看出，坤，是以子母牛为其动物代表的，代表着阴性的大地，是女性尊崇地位的象征。至于为什么古人会将"子母牛"视为母性、女性的象征，《周易》没有给出解释，叶舒宪认为是一种"先验的体系"[4]。事实上，古人认为牛是大地的象征或大地的载体：

---

[1] 详见《活着的女神》（[美] 马丽加·金芭塔丝著，叶舒宪等译，桂林：广西师范大学出版社 2008 年版）中有关宗教和民间神话里女神、男神、仙女、女巫和鬼怪形象溯流穷源的考证。

[2] [希腊] 荷马著，陈中梅译，《伊利亚特》，广州：花城出版社 1994 年版，第 21 页。注释中，译者陈中梅译她为"牛眼睛夫人"，并注释："作为一个固定的修饰成分，'牛眼睛的'可能产生在远古的时代——那时，人们崇拜的神祇往往以动物的形象出现。"

[3] 潘雨廷，《周易表解》，上海：上海社会科学院出版社 1993 年版，第 12 页。

[4] 叶舒宪，《高唐神女与维纳斯》，西安：陕西人民出版社 2005 年版，第 20 页。

图 7-17　女娲执矩、戴日抱月　106cm×20cm　东汉
1966 年山东省费县垛庄镇潘家疃出土　原地封存
（采自《中国画像石全集》第 3 卷，图 83）

奉牛牲。[注] 牛，能任载地类也。[1]（《周礼·春官·大司徒》）

是月也，立土牛六头于国都郡县城外丑地，以送大寒。[2]（《后汉书·礼仪中》）

是月之昏建丑，丑为牛，寒将极，是故出其物类形象，以示送达之，且以升阳也。[3]（《月令章句》）

由此可见，汉代人也同古希腊、古埃及人一样，认为牛是阴性、母性的动物，这无关乎牛的雄雌，而是单就牛本身而言。既然牛为阴性动物的论断成立，那么在汉画像中出现的牛首人身神怪，结合它们的位置、图像内容，可以推断出，这类神怪形象的神性之一就是沟通阴阳：从位置上来看，陕西出土的牛首人身神怪画像石多处是在墓门位置——恰恰是阻断阴阳、沟通阴阳的关键位置；从内容上来看，1966 年山东省费县垛庄镇发现的一块汉画像石"女娲执矩、戴日抱月"图像（图 7-17）所刻画的内容完全可以证明牛首人身神怪的上述神性——上层为女娲执矩，下层为"戴日抱月"，一牛首人

[1]　〔清〕阮元校刻，《十三经注疏》（第二卷），北京：中华书局，第 1525 页。
[2]　〔南朝宋〕范晔撰，〔唐〕李贤等注，《后汉书》，《二十四史》，北京：中华书局 2000 年版，第 2123 页。
[3]　同上，第 2123 页。

身神怪正面站立，头顶一日轮，双手抱一月轮，内有蟾蜍。日为阳，月为阴，铭文部分漫漶不清："行□□□□日也□戴日抱月此上下皆□□圣人也。"从画像结合铭文，可以知道，这位戴日抱月的牛首人身神怪，是能沟通阴阳的"圣人"。《汉书·郊祀志》载："后人复有言：'古天子常以春解祠，祠黄帝用一枭……泰一、皋山山君用牛；武夷君用干鱼；阴阳使者以一牛。'"孟康注："'阴阳使者'为'阴阳之神'也。"[1] 正是在古人心中，牛具有沟通阴阳的神性，所以才借此用牛的头颅加上人的躯体构成牛首人身的神怪形象，以表现其神性。

2. 土地崇拜下的生命循环

牛为阴性、母性的象征，西王母座前的牛首人身神怪代表着古人思想中对母的崇拜，这是母系社会崇母思想在父权统治时期的延续，同时，隐含着对生命循环的期待和向往。

本文已经在前面叙述过，牛首人身神怪源于我国史前信仰中的地母崇拜。中国自古以来就是农业大国，人们靠地吃饭，赖天而活，依靠自己辛勤的劳动才能换来粒粒粮食。《说文》载："物，万物也，牛为大物，天地之数起于牵牛，故从牛，勿声。"[2] 从"物"的形制上可以看出，牛是最早被人类驯服用于农业生产劳作的动物，朴实的劳动者对牛的感情充满着依赖、敬重，人对牛的崇拜意识强化并且逐渐有所提高，神性随之复杂化。本文认为，汉画像中西王母的牛首人身神怪侍者神性的另一解读，就是从母崇拜下延伸出的土地崇拜，并预示着汉代人对生命循环的期待。

先秦文献《山海经》记载的关于西王母的文字中，并没有东王公的踪影，却描述了一个有牛角形特征的怪兽：

---

[1] 〔汉〕班固，《汉书·郊祀志》，郑州：中州古籍出版社1996年版，第473页。
[2] 〔汉〕许慎撰，崔枢华、何宗慧校点，《标点注音说文解字》，北京：北京师范大学出版社2000年版，第49页。

又西三百五十里，曰玉山，是西王母所居也。西王母其状如人，豹尾虎齿而善啸，蓬发戴胜，是司天之厉及五残。有兽焉，其状如犬而豹文，其角如牛，其名曰狡，其音如吠犬，见则其国大穰。[1]

这个"其角如牛"的神怪名字叫"狡"，此神怪和西王母同居住在一个地方——玉山，它的形状和叫声都接近犬，却又长着像牛一样的双角。它一出现，就会带来农作物的丰收，是具有吉祥意味的神怪。

牛首人身神怪的形象，在中国的古籍中也有所记载，《尚书》中宣扬的伏羲、神农、黄帝是中国最古的三位帝王。神农氏即炎帝，神农尝百草的故事在中国古代流传广泛，影响甚大。相传神农就是牛首人身，《帝王世纪》载："炎帝人身牛首，长于姜水，有圣德。"[2]《艺文类聚》引《帝系谱》："神农牛首，结绳而治。"[3]从中可以看出，神农对后世的贡献在于尝百草、发明农业，而牛首人身的神农形象，是那时已经掌握了农耕技术的人们，对作为"农业之神"的神农形象的构想。

神农的形象、《山海经》中的狡、汉画像中西王母座前的牛首人身神怪，都是牛的头颅与人的躯体所结合构成的外在形象，本文有理由相信在汉画像中，即使西王母座前的牛首人身神怪不是神农，也是与农业丰收有关的神怪，结合《山海经》的记载，出现在西王母座前的牛首神怪形象极有可能是狡——具有司农业丰收的神性。

本文在前面已经引用《周易·说卦》的内容："坤，顺也；坤为牛；坤为腹；坤，地也……"这里启示出坤是地的象征，是女性、"母"的象征。"坤"的卦象为六段表示之象，即"☷"，从图像学上来看，更像是肥沃的土地中间有缝隙，坤中空似腹部，似地，万物（植物）只有入世，方可顺理成长、运行。万物自它而出后又归于它，地与腹的作用相似而这缝隙恰恰预示着生命从中诞生。再进一步观察，坤卦是周易八卦中，唯一一

[1] 方韬译注，《山海经》，北京：中华书局 2009 年 4 月重印，第 253 页。
[2] 〔晋〕皇甫谧撰，《帝王世纪》，北京：中华书局 1985 年版，第 3 页。
[3] 〔唐〕欧阳询撰，汪绍楹校，《艺文类聚》，上海：上海古籍出版社 2007 年版，第 311 页。

个完全分成左右两部分的卦象，这与牛角的左右两只不谋而合，牛角上螺旋而生的纹与坤卦的卦象也有异曲同工之妙。《周易·说卦》为本文奠定了牛首人身神怪具有司农业丰收神性的基石。从比较神话学的角度看，牛角、牛首的象征也十分普遍地出现在中国乃至世界各地的神话故事和艺术形态之中，通常都是离不开"母"的象征，这也解释了为什么前文提到土地崇拜是由对母亲崇拜衍生而来。

叶舒宪认为，3 万年前西欧旧石器时代的雕塑和洞穴已经产生了月亮、女（性）神与牛角三位一体神话关系。[1] 结合原始神话思维的类比联想，可以看出，"母"与月亮一样，都有以月为周期的循环变化特征，所以很多民族尊崇月神为女性。这也就不难理解坤卦是"子母牛"的象征，古埃及生育女神哈托尔的牛首形象。汉画像中牛首人身神怪最突出的特点就在于它的两只向上突出的牛角造型，希腊神话的图像中常见到类似牛角杯的器物是"丰饶之角"，二者的象征意义自然都是祈求丰收。而人类学家赫丽生认为："那是生命力的自我再生和繁殖，如同牛角的再生能力一样。这在神话时代是被当作神性和神力所特有的表现方式。"[2] 赫丽生的此番解释很容易让人联想到我国出土文物中古代那些"牛角杯"的精美造型，其造型特征酷似一轮弯弯新月。

"母"崇拜与土地崇拜的观念一样，不是单一的、地域性的宗教现象。通过神话学和民俗学的类比，本文发现母亲、月亮、牛、大地，其间的神话类别相同，如果以 A、B、C、D 分别代表母、月亮、牛、地，四者互为象征的关系可以罗列如下：

A 和 C 都产奶，都能生出与自己相似的同类。

A、B、C 都有周期性变化，都具有延续与循环的特质。

A、C、D 都能生产。

---

[1] 叶舒宪在《高唐神女与维纳斯》第一章对雌性为先的原始逻辑进行了论述，认为牛在中西文化中都是阴性或者说是女性的象征，提出"女人－母牛－新月"的三联象征是原始分类模式的典型实例。本文同意这种观点。

[2] 叶舒宪，《高唐神女与维纳斯》，西安：陕西人民出版社 2005 年版。

这里运用的是二元分类模式 [1]，因为相似律 [2]，古人认为上述四者之间具有联系，对"母"的崇拜转换成对土地的崇拜、对生殖的崇拜，进而用牛首人身的形象得以表现出来。从神话学的角度观察，牛角和牛首的象征性普遍地出现在世界各地的神话想象和造型艺术之中，通常都是以"母"的象征表现出来。四者的象征认同之基础就是原始神话思维的类比联想，或者是上文提到的相似律：月亮和女性都具备以月为周期的循环变化特征，因而大多数民族崇拜的月亮之神都为女性；新月的形状同牛角相似，英文中的 horn 一词，兼有"牛角"和"新月之钩"的二重意义。[3] 牛角脱落后能够新生的特点，又使它和女性与大地的生育功能相似。3 万年前的西欧旧石器时代的洞穴和雕塑就产生了相似的神话关系，如法国洛塞尔出土的旧石器时代"持牛角的维纳斯"，而汉画像中"女娲执矩、戴日抱月图像"（图 7-8），其中牛角尖锐，形状如同月亮，且铭文显示为"圣人"，也从图像学和文字方面证实了上述推论。

综上，汉画像中的牛首人身神怪形象，多是寄予了人们对"母"的崇拜，进而发展成对土地的崇拜、对生殖繁育后代的希冀。这一图像就其本身来说是客观存在的，可是就图像内容而言却是古人的主观认知，即集体无意识的表现，因为他们始终愿意相信"图像与被画的、和它相像的、被它代理了的存在物一样，也是有生命的，也能赐福或降祸"[4]。古人希望在

---

[1] "二元对立论"，在一个分类系统中使用两个分类标准的分类方法称为二元分类法。是由法国人类学大师列维－斯特劳斯提出，二元对立作为人类思维的基本法则，在结构主义理论中，二元对立论是解释人类基层思想、文化与语言的一种相当有力的工具。二元对立最经典的例子是理性与感性的二分，而西方哲学中，理性一向比感性获得更高的评价。另一个例子是存在与缺少的二分，同样地，前者在西方哲学中的地位远高于后者。

[2] "相似律"，由弗雷泽在《金枝》中提出，弗雷泽将巫术归结为两种类型，交感巫术和接触巫术。如果我们分析巫术赖以建立的思想原则，便会发现它们可以归结为两个方面：第一是"同类相生"或果必同因；第二是"物体一经互相接触，在中断实体接触后还会继续远距离地互相作用"。前者可称为"相似律"。后者可称为"接触律"或"触染律"。巫师根据第一原则即"相似律"引申出，他能够仅仅通过模仿就实现任何他想做的事；从第二个原则出发，他断定他能通过一个物体来对一个人施加影响，只要该物体曾被那个人接触过，不论该物体是否为该人身体之一部分。基于相似律的法术叫作"顺势巫术"或"模拟巫术"。基于接触律或触染律的法术叫作接触巫术。

[3] 叶舒宪，《牛首西王母形象解说》，《民族艺术》，2008 年第 3 期。

[4] ［法］列维－布留尔著，丁由译，《原始思维》，北京：商务印书馆 1981 年版，第 41 页。

西王母身边的牛首人身神怪——犭，出现在已故之人的墓室，预示着后代子孙能享受土地多产丰收，家业丰盛，给他们带来福祉。在西王母身边构筑牛首人身神怪这样一个祥瑞形象，本身就蕴含了生者希望它能降下福泽，尤其是在农业丰收方面能给家族带来好运。

（三）马首人身神怪：祭祀马神与祈求升仙

目前，笔者收集了汉画像中出现的马首人身神怪图像共 10 幅，最早的图像，出现在山东微山县夏镇，为西汉晚期（前 48—前 5 年）的"庖厨、百戏、神话"画像（图 7-18），画面分为三部分，左格为粮仓、庖厨，中间为六博、建鼓、舞蹈等百戏活动，右侧为西王母、九尾狐、三青鸟、蟾蜍、玉兔捣药、鸡首人身神怪与马首人身神怪。图 7-19 也是山东微山县夏镇出土的西汉晚期的画像，画面分三格，左格重檐双阙，下面有人物侍立。中格为狩猎场面。右格刻厅堂，堂内一人凭几而坐，此人疑为西王母，楼下神怪侍者站立，有鸡首人身神怪、马首人身神怪相对而立。

对于马这一动物，它的造型所代表的神像，在汉代一直受到人们的重视和崇敬，这就是马神。我国早在周代就有祭马神的历史。以下内容可以充分证明周代人祭祀马神，祭礼是向"伯证"祈求祷告，希望马神保佑祭祀者的马没有疾病和灾难，肥硕健壮：

> 禂牲禂马。[1]（《周礼·春官》）
> 禂，祷也。为马祷无疾。为田祷多获禽牲。[2]

由此可见，周人已有在祭马仪式中祭祀马神的活动。春秋时期，秦国在周朝的王畿建国，同样，周人的祭祀传统被秦人所继承。秦昭王时期的

---

[1] 〔清〕阮元校刻，《十三经注疏》（第二卷），北京：中华书局 2009 年版，第 1761 页。
[2] 〔汉〕许慎撰，〔清〕段玉裁注，《说文解字注》，上海：上海古籍出版社 1981 年版，第 7 页。

图 7-18　庖厨、百戏、神话画像　254cm×84cm　西汉晚期
山东省微山县出土
采自江苏师范大学汉画像石（砖）数据库

图 7-19　双阙、狩猎、拜谒画像　247cm×83cm　西汉晚期
山东微山县出土
采自江苏师范大学汉画像石（砖）数据库

云梦秦简《日书·马篇》，有关于秦人对马神祭祀的记载：

> 马禖，祝曰："先牧日丙，马禖合神。东乡（向）南乡（向）各一马□□□□□中土，以为马禖。……今日良日，肥豚清酒美白粱，到主君所。主君笥屏诇马，敺（驱）其央（殃），去其不羊（祥）。令其□者（嗜）□者（嗜）饮，律律弗御自行，弗敺（驱）自出，令其鼻能糗（嗅）乡（香），令耳恩（聪）目明，令头为身衡，脊为身刚，脚为身□，尾善敺（驱）□，腹为百草囊，四足善行。主君勉饮勉食，吾岁不敢忘。"[1]

---

[1]　吴小强，《秦简日书集释》，长沙：岳麓书社 2000 年版，第 175 页。

《说文》对"禖"的解释是"禖，祭也"[1]。禖，是古人求子所祭祀的神灵，例如在汉画像中有一些出现在伏羲女娲身后的神灵形象，即为高禖神。而上引段中所说的"禖"是秦人所祭祀的马神。秦人的马神祭祀是在选定好的良辰吉日举行，并用"白肥豚"这样的祭品，来祈祷马神能为马匹除疾驱灾，赐予人间耳聪目明、四足善行的良马。

汉承秦制，由于当时政治、军事等各个方面的需要，崇拜马神的风气更加浓烈。本文认为，按照《山海经》记载，西王母住在昆仑山，来自西域，汉画像中出现在西王母座前的马首人身形象，是由西王母从西域带来的侍者，是古人所崇拜的马神。一方面，在冷兵器的战争时代里，它代表着古人对速度极限的渴望，它的神性是司掌马匹肥硕健壮，保佑征战将士战无不胜，实现其背后隐藏的侵略野心和家园安定的心愿。另一方面，汉画像中的马首人身神在"天－物－人"交感巫术下，具有能够辟邪、镇恶，或者能够协助死者复活、升天的神性。

1. 汉代人追崇西域汗血宝马

（1）西王母来自西域。

汉画像中的马首人身神怪都出现在西王母座前，在中国有两大远古神话系统：代表东方的蓬莱神话系统与代表西方的昆仑神话系统，在西方昆仑神话系统以西王母为主神。随着汉代的疆土扩张，西王母的神话原型逐渐与东方神话相融合，并形成了一个以西王母神话为核心的系统，这个神话系统深入地影响了平原地区的艺术文化，构建了一个丰满又神秘的有关于西王母的神话世界。

西王母原是居住在昆仑山的女神，《山海经》中有关她的记载前文已经列举。西王母在"西"居住，原型神的形象来自西域，但其融合过程中伴随着西王母神原型的不断东移，其西方元素日趋褪色，东方元素则渐渐加重。《山海经》为后人描绘的西王母形象是人类祖先处于原始狩猎阶段

---

[1]〔汉〕许慎撰，〔清〕段玉裁注，《说文解字注》，上海：上海古籍出版社1981年版，第7页。

时对动物崇拜心理的反映。众所周知，动物既威胁着人，又给人送来美味的肉类食物，就人类而言，对动物的感情是复杂的。人类渴望生而恐惧死，这种需求便造出这个能主宰自我命运的神偶，帮助人实现自己向死而生的理想，所以西王母这一神偶的产生，是人类文化和心理都处于混沌原始状态下的集中反映。西王母神话原型从西方化逐渐东方化，经历了数千年漫长的发展演变过程。

本文认为西王母来自西域，马首人身神怪是西王母从西域带来的文化形象。在《后汉书·西域传》中就记载："大秦国……或云其国西有弱水、流沙，近西王母所居处，几于日所入也。《汉书》云'从条支西行二百余日，近日所入'，则与今书异矣。"[1] 而吕思勉在《西王母考》中认为："此古人于旧说所以为极西之地者，悉推而致之身所以为极西之地之表之证。……循此以往，所谓西王母者，将愈推而愈西，而因由王莽之矫诬，乃又曳之而东，而致诸今青海之境。"[2] 西王母这一神人形象，来自现在的青海地区，在汉代为中原以外的西域，而她所居住的昆仑山在我国青海附近，是我国古代神话传说的摇篮。

（2）汉代人迷恋汗血马。

汉画像中出现在西王母座前的马首人身神怪，与西域产良马这一历史事实有着深刻的关联。我国的青海地区在汉代已是产良马、牧马的天然宝地。《西宁府新志》卷三八中记载："青海周回千里，海内有小山，每冬冰合后，以良牝马置此山，至来春收之，马皆有孕，所生得驹，号为龙种。"[3] 在《隋书·吐谷浑传》中记载："青海周回千余里，中有小山，其俗至冬辄放牝马于其上，言得龙种。因生骢驹，能日行千里。"[4] 而这里的"青海"为今天的青海、甘肃一带，是西王母所住的地方。

---

[1] 〔南朝宋〕范晔《后汉书》，长沙：岳麓书社 1991 年版，第 596 页。
[2] 吕思勉，《西王母考》，原载《说文月刊》1939 年第 1 卷第 9 期，第 519—522 页。本处引用摘自《西王母文化研究集成·论文卷》，桂林：广西师范大学出版社 2008 年版，第 12 页。
[3] 原载沈云龙《西宁府新志》，台北：文海出版社 1966 年版。本文转载自《中国古代名物大典》（下卷），济南：济南出版社 1993 年版，第 1468 页。
[4] 〔唐〕魏徵，《隋书·列传第四十八》，北京：中华书局 2000 年版，第 297 页。

唐杜佑《通典》记载，有名的西域汗血宝马出自吐火罗国（Tokhaoi，即月氏人西迁之地），其城北有颇黎山，穴中有"神马"（即未驯化的优良野马），牧牝马其侧常得名驹，"皆汗血马"。李白诗曰"天马来出月支窟"，汗血马的马品优良、外观神骏，中国人视为"龙马"。因其奔跑速度快，且奔跑后身体会流出像红色的血液一样的汗而得名。后来的科学研究证明，其之所以会流出红色的血汗，是因为身上的寄生虫作祟。而汉代人迷恋病态的"汗血马"的深层原因，是他们认为鲜红的血能够辟除邪魅，避免疾病。

日本学者伊藤清司在《古代中国的养马巫术》等文中说，以神圣红土涂抹马身，是引进汗血马之前就有的事，"人们以为马的速度快与出红（血）汗有关"[1]，血被古人尊为生命的表象。而在马身上"染赤"，用鲜血涂抹马身或马首，是很古老的风俗，这种风俗一直保存到了元代。如丘处机《长春真人西游记》："夜行良便，但恐天气暗黑，魑魅魍魉为祟，我辈当涂血马首以厌之。"[2] 在元代，人们还认为涂了红血的马首可以厌胜、抵御鬼怪。而"象征生命和生命力的血确有厌胜功能"[3]，同时，"马身涂红可能还会除去骏马身上的某些野性，就好像能够镇厌其自身之'恶鬼'那样，除去其坏脾气"。

在汉代时，随着中原与西域的交流，青海的崇马之风传到中原并被后人用汉画像石刻的形式在祖先的墓葬中刻绘，亦用来表达对西王母的崇敬，祈求马匹肥硕健壮、抵御鬼怪。但是，并不是所有出现西王母形象的汉画像墓葬都出现马首人身神怪，笔者大胆推测，有可能是墓主人戎马一生，是身经百战的骑兵将领，才得以在墓室中出现马神肖像陪葬。就如同西汉时，骠骑大将军霍去病死后葬于茂陵，陵前的大型石雕"马踏匈奴"名满神州，它就是为了纪念霍去病为汉朝建立的丰功伟绩。

---

[1] 〔日〕伊藤清司著，刘晔原译，《山海经中的鬼神世界》，北京：中国民间文艺出版社1990年版，第11页。

[2] 〔金〕丘处机著，赵卫东辑校，《丘处机集》，济南：齐鲁书社2005年版，第267页。

[3] 叶舒宪、萧兵、〔韩〕郑在书，《山海经的文化寻踪——"想象地理学"与东西文化碰触》，武汉：湖北人民出版社2004年版，第2022页。

古希腊、古埃及都有祭祀神明的历史。神祇的观念起源于原始社会，在原始人不能充分理解和完美驾驭自然以及社会时，这种观念以"人格化"的方式在人的意识中产生虚幻反映。进入文明社会后，原始人对神祇的崇拜又深刻影响了周代、秦代人的思想，除了祭天拜地，祈求风雨顺和外，还对所崇拜的偶像进行祭祀，祈求偶像神所掌管的职能得以实现。汉代之前的朝代有祭祀马神的传统，影响了汉代人，马神偶像便在这种原始宗教以及传统文化的影响下产生了。

综上，来自西域的神灵西王母带来了西域人对马匹的崇拜之情，同时，因为古人对红色血液辟邪除疾的信仰，外来山野游牧民族相当成熟的"天－物－人"[1]交感的神秘观念和信仰，在东进过程中遇到了汉代政权的政治目的和崇血心理，进而汉墓中才出现了西王母座前的马首人身神怪形象，它的神性是司掌马匹肥硕健壮，从而使得人们在征战过程中战无不胜、攻无不克，实现其背后隐藏的侵略野心和保卫家园的目的。

2. 马神祭祀中蕴含着"升仙"理想

"马是一种非同寻常的，但又如同天使一般的动物，它曾经陪伴伟大的周穆王穿过了被视为圣地的昆仑荒漠。"[2]而因为天马能腾云驾雾，必然有翼，于是便有了"飞马"这个世界性文学意象。《山海经·北山经》中就有能飞的天马的记载。而图7-20、图7-21、图7-22所刻绘的马首人身形象都具有翅膀，成了会飞的"天马"。本文认为，汉画像中对马神的祭祀，蕴含着汉代人"升仙"的理想。

汉武帝一生热衷开疆拓土，爱好骏马，《史记》中记载，武帝时，张骞出使西域，归来说："大宛多善马，马汗血。"当时外国曾进献乌孙马，武帝见此马神骏挺拔，便赐名"天马"；后来又有人进贡了西域大宛的汗血马，于是他又将乌孙马更名为"西极马"，而称汗血马为"天马"。在公

---

[1] 张彦平，《〈玛纳斯〉战马神性考论》，载《突厥语言与文化研究》第2辑，北京：中央民族大学出版社1997年版，第349页。
[2] [美]谢弗著，吴玉贵译，《唐代的外来文明》，西安：陕西师范大学出版社2005年版，第137页。

元前 101 年（太初四年），汉朝得到了西域大宛国的汗血宝马，名叫"蒲梢"，武帝为了歌颂马神特意创作了《西极天马歌》，在《郊祀歌》中记载："天马来兮从西极，经万里兮归有德。承灵威兮降外国，涉流沙兮四夷服。"[1] 在汉武帝元鼎四年（公元前 113 年），汉武帝的下属看到在敦煌渥洼水旁饮水的野马中有一匹神奇的马，于是捕获它，献于武帝。武帝"得神马渥洼水中"[2]，便高兴地作了一首《太一之歌》，在《史记》中记载为："太一贡兮天马下，沾赤汗兮沫流赭。骋容与兮跇万里，今安匹兮龙为友。"[3] 上述两首歌颂马的歌谣，将龙、马密切联系在一起，可见在汉代人意识中，只有龙能与神马相匹，而天马又是神龙的范畴，这与周人的认识是一致。郊祀，是限于国家最高统治者所举行的祭祀活动。汉代郊祀祭拜马神，颂天马歌，这都反映了当时的最高统治对马的崇拜程度。汉武帝多次用《太一之歌》歌颂天马，一方面因为他认定天马是"天帝"或者太一之神所控制的，渴望得到西域名马，目的当然是改良马种、抵御匈奴，另一方面，由于天马的神圣性，乘骑天马者可以祛病驱邪。也为了建立更"广大"、更神圣、更"合法"的"世界权威"，所以求"天马"还为了"升仙"。

马的神圣性，在世界各民族都有所反映，如我国的《周书》和《隋书》都记载，突厥人死后会择日"置尸马上"而焚之，取灰而葬；或者择日取亡者所乘之马及曾服用之物，"并尸焚之"[4]。而在柯尔克孜族人的萨满信仰中，只有马这种灵物才具有"帮助死者与已亡故的祖先在九泉下聚首"[5] 的神职功能。在古希腊罗马流行的观念是"死神"卡罗斯的伴侣就是一匹黑马，西方很多国家也存在着在梦中见到马，就是濒临死亡的观念。

---

[1] 〔汉〕司马迁，《史记》，《二十四史》，北京：中华书局 2000 年版，第 1039 页。

[2] 同上。

[3] 同上。

[4] 陈世明、孟楠、高健编，《二十四史魏晋南北朝时期西域史料汇编》，乌鲁木齐：新疆大学出版社 2007 年版，第 475 页。

[5] 马苏坤，《我国塔吉克伊斯兰墓葬中的文化融合现象》，《西域研究》，1991 年第 4 期。

神话之魅

图 7-20 东王公、奏乐、庖厨、车骑出行画像 69cm×68cm 东汉晚期 1966 年山东省嘉祥县城南南武山出土 现藏于嘉祥县武氏祠文物保护所（江苏师范大学汉文化研究院藏拓片）

　　从图像学角度看，山东嘉祥出土的两块汉画像石（图 7-20、图 7-21）上都有马首人身神怪，通过观察可以发现，这些马首人身神怪，马首是龙、马合一而形成的，而整体则由马、人二者合一。它的头部嘴巴大、耳朵短、长鬣，都与龙头相似，尤其是脖子为龙颈形，身体却为人身的造型。其形象似龙又似马，"天马"与"龙马"两者是可以互置的。[1] 同时，这一形象混入了人的形象，显然不是现实中的马。并且，这两幅汉画像都在马背上增添了翅膀，而古人相信上天的途径是像鸟儿一样飞翔而上，翅膀增添了龙马形象的神秘感。

　　日本学者伊藤清司印证了法国古典"妖怪"理论说，怪物的主要特征是：器官"多余""欠缺"或"颠倒混乱"，马的角就是一种多余，是一

---

[1]　叶舒宪、萧兵、［韩］郑在书，《〈山海经〉的文化寻踪——"想象地理学"与东西文化碰触》，武汉：湖北人民出版社 2004 年版，第 2043 页。

图 7-21 东王公、庖厨、车骑画像 70cm×64cm 东汉晚期 1978年山东省嘉祥县满硐乡宋山出土 现藏于山东石刻艺术博物馆（江苏师范大学汉文化研究院藏拓片）

种"前进的夸张"[1]。中野美代子在《中国的妖怪》一书中提出，角是妖怪本质"具象化"的标志。[2]角、翼不仅是"怪化"，在许多情况下还是"神化"，这也就足以证明西王母座前的马首人身神怪的"神化"的理由。这些战功赫赫的马匹，与苍天神灵、祖先亡魂、史诗英雄共同生活在一种巫术的情景之间。他们之间还存在着一种神秘的感应关系，相互可以不断地传递契通；作为中介，战马所扮演的是昭示神祇意志、传递祖先信息、决定史诗英雄最终命运的角色。

总之，西王母座前的马首人身神怪，表明了汉代人对马神的崇拜、祈求得到良马的事实，也从另一面反映出汉代马神崇拜、祈求死后升仙的

---

[1] 〔日〕伊藤清司著，刘晔原译，《山海经中的鬼神世界》，北京：中国民间文艺出版社1990年版，第12—13页。

[2] 〔日〕中野美代子著，何彬译，《中国的妖怪》，郑州：黄河文艺出版社1989年版，第4—6页。

理想。

综上所述，汉代人之所以会在墓葬艺术中刻绘马首人身神怪，表达信仰主体对马神的崇拜之情，其原因是多方面的，本文认为，各种不同的信仰群体是出于不同目的来祭祀马神的，而他们的现实需要给予了马神崇拜不同的意义和功能。汉代官方群体崇拜祭祀马神，在汉墓中刻画马首人身神怪，同汉武帝祭祀歌颂马神，表达统治者对马神的歌颂和祭祀的原因是一样的。因为在冷兵器时代，马匹的富庶程度就如同现代的重型武器，是征战沙场、掠夺更多疆土的必备条件，因此饲养、管理更多的马匹，有利于维护国家和平。而武官和军人祭祀马神是因为常年征战，希望马神保佑自己能立功归来，他们相信自己能够在战马上建立奇功，是因为马神的保佑。深入地看汉画像中的马首人身神怪，其意义绝不仅仅是为了获得优良马种、改善马的品质，而是能够证明政权的天与神授。马作为政治的权威和财富的象征，大量用于宗教仪式（包括祭献和殉葬），这一风俗从上古西亚到中亚到北亚，自然会影响到东亚。

（四）人首蛇身神怪：祈求时令风调雨顺

汉画像中西王母座前的侍者形象中人首蛇身神怪为数不多，在徐州中心区有 3 幅，分别是山东微山县微山岛乡发现的西汉晚期（前48—前5年）"西王母、车马"画像（图7-22），山东长清孝堂山发现的东汉章帝

图7-22　西王母、车马　252cm×81cm　西汉晚期
山东微山县微山岛乡出土
采自江苏师范大学汉画像石（砖）数据库

时期（76—88 年）石祠西壁画像，以及在江苏徐州沛县栖山发现的东汉早期（25—88 年）的"西王母、弋射、建鼓"画像（图 7-2）。在陕西地区有 1 幅，即图 7-7 中，陕西横山县出土的横山孙家园子墓室壁组合画像中，与牛首人身神怪共同出现在墓室门楣的位置。

正如李泽厚在《美的历程》中所说："值得注意的是，中国远古传说中的'神''神人'或'英雄'大抵都是'人首蛇身'，女娲、伏羲就是这样，《山海经》和其他典籍中的好些神人（如'共工''共工之臣'等等）也这样。包括出现很晚的所谓'开天辟地'的'盘古'也依然沿袭这样'人首蛇身'说。"[1] 从神话故事的角度看，人首蛇身形象在神话中出现很多，见表 3。这里的统计不能穷尽，但是可以看出，人首蛇身的神怪形象却是固定不变的。在人类文明的早期，从神话、古俗、岩画、祭坛石刻、王墓石碑、骨器，到青铜祭器等，都留下了有关蛇的印迹。无论在我国中原以及西南、西北少数民族区域，还是在中亚、西亚、北非、西欧，或是北美、中东，扑朔迷离的蛇文化，褒贬不一，曾弥漫世界各地。

在汉画像中，人首蛇身的形象多是成对出现，伏羲女娲交尾的造型是汉画像中的经典图像，图 7-22"西王母、车马"中，西王母座前的神怪侍者有鸡首人身神怪、马首人身神怪，人首蛇身神怪以及人首鱼身的形象[2]，人首蛇身神怪形象为二人成对出现，本文认为这幅汉画像石上的人首蛇身形象应为伏羲、女娲。作为汉代人心中的始祖神，伏羲、女娲的人首蛇身形象，在汉画像中以蛇尾相交、成对出现的方式体现着神性的意蕴。汉代人的意识中，伏羲、女娲是一对夫妻。汉代出现的伏羲女娲图，大部分是交尾画像，画面所刻的伏羲、女娲均人首蛇躯，头梳发髻，身着上衣，

---

[1] 李泽厚，《美学三书·美的历程》，天津：天津社会科学院出版社 2003 年版，第 7 页。

[2] 在笔者撰写的《汉画"鱼拉车"象征意义阐释》（见《山东理工大学学报〈社会科学版〉》2009 年 11 期）一文中，已经对"人首鱼身的形象"做了解释：这一形象是古代最著名的"氐人"，这是汉代人对鱼崇拜的表现，鱼在这里不单是自然动物鱼类，也是神的象征。先民完成了鱼的神格化，同时也意味着人格化的完成。"氐人"的人首鱼身形象就是鱼人格化的产物。鱼的人格化，使汉代先民相信这种不同寻常的"异类"能穿越生死，同鱼车一起，佑护灵魂成仙。出现在微山县发现的汉画像石上，结合当地靠微山湖打鱼为生的生活情况，也就不难理解其对"氐人"的崇拜。本文不再赘述。

下垂曲尾，有的有双手，两曲尾相交，相向而立。具有明显的对偶特征，即使不在同一画面中，也会在同一墓室里出现。反证可知，在徐州栖山出土的汉画像（图7-2）中西王母座前单独出现的人首蛇身神怪则不是伏羲、女娲。

本文认为，栖山汉墓的汉画像中西王母座前出现人首蛇身神怪，是《山海经》记载的烛龙，司掌四季气候，具体理由后述。

表3　神话中的人首蛇身形象

神话人物	首	身	典籍记录
烛龙	人	蛇	《山海经·海外北经》
	人	龙、无足	《淮南子·墜形训》
伏羲	人	蛇	《史记·补三皇本纪》
	人	蛇	《天中记》
	牛	麟	《后汉书·周燮传》
女娲	人	蛇	《山海经·大荒西经》郭璞注
	人	蛇	《史记·补三皇本纪》
	人	蛇	《楚辞·天问》王逸注
	人	蛇	《文选·王延寿〈鲁灵光殿赋〉》
雷神	人	蛇	《说郛》三十一
	人	龙	《山海经·海外东经》
	人	龙	《淮南子·墜形训》
	龙	人	《史记·五帝本纪》正义引《山海经》
共工	人	蛇	《神异经·西北荒经》
	人	蛇	《路史·后记二》
祝融	人	兽	《山海经·海外南经》
贰负神	人	蛇	《山海经·海外北经》

1. 西王母座前的"烛龙"

先秦两汉的古籍中谈到烛龙的，大部分都出自《山海经》，所以，考察烛龙的来历以及神话的起源，需要从《山海经》起步。《山海经》关于烛龙的叙述，主要有如下：

> 西北海之外，赤水之北，有章尾山。有神，人面蛇身而赤，直目正乘，其瞑乃晦，其视乃明，不食不寝不息，风雨是谒。是烛九阴，是谓烛龙。[1]（《山海经·大荒北经》）
>
> 钟山之神，名曰烛阴，视为昼，瞑为夜，吹为冬，呼为夏，不饮，不食，不息，息为风。身长千里……其为物，人面蛇身，赤色，居钟山下。[2]（《山海经·海外北经》）

在《楚辞》《淮南子》等古籍中也有关于烛龙的记载：

> 西北辟启，何气通焉？日安不到，烛龙何照？[3]（《楚辞·天问》）
>
> 烛龙在雁门北，蔽于委羽之山，不见日，其神人面龙身而无足。[4]（《淮南子·墬形训》）
>
> 天不足西北，无有阴阳消息，故有龙衔火精以照天门中。[5]
>
> 《万形经》曰：太阳顺四方之气。古圣曰：烛龙行东时肃清，行西时䁔暤，行南时大暵，行北时严杀。[6]（《易纬·乾凿度》）

各种说法基本是大同小异，其他古籍中的说法，显然来自《山海经》，关于烛龙，本文提出以下认识：

第一，烛龙的方位。《山海经·大荒北经》明确地说到烛龙居于"西

---

[1] 方韬译注，《山海经》，北京：中华书局 2009 年 4 月重印，第 269 页。
[2] 同上，第 192 页。
[3] 〔汉〕王逸注，〔宋〕洪兴祖补注，《楚辞章句补注》，吉林：吉林人民出版社 1999 年版，第 91 页。
[4] 〔汉〕刘安，《淮南子》（光绪二年据武进庄氏本校刻），《二十二子》，上海：上海古籍出版社 1985 年版，第 1222 页。
[5] 〔汉〕王逸注，〔宋〕洪兴祖补注，《楚辞章句补注》，吉林：吉林人民出版社 1999 年版，第 95 页。
[6] 〔日〕安居香山、中村璋八辑，《纬书集成》，石家庄：河北人民出版社 1994 年版，第 81 页。

北海之外"的章尾山，则烛龙场景居于《大荒经》版图之西北隅，《海外北经》叙事首起西北而终于东北，烛阴列此经之首，从《海外经》的版图看，烛龙是处于西北方位的。

第二，烛龙的形象。《大荒北经》谈到烛龙"人面蛇身而赤，直目正乘"，《海外北经》说"身长千里"，"其为物，人面蛇身，赤色"，可见，烛龙是人面蛇身，红色眼睛，身体很长的神怪形象。

第三，烛龙的神性。《大荒北经》谓"其瞑乃晦，其视乃明，不食不寝不息，风雨是谒"。《海外北经》谓其"视为昼，瞑为夜，吹为冬，呼为夏，不饮，不食，不息，息为风"。可见，烛龙睁开眼睛天就亮了，而闭上眼睛则为黑夜，他的呼吸也关乎四季节气，其气息关乎风雨气象。烛龙的神性，完全是和时令节气相关联了，古人关注烛龙的原因也在于此。

对于这个人首蛇身、呼吸吐纳关乎时令并且以"龙"为名的神怪，其所具有的神性还有一些其他的说法。袁珂在《中国古代神话》中提到："我们要找开天辟地的人物，最后还是不能不想到较早的古籍《山海经》里所记述的那个钟山的烛龙神。"[1] 袁珂认为烛龙是创世神，他把烛龙与开天辟地的盘古等同，并说："征于任昉《述异记》：'先儒说盘古氏泣为江河，气为风，声为雷，目瞳为电。古说盘古氏喜为晴，怒为阴。'《广博物志》卷九引《五运历年记》：'盘古之君，龙首蛇身，嘘为风雨，吹为雷电，开目为昼，闭目为夜。'信然。盘古盖后来传说之开辟神也。"[2] 这一说法有待考证；另一种说法，认为烛龙是北极光[3]，本文认为，北极光是存在着的自然现象，但却只有在靠近北极的高纬度地区才能看到，中原的人是看不到的，故无法记录。此种用现代人已有的科学知识比附古代文献记载的内容，没有考虑到历史背景和风俗信仰，不可取。

在早期的汉画像艺术中，烛龙出现在西王母座前，也是有其原因的，

---

[1] 袁珂，《中国古代神话》，北京：商务印书馆1993年版，第273页。
[2] 同上。
[3] 秦建明，《昆仑山为新巴比仑城考》，《考古与文物》，1994年第6期。

第七章　汉画像西王母的神怪侍者　　　　367

这要从西王母的神性职能展开："西"表示方位，"王"有神义。例如《荀子·礼论》："郊者，并百王于上天而祭祀之也。"杨倞注："百王，百神也。"[1] 西王母是神话传说中的神，《山海经》记载她的职责是"司天之厉及五残"，郭璞注"主知灾厉及五刑残杀之气也"。[2] 所以，西王母的职能是主导"灾厉""五刑"，这一神人，从她的职司可以看出农业社会中人民对天神的敬畏精神，并且一再表现出对物质丰硕的渴望："三青鸟，为王母取食。"

汉代人对西王母的崇拜，达到了前所未有的巅峰，他们深切信赖着西王母的神性职能，希望西王母能保佑逝去的先人灵魂，同时能庇佑活着的子孙得到好的福气，即多子、土地丰产、衣食无忧之类。前文所讨论的鸡首人身神怪，牛首人身神怪以及马首人身神怪，都寓意着汉代人对生产、生活、繁衍子嗣等的各种美好希望，同样，烛龙的形象，也是寄寓了汉代人对风调雨顺，从而使得土地丰产的理想。在栖山汉墓出土的"西王母、弋射、建鼓"画像（图7-2）中，人首蛇身神怪等众多神人在参拜西王母，听取西王母的训导。西王母生活在昆仑山，衣食不愁，取食有三青鸟，捣药有玉兔，观赏蟾蜍献巾舞，饲养凤凰有羽人，掌管不死药，这样一个"养尊处优"的女神，她的神职主"灾厉及五刑残杀"，不可能事事亲力亲为，需要侍者辅助她来执行。所以，人首蛇身的烛龙，作为西王母座前的神怪侍者完全具有存在的可能性和必然性，他的神性，同样符合西王母司掌"灾厉"的职能。

2. 人首蛇身烛龙的神性

在汉朝的四百年时间中，墓室祠堂石刻艺术发展到了顶峰，之后由于政治变化等原因便销声匿迹。而西王母座前的人首蛇身神怪形象，发现的数量并不比本章前几节所论述的对象多，甚至是极为珍贵的，且其中一幅

---

[1] 蒋南华、罗书勤、杨寒清注译，《荀子全译》，贵阳：贵州人民出版社1995年版，第417页。
[2] 方韬译注，《山海经》，北京：中华书局2009年4月重印，第253页。

不排除是伏羲女娲形象的可能性，那么，江苏徐州沛县栖山发现的东汉早期的西王母、弋射、建鼓图（图7-2）成为我们研究的重点对象，因为其年代比本章第一部分表1所列其他汉画像都久远，更接近人类思维中的原始思维，对于本文探析具有引导作用。

首先，本文需要理解烛龙与龙星的关系。

《山海经》中的《大荒经》和《海外经》两篇中都有关于夔龙、应龙、烛龙的记载。刘宗迪认为："夔龙、应龙、烛龙、相柳分别是春天、夏天、秋天和冬天的龙星，四者在《大荒经》和《海外经》图像中分居东、南、西、北四方，正好对应于龙星在春、夏、秋、冬四个季节的方位。"[1] 的确，如果将《山海经》关于夔和雷神的描述与春天之龙星星象相对比，可以发现，《山海经》中的记载并不是荒谬的神话传说，而是对于原始历法中龙星纪时制度的真实写照，夔龙、应龙、烛龙、相柳分别是春天、夏天、秋天和冬天的龙星，这一记载，也为证明《山海经》与上古天文学之间的关系以及《山海经》其书的史料价值提供了一条有力的线索，同时还为理解龙崇拜及其神话与龙星纪时制度之间的关系提供了有力的证据。

由上可知，烛龙在龙星时令的制度中，所对应的是秋天，而秋天正是农作物丰收的季节。

其次，来探讨烛龙所象征的究竟是何种自然现象。

刘宗迪在《华夏上古龙崇拜的起源》[2] 一文中指出，上古时代，华夏先民中长期流传着一种龙星纪时的原始历法，即根据苍龙星象的出没周期和方位判断季节和农时。当时龙星的出没周期和方位正与一年中的农时周期相始终：春天时候，春耕将起，龙星在黄昏时开始从东方升起；夏天农作物繁茂生长，黄昏时，绚丽的龙星则悬于夜空的南方；到了秋天庄稼收获时，龙星则于黄昏时分坠落于西方；冬天，龙星也随着万物伏蛰消失于

---

[1] 刘宗迪，《烛龙考》，《民间文化论坛》，2005 年第 6 期。
[2] 刘宗迪，《华夏上古龙崇拜的起源》，《民间文化论坛》，2004 年第 4 期。

北方地下。龙星的星象和农时周期间的这种天衣无缝的关联，为先民判断农时提供了可靠的依据，故古人在很长的一段时期内都根据龙星的出没见伏周期判断农时，治历明时，趋吉避凶。

历法制度奠定了人类时空观的基础。龙星纪时制度对于上古华夏世界时间观和空间观有奠基作用，中国古代神话传说中，多有人首蛇身的形象，如伏羲、女娲、共工、黄帝等，烛龙以龙为名，且作人首蛇身，那么，它是否也与农时历法制度有关呢？

从《山海经》可以得知，烛龙的位置在西北，其神性就是标示时令。烛龙"风雨是谒"，"吹为冬，呼为夏"，显示了它与四时风雨气象的关系。气象与季节相关，因为四时风雨气候的变化导致了四时景象的不同，古人通过观察每个季节不同的风的变化判断播种收获时间，可见星象关乎季节，因此，古人是据龙星来预测气象、祈求丰收的，下面列举的是其他文献中关于占星预测气象的记载：

> 辰角见而雨毕，天根见而水涸，本见而草木节解，驷见而陨霜，火见而清风戒寒。[1]（《国语》）
>
> 庶民惟星，星有好风，星有好雨。[2]（《尚书·洪范》）

此外，《左传·桓公五年》载"龙见而雩"，意思是说，在龙星升起的时候，正是当春夏交叉的时节，举行了求雨的祭祀仪式。古人视龙星为雨水来临季节的象征，《大荒北经》中记载烛龙是"风雨是谒"，是其对风雨的掌控。《海外北经》谈到烛龙是"吹为冬，呼为夏，不饮，不食，不息，息为风"，既谓之"不饮不食不息"，则烛龙不能呼吸明矣，然则所谓"吹为冬，呼为夏……息为风"，是说烛龙能呼风唤雨，一切的风雨变化，都是由其操控，想要风调雨顺、（田地）多产丰收，自然就要祭拜烛龙，在

---

[1] 黄永堂译注，《国语全译》，贵阳：贵州人民出版社2009年版，第62页。
[2] 〔唐〕孔颖达，《尚书正义》，《十三经注疏》（第一卷），北京：中华书局2009年版，第403页。

汉画像中刻绘出他的形象，也就不难理解。

三、从动物人格化到神格化看汉代审美精神的底蕴

审美虽然是一个当代的概念，但是这一概念的使用范围不仅仅限于当代，可以延伸到古代。所谓审美精神，本文认为是指一个时代在社会集体心理中表现出来的一种整体的美学趋向，即当时人在当时的社会实践中对于某种美学原则的肯定与认可。这一美学原则，当时可能并没有人用明确的概念来表示，它只是无意识地被集体尊奉和实践，并且在集体无意识下散发开的一种无处不在的精神，一种朦胧的然而却是强势的社会共同心理，是一种潜伏着来指导个人行为追求和处世方式的内在动力，从而构成了社会集体的行为倾向。

汉画像艺术中的神怪侍者，在通俗意义上看，并不是为大众所认可的美的典型[1]，这类形象最重要的特征就是外形上的动物形与人形的混合，外形的不伦不类，更显示出这类神怪背后所隐藏的汉代人的审美精神，如罗丹所说："自然中认为丑的，往往要比那认为美的更显露出它的'性格'，因为内在真实在愁苦的病容上，在皱蹙秽恶的瘦脸上，在各种畸形和残缺上，比在正常健全的相貌上更加明显地显现出来。"[2] 因此，拆析汉画像中人兽混合型的神怪形象从动物人格化到神格化的变化，探索其中丑、怪的奥秘，才能进一步揭示汉代审美精神的底蕴。[3]

---

[1] "典型"是指文学艺术作品中创造出来的既有鲜明的个性又能表现出人的某种社会特征的艺术形象，这一词，在希腊文中原是"模子"的意思。同一个模子可以塑铸出许多同样的东西，典型也是通过某一个单个的形象反映了某一群或某一类人的性格特征。本文认为，这一词同样可以用在艺术作品领域。

[2] ［法］奥古斯特·罗丹口述，［法］葛赛尔记录，沈宝基译，《罗丹艺术论》，桂林：广西师范大学出版社 2002 年版，第 36 页。

[3] 朱存明认为，丑是美学范畴之一，指歪曲人的本质力量，违背人的目的、需要的畸形、片面怪异，令人不快，甚至厌恶的事物的特性，与美相对。（朱存明，《中国的丑怪》，徐州：中国矿业大学出版社 1996 年版，第 7—8 页。）本文赞同这种观点。

（一）审美精神底蕴中的内在情感

汉画像中的人兽混合型神怪侍者形象，多是人的身躯，头部为动物型，这种怪异的造型，很显然不是真实存在的，神怪侍者是动物的形象被穿上了人的衣服，将动物人格化。从神话学角度看，这是源于《山海经》等神话传说在汉代人心中所留下的造像，经过艺术的加工，将其现实化，具有神性，从而神格化的过程。从其中，我们应该寻求出在这种人格化到神格化的过程里，汉代人审美精神底蕴中的内在情感。

1.酬谢神灵与驱除鬼怪

中国的传统宗教从很早的时候起，就在对鬼神加以道德判断的基础上，发明了两个重要的概念，一个是酬谢神灵，一个是禳鬼。与此相应的是，祭祀的典礼也分成了两类，由酬谢神灵发展成祭祀祈求的仪式，而禳鬼则发展成祛除的仪式。本文认为汉画像中出现的神怪侍者形象，也是汉代人审美精神底蕴中所蕴含的酬谢神灵与驱除鬼怪的内在情感要求。

前文已经谈到，现代民俗学对中国西南少数民族的调查表明，牛头对氏族部落具有极为重要的神圣意义和保护功能，它实际上是原始祭祀礼仪的符号标志[1]。这与神怪侍者的牛首人身异曲同工，祭祀神灵，以求得保佑后世子孙的福泽，并且祈求神灵能驱除恶鬼保护先人的灵魂安宁。例如本章第三部分所论述的陕西出土的汉画像石中，牛首人身神怪和鸡首人身神怪多是在墓室门楣、门柱的位置对立出现。墓门作为通向墓室的必由之路，阻隔了现实世界与墓室后的神灵世界，墓门把一切不好的、污秽的事物都阻挡在外面的现实世界，并且，神怪侍者能用自己丑陋的外表阻挡鬼对墓主人的骚扰和侵犯。在墓门之后，留给墓主人的是一个纯净的、和谐的空间。在墓门上刻绘神怪形象，是汉代人审美精神中"禳鬼"这一内在

---

[1] 李泽厚，《美学三书·美的历程》，天津：天津社会科学院出版社 2003 年版，第 33 页。

情感的体现，他们的自主意识进一步得到提升。为强调所雕刻的神怪侍者的可怖和威严，使得其能具有与任何入侵者相匹敌的能力，人们理所当然地要把墓门上的神怪刻画得同魔鬼一样可怕、一样丑恶。只有这样，才足以让墓室的侵入者望而生畏。

本文所论及的神怪侍者都是出现在西王母座前，张光直在介绍伊利亚德的《萨满教》一书时，提出萨满们拥有一批天马所特有的作为"助手"的动物精灵，借助他们与神界相互交通。本文认为，这些神怪侍者同样是西王母的"助手"。对于幻想中的可怖动物形象，李泽厚认为"呈现给你的感受是一种神秘的威力和狞厉的美。它们之所以具有威吓神秘的力量，不在于这些怪异动物形象本身有如何的威力，而在于以这些怪异形象为象征符号，指向了某种似乎是超世间的权威神力的观念"，"恰到好处地指向了一种无限的、原始的、还不能用概念语言来表达的原始宗教的情感、观念和理想"[1]。神怪侍者形象的丑陋和怪诞，具有威慑侵犯的保护作用，世界上的许多文化中都用这种丑陋的形象来作为保护教堂、寺庙和住宅的护符。汉代人相信，这些形象具有驱赶邪恶的力量，是战胜一切来犯之敌的超自然之神。于是这种形象的图案就转化成为威慑侵犯的护符。同时，人们还认为形象越是凶恶可怕，其驱赶邪恶的威力也越大。于是人们在创造时就必然在可怕性上下功夫。人们要利用"助手"的神性驱除邪恶，完成自我求美的心愿。

汉画像中神怪侍者的人兽混合形象，表明在汉代人的审美精神中，庄严地将"内"世界与"外"世界区分开，将人与鬼、纯洁与污秽、文明与野蛮区分开，这是一道象征性的城墙，始终保护着他们心中最美好的审美精神的内在情感。

2. 对神话传说的信奉

"汉朝立国，最初是以黄老之学为根本，到了汉武帝时期才'罢黜百

---

[1] 李泽厚，《美学三书·美的历程》，天津：天津社会科学院出版社 2003 年版，第 34 页。

家，独尊儒术'，'儒术'一词可以拆作'儒学'和'巫术'两个部分，它是具有复古倾向的儒家学说同传统巫术文化自上而下相互结合的产物。"[1]的确，汉代社会无处不充斥着对阴阳五行的运用，上到政治统治，下至百姓丧葬，灾异说和神话仙人传说形成了系统，谶纬之学也泛滥在整个社会，这都是"儒"与"巫"的结合。

丑、怪的东西因为审美活动能给人以美感，实现人自身审美精神底蕴的表达，这与汉代人对原始神话传说的信奉有关。战国秦汉的君王们，虽然已经失去了创作神话的条件和环境，在圣与俗的嬗变交替中，他们除了接受、利用传统的事物（如故事、玉玺、珍宝等）以表达神圣性，从而确立统治的权威性和合法性之外，便只有征服和占有，其中就包括"怪诞"，而神话传说中人兽混合型的形象，便成为某种"修辞策略"。这从统治阶层传到了民间百姓的心中。

丑怪艺术既能表现人的感情，也能表现人的思想，但是并非剥离地、抽象地表现，而是用生动的形象来表现。艺术最主要的特点就在于此。对美的追求，不仅仅是外在形象上的美，更多的是对自身思想、自我感情的追求，所以，神怪侍者的造型作为汉代的民间艺术，在构图造型方面是违背自然规律的，它来源于神话传说，源于内心的艺术，即人们对审美的追求，是汉代人以自己的观念和审美心理去布局、造型的，而没有去考虑物象的自然形态。

法国人类学家列维－斯特劳斯将神话与科学的功用等同地看待，认为两者都是人类用来在混乱中建立秩序，企图认识或解释世界的一种手段。而科学家、哲学家波普尔甚至认为神话是科学前期阶段。的确，当人们遇到难以解释的问题时，往往会运用"灵感思维"来解释问题，就在科技如此发达的今天，依然有人相信有外太空生物的存在——这就是在科技下的神话传说，至于是否可证，则要在以后的科学发展中求解了。对事件的

---

[1]　郭净，《中国面具文化》，上海：上海人民出版社 1992 年版，第 107 页。

解说"是一种原始的理论框架或前科学理论行为"[1]，神话体现了原始人认识和理解事物的能力，而本文所讨论的神怪侍者，在神话故事中都能有所考，这一图像证史的模式，也是汉代人以神话模式巧妙运用于实际生活的需要。

当遇到不能解释、难以解释的事情时，汉代人选择相信神话，并且，把神话故事的内容用图像的模式表现在神圣的墓室当中。这正是汉代人审美精神底蕴中，对未知世界的追求和向往，预示着他们超越自身主体的追求。

（二）审美精神底蕴中对生命局限的超越与建构

1. 对生命局限的超越

正如鲁迅所说："希望是附丽于存在的，有存在，便有希望；有希望，便是光明。"[2] 给丑的现象以深度的剖析，使它具有光明的前途，才更具有撼人的美感。如果说对神怪侍者形象的刻画，是汉代人基于历史文化层面中，为展示自我存在而自觉提供的一个可借鉴的、丑的、不美的图像，那么，今天的人，将这种丑、怪的现象从历史文化中剥离出，则可以说是通过审丑这一活动，完全独立地、更为贴近地去体验汉代人对生命的感悟。从中所体味到的是它所展现出的一种耐人寻味的人生境况。

一般认为，中国古代艺术是对"和"的追求，其中展现出来的是美与理想，而美，又可以分为"优美"和"壮美"，汉代艺术中所展现的是壮美；到了近代，在审美对象上开始产生审"美"与审"丑"的分化，丑是展现了与寻常不同的反叛；到了当代，作为现代艺术的延续和发展的后现代艺术才开始出现怪诞。其实不然，通过本章前面部分的讨论，就能明了：早在汉代，人们就认识到了丑的存在，并通过审丑的活动来展现美与

---

[1] 朱存明，《灵感思维与原始文化》，上海：学林出版社1995年版，第370页。
[2] 鲁迅，《在北京女师大学生会的演讲》，《鲁迅研究资料》，北京：中国文联出版社1983年版，第233页。

理想。即，通过汉画像中神怪侍者丑陋的外在形象，展现了汉代人对守卫墓室灵魂得到安宁、生命的永恒回归、人的后代获得神灵庇佑的理想等等。在《淮南子》中载：

> 求美则不得美，不求美则美矣；求丑则不得丑，求不丑则有丑矣；不求美又不求丑，则无美无丑矣。是谓玄同。[1]

图7-23"瑞兽图"中所展现的是一幅怪诞不羁的幻想场景，图上的九头怪、凤鸟、龙、人首蛇身神怪、牛首人身神怪、鸡首人身神怪等造型独特，看似丑陋，却构成了一幅充满神秘美感的图画。可见，这是在美学品质上，确立了丑的独立地位，而神怪侍者的形象是汉代人在集体无意识状态下对美丑的思考。因为人在对自身认识的演变过程中确实存在着一些永恒的、超历史的成分，所以必然也存在着为人类所共有的体会与实质。例如病痛、衰老、死亡乃至恶，对此，汉代人拥有自身独特的感受及认识。假如说，汉时期，审丑活动在历史角度上所审视的是汉代人在某些历史层次的负面维度，那么审丑活动在哲学角度上所审视的就是人性在所有历史层次的负面维度。

"死亡"是每一个人都必须面对的问题。汉代人在面对死亡的时候，编织出的动物与人混合而成的形象表明，汉代的人是愿意相信"怪"的存在的，愿意信仰怪的事物，为自己和死去的人编织一个存在的世界，以求在死后可以超越历史存在的有限性、人性的有限性从而达到一种无限和永恒的存在。这也是超越了丑本身，从而达到的一种扬弃。

中国古典美学中，没有独立的关于"丑"的概念的明确认识，但是通过讨论汉画像中的神怪侍者形象，我们发现在中国古典美学中，对于人兽混合型的丑怪形象，总是以一种辩证的法则来解释这种"求丑则不得丑"的美学态度。汉代人认为具有神性的事物、关乎死去之人后代福泽生存的

---

[1] 陈广忠译注，《淮南子》，北京：中华书局2012年版，第930页。

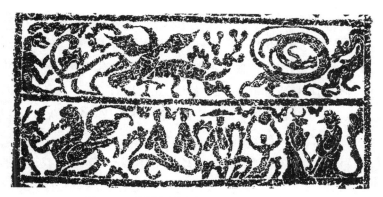

图7-23　瑞兽图（局部）118cm×55cm　东汉
（江苏师范大学汉文化研究院藏拓片）

掌控者，必然都是怪诞的形象，正如：鸡首人身神怪呼唤太阳，赐福吉祥；牛首人身神怪是对"母"的崇拜，预示着繁衍后代；马首人身神怪能保佑马匹肥硕，是对"马神"的祭祀；人首蛇身神怪烛龙则掌控了时令节气，关乎农业生产。可见，汉代的"审丑"活动仍然是在否定和批判意义上、附着于美和道德追求上的活动，它并没有把人生的衰老或死亡作为一种独立的生命现象加以观照并呈现。

在汉代人心中，死亡本身是生命的必经过程，涵盖并总结了生的问题，他们是"向死而生"的，因为他们相信，死在更多的时候是生命的必然过程，对大多数人来说死亡也并不都是轰轰烈烈，而是平静淡定的。但是，与其说汉代人平淡地看待死亡问题，不如说他们是在死亡中寻求对未来生活的信心和希望。所以将想象死后所遇到的神怪事物，构成现实生活中常见事物的杂糅，从以往的平淡图像叙事中独立出来，并以其怪诞、丑陋的表面来面对世界。当然，作为一种生命现象，由于汉代人坚信死亡不是最终的结果，人有灵魂不亡，神怪侍者在其表现形式中，基于死亡的深刻意义，反而显示出某种庄严神圣的美——这正是丑怪的事物在死亡的背景下，被掩盖住的事实。

汉画像的艺术世界是表现死亡这一主题的，也是一种表现生命、生活的形式，所以刻画出神怪侍者的动物型、人型，都是神话传说在汉代人心中的遗留，他们在死亡之外寻求永恒，在丑之下追求美的真正独立，这打破了以往认为中国古代艺术中只有"美"没有"丑"的片面认识。这些具有神性的神怪侍者形象，自觉地为死亡添加了所不应负载的其他价值，从而也消解了死亡笼罩下的悲剧性氛围，使人从一个崭新的角度把握了存在，超越了生命的局限。

汉代人是不愿受束缚的群体，同样又是有较多自我追求的群体，这一点从汉画像丰富多彩的内容中就可以窥见。正是通过对丑怪形象的追求，汉代人在整体上去理解生命的意义，而不仅仅是从美的角度。这便是出现在墓葬中的丑怪形象所带给人的美学启示。

2. 神怪侍者形象中看汉代的审美精神的建构

两汉时期，是中国古典审美精神的过渡阶段，如果说战国前的美学思想的发展处于早期，"人"成为整个审美认识的重点，人们对艺术的理解还停留在器物的"用"上，那么两汉则是一个审美重点转化前的过渡。在两汉时期，审美认识上的特点和变化，直接影响到当时人们的审美精神。

审美活动，对于人的作用是在培养一种深厚的内涵、全面开阔的精神。如同艺术创作中涵盖丑的内容，向审丑的拓展，是艺术创作向人类学拓展的标志一样，汉代人把丑怪的事物刻画在神圣的墓葬中，也是其在审美活动中向审丑的拓展，是审美向人类学拓展的标志，黑格尔说："当一个人只意识到或感觉到他的限制或缺陷，同时他便已经超出他的限制或缺陷了。"[1] 所以本章认为，汉画像西王母座前的神怪侍者的出现，是人在漫长发展阶段里的一次自我觉醒。汉代人对死亡等的独立观照，从本质上是对自我意识的深层扩充和延伸，这从一个侧面反映了人的感性心理随着社会实践以及审美实践的发展而得到进一步丰富的过程。

---

[1] ［德］黑格尔著，贺麟译，《小逻辑》，北京：商务印书馆 1980 年第 2 版，第 148 页。

显然，传统意义上，审美精神已经表现为审美给予人类的正面的价值启示。在汉代的审美活动中，审美精神的确立，正表现在汉画像中那些神怪侍者奇特的形象中，它是审丑这一与人类情感价值取向相悖的反方向的感知。可以说，人类主体的审美活动本来就存在着两个方向极：一在审美的理想世界中，二在审丑的现实世界中，而这两种生存境遇对于人类自身都是不可或缺的。神怪侍者的形象，恰恰是汉代人在追求审美的理想世界时，所展现出的思想认识中的审丑的现实世界，虽然这个世界并不现实，但是在汉代人的审美理想中却深信不疑。正因为这种审美与审丑、理想与现实的矛盾性，更利于今人认清汉代人的审美精神。

由古及今，人类对于"死亡"的领悟都是可怕的、丑恶的和厌恶的。人们宁愿通过某些方式来让内心暂时忘却它，这也就是汉代人心中所形成的万物有灵观，他们是为了"事死如事生"的信念生存的人，所以他们在实践活动中，会遵循着趋善避恶、趋利避害、趋美避丑、趋生避死的潜准则。作为人类精神食粮的"艺术"当然更是承担此责任，唱起了恢宏的颂歌。可是，在歌颂美的同时，他们也发现死亡是不可避免的，随着人类心智的成熟、社会现实的影响，汉代人逐渐认识到与其畏惧死，不如战胜死、保护死，于是在墓门上出现了牛首人身神怪、鸡首人身神怪以威慑鬼怪，驱除邪魔，保护亡者的灵魂不受到侵扰。此时，他们认识到丑、怪的美好作用，逐渐在死亡所笼罩的崇高的境界里，即悲伤、痛苦、崇高的情境中，熟练地运用神怪侍者造型，给人以惊悚、怪异、战栗、荒诞甚至恐怖的感觉。

动物的人格化，再到神格化的过程，并不是一人一时就能完成，需要经过长时间的累积和改造。纵观世界范围内，神话人物的形象大多都经历了这样一个由兽—人兽混合—人—历史化[1]的进程。闻一多在《神话与诗》中，将这个过程归纳为：

---

[1] ［美］D.博德，《中国古代神话》，载［美］克雷默等著、魏庆征译《世界古代神话》，北京：华夏出版社1989年版。

人的似兽化—兽的似人化—人形神

（兽形）　　　（人兽同体）（人形）

可以看出，汉代将动物人格化到神格化的过程其实是"兽的似人化"过程，处于一个过渡阶段，从审美上看，也是审美精神的过渡阶段。在人的审美精神中，会崇拜和追求美好的神，之所以最初会崇拜动物神像，那是处于人类难以征服自然力的情况下，随着社会的进步和发展，这种征服倾向就发生了变化：

表 4

	自然力与人力的关系	状态	崇拜神的模式	例证
征服自然的过程	自然力＞人力	自然力为主，占据上风	自然中的兽形	图腾崇拜
	自然力≈人力	两者势均力敌	人兽混合型	神怪侍者
	自然力＜人力	人力为主	人形	人形西王母、东王公
征服社会的过程	历史化		历史社会中的人形	关公

人兽混合型的神怪形象的精髓是"天人合一"，处于"听天命"和"人定胜天"的中间阶段，同样，审美精神也在这一阶段得以重构，"天人合一"的阶段表现在具体形象上则为人兽混合型的神怪形象。

就人的整个感性心理结构来看，只能审美而不可以审丑显然是残缺的，追求美和追求丑，是同等的权利。必须指出的是，本文所谈论的审丑并非美丑不分甚至求丑成癖的畸形心理，而是对"丑"这样一种艺术形态的理解，是人类站在自我的高度对丑的清醒审视之上的理性超越。汉代人通过追求丑，追求怪诞，表现了人类社会的进化本身这一充满了异化的过程。丑的、恶的东西可以说无处不在，而这也正是人类对其进行审视的现实基础。如果说审美是将人引向一个绝对理想的终极世界，那么汉代人的审丑，对丑怪的追求则是将自我情感在那个美丑混杂的世界中重新构建了。

或者还可以说，审美更加趋向于建构人类生存的理想世界，而审丑则

　　　　　　　　　　　　　　　　　　神话之魅

更加趋向于建构人类生存的现实世界，这两个世界交叉融合，组成了人类发展的现实和历史。在这种完整的生存形态下，人们既不会完全迷失于现实，也不会狂热地遁入理想的虚幻和毫无意义的幻想世界，从而便不会在理想破灭后，产生悬空与无所皈依的感觉。

汉代人处在与自然力胶着对峙的时代，想要战胜自然，可有些时候又必须屈服于自然，在人力与自然力矛盾对抗的过程中，历史的进程往复前进。汉代人对死亡等的独立观照从本质上是对自我意识的扩充和延伸，神怪侍者的形象，是其在审美精神内涵中所追求的对生命局限的超越与重建。

四、结语

汉画像艺术是汉代社会产生的独特艺术，在中国艺术史上的崇高地位不容小觑，它不仅是表达内心审美精神的载体，更寄予了商周以来原始神话时代的原始思维，开启了魏晋之后的艺术之风。汉画像中的西王母座前人兽混合型神怪侍者的独特造型，则表现了汉代人不同一般的审美精神。

神怪侍者是人审美意识追求怪诞主题的表现。在原始信仰中，人兽混合型侍者透露出震慑、古怪、陌生的怪诞特征，通过汉代人创作时对神怪侍者的理解中所表露出的极端的反常性、以丑为美、夹杂着恐怖与威慑的震惊感，在多方面体现着"怪诞"主题的本质和内涵。

在神怪侍者中，鸡首人身神怪是金鸡神的象征，表达的是汉代人对太阳的崇拜；牛首人身神怪代表着"母"，是汉代人思想中所遗留的对母亲的崇拜，同时隐含着对生命循环的期待和向往；马首人身神怪是汉代崇马之风的集中体现，祈求得到良马和升仙的人生理想；人首蛇身神怪的原型是北方烛龙，司掌时令气候，是汉代人祈求农业生产顺利、生活富足的拜祭神像。

汉画像中的神怪侍者怪诞、丑陋，但从审美精神层面上审视，是汉代人集体无意识下所共同尊奉并实践了一种审美原则的诉求，进而构成了社会集体的行为倾向。这种并不为大众所认可的美的典型，透过外形上的不伦不类，彰显出其背后所隐藏的汉代人的审美精神：依靠自身的内在情感，寄予了对酬谢神灵和驱除鬼怪的美好愿望，展现了与神对话过程中对神话故事的信奉感情；此外，在汉代人的审美精神底蕴中也完成了对生命局限的超越，以及对古典美学处于由夏商周到魏晋过渡阶段的审美精神重建。

总之，汉代人在墓葬艺术中所表现出的审美精神里流露出的丑、怪审美倾向，本文认为，可以归结为这样两个方面：

一、汉代艺术开始注重在美中展现丑，实际上是开始注重人对认识自我与非自我的过程，追求对神灵的酬谢和对鬼怪的驱除，以及表现在审美精神中的内在情感和对自我主体的超越与重建。

二、汉代人追求艺术创作中的怪诞形象，是在审美精神过渡阶段，汉代人集体无意识下的原始思维在墓葬艺术中的集中体现，是人类在征服自然、征服社会的过程中，人力与自然力抗衡阶段的艺术展现。

第八章
西王母神话的图文互释

　　西王母是中国上古神话中最著名的女神之一，早期文献如《山海经》所描绘的西王母形象特征是"其状如人，豹尾虎齿而善啸，蓬发戴胜"。随着 20 世纪的考古发现，西王母的形象频繁地出现在汉画像中，但其形象与文本记载的西王母的形象却很不相同，除了"戴胜"这个特征与文献记录吻合之外，像"豹尾""虎齿"和"蓬发"的特点在造型艺术中几乎全无表现。面对文献文本材料和出土图像材料的这种差异，我们还缺乏系统的研究。以文本为主要对象的研究者大多相信《山海经》提供的那个原始野性的西王母形象；而以图像为主要研究对象的学者则更易直观地接受汉代画像石艺术提供的那种仙化的、理想化的西王母形象。我们的研究将把文本和图像中西王母两方面的因素整合起来，给予艺术人类学的通观考察，探讨古神话形象的历史建构与变异问题。

　　目前出土的关于西王母的图像资料，为我们研究这一课题提供了便利条件。本章对已出土的汉画像中西王母的资料和文本做一个初步的平行研究，通过语言艺术和图像艺术二者的结合来理解西王母的形象和汉代人的信仰世界。语言表达和图像造型是汉代人的宗教信仰表现的两种形式。作为视觉文化所表现的西王母图像的审美内涵需认真探讨。而西王母由半人半兽的外形转变为端庄、慈眉善目的贵族女性形象，也隐含着汉代人宗教审美观念转变的历史内涵。本章通过此个案，进而研究中国古代文化中的图像叙述，揭示其视觉审美性的学术价值。

一、文本记载与汉画表现的西王母

有人认为西王母是佛像产生之前的中国第一神像，是一个独具特色的文化现象，西王母信仰在汉代处于兴盛时期，在先秦两汉时期的文献中，鲜见对其直观的描述，但在出土的文物上，尤其是汉画像上，西王母的形象颇为多见。先秦的观念认为神仙的世界与人类的世界是相互独立的，并且人界与仙界是不同的，即"人神异形"。在秦汉时期，这种观念受到了强烈的冲击，世人认为人类是可以和仙界相互交往、相互沟通的，并且神仙的样貌有可能与凡人相似，这个观念称为"人神同形"。

我们运用视觉文化的理论去重新审视两汉文化，重新看待文本和汉画像中的西王母形象，将图像与文字结合起来解读它。汉画是一种图像，文字记载有其自身丰富的价值。"在画家作品里只能看到已完成的东西，在诗人作品里就看到它的完成过程。"[1] 以下分别论述文本记载的西王母和汉画表现的西王母，试图从可见的视觉作品中解读出不可见的历史内涵。

（一）文本记载的西王母

1. 先秦时期的文献

关于西王母这个名词，最早可以追溯到殷卜辞中"西母"二字，但学术界对此是否就是西王母的最初表达形式颇有争议。《庄子·大宗师第六》中讲述神仙之所以具有神力是源于其得"道"的缘故。论"道"时并列提到了豨韦氏、伏羲氏、黄帝、西王母等十数位神话人物，只说他们得道之事，对各神的具体状况几乎没有具体描述。其中相对记载西王母的文字较多，但也只有四句。"西王母得之，坐乎少广，莫知其始，莫知其终"，尽管《大宗师》里对西王母的记载是模糊的，却使后人感觉到，庄子的时代

---

[1]　[德] 莱辛著，朱光潜译，《拉奥孔》，北京：人民文学出版社 1988 年版，第 90 页。

所能接触到的西王母的文献或者传说，与尧、舜等的传说一样，是相当普及的。"莫知其始，莫知其终"，由此可知，在战国时期西王母已经具有了长寿的特征，并且居住于少广之地，与昆仑山并无直接的联系。这里所述的实质性内容即西王母得到了"道"的真谛，所以她能据有西极之山——少广一带领域，并已经在西极少广一带生活了极为久远的时间。

古代典籍里最能够帮助我们认识神话西王母的首推《山海经》，从其中可以对西王母的形象及其神格有所了解。这部先秦古籍，是一部富于神话传说的最古老的地理书。《山海经》中，有四处直接论及西王母：

（1）又西三百五十里，曰玉山，是西王母所居也。西王母其状如人，豹尾虎齿而善啸，蓬发戴胜，是司天之厉及五残。[1]

这段文字中对西王母的外形有比较直观的描述，"豹尾、虎齿、善啸、蓬发戴胜"这些异于凡人的特点让人读后有一种恐惧感和震慑力，"是司天之厉及五残"更直接地指出西王母的职权，她是一个掌管瘟疫刑罚的凶神。

（2）西海之南，流沙之滨，赤水之后，黑水之前，有大山，名曰昆仑之丘。有神——人面虎身，有文有尾，皆白——处之。其下有弱水之渊环之，其外有炎火之山，投物辄然。有人，戴胜，虎齿，有豹尾，穴处，名曰西王母，此山万物尽有。[2]

这段文字中西王母的外形依旧是人神异形，但已不具备凶神的性质，同时较为详细地指出了西王母所居住的地理位置——昆仑山，并说明其拥有"万物"。

---

[1] 袁珂，《山海经校注》，成都：巴蜀书社1993年版，第59页。
[2] 同上，第466页。

（3）西王母梯几而戴胜（杖），其南有三青鸟，为西王母取食，在昆仑虚北。[1]

这段文字中西王母已经脱离了异形，更增添了坐姿。她的旁边有三青鸟专门为其准备食物，隐约显示出西王母的人性化。

（4）西有王母之山、壑山、海山。[2]

这句话主要是说有名为西王母的一座山。

和以后女神神话功能中的西王母形象相比，《山海经》中的女神记载，则更多表现出西王母"原生态"性质的形象，这一形象流露出西王母粗野、原始的气息。按（1）（2）（3）段的排列顺序可以看出西王母形象的逐渐凡人化，这也显示了文字记载的时间不同。李淞在《论汉代艺术中的西王母图像》一书中指出，（1）（2）（3）的排列顺序比鲁惟一认为的（1）（3）（2）更为可信。本文遵循李淞认可的（1）（2）（3）顺序为西王母形象的演变顺序。

"戴胜"即西王母头上佩戴着美玉饰物玉胜，无论何时何地，西王母总是佩戴着玉饰，可见"戴胜"是西王母形象极其突出的特征，这特点与她生存地域的特产相得益彰。众所周知，她的辖区昆仑山脉，自古以来就以出玉而闻名遐迩，《西山经》里就直说她居于"玉山"。西王母的"戴胜"，说明早在远古时期，西域昆仑的先民们，就已经因地制宜，对玉石进行开发利用。需要说明的是，以当时的生产水平而言，玉石的开发仍极其有限，能够佩戴玉饰的人，只能是极少数，能够戴玉胜的人，只能是最具有权威的人物，这也凸显了西王母的高贵身份。

---

[1] 袁珂，《山海经校注》，成都：巴蜀书社 1993 年版，第 358 页。
[2] 同上，第 454 页。

《穆天子传》："吉日甲子，天子宾于西王母。乃执白圭玄璧，以见西王母。"记载了有关西王母与周穆王相见的事件，其中有较为详细、人性化的交流。该书卷二与卷四都提到"西王母之邦"，给人展示了一个拥有广阔疆域的女王形象，书中描写的西王母与《山海经》的描写很不同，在此书中西王母自称"帝女"，并对周穆王说，"将子无死，尚能复来"，也暗示了西王母拥有长生不死的能力。

在另外一些战国到汉代初年成书的典籍中，西王母形象从"人神异性"特点开始转化。这种转化可以理解为凶神形象逐渐减弱，转变为女神的神性功能，即西王母具有的让人不死的神性形象加强。以上这些先秦典籍中描述的西王母形象，表现出从"原生态"形象开始过渡到神性功能形象为主的变迁过程，尤其在那些零散的神话故事中，西王母形象不再是可怕的怪神，她变得更为人化，这体现了人对于西王母神话功能的需求开始加强，人开始期盼生命在西王母那里得到延续。"人神异形"开始转化为"人神同形"，为西王母的神形象奠定了基础。

2. 西汉时期的文献

西汉时期的著作《淮南子》有三处涉及西王母：

（1）西王母在流沙之濒。乐民、挈间在昆仑弱水之洲。三危在乐民西。[1]

从这句话的语境中可以看出，西王母是个地名，但是是以神仙名指代地名。

（2）美人挈首墨面而不容，曼声吞炭内闭而不歌；丧不尽其哀，猎不听其乐；西老折胜，黄神啸吟；飞鸟铩翼，走兽废脚。[2]

---

[1]　陈广忠译注，《淮南子》，北京：中华书局 2012 年版，第 225 页。
[2]　同上，第 327 页。

"西老"指的是西王母，"胜"即西王母头上所戴的玉胜。

（3）潦水不泄，潢潏极望，旬月不雨，则涸而枯泽，受灒而无源者。譬若羿请不死之药于西王母，姮娥窃以奔月，怅然有丧，无以续之。何则？不知不死之药所由生也。是故乞火不若取燧，寄汲不若凿井。[1]

从这段文字中我们得知，姮娥吃了后羿从西王母那里求得的不死之药，其实这个典故也在其他文献中提到。《文选》卷六十《祭颜光禄文》注引《归藏》："昔嫦娥以西王母不死之药服之，遂奔月为月精。"其中以故事形式从侧面展现了西王母掌管不死药的神性功能。《穆天子传》中也记载了周穆王和西王母会见的神话传说。

汉代的西王母体现了人格神性的形象。扬雄在《甘泉赋》中说，西王母是一个寿星的形象。[2] 人格神性的形象一方面是人化形象出现，另一方面意味着女神神性功能的泛化，这说明西王母除了有让人不死的能力之外，还成了民间的保护神，为时人所供奉。

西汉司马迁的《史记》三次提到西王母，分别来自地理位置、历史事件和文学作品。

卷一二三《大宛列传》："安息长老传闻条枝有弱水、西王母，而未尝见。"[3] 这是对于西王母国的描写。

卷一一七《司马相如列传》中，司马相如在《大人赋》中说，"低回阴山翔以纡曲兮，吾乃今目睹西王母曤然白首。载胜而穴处兮，亦幸有三足乌为之使"。此处的西王母是一个已经白了头发的老姬，头上戴胜住在洞穴里，旁边有三青鸟陪伴她。这些描写可以看作司马相如时期对于西王

---

[1] 陈广忠译注，《淮南子》，北京：中华书局 2012 年版，第 333 页。

[2] 〔清〕严可均校辑，《全上古三代秦汉三国六朝文》，北京：中华书局 1958 年版，第 404 页。

[3] 〔汉〕司马迁，《史记》，《二十四史》，北京：中华书局 2000 年版，第 2400 页。

母的"标准像",即显现出公众的一般理解。[1]

卷四十三《赵世家》:"造父幸于周缪(穆)王,造父取骥之乘匹,与桃林盗骊、骅骝、绿耳,献之缪(穆)王,缪(穆)王使造父御,西巡狩,见西王母,乐之忘归。"[2] 这段描写与《穆天子传》相一致。

从上述西汉时期的记载中,我们可以发现西王母人化的事实,所居的地方应该在当时国土的西方,而且当时的帝王都有想找寻西王母的强烈愿望。

3. 东汉时期的文献

《汉书》在地理位置、文学作品、历史事件这三个方面涉及了西王母。

(1)《汉书》卷二八下《地理志》:"临羌。西北至塞外,有西王母石室、仙海、盐池。"[3] 这是表示西王母地理位置的记载,对比之前的文献记载来看,我们可以发现,西王母神话的对应点处在不断西移的过程。

(2)扬雄作《甘泉赋》,其中说道:"想西王母欣然而上寿兮,屏玉女而却虑妃。玉女无所眺其清卢兮,虑妃曾不得施其峨眉。"[4] 从这段描述可以看出,西王母依旧具有长生不死的功能,而且有两位美丽的仙女玉女、虑妃相伴左右,从而代替了三青鸟。

(3)《汉书·五行志》记载:"哀帝建平四年正月,民惊走,持稿或棷一枚,传相付与,曰行诏筹。……其夏,京师郡国民聚会里巷阡陌,设(祭)张博具,歌舞祠西王母。又传书曰:'母告百姓,佩此书者不死。不信我言,视门枢下,当有白发。'至秋止。"[5]

汉代哀帝时,天气大旱,关东一带的民众曾掀起一场祭祀西王母的活动,这次活动不仅持续时间长而且范围广,祭祀的民众群集在一起,击鼓、跳舞,甚至晚间还持火在屋顶互相传告。民之"惊走"显然有着深刻

---

[1] 〔汉〕司马迁,《史记》,《二十四史》,北京:中华书局 2000 年版,第 2330 页。

[2] 同上,第 1449 页。

[3] 〔汉〕班固撰,〔唐〕颜师古注,《汉书》,《二十四史》,北京:中华书局 2000 年版,第 1290 页。

[4] 同上,第 2620 页。

[5] 同上,第 1195 页。

的社会根源，但是民众在困难时期向西王母求救，可见民众对她的膜拜早已超越了信仰的底线，而把她转化为一个宗教神的形象来对待，显示了西王母信仰的性质的转变，由神话走向了宗教崇拜。宗教神标志着西王母在古代民众心目中信仰角色已经超出了原有的意义，除了西王母能够象征幸福的快乐仙境和具有使人长生不死的能力之外，民众对她的态度开始转变为"不但能在日常生活中赐福于人，而且还能在特殊情况下消灾攘难，救百姓于倒悬"[1]。神人之间的关系从宏观的概念开始演化，持续地扩展为具有微观性质的人格神。

从以上文字的叙述中，我们可以发现西王母在拥有"长寿"的功能之外，随着时代和社会的变化，还具有了"救世主"的新功能，具有将信徒从各种危险和苦难之中解救出来的神力，甚至附加了赐子功能和赐福功能。这些特点在《易林》中有较为详细的记载。《易林》又名《焦氏易林》，书中多次提到西王母或王母、皇母，其中描写的西王母主要有四个方面的特征：

（1）护佑功能："患解忧除，王母相于，与喜俱来，使我安居"[2]；（2）赐福功能："西逢王母，慈我九子，相对欢喜，王孙万户，家蒙福祉"[3]；（3）长寿功能："弱水之西，有西王母，生不知死，与天相保"[4]；（4）凶相："三人辇车，乘入虎家，王母贪叨，盗我犁牛"[5]。

综上所述，神话文本中描述的西王母形象，大体可以理解为从怪神到人格神的转化，复杂的神话背景展示了古代人对西王母形象的创造。这个创造过程不是简单的描述西王母本身，而是以西王母女神为中心，创造了古代人向往的精神空间，也可以说是神仙之地。通过这些描写，西王母形

---

[1] ［美］巫鸿著，柳扬、岑河译，《武梁祠：中国古代画像艺术的思想性》，北京：生活·读书·新知三联书店 2006 年版，第 144 页。
[2] 〔汉〕焦延寿著，尚秉和注，常秉义点校，《焦氏易林注》，北京：光明日报出版社 2005 年版，第 45 页。
[3] 同上，第 500 页。
[4] 同上，第 59 页。
[5] 同上，第 233 页。

象的文本内容意义就呈现出来，一方面，西王母所附带的内容除了象征的神话意义，也附带了人对西王母崇拜的意义；另一方面，象征含义是西王母形象视觉表现的内容框架。在视觉艺术中，西王母也是古代美术家用来表现的母题原型。从这一角度来审视，西王母母题的内容意义在神话故事形式和视觉画像形式之间是相通的。共通的内容是西王母艺术视觉表现的基础。和神话故事中的母题形象相比，视觉艺术的表现特征直接体现了原型形象的可见性、直观性和象征功能。

（二）汉画表现的西王母

在进入汉画像石神仙世界后，西王母信仰是一个非常引人注目的课题，这不仅仅是因为西王母图像是汉画像石创作的重要题材之一，而且西王母信仰也是我国汉代宗教发展史上的重要现象之一。"布克哈特认为，只有通过视觉作品，某个时代的隐秘的信仰和观念才能传诸后人，而这种传递方式是最可靠的，因为它是无意而为的。"[1] 流传至今的西王母汉画像为后人提供了研究汉代世界的重要资料。美国学者詹姆斯认为，西王母是中国宗教中出现最早、位置最高的神，是汉代艺术中唯一的神。[2] 詹姆斯的观点具有一定的合理性，这是因为在秦汉以前，我国宗教的神灵体系比较零散，并不具有完全的宗教性质。秦朝以后，汉代人以西王母为中心构建了西王母的神仙世界，并因此形成了道教产生之前的席卷我国大部分地区的西王母信仰。

开展西王母信仰这方面研究并有深入成果的是李淞和信立祥。李淞在其专著《论汉代艺术中的西王母图像》中指出："西王母的图像形式衍变大致可划分为两个阶段：（1）西汉后期至东汉初期，西王母为四分之三

---

[1] 孟建、[德] Stefan Friedrich 主编，《图像时代：视觉文化传播的理论诠释》，上海：复旦大学出版社 2005 年版，第 164 页。

[2] Jean M.James, "An Iconographic Study of Xiwangmu During the Han Dynasty," *Atibus Asiae* vol.LV. l/2, 1995, P.40.

侧面角度，为'情节式'构图；（2）东汉初期至中期，西王母为正面角度，左右有对称的侍从，为'偶像式'构图；东汉中期以后，普遍出现有翼像。"[1]

信立祥《汉代画像石综合研究》有专节讨论西王母图像的演变。从他的描述中可以归纳出三个阶段：第一阶段是汉哀帝建平四年以前。这时汉画像石中已经有了祈求祠主升仙到昆仑山的意思，出现了西王母仙人世界的雏形，表示出向往仙界的要求。第二阶段是汉哀帝建平四年以后至东汉中期。这一阶段已经有了西王母的仙人世界，但东王公还没有出现。这一阶段又可以分为前后两个时期：前期西王母的中心地位尚没有确立；后期，"神兽图和西王母分层配置、共同表现昆仑山仙人世界的构图配置方式迅速消失，以西王母为中心、以仙禽神兽为眷属的昆仑山仙界图成为祠堂西侧壁最上层图像的标准图模式而固定下来"。第三阶段是东汉中期至东汉晚期，东王公的出现是标志。将东王公和西王母图像对应配置的时间，目前最早的纪年祠堂是建于东汉桓帝元嘉元年（151年）的山东嘉祥武氏祠堂中的武梁祠堂。"到东汉晚期，以武梁祠为代表的这种构图和配置方式，已经成为祠堂仙人图像的标准模式。"[2]

汪小洋将西王母图像系统的演变分为两个阶段，即以东王公的出现为标志划分：第一阶段，东汉中期以前，西王母和以她为中心的神仙世界出现，这是西王母中心的形成阶段；第二阶段，东汉中期至东汉晚期，东王公进入西王母神仙世界，这是西王母至上神的努力阶段。[3]

本文认为，在西王母信仰发展的不同阶段，其特征也是不一样的，文本记载最早的西王母是戴"胜"的，这也是识别西王母的重要标志，本文认为它与西王母的关系可以分为两个阶段：第一个阶段是西汉至东汉中期，在这段时期内，汉画像中绝大多数西王母都戴胜，而且处于"人神异形"向"人神同形"转化的过程，初步形成西王母神仙世界；第二个阶段是东

[1] 李淞，《论汉代艺术中的西王母图像》，长沙：湖南教育出版社2000年版，第312页。
[2] 信立祥，《汉代画像石综合研究》，北京：文物出版社2000年版，第156页。
[3] 汪小洋，《汉画像石中西王母的至上神努力》，《中原文物》，2004年第4期。

神话之魅

汉后期，西王母转变为人的形象，她常常以高髻或戴帼的样子示人，而卸下玉胜，处于"人神同形"的阶段。本节就以此为划分，来探讨汉画像石中的西王母。

图 8-1　戴胜西王母

1. 第一个阶段：西汉至东汉中期

这个阶段汉画像中西王母具有一些相互配置的事物和功能，第一个典型的标志是这个时期的西王母都戴"胜"（如图 8-1）。胜，有金胜、玉胜之称，在汉代有三种含义：首先是指西王母的头饰（《山海经》载"西王母其状如人，豹尾虎齿而善啸，蓬发戴胜""戴胜虎齿""梯几而戴胜"）；其次的含义是一般祥瑞符；第三种含义是生活中的实用物品。小南一郎在《中国的神话传说与古小说》一书中指出，西王母所戴的胜与纺织的"滕"有密切的关系，滕是织机上用来卷经线而将其抽出的轴，是华胜的原型。[1]

第二个典型的配置事物是玉兔（如图 8-2）。在西王母图像的旁边大多数情况下会有玉兔的出现，自西汉晚期开始，玉兔成为西王母重要的陪伴者和身份的象征。玉兔常见的有两种形式出现在西王母的身边，一是将玉兔置于月亮之中，常常呈现奔跑的状态，圆形的月亮代表女性的子宫，月亮中的玉兔出现在西王母身边，代表了西王母具有赐子、生殖功能；二是捣药的玉兔，作为西王母的随从出现，代表长生不死的功能。西王母为女性，代表了阴性，这也为东汉中期出现东王公埋下了伏笔。从这个时期的西王母汉画像可以得到的信息是：西王母世界的构图要素都已具备，出现了玉兔、蟾蜍、三足乌、九尾狐等等配置物，这些配置物的出现也为西王母的功能增加了新的内涵；在西王母仙界以外又增加了人间的内容，如

---

[1] ［日］小南一郎著，孙昌武译，《中国的神话传说与古小说》，北京：中华书局 1993 年版，第 43—55 页。

图 8-2 西王母与玉兔（局部） 徐州铜山贸庄村出土

图 8-3 完整的西王母境 东汉 河南南阳新野县出土

游戏、狩猎、制造等等；最为重要的是：西王母已成为偶像式崇拜的对象。这些信息说明了，随着西王母故事的发展、人们信仰的产生，西王母境逐渐丰富起来，但始终遵循着长生不老的主题思想，这主要与当时两汉的升天求仙思想有关。在这些图像中，西王母身上的装饰品及其身边的随从，分别象征性地表现了西王母所具备的神话功能和力量，被称为"西王母境"（如图 8-3）。

2. 第二个阶段：东汉中期至东汉晚期

第二阶段是西王母图像数量最多的阶段，也是西王母世界的鼎盛时期。其形象脱离了原始的异形，更具人形。这一阶段的多层西王母画像石中，西王母已基本上是在顶层中间，成为一种标准模式，仙人与凡间的景象可以一同出现，甚至和谐共处，更重要的是依据汉代人阴阳平衡的观点，出现了作为西王母配偶的东王公，西王母的世界因此更加完整、更加人性化，

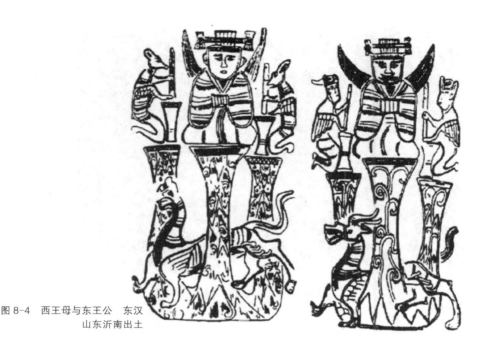

图 8-4　西王母与东王公　东汉
　　　　山东沂南出土

母题形式的这一变化无疑和某种观念的象征含义有着直接的互动关系，其深层意义上是西王母成为至上神。

　　汉代艺术家制作女神西王母及其代表的神性空间时，也在寻求更具有时代标志的视觉表现模式。这种新的视觉表现类型不再是增加配置物，而是美术家将具有一元性质的女神转化成二元性质的崇拜神画像，以前单一化的女神画像被分化为两个互相对称的神仙形象。在图 8-4 中，体现了汉代的主流思想——阴阳平衡观念，东王公身边的从属神——玉兔和蟾蜍也是从西王母画像中复制而来，《淮南子·精神训》："有二神混生，经天营地，孔乎莫知其所终极，滔乎莫知其所止息。于是乃别为阴阳，离为八极；刚柔相成，万物乃形。"[1] 汉代人认为宇宙是由阴阳二神构成的，整个世界都离不开阴阳对称结构。在这个阶段为西王母画像石配上东王公是画

---

[1]　陈广忠译注，《淮南子》，北京：中华书局 2012 年版，第 337 页。

图 8-5　西王母 山东嘉祥出土

像石与汉代现实生活相互影响的结果，表现了在汉代占据统治地位的阶层对西王母汉画像系统的接受与改造。西王母作为西极的方位之象，在神话思维的东西配位上，东极所象的东王公出现在汉画像中。关于西王母和东王公肩生双翼，其意义还是在于可以自由地飞入仙境，意味着可以升仙。在这个阶段的西王母画像中，一般都包括好几层的描绘，一层是西王母所处的高高在上的仙界，另一层是仙界之下内容丰富的凡间。东汉以前人处于仰视西王母的状态，而这一时期则是西王母可以走下来，融入凡间，这样两个世界联系得就更加紧密了，西王母不仅本身是仙人，还可以赐人升仙，这使得她的神性更加全面。如图 8-5，这幅汉画像石分三层展示：西王母居于最上层，为典型的凭几而坐状，左右各跪着手拿嘉禾的侍者，右边为西王母的动物随从；中间一层为制车图，类似墓主车马出行图，右为投壶；最下层是斗剑图，右角人物最大者为墓主。

　　这个时期的西王母画像，由侧面转变为正面的样式，李凇称之为由"情节式"转变为"偶像式"。同时，这个时期的画像石还有个显著的特点：墓主人也与西王母出现在同一块画像石上，在西王母为画面中心的同时在其左右常常对称地分布着她的随从或者崇拜者。在上图中，画面分为三层，最下面一层是斗剑和拜谒，右下角为墓主；中间一层左边是制车图，右边为投壶，与一般的六博相似；西王母置于最上一层偏左处，凭几端坐，在她的两边跪着持嘉禾的侍者，右方是西王母的动物随从，有手持细棍的蟾蜍、捣药的玉兔、九尾狐、三足乌和鸡首人身像。它们之所以具备人间的社会结构，是源于当时的人们对于仙界的理解是基于现实生活的经验，他们用现实生活中的社会结构来构建神仙的世界，塑造西王母的核心地位和至上神的形象。

综上所述，西王母题材画像石的出现绝非孤立现象，是汉代追求仙化的大环境下的产物，反映了汉代人一定的观念形态。西王母最初以长生不老的象征出现，到了西汉末年，她又转变为大众宗教崇拜的对象，在东汉时期成为"阴"这种宇宙力量的代表。伴随着汉代阴阳平衡观念的流行，产生了东王公并构成了她的配偶和"阳"的化身。"选择什么样的故事画面安置在祠堂的图像中，不是个人的纯粹的主观爱好，而是当时流行的意识形态的话语权的一种表现。"[1] 汉代推行"黄老之学"，所以道家的求生、神仙思想成了汉画像表现的主要内容，而原本在古书中记载着拥有不死之药的西王母就成了人们狂热追求且崇拜的对象，并刻画于汉画像之中。

（三）图文互释中的西王母

图像与文献都是历史的证据。在秦汉时期的文献记载和汉画像中，我们都可以频繁地发现西王母形象，毋庸置疑，世界上没有哪两种艺术之间的关系有如文字与图像之间那样密切联系。所谓密切联系是指两者之间的相互依赖与相互对抗。文字与图像作为人类认知的某个手段或方式，必然有着相互依赖的关系；文字与图像作为独立的艺术，二者所使用的叙事媒介的差异导致了两者在叙事、传播、接受等方面具有差异性，影响着人们

---

[1]　朱存明，《汉画像的象征世界》，北京：人民文学出版社 2005 年版，第 152 页。

的研究视角、价值判断以及判断的公正性和客观性。词语和图像的关系是文化史、美术史和哲学史上经常讨论的一个问题，作为人类生产活动中最常见的两种媒介形式，图像和文字对于文化来说都是不可缺少的。中国人偏重感性思维，图像和文字的表达方式相比更趋于感性，本节在探讨图文互释中的西王母之前，先要讨论一下图像与文字的对应关系。

1. 图像示意的不完整、不确定性与文字表述的完整、确定性。图像只是对事件发生的时间和空间的某一个瞬间的截取，本身没有或无法表明事实的全部过程，西王母画像则是以一个造型来展示一个事件、一种信仰。从创作者的角度来说，这个瞬间选取的实质是一种信仰的价值判断，选取的过程融合了创作者和崇拜者的世界观和价值观；从统治者的角度来说，西王母画像的实质是反映了当时占据统治地位的王权、贵族所要想实现或表达的欲望；同一张图像在不同的语境、不同的时代中会折射出不同的意义。图像本身在表意上就存在着不完整、不确定性，图像不能完整叙述事件的五个基本要素：时间、地点、人物、事件、结果；但文字不仅能够达到这五要素本身，还可以超越它们进行更深层次的说明与解释，以强化读者的理解。文字相比图像而言，另一个显著的功能是文字可以通过详尽的叙述消除图像意义的模糊性和不确定性。图像与文字的这种关系，可以看作是不同文本之间的"对话"，它们彼此互为"语境"，互相丰富着对方的"意义"，有着互补的功能。图与文的结合更有可能接近历史的"原本"。

2. 图像的直观感性与文字的抽象理性。图像直接进入人的视觉，具有强烈的视觉冲击力和逼真的记录功能，能够在很大程度上满足人们的视觉享受和"目睹"的心理需求，拉近图像与观看者之间的距离，"图像可以让我们更加生动地'想象'过去"[1]。这个特点是文字无法达到的。图像因其直观性，所以有一个天然的不足，即很难直接表现抽象的事物，在西王母画像中如果直接看图取义，则很难读出汉代人对西王母深层次的信仰和

---

[1] ［英］彼得·伯克著，杨豫译，《图像证史》，北京：北京大学出版社 2008 年版，第 9 页。

审美接受。"图像是无言的见证人，它们提供的证词难以转换为文字。"[1]
图像的直观性丝毫不能减轻我们解读西王母的难度，所以后人在观看、研究汉画像中的西王母形象时就需要依靠文字的帮助，文字可以运用比喻、排比、通感等多种修辞手法细致地剖析深奥的道理，可以通过叙事、说理、抒情将人物的内心活动刻画得淋漓尽致。文字擅长表现观念性、思想性的内容，图片擅长表现直观、感性的内容。并且图像本身具有美学价值，从西王母形象的转变也可以显示出汉代人审美观念的变迁。文字与图像相互补充、相互阐释，才能达到可观、可读、可赏、可思的境界。

3. 西王母通过图、文的互动共生实现传播的优化。传播学中的"双通道编码理论"指出：人类有两个独立的认知系统，一个擅长接受和处理语言信息，一个擅长接受和处理非语言信息包括图像信息，用这两个通道分别接受信息，能够增强感知能力和记忆能力。传播学中的"提示－累计理论"也指出：当文字信息和图片并列展示在受众面前时，能起到相互提示的作用，特别是能引起受众的回忆和联想，激活知识储备，增进理解。[2]
不管是从现代的新闻内容传播效果评估的角度来看，还是从历史的传承角度来看，图像与文字无法独自实现传播功能，文字与图片的叠加才是最有效的组合传播形式，所以，有必要在"图－文关系"的视角下考察西王母的变迁意义、汉代人的宗教信仰和审美接受。

以上分析了图像和文字的关系，这是在图文互释视角下来解读西王母汉画像石的前提。图像与文献都是历史的见证，两者各有所长。但是，要使它们成为有用的史证，就必须认识到它们各自的性质。本章所支持并说明的一个基本观点是，图像如同文本一样，也是历史证据的重要形式，图像不仅描绘历史，而且本身就是历史。所谓图文互释，笔者认为，狭义地说，就是图像与文字的相互补充、相互解释；广义地说，图像与文字各有优势与局限，言不尽意，因此需要立象尽意，而图像要被正确地理解，也

---

[1]　[英] 彼得·伯克著，杨豫译，《图像证史》，北京：北京大学出版社 2008 年版，第 10 页。
[2]　李国英，《读图时代应创造和谐的图文关系》，《文学教育》，2009 年第 1 期。

需要文字说明，图文相互指涉某个对象，对某种观念、某种意义进行言说。汉代西王母图文互释的意义在于，力求挖掘图文表达的深层力量，摆脱表象，指涉汉代人的宗教信仰与审美观念，西王母图文功能的融合使得读者获得时空互动的观感，同时也突破了语言表达的陈套，形成了独特的视角，达到深层次的理解。

早期的西王母究竟是人，是兽，还是一个国家，文献里交代得并不是十分清楚。《山海经》在三处提到西王母，就有两种不同的记载。一是半人半兽，"豹尾虎齿"，豹子、老虎是旷野、森林的强者，它们是原始初民生存的最大威胁。原始初民渴望拥有二者的速度与力量，因为他们在现实的生存环境中认识到这两点正是导致自身在与虎豹抗衡时处于劣势的原因，所以他们幻想自己也能具有同样的神力，即使自己不能够拥有，也希望通过某种形式得到这方面的庇佑。对自身力量的模糊的认知和在外界环境中形成的恐惧心理，让他们幻想出了"其状如人"的西王母。二是人格化的形象，如《海内北经》称"西王母梯几而戴胜（杖），其南有三青鸟，为西王母取食"。这记载虽然模糊，但已经删去了关于猛兽的特征，而且从其"梯几"的信息中，也多少透露出西王母贵妇般的生活方式。

《山海经》虽然成书于战国时代，但在西汉晚期经过了专门的整理，其"半人半兽"的原始形象被渐渐隐去的做法，也是迎合了汉代人的需要，"人化"的结果导致了"其状如人"的西王母的出现，人性成分随之加强。最后，《穆天子传》中的西王母已完全脱离了兽性成分。从这些文献看，西王母信仰在汉代发生了三个标志性的变化。一是西王母的形象美貌化，她已经没有野性的外表；二是西王母细节描写的出现，比如长生之道等细节；三是更加强调了西王母与帝王的直接联系，比如与千里迢迢赶来的周穆王相谈甚欢等。如果说西王母神格特征中兽性成分反映的是原始西王母与群居的原始生活状态，其中的人形则表现了"人"的自我意识的萌芽。"人化"是西王母神格特征发生变异的最为突出的一点。半人半兽人神异形的神仙形象是汉代初期神的一般标志。在这段时期里，西王母"司天之厉及五残"既有辟邪的职能，也有令人长生不老的魔力。辟邪和长生，这

　　　　　　　　　　　　　　　神话之魅

图 8-6　山东邹城金斗山小祠堂画像

两大能力十分实用，能够满足普通民众的心理，深受百姓的信任和崇拜。按照《山海经》的描述，西王母是和虎、豹一类猛兽结合而成的综合体，但是，在实际看到的早期画像中，并未见到这样的直接刻画，除了在西王母身边的随从之中安插一些半人半兽的形象，以表现西王母的原始神话特征外，还有一种表现形式是将西王母置于野兽的世界，使其与野兽杂处。在图 8-6 的画像石中，西王母位居画面上端，其形象是戴胜、凭几，这点与文献记载相一致，在其左右各有一侍者伺候。西王母座下一只九尾狐，呈奔走状。九尾狐的下面接着是带翼的鹿、龙、虎等神异动物，整幅画面缭绕着云气。西王母和群兽杂居是《山海经》的记载，这里的图像应该是《山海经》中西王母形象的汉画表述。

人们之所以选择西王母作为墓室的画像内容，首先是因为其具有辟邪的本领。至于西王母能够制造仙药，可以带领人脱离凡俗，长生不老，则是稍晚一些时期衍生的认知。以上是早期"图-文关系"视角中的西王母形象，下面分析西王母成为女神之后的形象。在大多数汉画像中，西王母都是以一副贵妇人的姿态示人，如"戴胜""梯几"、身边有随从等等；在多层汉画像中，西王母端坐于最上层，旁边是瑞兽和伏羲女娲，这些构图元素是现实世界中所没有的，寓示的是一个彼岸世界。在她的下方，往往是演绎着历史事件和携带着财富的墓主人，以及他身边的亲人、朋友和侍者，这些构图元素是现实世界中存在的，寓示着此岸世界，这样的构图密切了西王母作为神与人间的距离。在西王母汉画像与西王母文本记载中，其"野兽杂居"、贵妇形象都得到了对应，但我们也发现像"豹尾""虎齿""蓬发"的特点在造型艺术中几乎全无表现。这一时期的西王母汉画与西王母神话呈现了极大的不同，主要表现在三个方面：第一，在西王母汉画像石中，汉代人出于"阴阳平衡"的观点，根据西王母的原型创造出了东王公，而在西王母神话故事中并未找到东王公的身影；第二，西王母神话更多地反映出西王母高贵的人格与神格，盛传于汉代的《穆天子传》中多次提到西王母与天子的交流，这在西王母汉画像中极为少见；第三，在西王母汉画像中，有很多体现西王母与墓主人交流或者受众人跪拜的图像，这类图像反映的情节在西王母神话中未曾发现。

　　西王母神话传说中西王母形象及其神格的变化正是人在自然界中认知不断增强、动物性减弱的产物。西王母形象与意义这样的变迁，体现出宗教发展的一般性规律。"人类借宗教向神灵寻求帮助，其思想基础是承认神灵的存在。仅到承认神灵存在为止，还只是哲学问题。宗教和哲学的区别在于，宗教不仅相信神灵的存在，认为是神灵在主宰着世界上的一切，而且告诉人们，要得到这一切，必须向神灵乞求。从这个意义上说，宗教就是人和神的关系。"[1] 人们对西王母的期待随着时间的推移而逐渐提高，

<hr>

[1]　李申，《论宗教的本质》，《哲学研究》，1997 年第 3 期。

自然对她要进行多方位的改造或神化，其关系也就从承认西王母的存在上升到了人类对宗教的认同。"人神异形"到"人神同形"的过渡，使西王母抹去了原始神的气息；追求人类个体寿命延长的神仙细节的出现和帝王所表现出来的热衷，表明人与自然的矛盾已经不再那么突出，西王母崇拜已经可以建立在解决人类社会自身矛盾的基础上了。

　　同样，西王母形象"人化"的过程，也是人类审美能力的生成、发展的过程。人类审美意识的形成、发展是在生产实践中进行的，人类从完全野蛮的状态中逐渐发展起来的过程，同样也是"原始人类属人的感觉的成长以及人的自我意识的形成"的过程。[1] 在这个漫长的历史发展过程中，"中国原始先民构想出来记载在《山海经》中的种种半人半兽的怪异形象"[2]。原始初民在劳动过程中，逐渐从人兽混同的状态分离出来。但是，这种人性的发展相对来说仍处于低级阶段，对凶猛野兽的恐惧依旧在相当长的时间里威慑着人类。"想象力"在增长中的人的自我意识与对野兽的恐惧心理较量的过程中，发挥了巨大的力量，制造出许多半兽半人的"怪神"形象，凶猛动物身上所具有的人类达不到的优势便会集中在西王母的身上，所以西王母在最初的时候具有综合的外形。在西王母"豹尾虎齿""其状如人"的外形中和"穴居"的生活状态里，体现了人类在原始时期以"神幻的方式感受、认识自然美的一种形象化的标志"[3]。正是在这种宗教观念的影响下，原始人类在认知世界的过程中孕育和萌生了对自然物的审美追求。在原始的宗教观念中，西王母身上的虎齿、豹尾成为获得虎豹的力量与速度的媒介。随着人类对自身力量的认识与肯定，人类在与动物的斗争中逐渐获得优势与自然抗衡，象征猛兽力量的"豹尾"和"虎齿"，便在西王母的身上完全消失。

---

[1]　王锺陵，《中国前期文化—心理研究》，重庆：重庆出版社 1991 年版，第 31 页。
[2]　同上，第 31 页。
[3]　同上，第 38 页。

二、语言叙事与图像表征

叙事，正是文字和图像这两种不同的表意媒介在艺术形式上最根本的结合点，是两种叙事转换得以实现的主要基础。柯恩认为："叙事性是连接小说和电影最坚固的中介，文字和视觉语言最具有相互渗透性的倾向。对小说和电影来说，作为文学的和视觉的符号群，总是通过时间顺序地被理解的。"[1] 换句话来说，文本记载与图像记载都是经过时间顺序组织起来的表意符号，旨在使用文字、图像、声音等等符号要素，借助叙事手段来构建一个不同于现实的世界，达到模仿、再现世界的目的，或者表达对未知世界的理解与认知。在这一文本建构过程中，转喻与隐喻成为文字与图像常见的共同叙事原则。

语言叙事是借助语言文字的意义，结合人的想象力去描绘形象、情境并组织事件和行动来实现。图画叙事是借助物理图像的时间性和空间性张力，凭借人的视知觉、想象力以及知识背景形成图像，在此基础上来理解图像表征的意义。媒介元素与理解方式不同，造成这两种艺术形式的叙事各有优劣，但文本记载与汉画记载都创造了汉代西王母存在的虚幻世界。文本记载的西王母记录了汉代先民们精神发展的实体形态，其象征意义、宗教信仰、精神内容常常以语言叙事的形式存在，而视觉图像具有隐喻的特征，通过观看汉画像石来表达其所蕴含的内容，向后世人们展示汉代人所思考的和要表达的内容。语言叙事的模式结构隐喻了"生者"和"死者"互动的关系，而汉画像中西王母则进一步表达了世人希望在有生之年不能满足的成仙欲望能在死后的另外一个世界得到满足。文本的语言记载是在时间中存在，图像则是在空间中存在，语言叙事与图像表征都是记录汉代西王母信仰、流传的方法，本文从语言叙事与图像表征的逻辑起点出发，着重探寻通过西王母汉画像所展示的语言叙事与图像表征的特点。文字与图像都可以表意和叙事，本文重点是探求它们之间的转化关系。

---

[1]　陈犀禾选编，《电影改编理论问题》，北京：中国电影出版社 1988 年版，第 70 页。

（一）西王母神话故事的叙事特征

叙事就是叙述事件，即讲故事。也就是指叙述一系列事实或事件并确定安排它们之间的关系。它是一种模仿的或表现的行为，故事本身的过去时态性质表明它是"人类对自身历史的一种记忆行为"[1]。叙事不是为了满足自己叙述的欲望，而是为了把事件传达给他人，起到传播的作用。因此，从本质上说，叙事不是故事的单向的、静态的呈现和反映过程，而是讲述者与故事的接受者之间形成的一种动态的、双向的交流过程，更重要的是这种行为可以延续故事的生命力。

作为语言样式之一的叙事，早在原始社会就已经存在，主要体现在神话传说和史诗等作品里。以古希腊为源头的西方文学传统经历了从神话到史诗，再到戏剧乃至后代最典型的叙事文学样式小说。在中国文学的发展历史过程中，早期的叙事文学除了在寓言故事和志怪传奇的笔记杂谈中有一些雏形之外，较为典型的就是传记文学。童庆炳把叙事定义为"通过语言组织起人物的行动和事件，从而构成艺术世界的文学活动"[2]。本节着重探讨西王母神话故事的叙事特征。

西周时期第一次出现了"天"的观念，它将商代居无定所的上帝放到了"天"上，割裂了人神之间的直接联系。西王母神话传说经过春秋战国发展到两汉，其仙化模型基本上形成了极其浓厚的仙话色调，最终使西王母神话传说披上了"神仙"的外衣，《说文解字》云："仙，长生迁去也。"[3]《初学记》卷二十三云："《释名》曰：老而不死曰仙。"[4]可见，仙是与长生不死的观念联系在一起的。《山海经》中有"不死之国""不死药""不死树"等记载，这说明"不死"的观念在当时已经深入人心。闻

---

[1]　童庆炳主编，《文学概论》，武汉：武汉大学出版社 2000 年版，第 246 页。

[2]　同上，第 250 页。

[3]　〔汉〕许慎撰，〔清〕段玉裁注，《说文解字注》，上海：上海古籍出版社 1981 年版，第 383 页。

[4]　〔唐〕徐坚等撰，《初学记》下册，北京：中华书局 1962 年版，第 549 页。

一多在《神仙考》中指出：神仙不死的思想是从西方羌族人举行火葬、祈求灵魂升天的仪式传来的。[1] 它的仙话化演变受到羌戎部族灵魂不灭的原始宗教思想影响。先秦时期西王母神话传说继续沿着灵魂升天的轨迹，进入人神交接的发展框架。其中殷人的天命观、周人的礼乐观、战国时期的神仙思想都对西王母神话传说朝着仙话化的演变起了推波助澜的作用。西王母神话传说在先秦时期的演变为两汉时期西王母神话传说的仙话化奠定了基础。

从《穆天子传》中走出来的西王母是最为美丽的女仙首领，《汉武帝内传》载西王母驾临汉宫，赠仙桃等物予汉武帝，汉武帝拜受西王母之教命，求长生久视之仙道，于是西王母掌握不死之药的传说开始广泛流传。《淮南子》中"羿请不死之药于西王母"，《大人赋》中"必长生若此而不死兮，虽济万世不足以喜"。此时的西王母已经俨然是一位长寿不死之女仙，一位赐寿降福的吉神。这些传说，反映了西王母神话在西汉中晚期转变为民间信仰的历史过程。西汉末年，西王母信仰已经成为民间的一种风尚。哀帝建平四年，社会的苦难为民众的造神运动提供了契机，这种民间的祭祀狂热最终得到了官方的承认，西王母信仰也因此成为汉代一种重要的民间信仰。到东汉时，有关西王母神性的传说越来越多，显示东汉时期地方官吏及民间士庶西王母信仰范围的扩大，其神性除了以民间信仰中的神仙形式表露外，亦在文献《焦氏易林》《尚书帝验期》中有所表现。

西王母的神话故事众多，叙事虽只言片语，却蕴含丰富的历史文化信息与原始思维密码，故本处的"叙事"指具有社会、文化、历史意义的表述方式。"应该将叙事理论置于叙事历史的实际状况当中。"[2] "叙事载负着社会关系，因此它的含义远远不止那些讲故事应遵守的条条框框。"[3] 新叙事学将叙事与社会、历史、文化紧密相连，通过将西王母神话故事置于汉

---

[1] 闻一多，《神仙考》，《闻一多全集》，北京：生活·读书·新知三联书店1982年版，第156页。
[2] ［美］戴卫·赫尔曼著，马海良译，《新叙事学》，北京：北京大学出版社2002年版，第4页。
[3] ［美］苏珊·S.兰瑟著，黄必康译，《虚构的权威——女性作家与叙述声音》，北京：北京大学出版社2002年版，第3页。

代独特的时代中去分析，来获悉西王母神话的叙事特质。

西王母神话叙事特质之一：怪异。大约动物对于铁器时代以前的初民具有生命威慑与生存食物的意义。在秦统一前，中原一直是各部族共同活动的场所，这样的观念有助于理解西王母"怪异"形象产生的可能性。强调地域差异可以使神的怪诞得到合理的解释。不同的氏族有自已不同的图腾，当它对外流传时，成了一个集体的象征，各种象征的融合赋予了图腾神性的意义。从横向看，西王母神话在各个发展阶段是原始先民们与大自然相互作用的结果，是思想怪异的隐喻。纵向看，它又是经过各个时代原始先民们的思想积累而来的，西王母神话不是一时的作品，有着演变的动态过程。神话观念的演化在西王母的身上得到了及时的印证，导致了西王母形象的变化。反之，神的"怪异"形象也隐含着复杂的精神性和原始初民们对世界认知结构的变化。"在原始民族的思维中，由于心与物那不分化的一体感和神秘混沌性，物象和观念往往合而为一。他们总是借用某些具体的物象来暗示某些特征上相似或相联系的观念。"[1] 先民们借助凶猛动物所具有的优势来刻画西王母。黑格尔曾把狮身人面兽看作埃及精神所特有的意义的象征，他说："它（狮身人面兽）就是象征方式本身的象征。"黑格尔解释道："这种对自觉精神的追求还不能用唯一符合精神性的现实去表达精神性，而是用略有关联的甚至是完全异质的东西去表达这精神，使它呈现于意识，这就是象征方式的一般特征，到了这个顶峰，象征就变成谜语了。"[2] "异质"一词概括了"怪异"形象的某些特质，它是象征的顶峰。从叙事学的角度理解，它模糊了故事与话语的界限，话语在这里创造了另外一个现实、另外一个世界，从这种意义上讲，它已经变成了"谜语"。

西王母神话叙事特质之二：隐喻。所有的神话都讲述着存在于临近我们生活的世界之外的另一个世界，在某种意义上还支撑着它。信仰这个看

---

[1] 邓启耀，《中国神话的思维结构》，重庆：重庆出版社 1992 年版，第 210 页。
[2] ［德］黑格尔著，朱光潜译，《美学》第 2 卷，北京：商务印书馆 1997 年版，第 77 页。

不见的精神物质，在原始初民那儿有时也被称为神的世界。或者说，神话是与一定的社会文化和一定的文化心理对应着的。"神话，是借助语言来进行社会传递和信息交往的特定文化符号……是特定的精神文化和集体意识的外化形式，它们把一定社会集团和不同世代的人们联系在一起。"[1] 先民们通过西王母这一形象或者这一形象代表的世界，来支撑着自己的信仰。卡西尔把神话的思维方式看作"隐喻思维"（metaphorical thinking），在笔者看来，这个隐喻是相对现代人而言的，对神话的当事人来说，神话不是隐喻，是约定俗成的集体文化、集体意识。在汉代，西王母隐喻了多种功能。

首先，西王母具有长生的隐喻功能。对长生的向往和追求，使得持有不死药、与长生信仰关系最密切的西王母由诸神中脱颖而出，得到汉代人的追捧。在中国古代的观念中，生死循环，生死相辅相成，西王母作为死神，能够拥有死权，自然也可以拥有生权，因而西王母是与天地同寿、掌管不死之药的永生者。

其次，西王母具有救世的隐喻功能。在西汉末年以西王母信仰为基础的大规模骚乱，从关东到京师，从正月到秋季，声势浩大，说明了西王母崇拜的深刻影响，以及民众崇拜西王母的狂热程度。西王母既然是能使人死而复生的吉神，当然就能救民于灾难之中，因而便有赐福救灾的功能。

第三，西王母具有赐子的隐喻功能。在汉文化中，西王母是一个求子的偶像。一方面，她身边的玉兔代表了很强的繁殖能力；另一方面，西王母掌握生死大权，也就掌握了生命的轮回。这两个方面都说明了西王母具有赐子功能。今山西阳城王屋山还有王母祠，北京房山也有王母祠，在这些祠堂中，来向西王母求子、求保婴的民众，仍时常可见。

"神话思维是以形象来表达意义的，某一意义要转化为形象才能被表达，这样一种形象我们可以称之为意象。处于神话思维阶段的原始人类，

---

[1]　邓启耀，《中国神话的思维结构》，重庆：重庆出版社1992年版，第208页。

　　　　　　　　　　　　　　　　　　　　　　　神话之魅

其对世界的认识便是积累在这种意象之中的。"[1] 西王母从最初的上古神话传说中半人半兽的、残厉的刑神转变为神话故事中美貌的"天帝之女"贵妇形象，正是原始人类在生存本能的驱动下对自然外物的体验和解释。这种体验和解释所形成的意象随着人类对自然界和自身的认识的提高而出现神话形象的变形、丰富、演变等情况。

综上所述，"神话中的意义和形象是融合的，先民们正是在对形象的直观中来体悟一种意义的，因此神话思维是沿着形象的走向来展开的：或者是增殖某一形象，从自然界的原型走向一种今人无法理解的糅合的形象；或者是沿着形象之间或明显或曲折的联系，走向一种意象图式"[2]。《山海经》中的西王母本为西方昆仑地域的一位显赫女神，尽管外貌还处于半人半兽状态，但是所居之地的"不死药""不死树"已经为她的仙化提供了必备条件。上古神话传说中西王母作为残厉的刑神，对个体生命做摧残和剥夺是其神性特征，这一特征又直接演化为长生的功能；在汉代人遇到苦难的时候，西王母又转变为救世神；但是同时作为生命孕育之神，生命形式的延长或永存又是其神话传说的内在意蕴。

（二）西王母图像叙述的艺术特征

图画"乃是把一定的消息传达给他人的一种工具"，"图画一开始不单是艺术上满足审美需要的一种形式，同时也是把一定的映象和思想物质化从而传达给他人的一种工具"。[3] 图像叙述其实是一种"图说"[4]，选择整个事件或故事发展过程中一个瞬间图像来表现。从图像在整个人类文化的历史进程里担当的社会角色的变化过程中，我们可以看到图像叙述作为一个意义表征系统背后存在着明显的潜意识内容。例如，中国先秦时期的彩陶，

---

[1]　王锺陵，《中国前期文化—心理研究》，重庆：重庆出版社 1991 年版，第 147 页。

[2]　同上，第 155 页。

[3]　[苏] 德·莫·乌格里诺维奇著，王先睿、李鹏增译，《艺术与宗教》，北京：生活·读书·新知三联书店 1987 年版，第 39 页。

[4]　朱存明，《汉画像的象征世界》，北京：人民文学出版社 2005 年版，第 17 页。

对于原始先民们，其神圣的意味要多于美感。因为，人类学的研究已经证明，人类的祖先创造的这些壁画或壁刻，主题或突出的内容基本上与当时人类最基本的生活紧密相连，不管是狩猎的场景，还是生殖崇拜的画面，人们其实都是以虔诚的、巫术的、祈福的心态来对待他们所创造的图像。人类学学者陈兆复指出，"几乎所有的史前岩画都集中在三个基本的主题：性、食物与土地"[1]。在主题的选择上，原始先民总是优先考虑跟生命息息相关的内容。在人类对于未知的世界处于混沌的时期，图像的地位是神圣的，并且是与人类的生活密切相关的。汉代人选择西王母这一形象与当时的环境有关系，两汉时期追求神仙方术，上至帝王下至平民百姓都向往神仙的长生不老，但是事实上，死亡还是在继续发生，"一个国家、一个时期、一个阶级、一种宗教信仰或哲学信念的基本态度——所有这些都不自觉地受到一个个性的限制，并且凝结在一件作品中"[2]。汉代先民们希望通过汉画像石中的西王母这样的艺术品来庇佑死去的人能在另外的一个世界里延续生命，得到永生。

"'图像'一词仅在文艺复兴的进程中开始使用，尤其是在 18 世纪以后，图像主要发挥着审美的功能，它的许多其他用途反倒退居其次……抛开图像的美学性质不谈，那么，任何图像都可以用作历史证据。"[3] 当西王母图像叙述成为汉代宗教信仰的传达方式时，毋庸置疑，它所产生的力量也是巨大的。"通过宗教的象征，把杂七杂八的现实世界统而合一，原始人就是生活在一个被神圣化的宇宙之中。"[4] 在基督教的世界里，有关上帝的画像、雕塑，圣母玛利亚的作品，都是膜拜的对象；在中国和亚洲其他一些信仰佛教的国家或地区的信徒心目中，佛的画像、造像都是神圣的，观音的形象也是圣洁的、不可怀疑的。这些信仰可以为信徒带来心灵上的慰藉。

---

[1] 陈兆复，《岩画——人类早期的视觉表达》，《西南民族大学学报》（人文社科版），2003 年第 12 期。
[2] ［美］E.潘诺夫斯基著，傅志强译，《视觉艺术的含义》，沈阳：辽宁人民出版社 1987 年版，第 17 页。
[3] ［英］彼得·伯克著，杨豫译，《图像证史》，北京：北京大学出版社 2008 年版，第 12 页。
[4] 朱存明，《汉画像的象征世界》，北京：人民文学出版社 2005 年版，第 28 页。

图像叙述：当代文化的视觉转向所谓"图像的叙事化"，是指图像在视觉文化中越来越多地承担起叙事的功能；而"叙事"本身就意味着一种建构，这与传统图像的"展示"功能是不同的，"展示"是一种静态，而"建构"是一种动态变化、发展的过程，更立体、更丰富。而从广义的角度来看，图像已经成为当前文化的一种基本语言与表述，图像叙述也成为消解逻各斯中心主义的有效手段。在某种程度上说，图像叙述已经成为当代文化的思维模式与逻辑表述。图像叙述在当今的特点主要表现在两个方面：一方面，图像叙述的大行其道对当代文化发展中单一的语言叙事媒介产生了重大的冲击，凭借大众传播媒介的强力，图像叙述大可以全程跟进直播一场残酷的真实战争。另一方面，图像叙述与政治、大众娱乐等因素的进一步融合，以及文化艺术界的行为艺术、装饰装潢的广泛运用，一次又一次满足了受众的视觉性追求，由此，现代主义精心划定的高雅文化、精英艺术与日常生活的界限正在消弭。西王母图像叙述所展现的首先是汉代人的思维结构，汉代人依靠他们特有的文化环境展示他们的象征主义的模式，其次才是西王母具有的种种神圣的功能，这些功能是建构在汉代人的神仙观念、思维结构的基础之上的。

　　在《拉奥孔》一书中，莱辛把以画为代表的造型艺术称为空间艺术，而把以诗为代表的文学称为时间艺术。时间艺术在表现空间方面有着天然的缺陷，而空间艺术在表现时间方面也有着天然的缺陷。"严格说来，讲故事是时间里的事，图画是空间里的事。"[1] 所以有些人认为图像不能用来叙述事件，其实图像不仅可以叙述，而且图像叙述还具有十分强大的力量。图像叙述的力量来自图像本身所包含的因素，比如主题、内容、形式、线条、技法等等；如果图像能够表现为对我们生活的现实世界的反映，并因此唤起我们内心的情感，激发我们的想象并改变世界或改变命运，那么，图像叙述的力量也就体现出来。从广义上说，所有的观看都是一种图像叙

---

[1]　[加] 阿尔维托·曼古埃尔著，薛绚译，《意像地图——阅读图像中的爱与憎》，昆明：云南人民出版社 2004 年版，第 13 页。

述的意象分享。观看的目的就是希望用触动视觉的方式，来触动世界，甚至改变世界，改变汉代人对于死后未知世界的认知。这隐含了汉代先民们对于图像叙述的期待。"意义是被表征的系统建构出来的。"[1] 西王母常常被汉代人刻画在画像石上，其背后的深刻含义往往隐藏在图像表征系统的表层形式之下，拥有神力的西王母这一女性形象对于热衷于追求长生不老的汉代人来说，无疑是具有神圣化的力量的。

图像叙述在表达方面，一方面表现出确定性，但另一方面也表现出不确定性。这种确定性是图像形式方面的，也因此引起敏感的联想；但是，就图像的使用来说，语境和文本时间性的不确定，又使得意识形态的表达不确定，这也是引起图像解读过程中意识形态分歧的一个原因。图像叙述制造了一系列的象征性符号来表达内在的意识形态内容。可以这样说，西王母的图像叙述的种种形式，将墓葬行为变成了汉代人的视觉文化的"再生神话"。图像叙述具有一种隐喻的功能。在汉画像的图像叙述中，隐喻是普遍存在的。图像是用画面来传达信息的，充满了隐喻和未知，具有无限延伸的趣味。图像叙述是视觉文化的核心手段和表层呈现。"语言表达中的'图像'，无论是形式的还是语义的，都不被有意地理解为图像或视觉景观，它们只是相像于真正的画或视觉景观。……被双重稀释的'形象的形象'或是我在别处所说的'超图像'。"[2] 隐喻的内容和目的就隐含在这些特有的符号中。图像叙述可以创造一种梦幻般的境界。因为图像是在用画面说话，凡是出现在画像石上的图像，它们都有隐喻的功能，就像梦每时每刻都在隐喻一样。不论是图像的意识形态功能还是创作者的诸种愿望，都必须通过特定的中介环节转换为可视的物件，它必须要找到符合某种在个人欲望之上的叙事法则，才能把原有的意义曲折、间接地表现出来，这种转化过程与梦思的转移极为相似，它们都是将隐喻作为最基本的表现

---

[1] ［英］斯图尔特·霍尔编，徐亮、陆兴华译，《表征：文化表象与意指实践》，北京：商务印书馆 2003 年版，第 21 页。

[2] ［美］W.J.T. 米歇尔著，陈永国、胡文征译，《图像理论》，北京：北京大学出版社 2006 年版，第 98—99 页。

和转化形式，同时又都是视觉化的。文化研究学者玛莉塔·史肯特认为，"图像是意识形态产生的重要形式和重要的实施对象"，因此，"揭示图像的意义就是要识别制造这些图像的社会权力和意识形态的动态过程。意识形态就是存在于所有文化内部的信仰体系"。[1]"各种视觉符号与形象，甚至在它们与其指称的事物有着严格相似性时，也仍然是符号：它们含有意义因而必须被解释。"[2]

由于雕塑、绘画、照片等在文艺理论中一直被视为空间艺术，图像叙述的某些一般性特点可以说明其具有空间性，所以对于图像的空间性，我们比较容易理解和把握，西王母图像叙述最大的艺术特征就是空间性。我们在肯定西王母图像叙述具有空间化的艺术特征的同时，我们也永远无法改变这样一个事实——叙事是在时间中相继展开的，它必须占据一定的时间长度，遵循一定的时间进程。要让图像这样一种已经化为空间的时间切片达到叙事的目的，我们必须使它反映或暗示出事件的变化，必须把它重新纳入时间的进程之中，也就是说，图像叙述首先必须使空间时间化——而这，正是西王母图像叙述的本质。尽管图像的特征各不相同、表现形态千差万别，但它们在本质上却是相同的，那就是：它们都具有特定的时间性与空间性。也可以理解为，无论是创作性图像还是复制性图像，都必须在特定的空间中包含特定的时间。

神话传说发展到汉代，人们对个体生命长生永存的世俗欲望，形成了汉代人对西王母近似疯狂的崇拜。汉代墓葬中的画像石和画像砖也多见西王母仙化的画面。如在河南偃师辛村出土的西汉新莽壁画墓中，西王母上部有祥云，西王母戴胜端坐于云间，周围有玉兔、蟾蜍、九尾狐、瑞兽等等。这种关于西王母图像表征的西王母境都具有一定的基本内容的审美意象，此寓意系统大体表现为死者进入仙境的一种穿越极限的历程。"图画一开始不单是艺术上满足审美需要的一种形式，同时也是把一定的映象

[1] Marita Sturken and Lisa Cartwright, *Practices of Looking*, Oxford University Press, 2003, P21.
[2] ［美］斯图尔特·霍尔编，徐亮、陆兴华译，《表征——文化表象与意指实践》，北京：商务印书馆2003年版，第20页。

和思想物质化从而传达给他人的一种工具。"[1] 表现在西王母汉画像中，就是汉代人期待从现实世界到达彼岸世界的工具。西王母图像的叙事特征在创制者那里往往以格套式的美学构建来呈现。"绘画在它的同时并列的构图里，只能运用动作的某一顷刻，所以就要选择最富孕育性的顷刻，使得前前后后都可以从这一顷刻中得到最清楚的理解。"[2] 也就是说，图像展示出的那一最富于孕育性的顷刻必须既让人看得出前因，也让人看得出后果。只有这样的图像，才能让人在看了之后产生时间流动的意识，从而达到叙事的目的。

（三）图与文的互文性阐释

从文本到图像，再从图像到文本，相互的转换把阅读变成一种感性直观，从而形成了一种独特的图像与文本之间的"互文性"。两者之间存在的异同为阅读带来了新的乐趣。文学和图像所建构的美学图式与符号系统创生于一定的时空框架里，与社会文化相互连成一个复杂的互文指涉的网络。文学与图像之构建，往往与社会脉络、文化传统紧密关联，西王母文本与图像作为特定的时空范畴中具有传承性的文化观念的再现，实际上承载了汉代人的集体生活态度、人生观等丰富内容，从而表述为一种象征性的美学观念，体现了汉代人共同的集体生活经验和特定的心灵样式。西王母汉画与西王母神话但凡放在一起，二者的指向必然相同，都是指向那个被模仿的对象。二者的关系是，图像是对文字的直接呼应，文字是对图像的直接阐释。需要指出的是：图文关系不仅是一个在理论层面值得讨论的逻辑话题，同时也是一个有着强烈实践意义的操作话题。同时，"图像与文本的差异及其表意功能之间复杂的关系造成了某种张力"[3]。西王母

---

[1] [苏] 德·莫·乌格里诺维奇著，王先睿、李鹏增译，《艺术与宗教》，北京：生活·读书·新知三联书店 1987 年版，第 39 页。

[2] [德] 莱辛著，朱光潜译，《拉奥孔》，载《朱光潜全集》（第十七卷），合肥：安徽教育出版社 1989 年版，第 94 页。

[3] 周宪，《视觉文化的转向》，北京：北京大学出版社 2008 年版，第 179 页。

汉画与西王母神话意涵的产生与传衍依存于文化生产与接受脉络和反馈机制中。

从符号学的视角来看,艺术的世界更是一个由符号组合和构建的世界,文字和图像无疑是符号帝国中的两大核心符号系统。西王母汉画与西王母神话作为符号有着共同的叙事功能和目的,即通过符号的表层能指而达至多重所指建构的"意境"来完成意义的传达,表达汉代的审美理念和意识形态。文本与图像在叙事和语言(广义上的)符号两个层面的相通,是文字叙事得以向图像叙述转换的基础。但作为独立的西王母神话和西王母汉画,它们之间的差别又使二者存在着本质的区别与对立:从语言叙事到图像表征是从文字到图像、从抽象到直观的转变,西王母神话凭借文字的方便、自由、受限制最少的优势以及不受写作和阅读的时空限制,可以从容不迫、细致入微地深入汉代先民的内心世界和信仰崇拜中去,并可以摆脱表面字符的局限,表达深层或隐藏的东西,传达言外之意、意外之旨。作为图像叙述,汉画像西王母是通过物理图像的时间性和空间性张力,以直观的"像"来抒情表意,不需要由符号到形象的转换。对"意"的把握是凭借人的视觉及想象力来实现。它通过使用具体可感的画面语言,画面的象征、隐喻、暗示等等来揭示汉代的宗教信仰与审美表达,并通过这些手段的运用,引导大众通过那看得见的画面,去寻找那看不见的未知世界。"受制于一种现象学美学,只能从外部描绘主观行为的客观效果的电影,则必须多少是直接或象征地尽力表现或暗示最隐秘的精神内容、最微妙的心理状态。"[1] 与文学的"看"有所不同,人物复杂而微妙的心理世界、内心活动不是直接可以从银幕语言中"看到"的,只能通过分析画面语言的各种元素,如玉兔、蟾蜍、东王公等等来加强对画面的象征、隐喻意义的探求而获得。

"图与文之间的紧张、差异和断裂则有可能损害到对文字的理解。"[2]

---

[1] 〔法〕马塞尔·马尔丹著,吴岳添、赵家鹤译,《电影作为语言》,北京:中国社会科学出版社 1988 年版,第 69—70 页。

[2] 周宪,《视觉文化的转向》,北京:北京大学出版社 2008 年版,第 180 页。

由于在时间链条中的断裂，失去上下文中事件的联系，图像的意义很不明确。但是，现今我们可以根据图文互释关系来解读文本与图像从而达到分析西王母的目的。因为各种叙事艺术形式是可以互相渗透的，特别是图像绘画与语言文字的互渗性是非常明显的。文字帮助图像传达信息，在古代的绘本小说中，图像的出现使文字体现的情节更加生动形象。但是，以前的图像叙事功能被置于相当次要的层面，这是源于技术制作远远跟不上表意需求。

图像和文字除了体现出物质形式上的互相渗透，两者更存在着思维形式上的互文。"早期文明中制像不仅跟巫术和宗教有关，而且也是最初的文字构成。"[1] 象形文字是最早的绘画叙事。由于记忆和想象，文字引发的首先是图像幻觉。当我们的眼睛观看图像作品的时候，其中的信息通过视觉传达到脑中；而当我们把获得的信息传达出来的时候，我们使用文字语言。因此，在图像和语言的信息编码之间就建立了一种可以相互转换的联系。总之，正是图像与语言存在的同与异，才使它们在文化史上也相依相存。图像可以内化为思维语言，而语言可以在我们的脑海中描绘和建构出生动的图像。语言要素可以限制一个图像的解读，图像的说明性可以固定对于模糊的词语文本的理解。我们把图像与语言这种互相区别又互相依赖的性质称为语图互文性。

雕塑《拉奥孔》凝聚了最富有戏剧性和情节性的一瞬间，让你联想前因和后果，那个时期的图像要对公众传播，它传递出的文字意义是合乎文法、单一明确的。可见图像和文字的共同点是构图性和情节性。莱辛认为：绘画因为所用的符号或模仿媒介只能在空间中相互配合，因此就必然要抛开时间，所以连续的动作，恰因其连续，而不能成为绘画表现的题材。绘画只能满足于在空间中并列的动作或是单纯的物体，这些物体可以用姿态去暗示某个动作。诗却相反，诗所描绘的是持续的动作，而只用暗示的

---

[1] [英] E.H. 贡布里希著，范景中译，《艺术的故事》，北京：生活·读书·新知三联书店 1999 年版，第 53 页。

方式去描绘物体。绘画运用在空间中的形状和颜色，诗运用在时间中明确发出的声音，前者是自然的符号，后者是人为的符号，这就是诗和画各自特有的规律的两个源泉。[1] 正是在这样分明的界限中，图像与文学共赢而相互发展，在各自的天地创造出各自的神话。在某种程度上说，安于各自的领域不越界是两者保持持续和谐发展的重要因素之一。

西王母汉画给人以可以直接看到的东西，包括人物造型、构图、意境。西王母神话由文字所携带的内涵可幻视到色彩和形体，幻听到对话与情节，可幻想到一切感觉和情绪。从这种意义上，它们可以完成图文互释的任务。图像与文字之间可以互相转换，但是它们的叙事起点是不一样的。绘画的叙事首先要使形体构成一个实物，即通过线条的刻画展示出"像"这个确定的所指，这时，才能以这个所指来充当能指指向意义，即引申意义，比如，长剑，就可能引申为"正义"或者是"战争"。文字的词汇已经是现实中事物的能指了，每一个词已经成为一个形象。文字有词汇就开始叙事，图像要有构图才能叙述，图像与文字的共同点是场景的运用，即构图性，只不过图像的构图在一定的物质形态上，而文字的构图在观者的脑海里，从而构成情节性。

在通过文本与汉画像中的西王母的分析与比较之后，我们可以发现两种记载中的西王母有着一定的本质共同点，但也有着部分的差异，西王母汉画像与文本构成的互文修辞空间中，图像多透过凝缩前置文本及分层并置的空间布局，改写了神话故事、文本记载等前置文本，尤其指涉出汉代人对死亡想象存在着格套式的美学结构，也对比显出西王母神话与汉画像转喻方式的特殊性。西王母汉画像与文本的互文空间，话语主体多以套语结构和分层结构的空间布局，演绎了宗法共同体对死亡的想象，也建构了汉代人关心的生死大事的理想图式，其中隐含了一套宗教信仰的意识形态和权力运作的机制。在西王母的发展演变过程中，其原始形象和初始神性功能按照两条路线分别丰富起来，其原始形象"豹尾虎齿"演变为美丽的

---

[1] ［德］莱辛著，朱光潜译，《拉奥孔》，北京：人民文学出版社 1979 年版，第 181 页。

贵妇形象，更有画像刻画为两鬓皆白的长生形象，不管是文本还是图像的符号体系的演进，都是由其文化传统、历史传承和美学成规所影响的。图像与文本共同体有其共同理念、理论原则与话语模式，这种共同性在汉代特定的时空范畴里，往往导致变异，而促成原范式的移位，产生新的范式。

西王母汉画像艺术再现的媒介是文本与图像，神仙的文化空间在西王母神话中被演绎出来，在图像符号的互文脉络中被再现，长生、庇佑的文化想象通过西王母信仰空间构建出西王母境，从而凝聚为强固的西王母信仰的汉代人集体意识。大体而言，西王母汉画像的组构方式与主题内涵是以丧葬祭祀为核心意义而展开的求仙的文化建制行为，因而文本与图像互文修辞空间所呈现为一系列套语结构，再现活人祈福西王母得到庇佑功能，实现现实世界理想家园与不死世界永恒家园的构建。将西王母刻画于墓室中的汉画像上反映了天人关系，或可视为汉代人对不死世界的追求。西王母汉画像将文本移置，按照当时人的宗教信仰，转喻为图像文本时，创制者通过人物的形象、功能及互文性网络与意象的隐喻内涵，构筑了对天人之际的无限文化想象，其中涵盖了人性与神性的思维模式，现实与幻想、今生与来世的生命哲学。图像与文本的这种互文性再现了一幅宇宙结构与生命的图式：既是宗教信仰的构念，也是汉人心灵审美的图式。

三、西王母宗教信仰与审美接受

宗教与艺术是人类社会精神生活中两种重要的文化形式，宗教是信仰的形态，艺术是审美的形态。宗教崇拜超自然的力量，追求超越人间的世界，并且认为这个信仰中的宗教世界是可实现的、完美的。在我国宗教发展史上，汉代是一个非常特殊的时期。汉代初期，经过春秋以来社会大震荡的冲击，汉初承接的是宗教文化逐步解体的现实情况；汉代末期，不仅我国土生大教——道教已经产生，而且也完成了对外来宗教——佛教的初步接受。所以，汉代的宗教发展内容，是其他时期的宗教发展难以获得的，也正是在这一发展过程中，汉画像石获得了丰富的宗教内容和宝贵的宗教价值。"在不同的历史时期，图像有各种用途，曾被当作膜拜的对象或宗教崇拜的手段，用来传递信息或赐予喜悦，从而使它们得以见证过去各种形式的宗教、知识、信仰、快乐等等。"[1] 以西王母为主题的汉画像更成为表达汉代宗教、审美思想的代表。乌格里诺维奇在《艺术与宗教》一书中为宗教艺术下的定义是："我们不妨把纳入宗教膜拜体系并在其中履行一定职能的那些艺术作品称为宗教艺术。"[2] 作为宗教艺术，汉画像石在对宗教本质的宣扬上表现出了巨大的热情，它为汉代人描绘了另一个令人向往的神仙世界，"在许多种宗教中，图像在创造宗教崇拜的经历中起着至关重要的作用"[3]。西王母汉画像就成为汉代人"膜拜"的对象。本章将详细讨论西王母对汉代人的宗教、审美所产生的重大意义。

（一）西王母信仰形成的宗教地位

宗教和艺术是一种共生现象，有宗教就有艺术，有艺术也必然有宗教，宗教意识和审美意识往往互相渗透。艺术中常常可发现宗教意义，宗教也往往具有美学价值，这是由二者的超越性决定的。西王母信仰形成的宗教意义构建在西王母汉画像基础之上，其宗教意义的展开与传承总是依赖于西王母汉画像这一具体的艺术形态。在汉代，人与自身、人与死亡的对抗成了超越的起点。宗教和艺术都寻求这种境界，以符合人的灵魂深处的深刻倾向，西王母艺术产生的内在原因决定了其具有艺术超越功能。"宗教和人类创造的其他许多社会存在一样，人类创造它出来，首先是为了解决某种社会问题。"[4] 汉代人膜拜西王母是为了解决人与自然的矛盾，他们渴望得到生存方面的某种满足，随着西王母信仰的不断演变，西王母不仅要

---

[1] ［英］彼得·伯克著，杨豫译，《图像证史》，北京：北京大学出版社 2008 年版，第 9 页。

[2] ［苏］乌格里诺维奇著，王先睿、李鹏增译，《艺术与宗教》，北京：生活·读书·新知三联书店 1987 年版，第 95 页。

[3] 转引自［英］彼得·伯克著、杨豫译《图像证史》，北京：北京大学出版社 2008 年版，第 59 页。

[4] 李申，《论宗教的本质》，《哲学研究》，1997 年第 3 期。

解决人与自然的矛盾，更要解决人与社会的矛盾。

先秦以来，传统的生存哲学主要是从时间上考虑生存问题，人生最高价值判断就是生命的延续与停止，孔子尝曰："未知生，焉知死？"生与死一贯是中国人关注的问题。尤其在汉代，人们以极大的热情来讨论这个问题，不仅出于学术的兴趣，也出于人们对于生存的需要。生死是人生的大事，是每个人都无法回避的生命课题，在汉代那个仍处于人与自然混沌的情况下，生与死显得更加神秘与重要。那时人们认为，在人类发展的历程里，每一代人的生命虽然有断裂，但可以通过整个家族的生命繁衍而在纵向生命线上获得延伸的无限，这样从时间的延续性上来看生命是无限延伸的。在汉代，由于人们对生的普遍重视，最终会导致对个体生命的高度重视，引申出两个古老的观念：长寿和不朽，长寿可以说是中国人最古老的、最普遍的世俗追求之一，而不朽指躯体不朽、不老。从史料中，我们可以发现历朝历代的皇帝们都醉心于长生不老，都想通过各种方式延长生命，东汉人在延长生命之外还想知道长生的尽头，即死后是不是还有生命的继续。这样的思考，引申出汉人对死后生命方式的关注，这就是宗教的终极关怀，西王母神仙世界就是这种终极关怀的具体呈现。在西王母信仰的世界里，得到西王母配制的不死药就可以成仙，这可以被看成是生命的另外一种存在方式，这种生命存在方式的认识过程，就是西王母信仰产生的过程。从严格意义上讲，汉代以前是西王母信仰的萌生期。到了汉代，西王母在西汉中期以后开始建立了自己的神仙世界。东汉中期以后，西王母信仰的成熟形态随着至上神努力的付出而最后完全形成，至上神的努力构建了一个完整的信仰王国，有着重要的宗教地位。

在我们已经接触的西汉中期之前的文献材料中，西王母的活动几乎都是与帝王活动、宗族祭祀等上流社会的生活内容有关。《史记·赵世家》记载造父随周穆王西巡见西王母，乐之忘归。另外，《管子》记载西王母信仰在我国东部流传的情况，所记的是宗族祭祀之事，当时有所谓"国之大事，在祀与戎"之说，可见宗族祭祀也属于上流社会的活动。这些文献中记载的西王母形象与汉画西王母形象有着较大的差异，此处的西王母有着重要的身份与地位，其信仰表现出来的是上流社会宗教信仰的色彩。

但是，总体而言，西王母信仰并没有完全舍弃原有的信仰内容，特别是关于长生的信仰，在上流社会仍然广泛流传。文本记载有周穆王向西王母讨要长生药之事，也有嫦娥偷吃长生不老药的神话故事从侧面传达西王母拥有不死之药的典故。同时，西王母信仰在汉代的发展中并不只是停留在"贵族地主朝夕崇拜的偶像"阶段，这样的情况在西汉后期发生了变化，在西王母宗教信仰发展的过程中还增添了西王母救世的内容。当西王母做出至上神的努力后，西王母神仙世界就不仅仅是仙界，而且还包括在神灵关注下的人间，从而救世的面貌也就表现出来，从西王母汉画像来看，所反映的是贫苦大众对于女神西王母的信仰与崇拜。班固《汉书·五行志》："哀帝建平四年正月，民惊走，持稿或椒一枚，传相付与，曰行诏筹。道中相过逢多至千数，或被发徒践，或夜折关，或逾墙入，或乘车骑奔驰，以置驿传行，经历郡国二十六，至京师。其夏，京师郡国民聚会里巷阡陌，设（祭）张博具，歌舞祠西王母。又传书曰：'母告百姓，佩此书者不死；不信我言，视门枢下，当有白发。'至秋止。"[1] 从记载来看，发生在西汉末年的这次民间活动是一个有组织、有强烈崇拜意识的宗教活动，人们信仰的不是一般意义上给人赐予延长生命之药的西王母了，民众对她的膜拜早已越过这个最基本的信仰底线，而把她转化为一个宗教神的形象来对待。民众之间互相传递的信物和宣传的告书说明对西王母的崇拜是一次有组织、有规模，在时间上表现出持续性的宗教信仰事件。弗雷泽在解释宗教和巫术时指出："宗教却假定在大自然的可见的屏幕后面有一种超人的有意识的具有人格的神存在。很明显，具有人格的神的概念要比那种关于类似或接触概念的简单认识要复杂得多，认定自然进程是决定于有意识的力量，这种理论比起那种认为事物的相继发生只是简单的由于它们互相接触或彼此相似之故的观点要深奥得多，理解它要求有一种更高的

---

[1] 〔汉〕班固撰，〔唐〕颜师古注，《汉书》，《二十四史》，北京：中华书局 2000 年版，第 1195 页。

智力和思考……那么，宗教则是以非愚昧的心智所能企及的一些概念为基础的。"[1] 宗教神标志着西王母在古代民众心目中的信仰角色已经超出了原有的求仙、长生意义，扩展为一个具有微观性质的人格神。这个性质对于普通民众来说，就是在日常的生活中，他们希望能有一位崇拜偶像给他们带来平安并且庇佑他们风调雨顺，享有幸福的生活，这是西王母具有的庇佑功能。或许，在这个意义上，这种实际的、生者的生活理想要比能够成为神仙或死后升仙要实际得多。例如前面所引述那次宗教活动，之所以会在民众中间造成极大影响，是与在西汉末年民众遭遇的一次大规模的旱灾分不开的，旱灾来临，民众连基本生活都不能保障的时候，升仙对于他们来说已经失去意义，而最为紧要的是解决当前最最实际的问题。他们祈求西王母神，对她礼拜，希望这位智慧、仁慈的女神能够救他们于苦难之中。因而，在宗教的情境意义中，人和超验的、有意识的神又建立了一种更为实在的"跪拜"和"赐福"之间的关系。我们在很多西王母汉画像分层格局中都可以看见汉人跪拜西王母的图式，这样跪拜的目的是为了更好地得到西王母的赐福。我们注意到，大量西王母画像艺术以形象视觉化手法，表现了西王母神和人之间的"关系"模式，这场民间运动的出现，使得西王母崇拜增加了宗教色彩，在汉画像石中表现为民众跪拜西王母，汉画像以图像方式确立了西王母信仰的宗教地位和价值，提供了弥足珍贵的汉代宗教发展信息。

在西王母信仰中，多层的象征意义很容易识别，反映在汉画像石中往往以多层格局来展示。西王母被刻画成拥有宇宙循环和赐予生命力量的至上神。在东汉后期，汉墓里常常出现西王母和东王公这对神，不仅仅展示着汉代的对称美学、汉代思想建构的注重阴阳两种宇宙力量的和谐以及天人之间的亲密关系，更有着浓厚的男权思想意识。在我国宗教历史上，真正的宗教信仰代言人还始终是男性。从表层结构看，西王母信仰的材料在

---

[1] ［英］弗雷泽著，徐育新、张泽石译，《金枝》，北京：中国民间文艺出版社 1987 年版，第 83—84 页。

野史里多而正史里少，文字材料少而图像材料多，这都是西王母信仰民间性的突出特征。从深层结构看，西王母信仰在发展过程中并没有从国家宗教的载体——国家祭祀中获得多少支持，帝王的意志促进了它长生内容的发展，但是至上神的内容却完全是在民间形成和发展的。如果不强调民间性质的作用，我们对西王母信仰发展过程中的一些内容就无法理解，而且其宗教形态的形成也无法找到支持的理由。从时间角度去看，西王母是秦汉时期最具有群众基础的民间信仰，具有比较完整的宗教形态，为后世宗教的发展奠定了扎实的基础。

（二）西王母信仰与汉代人的艺术接受

人类在异化出神灵观念的时候，不仅赋予其超自然的性质，更赋予其当时的社会属性。所有宗教崇奉的"神圣事物"实际上就是当时社会本身的神圣化，求仙的流行导致了神仙的世俗化。因此，仙人与仙境逐渐经历了世俗化的转变。在这场世俗化的转变过程中，西王母原先是个丑怪形象，"豹尾虎齿而善啸"，转变为风韵翩翩的女神形象；由一个司天之厉及五残的凶神，转变为拥有不死之药的且被赋予具有赐福意义的福神。到了西汉后期，西王母更变成了天上高贵的群仙之首，功能已经超出了人们关于长寿成仙的期盼，被归入了道教谱系，更具有抚慰人类心灵、寄托精神的社会意义。之后人们又创造出了一个东王公来和西王母相配。两者的成对出现标志着以西王母为中心的仙界图像系统的形成。

中国的神，像西王母这样"嬗变"的，极其少见。从第一部分中可知，文本或汉画像中西王母的变化是异常有趣的，这反映了汉代先民们的意识形态的不断进步，也体现了人类对未知世界的渴望，通过不断地了解世界、征服自然，从对自然的恐惧到膜拜，逐渐转变为对人类自身的崇拜。西王母由野兽化逐步人性化，最终以人类的形象出现在世人面前，接受人类来自具体生活要求的膜拜，这个转变在本质上使"原始人的处于萌芽状态的审美需要也得到满足"[1]，形象地反映出汉代人思想的变迁与艺术接受的转折。

　　根据汉代人"二元对立"的观点，人们相信死后也有一个世界，生界和死界才构成一个完整的宇宙。《列子·天瑞篇》说："死之与生，一往一反。故死于是者，安知不生于彼？"[2] 但死后的世界只能是一个"想象"，是人生存的现实世界的一个摹本。人们都是喜欢生而厌恶死，但是死亡是不可避免的。为了摆脱死亡的恐惧，人幻想出一种不死的信仰，这就是西王母的不死信仰。有关西王母升仙的内容大量存在于墓室画像、祠堂画像与椁棺画像中。中国古代没有创造出一个一神教，而是在个体生命的基础之上创造了神仙信仰，在两汉的神仙信仰当中，西王母信仰最为突出，也最为普及。汉代人相信，人在死后是可以通过某种方式升入天上的仙界成为神仙的，天界必然有掌握生死大权的神仙西王母，羽化成仙是汉代人最真诚的信仰。这是因为在人的眼中，只有鸟儿才能在天空自由地飞翔，人要飞入仙境，当然要生出羽翼，这就是天仙。在中国神话传说体系当中，西王母的内涵具有特殊意义：第一，她没有创世的色彩，不同于盘古开天地、女娲补天等神话；第二，她不是自然崇拜所产生的神话，用来解释自然界的神奇变幻；第三，她并非创造文明的典型英雄。在西王母神话发展演变的过程中，我们可以看到其想要表达的是汉代先民们心灵深处对于生命、生活本身的理想世界的向往，并且这个理想世界提供了人类脱离生老病死而永生不死的保证。如此的西王母信仰，表示了汉代先民们也从混沌的原始信仰中逐渐开始认识宇宙秩序，想要在有限的世界里创造出无限的可能。在现实世界里，随着人类的发展、认知的加强，人们不再如原始人那般对自然界的现象充满好奇，而是希望提升外在的生命，回归到一个现实、和谐、自足的乐园里，从而改变自身来自现实的困境。

---

[1]　[苏] 乌格里诺维奇著，王先睿、李鹏增译，《艺术与宗教》，北京：生活·读书·新知三联书店1987年版，第53页。

[2]　〔晋〕张湛注，《列子注》，《诸子集成》（第三卷），北京：中华书局1954年版，第7页。

1. 西王母的宗教理想借助艺术来建构

汉代有关宗教的长生精神、理想和教义，在很大程度上是借助于语言艺术与图像艺术来建构、来表达的。因此，宗教从一开始就离不开艺术的表现方式，没有艺术的宗教是不存在的。宗教信仰者无实在的感受，所以只能借助于主观想象力，创造一系列想象性的语言和模拟性符号来描述其想象中的神性物，宗教世界从本质上来说是一个想象的世界。各种宗教信仰的"神"，在不同的宗教中表现为不同的语言符号，汉代道教的西王母除了语言符号以外，还可以在墓室当中刻画西王母的图像符号来实现。西王母神话与西王母汉画共同呈现了汉代人的宗教理想。

2. 艺术使得宗教信仰达到美与善的结合，纯化了宗教信仰

中国宗教特别是道教，对于文艺创作的审美观念、审美情趣的演进有着重要影响，在审美情境中主体与客体、情感与理性、真善与美感浑然而无差别，从而获得精神上的最大快乐。在早期，这种天人一体的审美情趣主要靠道家和儒家的理论支撑。老子最先提出中国美学的一些基本范畴，即"道""气""象"等等，庄子提出"逍遥""心斋"等所表达的审美最高境界，这些美学思想对于西王母宗教信仰有着推动作用。

西王母信仰的特征在于脱离现实社会的枷锁，追求生命的延长与苦闷的解脱，不管西王母神格如何提升，升天求仙、长生不死仍紧紧跟随着西王母传说，其涉及面非常广泛，上至最高统治阶层，下至普通百姓。秦始皇与汉武帝的求仙活动，事实上是寻求不死之药幻想的移情作用，汉代人将对西王母的信仰移情于艺术接受当中，以寻求更普及的信仰。西王母信仰一方面开拓出道教的信仰理念，借由神仙方士修道成仙，展开超越无限的神秘体验；另一方面开拓出民间丰富的想象世界，借文人的妙笔，留下许多神仙信仰的故事，最终达到美与善结合的境界，纯化了宗教信仰，艺术与宗教走上了一条彼此相连的道路。

3. 宗教信仰的奇思激发了艺术的想象力，推动了浪漫主义的发展

中国宗教特别是佛教、道教对于"彼岸世界"的刻画，极大地激发了汉代人的想象力，推动艺术构思、创作方法向着浪漫主义前进。汉画像属

于黑格尔所谓的象征型艺术，它表现了汉民族源于远古神话时代的民族的集体无意识领域，构成了民族的心理原型，给宇宙一个固定的模式，并按这一模式的演变来生存，是人类原始文化的表现。中国古代文化表现为一种宇宙象征性的模式，就是一个必然的选择。人类对宇宙的兴趣与生俱来，而且经久不衰，千万年以来，人类对于宇宙的重视、想象、开拓一直是人类最激动人心的行为。在理解宇宙象征主义的时候，米尔恰·伊利亚德把宗教视为一种象征文化，他认为世界上有两种存在物，一是世俗的，一是神性的。神性是与世俗相对立的，宗教崇拜就是与神性打交道，"当一棵树成为一种崇拜物时，它就不再是一棵受崇拜的树了，而是一个圣物，是神性的一种体现"[1]。汉画像西王母也展示了这种神圣性，每个图像、符号都具有超验的价值观念隐喻其中，所以每一种图像都有宗教信仰的背景，归根结底都有"象征"含义，西王母汉画像其隐喻的象征意义都潜藏于西王母境之中。伊利亚德描述了宗教象征文化的一般特点，他认为，宗教的象征就是一种宇宙的象征论，即象征符号发挥一种统一的功能，通过宗教象征"把杂七杂八的现实世界统而合一"[2]，世界就处于一个完整的系统之中，这一体系就具有了宇宙象征的意义。汉代的人就是生活在这个具有神性的宇宙之中，他们对世界有一种基本的态度，他们从现实世界中引申出另外一个基本的结构，并在生活的实践中再造一个类似的结构，将现实中的期待与愿望融入其中，这就是汉画像中所刻画的西王母境。汉代人将浪漫精神与写实意识有机地融为一体，从而不仅把现实中应有之物都细致地呈现了出来，甚至将现实中没有的东西也幻想出来。

在西王母神话题材中，西王母已经不只是征服自然力的英雄神及令人畏惧的自然神，而是变成了天人合一秩序中的一员，成为人类的希望和守卫者，女神的形象也由原来的高不可攀，演变为时时地降临人间，染着人间的色彩。东汉西王母信仰一方面表现出神奇瑰丽、浪漫飞扬的风格，另

[1]　[英]布赖恩·莫里斯著，周国黎译，《宗教人类学》，北京：今日中国出版社1992年版，第246页。
[2]　[罗马尼亚]米尔恰·伊利亚德著，王建光译，《神圣与世俗》，北京：华夏出版社2002年版，第85页。

一方面又在神界与人间表现位置的进退中，突出了人的主体地位。东汉的艺术家们在塑造西王母形象时特别注重在创造过程中，营造一个以人为中心、生命色彩极浓的现实世界，在这个世界里，人们的现实生活、生命本身被作为主要关注对象，这是西王母信仰与形象发生转折的契机。在东汉时期的绘画艺术中，阴阳平衡的观念也被形象化地凸显出来，人神或鬼怪的世界，都常以一种对偶的形式出现，在西王母信仰中可以明确地看到此点，为西王母增添了一位配偶——东王公。她的权力由一人独担到与东王公分担，实际上也是仙界系统丰富与完善的标志，同时也明显反映了从西汉末年开始对于阴阳和谐的强烈愿望，其程度甚至超过了人们原来羽化登仙、寿与天齐的浪漫幻想。这些形象上的安排，反映了当时的人们把自己信奉的阴阳平衡能够为人们带来幸福生活、国泰民安的观念，投射到了西王母信仰及汉代人的艺术接受当中，这也说明了信仰西王母不再仅仅是为了拜神，更多的是为了人本身。

（三）西王母形象演变的艺术美学意义

汉画像是汉代先民们集体无意识的图像呈现，表现为一种宇宙象征主义的图式，西王母神话传说的演变可以说是经历了不同时空的文化内涵的演变，所表达出的是一种对于时间的捕捉与空间憧憬的宗教情怀。"正如洛谢夫所指出的，诸神在艺术上的象征化，是沿着从怪物形象和动物形象到拟人形象的方向发展的，因为怪物形象和动物形象同原始社会发展的较早阶段相适应，反映人们对自然原质的恐惧，而拟人形象则表现原始社会发展的较晚阶段上人们之间的关系。"[1] 从西王母的形象与信仰的多次变迁，可以探究出汉代人独特的宗教意识和文化素养。西王母形象的演变具有很高的美学意义，其形象的演变代表了汉代人探究自然、认知世界的能

---

[1] ［苏］乌格里诺维奇著，王先睿、李鹏增译，《艺术与宗教》，北京：生活·读书·新知三联书店 1987 年版，第 82 页。

力，对于世界的探索是人类一个永恒的话题。

汉代人仰观象于天，俯观法于地，靠自己的能力创造了一个象征符号的世界，创造西王母的过程，再现了汉代人对于宇宙形态的最根本认识冲动与审美情趣。到东汉时期，西汉那浓重的神仙色彩已经有所淡化了，而表现人间的内容大量增加。东汉的西王母画像艺术以大量的现实生活作为绘画的中心题材，神灵、鬼魅与人的生活融为一体。工匠艺术家以现实生活为出发点，向外营造出一个更为广阔的生命空间，而在塑造人们想象中的神仙世界时，不是增添神秘色彩，而是融入更多的生命气息。从时间方面来看，生老病死是不可逆转的事实，生命的终结是人类的遗憾，于是不断地寻求延长生命的方法便成为很多人追求的人生主题，他们希望通过宗教、巫术、拜神求仙等方式来探索生命的时间，去延续生命的轨迹，最终寻求不死；从空间方面来看，社会历史的变迁、文化的传承、生活的困苦等等众多因素的同时存在都使得人们憧憬一个没有忧愁、没有困苦的现实乐园。两汉时期特殊的时空交错，塑造出西王母特殊的神仙信仰，从西王母的形象与信仰的多次变迁中，可以探究出汉代人独特的宗教意识、审美情趣与文化素养。

在汉代人的眼中，人们对西王母的崇拜经历曲折，上升到一种类似宗教的地位，于是，在画像石上再造一个延续生命的图式，在图像中再造一个延续生命的宇宙模式以寄托自己的理想追求，就成了汉代人精神的表现。"任何一种社会现象都是在一定的社会需要的基础上产生的。"[1]汉王朝是继秦之后建立的又一个大一统的封建集权制国家，稳定的政治局面和持续发展的经济状况促进了文化艺术的繁荣，这一时期，神仙道教和方士巫术之风大兴，帝王和平民百姓一样都想长生不老，于是原本在民间活动的方士走入宫廷，专为帝王研制长生不老的仙药，这股风气来势汹汹，弥漫了整个社会。神圣的信仰必须通过实际的事物表达出来，于是便有了视觉的

---

[1] ［苏］乌格里诺维奇著，王先睿、李鹏增译，《艺术与宗教》，北京：生活·读书·新知三联书店 1987年版，第 16 页。

图像。从西王母形象的改变，到信仰内涵的变迁，都反映了民众的思维中有一个神秘的幻想世界，这一世界与民众来自生活的确切需求相对应。

中国古代认为"天地合，而后万物兴焉"[1]。天人合一是指自然界与人类的一种协调、统一的关系。在汉代，又加入了阴阳五行学说，使之更加完善，达到天地万物与人的一气相通、互相融合、互相感应。天人合一是汉代人的一种思维模式和思想观念，这种天人合一的美学意义也体现在西王母形象的转变上。在西王母形象发展的过程中，人的主观能力也得以充分展示，自然将视觉注意点由神的身上分散到人类自身，于是，在某种程度上神就成了人的代替物，对于神的颂扬就成了对人的颂扬，西王母人与神外貌的融合体现了人在自然界中的位置，说明神是人自身在自然界中的观照物，艺术家通过神来表达人的思想、人对世界的认识，艺术家通过神来表达人类的生存愿望和审美情感。这种人与神的合一，其本质是对人、对人生、对生命存在的充分肯定。在西王母形象演变过程中，汉代人更是发挥出了无穷的想象力，伊瑟尔认为："虚构化行为避开了我们认知能力的局限，并公然漠视事物的本质化。如果人类本质的可塑性包含着人类自我本质的无限提升，文学就变成了一种呈现'可能存在'或'可能发生'的纷繁复杂的多种事物的百花园。因为，文学作为虚构和想象的产物，它超越了世间悠悠万事的困扰，摆脱了束缚人类天性的种种机构的框范。"[2]

西王母汉画像美学意义的根源是符号性的隐喻象征，西王母这一象征主义的图式，不仅表现为人的现实世界的生活图景，而且表现为人在死后世界的理想建构，从神话、巫术、宗教的视角发散开去，走向一种审美的幻觉。宇宙象征主义发轫于人和宇宙的关系，是人对外在世界关系反思的结果，根子却在人的社会关系上，宇宙的秩序只是人的社会秩序的象征的表现。在汉画像中则表现为"天地相通"的巫术观、"天人合一"的哲学

[1] 〔汉〕郑玄注，〔唐〕孔颖达疏，《礼记正义》，上海：上海古籍出版社2008年版，第1091页。

[2] ［德］沃尔夫冈·伊瑟尔著，陈定家、汪正龙译，《虚构与想象——文学人类学疆界》，长春：吉林人民出版社2003年版，第8—10页。

观、"天人感应"的历史观、"君权神授"的政治观、"尊天听命"的命运观、"不死升仙"的宗教观、"天遣祥瑞"的吉凶观、"天道自然"的审美观等等。[1] 西王母图像的内在美学意义可以从两个方面来理解，一是指生命的构造及其延续形式在人心中的呈现。人的生命存在总依附于自然环境，时间空间是其存在的基本形式，对世界的理解和形象的呈现就构成人赖以存在的基础，所以汉民族从古到今都注重人在宇宙中的地位，并以此作为安身立命的根本。二是指作为有灵性的生命体，外在世界必须转化为文化的存在才能被人所理解和掌握，因此建立在自然之道上的文化体系，是人类创造的另一世界，它表现为人的语言、符号、图式。世界与心灵相遇，通过人的直觉、符号、意识和无意识达成一种隐喻的象征表现，构成了中国文化的根基与审美的根基。

汉画像中的宇宙象征主义，除了可以在汉代独特的祠堂建筑的形制与图像中发现之外，我们还可以从西王母汉画像格局中看到这种特征。汉代人将西王母雕刻于汉画像上，是一种神圣信仰的建构过程，必然带有一种神圣性。对其象征内容的把握，要通过图像学的阐释才有可能，我们从汉代人对图像的理解和认识出发，从其形制和图像的排列中来分析其中西王母汉画像所表现的汉代人的宇宙观和生死观。从西王母汉画像中我们可以看出，汉代人将整个宇宙从上而下分为四个层次，这四个层次从高向低排列：第一层是处于最高层的天上世界，这是日月运行、众星官居住的地点，在神仙信仰中是天帝和自然神居住的世界；第二层是由西王母所代表的昆仑山仙人居住的世界，西王母的住所就是天堂的雏形；第三层和第四层是现实的人间世界和死者灵魂居住的地下世界。在这里，图像就成了真实意图的一种幻象传达。通过汉画像上的图像表达，汉代人建立在西王母崇拜上的宇宙观则被图像叙述出来。按照汉代人的神话宇宙观，高山是与天最接近的，是人神沟通的场所，位于宇宙中心的便是昆仑山 [2]，西王母就住

[1] 朱存明，《汉画像所表现的传统审美观念的现代意义》，《美与时代》，2005 年第 1 期。
[2] 《山海经》郭璞注昆仑"去嵩高五万里，盖天地之中也"。（袁珂，《山海经校注》，成都：巴蜀书社 1993 年版，第 346 页。）

在"高万仞"的昆仑山上。例如，在徐州白集祠堂的西壁最上方，刻有西王母，旁边有玉兔捣药、仙人灵兽；在东壁的最上方，刻有东王公，其旁有蟾蜍、玉兔、瑞鸟等随从。在徐州洪楼墓祠堂的三角隔梁石的侧面，刻有祠主升仙图，东王公端坐在华盖之下处于画面的中心，旁有羽人持嘉禾而立，并有仙禽异兽陪伴左右。在整幅画面的右侧，祠主坐在一辆由羽人驾御、三只仙鹿牵拉的云车上，正驶向东王公的仙界，车前有一条虬龙为之作先导，车后有羽人骑鹿护行。以死亡艺术为主题的西王母汉画像的整个画面充满升入仙界的欢乐气氛，所有的一切都是人们的猜测与想象，我们对未知的事物总是心存敬畏。"死去世界的幻境只是人生前世界的一个模本，像所有的祭祀性艺术一样，汉画像的象征图式从内容到形式都有极强的稳定性。"[1] 人类的生命在这种形式中得到了延续。"死并非生的对立面，而作为生的一部分永存。"[2]

西王母的故事是汉代人在漫长的生命活动中遗留下的一种痕迹，也是对生命意识的一种呈现。把凶神恶煞的西王母幻化为美丽妇人的形象，是人类欲望升华的象征。"汉代艺术的题材、图景尽管有些是如此荒诞不经，迷信至极，但其艺术风格和美学基调既不恐怖威吓，也不消沉颓废，毋宁是愉快、乐观、积极和开朗的。人间生活的兴趣不但没有因向往神仙世界而零落凋谢，相反，是更为生意盎然、生机蓬勃，使天上也充满人间的乐趣，使这个神的世界也那么稚气天真。它不是神对人的征服，毋宁是人对神的征服。"[3] 西王母演变象征的是人类征服自然的美好愿望以及对未来美好生活的憧憬，汉代正是从单纯的崇拜神，到视神如人、视人如神地从混沌走向文明的时期。尽管沧桑多变，西王母画像石以它独特的艺术魅力，仍给我们后人以莫大的艺术享受和科研启迪。

---

[1]　朱存明，《汉代墓室画像的象征主义研究》，《民族艺术》，2003 年第 1 期。

[2]　[日] 村上春树著，林少华译，《挪威的森林》，上海：上海译文出版社 2005 年版，第 28 页。

[3]　李泽厚，《美的历程》，天津：天津社会科学院出版社 2001 年版，第 122 页。

四、结语

"图像比起文字来更接近人类审美的本源。人类视觉的造型，往往是审美的。"[1] 汉画像西王母艺术及艺术精神在不断发展变化中得到丰富，两汉的文化与思想的丰富性、流动性、创造性构成了西王母图像艺术内在精神转变的底蕴。儒道互补的经典思想和汉代人的一般思想观念、通俗信仰（包括阴阳五行、神仙方术、谶纬等）之间密切联系，构成了西王母造型艺术活动的直接动因和最终精神根源。汉代西王母总体上以"升仙"为主题，这一主题作为秦汉之际神仙信仰的中心观念，在幻想的形式中追求突破生与死的界限，企盼达成长生不死的愿望。西汉晚期至东汉的西王母汉画像出现的仙界与现实人间混融、仙人与俗人的共存，以至于仙界向人间返归与转换的走向，正是汉代人对神仙观念这一根本内涵看法的发展变化。

总之，通过对图文互释角度下的汉代西王母形象的分析可知，其艺术精神的内在转变是汉代人精神世界发生转变的一种外化的表现。通过西王母的图像艺术，我们领略到了两汉时代特有的宇宙观念、审美文化理想和创造激情。于是，这内在的、间接的历史文化意蕴凝结显现在外在的、直接的感性表象形态上，便构成了具有浪漫、雄浑、壮丽之美的大汉时代艺术。

---

[1] 朱存明，《汉画像的象征世界》，北京：人民文学出版社 2005 年版，第 9 页。

本章是对肖形印中的一个特殊题材"神人操蛇肖形印"进行的专题研究。

先秦两汉时期的肖形印是印章艺术的一种，它以小幅图像的形式向我们展现了一个灵动的世界。流行于先秦时期的操蛇图像在肖形印中也有表现，这部分印章学术界通常称之为"神人操蛇肖形印"。本文在占有大量先秦两汉时期操蛇图像的基础上，展开对神人操蛇肖形印的专题研究，内容涉及神人操蛇肖形印的分类、文化内涵和功能等问题。

操蛇图像是一个包含操蛇、珥蛇、践蛇、衔蛇等多种制蛇方式的系统。按照图像内容的不同，笔者首先将神人操蛇肖形印分为珥蛇、践蛇和操蛇两类。其次对先秦两汉时期出现的操蛇图像进行整理和分析，理清图像的产生和演变过程，这对于研究神人操蛇肖形印的相关问题是基础性的工作。然后对神人操蛇肖形印所体现的文化内涵进行探讨，通过文献和相关图像的研究发现，神人操蛇肖形印主要和先秦两汉时期的神话传说与巫觋信仰有关。肖形印中的珥蛇、践蛇者为《山海经》四海之神肖像的刻画；珥蛇、操蛇者为神人夸父肖像的刻画。鉴于操蛇与古代巫觋的亲密关系，操蛇成为古代巫觋的象征。执杖操蛇者为巫觋肖像，杖不仅可以作法辟邪，也是其身份象征。"熊"操蛇图像为神人操蛇肖形印的主流，是汉代神秘文化驱傩仪式的反映。"熊"操蛇是驱傩仪式中"蒙熊皮"的方相氏率领众巫觋打鬼的象征。最后，文章对神人操蛇肖形印的功能进行初步探析。神人操蛇肖形印体现出古人对于吉祥的向往和对于凶事的辟除心理，当用之于趋吉避凶的目的。

一、神人操蛇肖形印的分类

肖形印的性质不是唯一的，不同内容的肖形印的性质与功能也是不同的。因此，对于肖形印题材的分类显得非常重要。按照传统的分类，肖形印主要包括神话类、人物类、建筑类、兽类、鸟类、四灵类、龙鱼龟虫类、样式花纹类等。除此之外，还包括具有地域特色和民族特色的巴蜀符号印章类。

神人操蛇肖形印的图像属于一种组合图像，操蛇者对于蛇的控制不仅限于手执，珥蛇、践蛇等方式都有表现。操蛇主体也有一定的差异，因此对神人操蛇肖形印也不能等同地看待。

（一）珥蛇、践蛇

"珥"字，原意是指用以饰耳的玉，因此"珥蛇"指的是将蛇装饰在耳部。本文将有"珥蛇"的肖形印分为一类，因为珥蛇是较早出现的制蛇方式。"珥蛇"往往与"践蛇"一起形成一个图像组合。"践"是踩踏的意思，"践蛇"就是以足踩蛇。上海博物馆收藏有一方"珥蛇、践蛇肖形印"，学术界称其为"禺彊印"（见图 9-1）。《中国肖形印大全》《古肖形印臆释》《古图形玺印汇》等书均有收录。该印为战国时代印，铜质，方形，印体较薄，印纽极小。印面图像为一人面鸟身神人，身有双翼，头生两角，两耳有蛇，足践两蛇。有学者认为该印图像与《山海经》中的禺彊吻合，因此将该印称为"禺彊印"[1]。《海外北经》："北方禺彊，人面鸟身，珥两青

---

[1] 王伯敏，《古肖形印臆释》，上海：上海书画出版社 1983 年版，第 6 页。

a   b

图 9-1　珥蛇、践蛇肖形印 （[a] 打本，[b] 封泥拓片，摄于上海博物馆）

a   b

图 9-2　珥蛇、操蛇肖形印
（[a] 打本及原印印面，程训义收藏，[b] 打本，选自《中国肖形印大全》）

蛇，践两青蛇。"[1] 禺彊为北海水神，郭璞注曰："字玄冥，水神也。"除肖形印外，其他器物上也常见禺彊纹饰。曾侯乙墓漆棺画是一个以龙蛇为主体的水世界，马昌仪在一文中说："我们推测，曾侯乙墓内棺头档、足档、东侧与西侧壁板上的人面鸟身主神，可能都是水神禺彊及其变形。"[2]

"珥蛇、操蛇肖形印"两枚（见图 9-2），王伯敏认为是汉代之物。[3]
第一枚肖形印为铜质，圆形，程训义个人收藏。图形见于《古肖形印臆释》《中国肖形印大全》等书。该印传为安徽寿县出土，图像特点为一人珥两

---

[1]　袁珂，《山海经校注》，上海：上海古籍出版社 1983 年版，第 248 页。
[2]　马昌仪，《从战国图画中寻找失落的山海经古图》，《民族艺术》，2003 年第 4 期。
[3]　王伯敏，《古肖形印臆释》，上海：上海书画出版社 1983 年版，第 44 页。

图 9-3　执杖操蛇肖形印
（[a] 中国历史博物馆藏，打本及原印，[b] 打本，选自《古图形玺印汇》）

蛇，手操两蛇，窄袖束腰，腰部左右各挂一篓状物[1]，脚践一蛇。第二枚
基本上与第一枚相同，可能出自同一位工匠之手。"珥蛇""践蛇"的图像
在先秦的器物中出现较多，淮阴高庄战国墓的铜器纹饰中有大量的珥蛇、
践蛇图像出现。[2]

（二）操蛇

《说文解字》曰："操，把持也。从手喿声。""操"意味着控制、占
有和利用。那么，操蛇便是对蛇的一种控制、占有和利用。"执杖操蛇肖
形印"两枚（见图 9-3）。第一枚为中国历史博物馆收藏，见于《石钟山
房印举》《中国肖形印大全》《古肖形印臆释》《古图形玺印汇》等书。印
为铜质，圆形，带钩纽。[3] 印面图像为一人作侧面形，右手执杖，左手操
蛇，绾尖形发髻，身着束腰长裙。第二枚图像特征与第一枚基本相同，见
于《石钟山房印举》《中国肖形印大全》《古图形玺印汇》等书。牛济普认
为该印为汉代之物，印中人物在玩蛇、戏蛇，与现实生活较贴近。[4] 徐畅

---

[1]　程训义认为该印刻画的是夸父形象，他腰部所挂为取水用的水桶。见程训义《战国夸父肖形印》，
　　　《检察风云》，2008 年第 12 期。

[2]　淮阴市博物馆，《淮阴高庄战国墓》，《考古学报》，1988 年第 2 期。

[3]　带钩器源于周代，是古人用于系腰带的挂钩，又称"犀比"。

[4]　牛济普，《汉代图形印》，《中原文物》，1994 年第 3 期。

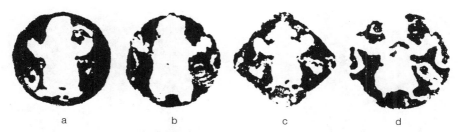

图 9-4　熊操蛇肖形印 [a]、[b]、[c] 打本
（选自《中国肖形印大全》，[d] 打本，选自《古肖形印臆释》）

认为该印人物头上发髻与秦始皇陵兵马俑发髻相同，认定其年代为战国晚期至秦。[1]

执杖操蛇图像仅见于这两枚肖形印中，然而一手操蛇一手执其他器物的图像在文物上时有发现。淮阴高庄战国墓的铜匜纹饰、重庆市化龙桥东汉砖墓出土的镇墓兽、四川芦山的一座砖室墓出土的镇墓兽、四川乐山柿子湾一座崖墓中的石刻画像等都发现了一手执蛇而另一手执武器的形象，为我们研究执杖操蛇肖形印提供了可对比资料。

神人操蛇肖形印中有一类"熊"操蛇者。屈原在《天问》中说："焉有虯龙，负熊以游？"[2] 这表明，在当时的神话中存在熊与蛇（龙蛇一类）的组合。熊是陆地上形体较大较凶猛的食肉动物，这一类的动物（如虎）在古人看来都可以用来辟邪。熊在古代驱傩打鬼仪式中充当了重要角色，打鬼的大头领方相氏就是"蒙熊皮"，装扮成熊的样子来打鬼。可见，在古人眼里熊的凶猛可以使任何鬼怪都感到害怕。

《中国肖形印大全》《古肖形印臆释》《古图形玺印汇》等书都收录了几枚"蒙熊皮"操蛇肖形印，计有四枚，三圆一方，汉代（见图 9-4）。从图像特征上来看，印中的操蛇者都体态丰盈，四肢粗短，和熊的外形特征极为相似。"熊"操蛇不是毫无根据的臆想，《诗经·斯干》将梦熊与梦

---

[1]　徐畅，《先秦玺印图说》，北京：文物出版社 2009 年版，第 392 页。

[2]　〔宋〕洪兴祖，《楚辞补注》，北京：中华书局 1993 年版，第 94 页。

图9-5　东汉光和画像砖　山东诸城
出土

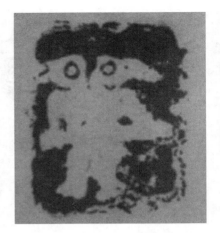

图9-6　帝俊印　摄于上海博物馆

蛇联系在一起，认为梦熊是生男的象征，而梦蛇是生女的象征。[1] 在《楚辞·天问》中，屈原发出了"焉有虬龙，负熊以游？"的疑问，也将熊与蛇（按龙为蛇之说）联系到一起。山东诸城出土一东汉光和画像砖（见图9-5），图像内容为一鸟头、熊身神怪操蛇，手操蛇，脚践两蛇，王伯敏认为图像表现的是帝俊，与现藏上海博物馆的"帝俊印"类似。[2]（见图9-6）相传帝俊为"鸟首熊身"状。帝俊是神话中的角色，并非人类或其他的动物。"熊"操蛇肖形印中的"熊"不是真正的"熊"，而是由人装扮的"熊"。汉代有象人之戏，指的是人装扮成动物的样子进行表演。先秦和汉代的傩戏便属于这种象人之戏。打鬼的方相氏"蒙熊皮"，十二神兽"衣毛角"，在方相氏带领下，通过歌舞的方式进行打鬼驱疫。汉代"总会仙倡"的综合性表演也是象人戏的一种，其中包括了人兽（兽为人装扮之兽）共舞、共歌。张衡《西京赋》载："总会仙倡，戏豹舞罴。白虎鼓瑟，苍龙吹篪。女娥坐而长歌，声清畅而蜲蛇。"[3] 罴是熊的一种，在生物学上

---

[1]　《诗经·斯干》，"维熊维罴，男子之祥；维虺维蛇，女子之祥"。

[2]　王伯敏，《古肖形印臆释》，上海：上海书画出版社1983年版，第8页。

[3]　费振刚等辑校，《全汉赋》，北京：北京大学出版社1993年版，第419页。

图9-7　戴熊面具操蛇肖形印　（[a] 打本，《古肖形印臆释》，[b] 打本及原印，故宫博物院藏）

称为棕熊、人熊和马熊。显然，在总会仙倡中舞蹈的"熊"是乐舞艺人蒙上熊皮所扮。

　　另外，"熊"操蛇肖形印中有一类似为"戴熊面具"操蛇者，计有两枚（见图9-7）。第一枚为上海博物馆收藏，面部似熊，左右手操两蛇，长裙束腰。第二枚为北京故宫博物院收藏，铜质，印面圆形，印体较薄，鼻纽。构图严格对称，面部似戴熊面具，可以清晰地看到两耳似熊耳，两手各操一蛇，脚下踏蛇，腰部挂两篓状物。叶其峰在《故宫博物院藏肖形印选》文字说明及《汉代门神画与肖形印》一文中将图像中的蛇认为是绳索，从而将印纹解释为是汉代门神郁垒"持苇索以御凶鬼"的画像。[1]

　　古代的傩戏中有戴面具驱鬼的习俗，《周礼》记载的方相氏便身披熊皮，头戴"黄金四目"的熊面具。《周礼注疏》注曰："蒙，冒也，冒熊皮者以惊驱疫疠之鬼，如今魌头也。"[2] 考古学的资料证明，史前社会就有面具的出现。史前的一些石面具、玉面具上都有穿孔，是用于佩戴的。

二、操蛇图像的产生及演变

　　操蛇图像常出现在先秦时期的铜器、漆器、帛画上，在汉画中也时有

[1]　叶其峰，《故宫博物院藏肖形印选》，北京：人民美术出版社1984年版，第113页。
[2]　〔清〕阮元校刻，《十三经注疏》（第二卷），北京：中华书局2009年版，第1838页。

发现。神人操蛇肖形印是先秦两汉操蛇图像的一种表现形态，它们同属一个图像系统。因此，将神人操蛇肖形印放到整个的操蛇图像系统中进行综合的研究，才能深刻揭示其文化内涵和功能等问题。

（一）操蛇图像的产生

操蛇图像不是古人凭空臆想出来的，它的产生有着社会生活的根源。古代西方的艺术理论认为艺术是对现实世界的模仿。从这个角度上来看，操蛇图像是在一定的现实生活基础上产生的。

蛇是一种外貌丑陋、行动迅捷、善于藏身、颇为神秘的动物。一旦被毒蛇所伤，在很短的时间内便会毙命。因此，人们对于蛇有一种很强的惧怕心理。《说文》："它，虫也……上古草居患它，故相问无它乎。"这里，"它"就是蛇。"上古草居"向我们表明，在文明产生之前的很长一段时期内，人们的居住是离不开草的，草起到了保暖的作用。但是，草居又容易被蛇所侵扰。因此，防蛇便成了人们的大事，以至于人们打招呼都会问："无它乎？"到了商代，蛇患依然是很严重的。甲骨卜辞中有"有它""亡它"之词，也反映了商人对于防蛇的重视。

总之，蛇对于古人的生活构成了极大的威胁。古人往往对蛇有着崇拜与渴望制服的双重心理。列宁在《社会主义和宗教》一书中说："正如野蛮人在跟大自然斗争时的软弱无力会产生对上帝、魔鬼、奇迹等的信仰一样。"[1]古人对于恐怖的事物往往具有两重心理，一是惧怕从而希望能够制服控制它们，一是把它们作为神圣物加以崇拜。古人对蛇的态度便是如此。

由于人们对蛇的控制力不强，于是将蛇类的天敌加以神化、崇拜。在自然界中，有一种鸟名叫"秃鹙"，食蛇便是它的天性。李时珍的《本草纲目》详细地介绍了这种鸟的习性：

---

[1]　［苏］列宁，《社会主义和宗教》，《马克思主义经典著作选读》，北京：人民出版社 1999 年版，第 1 页。

秃鹙，状如鹤而大，青苍色；张翼广五六尺，举头高六七尺，长颈赤目，头项皆无毛，顶皮红色，如鹤顶；喙深黄色而扁直，长尺余，嗉下亦有胡袋如鹈鹕状；足爪如鸡，黑色；性极贪恶，好啖鱼蛇及鸟雏。[1]

西晋崔豹《古今注》："扶老，秃鹙也，状如鹤而大。大者头高八尺，善与人斗，好啖蛇。"[2]《采兰杂志》亦云："山中老人以秃鹙头刻杖上，谓之扶老，以此鸟辟蛇也。"[3] 这本是自然界生物链常见的一种现象，然而古人并不明白这一点，他们基于一种"灵感思维"[4]的巫术心理认为将秃鹙（进而扩展到其他鸟类）衔蛇、践蛇的图像描绘出来能对蛇产生一种防御，体现了古人以巫术为目的的制像观。贡布里希认为原始人"制像"（image-making）的目的在于保护他们免受自然力量的危害，是用来施行巫术的。[5]鸟衔蛇、践蛇图像产生的初衷便是出于这样一种基于巫术的思维模式。

鸟衔蛇、践蛇的图像早在东周（尤其是战国）时期已经出现。那么，既然蛇害从上古就很严重，为什么到这一时期才出现这一图像呢？这是传统装饰纹样时代性的体现。据张光直先生的研究，殷商和西周时期青铜纹样中的人兽之间是一种和谐相处的"亲密伙伴"关系，而到了东周时期才出现了狩猎纹等人兽相斗的纹样。他说：

> 在早期的神话里，动物所扮演的角色有氏族始祖诞生之必要因素、神之使者、始祖的保护者、祖先沟通上帝的伴侣等。因此，早期神话中人对于动物的态度为密切、尊敬与畏惧。而在东周时代的神话里，动物则成了降祸于人世的恶魔，或为祖先英雄所驱除斩擒以立功的敌

[1] 《本草纲目》，上海：上海科学技术出版社影印本 1993 年版。
[2] 王根林等，《汉魏六朝笔记小说大观》，上海：上海古籍出版社 1999 年版，第 240 页。
[3] 转引郭人民、郑慧生《中国古代文化专题》，开封：河南大学出版社 2003 年版，第 424 页。
[4] 朱存明，《灵感思维与原始文化》，上海：学林出版社 1995 年版。
[5] [英] E.H. 贡布里希著，范景中译，《艺术发展史》，天津：天津美术出版社 1988 年版，第 18 页。

人。如英雄后羿的斩除蛇兽和射死日中金乌。[1]

图 9-8　河南辉县琉璃阁狩猎纹铜壶

因此，在东周以前，由于人们对蛇的无能为力而将蛇尊奉为图腾神。上古的许多神灵都与蛇有关，如蚩尤、大禹、伏羲、女娲、共工等。在夏商和西周时期，人们对蛇怀有一种恐惧而敬畏的态度。随着人类对自身力量认识的提高，对待动物的态度转变为一种对抗。反映到艺术上就是东周时期狩猎纹和鸟蛇相斗题材的出现。

鸟衔蛇、践蛇的图像并不多见。作为艺术的表现对象，它被应用于青铜器纹饰、漆画、帛画和肖形印等。河南辉县琉璃阁M59战国早期狩猎纹铜壶是一件艺术性很高的作品（见图9-8）。画面分为七层，其中，第三、四、六层为狩猎纹，说明人们已经开始挑战动物的神性。第一、二、七层均出现了鸟衔蛇、践蛇的图像。第一层为一对凤鸟衔蛇、践蛇的图像。两只戴冠凤鸟相对而立，喙部张开衔住一蛇的头部，双脚践一蛇，尾下各有一小鸟衔蛇、践蛇。第二层中间有一操蛇神，两手各操一蛇，头戴两蛇，脚践一蛇，两边为两只戴冠凤鸟各践一蛇。第七层为四只长颈长喙的鸟双脚踩在蛇背，低头欲啄蛇头。[2] 从图像上来看，这种鸟应该属于现实中食蛇的秃鹫或者鹤类。而图像中凤鸟衔蛇、践蛇的图像是在此基础上神化出来的。成都白果林小区出土晚周时期狩猎纹铜壶应是同一时期的作品（见图9-9），无论是在纹饰的内容上还

[1]　张光直，《中国青铜时代》，北京：生活·读书·新知三联书店2013年版，第416页。

[2]　徐畅，《先秦玺印图说》，北京：文物出版社2009年版，第4页。

是艺术风格上都有惊人
的相似。辉县位于河南
北部，太行山南麓，而
成都在古代属巴蜀地区，
从此也可以看出东周时
期中原地区的文化对巴
蜀地区文化的影响。从
该铜壶残块的纹饰来看，
画面分为两层，上层描
写狩猎情景，下层为人
面鸟身，戴蛇张翼的羽

图9-9　成都白果林狩猎纹铜壶

人，两侧是鸟践蛇而立，俯首啄蛇。[1] 这幅图上的鸟衔蛇、践蛇与河南辉
县狩猎纹铜壶第七层的鸟衔蛇、践蛇图像基本相同。战国早期的很多狩猎
纹铜壶上都有这种图像（见图9-10）。另外，江陵马山一号楚墓出土的丝
织品[2]（见图9-11）、湖北随县曾侯乙墓的漆棺画[3]（见图9-12）等都发现
了鸟衔蛇、践蛇的图像。

图9-10　战国早期鸟衔蛇、践蛇图像　　　　图9-11　江陵马山一号楚墓鸟衔蛇图像

---

[1]　徐畅，《先秦玺印图说》，北京：文物出版社2009年版，第124页。

[2]　同上，第385—386页。

[3]　郭德维，《曾侯乙墓墓主内棺花纹图案略析》，《江汉考古》，1989年第2期。

图 9-12　曾侯乙墓漆棺画鸟衔蛇、践蛇图像

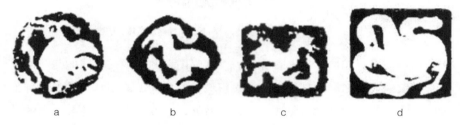

a　　　　　　b　　　　　　c　　　　　　d

图 9-13　鸟衔蛇、践蛇肖形印

（ a、c 选自《古图形玺印汇》， b 选自《故宫博物院藏肖形印选》，d 选自《中国肖形印大全》）

　　尤其需要指出的是，肖形印中也有鸟衔蛇、践蛇的图像。从图像的特征上来看，鸟衔蛇、践蛇肖形印是战国时代的作品。上海博物馆藏有一枚凤鸟衔蛇纹肖形印，见《古图形玺印汇》。[1]（见图 9-13a）该印为圆形，画面为一只凤鸟衔住蛇头，蛇被控制，蛇尾上翘，做挣扎状。故宫博物院也收藏有一枚鸟践蛇肖形印[2]（见图 9-13b），铜质，菱形鼻纽，边长 1.6cm×1.4cm，画面为一戴冠鸟类脚践一蛇，蛇头上翘，鸟张口欲衔蛇头。康殷的《古图形玺印汇》一书收录一枚鸟衔蛇、践蛇肖形印[3]（见图 9-13c），铜质，方形，印面图像为一鸟双脚践蛇，喙啄蛇尾。此外，温廷

[1] 康殷，《古图形玺印汇》，石家庄：河北美术出版社 1983 年版，第 152 页。
[2] 叶其峰，《故宫博物院藏肖形印选》，北京：人民美术出版社 1984 年版，第 272 页。
[3] 康殷，《古图形玺印汇》，石家庄：河北美术出版社 1983 年版，第 152 页。

宽《中国肖形印大全》另收录一枚鹅衔蛇的肖形印（见图 9-13d）。[1]

鸟衔蛇、践蛇图像的最初目的是对蛇的控制和防御，然而古人并不满足于此。蛇，不仅是人们防御的对象，同时也是人们崇拜的对象。于是，人们创造了许多与蛇有关的神话人物。操蛇神便是在这样的背景下产生的。"操蛇之神"一词见于《列子·汤问》：

> 操蛇之神闻之，惧其不已也，告之于帝。帝感其诚，命夸娥氏二子负二山，一厝朔东，一厝雍南。[2]

《列子》一书通常被认为是伪书，但它还是向我们传达了若干文化信息。这里的操蛇之神是太行、王屋二山的山神，然而作者并未告诉我们操蛇之神的外貌特征。好在历史总会为我们留下若干线索让我们去探求。几乎在鸟衔蛇、践蛇图像产生的同时，人们便将之神化为操蛇神。从这一时期的图像资料来看，操蛇主体无不与鸟有关，呈人鸟合体之状，这向我们表明操蛇图像与鸟衔蛇、践蛇图像一脉相承的关系。吴荣曾在《战国、汉代的"操蛇神怪"及有关神话迷信的变异》一文中指出，"这种鸟衔蛇、践蛇是神怪践蛇、操蛇的原始形态。即先有神化的鸟衔蛇或践蛇的神话迷信，以后随着鸟的人形化，产生了人形神怪践蛇、操蛇的这类图像"[3]。战国时期出现了一定数量的操蛇神图像。从图像特征上来看，操蛇者无不与鸟相关，从而印证了上述论断。

在出现鸟衔蛇、践蛇图像的河南辉县琉璃阁 M59 战国早期狩猎纹铜壶和成都白果林小区晚周时期狩猎纹铜壶上，同时也出现了人面鸟身神操蛇的图像。河南辉县琉璃阁 M59 战国早期狩猎纹铜壶的第二层不同于其他各层。在该铜壶拓片中轴线的位置上描绘了一位操蛇之神（见图 9-14），而其他各层中轴线均没有任何图像，这似乎在向我们暗示他的中心地位。

[1] 温廷宽，《中国肖形印大全》，太原：山西古籍出版社 1995 年版，第 319 页。

[2] 〔晋〕张湛注，《列子注》，《诸子集成》（第三卷），北京：中华书局 1954 年版，第 54—55 页。

[3] 吴荣曾，《战国、汉代的"操蛇神怪"及有关神话迷信的变异》，《文物》，1989 年第 10 期。

图 9-14　辉县琉璃阁狩猎纹铜壶操蛇神　　　　图 9-15　成都白果林狩猎纹铜壶操蛇神

他有一张人的面孔和鸟的身体，手臂上生出鸟羽，后部长着鸟尾。他两手各操一蛇，头戴两蛇，脚践一蛇。这与成都白果林小区晚周时期狩猎纹铜壶上的操蛇之神的外貌特征基本相同，应是同一时期的作品（见图 9-15）。

由此可见，战国早期已经出现了操蛇神图像。这一时期的操蛇神表现为"人鸟合体"的形态。在随后的发展中，鸟的因素逐渐减弱，而人的成分逐渐增加。

湖北随县的曾侯乙墓墓主内棺所绘图案是一个龙蛇的世界。《曾侯乙墓》一书写道：

> 经统计，曾侯乙墓内棺所绘各种动物纹饰，各种龙共有 549 件，各种蛇共 204 件，鸟 110 件，鸟兽形兽 24 件，鹿 2 件，凤 2 件，鱼 2 件，鼠状动物 2 件。可见，龙最多，占总数的一半以上。如果考虑到古代龙蛇不分的情况的话，那么，龙、蛇加起来统计就占了总数的 84.13%。因此可以说，完全是一个龙（蛇）的世界。[1]

在曾侯乙墓的内棺上，艺术家描绘了很多图形结构复杂、抽象、富有几何趣味的操蛇神怪。操蛇神怪（见图 9-16）呈人面鸟身状，或操两蛇，或珥两蛇，或啖两蛇，有的头上生角，且多与鸟衔蛇图像组合。[2] 淮阴高

---

[1]　湖北省博物馆，《曾侯乙墓》，北京：文物出版社 1989 年版，第 41 页。
[2]　同上，第 30—36 页。

　　　　　　　　　　　　　　　　　　　　　　　　　　神话之魅

图 9-16　曾侯乙墓内棺操蛇图像

图 9-17　淮阴高庄战国墓一铜匜纹饰

图 9-18　淮阴高庄战国墓一铜器残片纹饰

庄战国墓中出土了战国中期的铜器纹饰也是以蛇（龙）和鸟为主，其中发现了一定数量的操蛇神怪。操蛇者制蛇方式多样，除操蛇、践蛇外，还有珥蛇、戴蛇等。操蛇者一部分完全演变为人形，另有一部分仍与鸟有关。在一个铜匜的纹饰中，有一鸟头人身状神怪，背生鸟羽，一手持斧，一手持蛇，做砍砸状（见图 9-17）。[1] 在另一铜器的残片上也发现了相似的图像（见图 9-18），在同一铜器的残片上有一人面鱼身的神怪，双手分别执一带翼神兽，脚践两蛇，珥两蛇，头上戴有两只小鸟（见图 9-19）。[2] 随

---

[1]　淮阴市博物馆，《淮阴高庄战国墓》，《考古学报》，1988 年第 2 期。

[2]　同上。

图 9-19　淮阴高庄战国墓一铜器残片纹饰

图 9-20　信阳楚墓出土锦瑟漆绘

图 9-21　长沙子弹库战国墓出土十二月神图

图 9-22　湖北荆门"大武"铜戚纹饰

图 9-23 秦咸阳宫遗址出土花砖残块珥蛇神，拓本及线描图

着图像的发展，"人鸟合体"的操蛇图像中鸟的因素逐渐减少，以至于退化为只剩下鸟爪。河南信阳楚墓出土了一件表面有漆绘的锦瑟。该锦瑟上描绘了一位朱衣神人操蛇的图像[1]（见图 9-20），朱衣神人头上戴冠，双手鸟爪，呈弯钩状，各持一蛇，张口咆哮。1942 年长沙子弹库战国墓出土的楚帛书是一幅图文并茂的珍贵图画，学术界称之为"十二月神图"（见图 9-21）。[2] 在该图的右上角和左下角分别绘有一位唊蛇神和操蛇神，二神的共同特征便是人面鸟足。1960 年湖北荆门出土了一件铜戚[3]（见图 9-22），上刻有"大武"铭文。铜戚援部正反面都铸有相同的图案，图像描绘一人面鸟足的神人左手操蛇，右手操蜺，腰部缠蛇，胯下有蛇，脚踏日月，两耳上还戴有两条盘蛇。秦咸阳宫遗址出土的一花砖残块上，描绘了一位珥蛇神[4]（见图 9-23），该神人面鸟爪，骑凤，头戴山形冠（从残片推测可知），左耳佩有一蛇，从残片推知右耳也应佩有一蛇。

上述图像资料证明，操蛇图像的产生与鸟之间有许多内在的联系。操

[1] 河南省文物研究所，《信阳楚墓》，北京：文物出版社 1986 年版，第 16 页。
[2] 马昌仪，《从战国图画中寻找失落了的山海经古图》，《民族艺术》，2003 年第 4 期。
[3] 俞伟超，《大武辟兵铜戚与巴人的大武舞》，《考古》，1963 年第 3 期。
[4] 王伯敏，《古肖形印臆释》，上海：上海书画出版社 1983 年版，第 64 页。

蛇神在初期为何会是"人鸟合体"的形态呢？古人并不满足于鸟衔蛇、践蛇图像蛇的巫术防御功能。随着人对自身力量认识的提高，加之蛇在古人心目中具有神圣性地位，操蛇主体便很快地注入人的因素，"人鸟合体"的操蛇神也就产生了。从文献资料来看，《列子》一书并未提及"操蛇"神的体貌特征。然而，《山海经》中的相关记载向我们证实了"人鸟合体"珥蛇神的存在。《山海经》四海之神皆为人面鸟身之状。《大荒北经》："北海之渚中，有神，人面鸟身，珥两青蛇，践两赤蛇，名曰禺彊。"[1]《大荒东经》："东海之渚中，有神，人面鸟身，珥两黄蛇，践两黄蛇，名曰禺䝞。"[2]《大荒南经》："南海渚中，有神，人面，珥两青蛇，践两赤蛇，曰不廷胡余。"[3]《大荒西经》："西海渚中，有神人面鸟身，珥两青蛇，践两赤蛇，名曰弇兹。"[4]另有东方句芒，《海外东经》："东方句芒，鸟身人面，乘两龙。"[5]这里，"乘两龙"也就是前面说的"践两蛇"。《山海经》赋予了操蛇神以崇高的地位——海神，对此我们并不感到惊讶。在中国的神话中，与蛇有关的神灵都具有一定的地位。这里我们要关注的是文献与图像之间的关系，从而解释"人鸟合体"的操蛇神图像何以产生。

尽管现在很难说清操蛇图像与《山海经》"操蛇神"之间的关系，然而两者之间不是孤立的各自存在。《山海经》是一部"图书"，所谓的"图书"就是有图有文。不少学者认为，《山海经》是有图的，而现在我们看到的文字部分只是对图的一种解释。从陶渊明的诗句"流观山海图"里我们也可以看出这一点。又有学者认为《山海经》是根据古图而作的。朱熹说："《山海经》记诸异物飞走之类，多云东向，或云东首，疑依图画而述之。"[6]毕沅认为："《山海经》有古图……十三篇中，《海外经》《海内经》所说之图，当是禹鼎也。"阮元也说："《左传》称禹铸鼎象物，使民知神

---

[1] 袁珂，《山海经校注》，上海：上海古籍出版社 1983 年版，第 425 页。
[2] 同上，第 350 页。
[3] 同上，第 370 页。
[4] 同上，第 401 页。
[5] 同上，第 265 页。
[6] 转引自孙致中《〈山海经〉与〈山海图〉》，《河北学刊》，1987 年第 1 期。

奸。禹鼎不可见，今《山海经》或其遗象欤？"[1] 近人余嘉锡也认为《山海经》是根据夏代九鼎图而作的。[2] 且不论《山海经》依九鼎而作的观点正确与否，它至少向我们表明《山海经》的文本与"图"之间存在一定的联系。那么，《山海经》中"人鸟合体"操蛇神的文本很有可能是根据图像创造出来的，而反过来又影响到图像的形式构成。

（二）操蛇图像的演变

操蛇者经历了由"鸟"到"人鸟合体"神的变化，人的因素在不断增强。在战国中后期，最终形成了完全以"人"为主体的操蛇图像。这一时期是分裂与整合的时期，人的力量被充分地挖掘出来，在思想上体现为一种"理性精神"。[3] 唯物主义思想的发展不断地挑战着鬼神学说。总之，人充分地认识到了自身的力量并使自身力量最大化。在这样大的社会背景下，操蛇图像的主体也由"神"蜕变为了"人"形。

从战国中期的淮阴高庄战国墓出土的铜器纹饰中，我们可以清晰地看到这种变化。该墓所出的铜器纹饰中，操蛇者图像除前文所说的人鸟合体形态外，更多的是以人为主。据笔者的统计，淮阴高庄战国墓共发现各种操蛇图像约 13 幅，其中"人鸟合体"的操蛇图像只有 3 幅。这说明，从战国中期开始，操蛇者已经向人形转化。在一铜盘刻纹残片上，有两幅相同的操蛇图像格外醒目，似乎整个画面以此为主（见图 9-24）。[4] 在两者的周围穿插着为数众多的异兽和小鸟。操蛇者双手各执一蛇，两耳饰蛇，头上有一柱状物，柱顶两旁有两蛇。从该图像来看，操蛇者已经基本上是人形，仅手臂下尚有羽毛。在一铜匜腹内壁的刻纹上，操蛇者已经完全呈现人的姿态。[5] 在一残片上部的位置有一位身穿窄袖襦裙者，双手各执两

---

[1] 〔清〕郝懿行，《山海经笺疏》，成都：巴蜀书社 1985 年版，阮序。

[2] 余嘉锡，《四库提要辨证》卷一八《小说家类》三，北京：中华书局 2007 年版。

[3] 李泽厚，《美的历程》，北京：中国社会科学出版社 1984 年版，第 59—81 页。

[4] 淮阴市博物馆，《淮阴高庄战国墓》，《考古学报》，1988 年第 2 期。

[5] 同上。

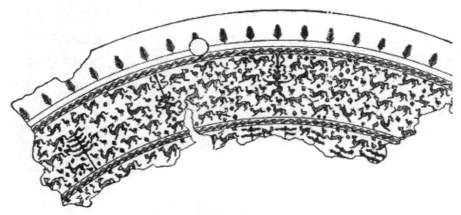

图 9-24　淮阴高庄战国墓一铜盘刻纹

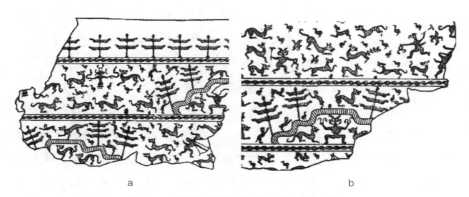

图 9-25　淮阴高庄战国墓一铜匜腹内壁的刻纹

蛇的尾部，珥两蛇，头戴两蛇（见图 9-25a）。另一腹内壁残片的画面分为上下两层，上层左右各有一人一手操蛇，一手执戈，做砍杀状。下层山下有一操蛇者，双手各操一蛇，左右各有一兽（见图 9-25b）。图 9-26 的铜器刻纹残片上层有两位操蛇者。左部为一人手操两蛇，右部为一方头者，珥两蛇，双脚踩在两有翼神兽的背上，双手抓住兽角。

在距离曾侯乙墓约 102 米的地方，发现一战国中期墓葬，湖北随州擂鼓墩二号墓。该墓出土的青铜编钟纹饰上有一人操蛇的图像，操蛇者做正

图 9-26　淮阴高庄战国墓铜器残片纹饰

图 9-27　擂鼓墩二号墓青铜编钟纹饰

面蹲坐状，两手各操一蛇，脚践一蛇（见图 9-27）。[1]

由此可见，从战国中期始，人形的操蛇图像已经出现。到了汉代，情况变得有些复杂。操蛇图像的主题除了继承战国中期以来的人形以外，显著的特征则是"熊"操蛇图像的出现。

在汉代画像石中，操蛇图像并不多见。1959 年发现的山东安丘董家庄汉墓是一座大型的汉画像石墓。该墓后室北壁画像的中央刻画了一位操蛇者，做正面蹲坐状，似舞姿，两手各操一蛇，张口咬住蛇头（见图 9-28）。[2] 山东临沂吴白庄汉画像石墓有一幅操蛇图像（见图 9-29）[3]，图为一操蛇神人做正面蹲坐状，一大蛇缠绕其颈，他两手抓住蛇身，胯下有一壁虎状怪兽。这与汉代东方朔《神异经》里的神人尺郭相同。[4] 徐州汉画像石艺术馆收藏有淮北地区蔡集出土的一块抱鼓石（见图 9-30），石面

---

[1]　湖北省博物馆、随州市博物馆，《湖北随州擂鼓墩二号墓发掘简报》，《文物》，1985 年第 4 期。

[2]　俞伟超主编，《中国画像石全集》卷一，郑州：河南美术出版社 2000 年版，第 116 页。

[3]　管思浩、霍启明、尹世娟，《山东临沂吴白庄汉画像石墓》，《东南文化》，1999 年第 6 期。

[4]　《神异经》："东南方有人焉，周行天下，身长七丈，腹围如其长。头戴鸡父魁头，朱衣缟带，以赤蛇绕额，尾合于头。不饮不食，朝吞恶鬼三千，暮吞三百。此人以鬼为饭，以露青浆。名曰尺郭，一名食邪，道师云吞邪鬼，一名赤黄父。今世有黄父鬼。"上海古籍出版社编，王根林、黄益元、曹光甫校，《汉魏六朝笔记小说大观》，上海：上海古籍出版社 1999 年版，第 50—51 页。

图 9-28　董家庄汉墓操蛇图　　　　　　图 9-29　临沂吴白庄汉墓操蛇图

图 9-30　宿迁市蔡集出土操蛇图

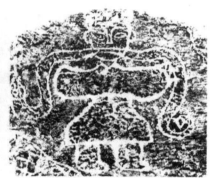

图 9-31　淮北市梧桐村汉墓出土操蛇武士画像

上用阴线刻的技法描绘了一位体态雄健的操蛇神人，他头扎发髻、面孔肥硕、两袖飞扬。他双手共操一蛇，并咬住蛇身，蛇由于被控制而挣扎着。在淮北地区的其他地方也发现了相似的画像石。淮北市梧桐村汉墓出土一鼓形器画像石，石面上刻有一操蛇武士画像（见图 9-31）。[1] 武士身着短袍，双手抓住一蛇，衔在口中。淮北市临涣文昌宫收藏有汉魏时期的两块

---

[1]　高书林，《淮北汉画像石》，天津：天津美术出版社 2002 年版，第 194 页。

图 9-32　淮北市临涣文昌宫
操蛇石雕

图 9-33　嘉祥县刘村洪福院操蛇图（局部）

石雕（见图 9-32），它们原为南阁上建筑物的底座。两块石雕的内容相同，均为一大力士手操一蛇，脚踏蛇，蛇缠绕着力士。嘉祥县刘村洪福院早年曾出土一块东汉早期画像石，原石现藏山东省博物馆。画面分三层，上层残石为伏羲、女娲画像，下层为泗水升鼎，操蛇图像见于中层。操蛇者圆脸大眼，双手操一长蛇，蛇头伸向右边一头戴高冠、身佩长剑的人物，该人左手执锤，身体似舞姿（见图 9-33）。[1] 2010 年 4 月，滕州市滨湖镇山头村村东的平山前山坡上出土了八块精美的汉画像石，在一块石椁侧板上刻画着双龙、人物、马、二凤衔风宿、厥张和大力士双手操蛇的形象。据初步的研究，出土的画像石为西汉晚期的作品。

　　在汉代，操蛇图像最显著的特征是"熊"操蛇图像的出现。熊操蛇图像主要体现在肖形印当中。在这里，"熊"并非为现实中的野兽，而是由人装扮的"熊"。为什么将"熊"操蛇肖形印定位为汉代之物呢？由于肖形印很多都是传世品，从考古学上对其进行科学地年代判断变得非常困难。从图像的时代特征上来看，战国时期发现的熊的图像并不多，而在汉画中

---

[1]　朱锡禄，《嘉祥汉画像石》，济南：山东美术出版社 1992 年版，第 10 页。

图 9-34　徐州狮子山楚王墓出土汉代金带扣，摄于徐州博物馆

图 9-35　淮北市濉溪县文管所收藏汉代空心画像砖

则出现了大量的熊图像，河南汉画像石上常见熊的形象。徐州狮子山楚王墓出土的西汉金带扣上发现有熊的造型（见图 9-34）。在罗森之前，带扣上的动物没有得到很好的辨认。罗森凭借自己在大英博物馆东方部的工作和对于中国古代艺术的研究一眼便认出了该动物为熊。[1] 淮北市濉溪县文

---

[1]　[英] 罗森著，孙心菲等译，《中国古代的艺术与文化》，北京：北京大学出版社 2002 年版，第 12 页。

管所收藏有一块汉代空心画像砖[1]（见图 9-35），上面刻画了铺首衔环和熊、虎等神兽。关于熊的图像汉代并不难见，重要的是汉代出现了熊、蛇组合的图像，从而印证了"熊"操蛇肖形印的年代应为汉代。山东诸城出土的东汉光和画像砖上便有熊、蛇组合的画像（见图 9-5）。[2]

　　从汉人的信仰上来看，黄帝是中华民族的人文始祖，与炎帝一起成为中华民族的祖先神。黄帝号称"有熊氏"，是以熊为图腾的部落氏族。汉代画像中出现了许多的熊图像与汉人的黄帝信仰有关。汉代人信仰黄帝，有着强烈的黄帝崇拜。王振复认为从战国后期，黄帝开始被正式发现与塑造为中华民族（当时实际指中原地域的华夏）的"人文初祖"。而到了汉代，司马迁正式地把黄帝确立为中华民族的"人文初祖"。他指出，司马迁首次为黄帝立"本纪"，成为五帝之一。[3]《史记》曰："黄帝者，少典之子，姓公孙，名曰轩辕。生而神灵，弱而能言，幼而徇齐，长而敦敏，成而聪明。"[4]王振复利用五行说揭示了黄帝"人文初祖"地位的形成。《吕氏春秋》云：黄帝土德，禹木德，汤金德，周火德，秦水德。那么，从五行相克的理论来说，汉代又轮回到黄帝时代的土德。王振复曾列表表示如下：[5]

黄帝时代 （黄帝）	夏代 （禹）	商代 （汤）	周代 （文王）	秦代 （始皇）	汉代 （高祖）
土德 （木克土）	木德 （金克木）	金德 （火克金）	火德 （水克火）	水德 （土克水）	土德

　　因此，汉代人对于黄帝有着强烈的崇拜。这种崇拜表现在汉画中是以黄帝的图腾物"熊"的形象出现的。汉人对于熊的崇拜也就是对于黄帝的崇拜。神话学家叶舒宪根据红山文化考古研究成果提出，中华民族存在一

[1] 高书林，《淮北汉画像石》，天津：天津美术出版社 2002 年版，第 92 页。
[2] 王伯敏，《古肖形印臆释》，上海：上海书画出版社 1983 年版，第 8 页。
[3] 王振复，《中国美学的文脉历程》，成都：四川人民出版社 2002 年版，第 313—314 页。
[4] 〔汉〕司马迁，《史记》，北京：中华书局 1963 年版，第 1 页。
[5] 王振复《中国美学的文脉历程》（成都：四川人民出版社 2002 年版）第 316 页列表制作。

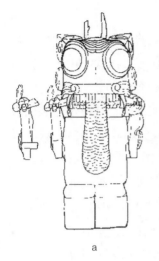

a   b   c

图9-36　战国、汉代镇墓兽形象
（a 河南信阳战国楚墓出土，b 重庆市化龙桥东汉砖墓出土，c 四川乐山柿子湾崖墓画像）

种熊图腾，并论证熊可能是龙的原型，而"龙的传人"就很可能是"熊的传人"。[1] 从这方面来看，熊与黄帝具有了某种共同的特质。黄帝的人文初祖地位是在汉代确立的，因此反映到汉画中就是熊形象出现较多。这为我们将"熊"操蛇肖形印的年代断定为汉代提供了旁证。

　　前文已论述了操蛇图像的产生及其演变的大致线索。除此之外，另有一种战国至汉代的操蛇镇墓兽。文章之所以提到镇墓兽，不仅是因为它与操蛇有关，更重要的是它们对于研究操蛇图像（神人操蛇肖形印）的内涵和功能等问题具有极大的启发意义。镇墓兽是我国古代墓葬中的一种常见的随葬品，常为兽面、人面，头部装饰鹿角，是一种震慑鬼怪、保护墓主人灵魂不受侵扰的随葬明器。战国至汉代的楚墓中常常发现这种器物，反映了楚人尚鬼神的风俗。镇墓兽中有一类操蛇者，河南信阳战国楚墓出土

---

[1]　叶舒宪，《"猪龙"与"熊龙"——"中国维纳斯"玉龙之原型的艺术人类学通观》，《文艺研究》2006年第4期。

一木雕镇墓兽（图 9-36a），[1] 高 128 厘米，宽 45 厘米，放在棺椁正后方。该镇墓兽的整体形状是人跪坐之形，头戴两只鹿角（已残），面部有鳞纹，张巨口衔住一木雕蛇，做啖食状。一爪握蛇，自口中穿过。舌特长，下垂至胸部，施朱彩，有刻纹。重庆市化龙桥东汉砖墓也出土一件镇墓兽，该镇墓俑"头上簪花一朵，舌头伸出（已缺），右手执斧，左手握蛇"[2]（图 9-36b）。成都天回山东汉时期崖墓也出土一相似的操蛇镇墓兽，该镇墓兽"右手持斧，左手执一长蛇，形象阴森恐怖"[3]。此外，四川乐山柿子湾一崖墓后室甬道口侧刻有一神人操蛇画像，通常被认为是镇墓神怪（图 9-36c）。神怪呈兽首人身状，头上生角，牛耳，吐舌，左手执武器（斧），右手操蛇，与重庆化龙桥东汉砖墓出土镇墓兽形象相似。战国至汉代的操蛇镇墓兽极大地丰富了操蛇图像的形式构成。

掌握操蛇图像的产生及演变线索为我们研究神人操蛇肖形印的文化内涵奠定了基础。操蛇图像缘起于一种巫术的心理，人们对于蛇的恐惧心理使得人们神化了吃蛇的鸟类，以对蛇加以控制。鸟衔蛇、践蛇图像的不断神化在春秋晚期至战国中期便产生了"人鸟合体"神操蛇图像。之后，由于人对自身力量认识的不断提高，"人鸟合体"中鸟的因素不断减弱而人的因素不断增强。战国中后期至汉代，操蛇主体完全地演变成了人形。在汉代，肖形印中熊操蛇图像，是操蛇图像在肖形印中的独特表现。由此，操蛇者经历了由"鸟"到"人鸟合体神"到"人"再到"熊"的演变过程。此外，操蛇镇墓兽为战国至汉代特殊的操蛇形象，也属于操蛇图像的系统。因此，将神人操蛇肖形印放到整个的操蛇图像系统中加以研究，才能阐明其所体现的文化内涵和功能等问题。

---

[1] 高至喜，《楚文物图典》，武汉：湖北教育出版社 2000 年版，第 334 页。
[2] 胡人朝，《重庆市化龙桥东汉砖墓的清理》（图版七），《考古通讯》，1958 年第 3 期。
[3] 刘志远，《成都天回山崖墓清理记》，《考古学报》，1958 年第 1 期。

三、神人操蛇肖形印的文化内涵

文化这里指的是其广义的概念，即人类在社会历史发展过程中所创造的精神财富的总和，包括哲学、宗教、信仰、风俗习惯、道德情操、学术思想、文学艺术、科学技术、各种制度等。不同的时代，不同的社会背景和社会制度所产生的文化自然不同。各个时代的文化都可以通过其遗留物反映出来。因此，我们通过对各时期遗物的研究可以复原古代的社会文化面貌。肖形印大部分是战国和两汉时期的遗留物，它们所体现的文化内涵也多与这一时期的神话、宗教、信仰和风俗有关。肖形印图像内容丰富，是反映古代社会生活的一面镜子。叶其峰对肖形印的文化内涵做了概括：

> 肖形印的图像，从斗鸡弄狗到舞乐百戏，从车马出行到神话传说，从珍禽走兽到民俗风情，均有不同程度的涉及。每一方肖形印，均是一件精致的"微型"雕刻，一帧品味独具的"微型"古画。肖形印像一面镜子，反映着古代社会生活的一个侧面。[1]

通过研究，神人操蛇肖形印的文化内涵主要体现在神话传说和巫觋信仰上。通过对神人操蛇肖形印进行文化内涵的阐释，我们可以看到古人的精神信仰和内心世界及其对古代社会文化艺术的反作用。

（一）制蛇方式的含义

以手"操"蛇是最为常见的制蛇方式。《说文解字》曰："操，把持也，从手喿声。"即用手持的意思。"操"意味着控制、占有和利用。那么，操蛇便是对蛇的一种控制、占有和利用。一方面操蛇意在将蛇控制和制服，表达了人们对于蛇害的解除心理。另一方面，操蛇意味着对蛇的利用，作

---

[1] 叶其峰，《古玺印通论·导言》，北京：紫禁城出版社 2003 年版，第 5 页。

为巫觋的一种沟通天地、神人的中介。然而操蛇图像是一个图像的组合，它不仅包括手持，也包括其他的制蛇方式。除操蛇外，珥蛇、践蛇、衔蛇（唼蛇）也较为常见。弄清诸制蛇方式的原始意义有助于我们探析神人操蛇肖形印的文化内涵与功能等问题。

1. 珥蛇与沟通天地

《说文》曰："珥，瑱也。从王耳。耳亦声。"又曰："瑱，以玉充耳也。从王。真声。"玉瑱是古人冠冕上垂在两侧以塞耳的玉器，属于一种耳饰。《文献通考》曰："瑱以充耳，纮以垂瑱。周官弁师，王之五冕皆玉瑱……则瑱不特施于男子也，妇人亦有之，不特施于冕也，弁亦有之。"[1] 郑玄注《周礼·夏官·弁师》："玉瑱，塞耳也。"那志良《中国古玉图释》云："瑱是耳饰，垂在冠旁，正当耳孔之际，或是直接垂在耳上，都是可以的。"[2]

"珥"的原意是以玉饰耳，"珥蛇"便是以蛇饰耳的意思了。那么，以蛇饰耳又向我们传达了什么信息呢？珥作为一种玉器，本来就具有祭祀通天的功用，而饰珥的冕又是当时帝王、诸侯及卿大夫祭祀时所戴的礼冠。因此，珥的宗教祭祀功能便显露了出来。我们认为，"珥蛇"的最初含义便是借助蛇的神性沟通天地。人体感受外物的主要器官就是耳目。青铜礼器纹饰上对于耳目器官的刻画较为夸张，意在强调这种器官对于沟通人神的重要性。董仲舒以耳目与日月相比，他在《春秋繁露·人副天数》中说"上有耳目聪明，日月之象也"；"耳目戾戾，象日月也"。[3] 上古巫师与神灵沟通，传达他们的旨意靠的就是耳的"聆听"能力。朱存明在《灵感思维与原始文化》一书中也表达了巫师利用蛇的听觉器官与神交流的观点。[4] 蛇是一种神圣的动物，借助于蛇的神性使得巫师们能更好地在人神之间游走。从人兽关系上来看，"珥蛇"体现了人、蛇之间的"亲密伙伴关系"。

[1] 〔元〕马端临，《文献通考》，北京：中华书局1986年版，第1001页。
[2] 那志良，《中国古玉图释》，台北：南天书局有限公司1980年版，第278页。
[3] 〔汉〕董仲舒，《春秋繁露》，上海：上海古籍出版社1989年版，第75页。
[4] 朱存明，《灵感思维与原始文化》，上海：学林出版社1995年版，第212—213页。

按照张光直的理论，商周青铜器上的人兽形象是一种亲密的"伙伴关系"。他认为"人"指的是在殷商社会中占重要地位的巫觋，她（他）们的作用是"协于上下""沟通神人"；"兽"则是巫觋巫师用于沟通天地的助手。[1]从"图"与"文"两方面我们都能看出珥蛇通天地的意味。

2. 践蛇与御龙

《说文》："践，履也。从足戋声。""践"就是"踩"的意思，"践蛇"也就是"踩蛇"，这点比起"珥蛇"似乎没有什么异议。但是"践蛇"的含义仍是需要解决的问题，它是否就是如字面所说的践踏之意呢？孙作云先生立足于自身的图腾学理论，认为在图腾社会的战争中，战胜者对于战败者的图腾有虐待的习俗。最典型的案例是黄帝族部落战胜蚩尤族部落后对其图腾进行了一系列的虐待，他说道：

> 中原的蛇社团图腾被西北部落的熊社团剪灭以后，他们的图腾"蛇"，真是遭尽了迫害，备尝亡国的滋味。《山海经》常说某某地方有鸟珥蛇践蛇，我想这种践蛇法就是对于图腾的蛇的一种虐待。[2]

孙作云的"图腾虐待学说"还是有一定的说服力的，然而将图腾社会的习俗运用到战国和汉代似乎有点用远水救近火之嫌。我们对于践蛇不能孤立地看待。单一的践蛇图像也许有诅咒虐待的含义。但"珥蛇""践蛇"的组合图像就未必是虐待了。《山海经》中常出现"乘两龙"与"践两蛇"的神灵，二者其实是一个意思。《海外北经》里北方禺彊践两青蛇，郭璞注引一本云："北方禺彊，黑身手足，乘两龙。"可见，"践蛇"即"御龙"。张光直认为"两龙"在《山海经》是不少"神"与"巫"的标准配备。[3]

"践蛇"即"御龙"，那么"践蛇"并不能体现出一种对抗的人兽关系。

---

[1]　张光直，《中国青铜时代》，北京：生活·读书·新知三联书店 2013 年版，第 478 页。
[2]　孙作云，《中国古代神话传说研究》，开封：河南大学出版社 2003 年版，第 87 页。
[3]　张光直，《中国青铜时代》，北京：生活·读书·新知三联书店 2013 年版，第 449 页。

图 9-37　人物御龙帛画　　　　　图 9-38　御龙肖形印，选自《石钟山房印举》

从图像上来看，湖南长沙子弹库出土的人物御龙帛画体现了人兽之间的亲密关系（见图 9-37）。帛画表现一男子（巫师）御龙升仙的场景，他手持缰绳踩在龙背上，龙尾上有仙鹤，龙体下有游鱼。华盖的飘带和该男子的衣带飘举，表现了飞升时的动势。相似的图像在肖形印中也有出现[1]，图9-38 的两枚肖形印刻画的便是御龙升仙的场景。两印极为相似，为一人骑龙飞升，向后飘动的头发表现了一种动态的升仙场景。该升仙者一手扶龙，一手拿着葫芦状的东西，似乎向我们表明里面装有仙药或酒。乘龙升仙是最为常见的方式，古人升仙有"三蹻"的说法，即借助龙、虎、鹿这三种具有神性的动物之力达到升仙的目的。《抱朴子·内篇》卷十五："若能乘蹻者，可以周流天下，不拘山河。凡乘蹻道有三法：一曰龙蹻，二曰虎蹻，三曰鹿卢蹻。……乘蹻须长斋，绝荤菜，断血食，一年之后，乃可乘此三蹻耳。……龙蹻行最远，其余者不过千里也。"[2]《太上登真三矫灵

---

[1]　〔清〕陈介祺，《石钟山房印举》，北京：中国书店 1985 年版。
[2]　张松辉译注，《抱朴子·内篇》，北京：中华书局 2011 年版，第 500—501 页。

应经》："三矫经者，上则龙矫，中则虎矫，下则鹿矫。……大凡学仙之道，用龙矫者，龙能上天入地，穿山入水，不出此术，鬼神莫能测，能助奉道之士，混合杳冥通大道也。……龙矫者，奉道之士，欲游洞天福地，一切邪魔精怪恶物不敢近，每去山川江洞州府，到处自有神祇来朝现。"[1] 可见，常人不能像英雄后羿一样可以不借助外力就能上昆仑山求到不死药，以达到成仙的目的；因此他们幻想出了龙、虎、鹿这三种具有神性的动物坐骑来帮助他们飞升，其中龙的脚力最强，因此成了升仙的首选代步工具。

龙蛇本一家，"践蛇"与"御龙"一样是一种加速前进的工具。古人认为蛇能腾飞，也就能把人带到天上。李炳海认为："《山海经》等文献出现的那些珥蛇、操蛇、践蛇之神，他们身上的蛇不是装饰物，也不是被征服的对象，而是为他们提供行进动力的灵物。"[2] 因此，所谓的"践蛇"当与御龙有着紧密的联系。

3. 衔蛇与辟邪

衔就是用嘴叼的意思，唌蛇与衔蛇的意思相同，都指的是用嘴咬蛇、吃蛇。衔蛇的含义似乎可以达成一致，因为蛇显然处于一种被动地位。它首先向我们表明了当时的某些地区的人们有食蛇风俗。《山海经》中有"黑人"的食蛇记载，《海内经》："又有黑人，虎首鸟足，两手持蛇，方唌之。"[3] 黑人是否就是现在的黑种人呢？《海外东经》有劳民国，"其为人黑。或曰教民。一曰在毛民北，为人面目手足尽黑。"[4] 这里的"黑人"是手足的肤色发黑，郭郛认为他们是东北鸟图腾部落，受日晒时间较长，故体黑。[5]《海外东经》记载了黑齿国的食蛇习俗，"为人黑，食稻唌蛇，一赤一青，在其旁。一曰：在竖亥北，为人黑首，食稻使蛇，其一蛇赤"[6]。

[1] 张光直，《中国青铜时代》，北京：生活·读书·新知三联书店 2013 年版，第 329 页。
[2] 李炳海，《蛇：参与神灵形象整合的活性因子——珥蛇、操蛇、践蛇之神的文化意蕴》，《文艺研究》，2004 年第 1 期。
[3] 袁珂，《山海经校注》，成都：巴蜀书社 1993 年版，第 517 页。
[4] 同上，第 313 页。
[5] 郭郛注，《山海经注证》，北京：中国社会科学出版社 2004 年版，第 660 页。
[6] 袁珂，《山海经校注》，成都：巴蜀书社 1993 年版，第 306 页。

图9-39 马王堆汉墓漆棺画啖蛇神怪　　　　　图9-40 沂南汉墓虎首食蛇图像

有学者认为"黑齿"是一种将牙齿染黑的习俗。[1] 因此，所谓的黑人并非现在意义上的黑人，而是由于自然条件造成的肤色黑暗和民间风俗上将某些部位染黑。蛇在古代中国是一种分布广泛的图腾信仰，而食蛇很可能是一些野蛮民族图腾信仰的产物。

　　衔蛇（啖蛇）的另一层含义就是避蛇，即对蛇的防御。马王堆一号汉墓漆棺棺盖漆画刻画了啖蛇的神怪（见图9-39）。图上1、2为秃鹫低头寻蛇；3为一秃鹫口衔一蛇，正在喂一张着大口的怪物；4为一怪物吞蛇；5为一怪物右手操蛇，正欲啖之。整幅画面是"叙事性"的，按照时间和事件的发展线索展开。孙作云先生认为所有这些怪物"都是'土伯'。土伯是地下的主神，土伯吃蛇，就是对于蛇的防御，以防蛇对尸体的钻扰、侵害"[2]。对蛇的防御也就是对于地下恶鬼的防御，从而引申为一种辟邪风俗。沂南汉墓大傩图上有虎首彊良食蛇的图像[3]（见图9-40），画面上方有一虎首状神兽张口衔住一条大蛇。这正是对于打鬼的十二神兽之一强梁（彊良）的表现。《大荒北经》曰："又有神衔蛇操蛇，其状虎首人身，四蹄长肘，名曰彊良。"[4] 此外，长沙子弹库出土的帛书、山东安丘董家庄汉

[1] 郭郛注，《山海经注证》，北京：中国社会科学出版社2004年版，第653页。

[2] 孙作云，《美术考古与民俗研究》，开封：河南大学出版社2003年版，第130—131页。

[3] 俞伟超主编，《中国画像石全集》第1卷，郑州：河南美术出版社2000年版，第138页。

[4] 袁珂，《山海经校注》，上海：上海古籍出版社1983年版，第426页。

墓、淮北梧桐村和蔡集画像石、镇江东晋画像砖墓等都出现了衔蛇（啖蛇）的画像。由此可见，衔蛇主要体现了辟邪的含义。

（二）神话传说

神话类题材在肖形印中占有一定的分量，除了王伯敏所说的神话动物和操蛇、御龙神怪之外，如伏羲、帝俊、蓐收、应龙等在肖形印中都有反映。按照操蛇者和制蛇方式的不同，我们将神人操蛇肖形印分为不同的类别，每个类别都反映了不同的内容和文化内涵。从操蛇图像的发展演化和相关文献记载来看，操蛇（包括珥蛇、衔蛇、践蛇等）主要是先秦两汉某些神灵和巫觋的行为方式，因此其文化内涵多与此相关。早期"神人操蛇"肖形印的图像偏重于对神灵的描绘，它们与当时流传的神话传说之间关系密切。

1.《山海经》四海之神的肖像

《山海经》一书本来是图文并茂的，郭璞和陶渊明都见过汉代所传的山海经古图。明清时期，很多学者如胡文焕、蒋应镐、郝懿行、汪绂等都为《山海经》配了插图。那么，这一时期的学者所作的图是否就与古图相符呢？马昌仪认为："明、清时代的山海经图是当时的文人画师为《山海经》绘画的图本与插图，供读者阅读与欣赏之用的艺术品，与《山海经》原始古图在性质、功能、作用等诸多方面完全不同。"[1] 因此她专门著文，从"与《山海经》同时代的帛画、漆画、铜器上的针刻画入手，探寻已经失落了的山海经古图的人文特色与风貌"[2]。这是复原《山海经》古图的一个直接有效的方式。

珥蛇、践蛇肖形印与《山海经》为同一年代，且在《山海经》中有相

---

[1] 马昌仪，《从战国图画中寻找失落了的山海经古图》，《民族艺术》，2003 年第 4 期。
[2] 同上。

466　　　　　　　　　　　　　　　　　　神话之魅

应的文字记载。因此，这枚肖形印上的图画正是《山海经》中记载相应神灵的肖像。通常，学者将珥蛇、践蛇肖形印命名为"禺彊印"，因为印面图像与《山海经》中"人面鸟身，珥两青蛇，践两青蛇"的禺彊一致。在《山海经》一书中，禺彊是北方神、北海神兼风神，且与黄帝有血缘关系，是黄帝孙子。《大荒东经》曰："东海之渚中，有神，珥两黄蛇，践两黄蛇，名曰禺虢。黄帝生禺虢，禺虢生禺京，禺京处北海，禺虢处东海，是惟海神。"此处"禺京"，郭璞注曰："即禺彊也。禺彊，字玄冥，为水神。"[1]《吕氏春秋·孟冬纪》云："其神玄冥。"[2]高诱注云："少昊氏之子曰循，为玄冥师。死祀为水神；是玄冥即禺京，禺京即禺彊，京、彊亦声相近也。"禺彊被祀为水神，他又是北方神，因此《山海经》一书说禺彊是北海神。

文献中对于禺彊的描述符合肖形印中对于禺彊的刻画。禺彊最典型的外貌特征有二：其一，人面鸟身。是人鸟合体的一种表现，前文已经论述战国时期的操蛇图像多是人鸟合体状。其二，"珥两蛇"与"践两蛇"。我们发现，操蛇图像中珥蛇和践蛇的数量基本上都是"二"，成双成对。这不是偶然的，笔者认为操蛇图像中蛇的成双成对出现是对商周青铜器纹饰两分现象的继承。张光直的一段话很好地解释了"乘两龙"与"操两蛇"的文化现象。他说：

> 在王室分为两组的情形之下，王室的祖先在另一个世界里自然也遵守类似的排列规则。因此，巫觋在为王室服务所作沟通天地的工作上也须左右兼顾，他们的动物助理也就产生成对成双的需要。巫觋登天要"乘两龙"；也就是"脚踏两只船"的意思，在他们使用来登天的工具上，也要保持着与人间现象相照应的适当的平衡性。[3]

---

[1] 袁珂，《山海经校注》，上海：上海古籍出版社 1983 年版，第 350 页。

[2] 张双棣等译注，《吕氏春秋译注》，长春：吉林文史出版社 1987 年版，第 259 页。

[3] 张光直，《中国青铜时代》，北京：生活·读书·新知三联书店 2013 年版，第 467 页。

因此，"禺彊印"的命名似乎没有什么不妥。但要提出的是，不仅禺彊的外貌特征与该肖形印的图像相符，还有其他神灵与之相符的。这点必须指出，以免误认为这枚肖形印描画的仅仅是禺彊的肖像。《山海经》中的珥蛇、践蛇神多与水有关，北海禺彊如此，其他的三海之神（南海不廷胡余、东海禺貌、西海弇兹）也是如此。《大荒东经》："东海之渚中，有神，人面鸟身，珥两黄蛇，践两黄蛇，名曰禺貌。"禺貌是禺彊之父，禺貌处东海，是惟海神。尽管《大荒东经》里的文字并未提到禺貌是否为人面鸟身之状，但从他与禺彊的父子关系推测，他们的形状应是大同小异的。《大荒南经》："南海渚中，有神，人面，珥两青蛇，践两赤蛇，曰不廷胡余。"[1]《大荒西经》："西海渚中，有神人面鸟身，珥两青蛇，践两赤蛇，名曰弇兹。"郝懿行云："此神形状，全似北方神禺彊，唯彼作践两青蛇为异。"珂案："此神与北方神禺彊、东方神禺貌似均同属海神而兼风神。"[2]四海的海神均与珥蛇、践蛇肖形印的图像相同。因此"禺彊印"所描绘的应为《山海经》四海之神。

综上所述，上海博物馆所藏"禺彊印"上的图像与《山海经》上四海之神的文字记载是完全相符的，且年代大体一致。因此"禺彊印"中的图像为《山海经》四海之神的肖像，人们将其肖像铸刻于肖形印中体现了古人对海神的信仰和崇拜，也体现了古人对风调雨顺的祈求。

2. 夸父的肖像

珥蛇、操蛇肖形印两枚，前文已述。内容极为相似，可能是同一位艺术家的作品。原印年代不详，徐畅认为操蛇一类的肖形印是先秦遗物，而王伯敏《古肖形印臆释》一书列出神人操蛇肖形印四枚，认为这类肖形印均属于汉代。[3]从传世的肖形印来看，大部分为两汉时物，而部分为先秦（基本上为战国）之物。先秦时期肖形印的题材以各种动物为主，到了汉代

---

[1] 袁珂，《山海经校注》，上海：上海古籍出版社 1983 年版，第 370 页。
[2] 同上，第 401—402 页。
[3] 王伯敏，《古肖形印臆释》，上海：上海书画出版社 1983 年版，第 45 页。

逐渐有了人事类题材，人形的操蛇肖形印很可能就是汉代的作品。

珥蛇、操蛇图像出现在战国中后期画像中，淮阴高庄战国墓铜器纹饰、曾侯乙墓漆棺画等均有类似画像。本文认为，这两枚肖形印中的珥蛇、操蛇形象是对神人夸父肖像的刻画。第一枚肖形印为程训义个人收藏，他认为"珥蛇""操蛇"肖形印是夸父的表现。[1] 王伯敏也认为珥蛇、操蛇者是"博父国"（博父即夸父）神人画像。文献中有关于珥蛇、操蛇的记载。《大荒北经》："大荒之中有山，名曰成都载天。有人珥两黄蛇，把两黄蛇，名曰夸父。后土生信，信生夸父。夸父不量力，欲追日景，逮之于禺谷。将饮河而不足也，将走大泽，未至，死于此。应龙已杀蚩尤，又杀夸父，乃去南方处之，故南方多雨。"[2]《海外北经》："博父国在聂耳东，其为人大，右手操青蛇，左手操黄蛇。邓林在其东，二树木。一曰博父。珂案：博父国当即夸父国，此处博父亦当作夸父。"[3]

夸父是神话中具有悲剧性的英雄式人物，他有斗争精神却力不从心。上述文献记载了两种夸父不同的事迹。其一是"夸父逐日"，最终道渴而死。"逐日"反映了古人对太阳的东升西落这一自然规律的认识，古人不知太阳从何而来，要到哪里去。因此，夸父逐日的神话反映了当时人们对太阳东升西沉现象的懵懂的认识。

其二，夸父在炎黄之战中扮演了一定的角色，在战争中被黄帝一方的应龙杀死。交战的双方为黄帝和蚩尤（炎帝），按照图腾学观点，黄帝是西北熊图腾氏族而蚩尤属于蛇图腾氏族。双方均有同盟，黄帝有"熊、罴、貔、貅、貙、虎"等帮手，蚩尤也有兄弟八十一人（或八十人、七十二人）。夸父也属于以蛇为图腾的部落，因此属于蚩尤一方。孙作云认为，应龙本属于蛇氏族蚩尤的一方，但做了内奸帮助黄帝攻打蚩尤，因此《山海经》称其为"贰负"。炎黄之战最终以黄帝的胜利告终，蚩尤与夸父都被应龙所杀。

---

[1] 程训义，《战国"夸父"肖形印》，《检察风云》，2008 年第 12 期。

[2] 袁珂，《山海经校注》，上海：上海古籍出版社 1983 年版，第 427 页。

[3] 同上，第 240 页。

《说文解字》说："巫，祝也，女能事无形，以舞降神者也，象人两袖舞形，与工同意，古者巫咸初作巫，凡巫之属皆从巫。"按《说文》的解释，巫专指的是女性的通神者。《国语·楚语》："古者民神不杂，民之精爽不携贰者，而又能齐肃衷正，其智能上下比义，其圣能光远宣朗，其明能光照之，其聪能听彻之。如是则明神降之，在男曰觋，在女曰巫。韦昭注：《周礼》男亦曰巫。"[1] 可见，巫、觋并没有严格的性别之分，只是分工不同而已。《风俗通义》引《周礼》曰："男巫掌望祀望衍，号旁招以茅。……女巫掌岁时，袚除衅浴。"[2]

巫觋用歌舞的形式与神灵沟通，传达人们的愿望和神灵的旨意，是一种在天、地、神、人之间进行沟通的中介。在古代社会，由于人的认识水平有限，加之对各种自然现象和动植物不了解，便萌发出了"万物有灵观"，认为万事万物皆有一个神灵在控制着。因此，一系列的娱神活动便产生了，而歌舞是最常见的形式。《周礼·女巫》："凡邦之大灾，歌哭而请。"注曰："有歌者，有哭者，冀以悲哀感神灵也。"[3] 古代巫觋通神除歌舞的方式外也用到一些工具，据张光直的统计，巫觋常见的通神的工具有神山、神树、龟策、各种动物、药料酒、玉琮等。三代的青铜器上的动物纹饰，它们都是巫师用于通神的助手。[4]

巫觋在古代社会中发挥着重要的作用，曾对中华文明的起源做出过重要贡献。张光直认为，中国古代文明为萨满式文明，萨满式文明即巫的文明。他说："中国古代文明是所谓萨满式（shamanism）的文明。这是中国古代文明最主要的一个特征。"[5] 古时的巫觋一般地位很高，他们常常集巫

---

[1]　上海师范大学古籍整理组校点，《国语》，上海：上海古籍出版社 1978 年版，第 559 页。

[2]　〔清〕阮元校刻，《十三经注疏》（第二卷），北京：中华书局 2009 年版，第 1763 页。

[3]　同上。

[4]　张光直，《考古学专题六讲》，北京：文物出版社 1986 年版，第 8 页。

[5]　同上，第 4 页。

师、部落酋长或国王于一身。如夏禹就是历史上的大巫，故后世巫师多效"禹步"。张光直认为商王都是巫师。[1] 巫师是公认的医药的制造者，能为人疗病，中国历史上的大巫巫咸即掌握着医药。可见，巫师在古代社会中发挥着重要的作用。

1. 巫觋与蛇之关系

那么，古时的巫觋究竟是什么样子呢？古代的巫觋并非人人可以为之，他们往往具有某种常人所不具备的非凡的能力。能操蛇弄蛇便是巫觋的一项基本能力，概因蛇外形恐怖，一旦被毒蛇咬则性命危在旦夕。而巫师却可以把蛇玩弄于手掌之间，在常人看来是神圣的。《西京杂记》载：

> 有东海人黄公，少时为术，能制龙御虎，佩赤金刀，以绛缯束发，立兴云雾，坐成山河。及衰老，气力羸惫，饮酒过度，不能复行其术。秦末，有白虎见于东海，黄公乃以赤刀往厌之。术既不行，遂为虎所杀。三辅人俗用以为戏，汉帝亦取以为角抵之戏焉。[2]

东海黄公本是一位巫师，他从少年时代就学习巫术，用来制蛇御虎。这为我们了解古代巫觋的肖像提供了信息，信阳楚墓出土的锦瑟漆画上有巫觋戏蛇的图像（见图9-20）。[3] 巫师身穿朱衣，头戴冠，双手各持一蛇。淮阴高庄战国墓出土铜器上的操蛇形象也都与巫觋相关。巫觋与蛇的结合我们可以这样理解：一方面，巫师为了提高其地位与通神的能力，就和当时受人崇拜的蛇联系在一起；另一方面，为了区别众人以显示其不同，制蛇的本领就成为巫觋必备的能力。

《山海经》中的巫觋多操蛇：

---

[1] 张光直，《美术、神话与祭祀》，沈阳：辽宁教育出版社2002年版，第37页。

[2] 上海古籍出版社编，王根林校点，《汉魏六朝笔记小说大观》，上海：上海古籍出版社1999年版，第94页。

[3] 河南省文物研究所，《信阳楚墓》，北京：文物出版社1986年版，第16页。

巫咸国在女丑北，右手操青蛇，左手操赤蛇，在登葆山，群巫所从上下也。[1]（《海外西经》）

　　有灵山，巫咸、巫即、巫盼、巫彭、巫姑、巫真、巫礼、巫抵、巫谢、巫罗十巫，从此升降，百药爰在。[2]（《大荒西经》）

　　巫咸为群巫之首，《说文》"古者巫咸初作巫"，把巫咸作为巫的发明者，《世本》亦云"巫咸作筮"。据文献资料的记载，巫咸的确是一位大巫。《太平御览》卷七九引《归藏》："黄神（黄帝）与炎神（炎帝）争斗涿鹿之野，将战，筮于巫咸。"[3]巫咸国是一个巫觋群体，他们占据名山，掌握医药，从事沟通神人的工作，袁珂说："巫咸国者，乃一群巫师组织之国家也。"他们是典型的巫师，最为著名的是"灵山十巫"。十巫以巫咸为首领，郭璞赞曰："群有十巫，巫咸所统。"巫咸与蛇的关系异常密切，他"右手操青蛇，左手操赤蛇"。张光直认为《山海经》是一本"巫觋之书"，书中描写的巫师常常珥两青蛇，并将其与半坡巫师"珥两鱼"的图像进行了比较。[4]因此，我们可以说，《山海经》一书中的操蛇、珥蛇、啖蛇等形象除了少数神灵外，其他的均与巫觋有关，而操蛇已经成了巫觋们的身份标志。

　　执杖操蛇肖形印有两枚（见图9-3），印面图像均为一手操蛇，一手执杖。《山海经》中有操杖之神（巫），《西山经》云："其七神皆人面牛身，四足而一臂，操杖以行：是为飞兽之神。"[5]《海外北经》记载的夸父手中应该也是有杖的，"夸父与日逐走，入日。渴欲得饮，饮于河渭，河渭不足，北饮大泽。未至，道渴而死。弃其杖，化为邓林"[6]。另外，蛇巫

---

[1]　袁珂，《山海经校注》，上海：上海古籍出版社1983年版，第219页。

[2]　同上，第396页。

[3]　〔宋〕李昉等，《太平御览》，北京：中华书局1960年版，第367页。

[4]　张光直，《中国青铜时代》，北京：生活·读书·新知三联书店1983年版，第78页。

[5]　袁珂，《山海经校注》，上海：上海古籍出版社1983年版，第38页。

[6]　同上，第238页。

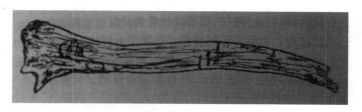

图 9-41　原始社会时期"鹿角棒"
（选自《山海经的文化寻踪》，第 1538 页）

山的巫师也有操杖的习惯。《海内北经》："蛇巫之山，上有人操枻而东向立。一曰龟山。"关于"枻"字，郭璞云："或作棓，字同。"[1]《玉篇》云："棓与棒同。"《孟子·离娄下》云："逢蒙学射于羿，尽羿之道，思天下惟羿愈己，于是杀羿。"[2]《淮南子·诠言》云："羿死于桃棓。"许慎注："棓，大杖，以桃木为之，以击杀羿。犹是已来，鬼畏桃也。"[3] 可见，杖是某些神或巫标志，同时，从后羿之死我们可以看到桃木杖的威力。我们不妨设想一下蛇巫山巫觋的形象。他们一手操杖，一手操蛇，正如肖形印中刻画的那样。

执杖操蛇者为地位较高的巫觋，他们手中所拿的巫杖便是地位的象征。巫杖是巫师的法器之一，同时也象征权力地位。原始社会时期的"指挥棒"便是一种权力地位的象征。图 9-41 为北京周口店山顶洞人的遗物"鹿角棒"，其表面有刻纹，但已模糊不清。《山海经的文化寻踪》一书认为该"鹿角棒"或为原始社会的"指挥棒""权杖"，或为巫师的法具和家族尊长的"信物"。[4] 四川广汉三星堆出土了一枚"金杖"，上面刻画有"射鱼图"（见图 9-42）。射鱼是一种捕鱼技术，这枚金杖可能与巫术有关，即通过刻有"射鱼图"的杖作法来祈求捕鱼的成功。三星堆金杖并非一般财

---

[1] 袁珂，《山海经校注》，上海：上海古籍出版社 1983 年版，第 305 页。

[2] 袁珂、周明，《中国神话资料萃编》，成都：四川省社会科学院出版社 1985 年版，第 232 页。

[3] 张双棣，《淮南子校释》，北京：北京大学出版社 1997 年版，第 1469 页。

[4] 叶舒宪、萧兵、［韩］郑在书，《山海经的文化寻踪》，武汉：湖北人民出版社 2004 年版，第 1538 页。

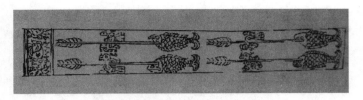

图 9-42　三星堆出土金杖射鱼纹饰
（选自《山海经的文化寻踪》，第 1187 页）

力所能拥有。屈小强等主编的《三星堆文化》认为这枚"标志着王权、神权和经济、社会财富垄断之权的权杖，为古蜀王国政权的最高象征物"。[1]因此，执杖操蛇的巫师地位较高。因为法杖不仅是一种法具，也是一种地位与权力的象征。

2. "熊"操蛇肖形印与古代驱傩仪式

古代的驱傩仪式是一种带有巫术性质的仪式，它的目的是打鬼驱疫。该仪式的参加者都是当时的巫觋，后世的傩戏即由此而来。驱傩仪式由打鬼的大头目"方相氏"率领。他身穿熊皮，装扮成熊的样子，带领着群巫进行打鬼的活动。最早的关于他的记载见于《周礼·夏官·方相氏》："方相氏，掌蒙熊皮，黄金四目，玄衣朱裳，执戈扬盾，帅百隶而时傩，以索室驱疫。大丧，先柩及墓，入圹，以戈击四隅，驱方良。"[2]打鬼是方相氏的主要工作，他头戴黄金面具，身穿黑色的上衣红色的裙子，一手拿戈一手举盾，率领手下在室内驱赶疫鬼。他的另一工作就是在大丧之日，在死者棺木进入墓穴之前，到墓穴里驱除恶鬼。

驱傩的仪式在一年当中有三次，分别为季春、仲秋、季冬。"时傩"就是在这三个时间段举行的驱傩仪式。郑玄注《周礼》曰："于季春之傩则曰毕春气，仲秋之傩则曰达秋气，于季冬则命有司大傩是也。"汉代的

---

[1]　转引自叶舒宪、萧兵、［韩］郑在书《山海经的文化寻踪》，武汉：湖北人民出版社 2004 年版，第 1187 页。

[2]　〔清〕阮元校刻，《十三经注疏》（第二卷），北京：中华书局 2009 年版，第 1838 页。

驱傩仪式延续了这一制度。《淮南子》卷五《时则训》云："季春之月……令国傩，九门磔禳，以毕春气。……仲秋之月……天子乃傩，以御秋气。……季冬之月……命有司大傩，旁磔，出土牛。"[1]

季春之月的"国傩"和仲秋之月的"天子之傩"的范围局限于统治阶层，而于季冬之月举行的"大傩"则远远地扩大了参加者的范围。全国上下、宫廷和民间都参与其中，是最为隆重的驱傩仪式。大傩在民间又称"乡傩"，从孔子的一则故事中可以看出人们对于乡傩的狂热程度。《论语·乡党》："乡人傩，（孔子）朝服而立于阼阶，存室神也。"意思是乡人在进行驱傩仪式，孔子站在大堂前东面的台阶以免在驱鬼的时候把祖先的魂也赶走。孔子是向来不语怪、力、乱、神的，但他仍深深地受其影响。可见，由大傩仪式所体现的驱鬼辟邪思想在社会各层人们心中已是根深蒂固的。

大傩是季冬之月，先腊一日举行的驱傩仪式，目的是"逐尽阴气为阳导也"，也就是打鬼驱疫。汉代的大傩盛况空前，张衡《东京赋》："尔乃卒岁大傩，殴除群厉。方相秉钺，巫觋操茢。侲子万童，丹首玄制。桃弧棘矢，所发无桌。飞砾雨散，刚瘅必毙。煌火驰而星流，逐赤疫于四裔。然后凌天池，绝飞梁。捎魑魅，斮獝狂。斩蜲蛇，脑方良。"[2]《后汉书·礼仪志》对汉代的宫廷大傩有详细的记载：

> 先腊一日，大傩，谓之逐疫。其仪：选中黄门子弟年十岁以上，十二以下，百二十人为侲子。皆赤帻皂制，执大鼗。方相氏黄金四目，蒙熊皮，玄衣朱裳，执戈扬盾。十二兽有衣毛角。中黄门行之，冗从仆射将之，以逐恶鬼于禁中。夜漏上水，朝臣会，侍中、尚书、御史、谒者、虎贲、羽林郎将执事，皆赤帻陛卫。乘舆御前殿。黄门令奏曰："侲子备，请逐疫。"于是中黄门倡，侲子和，曰："甲作食

[1] 陈广忠译注，《淮南子》，北京：中华书局2012年版，第247、266、283页。
[2] 费振刚等辑校，《全汉赋》，北京：北京大学出版社1993年版，第444页。

a   b

图 9-43 执戈扬盾武士印
a 选自《古肖形印臆释》，b 选自《中国肖形印大全》

殟，胇胃食虎，雄伯食魅，腾简食不祥，揽诸食咎，伯奇食梦，强梁、
祖明共食磔死寄生，委随食观，错断食巨，穷奇、腾根共食蛊。凡使
十二兽追恶凶，赫女躯，拉女干，节解女肉，抽女肺肠。女不急去，
后者为粮！"因作方相与十二兽傩。欢呼，周遍前后省三过，持炬火，
送疫出端门；门外驺骑传炬出宫，司马阙门门外五营骑士传火弃雒水
中。百官官府各以木面兽能为傩人师讫，设桃梗、郁垒、苇茭毕，执
事陛者罢。苇戟、桃杖以赐公、卿、将军、特侯、诸侯云。[1]

汉代宫廷大傩是官方组织的大型的驱傩仪式，上述文献详细地记述了
整个仪式的组织和进行过程，规模宏大，场面壮观。大傩仪式的参加人员
为数众多，有皇帝和大臣等政府人员；有方相氏和打鬼十二神兽等仪式专
业巫师；有一百二十侲子组成的合唱团。以上是属于大傩仪式的组织者和
表演者，除此之外，应该还有一定人数的观众。

汉代的驱傩仪式对汉代艺术的影响很大。仪式中不仅有一百二十侲子
组成的合唱团，还有方相氏与十二神兽组成的"象人"舞蹈。大傩不仅与
戏剧的起源有关，重要的是它给汉代的艺术创作提供了素材和灵感，汉画

---

[1] 〔南朝宋〕范晔撰，〔唐〕李贤等注，《后汉书》，北京：中华书局 2000 年版，第 2121—2122 页。

像石中发现了大量与驱傩仪式有关的场景。肖形印中有一定数量的执戈扬盾的武士形象（见图 9-43），从图像上来看，武士多呈舞姿，或与大傩仪式中方相氏舞有关。

"熊"操蛇肖形印的创作正是受到汉代驱傩仪式的影响，它是汉代驱傩仪式的艺术的表现。

其一，方相氏、熊、黄帝的三位一体。"熊"操蛇肖形印有两类，一类身披熊皮，完全装扮成熊的样子；一类只是头戴熊面具（见图 9-4、图 9-7）。在驱傩仪式中，首领方相氏身披熊皮，装扮成熊的样子，两者的相似并非偶然。前文已述，汉代人有着强烈的黄帝崇拜，而黄帝是以熊为图腾的。因此，熊在汉代人眼里成了黄帝的化身，肖形印中的熊便体现了汉人的黄帝崇拜。那么两者何以与驱傩的方相氏联系在一起呢？这自然而然地牵扯到傩的起源。孙作云认为大傩起源于黄帝打蚩尤的游戏，是一种战胜后的纪功舞蹈。他说："所谓大傩仪式的基本意义是什么呢？就是它原先是黄帝打蚩尤的游戏，打鬼者为黄帝，被打之鬼为蚩尤。它本来是黄帝战胜蚩尤之后所做的一年一度的战胜纪念日中的纪功跳舞。"[1] 按照这种图腾学的说法，驱傩仪式中的方相氏就是黄帝的化身，而被驱之鬼就是蚩尤的化身。孙作云进一步解释道：

> 第一，打鬼的方相氏蒙熊皮，作熊的装扮，这行为颇像图腾社会的人凡崇拜某一图腾者，其服饰必取肖于该图腾。……黄帝以熊为图腾，他和他的族人必蒙熊皮以为图腾服饰，所以蒙熊皮的方相氏，必定是黄帝的代表。第二，凡有关于造作傩仪的旧说，一口同音地皆说傩仪是黄帝所造作，傩仪既为黄帝所造作，而黄帝一生之中最大的事迹就是和蚩尤打了一仗，则这仪式可能而且必然地与打蚩尤之事有关。第三，打鬼的方相氏即是黄帝，则被打之鬼自然是蚩尤。张衡《东京

---

[1] 孙作云，《中国古代神话传说研究》，开封：河南大学出版社 2003 年版，第 96—97 页。

赋》"逐赤疫于四裔"，而赤疫据拙见当即蚩尤，亦即炎帝。[1]

由此可见，方相氏、熊、黄帝是三位一体的关系。肖形印中的熊操蛇形象就是黄帝的化身，也就是在驱傩仪式中的方相氏，熊成为二者联系的纽带。因此，我们可以说熊操蛇肖形印中的图像体现了汉代驱傩仪式的场景。淮北市濉溪县文管所收藏的一块汉代空心画像砖从图像上证明了这个论断（见图9-35），该图驱傩仪式场景中的方相氏便是以熊的形态出现的。画像砖上刻画了铺首衔环和熊、虎等神兽。熊自然不用说是打鬼的头领方相氏的象征。那么，神虎则是驱傩仪式中打鬼十二神兽强梁的化身。《山海经·大荒北经》云："又有神衔蛇操蛇，其状虎首人身，四蹄长肘，名曰彊良（即强梁）。"[2] 因此，熊操蛇者，乃是对驱傩仪式中方相氏的刻画。

其二，打鬼、打蛇与打蚩尤的三位一体。驱傩仪式是古代社会非常重要的辟邪风俗，它的主体思想是打鬼，这点是毫无异议的。"先腊一日大傩，谓之驱疫"，"驱疫"即驱除疫鬼、对人间有害的鬼。从《后汉书》的记载来看，驱傩仪式的几个部分都是围绕着打鬼驱疫而展开的。首先，方相氏的装扮起到了对恶鬼恐吓的目的。蒙熊皮、黄金四目的面具、能辟邪的武器等都有效地震慑了恶鬼。其次，侲子合唱团的巫术性诅咒。随着黄门令的一声"侲子备，请驱疫"，打鬼活动便由侲子诅咒的歌声拉开序幕。歌声的内容是打鬼的十二神兽对不同恶鬼的控制，以一句警告性的咒语"赫（分裂，支解）女躯，拉女干，节解女肉，抽女肺肠！女不急去，后者为粮"而结束。再者，跳方相氏与十二兽舞。驱傩仪式是一种巫术仪式，而在古代歌舞的作用是巫术性的。整个驱傩仪式是以歌舞的形式进行的，它唤起了人们的一种情感，这种情感被作用于指导现实生活，这便是驱傩仪式的巫术性质。最后，仪式结束将所驱除的象征恶鬼的火把丢弃到雒水中，并将苇戟、桃杖等辟邪物赐给公、卿、将军、特侯、诸侯等。

---

[1] 孙作云，《美术考古与民俗研究》，开封：河南大学出版社2003年版，第403—408页。
[2] 袁珂，《山海经校注》，上海：上海古籍出版社1983年版，第426页。

前面我们已经从方相氏、熊、黄帝的三位一体关系论证，熊操蛇图像是汉代驱傩仪式中方相氏的表现。这里牵扯到一个问题，如果肖形印里熊操蛇的形象为方相氏的话，他手中应该是"执戈扬盾"或"秉钺"才对，而"操蛇"的方相氏又作何解释呢？

我们认为打鬼与打蛇的关系是密切的。蛇是阴间的象征，从蛇的习性来说，它喜阴不喜阳，因此多在阴暗潮湿的地方活动。而蛇的这一特征正与古人认为的阴间相似，把蛇当成了是阴间之物。古人认为蛇对尸体有破坏的作用，因此在葬俗中，对于蛇的控制成为一个部分。从曾侯乙墓和马王堆汉墓的漆棺画来看，对于蛇的控制成为其漆棺画创作的主题。战国至汉代的众多操蛇镇墓兽也是对于蛇的一种防御。

这种阴间的对于蛇的防御与大傩中的打鬼仪式显然是有着同样的目的。在阴间，蛇就是鬼的象征，打鬼就是打蛇。打鬼与打蛇有关，孙作云先生坚信这一点。通过对沂南汉墓大傩图中的彊良食蛇图、旅顺营城子汉墓壁画中的怪物操蛇图和信阳楚墓中的镇墓兽食蛇形象的分析，孙作云先生得出了结论说："可见，打鬼即打蛇。最初是战胜蚩尤的部落，即黄帝之族打蚩尤的图腾，到后来这种带有图腾跳舞性质的战争跳舞变成了打鬼跳舞（大傩）以后，这打蛇就等于打鬼。"[1]

按照图腾学的观点，蚩尤是以蛇为图腾的氏族。在与黄帝的战争失败后，黄帝一族发明了一种纪功舞蹈，即驱傩仪式的前身。在这种仪式中打鬼者为方相氏（黄帝），被打之疫鬼自然是蚩尤。因此，打鬼、打蛇与打蚩尤的三位一体向我们表明，熊操蛇即是方相氏打鬼之象征。

其三，由"黄帝四面"到"黄金四目"。《周礼》记载的方相氏有"黄金四目"，这是什么意思呢？难道他真的有黄金做的四只眼睛？"四目"并非巫师方相氏的眼睛，而是他所戴面具上的眼睛。之所以是"四目"，是因为"四目"象征着目光的敏锐，任何鬼怪都逃脱不了这样的眼睛。"四目"与传说的"黄帝四面"有关。子贡不明白"黄帝四面"是怎么一回事，

---

[1]　孙作云，《美术考古与民俗研究》，开封：河南大学出版社 2003 年版，第 469 页。

于是问孔子道："古者黄帝四面，信乎？"孔子是向来不语"怪、力、乱、神"的，就回答道："黄帝取合己者四人，使治四方，不计而耦，不约而成，此之谓四面也。"[1]孔子用一种理性主义精神将"黄帝四面"与治理四方相联系。在当时的社会里，治理四方当然也包括治理四方之恶鬼。山东沂南汉墓"大傩图"，主题表现的是方相氏率十二神兽驱鬼的场面，在该图的右上角刻画了一个"四面"人头图像，大概是"黄帝四面"的表现。方相氏打鬼的仪式源于黄帝打蚩尤，那么"黄金四目"很可能源于"黄帝四面"的传说。

驱傩仪式是一种面具歌舞，方相氏、十二神兽等都是戴着面具由巫觋装扮的。头领方相氏身蒙熊皮、头戴"黄金四目"的熊面具，而十二神兽也各自戴着兽面具。戴面具进行驱鬼的风俗起源较早，L.G. 霍普金斯"从一段商代甲骨文记载与一段周代甲骨文记载中，发现一个'萨满巫师戴熊面具披熊皮跳舞'"[2]。甲骨文中有"𥄎"字，郭沫若《通纂考释》四九八片释为"魌"，他说："系象人戴面具之形，《周官·夏官》：'方相氏，掌蒙熊皮，黄金四目。'郑注云：'如今魌头也。'《说文》：'顡，丑也，今逐疫有顡头。''魌''顡'均为后起之形声字。得此，知魌头之俗，实自殷代以来矣。"[3]这说明，为了达到打鬼的目的，驱傩巫师的装扮需要更接近于熊。他不仅身披熊皮，而且头部戴着熊面具。考古出土了许多的傩面具，其中中央美院收藏的一个傩戏面具非常特殊（图9-44）。该面具由两部分构成，一是通常的覆盖脸部的面具，不同的是面部之上有个熊头，说明这可能是一副方相氏面具。从这副方相氏面具来看，"黄金四目"似乎可以这样理解，"金"证明"目"非方相氏之目，而是"金"（铜）制面具之"目"。"四目"就是面具上有四只眼睛，即人形面具的一双眼加上面具上熊的一双眼。

---

[1] 〔宋〕李昉等，《太平御览》，北京：中华书局1960年版，第369页。
[2] ［美］世界文化象征辞典编写组，《世界文化象征辞典》，长沙：湖南文艺出版社1994年版，第1113页。
[3] 丁山，《中国古代宗教与神话考》，上海：上海文艺出版社1988年版，第571页。

驱傩仪式是一种"象人"舞，即由人装扮成动物的形象跳舞。熊在象人舞中常常出现，张衡《西京赋》载："总会仙倡戏豹舞罴，白虎鼓瑟，苍龙吹篪，女娥坐而长歌，声清畅而蜲蛇。"罴是熊的一种，在总会仙倡中舞蹈的熊与驱傩仪式里的熊同样都是由艺人蒙上熊皮所装扮的。

在分类一节我们提到"熊"操蛇肖形印中有戴熊面具操蛇者，共有两枚，第一枚为上海博物馆收藏，面部似熊，左右手操两蛇，长裙束腰。第二枚为北京故宫博物院收藏，铜质，印面圆形，印体较薄，鼻纽。两枚肖形印均为头部似熊，身体作人形。通

图 9-44　中央美院收藏傩面具 （选自叶舒宪《熊图腾》，第 74 页）

过仔细观察，我们发现，两者面部似戴有面具。图面部呈规则的椭圆形，面部为圆形，上部有两耳，为熊耳，似戴熊面具。因此，肖形印中戴熊面具操蛇者也是驱傩仪式中方相氏的表现。

另外，从罗泌引《庄子》的一则记载中我们也可以间接地看出熊操蛇肖形印与驱傩仪式的关系。书中云：

> 游岛问雄黄曰："今逐疫出魅，击鼓呼噪，何也？"雄黄曰："黔首多疾，黄帝氏立巫咸，使黔首沐浴斋戒，以通九窍；鸣鼓振铎，以动其心；劳形趋步，以发阴阳之气；饮酒茹葱，以通五藏。夫击鼓呼噪，逐疫出魅鬼，黔首不知，以为魅祟尔。"[1]

---

[1] 〔宋〕罗泌，《路史》，《四库全书·史部》。

游岛不知人们为什么要举行打鬼驱疫的活动向雄黄请教，雄黄告诉他百姓多有疫病，于是黄帝命巫咸带领群众举行打鬼驱疫的活动。此处文献不仅将驱傩仪式的起源归功于黄帝，而且指出了巫咸与驱傩仪式的直接关系。按《海外西经》的记载，巫咸的形象为左右手皆操蛇，与熊操蛇肖形印左右手操蛇的图像相同。从而证实熊操蛇为驱傩仪式的表现。

通过以上论述，我们可以说神人操蛇肖形印中的"熊"操蛇图像是汉代驱傩仪式的表现，巫觋所装扮的熊是打鬼的大首领方相氏，而所操之蛇就成了被打之恶鬼的代名词。古代的驱傩仪式是一种群巫的盛会，是一种近似西方"狂欢节"式的驱疫活动。《周礼》说："方相氏，狂夫四人。""狂夫"在驱鬼的仪式中，巫师要好好地装扮一番，借助酒精和药物的麻醉作用，处于迷幻状态，以使自己和神灵交流，使神灵赐予自己驱鬼的本领。那么，"操蛇"不仅是打鬼的象征，也是巫师的标志。借助蛇的神性可以帮助他们与神交流，目的也是为了打鬼。

在古代社会里，新的艺术题材的出现和发展多与神话和宗教信仰有着密切的关系。如汉代伏羲女娲的崇拜与汉画像中的伏羲女娲图像的流行；汉代西王母信仰与汉画中西王母题材的滥觞；佛教信仰与造像艺术的兴盛等等。反之，通过各种艺术我们也可以反观其时代流行的神话传说和宗教信仰。

尽管是一种"袖珍型"的图像形式，肖形印中的图像内容涵盖了汉代及其以前社会的经济、政治、军事、神话、宗教、风俗等各个方面。透过这种小型的图像，我们可以感受汉文化博大精深的文化内涵。"神人操蛇"肖形印典型地体现了当时的神话与巫觋信仰。四海之神、夸父等失落的《山海经》古图在肖形印里表现了出来，这为研究神话形象提供了第一手资料。古代的文明是一种"萨满式"文明，也就是巫的文明。汉代虽然巫的地位有所下降，但在社会上仍有一定的信奉者，上至王公贵族，下至平民百姓。巫师在社会上仍有一定地位，驱傩仪式是当时最为隆重盛大的巫术仪式。在这种仪式中，皇帝和公卿大臣都参与进来。这种"狂欢节式"的打鬼驱疫活动影响了几千年的中国文化，中国的戏曲和春节都受其影响。至今，在贵州和湘西等地的少数民族还保留着傩戏。"熊"操蛇肖形印不仅对研究汉代的驱傩仪式，而且对于研究汉代神话、民俗等都有重要的意义。

四、神人操蛇肖形印的功能探析

神人操蛇肖形印是一种"有意味的形式"（significant form）[1]，它的形式背后积淀了丰富的文化内涵。通过研究发现，神人操蛇肖形印的功能主要体现在"趋吉避凶"上。趋吉避凶的思想来源很久，商代的卜筮风俗便包含着强烈的吉凶的观念。至周代，吉凶观的体系在《周易》一书中形成。王振复说："《周易》巫术不是没有'理想'的，不过它所提供的'理想'蓝图很实际、很实在，即'趋吉避凶'而已。"[2]汉代，受到董仲舒"天人感应"的祥瑞学说、打鬼与升仙长生思想以及东汉"谶纬神学"的影响，这种观念在中国人的内心生了根发了芽，直至今日仍保留着。

（一）避凶功能

除了种种实用功能之外，印章还具有避凶的功能。汉代的"黄神越章"及相关辟邪印就是为了避凶的目的而制作的。晋代葛洪《抱朴子·登涉篇》详细地记载了这种印章的使用和功能：

> 古之人入山者，皆佩黄神越章之印，其广四寸，其字一百二十，以封泥著所住之四方各百步，则虎狼不敢近其内也。行见新虎迹，以印顺印之，虎即去；以印逆印之，虎即还；带此印以行山林，亦不畏

---

[1] Clive Bell. 1913. *Art*, New York, Frederick A. Stokes Company Publishers.8.
[2] 王振复，《中国美学的文脉历程》，成都：四川人民出版社 2002 年版，第 109 页。

虎狼也。不但只辟虎狼，若有山川社庙血食恶神能作福祸者，以印封泥，断其道路，则不复能神矣。昔石头水有大鼋，常在一深潭中，人因名此潭为鼋潭。此物能作鬼魅，行病於人。吴有道士戴昺者，偶视之，以越章封泥作数百封，乘舟以此封泥遍掷潭中，良久，有大鼋径长丈余，浮出不敢动，乃格煞之，而病者并愈也。[1]

这则记载说明了"黄神越章"印是专为避凶之用，并指出了黄神越章印的使用方法。其一，用于进入山林佩带在身上，可以避虎狼和山川精怪；其二，以封泥的形式进行作法，以驱恶除鬼。这告诉我们封泥除了表示信用和封存物品之外还有驱邪的功能，这一功能仍是从其"禁锢"的意义上生发出来的。此外，汉代"黄神之印""黄神使者印章""皇天上帝制万神章"[2]、"黄神越章夫帝神之印"等印也都是驱邪专用印（见图9-45）。

以印避凶是一种巫术行为，反映出在汉代存在以印作法和以印避凶的风俗。汉代每逢五月五日，人们就于门户上悬挂五色桃印驱邪。《后汉书·礼仪志》载："仲夏之月，万物方盛。日夏至，阴气萌作，恐物不楙。其礼：以朱索连荤菜，弥牟（朴）蛊钟。以桃印长六寸，方三寸，五色书文如法，以施门户。……周人木德，以桃为更，言气相更也。汉兼用之，故以五月五日，朱索五色印为门户饰，以懂止恶气。"[3]李贤注曰："桃印本汉制，所以辅卯金，魏除之也。"[4]以印辟邪取自印章"禁锢"的功能，古代文书的传递和私人物品的存放都要封之以印。正如《抱朴子》所说的用封泥作法以镇邪驱魔。

辟邪是古代印章的一种特殊功能。肖形印也有避凶的功能，神怪类题材（神人抱斧、方相氏、禺彊、伏羲、夸父等）、神兽类题材（龙、熊、鹿、龟、麒麟等）和四灵类题材的肖形印都为了避凶的目的而制作的。学

---

[1] 〔晋〕葛洪，《抱朴子》，《诸子集成》（第八卷），北京：中华书局1954年版，第89页。
[2] 刘江，《中国印章艺术史》，杭州：西泠印社出版社2005年版，第128页。
[3] 〔南朝宋〕范晔撰，〔唐〕李贤等注，《后汉书》，《二十四史》，北京：中华书局2000年版，第2117页。
[4] 同上。

神话之魅

图 9-45　汉代黄神越章相关辟邪印

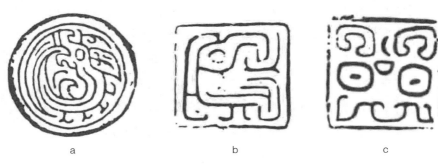

a　　　　　　　　　　　b　　　　　　　　　　　c

图 9-46　龙纹、鸟纹、兽面纹肖形印
（选自《文物参考资料》，1958 年第 12 期，第 23 页）

者关于肖形印的功能多有探讨，有人认为肖形印是远古图腾制的孑遗，认为肖形印是由图腾演变而来。[1] 早期肖形印中的形象以各种动物为主，在艺术风格上与商周青铜器相似。《尊古斋集印谱》收录有几枚早期肖形印（见图 9-46），其图像风格与西周铜器纹饰相近，据考为西周时期遗物。[2]可以看出，龙纹、鸟纹、兽面纹肖形印与古代的龙图腾、鸟图腾以及神兽崇拜有关。图腾是原始氏族的标志，他们认为这种标志与整个氏族有血缘关系。因此，图腾成为他们崇拜的偶像。他们相信图腾能够帮助他们避免一切的凶恶，带来好运。

---

[1]　温廷宽、石志廉、王伯敏等人都提到了肖形印与古代图腾之间的联系。见温廷宽《印章的起源和肖形印》，《文物参考资料》，1958 年第 12 期；石志廉《谈谈我国古代的肖形印》，《文物》，1986 年第 4 期；王伯敏《略谈肖形印》，《文物参考资料》，1958 年第 1 期。
[2]　罗红侠、周晓，《试论周原遗址出土的西周玺印》，《文物》，1995 年第 12 期。

1. 来自操蛇镇墓兽的启示

战国至汉代的操蛇镇墓兽对于研究神人操蛇肖形印的功能有极大的启发意义。操蛇镇墓兽往往一手操蛇，一手执斧。从蛇与镇墓兽的关系来看，蛇显然处于一种被控制的地位。镇墓兽的功能是震慑鬼怪，保护墓主人灵魂不受侵扰。孙作云认为，这一时期的镇墓兽是对地下主神"土伯"的刻画，并认为"土伯"即"后土"。是大禹的化身。他说：

> 我认为镇墓兽和土伯有极密切的关系，可能是同一物。首先，二者同是镇压墓中的鬼怪，保护墓中的死者。其次，二者的形状极相似。镇墓兽有长鹿角，兽头，身似人。其三，镇墓兽有的作人面形，这是因为它的前身是禹，本来是人。[1]

操蛇镇墓兽的意义和功能很明确，即防蛇驱鬼，保护阴间安宁。蛇在操蛇镇墓兽中有两层含义。首先，操蛇就是防蛇，即防止蛇对墓主人尸体的侵扰。古人采取了多种方法来保护死者的尸体不受侵害，其中随葬玉饰品便是典型的方法。玉在古人看来不仅是通天的礼器，也可以有长生不死的神奇能力和预防尸体腐烂的特殊作用。河北满城汉墓和徐州狮子山楚王墓等都出土了金缕玉衣，它们是皇帝和高级贵族的殓服。古人相信玉衣可以使尸体不腐，起到了保护尸体的作用。《抱朴子·对俗》曰："金玉在九窍，则死人为之不朽。"[2] 同样，随葬操蛇镇墓兽也是对尸体的一种保护措施，目的是防止蛇钻进墓主人尸体。其次，蛇是整个阴间的象征，操蛇镇墓兽的功能便是镇守整个阴间，驱鬼辟邪。长沙马王堆帛画表现了一个微观的宇宙。多数学者将帛画分为三个部分，即天上部分、人间部分和地下部分。然而巫鸿将其分为四个部分（见图 9-47），"不过，从纵的方面看，

---

[1] 孙作云，《美术考古与民俗研究》，开封：河南大学出版社 2003 年版，第 135 页。
[2] 〔晋〕葛洪，《抱朴子》，《诸子集成》（第八卷），北京：中华书局 1954 年版，第 10 页。

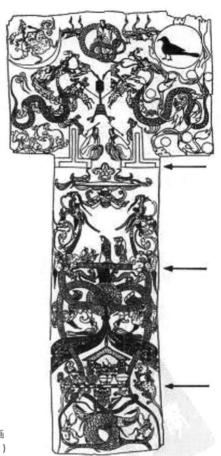

图 9-47　长沙马王堆一号汉墓帛画
（选自巫鸿《礼仪中的美术》，第 107 页）

它实际上包括了四个部分，被三个平行的'地平面'分开。作为帛画的内部分界，这些平面界定了不同的存在空间（realms of beings）"[1]。这四部分分别为天界（heaven）、轪侯夫人肖像、献祭、地下（underworld）。从图上可以看出，"该部分中的所有形象，包括两条大鱼（水的象征）、站在鱼背上的中心人物（土伯？）、蛇（地府之物），及画面下角的一对'土羊'，

---

[1]　[美]巫鸿著，郑岩等译，《礼仪中的美术》，北京：生活·读书·新知三联书店 2005 年版，第107 页。

都说明这一空间是阴曹地府"[1]。在这里,蛇被看成了是阴间(地府)之物,也就是代表了整个阴间。那么,这里"操蛇"的功能便是防蛇驱鬼,保护阴间安宁。

操蛇镇墓兽对于研究神人操蛇肖形印功能的启发在于:其一,蛇的地位。操蛇镇墓兽和神人操蛇肖形印中的蛇都处于一种被动地位,它们被控制和利用。其二,蛇的象征意义。操蛇镇墓兽中的蛇是鬼的象征,阴间的象征,而熊操蛇肖形印中的蛇也存在这种象征意义。它们是打鬼驱傩仪式中方相氏所打之鬼的象征。因此,二者在功能上具有某种程度的相似性。

2. 巫觋避凶

巫觋在早期人类社会中扮演了重要角色,他们集政治、经济、军事、宗教大权于一身。在先秦理性主义思潮的影响下,原始巫术宗教观念受到人们的质疑,巫觋的地位开始下降。尽管如此,南方楚文化保留了大量的神巫色彩。楚文化对汉文化深有影响,其实"楚文化就是汉文化,楚汉不可分"。[2] 因此,汉文化仍旧蕴藏着原始活力的传统浪漫幻想,这正是汉代艺术的灵魂。[3] 在楚汉文化中,四方和天上、地下世界都是极端危险的,《楚辞·招魂》云:

> 魂兮归来!东方不可以托些。长人千仞,惟魂是索些。十日代出,流金铄石些。
>
> 魂兮归来!南方不可以止些。雕题黑齿,得人肉以祀,以其骨为醢些。蝮蛇蓁蓁,封狐千里些。雄虺九首,往来倏忽,吞人以益其心些。
>
> 魂兮归来!西方之害,流沙千里些。旋入雷渊,靡散而不可止些。

[1] [美] 巫鸿著,郑岩等译,《礼仪中的美术》,北京:生活·读书·新知三联书店 2005 年版,第 109 页。

[2] 李泽厚,《美的历程》,北京:中国社会科学出版社 1984 年版,第 85 页。

[3] 同上,第 89 页。

魂兮归来！北方不可以止些。增冰峨峨，飞雪千里些。

魂兮归来！君无上天些。虎豹九关，啄害下人些。一夫九首，拔木九千些。豺狼从目，往来侁侁些。

魂兮归来！君无下此幽都些。土伯九约，其角觺觺些。敦脄血拇，逐人駓駓些。[1]

    然而，汉人并没有被这种极端恐惧所征服，而是创造了种种与打鬼避凶有关的风俗。巫觋常常充当交流人、神的中介，从事着趋吉避凶的工作，在汉代宫廷和民间仍有一定的影响。

    "执杖操蛇"体现了一种辟邪的观念。肖形印中巫觋所操之"杖"为"桃木杖"。高诱注《淮南子·诠言》云："棓大杖，以桃木为之，以击杀羿。由是以来，鬼畏桃也。"[2]在汉代的大傩仪式结束后，公、卿、将军、特侯、诸侯等官员会收到黄帝赏赐的苇戟、桃杖等物用于打鬼辟邪。古人认为桃木有辟邪的作用，故巫师多用桃木做的法器。庄子曰："插桃枝于户，童子不畏而鬼畏之。"《太平御览》九六七引《典术》："桃者，五木之精也，故厌邪气者也。桃之精生在鬼门，制百鬼，故今作桃人梗着门以厌，此仙木也。"[3]"桃之精"应指的是神荼、郁垒二神，传说二神在大桃树下守护着"鬼门"，以防止恶鬼出来危害人间。《论衡·乱龙篇》载："上古之人，有神荼、郁垒者，昆弟二人，性能执鬼，居东海度朔山上，立桃树下，简阅百鬼。鬼无道理，妄为人祸，神荼与郁垒缚以卢索，执以食虎。故今县官斩桃为人，立之户侧，画虎之形，著之门阑。"[4]巫术的目的不外乎两种，一种是"趋吉避凶"的巫术，一种是"恶意攻击"的巫术，也就是人类学家所谓的"白巫术"和"黑巫术"。[5]显然，执桃木杖的巫觋施行的是一种趋吉避凶的巫术。

[1]　〔宋〕洪兴祖，《楚辞补注》，北京：中华书局1993年版，第199—201页。
[2]　〔汉〕高诱注，《淮南子》，《诸子集成》（第七卷），北京：中华书局1954年版，第235页。
[3]　〔宋〕李昉等，《太平御览》（第四册），北京：中华书局1960年版，第4289页。
[4]　袁珂、周明，《中国神话资料萃编》，成都：四川省社会科学院出版社1985年版，第105页。
[5]　王振复，《中国美学的文脉历程》，成都：四川人民出版社2002年版，第109页。

图 9-48　方相氏画像，洛阳烧沟 61 号壁画墓

图 9-49　雕绘花砖大傩图，洛阳烧沟 61 号壁画墓

　　执杖操蛇肖形印没有两蛇相伴，而是一手操蛇，一手执杖。操蛇图像中也有一手操蛇，一手操其他器物的。常见的有淮阴高庄战国墓铜器纹饰上的执戈操蛇图像，战国和汉代的操蛇镇墓兽也有一手操蛇、一手执斧者。这类图像的意义很明确，戈、斧均是武器，人蛇关系似乎不是亲密的，而是一种对立。在这种对立中，人处于上风。因此，这类图像的意义和功能很明确，即是防蛇驱鬼，保护阴间安宁。受此启发，桃木杖对于蛇也有镇压的意义。

　　驱傩仪式是汉代最为重要的辟邪风俗，在墓室壁画和画像石中常有表现。方相氏是驱傩仪式的核心角色。在汉画中，方相氏大都以熊的形象出现。洛阳烧沟 61 号墓墓室后壁绘有一幅大傩图，图中描绘了一位熊耳方相氏（见图 9-48）。他手足皆作兽形，遍体有毛，左手执一长柄戈状武器。

该墓前后室隔梁前壁的梯形雕绘花砖表现的也是大傩的情景（见图 9-49）。图中间有一位体态肥硕、面部似熊的怪人，"无疑也是头戴铜制面具的方相氏"[1]。在其两侧三角形花砖上，各绘二熊执一璧。两角各绘一手、脚呈兽足形的怪人。汉代的驱傩仪式是一种特殊的"象人舞"，首领方相氏蒙熊皮，执戈扬盾，率领十二神兽和一百二十侲子，载歌载舞。

前文已述，"熊"操蛇是汉代驱傩仪式的表现。"熊"是黄帝的化身，也就是在驱傩仪式中的方相氏；"蛇"是被打之鬼的象征。"操蛇"者，一方面蛇是巫觋们沟通神人的工具；另一方面蛇处于一种被控制的地位。"熊"操蛇肖形印反映了汉代的辟邪风俗。

肖形印形体较小，重量较轻，且都有印纽，主要用于佩带。佩带肖形印的目的不仅是为了装饰，也是为了避凶。神人操蛇肖形印刻画的是神怪和巫觋肖像，将它们佩带在身上能对凶恶的事物起到很好的震慑作用。

（二）吉祥功能

印章不仅有避凶的功能，也有吉祥的功能。吉祥是最终目的，避凶是手段。吉语印是一种吉祥通用印，表达了人们对于美好事物的向往。肖形印在某种程度上是吉语印的图像表达。王伯敏《略谈肖形印》一文说："汉印之中，本有'日利''长乐''日入千石'等吉语印，而'肖形印'这一形式，可能便是这种吉语印的形象化的发展，如前面所述的'麒麟印'。故'肖形印'所刻的形象，或许都有某种吉利的寓意。"[2] 温廷宽也说："有些（肖形印）象征着吉祥、美的品德的各种图画，不一定代表本人而代表某种理想，和吉语箴言印差不多，当是图腾的间接引申。"[3] 人们通过佩带肖形印，希望传达一种吉祥观念。

---

[1]　黄明兰、郭引强，《洛阳汉墓壁画》，北京：文物出版社 1996 年版，第 21 页。

[2]　王伯敏，《略谈肖形印》，《文物参考资料》，1958 年第 1 期。

[3]　温廷宽，《印章的起源和肖形印》，《文物参考资料》，1958 年第 12 期。

1. 祥瑞观

从肖形印的图像内容来看，黄龙、凤、羊、麒麟和一些祥瑞纹饰等是吉利的象征，体现了古人吉祥观念。祥瑞指的是一种美好的征兆。董仲舒《春秋繁露》：“帝王之将兴也，其美祥亦先见。”《礼记·中庸》：“国家将兴，必有祯祥。”若是哪个皇帝在位时政治清明，国家昌盛，那么上天就会派遣某种祥瑞出现。相反，上天就会降下某种灾祸警告。因此，祥瑞表现的主要是政治上的目的。但在汉代，祥瑞不是为统治阶级所垄断的，整个民间都有关于祥瑞的信仰。祥瑞寄托人们的美祥观念，对于汉代的文化艺术影响很大。“祥瑞既不是少数几个皇帝幻想的结果，也不仅仅是统治者试图操纵公众舆论的一种政治权术。汉代人对祥瑞的信仰可以说是既强烈又普遍。”[1] 在民间，祥瑞失去了其政治的目的而转变成了给人们带来福祥的吉祥物。

巫鸿说：“祥瑞观念在汉代文化中的一个重要作用，亦在于它拓宽了艺术表现的范围。”[2] 祥瑞形象在汉代艺术中比比皆是，如武梁祠的祥瑞图、三盘山出土车饰上的祥瑞图、汉代肖形印中的祥瑞形象等等。汉代肖形印中有大量的动物祥瑞形象，植物和其他祥瑞较少见。肖形印中常见的祥瑞有龙、凤、虎、麒麟、白鹿、鱼、鹤、马、羊、白象、白兔、燕、熊等。这些祥瑞形象主要寄托了佩带者的美祥观念。

王伯敏《古肖形印臆释》收录一枚“鱼印”和一枚“龙印”（见图9-50）。鱼印为春秋时期遗物，铜质，纽全损，1944年于山西风陵渡附近古墓出土。周代的统治者将鱼视为祥瑞，传武王渡孟津时有白鱼跃入舟中。武梁祠祥瑞图题榜为“白鱼武（勒）津入王（勒）”，《宋书·符瑞志》云：“白鱼，武王度孟津，中流入于王舟。”[3] 鱼在民间也是一种普遍的美祥符号，是吉祥的象征。龙印为战国时代遗物，铜质，鼻纽，1954年出土于四川巴县冬笋坝船棺50号墓。龙是古代社会各时期的图腾圣物，历代统

---

[1] ［美］巫鸿著，郑岩等译，《礼仪中的美术》，北京：生活·读书·新知三联书店2005年版，第150页。
[2] 同上，第152页。
[3] 〔梁〕沈约，《宋书》（第三册），北京：中华书局1974年版，第852、796页。

图9-50 鱼印、龙印
（选自《古肖形印臆释》，第2、4页）

治者都将龙作为祥瑞。《宋书·符瑞志》载："黄龙，四龙之长也。不漉池而渔，德至渊泉，则黄龙游于池。能高能下，能细能大，能幽能明，能短能长，乍存乍亡。"[1]

二印为墓葬中出土，用于殉葬。罗福颐说："又古人用画印，见于陶器残片上。而传世印中亦有画印，清人称之为肖形印，起自战国，讫于汉魏，人物鸟兽，肖形精妙，当亦殉葬之遗物。"[2] 那么，在丧葬美术中的祥瑞体现了古人对于死后"理想家园"[3]的构建。人们死后最终要在自己的坟墓里得到永生。阴间并不是安全的，因此古人力图将坟墓构建成一个温馨的、模拟现实的世界。墓中随葬各种实用的器物，并尽一切可能在墓室墙壁上描绘一个安宁祥和的景象。祥瑞图以及与祥瑞有关的器物成为丧葬的一部分，反映了人们对于死后祥和世界的向往。

2. 海神印与求雨

王伯敏在谈到海神印时说："当时刻此类神人印，可能用作辟邪。"[4]海神印体现了人们对水以及对风调雨顺的渴求。海神的地位很高，禺彊属

---

[1] 〔梁〕沈约，《宋书》（第三册），北京：中华书局1974年版，第796页。
[2] 罗福颐，《古玺印概论》，北京：文物出版社1981年版，第3页。
[3] ［美］巫鸿著，郑岩等译，《礼仪中的美术》，北京：生活·读书·新知三联书店2005年版，第244页。
[4] 王伯敏，《古肖形印臆释》，上海：上海书画出版社1983年版，第7页。

于黄帝一族，因此受到人们的信仰和崇拜。古人在肖形印上描绘海神的形象便是海神崇拜的体现，它体现了古人对雨的渴求。《山海经》中其他的操蛇神也多与水有关，如于儿神、帝之二女、冰夷等。《中山经》："神于儿居之，其状人身而身操两蛇，常游于江渊，出入有光。"[1]《中山经》："帝之二女居之，是常游于江渊。澧沅之风，交潇湘之渊，是在九江之间，出入必以飘风暴雨。是多怪神，状如人而载蛇，左右手操蛇。多怪鸟。"郭璞云："天帝之二女而处江为神也。"汪绂云："帝之二女，谓尧之二女以妻舜者娥皇、女英也。相传谓舜南巡狩，崩于苍梧，二女奔赴哭之，陨于湘江，遂为湘水之神，屈原《九歌》所称湘君、湘夫人是也。"[2]《海内北经》："冰夷人面，乘两龙。"郭璞云："冰夷，冯夷也。《淮南》云：'冯夷得道，以潜大川。'即河伯也。"[3]董仲舒《春秋繁露·求雨》云："春旱求雨，令县邑以水日祷社稷山川，家人祀户，无伐名木，无斩山林，暴巫聚尪八日，于邑东门之外为四通之坛，方八尺，植苍缯八。其神共工。"[4]刘安《淮南子》卷十一《齐俗》一篇也说："牺牛粹毛，宜于庙牲，其于以致雨，不若黑蜧。"许慎注曰："黑蜧，神蛇也。潜于神渊，盖能兴云雨。"[5]可见，在古人的求雨巫术中，蛇起到了一定的作用。刘宗迪认为《山海经》中雨师妾为求雨的巫师，他说：

> 黑齿国和雨师妾，一男一女，形象相似，动作相同（皆使蛇，蛇皆一青一赤），表明两者是一对密不可分的配偶神。……表明由黑齿国、扶桑树、雨师妾构成的整个场景是春分仪式活动的反映。"雨师妾"之名，则暗示这整个场景是一场春社祈雨仪式。[6]

那么，雨师妾向谁求雨呢？显然是各方的"风伯"与"雨师"。"风

---

[1] 袁珂，《山海经校注》，上海：上海古籍出版社1983年版，第176页。
[2] 同上，第176页。
[3] 同上，第316页。
[4] 〔汉〕董仲舒，《春秋繁露》，上海：上海古籍出版社1989年版，第88页。
[5] 张双棣，《淮南子校释》，北京：北京大学出版社1997年版，第1122、1125页。
[6] 刘宗迪，《失落的天书——〈山海经〉与古代华夏世界观》，北京：商务印书馆2006年版，第324页。

伯"是为风神，"雨师"是为雨神。四海之神同为风神而兼雨神，地位较高，应为人们主要的祈雨对象。古人认为天旱是由旱魃在作怪，《诗·大雅·云汉》曰："旱既大甚，涤涤山川。旱魃为虐，如惔如焚。"要想得到雨水就必须通过巫术仪式与神沟通。蛇是水的象征、阴的象征，且与水神关系非比寻常。故而在后来的求雨巫术中，巫师常用蛇作为助手。因此，我们认为海神印与求雨巫术有关。它的功能当是帮助人们驱除旱魃，与水神沟通以降甘霖，这正是吉祥观的体现。

神人操蛇肖形印的功能与巫术活动和丧葬习俗有关。前文已述，用黄神越章封泥标出住所四方各百步，就可以避虎狼之害。吴国的道士戴"昺"黄神越章封泥数百封投掷到潭中，将其中的大鼋制服，从而使受害者恢复健康。从这点可知，巫师有用印章封泥作法的习俗。以封泥作法，可以对恶鬼加以禁锢的思想源于印章封存物品的功能。肖形印可以用来封存物品，1989 年湖北荆门市十里铺镇王场村包山岗二号墓出土了一块封口印有三枚羊形肖形印的罐，证明是用作封存私人物品用的。[1] 从肖形印的使用上来看，类似于浅浮雕一类的肖形印图像只有用泥蜡才能完全表现出来。黄宾虹说："肖形印者，白文多无栏；其图画洼下之处，常有细纹凸起，亦便施于泥封之用。"[2] 封存意味着禁锢，除非拥有者，其他任何人都无权打开。从这个意义上讲，以封泥作法，可以对恶鬼加以限制、禁锢和制服。古代的操蛇现象本身是一种巫术行为，我们不能排除神人操蛇肖形印与黄神越章印有着相似的功能。神人操蛇肖形印与当时的墓葬习俗有关，或用于殉葬。现存的操蛇图像基本上都是墓葬文物，而用印章随葬亦是当时的风俗。在汉代的墓葬中，官印、姓名印、吉语印、宗教印、肖形印等都有发现。可见，用印章随葬是汉代丧葬习俗的一部分。罗福颐在《古玺印概论》一书中认为肖形印同吉语印一样都是作为殉葬之用。[3] 王伯敏认为："根据出土物的情况，这种画像（神人操蛇图像）都出现在墓室或棺椁上，

---

[1]　湖北省荆沙铁路考古队，《包山楚墓》，北京：文物出版社 1991 年版。

[2]　韩天衡，《历代印学论文选》，杭州：西泠印社出版社 2006 年版，第 391 页。

[3]　罗福颐，《古玺印概论》，北京：文物出版社 1981 年版，第 3 页。

很可能古人迷信，恐蛇钻入尸体，故以此类神怪之像作为防护之用。这种肖形印，或许与当时的墓葬习俗有关系。"[1] 从马王堆的漆棺画我们不难看出对于蛇的控制成为墓葬习俗的一部分。神人操蛇肖形印究竟是怎么使用的，我们现在已经很难得知。但是，不管他们的使用方法是怎么样的，其趋吉避凶的功能是不变的。

在汉人看来，生是短暂的而死才是永恒。因此他们用石头建造自己的阴宅，在他们看来这才是一种"理想家园"[2]。但是阴间并不安宁，甚至处处充满了危险。面对种种危险，汉人并没有退缩，而是积极采取各种手段化解危险。于是出现了打鬼辟邪、趋吉避凶的观念和实际行动。反映到丧葬艺术上就出现了操蛇镇墓兽、马王堆的漆棺画以及各种精美的墓室壁画和画像石等内容。他们力图创建一个"龙凤呈祥""亭台楼阁""歌舞升平"的理想世界。趋吉避凶是对个体生命的关怀，是一种追求内心解脱的乐观向上的人生态度。

五、结语

操蛇图像是流行于先秦时期的一种特殊的图像范式。操蛇、珥蛇、践蛇、衔蛇、戴蛇等多种控制蛇的方式显示了其图像的丰富性。汉代的画像石、漆画、肖形印中也都发现了一定数量的操蛇图像。肖形印中的操蛇图像既与先秦两汉其他器物上的操蛇图像有一定的共通性，同时又具有鲜明的特色。操蛇图像在战国时期大量出现，它的产生发展反映了人蛇关系的演变过程。本文认为操蛇图像产生于鸟衔蛇、践蛇图像，随后演变为"人鸟合体"操蛇神。因此，早期操蛇图像与鸟之间的关系密切。战国后期至汉代多是人操蛇的图像，"熊"操蛇则主要出现在汉代肖形印中。

---

[1] 王伯敏，《古肖形印臆释》，上海：上海书画出版社1983年版，第45页。

[2] ［美］巫鸿著，郑岩等译，《礼仪中的美术》，北京：生活·读书·新知三联书店2005年版，第244页。

通过文献的记载和图像的分析，我们认为肖形印中的神人操蛇图像的文化内涵体现了古人的神话传说和巫觋信仰。神人操蛇肖形印中珥蛇、践蛇者为《山海经》四海之神的肖像，珥蛇、操蛇者为夸父肖像。由于操蛇往往是巫觋的行为方式，因此执杖操蛇肖形印刻画的正是巫师肖像，他手中执的桃木杖不仅有辟邪的作用，也是其身份地位的象征。"熊"操蛇肖形印图像是汉代驱傩仪式的表现，这是前人从未提及过的观点。"熊"者，乃是巫师方相氏蒙熊皮所扮。"蛇"者，乃是被打之鬼的象征。神人操蛇肖形印的文化内涵集中地体现了先秦两汉时期的神灵崇拜和巫觋信仰。尽管"理性主义"思想已经在当时的社会文化中占有一席之地，富于浪漫色彩的神巫信仰仍然深深地根植于人们的思想中。

肖形印的功能不同于文字印章，应该说不同内容的肖形印的功能是不同的。神人操蛇肖形印的功能是从其所体现的文化内涵上生发出来的。根据本文研究，神人操蛇肖形印体现出古人对于"凶"的厌恶和对于"吉"的向往。因此，神人操蛇肖形印主要服务于趋吉避凶的功能。这体现了先秦两汉时期的辟邪风俗，进而体现了人们对自我生命的关怀。

第十章
汉画像"九头人面兽"研究

　　汉画像是汉代典型的艺术品，其图像神秘诡谲，题材丰富多变，其中有许多人面兽身形象的神怪造型，"九头人面兽"形象是其中一种多头的人兽混合形象的怪物。这类图像集中出现在山东、苏北、皖北等地，并且多出现在汉画像中神仙世界里，学术界对此研究较少。本文总结目前我国所发现汉画像中"九头人面兽"图像的基本情况，并对"九头人面兽"图像做专题研究。内容包含"九头人面兽"的源流、图像背后的神话含义以及汉民族观念中关于人兽混合的怪诞形象的审美问题。

一、"九头人面兽"的源流

　　"九头人面兽"图像出现在东汉时期的汉画像中，它的形象怪诞并且带有某种神秘含义。"九头人面兽"常与仙界的奇禽异兽、不死之树等出现在汉画像中，从图像学分析得出它属于汉画像中神仙故事题材的灵兽。在汉代历史的背景下，以目前收集到的"九头人面兽"和"多头"人面兽图像为依据，运用图像学和神话原型－批评方法进行综合研究，能深刻地揭示"九头人面兽"的文化内涵和功能。

（一）"九头人面兽"的产生

汉画像是在汉代产生的一门艺术。在汉画像石上，常出现一种神话中的怪物，其形象为虎身、四足、长尾，颈上长着九个人首。通过对已经搜集到的"九头人面兽"画像的分析，我们发现其画像石产生的年代大都在东汉时期。纵观所有汉画像，除了东汉时期出现"九头人面兽"画像，往前追溯并没有发现它的痕迹。因此，"九头人面兽"产生的年代和分布区域对于研究其形象本身等相关问题是极其重要的。

1. 关于"九头人面兽"的定义

"九头人面兽"在自然界中不可能存在，其怪诞的形象出现在汉代画像石中，在汉代的历史文化背景下，也许它是汉代人神话思维中的灵兽。"九头人面兽"是后人对此图像的命名。研究者们对汉画像中这种长着九个头的怪物的研究较为稀少，他们对此的看法也并不相同。

目前有关学者对"九头人面兽"有三种看法。

第一种是"人皇"说。瞿中溶《汉武梁祠画像考》："人皇，龙身九头，有人皇九男兄弟相像。"[1] 但汉画像中"九头人面兽"形象大部分是九首、虎身，这种体貌特征不是十分符合"人皇"的形象（如图10-1）。

第二种是"共工之臣相柳氏"说。孙作云在《敦煌画中的神怪画》一文中认为，"九首虺龙"即《山海经》所说九首人面、蛇躯色青的"相柳"。《山海经·海外北经》记载："相柳者，九首人面，蛇身而青。"[2] 如图10-2。闻一多在《神话与诗》一书中认为"雄虺九首"就是共工，共工人面蛇身又称雄虺。[3] 由上可得，人皇与相柳皆是有九个人面、蛇的身躯的怪物，它们与画像石上的九个人面、四足、兽身而长尾的"九头人面兽"形象有区别，因此无法充分证明画像石上的"九头人面兽"就是"人

---

[1] 瞿中溶，《汉武梁祠画像考》，北京：北京图书馆出版社2004年版，第30页。
[2] 袁珂，《山海经校注》，上海：上海古籍出版社1983年版，第233页。
[3] 闻一多，《神话与诗》，上海：华东师范大学出版社1997年版，第40页。

图 10-1　九头人面兽 58cm×298cm
（图像采自《徐州汉画像石》）

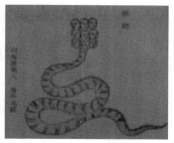

图 10-2　相柳
（图像采自《山海经校注》，第 233 页）

图 10-3　开明兽
（图像采自《山海经校注》，第 298 页）

皇""雄虺""相柳"。

　　第三种是开明兽之说。在古书《山海经》中记载着开明兽。《山海经·海内西经》中说："海内昆仑之虚在西北，帝之下都。昆仑之虚方八百里，高万仞。上有木禾，长五寻，大五围。面有九井，以玉为槛，面有九门，门有开明兽守之，百神之所在。在八隅之岩，赤水之际，非仁羿莫能上冈之岩。……昆仑南渊深三百仞。开明兽身大类虎而九首，皆人面，东向立昆仑上。"[1]（如图 10-3）我所收集的"九头人面兽"画像，大部分来自山东的沂南、曲阜、滕州、邹城、安丘、济宁、嘉祥等城市，同时徐

---

[1]　袁珂，《山海经校注》，上海：上海古籍出版社 1983 年版，第 294、298 页。

图 10-4　昆仑仙境 42cm×331cm 东汉
（江苏徐州铜山十里铺汉墓出土　原石现藏于徐州汉画像石艺术馆）

州的十里铺、茅村画像石中也出现了此物（见附表）。汉画像中"九头人面兽"的形象是颈上长着九个人首、兽身、四足、长尾，与《山海经》中记载的开明兽形象十分吻合（如图 10-4）。

　　以上图 10-3 与图 10-4 可以证明汉画像中的"九头人面兽"的怪物形象与《山海经》中的开明兽形象不谋而合，这并不是偶然的。"九头人面兽"即开明兽的怪异形象，常出现在汉画像中的仙界，这也许有某种神秘的含义。在李泽厚的书中这样写道：它们完全是变形了的、风格化了的、幻想的、可怖的动物的形象。它们呈现给你的感受是一种神秘的威力和狞厉的美。它们之所以具有威吓神秘的力量，不在于这些怪异动物形象本身有如何的威力，而在于以这些怪异形象为象征符号，指向了某种似乎是超世间的权威神力的观念。[1]"九头人面兽"图像是汉代社会的产物。中国古代极为重视丧葬礼仪，从夏商周开始，人们的丧葬形式各有不一。在汉代，从皇亲贵族到普通百姓，无论富贵与贫穷，人们都追求长生、灵魂不死、升仙，这一切反映在了汉代的墓葬上。从西汉到东汉领导层政策的改变，厚葬之风愈演愈烈，东汉政府实行"举孝廉"制度，更加极大地推动厚葬之风的发展。汉代墓葬里的汉画像寄托了汉代人太多的幻想、希望、欲望。

　　开明兽在昆仑山上，职责是为帝看守天门。西王母也在昆仑山上，因此开明兽也成为她的门役。《山海经》郭璞注："天兽也。《铭》曰：'开明

---

[1]　李泽厚，《美的历程》，合肥：安徽文艺出版社 1994 年版，第 42 页。

为兽，禀资乾精，瞠视昆仑，威振百灵。'"今本《图赞》作："开明天兽，禀兹金精；虎身人面，表此桀形；瞠视昆山，威慑百灵。"[1] 以上材料记载开明兽在昆仑山上的威武雄姿。在中国神话中昆仑山是一座住着西王母等神的仙山，就像希腊人认为奥林匹斯山上住着众神。《山海经》中记载开明兽和西王母同处在昆仑山上。《山海经·海内北经》说："西王母梯几而戴胜（杖），其南有三青鸟，为西王母取食，在昆仑虚北。"《山海经·大荒西经》中又说："西海之南，流沙之滨，赤水之后，黑水之前，有大山，名曰昆仑之丘。有神——人面，虎身，文尾，皆白——处之。其下有弱水之渊环之，其外有炎火之山，投物辄然。有人，戴胜，虎齿，有豹尾，穴处，名曰西王母。此山万物尽有。"[2] 人面虎身、文尾皆白的"有神"，看来仍应当是司帝之下都的"神陆吾"。战国前的作品《海内西经》里的昆仑山上有开明兽和开明东南西北方向的巫医、不死树、奇禽异兽。再看产生时代更后些的《大荒西经》中提到的昆仑山上有文有尾的神陆吾以及西王母。先是昆仑山上有西王母和开明兽，后出现西王母和神陆吾，那么开明兽和神陆吾有什么关系？《山海经·西山经》中说："西南四百里，曰昆仑之丘，是实惟帝之下都，神陆吾司之。其神状虎身而九尾，人面而虎爪；是神也，司天之九部及帝之囿时。"[3] 袁珂认为神陆吾和《大荒西经》中的人面虎身、有文有尾的神是同一物，也是昆仑山上司帝之下都的开明兽。神陆吾原是昆仑山的主神，《庄子·大宗师》说："肩吾得之，以处大山。"肩吾即是陆吾，本来无所系属，到昆仑山成为帝的"下都"以后，它才成为帝的属神而总管昆仑。再一变又成了镇山的神兽。[4] 从以下几点可看出二者本是同一物。（1）从外形上看：开明兽是兽身类虎，而九首皆人面；神陆吾是虎身而九尾，人面而虎爪。二者体貌特征十分相似。（2）从职能上看：开明兽为帝看守九门；神陆吾为帝看守九部。二者都是

---

[1] 袁珂，《山海经校注》，上海：上海古籍出版社1983年版，第299页。
[2] 同上，第306、407页。
[3] 同上，第47页。
[4] 袁珂，《中国神话史》，重庆：重庆出版社2007年版，第49页。

服务于天帝。（3）开明兽和神陆吾都在昆仑山上，与西王母有关联。以上这些可以说明二者实一物之分化。[1] 这"身大类虎而九首，皆人面"的开明兽，自然是"虎身而九尾，人面而虎爪"的神陆吾的演化。古时奇禽异兽的"尾"转变为"首"者亦有其例。例如《绎史》卷八六引《冲波传》说："鸧兮鸧兮，逆毛衰兮，一身九尾长兮。"《文选·郭璞〈江赋〉》却说："奇鸧九头。"而《太平御览》卷八八二引《山海经》，陆吾"九尾"正作"九首"，尤可见由"九尾"的陆吾演变成"九首"的开明兽是很自然的。[2]开明兽与神陆吾二者是一物。

2. 开明兽与梼杌、开明族

开明兽身大类虎、四足、长尾。在自然界中，虎是一种体形最大的猫科类动物，也是亚洲陆地上最强的食肉动物之一。一般认为虎发源于亚洲东部，也就是我国的东部地区（长江下游）。"虎"字或"菟"字读音可分可合，闻一多先生曾指出：驺虞、枳敌、敦圉等虎形神物合音皆近"菟"（虎），"《召南》之诗称虎曰驺虞，犹《周南》之诗称虎曰菟，盖皆楚语欤"？驺虞，古人都说它是白虎。而以驺虞（虎）命名诗篇本质上同于以梼杌命史，以白泽兽称图。梼杌是商某一部落的神兽，也可能是一种图腾。它作为神兽是商楚二族联系的一种纽带。楚部落联盟里有虎氏族的苗裔，令尹子文就是吃虎奶长大的虎孩，楚文物里有虎的英姿，尤其是楚史还以神虎"梼杌"命名，证明着其与南方巴人的联系。但是《招魂》说天上"虎豹九关，啄害下人些"，以虎为凶物。[3] 楚文化或楚王族先人以虎为图腾，以《梼杌》为史书。开明兽与梼杌相同点为虎身，不同点在于开明兽有九个人面。从对梼杌的研究，大概可以找到汉代开明兽来源的缩影。

虎母题成为弄清开明兽来源的纽带。关于虎的母题，在南方楚文物

[1] 王一兵，《虎豹熊罴演大荒——图腾与中国史前文化》，西安：陕西人民出版社1991年版，第18页。
[2] 袁珂，《中国神话史》，重庆：重庆出版社2007年版，第50页。
[3] 萧兵，《楚辞文化》，北京：中国社会科学出版社1990年版，第60页。

图 10-5　彩漆二十八宿天文图及局部图
（图像采自《曾侯乙墓》，第 6 页）

中，战国时代的铜制乐器"錞于"，其虎纽与四川出土的含有虎纹的戈、剑等巴器相似，这不仅证明了虎纹是巴蜀青铜器上最常见的图像符号之一，而且说明了巴人与其虎图腾的联系。从出土的虎纹饰文物而得出，南方出土的虎纹饰的文物多于其他地方。汉画像中的"九头人面兽"即开明兽主要出现在山东、江苏北部画像石中，其出土的地理位置与南方相连，大概它是受到楚文化中虎图腾的影响，才形成了汉代开明兽的形象。湖北随州曾侯乙墓出土彩漆二十八宿天文图衣箱，此箱盖顶上绘有绕斗字篆书二十八宿全部名称，两边并配画青龙、白虎图像。这是迄今世界上所见最早的写有二十八宿全部名称的文物，是二十八宿起源于中国的实物例证，也是我国古代天文学伟大成就的反映。[1]（如图 10-5）由此可看出，楚人极重视青龙、白虎，中国四灵指东方青龙、西方白虎、南方朱雀、北方玄武，此衣箱上绘制的青龙白虎正吻合四方配四灵。从中也看出楚人对于虎的崇拜，虎在他们心中的地位极为重要。楚人尚虎对汉代社会信仰有一定的影响。

开明兽身大类虎，蜀国开明族的图腾是虎，开明兽与开明族同名，有学者认为开明兽也许是蜀国开明族的图腾——开明兽形象。[2] 在春秋时代

[1] 谭维四，《曾侯乙墓》，北京：生活·读书·新知三联书店 2004 年版，第 67 页。
[2] 刘弘，《巴蜀与开明兽》，《四川文物》，1988 年第 4 期。

的蜀国有一个以虎为图腾的开明族，它统治蜀国长达十二世，约三百多年。《蜀王本纪》中记载开明氏取代杜宇族成为蜀地的开明帝，其记载："望帝积百余岁。荆有一人名鳖灵，其尸亡去，荆人求之不得。鳖灵尸随江水上至郫，遂活，与望帝相见。望帝以鳖灵为相。时玉山出水，若尧之洪水，望帝不能治，使鳖灵决玉山，民得安处。鳖灵治水去后，望帝与其妻通，惭愧，自以为德薄不如鳖灵，乃委国授之而去，如尧之禅让。鳖灵即位，号曰开明帝。"[1] 开明族最初统治川西时，其文化显然比杜宇族低。在宗教信仰上，还保留了较多的原始社会的自然崇拜成分。直到九世开明帝时，才接受了中原文化和原杜宇族文化的影响，建立了一套为巩固奴隶制所必需的祭祀制度，并且也出现了"礼""乐"的观念。《华阳国志·蜀志》说"九世有开明帝，始立宗庙，以酒曰醴，乐曰荆"，就是反映了意识形态中的这种变化。[2] 开明族的文化与汉代的文化相互影响，"身大类虎"的开明兽也许就是开明王朝名称的由来。因为根据蒙文通先生的考证，《山海经》中的四篇"海内经"，即《海内东经》《海内南经》《海内西经》和《海内北经》，可能是蜀的作品，这就说明开明兽与巴蜀有密切的关系。[3] 巴蜀包括巴国和蜀国。巴国以白虎为图腾。《后汉书·南蛮西南夷列传》引："廪君死，魂魄世为白虎。巴氏以虎饮人血，遂以人祠焉。"巴蜀多出土虎纹青铜器，如虎纽錞于、铜钲、戈、剑等。錞于和钲都是铜质的打击乐器。涪陵小田溪秦代墓葬中曾出土虎纽錞于和铜钲。对出土的錞于年代的考证，证实其为秦晚期至西汉武帝和王莽时期，这就足以证明原巴国境内有些民族至少将使用錞于的风俗保存至东汉。同样也说明了巴蜀的虎纹饰对于东汉时期的"九头人面兽"有深厚的影响，"九头人面兽"的缘起也许来自巴蜀的虎图腾。

---

[1] 童恩正，《古代的巴蜀》，成都：四川人民出版社 1979 年版，第 70 页。

[2] 同上，第 75 页。

[3] 同上，第 127 页。

在中国古人的文化观念中，"九"是天数、阳数之极，在数量上象征着多的概念，在神话空间中象征着虚无而广阔无垠的立体空间。在《山海经》中记载了许多九头怪、九尾怪，在汉画像中也出现过此类画像，那么数字"九"必定含有某种神秘的含义。在《楚辞》中也出现了九歌、九河、九重、九章等说法。而且在其他书籍中也谈到人们对于数字"九"的喜爱，这反映了数字"九"背后含有的某种深厚的生活信仰和文化观念。

在汉画像中出现的许多怪兽，其形象怪诞，它们在自然界中是找不到的，也许只有在神话中才能找到它们的踪迹。民间谣俗里的鬼车，即是九头鸟，曾在墓室立柱的位置出现。如图10-6墓室右边立柱画像的最下面一组独立的图像就是兽身九头鸟，画面中兽身上长着九个长颈，呈扇形展开，颈上长着九个鸟头，此怪兽拖着长长的尾巴，呈S形舞动于空中，整幅画面给人一种矫健而挺拔的张力美。明代李时珍《本草纲目》就说："鬼车，一名鬼鸟，一名九头鸟。"鬼、九古代字可通（例如鬼侯一

（局部放大）

图10-6　横山县孙家园子墓室壁组合画像，东汉 173cm×232cm
1992年3月1日陕西省横山县党岔乡孙家园子收回 现藏于榆林地
区文物管理委员会办公室
（采自《中国画像石全集》第5卷）

作九侯，鬼方或作尢野、九方等）。[1]汉画像中"九头人面兽"与九头鸟既有相同之处，也有不同之处。它们相同点是皆为兽身，有四足，长尾和头的数目都是九；不同点为前者是颈上长着九个人面，后者是颈上长着九个鸟头。在神话传说中为什么会出现九头怪？这也许要从文化人类学的角度去破译其含义。萧兵先生认为九个头，只是夸大了"头"的数目而已，"趋大""贪多"本是初民思维特质之一（"九"为最高个位数，初民视为神秘，欲"多"则言"九"）。[2]萧兵先生的观点也同样说明了"九头人面兽"中九首的含义。九是中国古人偏爱的几个吉祥数字之一，上至帝王引以为荣耀的"九鼎"，下至民间的"九月九日重阳节"，都反映了数字九深藏着某种神秘的信仰和观念，在中国文化中有非常特殊的意义。它体现阴阳中"阳"的变化，《说文》中说："九，阳之变也，象其屈曲究尽之形。"它还象征着阳数之极，《黄帝内经·素问·三部九候论篇》曰："天地之至数，始于一，终于九焉。"在汉画像中出现许多增肢的怪物图像，它们都与"九"结下不解之缘。例如：九头鸟、九尾狐、九头人面兽（开明兽）、九头龙蛇等等。这些怪物是《山海经》记载的丑怪群中的一小部分。

　　九头当为"纠头"，纠头又可以写作蚪头。许慎在书中说九象其屈曲究尽之形。王大友认为"九"是人蛇合一。汉画像中出现九头怪兽的形象，其中有九头人面虎身的开明兽、九头人面蛇身的相柳、九头人面龙身的九头龙。[3]《埤雅》中说："龙，八十一鳞，具九九之数。九，阳也。"这可看出"九"与"龙"的联想。除了有九头龙，在神话传说中还有龙生九子。它在汉代人的思想意识中寓意多子多孙，家族兴旺。《楚辞·天问》中有一问："女歧无合，夫焉取九子？"这一问表明了九子为只知其母不知其父的男子，体现了中国从先秦以来就一直认为血脉的承传体现在男性身上。[4]汉代形成以血缘为纽带的家族，男性成为延续家族兴旺的下一代，

---

[1]　萧兵，《楚辞新探》，天津：天津古籍出版社1988年版，第543页。

[2]　同上，第544页。

[3]　叶舒宪、田大宪，《中国古代神秘数字》，北京：社会科学文献出版社1998年版，第213页。

[4]　郑先兴主编，《中国汉画学会第十届年会论文集》，武汉：湖北人民出版社2006年版，第6页。

图 10-7　九尾狐 31cm×26cm（图像来源于
《鲁迅藏汉画像》，1991 年 6 月第 1 版）

家族姓氏的传递由双向传递转为男系单向，血缘色彩很浓。汉画像中"九
头人面兽"寄予了汉代人祈求子孙繁多的愿望。

　　在汉代人的信仰中，九尾狐是仙界的神兽，是生殖旺盛的吉兆。"尾"，
就其词义来看，作动词是动物交配、人类男欢女爱等行为。[1] 古《尚书》
中有"鸟兽孳尾"的说法，孳尾就是鸟兽交接的行为，大多含有交尾之意。
《史记·天官书》曰："尾为九子。"这与生殖崇拜联系起来。"尾"除了指
动物的尾巴，也指星宿中的尾宿，它由九颗星组成。汉代流行天人感应的
思想，与尾宿相对应的是皇室后宫，那是为皇家繁衍子孙的后妃居住的地
方。《白虎通义》曰："德至鸟兽则……狐九尾。"从这些记载中，可看出
君王施行德政就会出现各种祥瑞的征兆，类似九尾狐的这些祥禽瑞兽就会
出现在人间，给世人带来家人太平、子孙蕃息昌盛。在汉代人心中，九尾
狐是一种有德行和生殖意义的瑞兽。汉画像中的九尾狐图像，是汉代人对
生殖祈求或生殖崇拜的一种天象、一种象征，如图 10-7。九头人面兽即
开明兽与九尾狐一样，都具有生殖崇拜的意义。九尾狐的九个尾巴象征着

---

[1]　郑先兴主编，《中国汉画学会第十届年会论文集》，武汉：湖北人民出版社 2006 年版，第 6 页。

多生多育，而开明兽的九个头也象征着多，二者不仅都在神仙世界中出现，而且也是西王母座下的役畜。开明兽的九个人面也许象征着某种生殖崇拜，成为汉代人心中的某种吉祥的征兆。九头兽和九尾兽从形象上来看，增肢的部位不同，但都是九个，这象征着多和无穷。《逸周书·尝麦解》中："蚩尤乃逐帝，争于涿鹿之河，九隅无遗。"其中"九隅"的"九"，古人表示多的意思，并不限于九数。[1] 一、三、五、七、九共五个数在《周易》中是天数，"九"是"三"的三倍，这些数字蕴含着原始的宇宙观念和原始的哲学观念。《黄帝内经》曰："三而成天，三而成地，三而成人。三而三之，合则为九，九分为九野，九野为九藏。故神藏五，形藏四，合为九藏。五藏已败，其色必夭，夭必死矣。"[2] 河南汉族的民谚说："三月三，吃鸡蛋。三月三，砍枣尖。"当地群众每到三月三必吃鸡蛋，还拿刀斧到园地里去，乱砍枣树尖，认为这样才能结大枣，人丁兴旺。[3] "九"和"三"这两个数字的含义超出数量词本身，象征着多、大和无限。

在古文字中九、句、虬、纠、交是相通的。《楚辞·天问》言"雄虺九首，倏忽焉在"。闻一多认为"雄虺"与"庸回"声近，"雄虺九首"就是共工。共工之臣是相柳，它是"九首皆人面而蛇身"。共工的儿子是句龙。[4] 姜亮夫认为，"九"之甲金文作虬曲之形，九为"虬"之本字。丁山先生认为"纠龙即是句龙"。"九尾"指"纠尾"，因为"九"在古代通"纠"。在青铜器的装饰纹样中，有许多"纠"尾的禽兽，而从来没见到有"九条"尾巴的图像，凡九头、九尾皆如此，这正是后人以数之九误释古代"纠尾""纠头"的最佳例证。九是天数，阳数之极，象征着无限。在西王母神仙世界中有许多形象具有特殊的意义，它们与"交"有密切的关系。例如西王母的龙虎座、伏羲、女娲、九尾狐、交颈鸟等等。汉代的道儒两家都认为可以通过"交"的形式来延续生命。"交"即"交合""交

[1] 徐旭生，《中国古史的传说时代》，北京：文物出版社 1985 年版，第 95 页。
[2] 金春峰，《汉代思想史》，北京：中国社会科学出版社 1997 年版，第 117—118 页。
[3] 赵国华，《生殖崇拜文化论》，北京：中国社会科学出版社 1996 年版，第 390 页。
[4] 闻一多，《神话与诗》，上海：华东师范大学出版社 1997 年版，第 39—41 页。

图 10-8 九头人面兽、并颈鸟、朱雀、人马、猛虎 58cm×298cm
（图像采自《江苏徐州汉画像石》图版 6）

嫽""交感""构精"。"交合"这种形式在汉代，体现了对生殖繁衍的祈
求和对生命长存的修炼。在汉画像中出现大量的"交合"内容的图像，依
据图像形式来看，大致分为人交、神交、兽交三类，还有具有隐喻形式的
交颈鸟、鱼戏莲图像。如图 10-8，图像的正中间是二鸟并颈呈现对称状，
两边瑞兽的动态方向以并颈鸟为中心，左边是九头人面兽，其后是仙人骑
一只虎头牛身怪物，再后面是仙人骑一只驼身细颈小头怪兽，右边是朱雀、
根部呈螺旋状的树木、羽人牵一匹马、人面兽。博厄斯指出："自古至今，
一切民族的艺术品的造型里，也可以看到对称的形态。"[1] 拆半表现技法的
最大特征就是它的对称性。无论是狰狞的饕餮或双身的肥遗，无论是神秘
的图腾柱和怪异的面具，其表现技法都为拆半的。[2] 运用艺术中的拆半表
现手法，就可以破解那些怪异的增肢或减肢的怪物之谜。并颈鸟的鸟头和
颈以对称的方式向上伸，同时也呈现交合的姿态，像是一对配偶在繁衍下
一代，隐喻了生殖崇拜。左边的九头人面兽是开明兽，它具有九个头，也
许和并颈鸟同样具有生殖崇拜之意。九个头与长长的颈呈排列状态，同并
颈鸟一样作交合的形式，长长的颈正上方一个人面，在颈的左右两边分别
从上而下依次排列四个人面，运用拆半表现的艺术手法，九个头交合而九
个颈混合在一起，最终呈现为上面的九头人面兽图像。汉代人的生殖祈求
和生殖崇拜通过汉画像神话中的并颈鸟、"九头人面兽"图像表现出来。

汉画中"九头人面兽"应为开明兽。开明兽九首皆人面、虎身，看守

---

[1] ［美］博厄斯著，金辉译，《原始艺术》，上海：上海文艺出版社 1989 年版，第 23 页。
[2] 朱存明，《中国的丑怪》，徐州：中国矿业大学出版社 1996 年版，第 128 页。

昆仑山，是西王母座下的役畜。作为艺术想象的产物，异常的外在给人强烈的视觉冲击和震撼。"九首"为多生、再生、生命力旺盛的象征，"人首"是汉代人对人类自身能力肯定的必然产物，"虎身"是长期以来人类崇拜虎思想的孑遗。"九"是天数，其象征功能是多层次的，上居于天，下临于地，又从地上转入地下。古人把天分为九个区域，古曰"九天"。《淮南子·天文训》说："天有九野。"中央及四方四隅，故曰九天。《淮南子·览冥训》说："浮游消摇，道鬼神，登九天，朝帝于灵门。"徐整《三五历记》曰："天地浑沌如鸡子……盘古在其中，一日九变，神于天，圣于地……"[1]《山海经》中记载开明兽在昆仑山上，此山是登仙的必经之地，但对汉代人来说，如同九天之大而不可及。天不仅从平面上划分为"九"，从垂直线上也可以划分为"九"。《楚辞·离骚》："登九天兮抚彗星。"这句点明少司命即九天司命。九天司命者言其为第九重天之主神也。第九重天的少司命助为"民正"，民通人，《释名》："人，仁也，仁生物也。"草木实核为仁，古则皆为人，以表生意。《左传·成公十三年》："民（人）受天地之中以生，所谓命也。"[2] 则民正者即人类生命之正。[2] 此观点似乎也说明了九头人面兽即开明兽也是具有无限生命力的象征。《汉书·郊祀歌·天门》中的"专精厉意逝九阕"与"登九天兮抚彗星"，可以互注。阕即陔，重也。九陔，即九重天也。[3] 原来天有九重，是我们中国古代人的观念。《天问》中"九天之际，安放安属？"《吕览》《淮南》中说九方之天则是天上的九个方位。《山海经》中记载昆仑山上有九门，由开明兽守护。从天上的九个方位与昆仑山上的九门，可得开明兽的九个人面的功能是分别看守九个方位的天门。

在原始的阴阳观念中，"九"为天数，阳数之极。原始先民们为自己的文化创造赋予"九"以至大至善的神秘意义，含"九"的事物具有了神

[1] 茅盾，《神话研究》，天津：百花文艺出版社 1981 年版，第 40 页。

[2] 苏雪林，《屈原与〈九歌〉》，武汉：武汉大学出版社 2007 年版，第 382 页。

[3] 同上，第 386 页。

圣、繁多的巫术功能。长沙马王堆汉墓出土的帛画中，有一棵扶桑大树上有九个红红的太阳，这无可置疑地证明"九阳神话在上古的流行"。中国的南北方少数民族也有崇"九"之风。纳西族民歌说，天上有九个太阳、九个月亮；九个太阳，晒得人没处藏，九个月亮，冷得人似筛糠。彝族古歌《天地论》"九把金锁论"中，"天上九道门，九门分九主，九主管九门"，"九门九把锁"；"大地分九方，九方有九人，九人当九神，九神座九方"。在神话世界中，昆仑山上九门、九部，只由一只开明兽看守，为了同时掌管九门，它长着九个人面分别看守九门。在神话、民俗、文化中都频繁出现人们对"九"的崇拜，这绝不是偶然的趣味问题，其身后具有更深的种族记忆和集体无意识原型的作用。在一些少数民族的丧葬仪式中，"九"象征阳性男，"七"象征阴性女。[1] 夏铸九鼎，鼎在中国是象征国家统治权力的神圣礼器。《左传·宣公三年》，楚子问鼎之大小轻重，王孙满对曰："昔夏之方有德也，远方图物，贡金九牧，铸鼎象物，百物而为之备，使民知神、奸。故民入川泽山林，不逢不若，魑魅魍魉，莫能逢之，用能协于上下，以承天休。桀有昏德，鼎迁于商，载祀六百。商纣暴虐，鼎迁于周。"[2] 道家制造的长生灵丹叫"九转丹"，从表面看"九转"指具体的烧炼次数，但也指虚数，"九"寓意"久"是久而得仙之意。综合以上从各个方面对"九"的论述，"九头人面兽"象征着强大的生命力、生成性力量。

（三）"多头"人面兽的演变

在汉画像中"九头人面兽"图像是"多头"人面兽图像中的典型形象。"多头"人面兽形象违反常态、怪诞离奇，引起研究者的关注。目前可搜集到关于"多头"人面兽的汉画像有45幅，其中"九头人面兽"的图像

---

[1]　叶舒宪、田大宪，《中国古代神秘数字》，北京：社会科学文献出版社1998年版，第222页。
[2]　荣庚，《商周彝器通考》，上海：上海人民出版社2008年版，第3页。

有 30 幅。从以上画像出土的年代看，石刻年代几乎均为东汉时期，原因是汉画像石产生于西汉早期，盛行于东汉，延续至魏晋，历时 400 余年。从以上画像出土的地方看，以山东为主，苏北、安徽、河南、陕西地方含有零星几个"九头人面兽"和"多头"人面兽图像。本节重点是通过研究在神话中的"多头人面兽"和春秋战国时期镇墓兽对汉代人面兽产生的影响，来分析汉画像中"多头"人面兽的产生，并着重分析人面兽背后隐藏的汉代文化含义。

1. 神话中的"多头"人面兽神

在神话中存在许多人首兽身的怪物，它们都是和谐的两性同体、杂种、怪物等的复合形象，并统辖各自的领土成为其主宰神。例如人面虎身的开明兽、人面蛇身的相柳或烛龙、人面龙身的雷神等等。中国古代神话记载了数以百计的神灵，但其形象却不是美艳绝伦的相反却是极丑的，大多是人兽混合或半人半兽的特征。汉画像中出现的"多头"人面兽具有人兽混合的特征，本章论述的"九头人面兽"正是"多头"人面兽的代表之一。

在汉画像研究中经常引用东汉文学家王延寿的《鲁灵光殿赋》，这是描写当时鲁国灵光殿雄伟壮丽景象的著名汉赋，其中一段是这样描绘的："图画天地，品类群生。杂物奇怪，山神海灵，写载其状，托之丹青，千变万化，事各缪形，随色象类，曲得其情。上纪开辟，遂古之初。五龙比翼，人皇九头。伏羲鳞身，女娲蛇躯。""人皇九头"是指九个头的龙，与《楚辞·天问》中的"雄虺九首"所指的九头龙是同一种图像。"人皇九头"也曾被认为是汉画像石中的"九头人面兽"。汉代画像石上还有许多人兽合一的神怪，至今研究者都无法给它们一个合理的名称，许多学者只能把这些神怪与《山海经》中的神怪做文字与图像的比对，暂时给它们取出名字。例如人面鸟、人面鱼、人面龙、人面兽、多头人面兽、兽头人身怪等等。[1]《山海经》中记载了许多拟人化的半人半兽形象（见表2）。

表 2[2]

南	《南次三经》	龙身人面
	《海内经（南方）》	人首蛇身
北	《北次三经》	马身人面
	《海内北经》	人面蛇身
	《海外北经》《大荒北经》	人面蛇身赤色、九首人面蛇身自环赤色
	《北山经》《北次二经》	蛇身人面
东	《东山经》	人身龙首
	《东次二经》	兽身人面带触角
	《海内东经》	人头龙身
	《海外东经》	人面虎身，八首人面虎身十尾
西	《海内西经》	人面虎身，九首人面虎身四足长尾
	《海外西经》	人面蛇身，尾交首上
	《西次三经》	人面龙身
	《西次三经》	羊身人面
	《西次二经》	马身人面
中	《中次七经》	人面三首
	《中次四经》	兽身人面
	《中次七经》《中次十一经》	豕身人面
	《中次十经》	龙身人面
	《中次八经》	鸟身人面
	《中次二经》	人面虎身

　　从上表可知它们基本上是动物躯体与人的形貌的拼凑，如人面鸟身、

---

[1] 杨爱国，《走访汉代画像石》，西安：三秦出版社 2006 年版，第 29 页。
[2] 袁珂，《山海经校注》，上海：上海古籍出版社 1983 年版。

人面蛇身等，看得出来，自然崇拜时期奉祀的神，虽有初步的拟人化，其形象仍是半人半兽的。[1] 在汉画像中也出现许多人兽混合的"多头"人面兽。通过对已收集的图像进行分析，从人面的数量来看，分别有九头、八头、六头、五头、四头、三头、双头、一头的人面兽；从兽身来看，分别有虎身、蛇身、龙身、鸟身；除了以上"多头"人面兽的不同点，还找到其共同点是它们石刻年代皆存在于东汉时期。汉代艺术中这种瞬间灵动的精神特色的确大大地超乎前代，如果没有一双敏锐的眼睛和敏感的心灵，如果不是真正把具有鲜活生命的人类和生物界作为观照的对象，是很难把握到这种生命中最美丽、最绚烂的瞬间的。一位外国学者曾说："我以为，形成整个中国构图特点的，是对于动态的喜爱，把它看作是生命的表现。"又说："至少从汉代开始，此时基督教时代刚刚开始，中国的构图就具有这种特色。形态充满了生命的动感，线条奔放而又流畅。"[2] 东汉以绘画为代表的艺术中，表现出了浓厚的生命精神，艺术家们不仅通过艺术为自己营造了一个以人的生命为中心的世界，而且还深入这个世界的内里，去张扬其内在的律动与力量，可以说，这正是东汉时期人的自我生命意识的觉醒，促成了艺术向生命本身回归的精神特征。[3] 汉画像石兴盛于东汉，是画像石与画像砖上的图像风格从幼稚走向成熟、由粗放走向精细、由朴拙走向鲜活跃动的时期。东汉强烈的以生命为宇宙主体的意识，尤其表现在神灵的人化或拟人化。最广为人知的是西王母：豹尾虎齿而善啸、蓬发戴胜，是汉代人眼中的最高神，握有令人长生不死的药。

《山海经》中记载了许多"多头"人面兽，皆为昆仑山上的神兽，汉画像石上出现的"多头"人面兽多与西王母、奇禽异兽、仙界等组成图像，其形象的基本特征是人兽混合形式。如图10-9，图像为武氏祠东阙正阙身南面八首人面兽身的天吴形象。画面第二层，左边二人拱手相对立；中一怪兽，三头人面；右一怪兽，八头人面，虎身蹲踞，《山海经·大

[1] 袁珂，《中国神话史》，重庆：重庆出版社2007年版，第18页。
[2] ［英］比尼恩著，孙乃修译，《亚洲艺术中人的精神》，沈阳：辽宁人民出版社1988年版，第11页。
[3] 徐华，《两汉艺术精神嬗变论》，上海：学林出版社2003年版，第98页。

图 10-9　武氏祠东阙正阙身南面画像　东汉
　　　　桓帝建和元年　208cm×118cm
（此石现为嘉祥县武氏祠保管所藏　此图像采
　　　自《中国画像石全集》第 1 卷）

荒东经》载："有神人，八首人面，虎身十尾，名曰天吴。"《山海经·海
外东经》载："朝阳之谷，神曰天吴，是为水伯。……其为兽也，八首人
面，八足八尾，皆青黄。"[1] 高诱注《吕氏春秋·孟冬纪》云："少皞氏之子
曰循，为玄冥师，死祀为水神。"此兽为水神天吴。自从颛顼命大神重黎
把天地的通路隔断以后，人很难登上天，人神产生了距离。人类无法战胜
自然，生活在忧患与恐惧之中；在人类的想象中，在山林和水泽中有许多
神灵，能帮助他们解除灾难和带来好运。在万物有灵的社会，人们有一种
同化于动物的愿望，人们面对自然界的强大力量与自身微薄的力量，他们

---

[1]　袁珂，《山海经校注》，上海：上海古籍出版社 1983 年版，第 348、256 页。

按人兽合一的形象来塑造他们理想中的神灵。汉画像中的水神天吴，表现了汉代人敬畏和祈求的心理。人兽杂糅的怪诞形象源于原始先民的宗教信仰，是原始思维的产物。由于人们把自身异化到神话的世界中去，依靠自然界中凶猛动物的力量，靠想象来征服自然力，便产生了各种艺术中的怪诞形象。九首兽开明是人面与虎身的组合，八首兽天吴也是人面与虎身的组合，这些均表现了原始人的虎图腾意识。这些怪诞形象，大多与原始人的图腾意识有关，因为那时的人们相信自己的氏族和某种动物甚至植物拥有共同的祖先，并按想象创造这种祖先形象或神的形象。

图 10-10　孙氏阙画像　东汉章帝元和二年 180cm×（52～70）cm×18cm（此石现藏于山东省石刻艺术博物馆　采自《中国画像石全集》第 1 卷）

汉画像中的"多头"人面兽背后含有动物图腾的意义，多首的形式象征着汉代人自我意识的提升以及对神的敬畏与崇拜。目前收集到的图像资料显示，"多头"人面兽图像大都出土于东汉时期，东汉是汉画像发展的鼎盛时期，人们追求升仙的欲望更加强烈，神仙题材的汉画像频繁出现。"多头"人面兽除了兽身的不同外，还有人面数量的不同。上文写到的九首开明兽、九头鸟、九尾狐、相柳（九头）、九头龙、八首天吴，人面和兽面的数量有所变化，它们都是复合的怪物，并含有某种神秘的含义。

神秘数字是一种世界性的文化现象，中国人将数字赋予神秘的意义，它与汉族的文字、文化相互交融。在汉画像中出现的人面怪物，人面的数量从九个至单个不等，不同数量的人面与兽身的组合形式不一，体现了"多头"人面兽形象的多样性。我们来看看多个人面同时处在兽头和尾巴

图 10-11　人面虎身兽　新莽天凤五年　40cm×12cm
（此石现藏于河南南阳汉画馆　采自《中国画像石全集》第 6 卷）

的位置上的"多头"人面兽，如图 10-10 和图 10-11。图 10-10 是出土于
山东莒县南北园镇东蓝墩村的孙氏阙画像上的六头人面兽，画像上下分为
四层，此图像的雕刻技法是边饰连弧纹。六头人面兽处在第一层，紧跟着
旁边有鱼鳖、人物拜谒、建鼓、倒立伎、二人徒手格斗图像。六个人面的
怪物在《山海经》中没有记载是何物，但兽身的颈部和尾部长着三个人面
的形式极为怪诞，同时三条构成三角形的鱼和一个鳖围绕在此兽旁边。古
人谓鳖可以守鱼，故鳖又名为神守。《养鱼经》曰："六亩地为池，池中有
九洲。求怀子鲤鱼长三尺者二十头，牡鲤鱼长三尺者四头……至四月纳一
神守。六月，纳二神守。八月，纳三神守。神守者，鳖也。所以纳鳖者，
鱼满三百六十，则蛟龙为之长，而将鱼飞去。纳鳖则鱼不复去。"李发林
先生认为此说无据，但此段话与图 10-10 中六头人面兽与鱼鳖在一起的画
像相互得到印证。图 10-11 中出现了在兽颈部和尾巴上有人面的怪物还有
四头人面兽。此兽出土于河南唐河县新莽郁平大尹墓。四头人面兽，人首
虎身，独幅成画。它与图 10-10 上的六头人面兽相比，此兽身为虎，其
颈部上有一戴冠的人面，往尾巴上的三个人面看去，虎尾巴上依次长有三
人首皆戴冠，它们与颈部上的人面相顾，从整体上看人面虎身兽，形态怪

图 10-12　建鼓、乐舞、杂技　东汉 94cm×133cm×16cm
（此石现藏于滕州汉画像石馆　此图像采集于滕州汉画像石馆中的原石）

诞，体现了对人的价值的充分肯定。这类怪兽也许是镇墓辟邪的守护神，与《山海经》中的神兽马腹、开明兽、天吴的形状相近似。它们都是人面虎身，具有守护职能的仙界灵兽。

《周易》中记载一卦六爻，人们认为初、三、五爻是阳位，二、四、上爻是阴位。阴爻名为"六"，阳爻名为"九"，因为古人以一、二、三、四、五为生数，《河图》《洛书》都以这种生数为基数，朱熹说，"其六者，生数二四之积也"，"其九者，一三五之积也"。[1]"九"是天数，阳数之极。汉画像中有九个人面的灵兽，那么也有一、三、五个人首的怪物。如图 10-12 为建鼓乐舞杂技画像石，于 1982 年出土于滕州市滨湖镇西古村。此画像石雕刻技法是浅浮雕，构图饱满，画面中央树一建鼓、二小鼓，二人边擎边跳，左有抚琴、倒立、掷丸者，左上有五首人面兽、猫头鹰，右一树上有羽人饲凤，树旁一人及羽人格斗，另有猴子、飞仙、珍禽。图像中五首人面兽最为怪异，颈上有五颗人头和两颗鸟头，在《山海经》中没出现过人首与鸟首同在的怪兽，只有单独的人面兽身和兽面人身的怪兽，

---

[1]　叶舒宪、田大宪，《中国古代神秘数字》，北京：社会科学文献出版社 1998 年版，第 119、120 页。

图 10-13　沂南汉墓前室内八角立柱画像
东汉晚期 110cm×23.5cm×25.5cm
（此石现藏于沂南北寨汉画像石墓博物馆
采自《中国画像石全集》第 1 卷）

人头和鸟头并存的怪物值得我们深入研究其背后的含义。

人们假定某个动物是他们的始祖，杜尔干说，"始祖之名仍然是一种图腾"（宗教生活的初级形式），人要根据图腾动物的模样来创造自己，那就是我们所说的"人的拟兽化"。在拟兽化的过程中，我们也只能做到半人半兽的程度，如人首虎身、人首蛇身、人首龙身、人首鸟身的怪物。[1]再来看看汉画像中出现的三头人面兽，如图 10-13，三头人面兽与其他奇禽异兽杂处在一起，呈现了神话中的仙界。人面兽身的异兽在此幅图像中多次出现，似乎意味着人将自己与仙界的神兽组合在一起，借助神兽的力量达到自己升仙的目的。在《山海经·海外南经》中提到三首国，三首国的人是一身三个头。由三首人面兽转变为二首人面兽。如图 10-14中的二首人面兽兽身，左右各有一个人头，肩生羽翼。《山海经·海外西经》中说："并封在巫咸东，其状如彘，前后皆有首，黑。"《山海经·大

[1]　闻一多，《伏羲考》，上海：上海古籍出版社 2009 年版，第 26 页。

图 10-14　阳鸟、双头兽　东汉
65cm×146cm×21cm　此图像
采集于江苏师范大学画像石（砖）
特色数据库

荒西经》中说："有兽，左右有首，名曰屏蓬。"并封是一种朝前朝后各长一个猪头的两头兽，与图 10-14 上的两首是人面皆戴冠不同，也许《山海经》中并封的两个兽头至汉代演变为人首，因为东汉时期人的自我意识提高，人们出于对祖先的敬仰而将兽拟人化。

神话中的"多头"人面兽包括九头兽开明、八首天吴、六头人面虎身兽、五头人面虎身兽、四头人面虎身兽等等。人首数量上的增减和不同的兽身共同构成"多头"人面兽的怪异形象。它们完全是变形了的、风格化了的、幻想的、恐怖的动物形象。这些"多头"人面兽，在虎、蛇、龙等动物特征的基础上，随着祖先崇拜的兴起，往往增肢或减肢地加上人首的形象，逐渐向人兽合一的形象演化。在灵感思维中，图腾代表祖先神，有一种超自然的力量，在集体表象中就与人的形象产生神秘的互渗，形成半人半兽、半神的样子，人们有一种同化于图腾的心灵欲求，所以他们不仅制作兽的面具，还在身上文身，汉画像中的"多头"人面兽的形象也是如此。[1] 人面兽身的怪物不仅在中国存在，而且在外国也存在。如埃及的狮身人面相——斯芬克斯，这座雕像闻名全世界。在古代，狮子或狮身人面相几乎可以肯定是法老哈夫拉肖像的化身，这位君主也被视为太阳神的化身。东汉时期，在汉画像中人面兽（九头、三头和两头）身上有翼。如图 10-13 和图 10-14，这种混合形体带翼的神兽与欧亚各地格里芬有相似之处。[2] 李零认为这些有翼

[1]　朱存明，《灵感思维与原始文化》，上海：学林出版社 1995 年版，第 379 页。
[2]　"格里芬"属于闪语词，并被所有欧洲语言共同使用。埃及和希腊有斯芬克斯即人面狮身；希腊有带翼的龙，亚述、波斯有拉马苏即人首带翼兽、森莫夫即兽首鸟形怪兽。

神兽是一种随意想象不太著名的动物和经过长期筛选被人视为"祥禽瑞兽"的动物。[1]

2. 人面兽为镇墓辟邪的神兽（人首兽身镇墓兽）

前文已经大致论述了与"九头人面兽"相关联的"多头"人面兽的产生及演变。从神话学的角度上看，中国古神发展的历程从自然神时代向兽神时代演进，从兽神到半人半兽神向人神时代演进。《山海经》中记载着大量怪神都是人首兽身或兽首人身。本章所写的"九头人面兽"正是人面兽身的怪神，根据头身的不同，大体有"多头"人面兽，如九头人面虎身兽、九头人面龙身兽、八头人面虎身兽、六头人面兽等等；还有单头人面兽。镇墓兽是人兽合一的辟邪之物。最出名的要数楚墓中的镇墓兽，它约始于战国早期，其造型有单头单身和双头双身。两汉时期出现了人面兽身的怪物，它与楚墓中的镇墓兽都是人兽合一的产物，那么它们也许有着内在的联系。镇墓兽是楚墓中常见的一种随葬品。镇墓兽出现在春秋中晚期至战国晚期，随着时间的推移，各个时期的镇墓兽形制有所变化，由圆首、兽首发展至人首、鸟首或鸟身兽首、方体或多边体型。战国晚期出现的人面镇墓兽，绝大部分出土于雨台山、江陵九店和纪城墓地，长沙有少量出土。如雨台山555号墓出土的一件人面镇墓兽，"面近人形，眼鼻雕刻，垂长舌，直颈"。江陵九店712号墓的一件，"面部方形，长舌，身细高。头插鹿角，身下部近座处起台"（图10-15A、B）。这时的镇墓兽不见战国中期之前的狰狞的兽面形象，由兽面演变为人面，形状变得简单，拟人化趋势明显。战国中期的楚式镇墓兽不仅有单头兽面式，而且还有双头兽面的形制。在汉画像中"九头人面兽"也是复杂的"多头"人面兽形制，还出现八头、六头、五头、四头、三头、双头等人面兽。战国中期的双头兽面的镇墓兽对汉代的"多头"人面兽形象的形成有一定的影响。江陵天星观1号楚墓出土双头双身镇墓兽，虎首、瞪目、张口、伸长舌，双头颈

---

[1] 李零，《入山与出塞》，北京：文物出版社2004年版，第111页。

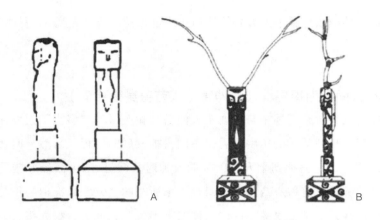

图 10-15　A 雨台山 555 号墓出土 人面镇墓兽　B 江陵九店 712 号墓出土

图 10-16　天星观 1 号墓出土　双头双身、龙形镇墓兽

各插双鹿角，从颈至身体上绘有龙的形象，又被称为龙形镇墓兽（图 10-16）。许多学者对镇墓兽为何物有不同的结论，其中王瑞明先生认为从镇墓兽的形制，带鹿角、兽面（人面）、龙身，从而推定它是一种山神，山神说由此而得出。除了镇墓兽上有龙纹，战国楚墓中出土的漆器上也有龙纹，帛画上有人物御龙图（1973 年长沙子弹库楚墓出土的人物御龙帛画）等等。镇墓兽的面目随着岁月的变化，更接近人面，更加拟人化，但仍保

图 10-17　河南信阳长台关 1 号墓出土的镇墓兽

留着鹿角、长舌。[1] 最典型的是河南信阳长台关 1 号墓出土了一件战国中期的木雕漆绘人形镇墓兽，身躯似人做跪坐状，虎首、突眼、头上插角、大口伸长舌，口中吞食一条蛇，两前肢利爪抓住蛇的两端（如图 10-17）。该镇墓兽面部上的大眼和嘴，已经趋向于人面，身躯形态似人。除此之外，它头上有角，口中伸长舌，身躯上有鳞纹，综合来看具有龙的特征。镇墓兽的形象发展到战国晚期，虽然还有长舌、鹿角，但是越来越拟人化，首极像人，形态似人。人形很可能是其初始的意象，楚式"镇墓兽"的构型实为楚人丰富想象的一个综合体。正如有的学者所言，楚式"镇墓兽"意象的叠加赋予形象上的诡异特征。[2] 这一时期人形的镇墓兽对汉代的人面兽身的怪物产生一定的影响。

镇墓兽是多种动物组合的综合体，鹿角、兽面（人面）、龙身等等，在楚墓葬中具有镇墓辟邪和引导灵魂升天的功能，同时也反映了楚人的信仰与崇拜。楚人崇龙、鹿，祈祷吉祥。曾侯乙墓出土过青铜鹿角立鹤，鹿

---

[1]　彭浩，《"镇墓兽"新解》，《江汉考古》，1983 年第 3 期。

[2]　丁兰，《楚式"镇墓兽"特征综论》，《江汉考古》，2010 年第 1 期。

和鹤在古代被视为吉祥的动物，几乎所有的镇墓兽都头插鹿角，《楚辞·天问》："惊女采薇，鹿何佑。"鹿被视作神物。鹿与鹤相结合，象征吉祥之兆，此类明器具有镇墓辟邪的功能。[1] 汉画像中的"多头"人面兽同样也是人兽合一的综合体，依据头身的不同，有多头和单头的人面兽。最为典型的是"九头"人面虎身的开明兽，"九头"人面龙身的怪兽。前面提到身躯还有龙纹或鳞纹的龙形镇墓兽、虎首的虎形镇墓兽。镇墓兽与"九头人面兽"同样具有怪异诡谲的形象，身体具有某些动物的特征，手法夸张、造型奇特。镇墓兽和"多头"人面兽的形象都与图腾崇拜、灵魂不死有关。古代社会，人们相信万物有灵、灵魂不死，他们依靠巫术将自然界许多凶猛动物的力量转移到人的身上。人类驾驭自然的能力凭借巫术的形式逐渐提高，自信心也不断增长，对自己的认知不断加深，从而出现了理性和人性的特征。随着人类文明的进步，由原始社会人类依赖自然的原始思维，到与巫有关的图腾崇拜，再发展到更加发达的文明意识，人性的自我崇拜意识开始占据首位，人依靠动物的力量转变为用人或神的力量。[2] 这也是镇墓兽和汉画像中"九头人面兽"怪诞形象产生的原因。

陈跃均、院文清先生认为镇墓兽的原型是土伯。[3]《楚辞·招魂》中说："魂兮归来，君无下此幽都些。土伯九约，其角觺觺些。"王逸注："土伯，后土之侯伯也。觺觺，角利貌。言地有土伯执卫门户，其身九屈，有角觺觺主触害人也。"参目虎首、其身若牛的土伯是幽都的守卫者，而"九头兽"开明是昆仑山上的守卫者，前者是地下，后者是天界，二者的职责相同。古人迷信，常用将虎画于门上、烧煮虎皮饮服、系虎爪于身等方式来驱赶邪鬼，因为人们认为"画虎于门，鬼不敢入"，《风俗通义校注·祀典》中说："虎者，阳物，百兽之长也，能持搏挫锐，噬食鬼魅。"[4] 在我国古代有镇墓辟邪和威慑功能的神兽大致上为虎、豹、龙、蛇四大类，

---

[1] 谭维四，《曾侯乙墓》，北京：生活·读书·新知三联书店 2003 年版，第 64 页。
[2] 黄莹，《楚式镇墓兽研究》，《中原文物》，2011 年第 4 期。
[3] 陈跃均、院文清，《"镇墓兽"略考》，《江汉考古》，1983 年第 3 期。
[4] 王利器，《风俗通义校注》，北京：中华书局 2010 年版，第 367 页。

或者是这四类动物的夸张、变形，《山海经》中记载的许多人面兽身和兽面人身（兽身）的怪神就具有这些功能，如九首人面的开明兽、神陆吾、九首人面蛇身的相柳、人面龙身的雷神和鼓等等。楚式镇墓兽也具有龙、虎、蛇等动物的特征。战国后期，鲁南、苏北、皖北与豫东一带，为楚国的疆域，深受楚文化的影响，楚人"信巫鬼，重淫祀"，楚式镇墓兽的形制与功能，这些无疑对汉代的画像石的发展产生影响，并为之提供了丰富的创作思想素材。[1]

图 10-18　陶 制 人 面 兽 身 镇 墓 兽
（1990 年河北南和县贾宋村唐墓出土）

　　从春秋战国兴起的镇墓兽，对秦汉以后的镇墓兽的发展均产生了影响。两汉时期出现了人形镇墓兽、人首兽身的镇墓兽、独角兽等。三国至魏晋时期，出现身着铠甲的武士俑。唐代时期，墓室入口出现人面和兽身有机地结合在一起的镇墓兽。图 10-18 为该镇墓兽，人首面部饱满，兽身肥硕，四足健壮呈后蹲状，挺胸前视，兽背上的毛发呈放射状竖起。[2]此人面兽给人咄咄逼人的威慑力量，被放在墓葬里，用来镇墓驱邪，守卫死者的亡灵不受外界的侵扰。这件镇墓兽也体现了唐朝人面兽身镇墓兽的艺术风格，我们也可看到楚式和秦汉镇墓兽艺术风格的缩影。

二、"九头人面兽"的图像分析

　　据目前笔者收集到的含有"九头人面兽"的汉画像图像来看，除了单

---

[1]　蒋英炬、杨爱国，《汉代画像石与画像砖》，北京：文物出版社 2001 年版，第 71 页。
[2]　石从枝，《唐代人面兽身镇墓兽》，《文物春秋》，2001 年第 6 期。

独"九头人面兽"的图像（山东临沂市独树头镇西张官庄出土）以外，大致可分出三类：一、"九头人面兽"与昆仑山；二、"九头人面兽"与西王母；三、"九头人面兽"与奇禽异兽杂处。本章从图像出发，运用图像学和神话－原型分析方法对"九头人面兽"图像进行深层次分析，探讨其文化内涵。

（一）"九头人面兽"：守门神、山神、月兽和登仙的工具

"九头人面兽"与昆仑山本是两个独立的个体，但在神话中二者之间有一定的联系。在古籍中记载昆仑山上有西王母、玉石、仙树、奇禽异兽、不死药等，是求仙者向往的极乐世界。在神话中，昆仑山是登天的天梯，也是成仙的必经之路。自从颛顼命重黎隔断了天和地的通路，凡人上不了天，神也下不了地。人们为了能登上昆仑成仙就要借助巫术，它成为巫师们的特权，是有法力者的专用品。[1] 人依靠巫术登上昆仑山也绝非易事，昆仑山下有弱水，弱水不胜鸿毛，而且在昆仑山上还有一个半人半兽的神兽看守着。此神兽是昆仑山上的灵兽，是其山神；它具有看守之职，是守卫之神；它的状貌威猛，人面虎身，兽足，还是图腾神。本节将"九头人面兽"置于昆仑山的背景中，从神话、图腾、民俗的角度，运用图像学、文化人类学和神话－原型批评方法，探析在神话的背景下"九头人面兽"的文化内涵。

1. 昆仑山上的开明兽——守门神、山神和月兽

原始人设想神是聚族而居的，又设想神的住处是在极高的山上；所以境内最高的山变成了神话中神的住处。[2] 中国神话中的仙境有两大体系：一是西方的昆仑山，二是东方的蓬莱山。昆仑山又称昆仑虚、昆仑丘或玉

---

[1] 谢选骏，《中国神话》，杭州：浙江教育出版社1989年版，第161页。
[2] 茅盾，《中国神话研究初探》，南京：江苏文艺出版社2009年版，第45页。

山。古代神话的西方昆仑，是汉以前地理上的昆仑一名与传说中昆仑的结合。[1]昆仑山是中国神话中最为神秘而崇高的神山。《水经注·河水》："昆仑墟在西北……去嵩高五万里，地之中也。"《初学记》卷五引《河图括地象》："昆仑者，地之中也。"昆仑山是天帝下方的帝都，有神陆吾（即开明兽）、若干奇树、奇禽异兽。看守昆仑山的，是一个叫陆吾的天神，他的状貌极威猛：九个人的脸，老虎的身子和足爪，九条尾巴。管理天上九域的部界和神苑里宝物储藏的事情。[2]《山海经·西山经》说："西南四百里，曰昆仑之丘，是实惟帝之下都。神陆吾司之。其神状虎身而九尾，人面而虎爪；是神也，司天之九部及帝之囿时。有兽焉……有鸟焉……有木焉……有草焉……"[3]本章第一部分写到的神陆吾就是开明兽。《山海经·海内西经》说："海内昆仑之虚，在西北，帝之下都。昆仑之虚，方八百里，高万仞。上有木禾，长五寻，大五围。面有九井，以玉为槛。面有九门，门有开明兽守之，百神之所在。在八隅之岩，赤水之际，非仁羿莫能上冈之岩。"[4]"昆仑南渊，深三百仞。开明兽，身大类虎而九首，皆人面，东向立昆仑上。"[5]神话中的昆仑山是天帝和群神下界的行宫，也是天神下降、人的魂魄登天的必经之路，因而这座高山变得越来越神秘。"开明兽身大类虎而九首，皆人面"指出开明兽的具体状貌。"神陆吾司之……是神也，司天之九部及帝之囿时"和"面有九井，以玉为槛。面有九门，门有开明兽守之"指出昆仑山上有九域，山的每一面都有九井、九门，这些地方都由开明兽看守，因此它的九个人面起到了作用，它的一身九首就可众览昆仑山四周的环境，恪尽职守地为天帝看守地上的都城。昆仑山之井，《淮南子·墬形训》说："（昆仑虚）旁有九井，玉横维其西北之隅。""旁有九井"也是指"面有九井"。[6]总之，"九头人面兽"是昆仑山上的开明兽。

---

[1] 潜明兹，《中国古代神话与传说》，北京：商务印书馆1996年版，第190页。
[2] 袁珂，《中国古代神话》，北京：中华书局1981年版，第98页。
[3] 袁珂，《山海经校注》，上海：上海古籍出版社1983年版，第47页。
[4] 同上，第294页。
[5] 同上，第298页。
[6] 袁珂，《中国神话传说辞典》，上海：上海辞书出版社1985年版，第14页。

对于神话中昆仑的研究，古籍记述颇多，《西山经》记载昆仑山由神陆吾（即开明兽）看守。《海内西经》里写到了昆仑山是帝之下都，以及山的地理位置、大小，山上有哪些东西，昆仑山上的开明兽以及开明兽东南西北方向的不死树、巫医、奇禽异兽。《大荒西经》中提到了昆仑山上有文有尾的神陆吾以及西王母。《山海经·大荒西经》："西海之南，流沙之滨，赤水之后，黑水之前，有大山，名曰昆仑之丘。有神——人面虎身，（有）文（有）尾，皆白——处之。其下有弱水之渊环之，其外有炎火之山，投物辄然。有人，戴胜，虎齿，有豹尾，穴处，名曰西王母。此山万物尽有。"以上材料都写到昆仑山与开明兽的关系，这个昆仑之神就是指神陆吾，是昆仑之丘的守护神。《楚辞》中描写的昆仑变得美化了。屈原《天问》中提到昆仑说："昆仑县圃，其尻安在？增城九重，其高几里？"《离骚》中也说："夕余至乎县圃。"（王逸注：县圃，神山。《淮南子》曰：县圃，在昆仑阊阖之中。）此处的县圃即悬圃。《淮南子·墬形训》："禹乃以息土填洪水，以为名山，掘昆仑虚以下地，中有增城九重……上有木禾……不死树在其西……旁有四百四十门……旁有九井……昆仑之丘，或上倍之，是谓凉风之山，登之而不死。或上倍之，是谓悬圃，登之乃灵，能使风雨。或上倍之，乃维上天，登之乃神，是谓太帝之居。"第一重为昆仑之丘，第二重为凉风之山，第三重为悬圃。日本学者小川琢治说："《天问》及《墬形训》中的昆仑，我认为是美索不达米亚光荣的巴比伦城底传说，倾宫、旋宫、悬圃等便是它底宫殿及花圃。"[1] 袁珂先生写到悬圃又叫元圃，是天帝在下方的一座最大的花园，从悬圃往上走就可以到达天庭。汉代的人追求成仙，希望能登上昆仑而升仙。关于昆仑的描写，越往后变得越发神秘而美好，人们追求成仙的心态更加炽热，登上昆仑的难度就更大。因为昆仑山由人面虎身的开明兽（神陆吾）看守着沟通天界和地上的唯一通路。《楚辞·天问》和《淮南子·墬形训》中写到"增城九重"，也增加了登仙的难度，"九头人面兽"的九首与九重有一些关联。昆仑上

---

[1] 唐善纯，《中国的神秘文化》，南京：河海大学出版社 1992 年版，第 183 页。

的开明兽成为山上的管家，是昆仑的守卫之神。

　　昆仑山是仙山，上通于天，象征着"天"的崇拜，昆仑山或"天"的三／九级构造有可比之处。[1]《史记·封禅书》："九天巫，祠九天。"《天问》中论昆仑悬圃"增城九重"，与"九重天"意思一样。昆仑山有三重，上有九部、九井、九门，看守昆仑山的神兽也长着九个人面，这也许不是偶然。开明兽看守天门，成为昆仑山的守护神。《淮南子》"县圃、凉风、樊桐，在昆仑阊阖之中"，阊阖既是昆仑天门之一，又是"天门"（《说文》云："阊，天门也。"）。《离骚》"吾令帝阍开关兮，倚阊阖而望予"，王逸注云"阊阖，天门也"。《淮南子·原道训》"排阊阖，沦天门"，高诱注："阊阖，始升天之门。"长沙马王堆西汉帛画上，天堂和人间交界处有两个⊥形物，像汉阙，是灵魂登遐升仙必经之"天门"（阊阖门或开明门），其旁有二女神即"天阍"，阙上各趴着一只神虎，可能就是看守昆仑天门的开明兽。[2] 苏雪林提出中国的神话归源于巴比伦，西亚旦缪子死落地府，又复活而上升天庭，为天帝把守门户。故旦缪子有"守卫者"，或"保护者"之称。天门有两扇，旦缪子守一边，另一边守者则为吉修齐丹。巴比伦有"阿达巴与南风故事"，言守天门者为二死神。[3] 巫咸为帝阍，扬雄《甘泉赋》"选巫咸兮叫帝阍，开天庭兮延群神"，巫咸即我国大司命。我国三台星座两司命守天门，《晋书·天文志》："三台为天阶，太一蹑以上下。"三台之上，也有一星名为"天门"，似乎人想入天门，非经过司命所守不可。[4] 死神看守天门，这正像是《山海经》中看守昆仑的开明兽。《山海经》里记载具有看守之职的神还有为天帝候夜的神人二八，幽都的看守者土伯。《招魂》说："魂兮归来，君无下此幽都些；土伯九约，其角觺觺些；敦脄血拇，逐人駓駓些；参目虎首，其身若牛些。"（注：言土伯之头，其貌如虎，而有三目，身又肥大，状如牛矣。）其中参目虎首、其身

[1]　萧兵，《楚辞与神话》，南京：江苏古籍出版社1987年版，第499页。

[2]　萧兵，《楚辞文化》，北京：中国社会科学出版社1990年版，第351页。

[3]　苏雪林，《屈原与〈九歌〉》，武汉：武汉大学出版社2007年版，第347页.。

[4]　同上，第342—343页。

若牛的土伯便是幽都的守卫者，仿佛等于北欧神话中守卫地狱门的狞狗加尔姆。[1]

　　神话中的昆仑由神山演变为仙山，看守昆仑的神兽由守卫之神演变为山神。在以西方为地域背景而产生和流传的神话中，山神多为猛兽形象。神话中表现为猛兽的山神形象，以其作为猛兽所特有的凶猛的动物性特征成为神话所要表现的主要情节内容，也成为神话塑造山神形象的着力之处。[2]我国先秦时期就有山神崇拜和山神神话传说。如屈原《九歌》中描写的神女形象，顾天成《九歌解》主张山鬼即巫山神女。山神为鬼，山神的性别多为女性。《庄子》曰："山有夔。"《国语》曰："木石之怪，夔、罔两。"夔和罔两本指神话中的怪兽，罔两二字作"魍魉"是指木石之怪或水怪。《山海经》中所描绘的昆仑山位于西方，而位于西方昆仑山上的山神，大多为猛兽的形象，并且神兽的形象逐渐人性化。昆仑山上的守卫者是一个半人半兽的怪物。《山海经·西山经》："昆仑之丘，是实惟帝之下都，神陆吾司之。其神状虎身而九尾，人面而虎爪。"神陆吾居昆仑山上，是"帝之下都"昆仑山的主管，毫无疑问是山神。神陆吾的状貌是人面虎身、虎爪，显示了作为山神的凶猛的猛兽特点。袁珂《山海经校注》认为人面虎身的神陆吾就是《山海经·海内西经》中描写的九首人面虎身的开明兽。神陆吾与开明兽都居于昆仑山上，并且二者都是人面虎身的半人半兽形象，因此二者都是具有猛兽特征的山神。"昆仑之丘，是实惟帝之下都，神陆吾司之。"和《海内西经》中"海内昆仑之虚，在西北，帝之下都……面有九门，门有开明兽守之。"以上观点指出二者也是昆仑山的管理者，即昆仑的守卫之神。《山海经·大荒西经》中提到"人面虎身、文尾皆白"的"有神"，看来仍应当是司帝之下都的"神陆吾"，也即昆仑山上的开明兽。他原是昆仑山的主神，《庄子》说："肩吾得之，以处大山。"肩吾即是陆吾，本来无所系属，到昆仑山成为帝的"下都"以后，

---

[1]　茅盾，《神话研究》，天津：百花文艺出版社 1997 年版，第 183 页。
[2]　李立，《文化整合与先秦自然神话演变》，昆明：云南人民出版社 2002 年版，第 207 页。

他才成为天帝的属神而总管昆仑。再一变他又成了镇山的神兽。[1]

昆仑上的山神形象均为猛兽形象，《山海经》中记载许多复合形象的怪兽，神陆吾即开明兽是典型形象之一。这些具有猛兽特征的神兽在昆仑山上，显示出西方山神所独有的凶猛的兽性特点。昆仑山与山神有着密切的关系，神话中山神的形象多为虎、豹一类的猛兽形象，突出猛兽凶狠的本性，但是人兽混合的山神形象出现时，猛兽的作用并没有从神话中抹去，反而它们凶残的兽性表现在对人的生命的伤害。神话中西王母是典型的西方山神，是残厉之神。《山海经·西山经》中说："玉山，是西王母所居也。西王母其状如人，豹尾虎齿而善啸，蓬发戴胜，是司天之厉及五残。"西王母是主掌刑杀大权的神，被描绘为半人半兽的形象，居住在玉山或昆仑山上，成为山神。在西王母半人半兽的形象中，人的成分少，兽的成分多；含有人的温情少，更多的是兽性的恐怖和西王母的残厉的形象。开明兽也在昆仑山上，有看守昆仑之责，是守门神，也是山神。开明兽是人面虎身的怪神，在这一形象的描述中，含有人性的方面比以往更多些，它长着九个人首，看守天上的九部、九门、九井；但"身大类虎，四足，长尾"指出开明兽的猛兽特点突出，凶猛虎身特点用于恫吓侵入昆仑山的鬼怪，管理好昆仑山的秩序，那么开明兽也是昆仑山上的山神。

在原始神话中，天象神话占一大部分；在天象神话中，月亮神话占一大部分，人类的大部分文化似乎都如此。[2]古今学者对昆仑山的原型做了许多论证，得出结论不一。东汉的郑玄在注《尚书·禹贡》的时候说："衣皮之民，居此昆仑、析支、渠搜三山之野者，皆西戎也。昆仑，谓别有昆仑之山，非河所出者也。"他承认有两个昆仑：古昆仑，即古人传云河源的昆仑（亦即神话昆仑）；今昆仑（亦即和田南山），在"西戎"。[3]苏雪林在《昆仑之谜》中说昆仑神话归源于巴比伦。她在文中说："屈原《天

[1] 袁珂，《中国神话史》，重庆：重庆出版社 2007 年版，第 49 页。
[2] 杜而未，《昆仑文化与不死观念》，《西王母文化研究集成·论文卷》，桂林：广西师范大学出版社 2008 年版，第 138 页。
[3] 萧兵，《楚辞与神话》，南京：江苏古籍出版社 1987 年版，第 468 页。

问》'昆仑悬圃'及'增城九重'固可指神话境界，而亦可指巴比伦帝王所筑之模仿品。"而杜而未在《昆仑文化与不死观念》提出昆仑是月山。《山海经》有昆仑之丘，昆仑就是神话中的月山，月山和月神有分不开的关系。昆仑在神话中是一个理想的美妙境界。[1] 古籍中多处记载昆仑山在西方，是西方的仙山，接下来从《山海经》中的昆仑山说起。

《山海经·西山经》中说："西南四百里，曰昆仑之丘，是实惟帝之下都，神陆吾司之。其神状虎身而九尾，人面而虎爪。是神也，司天之九部及帝之囿时。有兽焉，其状如羊而四角，名曰土蝼，是食人。有鸟焉，其状如蜂，大如鸳鸯，名曰钦原，蠚鸟兽则死，蠚木则枯。有鸟焉，其名曰鹑鸟，是司帝之百服。有木焉，其状如棠，黄华赤实，其味如李而无核，名曰沙棠，可以御水，食之使人不溺。有草焉，名曰薲草，其状如葵，其味如葱，食之已劳。河水出焉，而南流东注于无达。赤水出焉，而东南流注于泛天之水。洋水出焉，而西南流注于丑涂之水。黑水出焉，而西流于大杅，是多怪鸟兽。"杜而未认为昆仑之丘就是昆仑山。不但昆仑为月山，《山海经》的一切山都是神话中的月山。昆仑是"月精"，《论衡》："众阴之精，月也。"[2] 昆仑山是月山，那么看守此山的人面虎身的神陆吾就是月山上的月兽。为天帝守护昆仑山的神陆吾，其状貌是人的面孔、虎的身躯。郭璞注："即肩吾也。庄周曰：肩吾得之，以处大山也。"此大山是指昆仑山，月山是"世界大山"。神陆吾即是《山海经·海内西经》中的开明兽。人面虎身的神陆吾是月山上的月兽，《左传·宣公四年》云："楚人……谓虎於菟。""盖当时楚人的神话传说，实以月中阴影为虎"。[3]《淮南子·主术训》说："孔子之通，智过于苌弘，勇服于孟贲，足蹑郊菟。"菟是虎的意思，楚人方言，谓虎为菟：孔子一脚可以踢翻山野的老虎。[4]《楚辞·天问》说："夜光何德，死则又育？厥利维何，

[1] 杜而未，《昆仑文化与不死观念》，《西王母文化研究集成·论文卷》，桂林：广西师范大学出版社 2008 年版，第 114 页。
[2] 同上，第 115 页。
[3] 张正明，《楚文化志》，武汉：湖北人民出版社 1988 年版，第 286 页。
[4] 袁珂，《中国神话史》，重庆：重庆出版社 2007 年版，第 143 页。

图 10-19　昆仑仙境　东汉 42cm×331cm
（上图是原石，下图是拓片图像拍摄于徐州汉画像石艺术馆）

而顾菟在腹？"夜光即月亮，古人因见月亮圆而复缺，缺而又圆，故有既生魂、既死魂之称，而认为月亮可以死而复生，并认为月亮中有"顾菟"的存在，屈原因有此问。关于顾菟，古人皆以为兔，以为有白兔捣药的传说，但据近人考证，顾菟即於菟，也就是虎。[1] 汤炳正考证认为，"顾菟"实即"於菟"之异文，在南方的楚文化中，楚人崇拜虎，梼杌又是楚人的图腾，"梼杌"是虎形神兽。"梼杌"快读或促音即近于楚人称虎的"於菟"或"菟"。菟本来指兔子，但是楚人却称虎如"乌兔"。这很可能也是语音学所谓"长言－短言"的变化。[2] 从以上可论证，神陆吾是昆仑山的月兽。在汉画像中也表现昆仑仙境的图像，如图 10-19，该图像中九头人面开明兽居中，在它上面有一个很小的动物，形象酷似西王母座前的玉兔，周围还有仙树、神人二八、羽人饲凤、凤凰、奇禽异兽等，整个图形构成一幅生动的昆仑仙境。《山海经·海外南经》："羽民国在其东南……有神人二八，连臂，为帝司夜于此野。"袁珂认为《淮南子·墬形训》云："有神二人，连臂为帝候夜，在其西南方。"神人二八为天帝候夜的神，也在昆仑山上，与神陆吾（开明兽）同样是为天帝服务的。顾森先

[1]　王一兵，《虎豹熊罴演大荒——图腾与中国史前文化》，西安：陕西人民出版社 1991 年版，第 4 页。
[2]　萧兵，《楚辞文化》，北京：中国社会科学出版社 1990 年版，第 346 页。

生在论及西王母之境时，认为与西王母相关的任何图像元素单独出现，也可理解为代表神仙世界。西王母居于昆仑山上，山上有开明兽看守，若想登上天庭，必须得到开明兽的允许。该图像中开明兽的九个人面以正面形象瞪视昆仑，虎身雄壮有力，整个动态展现出时刻把守昆仑的样子。《山海经·西山经》中描述昆仑山上有开明兽，还有兽、鸟、草、木，尤其多怪鸟兽。既然昆仑山是月山，开明兽是月兽，那么就有月鸟、月草、月木构成一幅美妙的神话昆仑。

月亮不死，死而复生，山神虎身虎爪，并有九尾，"司天之九部"，"虎"与"九"数字都属于月亮神话。[1] 居住在昆仑山上的神陆吾（开明兽）正是九个人面、虎身、虎爪、九尾的特征，那么它们属于月亮神话中的月兽。《海内西经》关于昆仑的描述比《西山经》更长，描写的内容更丰富。到西汉后期，据《淮南子·览冥训》载："羿请不死药于西王母，姮娥窃以奔月，怅然有丧，无以续之。"《初学记》卷一引古本《淮南子》曰："（姮娥）托身于月，是为蟾蜍，而为月精。"姮娥化为月精，羿和西王母都是月神话中的人物，和开明兽同样在昆仑山上，那么昆仑山亦为月山。对于昆仑山的人面虎身的开明兽，郭璞说：天兽也。铭曰：开明为兽，禀资乾精，瞪视昆仑，威振百灵。开明东南西北含有的鸟兽仙草、神仙，印证开明兽是众兽之王，是昆仑山的山神、守卫之神、月神。开明西、开明北，是指月的明面在西、北，为上弦或上弦以前月形；开明东、开明南，是指下弦或下弦以后月形。[2]

至秦汉，昆仑仙山被方士描绘得更加神秘奇妙。东方朔撰写的《十洲记》中说："昆仑号曰昆崚……山东南接积石圃，西北接北户之室，东北临大活之井，西南至承渊之谷，此四角之大山实昆仑之支辅也。积石圃南头是西王母居。周穆王云：咸阳去此四十六万里，山高平地三万六千里，

---

[1] 杜而未，《昆仑文化与不死观念》，《西王母文化研究集成·论文卷》，桂林：广西师范大学出版社2008年版，第116页。

[2] 同上，第130页。

神话之魅

上有三角，方广万里，形似偃盆，下狭上广，故名曰昆仑山三角，其一角正北，干辰之辉，名曰阆风巅，其一角正西，名曰玄圃堂，其一角正东，名曰昆仑宫，其一角有积金，为天墉城，面方千里，城上安金台五所、玉楼十二所……西王母之所治也。"昆仑山被描述得很大，四角大山是昆仑的支辅，同时昆仑山有三角，形似偃盆，下狭上广，其形状像⊿形的月亮，再一次论证了昆仑是月山。[1] 这段文字中还提及昆崚的积石圃南头是西王母住处而没有提及开明兽，根据《山海经》中描写昆仑山上的开明兽（神陆吾）、西王母等神，我们猜想昆仑、西王母、开明兽（神陆吾）等都是月亮神话中的一部分。古籍中将神话昆仑描述得十分神秘美好，昆仑山上的奇禽异兽都是神话中的神兽，尤其是半人半兽的神陆吾（开明兽），体现了古人追求理想中美满的生活、社会以及与至上神取得联络的心理。美妙的昆仑神话，反映了古人的心理和古代的文化。

2. "九头人面兽"——登仙的工具

人喜生而厌死，但是死亡仍然要来临。为了摆脱死亡的恐惧，人幻想出一种不死的信仰，这就是升仙。汉代画像，有相当一部分是关于神仙和升仙的图画。[2] 根据克·莱维－斯特劳斯提出的"二元对立"的观点，颇具影响的对立是生和死。克·莱维－斯特劳斯将神话视为诉诸媒介（即渐进的调和）解决种种根本矛盾的逻辑手段。[3] 中国的神话散见于各种古籍中，例如昆仑神话、盘古神话、女娲补天神话等等。死亡在所有时代都是使人困扰的问题，与我们每个人都有密切的关系，生的观念在古代中国人的头脑中占据重要的位置。孔子说："未知生，焉知死？"在任何时代、任何民族中，生与死都是必然发生的。

汉画像中的升仙图体现了汉代人的宇宙观。汉代人的宇宙象征图式

---

[1] 杜而未，《昆仑文化与不死观念》，《西王母文化研究集成·论文卷》，桂林：广西师范大学出版社 2008 年版，第 131 页。

[2] 朱存明，《汉画像的象征世界》，北京：人民文学出版社 2005 年版，第 98 页。

[3] [苏] 叶·莫·梅列金斯基，《神话的诗学》，北京：商务印书馆 2009 年版，第 90 页。

是：天地人。汉代人特别相信鬼魂，认为人死后灵魂依然存在，人的灵魂属于天，形骸属于地。在中国古代，长生不死的神仙之说由来已久，先秦古籍中多有关于仙人、仙兽、升仙、长生不死等传说的文字描述。老子的《道德经》提到"长生久视之道"，《山海经》中羿取不死之药神话，《楚辞》中登昆仑悬圃，《庄子·逍遥游》中对真人、神人、圣人等神仙形象做了最早的生动描写，《封禅书》中燕国人宋毋忌、正伯侨、羡门子高等修仙道。在两汉信仰中，许多方士鼓吹神仙说，神仙的信仰极为兴盛，上至帝王贵族，下至平民百姓，追求升仙成为汉代人的理想。

汉代人相信并渴望人死了以后可以升入天上的世界。秦汉时期，长生不老、神仙和仙境的观念受到一些方士的鼓吹而广为传播。最初求仙的统治者不断派人去仙人居住的东海求不死之药；后来仙境的位置转到位于西方的昆仑山，求仙者疯狂地欲登昆仑向西王母求取不死药。神仙思想逐渐渗透至社会中，塑造了人们的心态模式。《汉书·地理志》中记有一些"仙人祠"，显然是民间崇拜仙人的部分遗迹，有些在郦道元作《水经注》时仍然存在。[1] 从西汉晚期至东汉中期，群众性的造仙运动波及社会各个角落。

西方的昆仑成为一座仙山，人想要登上昆仑取不死之药，绝非易事。神话中记载，自从颛顼让重黎隔断天地的通路，一般人无法登上天庭，天上的神也无法下界。古代神话中记载只有像羿那样的仁人君子才能登上昆仑。《山海经·海内西经》中记载："海内昆仑之虚，在西北，帝之下都。……非仁羿莫能上冈之岩。"《淮南子·览冥训》中记载："羿请不死之药于西王母。"其中"非……莫能……"的句式等于告诉人们，只有羿能达到那百神所在的昆仑山顶，其艰险程度足以让世人止步。由于神仙思想和灵魂不死升仙的思想深入人心，人们都在想办法登上昆仑。中国古代文明是所谓萨满式的文明。根据"二元对立"的观念，古代中国文明有一个重要观念：把世界分为截然分离的两个层次，如天和地、人与神、生者

---

[1]　蒲慕州，《追寻一己之福——中国古代的信仰世界》，上海：上海古籍出版社 2007 年版，第 172 页。

与死者。[1]古代，任何人都可借助巫的帮助与天相通。[2]中国古代神话中宇宙模式有自上而下的模式：即（上）天上的神界，（中）地上的人界，（下）地下的鬼界。神界在天上，是永生的世界，凡人可望而不可即，但人们可以借助巫法通过天梯登上昆仑。1972年考古发现的长沙马王堆一号汉墓出土的"T"形帛画中，淋漓尽致地展现了神话中天上、地上、地下的三度空间，也反映了汉代人对三度空间的理解和想象。在地上人间这部分图像中，两侧是二龙穿璧，龙首向天上的方向，似乎暗示着画中的主人乘龙登天。时代的特性反映在当时的艺术作品中，汉画像中辟邪求仙、升仙、仙人、仙界等内容的画像比比皆是，也可以说它是特定时代产生的特定产物。

据不完全统计，山东、苏北、皖北、河南地方的汉画像中出现"九头人面兽"，就其形态而论，最接近《山海经》记载的开明兽。开明兽还被当作助人登仙的工具。李伟男认为汉画中"九头人面兽"和多头人面兽是古代神仙思想的产物——登仙工具龙舟。[3]神话中的仙禽异兽能作为人与天界、仙界沟通的桥梁并非始于汉代。最早有"黄帝骑龙升仙"的传说。从考古出土的两幅战国墓的帛画——湖南长沙陈家大山楚墓出土"龙凤侍女图"和湖南长沙子弹库楚墓出土"人物御龙图"，我们可以了解到战国时期楚人如何借助龙凤等瑞兽的帮助而祈求灵魂登天。长沙马王堆汉墓出土"T"形帛画上的二龙穿璧成为帮助墓主人灵魂升天的工具。在汉画像中，作为升仙工具的有龙、龙车、骑龙人，鹿、鹿车、骑鹿人，鱼、鱼车、骑鱼人，羊、羊车、骑羊人，虎、虎车、骑虎人等等，不胜枚举。在汉画像中，这些龙、鹿、鱼等经常与"九头人面兽"杂处在一起，那么"九头人面兽"既是可以登仙的神物也是帮助凡人登仙的工具。如图10-20，该画像石是1932年出土于滕县黄安岭的九头人面兽画像石，此石雕刻技巧为凸面线刻，画像呈横幅分上下两层：上层左边为九头人面兽，紧跟其后

---

[1] 张光直，《美术、神话与祭祀》，沈阳：辽宁教育出版社2002年版，第3页。
[2] 同上，第29页。
[3] 李伟男、王伟，《汉画中的多头人面兽——登仙工具龙舟》，《南都学坛》，1995年第2期。

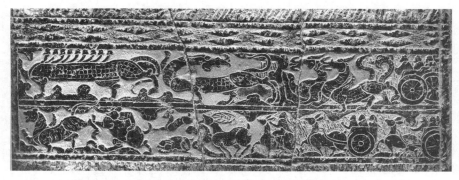

图 10-20　九头人面兽画像石　55cm×145cm×20cm
（图像采集于《滕州汉代祠堂画像石》）

的是龙和龙拉车，车上有仙人乘坐；下层有熊，兔，仙人骑鹿、乘鹿车。古代传说女娲和西王母均乘龙车，画面反映了主人对死后升仙的向往，该画像石雕刻线条流畅、构思奇特，是汉代极具浪漫色彩的雕刻艺术精品之一。此图像最为典型的是龙拉车、鹿拉车和九头人面兽在同一画面出现，"九头人面兽"也是主人升仙的工具。《山海经·海外南经》："南方祝融，兽身人面，乘两龙。"屈原在《离骚》中说："为余驾飞龙兮，杂瑶象以为车。"也充满了用龙拉车的浪漫主义色彩。《神仙传》载：沈羲尝于道路"逢白鹿车一乘、龙车一乘"。以上均表明龙车和鹿车是载人升仙的工具。在汉画像中还出现了虎、骑虎、虎拉车的形象。仙人骑虎的故事见于《东方朔传》，虎拉车见于《神仙传》。汉画像中的"九头人面兽"的九个人面皆戴冠，代表着准备升仙的人；虎身代表着神话中帮助人登仙的工具或载体。

　　人要依靠升仙工具才能登上昆仑，寻求不死之药，完成长生不老的愿望。回过头来看看登仙工具产生的原因，关键点在昆仑山。关于昆仑神话的研究很多，昆仑是西方世界的大山，杜而未称为月山，昆仑神话和西王母神话有着密切的关系，西王母有不死之药，凡人都想求仙丹，因此昆仑山成为西方特别重要的山。世界的中心，以山岳（宇宙山）、植物（世界树）或柱子（或天梯）为标识。它们垂直矗立，纵贯天上、地上、地下三个世界。只有在那里，这三个世界才能互相交通。地上世界的人只有攀登处在世界中心的山和树而穿过天门，才能登上仙界。万物诞生在这个中心，世界上的生命力、谐调、秩序等等统统以此为源泉。[1] 在汉代人的观念中，西王母所居住的昆仑山极远、极高、极险，那里不仅有环绕着"不胜鸿毛"的弱水，而且有开明兽等神怪严加守卫，古来就有"非仁羿莫能上冈之岩"的传说，人们坐普通的马车是绝对无法登上昆仑山的。[2] 对普通人来说，要想登上昆仑山到达西王母的身边，只能乘坐升仙用的车才能实现。如龙车、虎车、鹿车、羊车等。"九头人面兽"是看守昆仑山的开明兽，它的九个人面的"九"代表多的含义，人面皆戴冠象征着许多普通的求仙者。虎的身躯作为登仙者升仙的载体。"九头人面兽"成为汉代人升仙的另一种工具。

汉代人设想借助某种升仙工具登上昆仑的原因是多重的。首先是昆仑山周边奇特的地理环境。昆仑上有悬圃，天有九重。昆仑山是天帝的下都，有神秘的宫殿，山上有诸多奇珍异宝，四周有"弱水之渊环之"，外有火山绕之，昆仑山是很难登上的。昆仑四周流动着的"四水"，即河水、赤水、弱水、洋水。关于弱水，在《山海经·大荒西经》中记载："其下有弱水之渊环之，其外有炎火之山，投物辄然。"《史记·大宛列传》索隐引《玄中记》："天下之弱者，有昆仑之弱水（焉），鸿毛不能起也。"《昆仑河源考》："昆仑之弱水中，非乘龙不得至。"《淮南子·墬形训》："（弱水）余波入于流沙，绝流沙南至南海。"以上资料说明昆仑四周的水"不胜鸿毛"，用一般交通工具是无法渡过的，弱水跟赤水、流沙一样成为昆仑通路上的极大险阻，"非乘龙不得至"说明只有乘坐像龙那样的神兽才能渡过环绕昆仑四周的水。"九头人面兽"开明同样是昆仑山上的神兽，还是昆仑山上的看守之神，因此普通人乘人面虎身的开明也能渡过弱水登上昆仑。

---

[1] ［日］小南一郎著，孙昌武译，《中国的神话传说与古小说》，北京：中华书局2006年版，第67页。
[2] 信立祥，《汉代画像石综合研究》，北京：文物出版社2000年版，第159页。

图 10-21　安丘汉墓中室室顶南坡东
段画像　东汉晚期
（原石现藏于安丘市博物馆　图像采
集于《中国画像石全集》第 1 卷）

其次是汉代人升仙的动力。尽管昆仑有"不胜鸿毛"的水环绕和三元层级的复杂构造，但是这些困难也没能阻止人们登上昆仑的决心，反而追求升仙的风潮越演越烈。因为昆仑山上有生命树、不死药之类的神话宝物，西王母又居住在昆仑山上，她有不死之药。凡是祈求获得永生的人，只有到昆仑山上来才可以找到一线希望。神话中的"不死之药""仙丹""长生不老药"，反映了中国古代植物崇拜盛行。[1]《山海经·海内西经》："昆仑南渊深三百仞，开明兽身大类虎而九首，皆人面，东向立昆仑上。开明西有凤皇、鸾鸟……开明北有视肉、珠树、文玉树、玕琪树、不死树。……开明东有巫彭、巫抵……皆操不死之药以距之。……开明南有树鸟，六首，蛟、蝮、蛇、蜼、豹、鸟秩树……"昆仑山上不死树和不死之药都由"九头人面兽"开明看守，得到它的允许才能得到不死之药。如图 10-21，该图像表现了昆仑山的神仙世界，画面上面刻女娲执规，其左边两个仙人执瑞草，其右一仙人执槌，一仙人执鞭，下面是二武士执剑搏斗，左端是一仙人骑虎向右行，右边刻的是"九头人面兽"开明。"九头人面兽"作为凡人登仙的工具有两点好处：一、能载凡人越过死水和山门登上昆仑；二、看守昆仑山上生长长生不老药、不死树的神秘地方。

---

[1]　唐善纯，《中国的神秘文化》，南京：河海大学出版社 1992 年版，第 99 页。

《吕氏春秋·本味》云："菜之美者，昆仑之蘋，寿木之华。"高诱注："寿木，昆仑山上木也；华，实也，食其实者不死，故曰寿木。"在中国的神话观念中，不死树是神灵的专利，禁止凡人接触，因此必然派凶神恶煞严加看守。而这类行使看守不死树职能的凶神恶煞总是被夸张到令人闻而生畏的地步。[1]"九头人面兽"开明就是看守的最佳人选，因此它的形貌被描绘成半人半兽的样子：九个人首、虎的身躯。它那夸张的外形，目的是突出生命树的不可接近性，突出必死之人类与永生之神灵之间不可逾越的界限；同时反映出"九头人面兽"可以载求仙者登上昆仑仙界。《淮南子·览冥训》中："羿请不死之药于西王母，姮娥窃以奔月。"高诱注："姮娥，羿妻。羿请不死之药于西王母，未及服之，姮娥盗食之，得仙，奔入月中为月精。"这则神话对于凡人求取不死之药起到加速剂的作用，于是凡人不断地寻找可以登仙的工具，例如"九头人面兽"，因此在东汉时期，神仙世界题材的汉画像中不断出现"九头人面兽"和"多头"人兽。

最后是神仙思想，它是先秦两汉意识形态中的重要部分，也是汉墓画像产生和编排的思想基础。在东汉时期，神仙的观念变得与长寿即"不死"相一致。古代大多数人也许相信世上有仙人，但并不真正以为自己有可能成仙，于是一般人最普遍的关于人的命运的看法或者希望是，人死后有灵魂，可以过另一种形态的生命。[2]人们认为要升仙就先要死去，灵魂可以升仙得到永生。通过行善——除了，或甚至取代服药——可获升天的观念进一步说明了神仙的世间特点，因为修养德性就其定义而言性质上是人文的，因而也是世间性的。[3]神仙思想在秦汉时期盛行，在当时的汉画像艺术中应当有所反映。在汉画像中关于神仙题材的画像十分丰富，在各个时期画像的内容又有所不同。随着秦汉国家统一，社会稳定，经济发展，先秦以来求长生不死修道成仙的思想迅速发展与谶纬思想结合，便奠定了道

---

[1] 叶舒宪，《英雄与太阳——中国上古史诗的原型重构》，上海：上海社会科学院出版社1991年版，第127页。

[2] 蒲慕州，《追寻一己之福——中国古代的信仰世界》，上海：上海古籍出版社2007年版，第174页。

[3] 余英时，《东汉生死观》，上海：上海古籍出版社2005年版，第41页。

教产生的思想基础。在佛教大规模传入我国之前，这种思想在意识形态领域内曾长期占据着重要地位。墓葬是人们灵魂不死思想的产物，是逝去者的精神归宿，汉代人们依据自己的理解，将墓葬布置成天国的模样，用绘画雕刻加以装饰，由此产生了著名的汉画艺术。[1] 山东嘉祥县花林村出土的汉代祠堂画像中的"九头人面兽"，象征祈求祠主升仙到昆仑仙境。如图 10-22，该图像位于祠堂西侧壁石，作为祠堂仙界的代表，此画像是凿纹地凹面刻雕刻技法。画像内容分上下两层：下层为祠主车马出行图，上层为仙界图。与大多数祠堂的仙人世界图像不同的是，这幅仙界图中，既没有昆仑山的形象，也没有西王母的形象。画面的正中，蹲踞着九首人面虎身的开明兽；开明兽左边，上方首部尾部均长一人头的怪兽，下方蹲踞着二头一身和单头单身的两头神兽；开明兽右边是头戴山形冠的怪神，怀抱伏羲、女娲。尽管画面左边的三尊人首兽身神兽的名称和职掌不清楚，但开明兽和右边的怪神的身份十分明确。《山海经·西山经》中记载开明兽是昆仑山的守护神。应劭《风俗通义》引《春秋运斗枢》曰："伏羲、女娲、神农，是三皇也。"在汉画像中，伏羲、女娲手持规矩往往同时出现在西王母、东王公面前。他们有时候也单独出现。怀抱伏羲、女娲的怪

---

[1]　赵殿增、袁曙光，《"天门"考——兼论四川汉画像砖（石）的组合和主题》，《西王母文化研究集成·论文卷》，桂林：广西师范大学出版社 2008 年版，第 449 页。

神，信立祥认为她是执掌婚姻和继嗣的高禖之神。早在先秦时期，中原各国就有春季祭祀高禖之神的风俗。[1] 总之，开明兽和多头人面兽、高禖、伏羲女娲构成了昆仑仙境。画面下层行进中的车马出行暗示了祠主奔向昆仑仙境的趋势，画面上层"九头人面兽"开明既承担着看守昆仑山的职责，又是帮助祠主登上昆仑的工具。

（二）西王母和东王公的役畜、虎氏族图腾神

汉画像中表现西方神仙世界的图像，以西王母世界为主，辅以其他仙界的图像。西王母是西方仙界的主神。西方的仙界被认为是昆仑山上的世界，那里形成了西王母之境 [2]，以西王母为中心，有玉兔捣药、蟾蜍、九尾狐、仙人异兽等徜徉其间。西王母境中的元素与西王母关系密切而又有特殊的寓意。其中任何一个图像单独出现时，也可理解为代表神仙世界。"九头人面兽"与西王母共存于同一画面中，这似乎说明了二者有某种联系。前文已经论述"九头人面兽"和昆仑的关系，本处接着从昆仑与西王母的关系，运用图像学的方法，间接论述"九头人面兽"与西王母的关系。

1. 西王母和东王公的役畜

人们追求的神仙世界位于西方的昆仑。《山海经》中记载的昆仑山上无奇不有，反映了人们渴望登上昆仑的原因。除了在古籍中记载的昆仑，还有图像中的昆仑。如图 10-23，这两幅图像中呈现三角形的图形，经结合文献考证，指的是昆仑山。[3] 两幅图像居中处是一座高耸入云的昆仑山，山的周围云气缭绕，山的两侧是虎豹、鹿等神兽。该图像中的昆仑山居中的位置，可以看出这一时期汉代人对昆仑仙境的信仰。但昆仑山上没有任何仙人，西王母也没有出现在昆仑山上，从侧面证明了西汉早中期西王母

---

[1] 信立祥，《汉代画像石综合研究》，北京：文物出版社 2000 年版，第 149 页。

[2] 顾森主编，《中国汉画学会第十届年会论文集》，武汉：湖北人民出版社 2006 年版，第 9 页。

[3] 信立祥，《汉代画像石综合研究》，北京：文物出版社 2000 年版，第 144 页。

图 10-23　左边是湖南长沙砂子塘 1 号汉墓出土木棺西汉前期漆画摹本，
右边是湖南长沙马王堆 1 号墓出土木棺西汉前期漆画摹本

仙人信仰还未出现，并且她与昆仑仙境信仰也未关联在一起。关于西王母的最早记载在《山海经》中，从以后的古籍中可以逐一看到在人们心中西王母的衍变，从而得出西王母传说和昆仑山神话直到东汉时期最终融合在一起。

最早记载西王母的作品是战国末期的《山海经·西山经》："又西三百里，曰玉山，是西王母所居也。西王母，其状如人，豹尾虎齿而善啸，蓬发戴胜，是司天之厉及五残。"（郭璞注：主知灾厉五刑残杀之气也）接着，《山海经》中还有两处描述西王母形象。《山海经·海内北经》："西王母梯几而戴胜（杖），其南有三青鸟，为西王母取食，在昆仑虚北。"《山海经·大荒西经》："西海之南，流沙之滨，赤水之后，黑水之前，有大山，名曰昆仑之丘，有神——人面虎身，有文有尾，皆白——处之（谓有白点也）。其下有弱水之渊环之，其外有炎火之山，投物辄然。有人，戴胜，虎齿，有豹尾，穴处，名曰西王母。此山万物尽有。"从以上三处对西王母形象的描述可得，西王母的居住地不仅在昆仑之丘，还在玉山。从"其状如人"到"有人戴胜虎齿有豹尾"，由"似人的兽"到"似兽的人"，成为西王母的第一次衍变。起初昆仑山上有令人毛骨悚然的可怕凶神西王母，

神话之魅

后来有了为西王母取食的三青鸟，再后来昆仑上"有神，人面虎身"的开明兽与"有人，戴胜虎齿有豹尾"的西王母同在一起。《大荒西经》中提到人面虎身的神兽就是神陆吾（即开明兽），简单地讲到它与西王母的关系：他们共同居住在昆仑山上。

后来《穆天子传》书中的西王母宛然变成有礼貌并善歌的人类。《穆天子传》："吉日甲子，天子宾于西王母，乃执白圭玄璧，以见西王母……乙丑，天子觞西王母于瑶池之上。西王母为天子谣。曰……天子答之曰……天子遂驱升于弇山，乃纪其迹于弇山之石而树之槐，眉曰：西王母之山。"这也是西王母第二次衍变，她由"似兽的人"转变为真正的人。从"乃纪其迹于弇山之石……曰'西王母之山'"中看到西王母的离宫除了昆仑之丘和玉山，还有弇山。吴晗在《西王母的传说》中论证了西王母的八次衍变。[1]西王母由可怕的凶神转变为可爱的仙人，并成为统辖昆仑的主神。在两汉时期人们普遍相信西王母居住在昆仑山上。在西汉中期，由于汉武帝借助方士追求升仙，在社会上层掀起了一场颇具声势的造仙运动。《汉武故事》："七月七日，上于承华殿斋……王母至：乘紫车，玉女夹驭；戴七胜，履玄琼凤文之舄，青气如云，有二青鸟如乌，夹侍母旁。下车，上迎拜，延母坐，请不死之药。……因出桃七枚，母自啖二枚，与帝五枚。帝留核着前，王母问曰：'用此何为？'上曰：'此桃美，欲种之。'母笑曰：'此桃三千年一着子，非下土所植也。'留至五更，谈语世事，而不肯言鬼神，肃然便去。"[2]这时候的西王母已拥有不死之药。还有两处提到昆仑山上的西王母有不死之药。一是《山海经·海内西经》中谈到昆仑之虚时，也提到"非仁羿莫能上冈之岩"；二是《淮南子·览冥训》中"羿请不死之药于西王母"。西王母拥有不死之药，具有永恒生命的授予权，在造仙运动中转变为仙人，并被大众公认应该在西汉末期。大概正

---

[1] 吴晗，《西王母的传说》，《西王母文化研究集成·论文卷》，桂林：广西师范大学出版社2008年版，第404—409页。

[2] 佚名撰，王根林校点，《汉武故事》，《汉魏六朝笔记小说大观》，上海：上海古籍出版社1999年版，第173、174页。

是因为传说中西王母掌管昆仑山的不死之药和居住在昆仑山上，在汉代的造仙运动中，这位可怕的女凶神才被改造成美丽温柔的幸福女仙。在《汉武内传》中西王母又被描写成一位三十多岁的丽人。《汉武内传》："半食顷，王母至也；……王母上殿东向坐……视之可年三十许……"

以上是从文字资料讲述西王母传说与昆仑神话的关系由各自独立到融为一体。从汉画像图像中也可以看到西王母与昆仑的关系变化。图 10-23 是两幅西汉前期的漆画，图像的内容反映了二者还没有实质的联系。西王母传说和昆仑山神在东周时风马牛不相及，通过汉代的造仙运动，到西汉时逐渐相互渗透，直到东汉时最终融合。[1] 在下面图像中，可以看到东汉时期西王母和昆仑在同一画面，呈现了神仙世界的场面。西王母所坐的昆仑山形状大致有三种形式。如图 10-24 山东嘉祥宋山祠堂画像，图像上层

图 10-24　西王母、公孙子都暗射颍考叔画像 东汉晚期（原石现藏山东石刻艺术博物馆，采自《中国画像石全集》第 2 卷）

---

[1]　[美] 巫鸿著，柳扬、岑河译《武梁祠：中国古代画像艺术的思想性》，北京：生活·读书·新知三联书店 2006 年版，第 136 页。

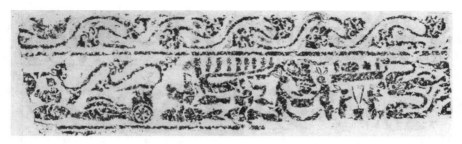

图10-25　异兽画像　38cm×132cm
（原石现藏于邹县文物保管所，图像采自《山东汉画像石选集》图50，图版29）

为西王母仙境。西王母端坐在昆仑山上，而昆仑山的形状是顶部平坦、茎部细而弯曲，从整体来看像个蘑菇。蘑菇状的昆仑山是昆仑山的形象之一，而昆仑山如天柱，通天接地。《神异经·中荒经》说："昆仑之山有铜柱焉……所谓天柱也。"蘑菇状的昆仑山形象是上宽下窄，正如《十洲记》的描述："昆仑号曰昆崚……形似偃盆，下狭上广，故名曰昆仑山三角。"该幅画像表现了东汉时期西王母与昆仑山融合在一起并呈现了一个神仙世界。

　　前文已经论述昆仑山与"九头人面兽"的关系，昆仑山的看门兽是"九头人面兽"开明（即神陆吾）。因为昆仑山与西王母的关系，昆仑山的主神是西王母，同时西王母与"九头人面兽"开明都居住在昆仑山上，所以可以得出西王母与"九头人面兽"开明的关系，即"九头人面兽"开明也为西王母看守门户。也可以这么说，西王母是主人，开明兽则是为西王母看门的役畜。图10-25就可以证明"九头人面兽"开明与西王母的关系。该汉画像出土于山东邹县下黄陆屯，图像为横幅，雕刻技法为浅浮雕，从左向右看依次是鱼车、鱼骑、九头人面兽、两兔执网、玉兔捣药、兔首长颈兽。画面中虽然没有西王母形象，但是有玉兔捣药的形象，也可以代表西王母仙境。因为汉画像中众多西王母繁复图式中有三青鸟、九尾狐、玉兔捣药、蟾蜍、伏羲、女娲等形象，这已经成为固定不变的程式。顾森也在《渴望生命的图式》中写到西王母境。在汉画像中，神仙世界是以西王母为中心，包括其他一些图像元素共同组成。这就是西王母境。西王母境中的图像元素与西王母关系密切而又特殊。其中任何一个图像单独出现时，也可以理解为代表神仙世界。到了西王母身边即到了神仙世界，这一点在汉画像中有明确的表现。[1] 该图像是典型的西王母境，其中"九头人面兽"和玉兔捣药成为西王母境中的一部分，二者都为西王母服务，因此可以得出"九头人面兽"是西王母的役畜。还有一块可以证明西王母的役畜是"九头人面兽"，可惜只能从文字资料得知，这块画像石是出土于山东嘉祥南武山，画像分上下两层，上层中部为九头人面兽，面向右，身后有双头和单头人面兽，其前有双鸟头怪兽、伏羲、女娲。下层为一马拉车。这幅图像与图10-25同样是图像中没有西王母的形象，但是整幅图像表现了西王母仙境。伏羲、女娲是西王母境的典型代表元素，而双头、单头人面兽和双头鸟怪兽也是西王母仙境的代表之一。

在汉画像中，西王母境中除了有像"九头人面兽"这样人面兽身的神兽，还有多头鸟的神兽，牛头人身、马头人身、鸡头人身的怪兽。这些怪兽同西王母共处在同一画面，构成西王母仙境。它们也是西王母的附属物。如图10-26，该画像石出土于安徽宿州褚兰镇宝光寺，画像自上而下分为四层，首层是西王母仙境。西王母居中凭几而坐，周围有龙、四头鸟、鸡头人和执刀盾等怪兽。西王母周围的四头鸟、鸡头人等都是为她服务的。这些多头的怪物为西王母仙境增添了许多神秘性。

在汉代文献记载中，昆仑山的构成像一座包括三个高矮不一山峰的大山。这也是昆仑山形式之一。汉画像中出现过这种形式的昆仑山。图10-27中西王母坐在三角形的昆仑山上。从图像中反映出，到东汉时期，人们将西王母定居在昆仑山上。该图像出土于山东沂南北寨村东汉墓中，图像从左向右看，第五列上层人物是西王母端坐在三峰耸立的昆仑山上，下面有一只神龟用头和两前肢顶住昆仑山，再下面是两个异兽。古人相信海中仙山由神龟所驮，抵达该地便可长生不老。小南一郎认为，西极的昆

---

[1]　郑先兴主编，《中国汉画学会第十届年会论文集》，武汉：湖北人民出版社2006年版，第9页。

图 10-26　西王母、长袖舞、
械斗、捕鱼画像 东汉熹平三年
99cm×92cm
（原石现藏于安徽宿州文物管理
所，图像采自《中国画像石全
集》第 4 卷）

图 10-27　沂南汉墓中八角立柱画像
东汉晚期 107cm×27cm
（原石现藏于沂南北寨汉墓博物馆，图像
采自《中国画像石全集》第 1 卷）

仑山和东海中的三仙山（即方丈、蓬莱、瀛洲）都与不死之药相联系，三峰山与昆仑山都起源于同一个中国的宇宙山观念。第七列上层是东王公坐在三峰耸立的昆仑山上，其下有异兽。东汉早期，用西王母形象表现昆仑山仙境的艺术构图模式已经最终确定下来。以上图10-24到图10-26都是表现昆仑山上的西王母仙界。图10-27中除了展现三峰耸立的昆仑山，还告诉我们在东汉晚期，人们心目中的昆仑山上不仅有西王母，还有东王公。在东汉中期以前，与女性主仙的西王母对应的男性主仙东王公还未被群众造仙运动创造出来。[1]西汉时期的人把西王母和西方神仙世界联系起来，认为她拥有升仙之药。到了西汉末年，她变成大众宗教崇拜的对象，法力也大大增加，被视为能操纵生死的神祇。西王母在东汉时期进一步成为"阴"这种力量之化身。伴随着这种观念的流行，东王公应运而生，成了她配偶和"阳"的化身。[2]西王母的配偶神不是一开始就是东王公。从公元1世纪起，西王母渐渐取代女娲成为阴的象征，位于西方的墙壁上，而人格化的箕星则成为阳的象征，位于东方的墙壁上。这两位主神配对的形象出现在山东长清孝堂山祠堂东、西侧壁上的画像。从汉代文献中得知，在山东嘉祥武梁祠，西王母和东王公图像对应配置在祠堂的东西侧壁上部。这座祠堂建于东汉桓帝元嘉元年（151年），属于东汉晚期的祠堂。这时期东王公和西王母为昆仑山上主仙的观念已经确立并深入人心。在汉代人的宇宙观念中，西王母代表的阴和东王公代表的阳是对立统一的两极，并且二者是对立而和谐的关系。汉代东方朔在文中也提到西王母与东王公成一对配偶神。《神异经·中荒经》："昆仑之山有铜柱焉，其高入天，所谓天柱也。……其《鸟铭》曰：'有鸟希有，碌赤煌煌。不鸣不食，东覆东王公，西覆西王母。王母欲东，登之自通。阴阳相须，唯会益工。'"末尾"阴阳相须，唯会益工"正迎合了汉代重阴阳调和的美意，可见西王母东王公的相会一方面象征阴阳的调和，那来自深层原始思维的部分被隐藏在

---

[1] 信立祥，《汉代画像石综合研究》，北京：文物出版社2000年版，第154页。

[2] ［美］巫鸿著，柳扬、岑河译《武梁祠：中国古代画像艺术的思想性》，北京：生活·读书·新知三联书店2006年版，第157页。

图 10-28 东王公、开明兽画像 东汉 44cm×250cm×41cm
（原石现藏于山东滕州汉画像馆，图像采集于此馆。上面是拓片，下面是原石）

汉代阴阳哲学背后，另一方面也显示西王母和东王公的神性、权力各居西东，分司阴阳的安排。[1] 对于西王母和东王公的关系，胡懿勋认为东王公是周穆王，他与西王母是情侣关系。[2] 这也为汉代人为西王母寻找配偶神作了一个特殊而新颖的解释。东汉后期，东王公成为西王母的配偶神也是西王母的衍变之一。

　　东汉时期是汉画像艺术发展的鼎盛时期。这时候东王公出现在汉画像中。"九头人面兽"除了出现在西王母仙境中，还出现在东王公的画面中，这体现了它与东王公有某种关系。如图 10-28，该画像石出土于山东滕州辛庄，位于墓室门楣，图像雕刻技法是浅浮雕，东王公与"九头人面兽"在同一画面中。同时在徐州也出土一块"九头人面兽"和东王公在同一画面的画像石，如图 10-29。该画像石出土于江苏徐州贾汪区白集祠堂，图像位于祠堂东壁，画面自上而下分七格。第一格上边为山形，中间刻东王公，两边有鸟雀、羽人捣药等。第二格刻雁群。第三格刻神人、异兽，如

[1] 魏光霞，《西王母和神仙信仰》，《西王母文化研究集成·论文卷》，桂林：广西师范大学出版社 2008 年版，第 1029 页。
[2] 胡懿勋，《亘古的爱恋——西王母与东王公》，《西王母文化研究集成·论文卷》，桂林：广西师范大学出版社 2008 年版，第 1289 页。

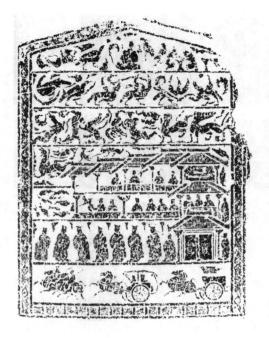

图 10-29　白集祠堂东壁画像　东汉
160cm×120cm
（原石现藏于江苏徐州市贾汪区白集汉墓，
图像采集于《中国画像石全集》第 4 卷 ）

开明兽等。第四格刻建筑与第五格第六格相连，楼台层叠，旁有鱼池，主人正在门外迎客。第七格刻车骑图。从画像中看到"九头人面兽"开明和众异兽处在昆仑仙界，都为东王公服务。因此再一次证明"九头人面兽"为东王公的役畜。图 10-28 和图 10-29 中的内容，体现了"九头人面兽"和东王公的关系。这两块画像石分别出土于山东滕州和徐州贾汪区，从地域上来看，这不是偶然。山东与其相邻的苏北、皖北、豫东区是汉画像石产生和发展的一个中心区域，也是两汉时期经济、文化极为繁荣的区域之一。自春秋时期以来，人文荟萃，诸子百家学说并起。邹鲁一带是孔孟的故乡、儒家学说的发祥地，汉代这些地方出现了许多经学大师，儒学显盛并有着根深蒂固的影响。另外，此处又是神仙方士活动及早期道教流行之地。[1] 由于山东是阴阳学派和汉儒学的发源地，其汉画像的内容和风格逐

---

[1]　蒋英炬、杨爱国，《汉代画像石与画像砖》，北京：文物出版社 2001 年版，第 71 页。

渐影响到周边地区的汉画像艺术，例如在汉画像中，特别强调表现阴阳相对概念的西王母和东王公组合传播到东部，并出现在中原和西北地区。东汉初、中期，山东是西王母信仰最具辐射力的地方，与它相邻的苏北、皖北的画像石艺术必然受到影响。因此山东滕州和徐州画像石中都存在"九头人面兽"和东王公在同一画面中。汉代人的宇宙观念贯穿在整个汉画像艺术中。汉代人将宇宙图式分为：天上（仙界）、地上（人间）、地下（鬼神）。将西王母和东王公等仙人图像配置在祠堂和墓室中，表达了建造者希望墓主死后升仙到昆仑山的强烈愿望。"九头人面兽"是昆仑山上的看守之神，汉代人将对死的恐惧和强烈的登仙愿望，寄托在半人半兽的开明兽身上。九头人面象征着众多的登仙者，虎身成为登仙者的登仙工具。汉代人借助灵兽的力量完成登仙的愿望，并通过艺术手法创造了"九头人面兽"的艺术形象。

2. 原始氏族图腾神

昆仑神话和西王母传说在中国神话中占有重要的地位，二者关系密切。本文研究目的是探析汉画像中的"九头人面兽"图像本身的含义。"九头人面兽"开明是西王母和昆仑山的守护神，其间有着千丝万缕的关系。除此之外，"九头人面兽"开明与西王母都是半人半兽的形象，这并不是偶然。

最早在《山海经》中记载有西王母之名。《西山经》《海内北经》和《大荒西经》里描述西王母居住在玉山、昆仑山，其状如人，豹尾虎齿而善啸，蓬发戴胜，是执掌刑法的凶神。汉画像中"九头人面兽"的形象、身份、地位及所处地域与《山海经》的开明兽形象十分吻合。《山海经·海内西经》："昆仑南渊深三百仞。开明兽身大类虎而九首，皆人面，东向立昆仑上。"从以上分析看出，"九头"人面开明和西王母都是居住在昆仑山上，其形象都是半人半兽。二者的不同之处是职能不同。

西王母是汉画像研究中的重要课题。学者对西王母的研究得出许多结论，如认为西王母是神名、国名、王名、民族名等。丁谦认为西王母为国名或地名，丁氏著《穆天子传考证》卷二有云："在今波斯西境，故过此即西王母邦。"对于西王母的研究有许多结论，但我更赞同西王母为一民族的名称。

《尔雅·释名》说："觚竹、北户、西王母、日下，谓之四荒。"学者提出西王母是部落的名称，那么她可能代表中国西部一个原始部落氏族的女酋长。Eitel 氏云："西王母为一民族（或部落 tribe）的名称，其君长（chief）用同一名称。"[1] 在汉画像中，西王母与"九头人面兽"都是半人半兽的形象，二者的共同点是人的相貌，与虎有密切的关系。那么西王母的役畜"九头人面兽"开明则应是西王母邻近部落的虎氏族的一支。他们共同居住在昆仑山上。昆仑山的所指有两类，分别是：神话中的昆仑和地理上的昆仑。到底西王母的起源在哪里，何光岳认为西王母乃来自有虞氏的一个分支，逐渐西迁者，母、幕、莫、暮和嫫均同音通假。因西迁是幕人分布最西者，故称西莫，又作西母、西谟和西嫫，因其立国称王，故又称西王母，犹如商人祖先亥，又称王亥那样，是东夷人的最高贵称呼。[2] 吕思勉提出西王母东迁的史实。他说："弱水西王母等，则身苟有所未至，即无从遽断为子虚，而其地遂若长存于西极之表矣，循此以往，所谓西王母者，将愈推而愈西，而因有王莽之矫诬，乃又曳之而东，而致诸今青海之境。"《论衡·恢国》："（孝平元始四年）金城塞外羌……献其鱼盐之地，愿内属汉，遂得西王母石室，因为西海郡。"[3]

丁山先生在《中国古代神话与史实》一书中推断：西王母，言西方神貘，即是西方貘族所奉祀的一种图腾神像。[4] 朱芳圃在《西王母》一文中

[1] 凌纯声，《昆仑丘与西王母》，《西王母文化研究集成·论文卷》，桂林：广西师范大学出版社 2008 年版，第 85 页。
[2] 何光岳，《西王母的来源与迁徙》，《西王母文化研究集成·论文卷》，桂林：广西师范大学出版社 2008 年版，第 451 页。
[3] 吕思勉，《西王母考》，《西王母文化研究集成·论文卷》，桂林：广西师范大学出版社 2008 年版，第 12 页。
[4] 王兆祥，《中国神仙传》，太原：山西人民出版社 1992 年版，第 63 页。

详尽论证西王母犹言西方神貘，西王母为西方貘族所奉祀的图腾神像。[1]《穆天子传》中记载周穆王拜见西王母，那时的西王母就是貘族的君长。《穆天子传》："吉日甲子，天子宾于西王母。乃执白圭玄璧，以见西王母……西王母又为天子吟曰：'徂彼西土，爰居其野，虎豹为群，乌鹊与处。嘉命不迁，我惟帝女。'"《山海经》中描述西王母其状如人、蓬发戴胜、豹尾虎齿、善啸、穴居，这些特征符合一般原始氏族的配饰和生活，也符合西方貘族所奉祀的西王母图腾神像。西王母氏族的人，据认为是这样的：头发长得蓬蓬松松，不知道去梳理；头顶上装饰着一件类似彝族的"天菩萨"一样的胜杖；脖子上挂着一串老虎或其他猛兽的牙齿，以示威武；身上穿着兽皮做的衣服，腰间束一条豹尾，天生就有一副非常优美的嗓子，爱唱动人的山歌；由于还不会造房子和帐篷，所以只能住在洞穴里；他们放牧牛羊，逐水草而居，不是长期固定在一个地方。[2] 西王母那半人半兽的样貌，具有浓厚的图腾信仰意义。图腾观念和史前时代的神话思维方式密切相关。神话思维的最大特征是不承认抽象理性思维的所谓"逻辑排中律"。按照逻辑排中律的法则：一个事物不能同时又是另一事物。用公式来表达：A 不可能是非 A，不可能是 B。可是尊奉万物有灵的神话思维却与此相反；它特别注重事物之间的相互变化和转换。按照神话的逻辑：A 不仅可以是 B，还可以是 C 或 D。人可能是野兽、禽鸟、昆虫，甚至是树木、石头、星星。我们在各民族神话中最常见的类型就是"变形记"。毫无疑问，我们史前祖先的宗教信仰就是建立在这种变形信念基础上的。[3] 最初西王母是半人半兽的形象，而"九头人面兽"开明也是九个人面、虎身、长尾的形象。从以上来看，西王母是西方貘族的女性首领，是地道的人而不是神仙或怪物。西王母的信徒由西北扩展到中原地区，中原地区的人们称呼她为西王母，随后在神仙思想的影响下，西王母经历了

---

[1] 朱芳圃，《西王母》，《西王母文化研究集成·论文卷》，桂林：广西师范大学出版社 2008 年版，第253 页。

[2] 李发林，《汉画考释和研究》，北京：中国文联出版社 2000 年版，第 219 页。

[3] 叶舒宪，《熊图腾：中国祖先神话探源》，上海：上海锦绣文章出版社 2007 年版，第 101 页。

多次衍变，两汉时期西王母演变为可爱的仙人并且掌管着不死之药。西王母与中原的交往，可能在西周。今本《竹书纪年》说："十七年，王（周穆王）西征，至昆仑丘，见西王母。其年，西王母来朝，宾于昭宫。"《史记·赵世家》也称穆王"西巡狩，见西王母，乐之忘归"[1]。西王母的最初形象是半人半兽的样子，至两汉时期她的形象成为年三十许的丽人。同在昆仑山上为西王母服役的"九头人面兽"开明，它也是半人半兽的样子，在东汉时期的神仙题材的汉画像中出现。西王母凶恶的形象至东汉时期不见了，而转移到"九头人面兽"开明身上。

　　"九头人面兽"开明九头、虎身长尾，同西王母一样与虎结下不解之缘。虎是最凶猛的动物，在原始社会成为极个别氏族的图腾，虎象征一种强大的、神秘的力量。图腾崇拜的中心是图腾观念，也就是原始人对图腾的信仰，及由此产生的思维方式。这是一种神秘的隐形文化，它是图腾行为和图腾制度的基础。[2]"九头人面兽"开明那人面虎身的状貌，正是继承了西王母半人半兽的凶狠模样，同时为西王母服役，来凸显后期西王母丽人的容貌和尊贵的地位。吴晗先生认为西王母是公元前3000年左右活动在陕西高原的"西戎"即"犬戎"的别名。《太平御览》卷七九○引《河图括地象》："殷帝太戊使王英采药于西王母。"[3]姚宝瑄认为西王母是4000至5000年前的一位古代羌戎氏族信仰的原始萨满教中的萨满，同时又是一母系氏族部落的酋长，祖母神，还是地处一方的羌戎的代名词。[4]"羌戎"一名，是汉文典籍对藏缅语族（藏语支、彝族支、羌语支）各族的统称。羌和戎在汉文典籍中，有时单称；有时连称；有时称氏羌、巴戎、巴氏；因其多居西境而称为"西羌"或"西戎"或"羌戎"。自甘、陕往西迁达今塔里木盆地有婼羌、葱茈羌、白马羌、黄牛羌等等；经河南往东迁，

[1] 马书田，《华夏诸神》，北京：北京燕山出版社1990年版，第41页。
[2] 朱存明，《灵感思维与原始文化》，上海：学林出版社1995年版，第128页。
[3] 吴晗，《西王母的传说》，《西王母文化研究集成·论文卷》，桂林：广西师范大学出版社2008年版，第415页。
[4] 姚宝瑄，《域外西王母神话新证》，《西王母文化研究集成·论文卷》，桂林：广西师范大学出版社2008年版，第343页。

晋南有"骊戎";达山东有齐姜"齐、吕、申、许由大姜"。西北羌戎，已融合于当地维吾尔等族，甘、陕、晋、豫、鲁的羌戎在秦汉以后，也融于汉族，鄂、湘羌戎多融合于当地汉族、苗族，一部分成为今土家族的主体。藏缅语族羌、藏、彝各族及彝语支彝、白、纳西、哈尼、傈僳、土家等族，都是古羌戎的遗裔。[1] 以上这些少数民族存有以虎为图腾的遗迹。

汉画像中的"九头人面兽"开明，如《山海经》所说，是兽身类虎，无疑是虎氏族的一支，其从属于西王母氏族部落，也是西戎遗裔的一支。西北羌戎融入汉族，同时将他们的文化融入中原各地。在鲁南、苏北、皖北、河南等地区的汉画像中出现人面虎身的开明形象，无疑受到了羌戎虎图腾信仰的影响。从今天的安徽省泗县以北，到江苏徐州一带，商代以前，曾居住了以"虎"为名的民族。由于它和东夷诸族杂处，人们曾经称它"徐夷"。但殷代卜辞已用"虎方"的称呼，记录了它的存在。[2] 丁山认为商周之际的虎方，决居肥水淮水之会。虎方地望既定，我们更可论定武丁时代的政权确已南至于江淮。[3] 因此我们可以从羌戎遗裔中寻找"九头人面兽"开明的原型。

在上述这些民族中，土家族和彝族是把虎作为主要图腾的民族。据民族学者考证，分布于今湖北西南部、湖南西北部和四川东部一带的土家族，就是巴人中的廪人的后裔。巴人出自黄帝集团，以虎为图腾。《华阳国志·巴志》："人皇始出，继地皇之后。……囿中之国，则巴蜀矣。……其君，上世未闻。五帝以来，黄帝、高阳之支庶，世为侯伯。"《后汉书·南蛮传》说："廪君死，魂魄世为白虎。巴氏以虎饮人血，遂以人祠焉。"廪君的意思就是"虎君"。至今土家地区白虎关、白虎庙、龙王庙遗迹可数，这表明古羌人、巴人、土家在图腾信仰上是一脉相承的。[4] 湘西土家族即

---

[1] 刘尧汉，《中国文明源头新探——道家与彝族虎宇宙观》，昆明：云南人民出版社1985年版，第29—31页。
[2] 王小盾，《原始信仰和中国古神》，上海：上海古籍出版社1989年版，第76页。
[3] 丁山，《商周史料考证》，北京：国家图书馆出版社2008年版，第88页。
[4] 彭官章、朴永子，《羌人巴人土家族（下）》，《吉首大学学报》，1982年第2期。

是巴人后代，崇拜猛虎，"於菟"合音即为"土"。[1] 前文提到"九头人面兽"开明是月山上的月兽。而"虎"字或"菟"字读音可分可合，闻一多先生曾指出，驺虞、枳敔、敦圉等虎形神物合音皆近"菟"（虎），"《召南》之诗称虎曰驺虞，犹《周南》之诗称虎曰菟，盖皆楚语欤？"驺虞，古人都说它是白虎。[2]

在远古时代，有一支这样的氏族从川西高原进入成都平原的边缘地带，这就是以后蜀族的祖先了。[3] 春秋时期开明族代替杜宇族统治蜀国。开明族在蜀国的统治，总共有十二世的开明帝。直到九世开明帝时，才接受了中原文化和原杜宇族文化的影响，建立了一套为巩固奴隶制度所必需的祭祀制度，并且也出现了"礼""乐"的观念。《华阳国志·蜀志》"九世有开明帝，始立宗庙，以酒曰醴，乐曰荆"，就是反映了意识形态的这种变化。[4]《后汉书·南蛮传》还记载了这样一个故事，说："盐水有神女，谓廪君曰：'此地广大，鱼盐所出，愿留共君。'廪君不许。盐神暮辄来取宿，旦即化为虫，与诸虫群飞，掩蔽日光，天地晦冥。积十余日，廪君伺其便，因射杀之，天乃开明。"这一段故事，与楚王遇巫山神女的故事极为相似，后者恐怕就是从前者演变而来的。廪君为白虎的化身，射杀盐神后"天乃开明"，也许可以再一次证明白虎即是开明兽的推断。[5] 开明兽的状貌是身大类虎，虎爪，九首或九尾，应是以虎为原型的神兽。又据蒙文通先生的考证，《山海经》中的《海内南经》《海内西经》《海内北经》和《海内东经》四篇可能是蜀人的作品；而《大荒东经》《大荒南经》《大荒西经》《大荒北经》和附在后面的《海内经》五篇则为巴人的作品，其时代约为西周，以上所载的内容是原蜀族的一些神话。"所谓身大类虎而九首"的

[1] 萧兵，《楚辞文化》，北京：中国社会科学出版社 1990 年版，第 360 页。
[2] 同上，第 349 页。
[3] 童恩正，《古代的巴蜀》，成都：四川人民出版社 1979 年版，第 57 页。
[4] 同上，第 75 页。
[5] 王一兵，《虎豹熊罴演大荒——图腾与中国史前文化》，西安：陕西人民教育出版社 1991 年版，第 31—32 页。

神话之魅

开明兽，应该就是开明王朝名称的由来。[1] 刘弘认为巴地之虎纹实为巴人之一支廪君蛮的图腾符号。而蜀地之虎纹，却是蜀开明王朝的统治者开明族的图腾——开明兽的形象。[2] 在汉画像中，"九头人面兽"开明人兽混合的形象可追溯至巴人的图腾信仰中。巴人以虎为图腾，人虎互化成为图腾崇拜的信仰仪式。《搜神记》中记载有貙虎化人的传说："江汉之域，有貙人。其先，廪君之苗裔也，能化为虎……俗云：'貙虎化为人，好着葛衣，其足无踵。虎有五指者，皆是貙。'"在巴人的观念中，貙虎可以与人互化，貙虎与人存在着生命的同一性。巴人将虎图腾融入自身，也是想借助虎的力量维护巴族的安定。"人的拟兽化"是典型的图腾主义心理。人依据图腾的模样来改造自己，那是我们所谓"人的拟兽化"。但在那拟兽化的企图中，实际上他只能做到人首蛇身的半人半兽的地步。[3] 同样，汉代的"九头人面兽"形象也体现了这种图腾信仰。

汉画像西王母图式之一是其端坐在昆仑山上，伏羲、女娲伴其左右，另一图式是其端坐在龙虎座上。从以上图式的变化中，可看出龙虎与伏羲、女娲可以互相交替，表示方位和阴阳协理。彝族自命为虎族，虎是彝族的原始图腾。彝族自称"罗罗"，与其虎称相同，最早见于先秦典籍《山海经·海外北经》："有青兽焉，状如虎，名曰罗罗。""罗罗"（虎）不仅是彝族早先共同的自称，也是彝族的先民羌戎的自称，都是夏、商以前原始母虎氏族部落（即伏羲部落）的遗裔。[4] 中华民族的龙虎文化，始自远古女娲、伏羲，经由夏、商、周、秦、汉，一贯而下。[5] 远古时代有虎伏羲部落就有相对的龙女娲部落。在汉画像中，东汉中期以后西王母与东王公成为配偶神，分别置于西东的山墙上，象征了汉代人阴阳和谐的宇宙观。西王母位于西方的位置，她代表了阴。前文提到的东汉初期山东孝堂山祠

[1] 童恩正，《古代的巴蜀》，成都：四川人民出版社1979年版，第127页。
[2] 刘弘，《巴蜀与开明兽》，《四川文物》，1988年第4期。
[3] 闻一多，《神话与诗》，上海：华东师范大学出版社1997年版，第33页。
[4] 刘尧汉，《中国文明源头新探——道家与彝族虎宇宙观》，昆明：云南人民出版社1985年版，第46页。
[5] 同上，第260页。

堂西墙上的西王母和女娲代表阴，东墙上的伏羲和箕星风伯代表阳。这反映了象征阴阳的图像在演变中的一个过渡阶段。

以上可看出，"九头人面兽"开明与虎伏羲部落遗裔有关系。西王母代表阴，"九头人面兽"开明代表阳。二者同在昆仑山上，表现了阴阳和谐，这种配合也符合汉代人阴阳和谐的宇宙观。"九头人面兽"开明的虎身，象征阳。《风俗通义·祀典》："虎者，阳物，百兽之长也。"《淮南子·天文训》："虎啸而谷风至兮。"虎为阴中的阳兽。在《山海经》中的开明兽是百兽之长，东向立于昆仑山上守卫门户。东方象征着阳。在汉画像中，西方昆仑山上的西王母和"九头人面兽"开明组合在一起，体现了汉代人阴阳统一的宇宙观念。

西王母的使者除了三青鸟以外还有一兽——白虎。吴晗先生在论文中提到杜光庭先生把西王母早先"虎齿善啸"的形象移交给她的使者，西王母的女性的美丽便轻轻地永远和《山海经》分家了。这些使者就是"有神人面虎身有文有尾"的神陆吾（即开明兽）和"有神人面白毛虎爪执钺"的天神。[1] 虎氏族从属西王母部落。西王母氏族部落位于西方，以白虎为图腾的原始部落氏族也位于西方。《礼记·曲礼》："前朱雀而后玄武，左青龙而右白虎。"《淮南子·天文训》："西方，金也，其帝少昊，其佐蓐收，执矩而治秋，其神为太白，其兽白虎，其音商，其日庚辛。"虎是西王母和"九头人面兽"开明联系的纽带。东汉时期的西王母完全演变成了人形之神的仙人，不再见到半人半兽的虎豹形象。在汉画像中西王母身旁出现有人面虎身的开明，神虎刻画在西王母居住的昆仑山上，很显然已成为西王母的看门神兽。如图 10-30，B 西立柱上的图像中西王母端坐在昆仑山上，下面有一头昂首挺胸的神虎穿插于昆仑山间，像是在为西王母看守周围的环境。与该立柱相对的 A 东立柱上西王母的配偶神东王公同样坐在昆仑山上，下面是青龙。图 10-30 的两幅立柱图像体现了《礼记·曲礼》中

---

[1]　吴晗，《西王母的传说》，《西王母文化研究集成·论文卷》，桂林：广西师范大学出版社 2008 年版，第 420 页。

图 10-30 沂南汉墓墓门立柱
画像
东汉晚期 123cm×37cm
（原石现藏于沂南北寨汉画像石
墓博物馆，图像采集于《中国
画像石全集》第 1 卷）

A 东立柱　　　　　　　B 西立柱

左青龙和右白虎的观念，左边是位于东方的东王公，右边是位于西方的西王母。此外，该图像中的昆仑山是汉画像中此山的第三种形式，综合了三峰山和蘑菇状貌。虎成为西王母的随从，因此虎氏族成为西王母氏族的从属族。

　　由西王母部族谈到"九头人面兽"开明的虎氏族，这些部落都以虎为图腾。大概古时在西方确有以白虎为图腾的原始部落氏族，其力量比西王母部落氏族要差些，因而从属于西王母部落。当西王母部落氏族受到敌对的部落氏族攻击时，白虎部落氏族就为西王母部落氏族出战、守卫。因此在神话中就演变为"开明"兽替西王母守门。[1] 开明是从属于西王母部落氏族并且以虎为图腾的虎氏族。人兽混合的开明兽象征着动物的人格化，人将虎的力量转移到自己的身上，这是一种图腾精神的寄托。动物图腾信仰是一种原始的信仰。从民族学的资料来看，中国少数民族保留了许多古代图腾信仰。

（三）百兽之长

笔者从收集到的"九头人面兽"汉画像中，分析对比一下所有的图像，发现它们具有一个共同的特点："九头人面兽"无不与奇禽异兽杂处在一起。《山海经》记载的开明兽的形象与汉画像"九头人面兽"的形象十分吻合，从而可知"九头人面兽"就是开明兽。前文笔者利用图文互释的方法，论述了"九头人面兽"开明是昆仑山上的守卫之神、山神，是汉代人升仙的工具，也是西王母的役畜。本处继续通过分析"九头人面兽"与奇禽异兽的关系，来论述"九头人面兽"的本质。

《山海经》说昆仑山是帝之下都，有西王母、开明兽，又有若干奇树仙草和奇禽异兽。神仙世界题材汉画像含有以上所有的内容。我们通过对图像的分析，可以探析汉画像背后隐含的汉代人的宇宙观和神仙思想。图像可以帮助后代了解某个历史时期的集体感受。[2] 在众多的汉画像石上，人们可以看到龙、虎、熊、凤、木禾、连理木、比肩兽等祥瑞画面，这些图像包含了汉代人的神仙信仰和祥瑞观念。"九头人面兽"常与神兽类、神鸟类、植物类等祥瑞共同出现在同一画面，我们可以通过分析鸟兽、植物的含义间接分析"九头人面兽"与它们之间的联系。"九头人面兽"常与奇禽异兽杂处，地位与禽兽并列，与人皇应有的尊严、高贵不相符，因此该怪物不是人皇。如图10-31，该图像中右侧第一层即是"九头人面

---

[1] 李发林，《汉画考释和研究》，北京：中国文联出版社2000年版，第220页。

[2] ［英］彼得·伯克著，杨豫译，《图像证史》，北京：北京大学出版社2008年版，第33页。

兽"。它前面有一人相对而立，后面是一虎。虎一前肢抓住"九头人面兽"的长尾。从二者随意的动作来看，"九头人面兽"和虎一样是嬉戏打闹的怪物，看不出"九头人面兽"像"人皇"的高贵之处。

同时我们可以从图10-31中看到，"九头人面兽"前足下有鱼两尾。该画像石出土于山东滕州，这一带多出土人面鱼身或鱼拉车形象的汉画像石。虽然鱼的形象在整幅画面占的比例很小，但是鱼是汉画像符号世界的一部分。在汉画像中，人们用鱼来象征河海。"九头人面兽"前足踏着鱼的画面象征其具有入河海的能力。《山海经》说"昆仑南渊深三百仞"，因此，画像石上的"九头人面兽"和鱼、鱼拉车经常同处一个画面。中国古人认为龙能登天又能入渊。汉画像中"九头人面兽"的兽身上有鳞，象龙身。如图10-31，"九头人面兽"能登天，是看守昆仑山的开明兽。"九头人面兽"能入河海，是否与掌管地下幽冥地狱之神有关？在神话传说中，幽都的守卫者是土伯，它弯着九曲的身体，摇晃着一对利角，参目虎首，张开了涂满人血的手指驱赶人。汉代人有"事死如事生"和"鬼犹求食"观念，他们把鱼作为食物祭祀祖先。鱼又作为象征符号，具有祈求家族人

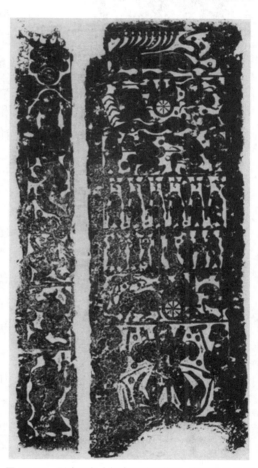

图10-31　延光元年小祠堂左壁画像石　东汉延光元年 135cm×47cm×237cm（原石现藏于山东省博物馆，该图像采自《滕州汉画像石精品集》）

丁兴旺、子孙繁衍不息的含义。"九头人面兽"与鱼共处于一幅画面，具有同样的象征含义。

图 10-32　凤鸟、象、九头人面兽　东汉晚期 157cm×50cm　（原石现藏于济宁市博物馆，该图像采集于《山东汉画像石选集》）

　　图 10-31 左侧第一层的铺首衔环与右侧第一层的"九头人面兽"图像相对，它们也许象征了共同的含义。还有类似的汉画像，如在山东济宁市喻屯镇城南张村出土的一块画像石，"九头人面兽"与铺首衔环同在一幅画面中。如图 10-32，此图像第三层刻有铺首衔环，下面是"九头人面"开明兽。铺首衔环常常以成对的形式出现在汉墓的墓门上，具有御凶和驱邪逐疫的作用。先秦时人们就已经有鬼神信仰的观念。汉魏时有避恶鬼的习俗。铺首衔环刻于墓门上是为了给死去的人在阴间避恶鬼。活着的人常在门上画虎，这样做是因为虎能与恶鬼搏斗。《后汉书·礼仪志》："画虎于门，当食鬼也。""九头人面兽"开明人面虎身，也具有辟邪作用。"九头人面兽"开明与铺首衔环同在一幅画面，体现了汉画像中辟除鬼魅邪祟的含义。虎是凶猛之物，所谓兽中之王，足以驱逐百兽，吓走邪祟。在周代时期，产生了人们对虎神的祭祀。[1] 白虎，阳物，能御凶。《风俗通义·祀典》："虎者，阳物，百兽之长也，能执搏挫锐，噬食鬼魅，今人卒得恶遇，

---

[1]　王兆祥主编，《中国神仙传》，太原：山西人民出版社 1992 年版，第 381 页。

　　　　　　　　　　　　　　　　　　　　　　　　　　　　神话之魅

烧煮虎皮饮之，击其爪，亦能辟恶，此其验也。"铺首衔环作为门的把手，出现在王公贵族的门扉上。《汉书·哀帝纪》："孝元庙殿门铜龟蛇铺首鸣。"在墓门上还有神荼郁垒二门神，"能执鬼"，"以食虎"。人们发挥想象，让虎把守大门，辟除鬼魅邪恶，守卫家宅，直到现在，在民间年画中还有"虎王镇宅"的题材。[1]汉画像中的方相氏和傩仪图也具有驱恶辟邪的作用。方相氏是傩祭中打鬼的头目，在大傩仪式中经常装扮成半人半虎或半人半熊的造型，目的在于威吓和驱逐恶鬼及邪灵，保护百姓；在墓室内刻方相氏的图像，目的是相近的，保护墓主或祠主。在《楚辞·招魂》中，把守天门、吞食恶鬼（即人死后灵魂）的不是傩神，而是守卫天门的虎豹豺狼。看来，古代的傩神信仰，很可能是从神兽守卫天门的远古神话传承发展演变而来的。大概远古的傩神很可能是守卫天门的神兽首领。[2]"九头人面兽"开明是半人半虎的形象，是昆仑山上的守卫之神。郭璞道："天兽也。《铭》曰'开明为兽，禀资乾精，瞪视昆仑，威振百灵。'"今本《图赞》作："开明兽，禀资金精，虎身人面，表此桀形；瞪视昆山，威慑百灵。"开明兽为昆仑山上的百兽之长，统辖整个昆仑山上的奇禽异兽。"九头人面兽"开明把守昆仑山，"威慑百灵"。因为它具有很大的本领能让一切"妖魔鬼怪"惧怕它，它成为昆仑山上的百兽之王。在神话中，"九头人面兽"在看守昆仑山的同时为西王母服役。汉画像是符号的象征世界，汉代人创造出的汉画像的每个符号都含有那个时代人的思想意识。"九头人面兽"开明是汉代社会的产物，常与祥禽瑞兽杂处在一起，成为汉代人的祥瑞之兽。图10-33、10-34是"九头人面兽"与历史人物故事相关联的汉画像。图10-33中，第一层的"九头人面兽"呈蹲坐状，头上方有一只鸟。第二层是周公辅成王，有题榜：中为"成王"，左为"周公"，右为"召公"。第三层为兵器库，在山东地区出土的"周公辅成王"题材的汉画像石特别多，可能因为周公是鲁国的开国之君。画像主题表现的是周

---

[1] 张道一，《画像石鉴赏》，重庆：重庆大学出版社2009年版，第331页。

[2] 信立祥，《汉代画像石综合研究》，北京：文物出版社2000年版，第175页。

图 10-33　九头人面兽、周公辅成王、武士画像
　　东汉早期 111cm×150cm
（原石现藏于嘉祥县武氏祠文物管理所，采自《中国画像石全集》第 2 卷）

图 10-34　起鼎、九头人面兽画像
152cm×70 cm
（采自《山东汉画像石选集》）

公恪守礼制，积极辅佐幼主成王继位，在政治上主张"明德慎罚"。从静态的形式来看，"九头人面兽"象征了周公的明德和忠诚为主的精神。图10-34 中，图像主要表现的是泗水取鼎的传说，泗水取鼎讲述的是秦始皇在泗水捞鼎的历史故事，证明秦政的短命灭亡。故事是虚构的，带有谶纬的迷信色彩。从另一方面看，也说明秦亡之后人们的心态。直到汉代，这种心态似乎还没有平静下来。[1] 鼎由食器转向礼器，它代表了权力和等级。天子用的九鼎象征最高权力的镇国之宝。皇帝取得政权后，出现"寻鼎"的事，目的是在舆论上巩固自己的地位。"九头人面兽"和"泗水取

---

[1]　张道一，《汉画故事》，重庆：重庆大学出版社 2006 年版，第 104 页。

神话之魅

图 10-35 九头人面兽、狩猎车骑画像
（采自《山东汉画像石选集》）

鼎"同在一块画像石上，意味着"九头人面兽"和象征王权的鼎不是一般人能见到和取得的，只有具有好的德行和天命所归的人才能成为名副其实的君主。因此，在历史背景下，"九头人面兽"成为一种祥瑞的象征符号。

《山海经》说"百神之所在"和"开明西有凤凰鸾鸟"，画像石上有"九头人面兽"与凤凰、牛、异兽同在一起。如图 10-35、图 10-36，这两幅图像中的"九头人面兽"的形象在画像中占的比例比较大，也突出了其百兽之长的身份。开明兽与牛、凤凰、异兽在一起嬉戏，这种现象说明了动物的野性依然保留在开明兽身上。汉代人创造出人首虎身的开明兽，人兽混合体现了汉代人与动物的亲密关系，展现了"生命"处于"自然"状态下的绝对自由和"生命"在摆脱或抛弃外在形式的束缚以后的快乐的存在，显示着"梦幻"中的生命彼岸在单纯生命意义上的平等和生命本质意义上的同一。[1]"九头人面兽"开明与西王母统治下的奇禽异兽终日嬉戏于昆仑山上。

---

[1] 李立，《汉墓神画研究：神话与神话艺术精神的考察与分析》，上海：上海古籍出版社 2004 年版，第 155 页。

图 10-36　开明兽、车马出行　东汉 84cm×247cm×19cm
（原石现藏于滕州汉画像石馆，采自《中国画像石全集》第 2 卷）

图 10-37　九头人面兽　东汉 35cm×203cm
（原石现藏于滕州汉画像石馆，采自《山东汉画像石选集》）

　　昆仑山上除了百兽，还有各种神树仙草。《山海经》中说"上有木禾"和"开明北有不死树、柏树、圣木"。汉画像石有"九头人面兽"开明和仙树仙草同在一起。如图 10-37，该图像中间是"九头人面兽"开明，身后是一株仙树，树后是一做奔跑状的鹿和凤鸟；开明兽左面为三个跃跃欲试的异兽。昆仑山上的这些仙树仙草都是制作不死药的原料，开明兽是看守昆仑山的门神，同样也要为西王母看守这些不死树和仙草。在我国的传说中，不死药产于西方的昆仑山上，那山上也就会有制作不死药的人。《山海经》说"开明东有巫彭、巫抵、巫阳、巫履、巫凡、巫相"。汉画像中有"九头人面兽"和巫医在一起。如图 10-38，该图像从上到下分成三层，画像主体表达的是神仙世界。上层为白虎和珍禽，中层为开明兽，下层为一人物。这位人物半弯着腰，面前有一单腿而立的鸟，也许这位人物就是开明东的诸巫。汉代人认为西方昆仑山是连接天地的天

图 10-38　开明兽、鹤叼鱼　东汉
（原石现藏于滕州汉画像石馆，采自《中国
画像石全集》第 2 卷）

梯，能登上昆仑山的都是仙人或灵兽，开明兽和珍禽都是昆仑山上的一
员，与开明兽同在一个画面上也就说明了图 10-38 上的人物是昆仑山上
的巫医。

　　"九头人面兽"是人面虎身的开明兽，在汉画像中白虎表示方位。汉
代的"四神"中，青龙为东方的守护神，白虎为西方的守护神，朱雀为南
方的守护神，玄武为北方的守护神。汉代的四灵印中就出现四方配四神
的艺术形式。《礼记·曲礼》中说："前朱雀而后玄武，左青龙而右白虎。"
白虎为出现于西方傍晚的太白金星,西宫的"白虎"星系从此借用。[1]"《淮

[1]　萧兵，《楚辞文化》，北京：中国社会科学出版社 1990 年版，第 353 页。

图10-39 　九头人面兽和青龙 东汉　43cm×319cm×18cm
（原石现藏于徐州汉画像石艺术馆）

南子·天文训》将天空分为九野、五星、二十八宿。五星是岁星、荧惑星、太白星、辰星、镇星，分处在东南西北和中央，和《史记》的分法相同。关于西边，《淮南子·天文训》说：'西方，金也，其帝少昊，其佐蓐收，执矩而治秋，其神为太白，其兽白虎，其音商，其日庚辛。'"[1] 在汉画像中，"九头人面兽"开明与青龙白虎也经常同处一个画面，如图10-39，该图像中，"九头人面兽"开明与四条形态各异的青龙在一起嬉戏。《三辅黄图》说："苍龙、白虎、朱雀、玄武，天之四灵，以正四方。"西方的昆仑山上多奇禽异兽，许多异兽是西王母的役兽，"九头人面"开明兽也不例外，因此"九头人面"开明终日与昆仑山上的奇禽异兽杂处在一起。在汉画像中淋漓尽致地表现了"九头人面兽"和凤凰、白虎、青龙等在同一画面出现的场景。

三、"九头人面兽"图像的审美意蕴

　　汉画像是汉代产生的艺术形式，内容无奇不有，怪异纷呈。本章论述的"九头人面兽"就是怪物之一。以艺术审美的眼光对"九头人面兽"形象进行分析，我们看到一个怪诞的世界和形象背后隐含的主体审美精

---

[1]　李发林，《汉画考释和研究》，北京：中国文联出版社2000年版，第220页。

神。菲利普·汤姆森在《怪诞》一书中把怪诞视为一种内部完全矛盾的东西，视为对立面的一种剧烈冲突。[1]"九头人面兽"怪诞之处正是其人首与兽身的组合形象。怪诞是一个美学范畴，指在奇特异常中所显示或发现的美。[2]从原始社会至今，大千世界中稀奇古怪的事物都可被描述为怪诞，在怪诞主题下的艺术形式也具有审美意义。在中国古代社会中，怪诞的事物被称为"魑魅魍魉"或妖怪，它常常与吉凶征兆联系在一起。《左传·宣公十五年》："天反时为灾，地反物为妖。"汉代人创造的"九头人面兽"形象也许就是反映吉凶征兆的怪物。

怪诞的事物贯穿于中国历史文化中，最早在《山海经》中图绘了许多人兽混合和兽兽混合的怪物，这些图像为我们研究古代的怪诞事物做了最好的图像证明。汉画像以其丰富的象征形式，表现了汉民族审美的意识形态，其中包含着汉民族集体无意识的原型结构，更接近民族精神的核心。[3]"九头人面兽"体现了汉代人自我生命意识的觉醒，人兽混合的形象包含了生命本身回归的精神特征。审美和艺术的根源在于人的生命力的丰盈。生命的主题贯穿于汉画像艺术中，由西汉的外向扩张、外向征服转而为东汉艺术向生命本身及个体内心世界的回归。"九头人面兽"的形象，无论是动物的拟人化还是人的拟兽化，都体现了人与兽的和谐。毕达哥拉斯学派最早提出美在于和谐，和谐源于多样统一或有机整体的看法。[4]"九头人面兽"形象体现了这种多样统一的和谐美，也反映了汉代人"天人合一"的观念，中国古人认为"和"具有美的含义。美是强力的形象显现。[5]在汉画像中，艺术者用夸张变形的手法创造出多种"九头人面兽"形象，在怪诞的形象下呈现给人的感受是一种神秘的吸引力。这种力就是生命力，通过"九头人面兽"形象去张扬其内在的生命律动和力量。

[1] ［英］菲利普·汤姆森著，黎志煌译，《怪诞》，哈尔滨：北方文艺出版社1988年版，第16页。
[2] 朱存明，《中国的丑怪》，徐州：中国矿业大学出版社1996年版，第10页。
[3] 朱存明，《汉画像的象征世界》，北京：人民文学出版社2005年版，第1页。
[4] 朱狄，《当代西方艺术哲学》，北京：人民出版社1994年版，第431页。
[5] ［德］尼采著，周国平译，《悲剧的诞生》，上海：上海人民出版社2009年版，第78页。

从西汉到东汉的艺术精神发生了由共性到个性、由外向到内在的根本转变。[1]"九头人面兽"图像是汉画像怪诞形象之一，人兽合一的形象突出异于现实的个性特征，外在的形象背后隐藏着汉代人的审美艺术精神。汉代的"九头人面兽"形象充分地说明了人的原始心理具有人可变兽和兽亦可变人的观念，这种人兽的变化也体现了汉代人随着自我意识的觉醒而强调人的主体性原则。主体性这个概念所指的是精神从外在世界退回到自己的内心世界所获得的观念上的自为（自觉）存在，从此，精神就不再和它的肉体结合成为不可分割的统一体了。[2]

（一）人兽混合形象的怪诞

怪异的东西自古就有，总是使人感兴趣，它本身隐藏了人类的智慧。从中国的孔老夫子对丑怪鬼神有自己的见解，到司马迁将神怪材料写进自己的《史记》里，再到鲁迅先生谈论巫术与神怪，他们都对怪异的东西有一定的了解和研究。"怪"字，依《说文解字》说："异也。"[3]就是异于常。中国民间人们常说妖怪，实际上怪的意义和妖的初义相似，所以常合称为"妖怪"。中国的妖怪信仰历史悠久、源远流长，最早在《山海经》一书中记载了许多动物与动物混合、人兽混合的怪物，过去人们称它们为妖怪。这些形状千奇百怪的妖怪大多是增肢减肢或不相类器官相互合并在一起的动物。本文所写的"九头人面兽"属于增肢的人兽混合的怪物。人兽混合的形象十分怪诞。怪诞一贯突出的特征是不调和这个基本成分，这要么被说成是冲突、抵触、异质事物的混合，要么被说成是对立物的合成。[4]在汉画像中"九头人面兽"的人兽混合形象正是体现了怪诞的特征。

---

[1] 徐华，《两汉艺术精神嬗变论》，上海：学林出版社 2003 年版，第 148 页。

[2] ［德］黑格尔著，朱光潜译，《美学》（第三卷），北京：商务印书馆 2009 年版，第 215 页。

[3] 〔汉〕许慎撰，崔枢华、何宗慧校点，《标点注音说文解字》，北京：北京师范大学出版社 2000 年版，第 439 页。

[4] ［英］菲利普·汤姆森著，黎志煌译，《怪诞》，哈尔滨：北方文艺出版社 1988 年版，第 31 页。

神话之魅

1. "九头人面兽"形象的多变和夸张

"九头人面兽"是九个人首和虎的身躯的怪物,《山海经》中记载它是看守昆仑山的开明兽。人面兽不仅出现在中国,希腊神话中也有半人半马的怪物,至今在埃及金字塔前有狮身人面的"斯芬克斯"。人面兽那怪诞的形象可被称为妖怪。日本学者中野美代子对中国的妖怪颇有兴趣,在《中国的妖怪》一书中给妖怪下了个定义:"超越人类、动物、植物,有时候包括矿物等的现实形态和生存形态的、表现于人类观念之中的东西。再解释一句,所谓'超越现实形态和生态',是由于要与不同时期的规范相对应。可怕、丑陋的形态,如'独眼''无头人'等,在东方西方都属于常见的妖怪,它相对于有双目、有头的正常人来说,是破坏了人体谐调的存在……"[1] 以上这段看到中野美代子已经从美学的角度解释妖怪了。本文写到的"九头人面兽"开明正属于超越人类和动物、多头增肢的妖怪,它是汉代人的思想观念创造的产物。

中国的怪诞艺术在秦汉时期表现为随着人性的觉醒,随着人们远离神话时代,真正现代意义上的艺术开始兴盛,加上异域的影响,建立在原始神秘"互渗律"基础上的怪诞不断退化,怪诞逐渐演化成了一种艺术风格。[2] "九头人面兽"开明是汉代怪诞艺术之一,是神话中的怪物,它突出的特征在于变形。我们以现代人的眼光看神话中的许多怪诞的东西,这是由原始人的思维造成的,原始人相信"万物有灵",他们依靠外界的力量就把自己外化到客观世界中去,使一切都可灵化,在灵化的过程中一切都处于统一的整体中,任何事物都可以相互转化,例如人和动物可以相互转化构成一个新的事物,因此就出现人兽合一的各种怪神。本文论述的"九头人面兽"就是这种人兽混合的怪神。形象的多变是"九头人面兽"最突出的特征之一,它将人兽混合的怪物转化为生动多变的灵兽,让人的审美

---

[1] [日] 中野美代子著,何彬译,《中国的妖怪》,郑州:黄河文艺出版社1989年版,第13页。

[2] 朱存明,《中国的丑怪》,徐州:中国矿业大学出版社1996年版,第14页。

感从审丑转变到审丑之美。丑怪逐渐成为汉代人信仰的一部分。形象的多变能更好地表现"九头人面兽"开明内在最真实的一面。

据可收集到的关于"九头人面兽"的汉画像，依据"人面"的构图位置，笔者从中归纳出五种不同形态的"九头人面兽"形象，这些图像分布在山东、徐州、河南，如表3。在汉画像中出现的"九头人面兽"形象与《山海经》中记载的开明兽形象十分吻合，多变的"九头人面兽"开明图像反过来又丰富了文献记载。图文互释使我们更加了解汉代人的创造性思维。

表 3："九头人面兽"的五种类型

图像类型	出现地域
第一种类型Ⅰ：图 10-40、图 10-41	山东
第二种类型Ⅱ：图 10-42	山东、江苏徐州、安徽宿州
第三种类型Ⅲ：图 10-43	山东滕州
第四种类型Ⅳ：图 10-44	山东临沂
第五种类型Ⅴ：图 10-45（A）（B）	河南南阳

第一种"九头人面兽"形象是：九个人面呈列队形式依次排列，九首戴冠皆伴有长长的颈，虎或龙的身躯，长尾（如图 10-40）。该石出土于山东，石头上面有些残缺，位于祠堂的左壁，左壁就是位于西王母世界的祠堂西壁，"九头人面兽"开明位于该石的第二层，这明确表示了它为西王母的役畜。这类"九头人面兽"的身躯基本上是虎身的状貌，额外又出现有龙身的"九头人面兽"（如图 10-41）。该图像中"九头人面兽"的身躯有鳞甲，四爪锋利弯曲如鸡爪，类似汉代龙的形象。龙虎都是百兽之长，是神话中的灵兽，它们在汉代人眼中具有了祥瑞的象征含义。龙虎座成为西王母之境图式之一。第二种"九头人面兽"形象是：一人首居中，其余八首以一人首为中心依次排列成扇形，九个人首皆戴冠，有虎的身躯。这类型与第一种类型相比较，不同之处除了人面的排列位置，还有九个长颈

图 10-40 开明兽 东汉 80cm×49cm×18cm
（图像为作者拍摄于滕州汉画像石馆）

（局部特写）

图 10-41 中室过梁西面画像 东汉晚期 29cm×230cm
（原石现藏于沂南北寨画像石博物馆 此图像采自《临沂汉画像石》）

（原石）

（局部特写）

图 10-42　开明兽、羽人　东汉 39cm×174cm×29cm
（图像为作者拍摄于山东滕州汉画像石馆）

图 10-43　瑞兽、车骑出行图　东汉晚期　88cm×273cm
（1988 年滕州东寺院出土　滕州市博物馆藏）

不见了（如图 10-42）。该图像出土于山东滕州中辛庄，位于墓室门楣处。画像的内容从左到右依次是开明兽、羽人、白虎、祥禽。第三种"九头人面兽"形象是：虎身躯上长着一个长长的颈，颈上有一首，在颈的两侧分别排列四对共八个人首。这种类型的特点在于"九头人面兽"的九个头的构图形式，类似树叶形，中间最大的人首像是树叶的尖部，头下长着长而挺拔有力的颈像树叶的主脉，其余八个人首的长颈像树叶的细脉，它们成对称状插入中间的主颈上（如图10-43）。该图出土于山东滕州东寺院，出土地是一处面积较大的汉代墓葬群。此图为浅浮雕，画面两层，上层刻九头人面兽、人面龙、鸟头兽等，下层为车骑出行。第四种"九头人面兽"形象是：九头排列很有特点，颈上有三头，两侧各有三头，左右对称（如图10-44）。该图像出土于山东省临沂市独树头镇西官庄，原石右边略残，其中最突出的特点是怪异的"九头人面兽"造型独自成一幅画像。第五种"九头人面兽"形象是：兽身的颈上长有戴冠的人面，尾呈树丛形，发叉多枝，每个枝顶端皆有一人头。如图10-45（A、B），A图和B图中人面在兽身的生长位置大致类似，体现了南阳地域上"九头人面兽"的艺术风格。A图右下方是九头兽，它身似虎，肩生羽，颈部和尾部共长九颗人头，九头怪又名开明兽，它是传说中昆仑仙境的天门守护神，画面中部又有一羽人双手牵索，索由两只仙鹿牵引，羽人手捧一株仙草。此图一方面表现了"九头人面兽"开明与奇禽异兽杂处在仙境中，另一方面提示了开明兽看守仙草的职责。B图上面是"九头人面兽"开明，下面是铺首衔环，二者合一提示了"九头人面兽"开明具有驱除鬼怪的作用。

"九头人面兽"画像之所以能产生吸引人的艺术魅力，很大程度上得力于形象的多变。在汉代特殊的时代背景下，各个地区出现的"九头人面兽"画像在题材、构图、造型上有着千丝万缕的联系，但在统一中又有变化。如表2。夸张变形的艺术手段导致了多变的"九头人面兽"形象。艺术的夸张是社会实践与主观想象力相结合的产物。人们普遍认为，怪诞是过分变形，有着一种夸张、极端的显著成分。这一性质常常导致把怪诞与幻想和奇异相提并论。怪诞的世界无论怎样奇怪，仍然是我们的世界，真实而又直接。[1] 在汉画像艺术创作中应用夸张变形的手法将

---

[1] ［英］菲利普·汤姆森著，黎志煌译，《怪诞》，哈尔滨：北方文艺出版社1988年版，第36页。

A

B

图 10-44 九头人面兽画像
东汉 104cm×30cm
（原石现保存于山东省临沂
市独树头镇西官庄，图像
采自《中国画像石全集》第
3卷）

图 10-45 A 九头兽 东汉 87cm×146cm×4cm 河南南阳十
里铺汉墓出土 （原石现藏于河南南阳汉画馆，图像采集于《南
阳汉代画像石精品陈列》）
B 九头人面兽、铺首衔环 东汉 126cm×35 cm 河南南阳新店
出土 （图像采自《南阳汉画早期拓片选集》）

异物重构产生新的形象。"九头人面兽"就是人首和兽身进行某种象征
性的重构所形成幻想中的物象。这些新的形象在现代人的眼中是怪诞离
奇的，我们不得不，至少在某一层面上以现代人的眼光去看待这样的东
西并照此对它们做出反应。汉代人创造人首兽身的开明兽可以追溯到中
国人的始祖伏羲、女娲，他们正是人首蛇身的样貌。中国神话中合成动

物的妖怪，最有趣的是人类与动物的组合体，人首兽身的组合体数量压倒兽首人身的组合体，例如人面鸟、人面兽、人面鱼、人首龙等。本章论述的"九头人面兽"是人首兽身的妖怪之一，无论是哪种类型的"九头人面兽"都强调并突出放大了人首兽身组合的特点。菲利普·汤姆森在《怪诞》中把怪诞视为一种内部完全矛盾的东西，视为对立面的一种剧烈冲突。[1] 人首和兽身本身分属于两个领域，二者结合产生怪诞的形象，并且汉代人运用夸张变形的艺术手法产生一种吸引人而怪诞的"九头人面兽"画像。

2. 思维反常的矛盾性

"九头人面兽"开明是汉代人艺术想象的产物，异常的外在形象给人以强烈的视觉冲击和震撼，怪诞是形容它最好的词语。怪诞的产生与人类的原始宗教密不可分。原始宗教在灵感思维[2]中表现出文化智慧。中国古代文化，一直保留着原始灵感文化遗留的内核。人面兽身或兽首人身的怪物都存在于神话世界，神话又是建立在原始灵感思维之上的一种灵感文化。列维-斯特劳斯认为："神话思维是完全符合逻辑的，甚至是完全符合'科学的'。"[3] 人类艺术活动与科学活动分别与"野性的"和"文明的"思维方式相符。[4]"九头人面兽"的人首体现了汉代人"文明的"思维，它的虎身体现了汉代人"野性的"思维。"九首"象征汉代人自我意识觉醒和对人类自身能力的肯定。"虎身"是长期以来人类虎图腾崇拜思想的孑遗。人首兽身的怪诞形象体现了人类思维反常的矛盾性，它是未完成的人—动物的变化，还是未完成的动物—人的变化，无论哪一种，都是人类思维反常作用下的未完成的变化。[5] 怪诞的艺术都没有什么抽象的东西，只是把不同领域存在的事物不合理地融合。在异质重构的过程中，都伴随着人类思

[1] ［英］菲利普·汤姆森著，黎志煌译，《怪诞》，哈尔滨：北方文艺出版社 1988 年版，第 16 页。
[2] 朱存明，《灵感思维与原始文化》，上海：学林出版社 1995 年版，第 1 页。
[3] ［苏］叶·莫·梅列金斯基著，魏庆征译，《神话的诗学》，北京：商务印书馆 2009 年版，第 87 页。
[4] ［法］列维-斯特劳斯著，李幼蒸译，《野性的思维》，北京：商务印书馆 1987 年版，第 5 页。
[5] ［日］中野美代子著，何彬译，《中国的妖怪》，郑州：黄河文艺出版社 1989 年版，第 111 页。

维反常的矛盾性，而产生具有强烈的吸引力的怪诞形象。本文讨论的"九头人面兽"形象的怪诞之处就是将正常的事物转变为反常、矛盾、冲突的事物。人首和兽身经过巧妙的组合之后，既突出了神怪的神性，又赋予其人类的文明性，还凝聚了动物的野性。人类思维反常的矛盾性存在于怪诞形象的信仰中。

世界各民族的神话故事中存在许多妖怪，这些妖怪都是各民族的形象和人们幻想的产物。18世纪法国比封伯爵给妖怪下了个定义："第一类是器官过多而形成的妖怪；第二类是器官欠缺而形成的妖怪；第三类是各器官颠倒或错置形成的妖怪。"[1] 本章讨论的"九头人面兽"的虎身上长着九个人头，属于第一类"器官过多而形成的妖怪"。人首 + 兽身组合成的这类形象，属于第三类"各器官颠倒或错置形成的妖怪"。自古中国的神话中出现许多人首 + 兽身的妖怪，在各种古籍中多有记载。如下举几例：

> 东方句芒，鸟身人面，乘两龙。(《山海经·海外东经》)[2]
>
> 烛龙在雁门北，蔽于委羽之山，不见日，其神人面龙身而无足。(《淮南子集释·墜形训》)[3]
>
> 西北荒有人焉，人面朱发，蛇身人手足，而食五谷禽兽，贪恶愚顽，名曰共工。(《神异经·西北荒经》)[4]

以上内容是中国古籍中记载的人兽混合型的神怪形象，半人半兽类型的神怪不是中国的专利，外国也存在这类怪物。古埃及有名的人面狮身像——斯芬克斯，埃及人认为人首是法老哈夫拉的肖像化身，狮身象征着王权和地位。希腊人面鸟身的塞壬是运送死者灵魂的使者。在外国文学作

---

[1] 〔日〕中野美代子著，何彬译，《中国的妖怪》，郑州：黄河文艺出版社1989年版，第13页。

[2] 袁珂，《山海经校注》，上海：上海古籍出版社1983年版，第265页。

[3] 何宁，《淮南子集释》(上)，北京：中华书局1998年版，第362页。

[4] 〔汉〕东方朔，《神异经》，《汉魏六朝笔记小说大观》，上海：上海古籍出版社1999年版，第56页。

神话之魅

品中也出现欧洲人追求自身变为异类动物的设想，从公元1世纪的奥维德的《变形记》到19世纪的杰奎琳·卡佐特，到20世纪的弗朗兹·卡夫卡、约翰·科利尔等。

人和动物的化身和人兽合一的形象都体现了人类思维反常的矛盾性，但这些怪诞的形象却深深吸引着人的注意力。怪诞的形象引起许多学者的研究兴趣，尤其是日本有不少人研究妖怪，如日本学者柳田国男在《妖怪谈义》中从民俗的妖怪信仰立论，他谈到鬼怪和幽灵的明显区别。还有日本学者井上圆了在著名的《妖怪学》书中第一讲妖怪定义篇说："今所谓妖怪者，非限于通俗之所指，而主要问题，实在天地之起源、万有之本体、灵魂之性质、生死之道理、鬼神冥界之有无、吉凶祸福之原理、荣枯盛衰之规则、天灾地变之理由、迷心妄想之说明、贤愚资性之解说。其幽灵狐凭天狗等，不过附属之问题。而其解释，则皆本于学术之道理，其目的则在于用之，以进国民之福利也。夫通俗所为妖怪者，何义耶？即一切不可思议之义。"[1]以上这段能精细地说明中国神话中存在的人兽混合的神怪形象，"九头人面兽"正是这种"不可思议而异常变态"的典型代表。

以上对"九头人面兽"图像怪诞的探讨，我们可知汉画像中人兽混合的怪诞形象普遍存在于世界各地，"怪诞"这个术语从视觉艺术领域应用到文学作品领域，怪诞主题的艺术和文学颇受人们的推崇。通过图像分析而得出的五种"九头人面兽"形象，其形象的多变和夸张体现了汉代艺术创造者思维反常的矛盾性，根据作用和反作用原理，艺术者运用思维反常的矛盾性，通过对人物、动物加以异常、变态、扭曲、重构和夸张的方式进行艺术创造，而创造出这些怪诞事物。怪诞由荒唐世界的超现实领域便转向了个体的独特风格。[2]人兽合一的怪诞形象在汉画像艺术中是反常而超现实的，多变的"九头人面兽"形象体现了个体的独特风格。

---

[1] [日]井上圆了著，蔡元培译，《妖怪学》，上海：上海文艺出版社1992年版，第1页。
[2] 朱存明，《中国文艺中的怪诞》，《徐州师范学院学报》，1991年第4期。

（二）审美精神底蕴中对生命的追求

"九头人面兽"是怪诞的艺术，怪诞属于美学的范畴，在怪诞艺术形式背后含有审美的意义。中国自古就有审美和审丑，老子认为美与丑是相互依存、相互转化的。中国文化中存在一些畸形、片面、怪异以及具体可感的事物，它们在中国古人的社会实践中被发现、评价和认识并且同人发生特定的审美关系。在古罗马最早出现审美二元论，其根本的问题是"灵"（精神）和"肉"（物欲）的冲突。精神美是内在美，属于纯洁的心灵；肉体美只是外在装饰，它同精神美结合才显得美。"九头人面兽"怪诞的外在形象反映了汉代社会集体内在心理表现出来的一种审美精神。这种审美精神是在集体无意识下产生的一种共同审美心理。

汉画像艺术中的"九头人面兽"，最典型的特征是人首和兽身的组合，从图腾美学的角度看，人兽混合反映了原始人与虎图腾的表达关系，原始人把自身的欲望、情感和形象都外化到虎图腾的身上，图腾虎的身躯成了人的生命意志的神性外观。人类生命的起点和归宿都归于图腾。因此图腾美在本质上终究是原始人在图腾的神性外观中幻化出来的生命本质力量的象征形式。[1] 从神话的角度看，"九头人面兽"不存在于自然界，而存在于神话和文化中。人类学家林惠祥在1933年出版的《神话论》中把神话分成八类，其中第三类神怪神话包含"妖怪神话"，"九头人面兽"是怪诞的典型形象之一，怪诞是神话的审美属性之一。因此，从各种角度分析汉画像中怪诞的人兽混合的外在形象，可以探知形象背后隐藏的汉代人对主体生命自由的追求。

"九头人面兽"人兽混合的怪诞形象给人一种神秘的吸引力。这种吸引力存在于图像符号的象征含义。人和动物都活生生地存在于自然界中，卡西尔在《人论》中提出"人是符号的动物"。人和动物都蕴含着无限的

---

[1]　郑元者，《图腾美学和现代人类》，上海：学林出版社1992年版，第123页。

生命和力量。"九头"是能力、智慧和不死的象征，"人首"是东汉人自我意识的觉醒和自我能力的肯定。"虎身"是借用虎的凶猛威吓恶鬼、保护人的生命。"九头人面兽"图像大都出土于东汉时期，这一时期的艺术表现出了浓厚的生命精神。东汉的文人士大夫与普通工匠同样产生了这样的心理变化，捍卫生命、享受生命、思考生命，至此才真正成为东汉艺术的根本主题。[1]

"九头人面兽"的形象是极端反常的，人兽混合给人一种强烈的视觉冲击。"九头人面兽"给人直接的审美感受就是形象的怪诞，而后它给人间接的审美感受是美或丑。怪异反常的事物也具有审美的意义，因为怪异将导致审美领域的丑，但美和丑又处在矛盾的运动和转化过程中，丑怪的事物也有了审美的意义。在中国古代，"善则为瑞，恶则为异"，善和恶表现在艺术形象上就是美和丑。"九头人面兽"的形象是反常而丑的，但在汉代人的鬼神信仰中，它能驱邪避凶以保护墓主人免受外界的打扰，因此它又是美的。这种亦美亦丑的怪诞，借助图腾动物的神力，以保证人的生命力。这完全是因为东汉时期人们的鬼神信仰，相信人死后，鬼魂有知，是生命的另一种形式的继续。

汉画像中"虎"的形象出现得较多，人物的形象出现得也比较多，而人兽混合的形象却不多，"九头人面兽"是典型的人面虎身的神怪形象。"九头人面兽"作为一种艺术形式，它在创作的过程中，以神话、宗教信仰和图腾信仰为创作的原则和基础，体现着视觉艺术的情感支配作用和灵性的梦幻展示特点。人兽混合形象趋向于一个统一的"命题"，即生命的繁衍和生命的延长。两汉时期盛行西王母信仰，"九头人面兽"形象继承了西王母的半人半兽之貌，同时也具有了长生不死的神性。"虎"体现着一种复合性的形象特征：它既是仙界的瑞兽，有祥瑞的象征意义；又是死而复生之兽[2]，具有着使生命繁荣、生命再生和生命延长的神性。人脱离

---

[1]　徐华，《两汉艺术精神嬗变论》，上海：学林出版社 2003 年版，第 175 页。
[2]　[苏] 叶·莫·梅列金斯基著，魏庆征译，《神话的诗学》，北京：商务印书馆 2009 年版，第 133 页。

现世，在强烈的生命意识的推动下，将生命延续到死后的另一个世界，人与兽的混合体现了人将生命转移到动物身上，摆脱外在形式的束缚而追求生命的自由。汉代人期望超越生命局限而追求自我，艺术创造者完全将这类情感和思想融入人兽混合的艺术形象中。通过"九头人面兽"这类特殊而怪诞的形象散发的独特的神话艺术神韵，表达了汉代人特殊的心理需求和心理欲望。从"九头人面兽"中体现出的汉代人追求生命的自由的渴望，也许正是能够震撼人心灵的关键。

人变为某种动物，又保留人的特征；或动物变为人，又保留着动物的特征。这都是不可思议的事情。但从神话学的角度看，在中国上古有许多人兽混合的怪物，人物死亡被表现为变形化生成另一种动物。在原始人"万物有灵"的观念中，不同生命领域之间没有不可逾越的界限，东西没有固定的不变的确定形态，一切事物都可以在瞬间变形的过程中互相转化。在一切的变形神话中，唯有生命成为超越时间的连续整体。人兽混合的"九头人面兽"体现了人与动物的密切关系。中国的古神历程可以简单地概括为：从自然神时代向兽神时代的演进，从兽神和半人半兽神时代向人神时代的演进。图腾崇拜活动中对于人兽同源或人兽同体之主题的强调，则导致了兽神向半人半兽神的变形。[1]"九头人面兽"形象的形成无论是人—动物的变化，还是动物—人的变化，这都体现人类图腾信仰的心理。人面虎身的"九头人面兽"也可叫作变形图腾。[2]变形图腾具备了动物的自然属性和人的社会属性，图腾人形化显示了人类的审美意识的觉悟和发达，人和图腾动物组成一个复合体表明了人类社会实践的能力逐渐增强和自我意识的觉醒，也表明了人类摆脱对图腾动物的依赖而追求主体生命的自由，转而表现自我形象。

生死是全人类都要面对的问题。有些原始人始终相信，所有人本是生来不死的，所以他们总是要在死亡这种现象的背后去寻找其他原因。

---

[1] 王小盾，《原始信仰和中国古神》，上海：上海古籍出版社 1989 年版，第 154 页。
[2] 同上，第 86 页。

汉代人对生和死有着特殊的理解——"事死如事生"。原始人持有的灵魂永生的观念在汉代人的艺术中得到最形象的体现，原始人认为图腾动物是没有死亡意识的，死亡意识是区别人与动物的重要尺度。汉代人寻找能表达生命感受的对象，图腾动物成为最好的媒介，因此人兽混合的形象充分地表达了人超越主体生命、追求更高一层生命自由的向往。"九头人面兽"在怪诞形象的背后隐含着汉代人追求永恒生命和自我独立的思想意识。

四、结语

汉画像石是中国美术史上最具代表性的汉代艺术遗存，它题材丰富，构图变化多样，图像集写实与抽象于一体，细致地描绘了汉代人的物质和精神生活，体现了汉代人的思想和文化，具有较高的艺术价值与史料价值。汉画像石是汉代文化艺术的载体，是一本活着的教科书，从中能找到汉代以前的原始文化的缩影，也对汉代以后的艺术产生重要的影响。汉画像中"九头人面兽"图像以怪诞的人兽混合形象表现了汉代特殊的审美意趣。

汉画像中"九头人面兽"典型的怪诞形象在于人兽混合、九个人面。"九头人面兽"多出现于东汉时期，它与史料记载的开明兽形象十分吻合；我们又通过对商楚的虎神兽梼杌和蜀国的开明族的探析，进一步揭开汉画像中"九头人面兽"形象产生的神秘面纱；也从楚墓里人兽混合的镇墓兽中探究了"九头人面兽"的源起。九首的"九"体现了中国古人文化观念中数量与空间的神秘含义，也体现了汉代人向往的强大的生命力和生成性力量。

从图像学出发，通过论述汉画像中"九头人面兽"与共存于同一画面的昆仑山、西王母、东王公和奇禽异兽的内在关系，进一步解析"九头人面兽"图像的真正含义以及图像背后隐藏的文化内涵。根据《山海经》的记载，汉画像中"九头人面兽"是看守昆仑山的开明兽。西方昆仑山的神秘面纱为"九头人面兽"披上了神秘的罩衣，因此"九头人面兽"成为西方昆仑山上的山神、守门神和月兽，也成为汉代人死后登仙的工具。从神话学的角度来看，西王母是昆仑山上的主神，她与东汉时期出现的东王公成为配偶神，同时可证"九头人面兽"也是他们的役畜。从民族学角度来看，西王母是远古时期西方的以虎为图腾的部落氏族首领，因此"九头人面兽"即开明兽是西王母部落从属的虎氏族。纵观"九头人面兽"图像，可得出它无不与奇禽异兽杂处在一起。这些奇禽异兽是昆仑山上的灵兽，"九头人面兽"即开明兽也是昆仑山上的看门兽，二者的关系突出了"九头人面兽"的百兽之长的地位。汉画像中"九头人面兽"与奇禽异兽共处于同一画面，其图像背后隐含了汉代人的宇宙观和神仙思想。

通过论述汉画像中"九头人面兽"外在的怪诞形象，来揭示它内在的审美意义。怪诞的"九头人面兽"图像反映了汉代人夸张变形的艺术创作方法和创造性思维的反常矛盾性。从图腾美学的角度来分析，"九头人面兽"图像在怪诞的外形下隐含着汉代人自我意识的觉醒和对主体生命自由的超越。汉画像中"九头人面兽"怪诞的外在形象反映了汉代社会集体内在心理表现出来的一种审美精神，是集体无意识下的产物。

附表：汉画像"九头人面兽"图像出土地、年代

序号	题名内容	发现地区	年代	尺寸	出处
1	九头人面兽、虎、鱼	山东滕州西户口村墓	东汉延光元年（122 年）	纵 135cm 横 47cm	《滕州汉画像石精品集》
2	九头人面兽、东王公画像	山东滕州中辛庄	东汉（25—220）	墓室门楣：纵 44 cm 横 250cm 厚 41cm	滕州汉画像石馆
3	九头人面兽画像	山东滕州东戈	东汉（25—220）		
4	九头人面兽、狩猎、车骑画像	山东滕州黄家岭	东汉（25—220）	纵 85cm 横 186cm	《山东汉画像石选集》
5	九头人面兽画像	山东枣庄山亭区冯卯镇黄安岭	东汉（25—220）	纵 55cm 横 145cm 厚 20cm	滕州汉代祠堂画像石

序号	题名内容	发现地区	年代	尺寸	出处
6	九头人面兽画像	山东滕州刘堌堆	东汉（25—220）	纵 35 cm 横 203cm	《山东汉画像石选集》
7	九头人面兽、玉兔捣药画像	山东邹城下黄陆屯	东汉（25—220）	纵 38 cm 横 132cm	《山东汉画像石选集》
8	安丘汉墓中室顶南坡东段画像中九头人面兽	山东安丘董家庄	东汉晚期（147—220）	纵 120cm 横 98cm	《中国画像石全集》第 1 卷
9	沂南北寨村汉墓第五十一幅中室过梁西面画像	山东沂南北寨村	东汉晚期（147—220）	纵 29 cm 横 230cm	临沂汉画像石馆
10	九头人面兽、凤凰、象画像	山东济宁城南张村	东汉晚期（147—189）	纵 157 cm 横 50cm	《山东汉画像石选集》
11	九头人面兽	山东嘉祥南武山	东汉（25—220）		《汉画考释和研究》
12	九头人面兽、升鼎	山东邹城前营村	东汉（25—220）	纵 152 cm 横 70cm	《山东汉画像石选集》
13	九头人面兽、车骑出行	山东嘉祥城东南花林村	东汉早期（25—88）	纵 74cm 横 80cm	《中国画像石全集·第 2 卷》
14	九头人面兽、昆仑仙境	江苏徐州铜山十里铺汉墓	东汉（25—220）	纵 42cm 横 331cm	徐州汉画像石馆
15	九头人面兽，茅村六号汉画像	江苏徐州茅村	东汉（25—220）	纵 58cm 横 298cm；二室北壁上	徐州汉画像石馆
16	九头人面兽、青龙画像	江苏徐州	东汉（25—220）	纵 43cm 横 319cm 厚 18cm	徐州汉画像石馆
17	九头人面兽、周公辅成王、武士画像	山东嘉祥纸坊镇敬老院	东汉早期（25—88）	纵 111cm 横 50cm	《中国画像石全集·第 2 卷》
18	九头人面兽、车骑出行	山东滕州东寺院	东汉（25—220）	墓壁；纵 84cm 横 247cm 厚 19cm	《中国画像石全集》第 2 卷

序号	题名内容	发现地区	年代	尺寸	出处
19	九头人面兽、鹤叼鱼像	山东滕州张望村孔集村	东汉中期（89—146）	墓室立柱；纵123cm 横21cm 厚28cm	《中国画像石全集》第2卷
20	九头人面兽（独幅）	山东临沂独树头镇西张官庄	东汉（25—220）	纵104cm 横30cm	《中国画像石全集》第3卷
21	兽身九头鸟，横山孙家园子墓室壁组合画像	陕西横山孙家园子	东汉（25—220）	纵173cm 横232cm	《中国画像石全集》第5卷
22	九头人面兽、题记	山东临沂五里堡；临沂市博物馆收藏	汉（前206—220）	纵114cm 横88cm	临沂汉画像石馆
23	九头人面兽与侍女、神兽	山东临沂市兰陵；兰陵文物管理所收藏	东汉（25—220）	纵138cm 横92cm	临沂汉画像石馆
24	九头人面兽、六博图	山东微山两城乡一村	东汉中晚期（89—189）	纵70cm 横123cm	《鲁南画像石研究与微山汉画像石选集》
25	九头人面兽	江苏徐州拉犁山汉墓（原地保存）	东汉（25—220）	纵62cm 横取局部	《中国画像石全集》第4卷
26	九头人面兽，白集祠堂东壁画像石	1965年徐州贾汪区青山泉乡白集（原地保存）	东汉（25—220）	纵157cm 横120cm	《中国画像石全集》第4卷
27	九头人面兽，异兽画像	1991年山东枣庄安城乡方庄村	东汉中晚期	纵50cm 横310cm 厚27cm	山东枣庄方庄汉画像石墓论文
28	九头人面兽	山东滕州	东汉（25—220）	纵80cm 横49cm 厚18cm	滕州汉画像石馆
29	九头人面兽、羽人	山东滕州中辛庄出土	东汉（25—220）	纵39cm 横174cm 厚29cm	滕州汉画像石馆
30	九头人面兽、辟邪图	安徽萧县民间藏	东汉（25—220）		
31	九头人面兽、张恭收租图	宿州民间藏	东汉（25—220）		
32	九头人面兽	河南南阳溧河乡十里铺汉墓	东汉（25—220）	纵87cm 横146cm 厚14cm	河南南阳汉画馆藏

第十一章
汉代墓室画像中铺首衔环图像的研究

　　铺首衔环图像体现了一种原始的文化观念。本章运用神话－原型批评理论，对铺首衔环图像的深刻文化内涵及功能意义进行揭示。根据神话－原型批评理论的基本概念及逻辑，本章分析了铺首衔环图像的原始意象及其在人类象征体系中的视觉符号表达。文章从山形冠、眼睛、口与齿、环与带等图像单元和空间诗学视域下铺首衔环图像整体含义入手，在艺术与文学、语词和民俗的世界中考证其视觉形式的符号原型，总结铺首衔环在社会契约和精神认同中所形成的文化意义。因此，本研究既是运用神话－原型批评理论所做的汉画像的个案研究，也是建立在考古学基础之上的图像学、符号学和文化学的一种综合研究。

　　汉画像是汉代中国社会日常生活与神圣信仰相融而成的精神图景和文化景观。铺首衔环图像是从世俗领域中划分出神圣空间场域的徽标，和上古时代中国青铜器物上的某些神异纹饰的功能有相似之处，是古代先民对自身遭际的神秘事象，或继承或改造或凝聚而符号化，进而做出视觉性表达的产物。在某种程度上，铺首衔环图像的外在审美性与内在思想性构成了一定的矛盾。通过长期的精神认同和社会契约，公众使用铺首衔环图像具有特定的心理期待，即内在汇聚吉祥辟邪之义和外形凸显怪异威严之感所形成的审美心理张力与礼仪情境效应。因此，铺首衔环图像显示了早期中国人对信仰、风物、经验和空间进行综合把握的高超能力，并成为一种文质互异的造型符号。

一、汉代墓室中铺首衔环图像的符号性及其空间诗学意义

无论是对铺首衔环图像做整体性的探讨，还是对其做整体意义视域内的图像单元研究，都不能否认铺首衔环图像所呈示的符号性这一显著特征。在神话学家看来，神话艺术中的符号和原型关联甚大，几乎可以互换使用。所以，从符号性角度着手，考察铺首衔环图像的神话－原型以及功能意义应当是饶有意趣的。因此，下面专门讨论铺首衔环图像作为一个整体，其自身所呈示的符号性意义，在后文将侧重考察图像整体意义视域下的各基本图像单元或要素的神话－原型及其功能意义；同时，试从空间哲学的视角讨论铺首衔环图像的制作对其所在空间、区域所造成的影响或意义赋予。

（一）整体视域下的铺首衔环图像的符号性

依据对铺首衔环的图像学考察，及其自身图像单元与图像整体的联系，可发现铺首衔环的图式虽然基本固定，但是难以精准确定其源自何种兽首[1]；并且相当数量的铺首衔环图像在具体制作过程中，其要素或有增删，或作变异。根据直观考察和类型分析，铺首衔环图像具有某种程式性，它是古代中国文化语境下象征体系中的一种符号，以便在画像、建筑、陶瓷等艺术样态中进行使用和表达。这种特性或即为德国艺术史家雷德侯所说的中国艺术中普遍存在的模件化性质。[2] 因此，铺首衔环图像的原型难以遽下定论。事实上，仅在山形冠的造像上，其中间部分的形状就相异颇大，或如火状，或似树状，或呈花柱形。其面部，若虎、牛等兽面，或似其他

---

[1] 游国庆先生作有专文论述早期中国青铜器中牛首衔环的图式及意义，并依据考古资料明确地指出其断代为西汉时期的南皮侯家钟，钟身左右的铺首衔环已是牛首的变形，开一代新风，当为重要一说。详看氏文《俯首甘为孺子牛——说青铜器上的"牛"》，《故宫文物月刊》，2009 年第 1 期。

[2] ［德］雷德侯著，张总等译，党晟校，《万物——中国艺术中的模件化和规模化生产·导言》，北京：生活·读书·新知三联书店 2005 年版。

图 11-1　　图 11-2　　图 11-3　　图 11-4　　图 11-5　图 11-6　　图 16-7　图 11-8

（以上铺首衔环图像均为汉代墓室中画像的局部，按照次序分别采自 1.《中国画像石全集》第 5 卷图 116；2.《中国画像石全集》第 2 卷　图 147；3.《中国画像石全集》第 5 卷　图 29；4.《中国画像石全集》第 5 卷　图 179；5.《中国画像石全集》第 3 卷　　图 144；6.《中国画像石全集》第 3 卷　图 143；7.《中国画像石全集》第 3 卷　　图 148；8.《中国画像石全集》第 4 卷　图 103）

想象、虚拟物之首面，差别亦大。鉴此情况，铺首衔环图像显示出种种特性，除了神秘性之外，还有变异性和多样性，而且其组合形式有着大体规律可循的固定性，这使其自身具有一种显在的符号性。这里所谓铺首衔环图像的符号性，即指铺首衔环的制造在遵循一定的造型图式时着重凸显其整体所标指的象征意义，以致某些时候需对一些具体要素的表现进行忽略或对其做出调整。

归纳千变万化的铺首衔环图像，可看出其具体形状十分多样化，但并未偏离"三尖 – 面部 – 衔环"的基本程式。这种依照基本程式性而进行多样化的表达，当是其符号性的一个显著特征。正是基于这种特征，才能够容易被观者和制作者识别、交流和改造。虽然文化程度、观看角度不同，存在着观众对铺首衔环图像的理解产生差异的可能，但这不妨碍判断铺首衔环图像属于一种可识别视觉标志或符号的属性。仔细辨别并思考铺首衔环图像演变史的重要现象、纵向发展与同时延异、传播媒介与释义认读、使用情境与社会风俗，将使我们更加充分地理解其在礼俗情境下的符号指示意义。铺首衔环图像具有礼俗意义，并在视觉文化中广泛传播，民众文化心理的认知和记忆延续不衰，正根源于铺首衔环图像的符号性。诚然，这种符号性有着深刻的内涵，应继续加以讨论。

在过去的研究中，很多学者对铺首衔环图像的兽面纹饰传统或饕餮图

图 11-9　横山孙家园子墓室壁组合画像（局部）
（采自《中国画像石全集》第 5 卷，图 230）

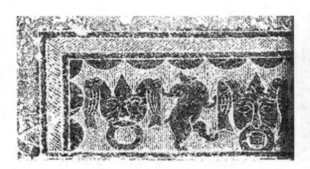

图 11-10　熊、铺首衔环、鱼（局部）
（采自《中国画像石全集》第 2 卷，图 40）

图 11-11　绥德四十里铺墓左右门扉画像（采自《中国画像石全集》第 5 卷，图 172、173）

像渊源做有肯定性的论述。他们指出了牛、虎或饕餮之类在古代先民视野中的重要性、神秘性和象征性，这些特性也正是铺首衔环图像的符号性的具体体现。在这个意义层面上，铺首衔环图像是古代先民对自身遭际的神秘等事象，或继承或改造或凝聚而符号化，进而做出的视觉性表达。因此，在具体的使用者看来，铺首衔环图像可以被视为一种内在汇聚吉祥辟邪之义而外形凸显怪异威严之感的标志性图示。

在某种程度上，铺首衔环图像的外在审美性与内在思想性构成了一定的矛盾。这种矛盾性也是其符号性深刻内涵的重要方面。按照铺首衔环图像的分类学考察，铺首衔环图像极少具有和善可亲的视觉心理感受，多是凸显或狰狞、或威慑、或怪诞的视觉心理意义。但是，从铺首衔环图像的使用情境或制作载体来看，其礼仪意义则非常显著。铺首衔环图像不仅仅出现在汉代画像墓室里，而且在祭祀祠堂中，或在生宅大门上也都有表现，这共同显示了使用者的心里必定有所期待。[1] 综合视觉心理学的解释，使用者看重的关键之点，当在于铺首衔环图像内在汇聚吉祥辟邪之义和外形凸显怪异威严之感所形成的审美心理张力与礼仪情境效应。

从外观形式上看，铺首衔环图像的确多样化而具程式性。而从内在思想性看，铺首衔环图像虽然可能因为具体情境而使得自身含义多样化，但这些具体含义应有一个集中的指向，即祈吉辟邪。因为这是其广泛传播、代代传续的基础。实质上，这种意义指向的集中化是经过了长期的民众精神认同和社会交流约定才得以形成的。因此，在精神认同和社会契约这种视角观照下，铺首衔环图像的符号性不彰自显。换言之，不同图示媒介、不同使用情境、不同时代制作的铺首衔环图像具有象征内涵、思想意蕴的相似性、趋同性，乃是表明其具有符号性和深刻内涵的重要证据。

（二）铺首衔环图像符号性的空间诗学意义

在汉代中国的天人关系语境中，画像的制作程式、审美属性和构成内容 [2]，弥合了生死两界的判若云泥的差异，必要时造刻题榜以言说意旨 [3]，

---

[1]　詹姆斯曾指出过同类母题的画像在祠堂和墓室中可能有着不同的含义，但这不妨碍其最终指向画像服务于墓主或祠主。参看 Jean M.James, *An Iconographic Study of Two Late Han Funerary Monuments: The Offering Shrines of the Wu family and the Multichamber Tomb at Holingor.* Ph.D.dissertation, Iowa University, 1983. 此外，简·詹姆斯类似观点在部分论文中也有体现，如氏文《东汉享祠功能的研究》（《美术研究》，2000 年第 2 期）。

[2]　汉代中国的历史典籍和传说资料表明，当时的宇宙观念是天、地、人（或加上鬼）组成有序、沟通而完整的三界（或四界）格局图式。朱存明先生采用符号学、结构主义和图像学等理论对汉代中国的祠堂建筑样式及其画像、棺椁图像和墓室画像等资料做有整体性的出色研究，他认为在当时的整个天人语境中，汉画像呈示了一种典型的宇宙象征主义图式。详见氏文《汉画像宇宙象征主义图式及美学意义》，《文艺研究》，2005 年第 9 期；该文另见人大报刊复印资料《美学》（2005 年第 12 期）。

[3]　汉代的文字书写与图像制作的互补性与差异性，相关讨论参见王元军《汉代书刻文化研究》，上海：上海书画出版社 2007 年版，第 28—33 页。另外，杨爱国先生对纪年画像石做有专项研究，详见《幽明两界——纪年汉代画像石研究》，西安：陕西人民美术出版社 2006 年版。

图 11-12　山东前凉台墓左门扉背面画像
（采自《中国画像石全集》第 1 卷，图 122）

图 11-13　米脂官庄墓室东壁左侧画像
（采自《中国画像石全集》第 5 卷，图 39）

使得实质区隔又有顺承相连关系的生死两种界域有机地统一于一种图像营造的可视世界内。汉画像是对汉代人生死观的写照和摹绘。生死观，备受古代中国人的重视，汉代尤甚。[1] 因此，图像对汉代中国人生死观进行表达和演示具有深刻的重要性。图像对观者的生活空间、精神观念足以施加影响，强迫观者强化或改变固有的观念。而且图像改变着人类对空间的感知结果，导致知觉心理和视觉反应产生一系列差异。由此出发，结合空间诗学理论，发掘铺首衔环图像对空间场域的意义赋予、改变也是值得关注的问题。

　　空间场域意义的改变是体现铺首衔环图像符号性深刻内涵的一个重要方面。鉴于铺首衔环图像与使用情境、制作媒介的紧密关联，理应做较为深入和全面的考察。限于学识，此处考察的重点，只是铺首衔环图像占据特定空间进而所形成的文化哲学内涵。自然，铺首衔环图像所形成的这种

---

[1]　[美] 余英时著，侯旭东等译，《东汉生死观》，上海：上海古籍出版社 2005 年版，第 6 页。

　　　　　　　　　　　　　　　　　　　　　　　　　　神话之魅

空间哲学内涵，包括观者视界场域和自身所在场域两部分。据其使用情境来看，自身所在场域的固有意义似乎更为重要。凸显自身场域的固有意义，换言之，就是不必区分何种情境，铺首衔环图像一经造刻或标志其上，即具神圣而有效力的吉祥含义。

铺首衔环图像在物质媒介上的制造或呈示，表明符号的视觉化传达明确占有着一定的空间。这不仅使铺首衔环图像自身场域的固有意义十分重要，而且使得观者视界场域的意义也相应地趋同，并对其自身场域的固有意义予以强化。[1] 按照空间诗学的理解，符号的视觉示现不仅实际占有着一定的空间，而且强制性地改变了该空间的文化属性，引起观者不同的视知觉反应，形成心理上的文化时空。[2] 因此，铺首衔环图像能够穿越历史时空传续，就在于其所积淀和蕴涵的特定文化时空意义。这种特定或约定的文化时空含义，在古代中国文化语境中标识着一种文化约定和精神图徽，到了现今时代的中国，已经成为中国古代文化的一种符号化的纪念碑。[3]

空间诗学系统地揭示了空间之于心理的诸多理念，给研究图像占据空间并改变空间的文化属性带来了深刻的启示。巴什拉的《空间的诗学》指出，空间现象学是空间对意识的投射，文化空间就是自我意识的映照。[4] 因此，欲追寻铺首衔环图像的空间诗学意义，必然要上升到人类意识发生学、精神现象学的层面。梳理铺首衔环图像的产生史，即可看出铺首衔环图像的辟邪祈福意义。在铺首衔环图像形成的端始，其使用情境就脱不开

---

[1] 按照图像预设的观看逻辑还是按照观者置身具体语境而综合析出的图像叙事逻辑或是观者无意识的注视逻辑，其间的交叉性和相互干扰程度有多深，目前对这一问题的认识存在不同见解。参看郑岩《关于汉代丧葬画像观者问题的思考》，载朱青生主编《中国汉画研究》（第 2 卷），桂林：广西师范大学出版社 2006 年版。同时，图像属于视觉艺术，按照西方理解视觉文化的方法，存在"阐释的传统"和"结构的传统"的争论，参看 [英] 马尔科姆·巴纳德著、常宁生译《理解视觉文化的方法》，北京：商务印书馆 2005 年版，第 44—50 页、50—57 页。

[2] 笔者主要是从画像砖石墓等建筑来讨论图像对空间的影响，而图像自身对空间的安排和展现的问题，即谢赫所提六法中的"经营位置"，铺首衔环图像自身尚不显著。有关讨论参看刘晓达《试论中国早期画像艺术中对"空间"的表现变化——对先秦 - 隋唐时期画像艺术的解读》，《广东教育学院学报》，2008 年第 4 期；另见人大复印资料《造型艺术》，2009 年第 2 期。

[3] [美] 巫鸿，《"纪念碑性"的回顾》，收入氏著《美术史十议》，北京：生活·读书·新知三联书店 2008 年版，第 111—124 页。

[4] [法] 加斯东·巴什拉著，张逸婧译，《空间的诗学》，上海：上海译文出版社 2009 年版。

神圣性和仪式性,其被使用的直接目的就在于营造求吉镇魅的意义空间。[1]
在此层意义上,若以古代先民的眼光衡估,铺首衔环图像和被视为具有辟邪功能的文字、图画、肖像等一系列的辟邪符号一样,首要目的就是通过图示、佩戴或表现来传达一种特殊意义,并赋予该物特定的神圣意义,从而在日常生活世界中确立神圣空间与世俗空间的界限[2],以保护自身而免遭邪魅侵害。这正是人类意识在物质或事象上的投射,从精神世界层面对物质或事象加以意义赋予的结果。汉代画像中的很多符号或神祇,与铺首衔环图像的空间诗学意义相类,都是汉代人对其进行意义提炼和形构组合并实现空间视觉化的精神产物。在空间诗学的视界里,汉画像附属的媒质组成第一空间,图像本身形成第二空间,两者相融成为第三空间。[3]沿袭此义,观者的心理空间则为第四空间。四种空间相互影响,有机互融,似乎前两种空间倾向于客观性或物质性,后两种空间则偏重于主观性或精神性。根据诸种空间的划分和意义,后者被前者所决定,但亦能对前者施予积极能动的影响。这四种空间的相对划分和有机联系,概略地描述了图像被制造到图像被认知的渐次进路。按此思路分析,铺首衔环图像的空间诗学意义则是:铺首衔环图像的制造改变着其附属媒质的空间意义,进而对图像观者的心理空间产生情感冲击或文化辐射效应。因此,法国思想家巴什拉说:"当客观认识就是主观的客观认识时,当我们在内心发现全人类的天地时,当我们对自身的研究进行正当的精神分析之后,把道德法则纳入了心理规律中时,这种享受会是何等的强烈!"[4]美国学者巫鸿教授对武

---

[1] 王建中先生把铺首衔环图像归入符瑞辟邪类。参看氏著《汉代画像石通论》,北京:紫禁城出版社2001年版,第443页。

[2] 唐琪采用沂南汉代墓室作为案例剖析画像叙事和礼仪实践的关系,以及墓室空间所传达的叙事意义;画像意味着在墓葬叙事的过程中构筑了一种绵延不绝的关系,使得生者和死者反馈互惠。参看 Thompson. *The Yi'nan tomb: Narrative and ritual in pictorial art of the Eastern Han* (25—220 C.E.) .Ph.D.dissertation, New York: New York University, 1998.

[3] 根据空间理论家爱德华·索雅的解释,第一空间是物理空间,第二空间是精神空间,而第三空间既不同于这两者又包容两者,进而超越两者,此处结合图像研究的实际对此思路予以推演。参看朱立元《当代西方文艺理论》,上海:华东师范大学出版社2006年版,第495—498页。

[4] [法]加斯东·巴什拉著,杜小真、顾嘉琛译,《火的精神分析》,长沙:岳麓书社2005年版,第103页。

图 11-14　城前村墓前室东壁门楣正面画像
（采自《中国画像石全集》第 3 卷，图 104 ）

梁祠的图像历史叙事、人文心理时空与展示教育功能的卓越揭示，[1] 展现了画像艺术对建筑空间的多重影响和意义赋予。郑岩教授和美国学者汪跃进教授把山东安丘的石牌坊作为研究对象，讨论了图像与口述、文字的关系，以及民众视界中牌坊及其图像的历史、教育、娱乐等多重意义。[2] 这些研究揭示了图像被制造而改变着人类的自然时空与人文时空的基本过程，都给铺首衔环图像的时空功能研究带来深刻的启示。

　　从某种程度上说，汉画像可以被视为一种被赋予特定含义的艺术景观，内在地重视空间的效应。艺术景观应被看作艺术和社会的两相结合，而不是仅仅视艺术为完全脱离社会的镜子。汉画像是汉代中国社会日常生活与神圣信仰知识相融而成的精神图景和社会景观 [3] ，其中很多现世生活类的图像可以被视为"捕捉社会场景中重要的但稍纵即逝的片段"[4]。自然，

[1]　[美] 巫鸿著，柳扬、岑河译，《武梁祠：中国古代画像艺术的思想性》，北京：生活·读书·新知三联书店 2006 年版，第 49—82 页。

[2]　郑岩、汪悦进，《庵上坊——口述、文字和图像》，北京：生活·读书·新知三联书店 2008 年版。

[3]　曾蓝莹博士的学位论文，讨论了汉代宇宙论及其图像化的表达，阐发了生死两界的嬗替。参看 Tseng Lan-ying. *Image and Knowledge in Han China*. Ph.D.dissertation, Cambridge：Harvard University, 2002.

[4]　[英] 彼得·伯克著，杨豫译，《图像证史》，北京：北京大学出版社 2008 年版，第 139 页。

艺术景观不仅仅是针对某种客观的地理知识，提供了某种情感的呼应；相反，艺术通过提供观照世界的方式，显示一系列趣味的、经验的和知识的景观。汉代画像艺术既忠实地记录着活生生的生活瞬间情景[1]，同时也艺术性地传达着人类对既往诸多场景进行体验的片刻感受及记忆。在这种瞬间场景和视觉感知所形成的景观世界里，图像促进了空间从自然向人文进行连续生成和不断重组。铺首衔环图像的景观效果似乎也可作如是观。铺首衔环图像显示了古代先民对信仰、风物、经验和空间进行综合把握的高超能力，因而这让铺首衔环图像呈现为一种形式与意义都相当深奥难解的人文景观。美国学者杨晓能对青铜器艺术进行了深入研究，总结认为青铜器物上的神异纹饰兼具文字、图腾徽识和装饰图案三种功能和意义。[2] 而铺首衔环图像虽然不能同时具有这三种功能与意义，但至少也是古代中国文化语境中从世俗领域中划分出神圣空间的徽标[3]，和上古时代中国青铜器物上的某些神异纹饰功能相似。

此外，铺首衔环图像不仅在墓室门扉上出现，而且也表现在墓室内壁的画像中，这当是以图像为话语来穿越时间和空间的限制，实现对已经约定俗成观念的反复叙述。[4] 从图像空间叙述理念上看，铺首衔环图像表现着自身即一种图像，同时这种图像叙述的反复性也在提示着图像的符号性，即符号无处不在，以致最后符号淹没空间，使得观者忽略空间、忘记空间的存在。

---

[1] 莱辛说："选择最富孕育性的顷刻，使得前前后后都可以从这一顷刻中得到清楚的理解。"参看［德］莱辛著、朱光潜译《拉奥孔》，北京：人民文学出版社 1979 年版，第 38 页。

[2] ［美］杨晓能著，唐际根、孙亚冰译，《另一种古史：青铜器纹饰、图形文字与图像铭文的解读》，北京：生活·读书·新知三联书店 2008 年版。

[3] 美国艺术史家包华石认为汉代画像不仅形成一种空间场域，而且暗含着政治权力及其规则的表达。详见 Matin Powers. *The Shape of Power in Han Art*, Ph.D.dissertation, Chicago: the University of Chicago, 1978. 另外，有关评论参看 Jonathan Hay. "Reviews", *The Art Bulletin*.Vol.lxxv.No.1, 1993：172.

[4] Pao-chen Chen. "Time and Space in Chinese Narrative Paintings of Han and the Six Dynasties", in C.C.Huang and E.Zuricher, ed.*Time and Space in Chinese Culture*, Leiden：E.J.Brill, 1995：239—285.

（三）铺首衔环的空间属性生成及意义传达

汉代墓室画像用于既定的礼仪情境，已经内在地规定了画像艺术对其空间属性的某种特殊指向，使图像空间成为神圣空间。我们在上节简略地讨论了特定建筑画像在日常生活世界中所传达的礼仪性质，铺首衔环图像也是其中能够指示情境意义的较有代表性的视觉性符号。在这种情形下，铺首衔环图像的功能在于标示出神圣空间／世俗空间的区别和联系。所以，在汉代墓室中，墓葬空间借助画像营造了一种充满神圣信仰和礼仪秩序的空间。

墓室的设计、营建以及功用本身就蕴涵着墓主及其亲眷对墓室在地下被永久埋藏、永不发掘的冀望，而画像的制作在使墓室空间的神圣意义加强的同时，也增强了墓室空间的相对封闭和完整的性质。墓室这种具有封闭意义的地下空间和地面之上生者社会生活中具有公众活动场所性质的空间，自然形成了一种潜明相映的对照，即私人空间／公共空间，确切地说是冥间世界的一种场域关系定位：家庭空间／社会空间。生者希望通过墓室来给不可捕捉的冥间世界一个具有支点性质和固定意义的场域（墓主人也这样想），使得墓主亡灵能够及时出游、按时归宿，按照时空交融不可分割的理念看，这种带有空间支点性质和地理学标点意义的墓室，也为墓主在冥界的生活在作息安排上提供了一种足资参照的时刻表。根据这种情境，铺首衔环图像的意义不能不带有看护墓主家园、庇护墓主亡灵以免遭鬼魅侵害的色彩。甚至可以推想，汉代墓室门上的铺首衔环图像，具有护送墓主魂灵出游并及时迎接其归来的作用。

墓室相对于生者在被设计和建造时是熟悉的，但封闭后又几乎永远是陌生的，同时相对于无限广袤的冥间世界也是私密的。法国思想家巴什拉说："真实的私密，不可能让人感到反感，所有的私密空间都可以由其吸引力来指认。它们的存在不外就是幸福。"[1] 而法国学者列斐伏尔则指出，

---

[1]　[法]加斯东·巴什拉著，张逸婧译，《空间的诗学》，上海：上海译文出版社 2009 年版，第 74 页。

社会空间由社会生产，同时也生产社会。[1] 因此，墓室作为地下建筑，被墓主家眷及墓主在生前想象为冥间社会的重要空间，甚至是唯一可以凭借、把握和知晓的空间，对冥间社会的生产和掌握具有不可忽视的至关重要性。墓室在墓主所想象的冥间世界中是实现安居的前提，也是其在冥界获得幸福感的凭借物和来源。墓室及其画像有效地打消了墓主在生前对冥间社会变动不居、无法掌控、无限广阔的忧虑或恐惧，增强了墓主在亡故后对其魂灵进入幽冥世界并实现既定生活愿景的信心。无疑，铺首衔环图像造在门扉及室内，显示了其对于墓主在冥间社会生活并参与多种活动的重要意义。

墓室不仅在幽冥世界中是具有重要意义的空间，生产着冥间社会的同时，也被冥间社会所生产和复制；而且在现实社会中，也是一种供生者吊唁、追悼和祭祀的空间，被现实社会生产着的同时也生产着现实社会的空间。墓室建筑在地面上，毋宁说是建造在墓主亲朋好友的心理空间中，依靠血缘关系、地缘关系和交缘关系的深浅而划出近似于地理学意义上标识空间区域远近的多层等高线。笔者揣测，在墓葬区域内，铺首衔环图像被置于墓室的门扉、中直柱、室壁等不同位置，或许有着某种类似的着意划分，代表着在一个较大空间场域内所具有的不同区位意义。

诚然，铺首衔环图像被制作在同一墓室内的不同区位，意义相联而又有细微差异，也是值得讨论的话题。英国学者麦克·克朗针对文学与空间关系所提出的一系列观点给艺术与空间的关系带来深刻的启示[2]，足以为考察铺首衔环图像的具体空间位置意义所借鉴。艺术是一种社会媒介，一个特定时代不同民众的意识形态和信仰，由此组构了文本，同时也被文本所组构。对于画像艺术而言，图像组构了由作者（或按照墓主及其亲眷要求）想说、能说，甚而感到不得不说的言语，同时又组构了言说的方式。画像必须有观者的观读参与其中方可实现其目的，对于意义的传达、流通

---

[1] 朱立元，《当代西方文艺理论》，上海：华东师范大学出版社 2006 年版，第 490 页。

[2] 同上，第 498—502 页。

神话之魅

和更新，观者的在场和作者写作行为一样是不可或缺的。因此，相对于庖厨图、宴饮图、渔猎图、耕作图和纺织图等反映现世生活的图像，铺首衔环图像有着明显视觉标志或装饰设计意义，既是作者有意为之，也是等待观者观看而实现功能的言说方式和意义载体。

考察各个时期众多的铺首衔环图像，其形式大同小异，正说明了该图像作为社会媒介有着基本固定的意义指向，被作者和观者所共同接受；而制作在同一个墓域不同的空间区位上则证实了图像作者的特定心理期待，期待着观者的观览参与，进而实现图像设计、制作的既定秩序和理念。不能否认，汉代画像本身就是地域特色和文化底蕴有着差别的区域图像汇总。考古学家笔下对汉画像区域类型学的分析和讨论，也许是另一种意义上的汉代艺术地理学研究和描述。汉画像作为一种艺术形式，天生就具有地理属性。从汉画像看，图像的世界是由方位、场地、场景边界、视角和视野构成的。画像风物特别是某些人物处在形形色色的地方和空间之中，当时的制作人和观看者对此都了然于胸。任何一个墓室的图像都可以呈现一方地理知识领域，展示不同的甚至是互为冲突的地理知识形式，从对地点的感性认识直到一方地域和整个国家的特殊观念。在这种外部空间和画像汇总的视角观照下，不同地区出土的铺首衔环图像的样式存在差异，其实是在刻画一种审美情趣、家族偏好和地域风情，可谓展示了一种生机勃勃和气息浓郁的地域文化身份。

铺首衔环图像备受汉代中国人的重视，因此被制作在墓室世界里。众所周知，汉画像有汉代生活百科全书之誉。参照文学地理学的解释，艺术之于地理学的意义不在于艺术家就一个地点做如何描述，而在于艺术文本即画像本身的结构显示社会如何被空间所塑造。事实上，大多数人都是通过汉画像来了解汉代人的生活、理解汉画像内蕴的社会结构的。铺首衔环图像的社会意义，从汉代墓室画像的门扉上所刻的铺首衔环图像可以得到验证。这或是一种来源于自身的资料证实和逻辑证明。

前面提及生者依据墓室举行活动，形成亲友关系的各种等高线。根据福柯对空间、知识和权力的论述："空间是任何公共生活形式的基础，空

图 11-15　沂南汉墓前室西壁横额画像（局部）
（采自《中国画像石全集》第 1 卷，图 181）

间是任何权力运作的基础。"在现世生活的外部空间上看，依据墓室举行
的各种追悼活动实则是一种权力的级别区分和交错运作，而墓室成为维系
这些活动的关键点。如果地面建筑有祠堂加以配合，那么这些活动将被运
作得更加有声有色。事实上，此类活动在出土地点为沂南北寨村的东汉墓
室画像中得到十分详尽的图像叙说（图 11-15）。该墓画像惟妙惟肖地模
拟了生者吊唁死者、死者接受祭祀、灵柩装车出发、亡灵进入幻想世界的
过程，真切地表露了墓室被死者及其家人视为亡灵家园的理想。在这些带
有画像的建筑如祠堂、墓室中，必有一种图像是相同相通的，那就是铺首
衔环。事实上，生者宅第亦多在门扉上制作铺首衔环。这一系列事实显示
了一种秩序和关系：生者所用的建筑—生者祭祀死者的建筑—死者所用的
建筑，铺首衔环图像成为一种跟居住、宅第和家园相伴相随的符号。因此，
汉代人彰显了铺首衔环作为一种家园的符号性质，并在多种空间中用图像
传达着相通相同的意义。

　　总之，墓室作为人类想象中地下世界的一部分，其空间关系定位既是
固定的也是变化的。墓室空间和冥界空间有着交合，但更有区隔。两者的
属性及其关系是多重的，意义的传达也是无尽的。两者的关系是有限空间 /

无限空间、固定空间／变动空间、私人空间／公共空间、家庭空间／社会空间、具体空间／想象空间等多种视角下的意义阐释。因此，铺首衔环图像也就在诸多视角观照下并在具体的空间场域关系中对自身做出表述和调整，从而形成自身融汇于墓室画像体系中的独特意义传达。可以看出，经过历史长期的积淀、文化的交流传播以及民族的认同约定，铺首衔环因其具有驱邪祈吉禳凶的意义，而家园需要安全和镇守，并且家园是给人以归属和安全的空间，所以到了汉代，铺首衔环就越发被融入家园观念，进而才会使画工团体在很多汉代墓室画像的文本里大量运用其来构建一种家园感。

二、汉代墓室中铺首衔环图像的综合研究

仔细考察铺首衔环的图像单元，鼻子的表现应当是比较薄弱的。因为关于鼻子的巫术，在古代远远不如牙齿巫术、眼睛巫术等器官巫术流行。若鼻子能够成为巫术的象征媒介，或许仅是来自鼻子的功能与形状。前者如狼、狗等动物的超强灵敏的嗅觉，后者如大象的鼻子卷动粗重的树木，使先民很感惊奇，对其予以神性化或巫术化。这在汉画像的图像世界里，同日常生活世界一样，对鼻子刻意描绘或夸张的图像甚少，即使有也是依靠对口的表现来附带完成的。因此，在本研究中对鼻子的关注，将转移到它和口及两者在整个铺首衔环图像中的关系，并由此切入对铺首衔环图像的另一种层面的解读。

（一）从鼻环到口环的意义

根据前文中学术史的梳理，研究者多将精力和兴趣放在铺首衔环显要的图像单元上，例如铺首之冠、首、环等部位。而在整个的铺首衔环图像研究谱系中，对铺首衔环中衔环的"衔法"注意较少。综合多种资料并研

图 11-16　铺首衔环
（采自《中国画像石全集》第 3 卷，图 148 ）

图 11-17　女娲、铺首衔环
（采自《中国画像石全集》第 3 卷，图 145 ）

究，在历史演进中，铺首衔环的衔法应有两种方式，一种是"有意放大兽首的鼻梁，使其呈环状与衔环相套合"[1]，另一种是"面部狰狞的饕餮口衔环"[2]。神话－原型批评理论指出："神话思维把现象的共在关系同因果关系直接等同，说明神话思维是以未分化的整体表象为基础的。"[3] 所以，鼻衔环与口衔环的共在关系背后的原始基型，若做推考，盖因鼻口俱在面部，特征相似，呈圆孔深洞状。按照原始思维的相似律和比类逻辑，两者的文化原型是同构的。更重要的是，两者衔环的衔意何在，乃是问题的核心之点。换言之，如何之"衔"，同情境意义、观看视角和观者感受有着重要

[1]　苗霞，《中国古代铺首衔环浅析》，《殷都学刊》，2006 年第 3 期。

[2]　孙长初，《汉画像石"铺首衔环"图像解析》，《南京艺术学院学报（美术与设计版）》，2006 年第 8 期。

[3]　叶舒宪，《探索非理性的世界：原型批评的理论与方法》，成都：四川人民出版社 1988 年版，第 75 页。

关联。

在一个造型基本固定的完整图像中，图像单元组成意义紧密关联的叙事图式或母题结构。根据雷同或近似的系列图像，提取其自身内在的这种结构或理路，对被隐略的图像单元进行复原是可能的。众所周知，铺首衔环，有首无身。在铺首衔环的图像体系中，"身"亦为一个图像单元，一个被隐略的图像单元。从透视原理出发，环可以有两种理解，即身和尾的蜷曲闭合。假设铺首的原型是虎，可以设想两种路径不同的论证：第一种，若将一只虎的面部正面对着一位观众的眼睛，而身子蜷曲状形成的平面和面部所形成的平面呈45°左右的夹角，同时口衔着尾，这个观众看到的将是面部为正面而身子因蜷曲闭合而成圆环状且两者上下相连的情况；第二种，若将一只虎的面部正面对着一位观众的眼睛，把虎的前肢与后肢按照左右分别对应叠合，放在水平面上，身子呈现为折叠式的扁平状，身子将隐藏在面部的后面，而虎尾蜷曲闭合形成的平面与虎的面部所在的平面叠合，同时虎口衔着虎尾蜷曲闭合的环，观众看到的将是面部为正面而口衔尾环的情况。原始艺术史的研究显示，原始艺术的表现中有着一种"旋转透视"的程式，"（牛）身体是侧面的，而巨大的弯曲的牛角则是正面的"。[1] 这种艺术造型，在考古发掘出土资料也有体现。特别是汉代的龙形玉佩，其制作理念和上述"旋转透视"法则几乎如出一辙。从上面两种假设的情况看，铺首衔环之身当是可以存在的，只是按照神话图像制作程式将其简略或隐去而已。

目前所见的铺首衔环图像有首无身，这是图像的直观效果和既成事实。但是，假如按照上述解释，将是一种动态视角的考察，铺首衔环也将恢复到有身的情态。毫无疑问，这种动态情境的观察使得铺首衔环变成一种动物衔尾状的视觉造型。汉斯·比德曼说："咬着（或吞食）自己尾巴的蛇，在很多文化传统里都可以找到。这种具有象征意义的图像，它是由一个动

---

[1]　陈兆复、邢琏，《原始艺术史》，上海：上海人民出版社1998年版，第147页。

物构成的一个圆，代表'永恒的轮回'，暗示在一个无止境的循环里。"[1]
这种潜在的环形旋转律在彩陶纹也可找到类似的例证，只是将花叶紧紧右旋着围绕花蕊，使圆形、圆心呈现得比较明显。陆思贤先生研究马家窑文化的一种彩陶纹说："整体似一朵花，中心为花蕊所在，画圆点纹，围绕圆点纹用弧线勾画翻转式花瓣，便得旋转式的花形效果。"[2] 陆氏认为这种旋转律同人类观察日月运行和水流漩涡等现象的方向有关，是人类先民在无数次经验强化后而形成的原始性意象和视觉图式。这种代表"永恒的轮回"的旋转暗示着在一个无止境的循环里，永恒地周流下去，"象征死亡与再生"。因此，铺首衔环的身体可在这种动态情境的还原中显露出来。在这种透视法则意义的指引下，铺首衔环图像的整体意蕴非常清晰，即铺首衔环蕴含永恒回归与重生的象征意义将是必然。

铺首有身的立体化示现与动态情境还原，还可从铺首衔环与青铜饕餮的关系推演并予验证。目前，研究者多认同铺首与饕餮存在着源自与衍生的内在接续脉络。所以，在某种程度上，两者在图像结构与主题模式上也是比较近同的。伍德福德在研究古代艺术图像与神话时说："模式可以提供一种框架，但它不是一成不变的。合理使用的模式有很多灵活性。""如果其他细节部分有所变化，模式的有效性仍会保持下来，但是这个模式就可以用来描绘其他故事了。"[3] 按此推论，青铜饕餮的图像结构理论能给铺首衔环的研究带来某种提示。这种提示在先秦时期杂家著作里存有一丝线索。《吕氏春秋·先识览》说："周鼎著饕餮，有首无身，食人未咽，害及其身，以言报更也。"[4] 若采用神话 – 原型批评理论透视，其意义立即显见。众所周知，周鼎四面皆铸有饕餮，而上古时期中国神话普遍叙述黄帝四面（一身），撇开文字与图像作为叙述媒介的具体差异，仍可发现两者的叙述理念是同构的，饕餮看似四面实则共有一个身躯。所谓有首无身，即使

---

[1] ［德］汉斯·比德曼著，刘玉红等译，《世界文化象征辞典》，桂林：漓江出版社2000年版，第378页。

[2] 陆思贤，《神话考古》，北京：文物出版社1995年版，第236页。

[3] ［英］苏珊·伍德福德著，贾磊译，《古代艺术品中的形象》，济南：山东画报出版社2006年版，第62页。

[4] 陆玖译注，《吕氏春秋》，北京：中华书局2011年版，第524页。

有文献记载，但从具体器物造型看，和青铜器所显示的样态大体相似。而周鼎为容器，四面饕餮环抱着空腹状器物，实际上是藏身于器内。用原型符号来叙述，容器即腹部或身，有口无身即为了实现空间化，将一个饕餮的面部和身子分别采用不同的叙述程式，面部图示四面但腹身仍只有一个被放在四面环绕的中央。这种围绕一个中央部位而四面表现同一内容的样式，属于列维－斯特劳斯、博厄斯共同提到的古代艺术中拆半现象的变异形式和扩展运用。[1] 其实，在中国古代艺术中，铺首衔环图像亦是有首无身之例。若将铺首衔环放在容器上，如陶器、棺椁、青铜器等器物上，其神话－原型意义豁然开朗，器物之腹或身即为铺首之身。因此，铺首衔环内在蕴涵着一种空间叙述理念。按此理解，将铺首衔环看成具有潜在的腹身，并不悖于情理。

铺首衔环内在蕴涵着一种空间叙述理念，这在器物上可谓一目了然。但是，"神话空间的构成原理是由前后左右上下等非等方性和非等质性所支配的。个别的空间位置总是由具体的直观的内容所充实着的。严格地讲，原始人所感觉和把握的不是空间而是部位，空间是抽象的、假定中的存在，而部位总是具体的存在"[2]。所以，从铺首衔环图像不造刻身段，颇能看出在神话思维时代里民众某种独特的视觉心理习惯和艺术感知模式。

根据神话－原型的理论逻辑，把铺首衔环图示在平面上，意味着平面可以被看成具有厚度的无限大的类似鼎腹的方形容器。其实，铺首刻饰在平面上，随同平面自然确立了一种界限。几何学意义的平面是没有厚度的，但视知觉意义的平面是有厚度感的。视觉心理上的厚度差异取决于重要因素即平面的色彩与涂饰。图像使平面产生厚度感并确立相应的界限如同墙

---

[1] ［法］列维－斯特劳斯著，陆晓禾、黄锡光等译，《结构人类学》，北京：文化艺术出版社 1989 年版。［美］弗朗兹·博厄斯著，金辉译，《原始艺术》，上海：上海文艺出版社 1989 年版。朱存明先生将拆半现象放置在中国的丑怪图像中考察并研究，参见氏文《拆半表现与审美》，载蒋孔阳主编《美学与艺术评论》（第四辑），上海：复旦大学出版社 1993 年版，收入氏著《美的根源》，北京：中国社会科学出版社 2006 年版，第 286—324 页。
[2] 叶舒宪，《探索非理性的世界：原型批评的理论与方法》，成都：四川人民出版社 1988 年版，第78 页。

图 11-18　女娲（蜷身）
（采自《中国画像石全集》第 4 卷，图 205）

图 11-19　铺首衔环 （采自《中国画像石全集》第 4 卷，图 30）

壁，此墙壁即保护层的视觉心理厚度，也就是铺首衔环的首尾相衔动态旋转的环形的直径。这种带有厚度的墙壁状的保护层，为空间场域的安全性提供着象征性的保障。图像的纹样和气势使观者产生不同的观感，亲和感使平面的厚度感减弱，而狰狞感则使厚度感增强。图像考察中可以发现，铺首面部的相貌特征非常显著，那就是面相特征大多狰狞或威严。铺首衔环所在的平面从四维状态理解，就是有厚度的保护层，亦即一种方形的容器。毫无疑问，狰狞感和威严性增加了视觉上的厚度感。

诺伊曼的大母神研究指出："女性生存的基本状况，是女性特有的人格与庇护婴儿的、容纳的身体－容器相同一，所以女人不仅是容器，像每一个身体都能在其中容纳某些东西那样，而是'生命的容器本身'，对于她自身和男人都是如此，生命在它之中形成，它孕育着一切生命并把它们生到世间。"[1] 据此，按照神话－原型模式的逻辑推演，和四面铸满饕餮的周鼎一样，在墓室门上图刻铺首衔环，意味着墓室即容器，乃铺首之身。

---

[1] ［德］埃利希·诺伊曼著，李以洪译，《大母神：原型分析》，北京：东方出版社 1998 年版，第 41 页。

因为铺首之面相还具有图腾神和始祖神意义，而墓室又被视为大地母亲的子宫，这隐喻着死者在墓室已经返回祖先身内、大地母腹之内，到达最原始的力量之源，实现再生与永生。在祠堂门上的铺首衔环，当亦可作此理解。

（二）铺首衔环的情境意义

在汉代墓室中，铺首衔环的图像有的是单独造刻在一块基本独立的建筑构件上，如墓室挡板、墓门等，这些建筑构件上有时并无其他图像。然而，更多的情况是，铺首衔环图像与其他图像相互结合，共同制作在某一建筑的构件上或者尺幅较大的图像上。因此，我们应在墓室情境中，从铺首衔环与其他图像的位置关系层面，进一步揭示铺首衔环的意义。

前面笔者提到，器物上的铺首衔环蕴涵着一种空间叙述理念。这种空间叙事程式，在铺首衔环与周围图像的关系中也能加以考察。"考察空间意识的起源，我们发现构成原始空间意识之基础的是方位概念。"[1] 所以，具有指示方位意义的四神（或四灵、四象）图像与铺首衔环潜在的空间叙事结构之间的关联和比较成为考察的重点。具体到汉代中国墓室，铺首衔环与四神中某一单体图像共在的频率极高。

四神的象征性动物在汉代中国历史文献中有着描述。《史记·天官书》："东宫苍龙……南宫朱鸟……西宫咸池……北宫玄武。"当时的杂家代表性著作《淮南子·天文训》也说："东方……其兽苍龙；南方……其兽朱鸟；西方……其兽白虎；北方……其兽玄武。"用神话 – 原型模式来表达，方位、动物、色彩之间象征关系的推演是：东方 = 苍龙 = 苍青；南方 = 朱雀 = 红赤；西方 = 白虎 = 白色；北方 = 龟蛇 = 玄黑。四神象征着四方，并与具体色彩产生原型同构，缘自某种神圣意义。宗教史学家埃利亚德研究土著部落的房屋建筑结构说："他们的神圣屋棚，即要在那里举行入会仪式

---

[1] 叶舒宪，《中国神话哲学》，北京：中国社会科学出版社 1992 年版，第 205 页。

图 11-20　山东安丘汉墓后室西间北壁东侧立
石画像
（采自《中国画像石全集》第 1 卷，图 163）

图 11-21　山东安丘汉墓后室西间北壁西侧
立石画像
（采自《中国画像石全集》第 1 卷，图 164）

的地方，就是代表着宇宙的。其屋顶象征着天盖，地象征着陆地，四壁象征着宇宙空间的四方。其神圣场所的仪式建筑是用三重象征符号突出体现出来的，四扇门，四扇窗户，以及四种颜色都表示着东西南北四方。"[1] 人在宇宙中，只有确立空间方位，才能给自己精确地定位，确证自己在根基和始源意义上，能够追随和契合太阳、月亮这类永恒的巨型天体和光明源泉的规律。基于方位的此种重要性，象征方位的四神图像才被造刻在汉代墓室中，以使墓室成为充满生命力和接通宇宙光源的神性空间。

　　铺首衔环潜在的空间叙事性意义借助四神图像得到彰显。朱存明先生说："凡铺首上带朱雀者，应为南向之门的神灵，有些朱雀上方画一太阳，这是南方火热的生命力的象征，表现了人类的渴望光明。"[2] 在汉代画像墓的室内，规律亦基本若此。西方的壁面刻画的白虎与铺首衔环同在的图像，

[1]　［美］埃利亚德著，宋立道、鲁奇译，《神秘主义、巫术与文化风尚》，北京：光明日报出版社 1990 年版，第 32—33 页。
[2]　朱存明，《中国的丑怪》，徐州：中国矿业大学出版社 1996 年版，第 321 页。

图 11-22　朱雀、铺首衔环　　　　　　图 11-23　铺首衔环、凤鸟
（采自《中国画像石全集》第 3 卷，图 82）　　（采自《中国画像石全集》第 4 卷，图 103）

有着相类的象征含义。西王母在《山海经》里被描述为"豹尾、虎齿而善
啸"，"蓬发戴胜，是司天之厉及五残"，原始基型恰为白虎。"史前人类
神话思维的拟人化类比逻辑早已在秋天的景象与生命的衰老和死亡之间建
立了牢固的象征联系"，"而那直接造成草木摇落的经验现象——秋风，也
就在神话的拟人世界中扮演起刽子手即生命的凶杀之神的角色"。[1] 因此，
西方用白虎这一刑杀之象作为图示。在墓室的北方壁面上，刻有许多铺首
衔环与龟蛇共在的图像。因为在生殖崇拜意义上，龟蛇相缠和鸟啄鱼原型
同构，能够互换。有时就以鸟啄鱼图像代替龟蛇相缠图像，与铺首衔环图
像一并刻饰在墓室的北壁上，借此象征冬季归藏孕育之意。在墓室的东壁
上，则刻着苍龙或青龙与铺首衔环共在的图像。民间俗谓"二月二，龙抬

---

[1]　叶舒宪，《中国神话哲学》，北京：中国社会科学出版社 1992 年版，第 77 页。

头",意即春天到来,万物复苏。袁珂先生说,木神句芒手执圆规,和东方上帝伏羲共同管理着春天。[1] 而在汉画像中,圆规是伏羲经常手持的象征标志,足见伏羲与句芒乃同一神话–原型的两种名称。伏羲、女娲的鳞身蛇尾特征,使伏羲同蛇龙产生象征价值的认同关系。这推导出伏羲与苍龙具有象征意义的互换关系,管理春天,意味着拥有使万物恢复生机、大地葱茏苍翠的权限。铺首衔环与四神图像刻画在墓室诸壁上,共同构成了完整的神话叙事模式。四方与四季反映出的空间与时间的等价联系,使得墓主拥有着完整的四季轮回。四方、四神、四色组成的四大原型模式统一起来,成为一个总的循环运动模式,与宇宙四季变换、日月升沉的运行之道建立联系。[2] 墓主祈求回归宇宙循环的本始大道之中,以期实现再生和永生的愿望,当是非常清晰的。

从四神图像入手,在讨论铺首衔环刻制在墓室四壁的符号性意义后,再来考察其在具体建筑构件上的象征内涵。铺首衔环所具有的诸种意义,总的指向是一致的,不过在不同的墓室建筑构件上,可能会有所差异。在墓门和门楣上,或许要多发挥其眼睛和面相的象征价值,即永恒地洞察生者的祭祀礼拜、辨识着精邪怪魅、连通或接迎着祖灵与神明。而在墓室的中直柱上,则可能偏重在铺首衔环的面部的图腾、面具等含义,使之成为连通天地的宇宙之柱或图腾神柱,墓室因而与天地发生上中下三界的对应和沟通,借此接通神祇、祖先,实现重生和永生。

总之,铺首衔环具有或加强了墓室空间的神话叙事性,使之处于一种动态的循环和变化之中以至永恒。在某种意义上,铺首衔环图像标示着生命的四季轮回,使得墓主在这个精心营造的空间充满神圣性和生命

---

[1] 袁珂,《中国古代神话》,北京:中华书局 1961 年版,第 49 页。

[2] 王明聪先生详细讨论了早期中国明堂的文化起源、宇宙论及其社会政治秩序的象征意义,其中对明堂四面和宇宙之道的关系有着非常深刻的阐发。参看 Hwang Ming-Chorng. *Ming-tang*:*Cosmology*,*political order and monuments in early China*. Ph.D.dissertation,Cambridge:Harvard University,1996.

力 [1]，能够追随或回到宇宙周流循环之道的本源，在死后进入理想家园，或实现重生以至永生。

三、汉代墓室中铺首衔环图像的要素研究

汉代墓室画像的制作者和使用者除了尽力使画像的制作遵循华夏民族的传统审美风尚外，还特别重视画像在葬礼这种特殊的礼仪制度中的意义。丹纳说："艺术家不是孤立的人。"[2] 而且艺术与时代、种族和地理环境有着浑融深厚的内在关系。这种艺术哲学观给铺首衔环图像之文化观念的寻根以很大的启示。因此，本研究把图像置于中国文明起源时期的视觉艺术以及其后所形成的视觉文化传统这个背景下，以期得到某种启示，抽绎和破译图像的符号基型，借此研究铺首衔环图像，我们虽然竭力避免孤立释读图像时所带来的不确定性或歧义，但风险也仍然不能完全消除。这一章把汉代墓室的铺首图像分成山形冠、面相、环与带，从这些图像要素来观照铺首衔环图像的原型及其意义。论述时将先施以分别的研究，探源各自的原型本义，总结铺首衔环图像的神话 – 原型及其象征意义。

（一）从山形冠看铺首衔环图像的原型意义

铺首衔环图像的上端锐状部分，被叫作山字形冠 [3]、三角形顶发 [4]、山

---

[1] 美国学者包华石教授认为早期中国建筑高度重视对天道的表达，追求一种永恒的宇宙运行之道。详见 Martin Powers. "An Archaic Bas-relief and the Chinese Moral Cosmos in the First Century A.D." *Art Orientalis*，1978.pp.31-36. 引用此文献的主要思想系参考 Wu Hung. *The WULIANGCI and Eastern Han Offering Shrine*s（*China*）. Ph.D.dissertation, Harvard University, 1987.

[2] ［法］丹纳著，傅雷译，《艺术哲学》，北京：人民文学出版社 1963 年版，第 6 页。

[3] 李发林说："铺首的冠是山字形冠，所衔的环上系有一条绶带。"参见氏文《记山东大学旧藏的一些汉画像石拓片》，《考古》，1985 年第 11 期。

[4] 李献奇和杨海钦说："铺首有三角形顶发和竖耳。"详见氏文《洛阳又发现一批西汉空心画像砖》，《文物》，1993 年第 5 期。

字形高冠[1]、三山冠[2]等名。[3]对此图像，孙长初先生从衣冠礼制的角度研究，他说："汉画像石上刻饰的戴山字形高冠的铺首图像，是对与史前原始巫术相关联的神巫形象的简化或抽象，以神巫在祭祀活动中所戴的最具特征的冠帽作为艺术表现的化身，省略人物的四肢，甚至脸面，这是中国古代工匠进行艺术创作的结果，但这也使得其确切的含义变得模糊。"[4]原始艺术和礼仪美术的视角使得这一结论卓识独具，予人深刻的启示。常艳将"三山冠"与昆仑山与海外三神山、祖先崇拜、火神崇拜联系起来，[5]逐项详考，提供了不少新见。同以上研究的角度不同，笔者考察山形冠侧重在美术形式的演进、图像结构的原型以及两者的相互沟通。循此理念，提取山形冠的象征符号成为首要解决的问题。

从视觉艺术历史传统中提取山形冠的象征符号或图式是可行的。弗莱说："一幅画的表现内容被组织到绘画所特有的结构模式和传统之中。""真正的绘画上的结构原则只能从艺术本身的内部相似性来推导，而不能以艺术以外的其他事物的外部相似性来推导。"[6]山形冠的图式，三个标尖通过强化或弱化，即可提炼出"山"或"介"的视觉符号的形式。在史前文化中，两者都可找到类似的艺术样式或图像来源。良渚文化出土的两件玉器似可视为化简山形冠的两种路径的象征样式（图 11-24a、图 11-25a 和图 11-24b）。莒县大朱家村墓葬和陵阳河遗址出土的陶樽器上刻画的日月山

---

[1] 孙长初说："刻画在汉画像石上的铺首图像几乎无一例外地表现为戴'山'字形高冠的兽面，诸如山东嘉祥郭家庄出土的画像第 1 石和第 3 石等。"参看氏文《汉画像石"铺首衔环"图像解析》，《南京艺术学院学报（美术与设计版）》，2006 年第 3 期。

[2] 常艳说："汉代出现铺首衔环的三山冠，在战国至秦汉中的青铜器和陶器中也屡见不鲜。"参阅氏文《中国古代建筑门上铺首衔环装饰的起源》，《山西建筑》，2006 年第 22 期。

[3] 也有说："铺首的上端作三股分叉，犹如冠饰。"（谭淑琴，《试论汉画中铺首的渊源》，《中原文物》，1998 年第 4 期。）还有命名为介字形和其他称呼的，兹不细举。以上所举诸名，很大程度上依靠研究者对该图像的一种经验认知和直觉判断，反映着研究中不同的着眼点和理论取向。此处暂且采用山形冠一名。

[4] 孙长初，《汉画像石"铺首衔环"图像解析》，《南京艺术学院学报（美术与设计版）》，2006 年第 3 期。

[5] 常艳，《汉代画像石中铺首衔环图像的形成与演变》，汕头：汕头大学硕士学位论文，2007 年，第 56—61 页。

[6] ［加］N. 弗莱，《原型批评：神话理论》，见叶舒宪《神话－原型批评》，西安：陕西师范大学出版社 1987 年版，第 168、172 页。

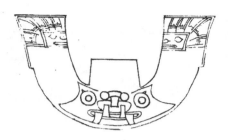

图 11-24a　良渚文化三叉形玉器（采自李学勤《良渚文化玉器与饕餮纹的演变》）

图 11-24b　瑶山 10 号墓玉牌饰图像神徽（采自杨伯达《良渚文化瑶山玉神器分化及巫权调整之探讨》）

图 11-25a　浙江余杭瑶山祭坛墓地出土的三叉形冠饰（采自谭淑琴《试论汉画中铺首的渊源》）

图 11-25b　莒县大朱家村出土（采自杨晓能《商周青铜器纹饰和图形文字的含义及功能》）

图 11-26　莒县陵阳河出土（采自杨晓能《商周青铜器纹饰和图形文字的含义及功能》）

图 11-27　战国晚期中山王墓出土的山字形铜器（采自赵国华《生殖崇拜文化论》）

图 11-28a 红山文化龟形玉器　　　　　图 11-28b 红山文化龟形玉器

（均采自杨晓能《商周青铜器纹饰和图形文字的含义及功能》）

从上至下依次组合的图像（图 11-25b、图 11-26），以自然表象直接喻示着这种视觉图式。

　　美术史的原理揭示，艺术形式的发展是在前代的基础上不断扬弃的过程，形式寄寓着特定时代的精神含义。良渚玉器的造型及纹饰的式样可能在商周青铜器纹饰样式中得到某种程度的因袭。[1] 商周青铜器的饕餮纹、兽面纹和蝉纹等纹饰样式显示了对这种图式的繁复改造处理。特别值得注意的是，在河北省平山县城北灵山下出土的战国晚期中山王陵墓中，出土有巨大的山字形铜器（图 11-27），"这种山字形铜器左右两叉的下部，铸有睾丸演化出的'卷云纹'，道破了这山字形铜器起源的秘密。它其实如同良渚文化的三叉形玉器一样，原也是男根的象征物"[2]。到汉代，铺首图像的山形冠，虽因掺入时代精神而呈现出与前代似乎迥异的样态，但实则沿袭此种图式结构。这为铺首源于饕餮纹的观点，在图像母题结构的一致性上提供着某种程度的论证。秦汉时期的兽面衔环与铺首衔环的并存状况 [3]，也为此提供着间接的支持。这说明此种图式结构成为两者内在共

---

[1] 杭春晓说："饕餮纹源于良渚文化。因为商周青铜器饕餮纹与良渚文化神人像不仅在文化表象上极为相似，而且它们还可以在形态发展以及材质转变上构成一个合理的发展过程，甚至在文化功能的使用上也一脉相承。并且，商周文化在其他很多方面都包含有良渚的因素，两者间又存在着较为广泛而合理的文化传播路线，故而此说当为不谬。"参见杭春晓《商周青铜器之饕餮纹研究》，南京：南京艺术学院硕士学位论文，2002 年，第 41 页。

[2] 赵国华，《生殖崇拜文化论》，北京：中国社会科学出版社 1990 年版，第 316 页。

[3] 常艳，《汉代画像石中铺首衔环图像的形成与演变》，汕头：汕头大学硕士学位论文，2007 年，第 51—53 页。

通的文化模式。许多神话传说的原型可以纳入此种模式，如关于龟的形体的神话（图 11-28a、b），关于建木、若木和扶桑三木的神话，以及蓬莱、瀛洲和方壶三仙山的传说。

在精神分析学看来，山是男性生殖器的象征物。李泽厚从美学角度研究新旧石器时代的器物纹饰时，在注释中写道："山与男性生殖器崇拜可能有关。"[1] 众所周知，汉武帝厚葬霍去病于祁连山，以山为陵，象征其勇猛雄武与赫赫战功。赵国华研究大汶口文化时期陶器器表的山纹时，将山纹视作男根的象征。他甚至说："商周的饕餮纹又融入了象征男根威猛内涵的野牛等兽面的因素。"[2] 而学术界很多人亦主张，铺首源于饕餮纹。[3] 若此说成立，根据赵氏的观点，那么铺首图像的山形冠内蕴的原始文化信息与生殖崇拜是有着关联的。

林巳奈夫对饕餮图像系谱的精湛研究表明，从河姆渡文化的太阳神图像到龙山文化的鬼神像的演进中一直贯穿着阳、鸟的表现传统，从龙山文化的鬼神像到殷代的饕餮的图像嬗变中仍然保留着良渚文化的传统，忠实地继续流传着太阳和鸟的表现。[4] 林巳奈夫梳理的图像谱系，山形视觉图式的图像占了多数，在某种程度上是对以山形图式为主的视觉艺术的人文精神溯源。故而，山形图像的结构样式与阳性元素的崇拜存在着一定的关联。[5]

根据原始思维的比类逻辑，"山"的图式可视为"｜"在"＿"（代表着平面）上的叠加，最简化的视觉符号是"⊥"。事实上，铺首衔环的山形冠图像，有的是三个标尖，有的仅有一个标尖，其余两者呈近似平顶

---

[1] 李泽厚，《美的历程》，北京：中国社会科学出版社 1986 年版，第 36 页。

[2] 赵国华，《生殖崇拜文化论》，北京：中国社会科学出版社 1990 年版，第 293 页。

[3] 孙长初先生说："目前，研究'铺首衔环'图像的学者大都公认：铺首衔环图像直接导源于商周青铜器的基本装饰母题——饕餮纹。"参见氏文《汉画像石"铺首衔环"图像解析》，《南京艺术学院学报（美术与设计版）》，2006 年第 3 期。

[4] ［日］林巳奈夫，《所谓饕餮纹表现的是什么》，载樋口隆康主编、蔡凤书译《日本考古学研究者·中国考古学研究论文集》，东京：株式会社东方书店 1990 年版，第 133—202 页。

[5] 笔者曾疑心铺首的山形冠图式，与史前时期陶器纹饰的蛙纹相似；而且铺首形似花瓣，花瓣环簇尖蕊，至于是否可能经历一个母系氏族社会到父系氏族社会的含义转变，暂且存疑。

状。这说明三个标尖与仅有一个标尖的意义是并行不悖的，在原型语义的指向上有着类同性。从生殖崇拜文化的角度看，"山"和"⊥"形成的这种视觉图式传统，其内在的符号性男根象征意义变得明显。列维－斯特劳斯说："神话系统和它所运用的表现方式有助于在自然条件和社会条件之间建立同态关系，或更准确些说，它使我们能够在不同平面上的诸有意义的对比关系之间确立等价法则，这些平面是：地理的、气象的、动物学的、植物学的、技术的、经济的、社会的、仪式的、宗教的和哲学的等等平面。"[1] 按照列维－斯特劳斯的解释，结合精神分析学派的理论，箭矢、长剑、长矛、匕首、三叉戟和戈等武器，乌龟的头颈、山的峰尖以及鹿、牛等动物的长角，拥有着共通的象征价值。这种异常尖锐、凸出的视觉形式潜藏着阳物崇拜的原始信息。因此，铺首的山形冠是原始生殖崇拜文化的遗留性图示，是原始先民深刻记忆的原型符号。至于山形冠的辟邪镇魅和接通神灵功能，似应根基此处。

巫鸿先生研究"山"的原始象形与图像结构，对其在汉代中国美术中这种视觉艺术图式的根源性与普遍性，概括性地指出："简言之，'山'字为一山三峰的象形，而形象思维中的仙山便往往以此为基本结构，如昆仑有阆风、玄圃、昆仑三峰（或三重），蓬莱有方丈、瀛洲、蓬莱三山。汉代美术中不少仙山都有整整齐齐的三峰，如马王堆一号墓朱漆内棺正侧面所绘的神山，金雀山9号墓帛画上的仙山，以及沂南汉墓石刻之昆仑，其造型均与'山'字结构极为接近。"[2] 这切中肯綮地破解了"山"视觉图式所蕴含的精神奥秘。

巫鸿先生又说："在佛教传入之前，最接近'天堂'的概念是'仙山'。开始的时候，仙山还不过是一个三峰或蘑菇形的'符号'，但甚至这种

---

[1] [法] 列维－斯特劳斯著，李幼蒸译，《野性的思维》，北京：商务印书馆1987年版，第107页。

[2] [美] 巫鸿，《汉代艺术中的"天堂"图像和"天堂"观念》，见巫鸿著、郑岩等译《礼仪中的美术——巫鸿中国古代美术史文编（上卷）》，北京：生活·读书·新知三联书店2005年版，第246—247页。

简单的形象已经蕴含着不断发展的可能性。"[1] 借此考析仙山的视觉图式，"山"形（三峰形）或"介"形（蘑菇形），两者乃是一体两形，原始意象同源，因此，其原始性的象征含义亦当是相通的。

考察山形冠的图式"山"后，我们分析其另一图式"介"。根据学者郑淑蘋的研究，"介"形器在史前文化中具有通天的神力。[2] 郑氏的研究对象包括前面提到的良渚文化的玉器。"介"形器为何具有通天的神力？日本学者白川静以为"介"乃先祖。[3] 郭沫若先生考释"祖"与"且"古形相同即"且"，乃男性生殖器。[4] 可见，在古文字尚未完全褪尽图画性意味的时候，"介"形器的样式特征还保留着"介"字产生时的某种神圣性信息，即通向先祖和祖灵神。后代祖宗灵牌的形状"龕"[5] 和"介"异曲同工。据此推测，铺首图像山形冠的视觉化"介"形图式，连接着远古时代的生殖崇拜和祖先崇拜的内涵，也凝蕴着通天迎神的内涵。

其实，赵国华先生在研究山字形铜器（图 11-27）时，已经明确点出山字形器的神权意义及其来源。他说："它（山字形铜器——引者注）其实如同良渚文化的三叉形玉器一样，原也是男根的象征物。到了战国时候，它从男根凶猛的内涵中引申出威严的意义，用以作为王权的象征。"[6] 赵氏的理解极是，只是将山字形的王权象征意义产生的年代断定在战国时期似很保守。不过，这恰可说明山字形器物的生殖崇拜意义要早于政治性意义的产生，而王权象征意义可能正是起源于男性的生殖崇拜意义。

因为图像的考察，涉及观照的视角，视角的换移将导致观察结果的不同。若将铺首图像的山形冠，视为一种立体器物的平面化展示，那么，三个尖状物将是一种新型的分布态势。约是以下数种情势：一个在头顶，另

[1] ［美］巫鸿，《汉代艺术中的"天堂"图像和"天堂"观念》，见巫鸿著、郑岩等译《礼仪中的美术——巫鸿中国古代美术史文编（上卷）》，北京：生活·读书·新知三联书店 2005 年版，第 255 页。
[2] 郑淑蘋，《"介"形器研究》，《故宫文物月刊》，2007 年第 12 期。
[3] 日本学者白川静对"饕餮"等图徽、纹饰与相关文字等早期中国金属器物文化进行通释的讨论，详见其著第五章第三节。［日］白川静著，温天河、蔡哲茂译，《金文的世界：殷周社会史》，台北：台北联经出版事业公司 1989 年版。
[4] 刘志基，《汉字与古代人生风俗》，上海：华东师范大学出版社 1995 年版，第 27 页。
[5] 杨兆麟，《原始物象：村寨的守护和祈愿》，昆明：云南教育出版社 2000 年版，第 156 页。
[6] 赵国华，《生殖崇拜文化论》，中国社会科学出版社 1990 年版，第 316 页。

图 11-29a 四川三星堆青铜人面（额前凿空，似应饰着器物）　图 11-29b 江西新干青铜人面

（均采自杨晓能《商周青铜器纹饰和图形文字的含义及功能》）

外两者分别在额前或脑后，抑或在两鬓；两个在头顶或鬓角，一端在额前或脑后。在原始信仰时代的世界里，变形是实现功能迁移的重要手段。人类在自身上模拟、移植或安装自然界中具有非凡神力的事物，将拥有同样神奇的力量。按照尖状物仍然是阳物生殖象征符号的理解，那么铺首山形冠的尖状物无论是理解成牛角[1]、龙角或鹿角[2]，还是其他动物的头角，都不妨碍对其原型意义的认识，即山形冠的原型符号为男子阳物形状，是上古时期民众对性力崇拜的无意识叙述和神圣性图示[3]。这种三角互特状的立体造型的来源，在殷商时期的青铜人面和人像可以获得某些线索。额饰或头饰使得耳朵与额前装饰物呈三叉状，或脑后的两尖状物与头顶立柱呈三叉状，可能是一种带有巫术意味的仪式用物（图 11-29a、b）。[4] 凸出状

---

[1]　孙文青先生将铺首衔环与"商周铜器及陶器上，多有牛首穿环引申之义"相联系，笔者推测：孙氏把尖状物看成是牛角或其演化是有可能的。李发林先生也认为其论"颇有道理"，参看氏著《汉画考释和研究》，北京：中国文联出版社 2000 年版，第 151—153 页。

[2]　常艳，《汉代画像石中铺首衔环图像的形成与演变》，汕头：汕头大学硕士学位论文，2007 年，第 58—59 页。

[3]　中野美代子在其妖怪学研究中说："由此看来，前面提到的印度独角仙的角也罢，欧洲中世纪织锦画上独角兽的角也罢，用荣格等人的观点解释，它已经不仅仅是男性生殖器的象征，而是具有至高无上的神圣性的东西了。"［日］中野美代子著，何彬译，《中国的妖怪》，郑州：黄河文艺出版社 1989 年版，第 10 页。

[4]　［美］杨晓能，《商周青铜器纹饰和图形文字的含义及功能》，《文物》，2005 年第 6 期。

的额饰巫术或头饰巫术，或许和此种阳性物的崇拜同源。

孙长初先生将铺首的山形冠同史前社会巫术和冠服礼制等文化情境联系起来，深有启示意义。在检视史前艺术图像相关资料后，他将汉画像石铺首图像的山形冠追寻到远古时代神巫在祭祀活动中所戴的最具特征的冠帽。[1] 孙氏已经点出神巫之冠在原始文化情境中的含义。不过，神巫之冠的意义还可从原型理论再作解释。神巫之冠的形制及其上绘制的图像，虽然已难详细考辨，但其形制及所绘图像具有协助巫师在行术时沟通神灵、通达天界的功能或效力，当无疑义。目前已经出土的三星堆青铜文物资料显示，大巫师头戴花冠，花冠是诱引神灵降临的象征触媒。国外宗教民俗中，神巫也以花冠加顶标志着巫人正在接引神灵或神灵已经附体。[2] 巫师冠可能有多种，或因身份等级、巫术神力大小等有别。曾为三闾大夫的屈原，近同巫师，已是学界公论。据其峨冠博带形象可知，峨冠或即为上古时期巫师冠之一种。峨者，高也。高者，近神。[3] 根据孙氏总结的"山"字形高冠的视觉特征[4]，从神话思维的系统理解，长、尖、高符号语义互换，高冠即为人类对阳物崇拜的原始隐喻。在山东沂南北寨村东汉时期画像石墓壁上刻画的神祇形象，头顶上呈张弓射箭状[5]，给冠饰的巫神意味做了一种图画性的提示。厥张图像也是类似的佐证，只是将弓箭转换到双足之下，而冠饰则呈高帽状或山形冠状。[6] 这与沂南汉墓中神祇图像同是形状变换的神话叙述，共同基于一种神话 – 原型即射箭状、"山"和"⊥"

---

[1] "汉画像石上刻饰的戴山字形高冠的铺首图像，是对与史前原始巫术相关联的神巫形象的简化或抽象，以神巫在祭祀活动中所戴的最具特征的冠帽作为艺术表现的化身，省略人物的四肢，甚至脸面，这是中国古代工匠进行艺术创作的结果，但这也使得其确切的含义变得模糊。"参见孙长初《汉画像石"铺首衔环"图像解析》，《南京艺术学院学报（美术与设计版）》，2006 年第 3 期。

[2] 王政，《战国前考古学文化谱系与类型的艺术美学研究》，合肥：安徽大学出版社 2006 年版，第 152—153 页。

[3] 李白："危楼高百尺，手可摘星辰。不敢高声语，恐惊天上人。"

[4] "玉山字形器下端圆弧、上端分为三叉、中叉有孔，玉冠状器似神人羽冠，出土时位于死者头骨上方，应该是冠帽上的装饰件无疑。"孙长初，《汉画像石"铺首衔环"图像解析》，《南京艺术学院学报（美术与设计版）》，2006 年第 3 期。

[5] 曾昭燏、蒋宝庚、黎忠义，《沂南古画像石墓发掘报告》，北京：文化部文物管理局 1956 年版。

[6] 张道一，《汉画故事》，重庆：重庆大学出版社 2006 年版，第 141—143 页。

的视觉图式或动作图示。射箭本身即是对男性生殖器形状及其动作的一种隐喻。

图画比文字有着更强的意象指示性和事象原始性。日本学者白川静认为，图像标识应与文字区别开考虑。图像标识比文字更具有以图示意的性质。图像标识并不是绘画文字。绘画文字以达意为目的，标识则用于表示氏族，其图像表示法具有某种固定样式。它的笔法异于文字。标识常与其他要素结合，但绝无会意法。[1] 殷代彝器制作本身是制作者氏族对其王朝之联合关系的象征，周器则用文章来表现，随着祭祀礼仪之发展而变得崇尚文辞。[2] 可见，图像性的标识更具意义直观性与原始信息性。按此解说，山形冠在本章上述中的原始意义将更加显豁。

总之，在史前文化的艺术图像表现传统及文字的图画性原始意味上看来，汉代画像墓室铺首图像的山形冠的视觉图式有着文化的基型意义，亦即男根的视觉形式及其象征含义。[3] 因为远古时期人类对阳性生殖器官的崇拜，其情势在父系氏族社会以后更著，直到文字产生，人类日益进入文明时代后，才化为人们的集体意识并保留在视觉文化图式或符号里。铺首图像山形冠是对男性御女的阳性力量的神话思维的符号性模拟，其仪式意义有如锋利锐器攻杀敌人、刺击鬼魅，因此具有辟邪、镇护等效力。

（二）从面相看铺首衔环图像的原型意义

面相乃铺首中"首"之相貌，在整个铺首衔环图像面积中所占比重甚大，对考证铺首的文化原型，具有不可忽视的参考价值。有考证者说，铺首衔环专门用于门上装饰，早在汉代以前它便从装饰器物的兽面衔环中分

---

[1] ［日］中野美代子著，何彬译，《中国的妖怪》，郑州：黄河文艺出版社 1989 年版，第 28 页。

[2] ［日］白川静著，袁林译，《西周史略》，西安：三秦出版社 1992 年版，第 92 页。

[3] 中野美代子认为头顶之角是男根的象征。参看氏著《中国的妖怪》，何彬译，郑州：黄河文艺出版社 1989 年版，第 71 页。此外，三足乌负日的传说和想象，在汉代画像石有着图像的表现。铺首的山形冠的图式与三足乌负日的三足图式是否存在神话 – 原型的语义转换，待考。

离出来。[1] 结论似可再做推敲，但这道出了铺首衔环之面相部分的图像传统渊源。

苗霞研究铺首的发展分期及规律[2]，指出商代和春秋战国两个时期的兽形及兽面特征奠定了铺首的基本造型，并为后世所沿袭。这种纵向发展史的研究，使得铺首的兽面传统凸现出来。孙长初先生总结铺首的发展谱系和艺术传统说："从史前良渚文化玉器上刻饰的神人兽面纹，商周青铜器上刻铸的饕餮纹，到汉画像石的铺首衔环图像，其演变过程的脉络清晰有序。"[3] 足见孙氏将兽面传统作为铺首面相形成的源头之一。谭淑琴研究铺首的长文提出："汉画中的铺首大部分都省略了嘴部的刻画，门环从鼻孔穿过，而不是名副其实的铺首衔环。这种特点和青铜兽面纹饰的特征极其相似。"[4] 谭针对青铜兽面纹饰解释道："在商周青铜器中，兽面纹饰有牛头纹、羊头纹、鹿头纹等多种，其中以牛头纹较为普遍，青铜器上许多

---

[1] 常艳，《汉代画像石中铺首衔环图像的形成与演变》，汕头：汕头大学硕士学位论文，2007年，第65页。目前似乎难以确定铺首衔环在汉代以前从器物的兽面衔环中完全脱离出来，专用于门上装饰。铺首衔环在汉代之前应有一个多种图像传统相互影响的过程。扬雄《甘泉赋》："排玉户而扬金铺兮，发兰蕙与芎䔖。"司马相如《长门赋》："挤玉户以撼金铺兮，声噌吰而似钟音。"班固《汉书·哀帝纪》："孝元庙门铜龟蛇铺首鸣。"范晔《后汉书·礼仪志》："殷人水德，慎其闭塞，使如螺也，故以螺著门户。则椒图之似螺形，信矣。"这些抒情文字与历史叙事的文献难以证明其彻底地从兽面衔环中脱离出来。笔者推测，兽面、龙山鬼神像及商周青铜器的饕餮纹等图像传统是铺首衔环之面相部分产生的底子，至于在何种意义上才算作是从兽面传统中分离出来，则不好断定。常艳从全国不同区域汉画像石中的铺首衔环图像分析，大致可以分为如下几个演变方向：一、神话兽面铺首；二、现实中动物面铺首；三、人面铺首。认定铺首图像的兽面纹饰传统则是极为妥切的。

[2] 具体分期及规律：第一期，商代晚期到西周末年。铺首全部发现在青铜器上，呈现为立体的形态。铺首本身是由兽首和兽的躯体组成的。第二期，春秋战国。铺首衔环是通过高浮雕的方式把兽的形体刻画出来，兽面（铺首）形态特征明显。铺首的造型基本成熟，为后代所承续。第三期，西汉。铺首衔环的形态特征与春秋战国时期相近，唯胡须卷向发生部分变异。从这一时期开始，铺首衔环开始出现在墓门上。第四期，东汉。铺首衔环在器物中出现，但数量逐渐减少。汉代画像石上的铺首最有特点，是青铜器和陶器上铺首衔环的继承和发展。第五期，魏晋以后。铺首衔环主要发现在各种形制的门上，如见于真实生活中的建筑物的大门上，或者墓门上、画像砖、画像石或壁画墓中的门类形象中。苗霞，《中国古代铺首衔环浅析》，《殷都学刊》，2006年第3期。

[3] 孙长初，《汉画像石"铺首衔环"图像解析》，《南京艺术学院学报（美术与设计版）》，2006年第3期。

[4] 青铜器的狰狞纹样有多种说法，如贝冢茂树的"殷人祭祀祖先祭献的神圣家畜"水牛和羊、白川静的南方楚国虎图腾、渡边素舟的"基本是夔龙形，亦有呈虎形"、小杉一雄的"就是夔龙之面"。参看［日］中野美代子著，何彬译《中国的妖怪》（郑州：黄河文艺出版社1989年版）第29页。对动物纹样的总结，亦可参看蒲慕州《追寻一己之福——中国古代的信仰世界》（上海：上海古籍出版社2007年版）第29—32页；饕餮的研究简史，可参看朱存明《饕餮源流小史》，载《文史知识》1992年第10期，收入氏著《美的根源》（北京：中国社会科学出版社2006年版，第336—353页）。

兽面纹饰，有的一眼可辨是牛的形象，有的则为其变形纹饰。"[1] 可知此种观点亦赞同铺首面相的形成有着深远的兽面纹饰传统。朱庆征先生将铺首的兽面形归为远古时期的自然崇拜。[2] 这和谭淑琴所谓的"汉画铺首来源于青铜兽面纹，其根则是原始的巫术，并从巫术中分化出来"有着相似性，即铺首受到兽面或图腾纹饰的影响。也有学者作专文论述早期青铜器中牛首衔环的图式及意义，并依据考古资料明确地指出考断代为西汉时期的南皮侯家钟，钟身左右的铺首衔环已是牛首的变形，开一代新风。[3]

综上，追溯铺首的面相，大致有兽面说、神人兽面说或人面说等看法。铺首的祖源虽然难以完全揭示，但研究者较多认同兽面图像传统是其一个极其重要的渊源。按照原型模式的理解，具体的面相是次要的，应深刻地揭示所有面相背后共在的精神原型。无论持何说，都不能否认其具有一种面具思维、面相意识或面相巫术的性质。面具的产生具有原始巫教的内涵，人死躯体不复存在，但离开躯体的灵魂还痴迷找到原本寄生的外壳，特别是在后人邀祭他们来享的时候。所以人们仿其躯壳，造其面相，待其归依。[4] 面具或面相的意义在于通过仪式程序的演示，使得魂灵依附有凭或诱引神灵降临。汉代人对墓室的重视和建筑，使其成为完整的丧葬仪式的一种组成部分。[5] 墓室也是举行丧葬仪式和祭祀仪式的场所，因此，作为具有特定思想含义而又被大众广泛认同的铺首衔环图像自然就毫不例外地被刻饰在墓室中。伴随仪式的启动，按照原始思维理解，铺首图像所显示的面相将获得一种宗教文化之生命，接引祖先神灵或诱导死者亡灵归附其身。

巫师行术时戴上面具，通过仪式、符咒和口中念念有词即进入神灵附

---

[1] 谭淑琴，《试论汉画中铺首的渊源》，《中原文物》，1998 年第 4 期。

[2] 朱氏考察铺首时设问并自答："铺首为何做成兽面形？这恐怕与古人的自然崇拜有关。"详见氏文《铺首的由来》（《紫禁城》，2001 年第 3 期）。

[3] 游国庆，《俯首甘为孺子牛——说青铜器上的"牛"》，《故宫文物月刊》，2009 年第 1 期。

[4] 王政，《战国前考古学文化谱系与类型的艺术美学研究》，合肥：安徽大学出版社 2006 年版，第 128 页。

[5] Berger, Patricia Ann. *Rites and Festivities in the Art of Eastern Han China : Shantung and Kiangsu Provinces.* Berkeley : University of California, 1980.

体的状态，等同面具所象征的神灵或成为神祇的代言人，而拥有通天的神权。面具的仪式性使用在早期古代中国经典史籍中得到记载："方相氏掌蒙熊皮，黄金四目，玄衣朱裳，执戈扬盾，帅百隶而时傩，以索室驱疫。大丧先枢，及墓入圹，以戈击四隅，驱方良。"[1]"黄金四目"据考即面具。这种送葬的开路仪礼规模盛大（百人参与），持续时间久（从路上到墓圹），法器较多（黄金四目、戈、盾等），操作程序亦繁。因为面具和玄衣朱裳等神巫之物的使用，巫师从人转成神，顺利行傩，驱除各种邪魅和不祥，使巫师蒙着面具活动过的空间或场地充满神性意味，而成为吉祥、净洁和安全之地。由于巫师行术使用面具，益发凸显面具含有的导引神灵、转移情感和迁移神性的意义。因此，古人出于驱除不祥、镇煞邪气和鬼怪精灵而护卫自身的目的，将面具图像化和符号化以便随时随地佩戴、悬挂和标示，从而永久性地获得这种威力。此种意义与朱青生先生谓铺首衔环为符箓本质是相通的。[2]铺首衔环的面部，不管是被视为具有巫性的面具还是看作辟邪的符箓，都不影响其内蕴的神圣性、仪式性和巫术性的意义。

铺首面部、面具和符箓，在视觉造型上乍看似有差别，但在神圣仪式过程中作为视觉标识和象征符号的意义上，三者则是相通的。上古时期的信仰世界里，画像或面具与符箓合并为一。《山海经》曰："沧海之中，有度朔之山，上有大桃木，其曲蟠三千里，其枝间东北曰鬼门，万鬼所出入也。（门）上有二神人，一曰神荼，二曰郁垒，主阅领万鬼。恶害之鬼，执以苇索而以食虎。于是黄帝乃作礼以时驱之，立大桃人，门户画神荼、郁垒与虎，悬苇索以御凶魅。"这段文字显示了辟邪信仰和仪式、符号之间的关系，是对驱邪仪式的神话叙述。根据神话－原型批评理论来复原和重构，其实乃指一种神话意义的叙述，黄帝乃神人或巫人之象征，作礼以时即选择时机以有序地执行神圣仪式。大桃木、神荼、郁垒与虎、苇索既是辟邪符咒也是行术法器。立、画、悬等一系列动作既是仪式执行程序的

[1] 〔清〕阮元校刻，《十三经注疏》（第二卷），北京：中华书局 2009 年版，第 1838 页。
[2] 朱青生，《将军门神起源研究——论误解与成形》，北京：北京大学出版社 1998 年版，第 235 页。

图 11-30　方相氏、鹰啄兔、凤衔绶带画像
（采自《中国画像石全集》第 3 卷，图 30）

图 11-31　沂南汉墓墓门中立柱画像　（采自《中国画像石全集》第 1 卷，图 183）

图 11-32　格斗、厌张画像（局部）
（采自《中国画像石全集》第 2 卷，图 75）

叙述，也是形成一种三维状态的镇煞的次序性提示。后代悬挂桃符和神荼、郁垒画像，就是选用这种神圣仪式性的标志物，简略地抽取视觉符号以象征这一系列的本应繁复有序进行的仪式规程。若比较方相氏傩与黄帝制鬼，可以发现两者的叙述结构和神话－原型是类同的。黄帝驱鬼，不仅行术的

神话之魅

图 11-33　祥云、熊、虎、铺首衔环画像
（采自《中国画像石全集》第 3 卷，图 224）

图 11-34　朱雀、羽人戏虎、铺首画像
（采自《中国画像石全集》第 4 卷，图 212）

人数少（仅剩下最重要的执行者即领导者），而且活动场域变小（门及附近区域），仪式程序简化（方相氏傩势同军阵，仪式程序当繁），形制虽小但效果仍同，不同的只是符咒与法器的象征物，在某种程度上是不同时代的方相氏举傩的缩微版。可知铺首的面相化特质，或即上古时期某种神圣仪式场境中的迎接神灵或法力的视觉性象征物，伴有系列程序的仪式性的内涵。

　　这种巫士着假面进行的仪式活动，有学者认为属于傩礼。韩国学者李杜铉说，傩礼是由戴着假面的人举着一定的戈盾，边念咒文边驱鬼神的一种活动。到了后来，傩礼逐渐变成不只是驱逐疫鬼的宗教仪式，而且有演出来吸引观众，因此，傩礼发展为演剧活动，而变成了傩戏。[1] 国内学者杨伯达先生认为，傩面的起源至少在距今 5000 年以前，其源头是事神而

---

[1]　[韩] 李杜铉著，紫荆、韩英姬译，吴秀卿审订，《韩国演剧史》，北京：中国戏剧出版社 2005 年版，第 60—61 页。

图 11-35　铺首衔环、伏羲、女娲画像
（采自《中国画像石全集》第 2 卷，图 181）

不是驱鬼，巫戴面具驱鬼可能是夏商之事，是良渚文化巫觋戴面具骑兽事神的变异。[1] 因此，着面具本身即具有浓郁的巫术意味，即使到了傩戏阶段也不能完全消除此种古老内涵。[2]

　　当然，仪式性内涵只是我们透视铺首面部原型意蕴的一个侧面。客观言之，铺首衔环的原型和意义长期难为人所尽知，系有深刻原因。日本学者中野美代子的妖怪学研究，深刻地揭示了妖怪形象不断改变的规律："在汉代，各种各样的图像表现了人身龙尾妖怪的形象，当发现与这图像十分相似的真实动物时，妖怪形象便又会有新的发展。"[3] 这种判断为观照铺首面相提供了真知灼见。众所周知，铺首面部具有现实生活中动物面部的特征，也具有神话想象中的动物面部特征，还具有人神鬼的面部特征，不一而足。根据中野美代子的见解，铺首面部特征的历时性变迁和共时性变异，恰好说明不同的人对其超凡性、神圣性的心理期待的改变导致其外形的变化。这种变化反映出民族集体无意识中某一原型的反复叙述。因此，铺首

---

[1]　杨伯达，《玉傩面考》，《中原文物》，2004 年第 3 期。

[2]　傩、傩面、傩俗的关系史述，参看钱茀《傩俗史》，南宁：广西民族出版社 2000 年版。

[3]　［日］中野美代子著，何彬译，《中国的妖怪》，郑州：黄河文艺出版社 1989 年版，第 81 页。

诸种面相背后的集体无意识的原型是需要仔细研究的内容。

研究铺首面相的原型，还应当深入考察兽面与面具联系的内在意味。前面总结诸家论点，铺首渊源于兽面传统；而且，铺首、面相和面具在神圣仪式的层面上有着类似的意义，铺首具有一种面具性质。实地考察，汉代墓室的铺首图像是无身的，但根据图像理论则产生两种理解，刻画者对视觉规律把握和遵循的差异导致其可能有身也可能无身。铺首图像有着面部而无身，或许受到某种刻画表现方式的影响，仅从正面表现其首而将身（可能还有尾）隐藏在其首后面，存在着可能性。这为铺首的面部特征蕴涵着面具的性质提供了另一种解释。汉画像有铺首衔环图像在环中缠绕着双尾[1]，若"带"之变异，但其特征具有动物尾巴的外部毛状，可佐此种透视法的存在。

中野美代子研究妖怪中兽首人身者，认为兽首即面具，"人身是指能与我们人类一样行动"。动物、植物与人互相借用器官或特征而产生的化身是各自神化和奇异的手段。"从人类角度看，兽首人身亦是'借助了面具的化身形象'。人类只要戴上面具，就可以成为《西游记》中的任何一个妖怪。神话世界得到了这一新的演化空间，可以借助面具不断重复那动物—人、人—动物的变换体系。"[2] 这揭示出在人类潜意识世界里，面具交接精灵或鬼魅而有妖力的性质。[3]

在Ⅱ.Е.海通的图腾主义研究中，他说："圣－佩里尔把戴面具的猎人、仪式上戴假面具的巫师和祖先形象等同起来。"尽管海通本人不完全同意这种意见，但他还是指出："每一个人都是祖先和图腾的化身。人死后，其灵魂返回图腾中心，等待着再次投胎转世。"[4] 因此，在原始思维时代，面具被认为具有强化人与图腾神、祖先神联系的功能，是人类和图腾神、祖先神之间的中介象征符号。列维－斯特劳斯的土著部落人类学考察与研

---

[1] 双尾还是交媾的隐喻；此外，将环理解成嘴巴，嘴巴衔尾则象征着永恒的轮回，暂且不论。

[2] ［日］中野美代子著，何彬译，《中国的妖怪》，郑州：黄河文艺出版社 1989 年版，第 113、116 页。

[3] 可能还需要一定的条件，如通过仪式、辞令等因素的强化或配合。

[4] ［苏］Ⅱ.Е.海通著，何星亮译，《图腾崇拜》，桂林：广西师范大学出版社 2004 年版，第 150、57 页。

究指出：＂面具实际上就是祖先。＂[1] 可以说，面具是图腾与祖先的另一存在形式。倍松说：＂部落人民之求与图腾‘同体化’（identification）——此‘同体化’往往只取图腾外形的特殊点而加以综合化——更可于种种仪式中见之。＂微莱说：＂图腾动物一与祖先相混，一成了祖先神灵的化身，于是转变而成为神了。＂[2] 因此，图腾神与祖先神在仪轨和巫语的召唤下通过面具附着在佩戴者的身上。综上，面具与兽面、面具与图腾有着深刻的联系，在原始思维世界是象征性质等价的符号，面具－兽面－图腾，是同一神话－原型的不同叙述。面具、兽面、图腾，各自有着对应的象征，即神祇、兽精、祖先神（或图腾神、部落保护神）。三者内在的神话－原型的意义关联是，沟通神祇＝获得超自然力＝回归祖先。因此，根据神话思维系统的理解，铺首的兽面、面具和面相与兽精、图腾、神祇，是原型性质等价互通的符号簇。人类使用这些符号性事象，旨在从外界获取神奇生命力或提高自身生命力。这些符号是强化或改进人类自身技能的手段和方式，叙述着人类对自身能力的局限进行改造或超越的欲望与想象，因而成为人类历经无数世代积淀下来的思维经验模式和无意识原型。这种神话－原型是对生命力量的崇拜，包括动物、神灵以及人类自身在内的生命力量，特别是从祖先神和图腾神那里获得力量。

铺首的面相喻示着铺首的面具性质，借助仪式和仪式语，使其能够接引神祇、连通图腾神、回归祖先神，获得神性的同时，象征着一种复归和永生。铺首在墓室壁和墓门上的刻饰，有其深刻的文化根源，即它的仪式性和符号性寓意，按照＂永恒回归＂（the Eternal Return）的神话逻辑，把死亡引向生命本原的复归。[3]

[1] ［法］列维－斯特劳斯著，知寒、靳大成、高炳中译，《面具的奥秘》，上海：上海文艺出版社 1992 年版，第 12 页。
[2] ［法］倍松著，胡愈之译，《图腾主义》，上海：上海文艺出版社 1990 年版（据上海开明书店 1932 年版影印），第 6、66 页。
[3] 叶舒宪，《中国神话哲学》，北京：中国社会科学出版社 1992 年版，第 105 页。

（三）从环与带看铺首衔环图像的原型意义

在铺首衔环的称谓和面积中，环无疑占有半壁江山的位置。铺首衔环的图示，环常有，带则不一定有。两者相权，环之地位更重。整个图像里，首、环相映。因此，打开此环与揭开铺首之面一样重要，也意味着实现对铺首衔环的文化根源的另一重理解。

研究者已经对铺首之环的功能和意义做有探索。朱庆征先生指出早期铺首有着较强的实用性，是衔门环的底座，门环可以活动，起着叩响、启闭门户的作用，两环之间用锁可以锁定大门。[1] 这着眼于地面建筑及功能。而孙长初先生则据考古材料发现环与玉璧的并存现象与渊源关系，"可以肯定地说，'铺首衔环'图像中圆环便是璧的简化"[2]。苗霞以分期分类的视角将铺首衔环的发展史梳理出来，类分九种，因此环之质地亦分为青铜、

图 11-36　十字穿璧、铺首衔环画像（局部）
（采自《中国画像石全集》第 3 卷，图 143）

图 11-37　凤鸟、铺首衔环画像（局部）
（采自《中国画像石全集》第 5 卷，图 44）

---

[1]　朱庆征，《铺首的由来》，《紫禁城》，2001 年第 3 期。

[2]　孙长初，《汉画像石"铺首衔环"图像解析》，《南京艺术学院学报（美术与设计版）》，2006 年第 3 期。

陶、瓷、石等数种；点到环与兽躯及兽首之鼻、口的关系，着墨不多。[1]
至于铺首衔环之带，论者更少。因此，欲厘清铺首之环与带的意义，仍需
再做推研。

前面提到，孙长初先生主张铺首图像之环源自史前良渚文化玉璧以来
的图像历史传统。而从玉璧与丧葬观念的角度，陈江风先生则加以历史的
详细考析并说："如旧式建筑房门的门环，是从铺首衔璧演化而来的，而
铺首衔璧则是从'升龙护璧门'这一原型演化而来的。"[2] 孙、陈两氏皆认
同汉画像铺首衔环的环肇端在上古时代的玉璧文化。在论述中，均引证湖
南长沙马王堆一号汉墓出土的帛画，分析天、地、人三界的交通与关联，
指出璧乃为敬天或二龙穿璧以升天的目的。的确，此说所言极是。若从关
于玉器的不同看法出发，则可对上述见解提出角度不同的论证逻辑，可起
到充实或弥补此论的作用。

若铺首之环源自玉璧文化成立，前提是将璧视为天门或天、穹宇的象
征。邓淑蘋就将璧视同天的象形。[3] 柏伟能说："璧是'天圆'的象征。"[4]
其实，研究者对璧有着不同的理解。林巳奈夫认为璧乃"气"的象征。[5]
无疑，死者魂灵将通过"气"进行化生或升入理想世界。按此理解，因璧
藏着导魂超升的"气"，铺首衔环象征通往再生与永生之门的标志意义，
仍可得到证明。

冯时先生以为邓、林两氏观点并不矛盾，大量的出土材料证明汉代玉
璧上刻着密致的云气纹，且四神在玉璧中穿梭，仿若游移云气中。文献资

[1] 苗霞，《中国古代铺首衔环浅析》，《殷都学刊》，2006 年第 3 期。

[2] 陈江风，《汉画像中的玉璧与丧葬观念》，《中原文物》，1994 年第 4 期；《也谈广汉三星堆玉璧的文
化功能》，《四川文物》，1995 年第 2 期。均收入氏著《汉画与民俗——汉画像研究的历史与方法》
（长春：吉林人民出版社 2002 年版）第 163—174、175—181 页。

[3] 邓淑蘋，《由考古实例论中国古代崇玉文化的形成与演变》，载"中央研究院"历史语言所会议论文
集之四《中国考古学与历史学之整合研究》。

[4] [瑞典] 柏伟能，《琮、璧功能一说》，载杨伯达主编《出土玉器鉴定与研究》，北京：紫禁城出版社
2001 年版，第 411 页。

[5] [日] 林巳奈夫，《中国古代の遗物に表はされに「气」の图像の表现》，《東方學報》1989 年第 61
册。本文所用林氏该论点系转引自冯时先生《中国天文考古学》，北京：中国社会科学出版社 2007
年版，第 526—527 页。

神话之魅

图 11-38　铺首、悬璧画像
（采自《中国画像石全集》第 4 卷，图 207 ）

图 11-39　凤鸟、铺首衔环画像
（采自《中国画像石全集》第 4 卷，图 115 ）

料则表明，汉代宇宙观气论思想盛行。玉璧置于死者头顶，既为灵魂通天之途，又合以象天的原始观念。[1] 朱存明先生也说："'以苍璧礼天'表现了一种原始的灵感观，带有巫术仪式的色彩。"[2] 重庆巫山县汉墓出土的铜牌亦刻有"玉璧"图像，其上有隶书"天门"题铭。[3] 这也为此论提供了注脚。本研究所关注的焦点是，从璧入手破解环与铺首的关系。因此，铺首衔环图像对环的表现多样凸显出来，特别是环中置有双鱼或一鱼，可能引起对铺首所衔之环的不同解释。因鱼在环中，环其实已经转化成祭盘，成为供奉的象征。不过，这似是直表性的理解。即使如此，亦可看到因为

[1]　冯时，《中国天文考古学》，北京：中国社会科学出版社 2007 年版，第 527 页。
[2]　朱存明，《中国的丑怪》，徐州：中国矿业大学出版社 1996 年版，第 304 页。
[3]　赵殿增、袁曙光，《天门考》，《四川文物》，1990 年第 6 期。

图 11-40　武士、铺首衔环画像
（采自《中国画像石全集》第 2 卷，图 150）

图 11-41　铺首衔环画像
（采自《中国画像石全集》第 3 卷，图 149）

图 11-42　双鱼画像
（采自《中国画像石全集》第 3 卷，图 144）

图 11-43　盘中鱼画像
（采自《中国画像石全集》第 4 卷，图 93）

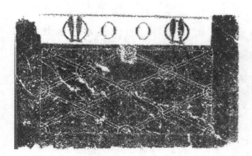

图 11-44　串璧、杯、盘、鱼画像
（采自《中国画像石全集》第 2 卷，图 178）

图 11-45　铺首衔环门扉画像（局部）
（采自《中国画像石全集》第 2 卷，图 25）

神话之魅

图 11-46　鱼、铺首衔
环、蛇像
（采自《中国画像石全
集》第 3 卷图 212）

图 11-47　祥禽瑞兽、铺首衔环画像
（采自《中国画像石全集》第 3 卷　图 209）

祭祀可以接迎神祇或祖先，铺首衔环具有象征通往再生与永生之门的视觉符号性质。

若用原型批评透视，且不论环之源自玉璧，玉璧可能象征着的阴性价值[1]，亦可发现从鱼入手对环的解释有两种路径。图像单元只有在图像体系和图像叙事的母题形式结构中考察才能揭开其真正的意义。铺首衔环在旧式生宅的大门上，环中没有刻画实物形象，仅是留作空圈状便于用锁将门锁闭。而在汉代墓室中的铺首衔环图像，因是刻饰在平面上，在环中则有鱼的出现。[2] 这为解开铺首之环的意义做出了一种提示。第一种路径，根据众多学者认为的环是天门的拟象，鱼乃引导超升的指示符号，绝非直表性解释的献祭品。鱼是水中生灵，亦被视为交通阴阳两界（可在水中沉浮）的圣物。在汉画像世界里，鱼拉车、虎拉车、龙拉车及鹿拉车等图像普遍被看作升仙的象征。若将虎拉车、龙拉车及鹿拉车等图像反映的陆地神性动物看成陆路飞驰直升式的升仙模式，鱼因是穿越黄泉与冥界的神圣通行者，不仅是陆路直升式的象征灵物，还是独特的地下世界水路升仙模式的象征神灵。第二种路径，还是根据众多学者认同的环是天门、穹宇及天的

---

[1]　"在其全部现象学中，女性基本特征表现为大圆，大圆就是，并且包含着宇宙万有。"参见［德］埃利希·诺伊曼著、李以洪译《大母神：原型分析》，北京：东方出版社 1998 年版，第 215 页。

[2]　环内有鱼的出现，研究多是顺带提及。提到画像石墓门铺首衔环图像之环内有鱼的考古发掘报告，参见司玉叶《河南汤阴县发现东汉画像石墓门》，载《考古》，1994 年第 4 期。

图 11-48　人物、鱼、璧纹环画像　　　　　　　　　图 11-49　铺首衔环画像
（采自《中国画像石全集》第 2 卷，图 184）　　　（采自《中国画像石全集》第 4 卷，图 199）

象形，天属阳性的象征符号[1]，而鱼乃阴性的原始象征符号。加之有的铺
首衔环带有双鱼，双鱼图示在环中呈女阴状，所以，转换成神话－原型的
叙述，即宇宙中阴阳两种基性实现了对立与统一的聚合，催生出化育万物
的动力。这具有重生与永生的原始象征内涵。特别是，刻有双鱼状的铺首
之环，形如女阴，如同前面所论铺首之口具有的女性始祖崇拜的意蕴。两
种路径的考察，升仙式的永生或再生式的永生，最终共同指向了永生的意
义。在这两种取向不同的分析中可看出，环的意义因鱼而彰显，铺首衔环
因此具有实现永生或指示永生之径的象征意义。这种分采两种路向的逻辑
推演，似可为孙、陈两氏的论点起到某种程度的充实或弥补作用。

　　在汉代墓室里，铺首衔环图像的环中除了刻鱼之外，有时则刻成带状

---

[1]　威尔赖特说："在伟大的原型性象征中最富于哲学意义的也许就是圆圈及最常见的意指性具象——轮
　　子。从最初有记载的时代起，圆圈就被普遍认为是最完美的形象，这一方面是由于其简单的形式完
　　整性，另一方面也由于赫拉克利特的金言所道出的原因：'在圆圈中开端和结尾是同一的。'当圆圈
　　具象化为轮子时，便又获得了两种附加的特性：轮子有辐条，它还会转动。轮子的辐条在形象上被
　　认作是太阳光线的象征，而辐条和太阳光二者又都是发自一个中心的生命渊源、对宇宙间一切物体
　　发生作用的创造力的象征。"参看叶舒宪选编《神话－原型批评》（西安：陕西师范大学出版社 1987
　　年版）第 229 页。

图 11-50　铺首衔环、伏羲、龙画像
（采自《中国画像石全集》第 2 卷，图
180）

的饰物。[1] 按照陈氏的观点，铺首衔环演化自铺首衔璧，而铺首衔璧则是从"升龙护璧门"这一原型演化而来的，而古人佩带玉璧用绶带系之亦是历史事实，从而可推铺首衔环图像的两条绶带图式当是从"升龙护璧门"的升龙（呈交缠状）原型演化而来。这在长沙马王堆一号汉墓 T 字形帛画里可找到某种线索。双龙穿璧使整幅帛画的图像结构富有象征意味，即帛画清晰地呈现出天、地、人既有界限区分又有沟通交联的态势。[2] 长沙马王堆一号汉墓帛画的图像并非孤证，在汉画像里还有类似图像。在长沙马王堆三号汉墓出土的帛画，图像结构和前者几乎完全相同。在山东临沂金雀山汉墓出土的帛画，交龙图像也非常类似，交龙象征着交通三界。在墓室内石质建筑构件上刻饰的图像中，还能找到双龙交缠的形象以象征沟通天地。在山东兰陵出土的元嘉元年画像石墓，墓内后室门的中门柱正面刻出两条巨龙交缠的形象。这种图像的意义在墓室壁上的长篇铭文能够寻到释读的注脚："中直柱，双结龙，主守中雷辟邪殃。"铭文提示了中直柱通

---

[1]　有的图像刻饰的绶带状如同细绳样式，似兽（如虎、牛等）尾，留待下节讨论。

[2]　帛画的招魂幡意义，朱存明先生作有讨论。参看氏著《中国的丑怪》（徐州：中国矿业大学出版社 1996 年版）第 251—256 页。

过双龙交结的图示而变成了架在天地之间的神圣之柱，天地的沟通正是依靠双龙相交完成的。因此，铺首衔环的绶带由双龙形象演变而来，可在帛画中双龙穿璧、墓内中直柱无璧而双龙交结的视觉图式中不断得到验证。这可解释铺首衔环中刻饰绶带的根由，即在汉画像的象征世界里，铺首衔环中绶带的图像原型是互相交结的双龙。而未刻绶带的铺首衔环图像，则可解释为在整个图像符号系统和象征结构体系中某类图像单元的隐略。这为铺首衔环的绶带的解释，提供了从古人佩带玉璧的习俗遗痕之外进行考察的另一种路径。

铺首衔环的绶带的图像原本型构或即是交缠的双龙。双龙交缠意味着交尾，这与伏羲女娲交尾的神话 – 原型是同构的。伏羲女娲，人首蛇身、人首鳞身，两者相交即蛇身鳞身相交，蛇身鳞状、蛇龙同化，意味着双龙交尾。朱存明先生研究二龙穿璧时说："两龙相交，中间以圆环加以突出，含有性的隐喻。"[1] 李立先生则说："显然，在'璧'的形象中，缘于日与月的相合而导致阴阳和合的宗教哲学意义的出现，'璧'的形象——其内外同圆的圆形结构也就自然具有了哲学上的'阴阳交合'的特征和意义。"[2] 若在李氏的观点上，再给璧附加上双龙穿之，双龙穿璧的生殖崇拜意义更加显著。朱氏还指出："二龙穿璧象征着天地交感，化育万物的原始母题。同时又象征着阴阳合气、人神沟通、祖先崇拜、生殖崇拜的文化原型。"[3] 据此分析铺首衔环，绶带与环的神话 – 原型乃是阴阳哲学的双重图示（即璧的内外圆、双龙相交），喻指着人神沟通、祖先崇拜、生殖崇拜，所以，墓室中的铺首衔环是通往祖先神灵、不断重生而永生的指引符标。

此外，朱氏研究双龙穿璧与十字穿环，都和汉画像中大量出现的伏羲女娲交尾图存在着联系，在深层的象征结构中原型相同，属于同一母题。[4]

[1]　朱存明，《中国的丑怪》，徐州：中国矿业大学出版社 1996 年版，第 316 页。
[2]　李立，《汉墓神画研究：神话与神话艺术精神的考察与分析》，上海：上海古籍出版社 2004 年版，第 29 页。
[3]　朱存明，《中国的丑怪》，徐州：中国矿业大学出版社 1996 年版，第 317 页。
[4]　朱存明，《汉画像的象征世界》，北京：人民文学出版社 2005 年版，第 266 页。

根据图像单元与图像体系的关系，即在图像叙事结构具备基本形态的前提下，有的图像单元在平面上表现可能出现简略或隐藏，那么铺首衔环的环即使无鱼、无带的刻画，也是一种与十字穿环象征价值等同的符号。"某种模式一旦建立，画家就会随心所欲地更改或添加图中的内容。"[1] 因此，十字穿环可以视作不画"铺首"的或者隐略"铺首"的简略化的铺首衔环。

弗莱说："一首诗还仿佛是全部文学的缩影，是词语秩序的整体的个别展现。那么，从总体释义角度看，象征也就是个单元，而一切象征都统一到一个无限、永恒的言语象征体系中去，这一体系作为要旨便是逻各斯，作为情节则是全部创作行为。"[2] 图像的研究与阐释亦可作如是观照。就铺首衔环而言，环与带，乃至间或刻出的鱼，都是一个单元图像，相对于整个铺首衔环来讲，都是其具体的情节或要素，能够折射出铺首衔环的核心要义。事实上，这与全息律的阐释也是内在相通的。综合对环、带及鱼的分析，铺首衔环作为回归祖先源地、交通神祇、不断实现重生与永生的象征，仍然成立。

在总括铺首衔环的神话－原型前，先对铺首衔环的多种图像单元的神话－原型进行逐项的整理。

首先，山形冠的视觉图式有着文化的基型，亦即男性祖根的视觉形式。铺首图像山形冠是对男性御女的阳性力量的神话思维的符号性模拟，其仪式意义有如锋利锐器攻杀敌人、刺击鬼魅，因此具有辟邪、镇护等效力。

其次，铺首的面相喻示着铺首的面具性质，借助仪式和仪式语，使其能够接引神祇、连通图腾神、回归祖先神，获得神性的同时，象征着一种复归和永生。它的仪式性和符号性寓意，按照"永恒回归"的神话逻辑，把死亡引向生命本原的复归。

再次，铺首衔环，环的图像原型是玉璧，绶带的图像原型是交缠的双

---

[1] [英] 苏珊·伍德福德著，贾磊译，《古代艺术品中的神话形象》，济南：山东画报出版社 2006 年版，第 62 页。

[2] [加] 诺思罗普·弗莱著，陈慧、袁宪军、吴伟仁译，《批评的解剖》，天津：百花文艺出版社 2006 年版，第 172 页。

龙。十字穿环可以视作不画"铺首"的或者隐略"铺首"的简略化的铺首衔环。铺首衔环是回归祖先源地、交通神祇、不断实现重生与永生的象征。

复次，鼻衔环与口衔环的原型相同，是在动态情境的观察中将铺首衔环还原成一种动物首尾相衔状的视觉造型。在动态情境中，铺首不仅有首而且是有身有尾的。铺首衔环使其所在的平面产生厚度感，从而确立相应的界限如同墙壁，这个墙壁即保护层，其视觉心理厚度就是铺首衔环的首尾相衔动态旋转的环形的直径。

最后，铺首衔环蕴涵着一种空间叙述的理念，这在上古时期的青铜器物上的表现十分显著。铺首衔环与四神图像刻画在墓室壁上，共同构成了一个完整的神话叙事模式。四方与四季反映出的空间与时间的等价联系，使得墓主拥有着一个完整的四季轮回。铺首衔环具有或加强了墓室空间叙事的神话性，使之处于动态的循环和变化之中以至永恒。墓主能够追随或返归宇宙周流循环之道的本源，死后进入理想家园，或实现重生以至永生。

上述所归纳的诸种含义，旨在从某一侧面、层次或角度来透视铺首衔环的文化原型。给铺首衔环原型一个精确的核心句式的定义，确实勉为其难。但在种种图像单元原型的整合与萃取的基础上，试可想见铺首衔环的神话－原型：铺首衔环由多种图像单元组成，其原型则由诸单元图像的原型聚合而成。单元图像的原型植根在男女生殖崇拜、日月崇拜、图腾崇拜等古老的文化中，因此，在神巫性和仪式性的程序操作中，铺首衔环图像自然具有辟邪、镇魅和符箓等巫神性，也成为接引神祇、连通图腾神、回归祖先神和契合宇宙阴阳化生之道的象征标识。墓室中的铺首衔环在幽暗世界中象征着通往重生与祖先的永恒之门，以期祈祝和护佑墓主进入理想家园或实现永生。在神话思维的文化土壤渐趋蚀亡的条件下，其神圣意义、仪式程序和礼仪内涵日益消逝，渐成为一种形式丑怪、含义古奥的精神历史活化石式的图示。

四、结语

铺首衔环在汉代广泛流行，这在考古发掘的资料中可以得到证实。铺首衔环的传续、认同和传播，说明其具有深通文化根源的价值含义。荣格说："象征就是对超出我们目前理解力水平的意义的模仿。"[1] 仅从辟邪角度而论，铺首衔环图像和虎、梼杌、神荼与郁垒的意义近似。[2] 其实，铺首衔环是对超出现实日常生活世界的诸种意义的整合性、根源性的模仿，也是诸多文化原型的符号性关联与荟萃的结果。其意义难解的程度或许与此有关。铺首衔环图像在汉画像中是一种典型的象征性图像，也是中国古代民间宗教与信仰同艺术相结合的产物。黑格尔说："在象征艺术中，东方宗教往往强调和崇敬的是自然界普遍的生命力。"[3] 在汉代墓室这种礼仪情境中，汉代人制作铺首衔环图像于其内，目的是借助图像象征达到改变自然以及命运，寄托着追求永生、幸福和理想的浓厚情感。

在考溯铺首衔环图像的文化根源时，从研究上古时期的语音学入手，能否获得某些启发，研究中尚未触及，仅凭借直觉而感到"铺首"与"扶手"、"铺首"与"敷首"、"铺首"与"虎首"或"狐首"似有某种关联，限于自身学识、研究重点，只好留疑待考。

研究铺首衔环图像，在一定意义上能给汉画像的整体研究乃至中国古代图像艺术提供某些借鉴。在图像符号学研究上，单元图像的文化原型是神话-原型批评理论所讲的可资交际的原始象征，能够助力于其他时代或题材的图像符号研究；在图像叙事学研究上，图像母题结构与视觉形式结构之间的关系，给中国古代史上其他时代的图像艺术提取出某些线索。在图像艺术与诗歌、仪式歌等样式的艺术上，寻找它们之间在艺术创作上的共通规律，以及研究与解释的互通视角，发现门类艺术之间的互文性，提

---

[1]　[瑞士] 荣格，《论分析心理学与诗的关系》，载叶舒宪选编《神话-原型批评》，西安：陕西师范大学出版社 1987 年版，第 95 页。

[2]　王清建、张本君，《略论南阳汉画升仙辟邪中的楚文化因素》，载韩玉祥主编《汉画学术文集》，郑州：河南美术出版社 1996 年版，第 196—203 页。

[3]　[德] 黑格尔著，朱光潜译，《美学》（第三卷），北京：商务印书馆 1979 年版，第 40 页。

炼出有益的探索经验。

更重要的是，采用原型理论研究图像应是一种精神考古学和文化史的研究。图像是精神世界的映照与摹本，因此，考古发掘的文物图像是视觉性质的历史文献。原型是人类历史的精神遗迹和种族记忆，以象征的形式贮存着人类从蛮荒走向文明的历历往事，汇集着万千年来无数人的心灵悸动和自然经验。原型是精神历史的文物和遗迹，若相信通过地下文物的发掘可以描述一个民族的物质文明的历史演进，也有理由相信通过原型的考察可以描述一个民族的伟大精神历史。[1] 图像与文字都是书写历史的媒介，人类不仅有着一部文字的历史，还有着一部图像的历史。[2] 图像的原型与图像的演变关联着其背后历史语境的深刻变迁，从历史学家陈寅恪说的凡解释一字即是作一部文化史的观点看 [3]，每个图像单元与整体也都是一部文化史。

总之，铺首衔环是汉画像中数量极多、频频出现的图像，有着深厚的研究价值。因其经常造刻于门扉，在某种程度上可以视作打开汉代中国图像世界的文化原型或意象群的一把钥匙。

---

[1] 傅道彬，《晚唐钟声——中国文学的原型批评》（修订本），北京：北京大学出版社 2007 年版，第1—2 页。

[2] 朱存明，《图像生存——汉画像田野考察散记·前言》，南宁：广西人民出版社，2007 年版。另见《论汉画像中天地观念的民俗性》，载顾森、邵泽水主编《大汉雄风：中国汉画学会第十一届年会论文集》，北京：高等教育出版社 2008 年版，第 1 页。

[3] 陈寅恪，《致沈兼士书》："依照今日训诂学之标准，凡解释一字即是作一部文化史。"参见沈兼士著，葛信益、启功整理《沈兼士学术论文集》，北京：中华书局 1986 年版，第 202 页；又，北京大学《国学季刊》1935 年 5 卷 3 号。

第十二章
汉画像神话中的理想乐土

　　古往今来，不论是出于避世、享乐还是逃避苦难的目的，人类总是会不满于当下的生活，幻想未来或者异域空间的"理想乐土"。在西方，古时有基督教的伊甸园、天堂；古希腊柏拉图设计了著名的"理想国"；中世纪有奥古斯汀的上帝之城；在文艺复兴时期，又有人文主义者幻想出来的乌托邦。在中国，《诗经·魏风·硕鼠》就表达了对乐土的追求："逝将去女，适彼乐土。乐土乐土，爰得我所。"[1] 儒家一直推崇尧天舜日，幻想着大同社会；老子提出小国寡民的构想；东晋的陶渊明更是构想出流传后世的"桃花源"；后世类似桃花源的故事与传说也是不胜枚举；马克思宣扬的共产主义，同样包含着人类对未来的美好构想。[2] 汉代人当然也有对"理想乐土"的追求。汉画像艺术是汉代人社会生活的反映，同时也是当时人们审美理想的表现。从汉画像艺术中我们能最直观也最深刻地领悟汉代人心目中的"理想乐土"。

　　这一"理想乐土"表达与神话密不可分。其中最直接的原因即为神话世界本身就是古时人们心中的一片理想乐土，就如弗莱所说："神话意象的世界，通常是用宗教中天堂或乐园的概念表现出来的，而且这个世界是

---

[1] 〔清〕阮元校刻，《十三经注疏》（第一卷），北京：中华书局 2009 年版，第 761 页。
[2] 以上这些相似的观念与概念，有一个共同之处，即都是想象中一个美好快乐的地方，或者一个时代。
　　参考胡万川《真实与想象——神话传说探微》中《失乐园——一个有关乐园神话的探讨》一章。

第十二章　汉画像神话中的理想乐土　　　　　　　　　　　　　　　**645**

神启式的……"[1] 而中国古代哲人的空想也都是顺着神话传说的方向描绘的："大体来说，最初'发现'的远古理想世界是所谓的尧舜时代，这在孔子、墨子的思想中表现得最为突出；接着又'发现'了前于尧舜的所谓黄帝的时代，以道家为代表；继而又'发现'了前于黄帝的所谓神农的时代，以农家许行为代表；最后更'发现'了前于神农的美妙世界，以晚期儒家的'大同'理想为代表。"[2]

汉画像作为汉代的一种图像艺术，蕴含着十分丰富的古神话信息。一方面，从整体上来说，汉画像的神话内涵表现为一种来源于中国古老神话的宇宙观，在汉画像中天、地、神、人、鬼都在一个神话的宇宙世界中存在，它呈现出一种宇宙象征主义的图式。另一方面，汉画像中集中描绘天界与神仙世界的图像，更是直接表达了汉代人的神话观。因此，汉画像神话中的"理想乐土"，就是汉代人运用汉画像神话图像来构建他们那个时代的乌托邦，围绕着"理想乐土"这个主题来阐述汉代人的追求的同时，神话的文化内涵也就在汉画像这一图像中显现。所以本章也可以说是从汉画像的神话图像中解读汉代人心目中的"理想乐土"。这一"理想乐土"即是汉代人用艺术图像构建的乌托邦，[3] 是汉代人在神仙信仰的基础上对长生不死、长乐富贵、天人合一的追求，而它所指向的就是汉画像中求仙、升仙的一类图像。

一、先秦诸子的理想乐土与神仙观的形成

探讨汉画像神话中的理想乐土，离不开当时的时代背景、思想背景。

---

[1] ［加］弗莱著，陈慧、袁宪军、吴伟仁译，《批评的剖析》，天津：百花文艺出版社 1998 年版，第150 页。

[2] 侯外庐主编，《中国历代大同思想》，北京：科学出版社 1959 年版，第 2 页。

[3] 德国哲学家布洛赫认为，人类本真的未来向度乃是通过人与人、人与世界、人与自然的相遇来实现乌托邦的未来图像。艺术是关于乌托邦意识的显现和尚未形成的现实的象征，艺术家的假象不仅仅是单纯的假象，而是现实的前假象图景。通过艺术所追求的图像可以预先显示乌托邦。参见金寿铁《艺术与乌托邦——论恩斯特·布洛赫的艺术观》，《马克思主义与现实》，2010 年第 1 期。

先秦诸子已经对他们心目中的理想世界做出了说明，这些思想在根本上影响着汉代人的思维方式，但也与汉画像中所表达的理想乐土存在某种差别。[1] 同时，从远古时期以来慢慢形成的神仙思想在秦汉时期逐渐成型，汉画像艺术中神仙世界的图像就是一个最好的证明。因此，在对汉代艺术图像中的"理想乐土"做具体分析之前，我们有必要首先对古代文献中发现的先秦诸子的"理想乐土"做出一番解读，尤其是对汉代思想起了至关重要作用的儒道二家，孔孟、老庄所向往的"理想乐土"是怎样一个时代或者时空呢？其次，我们有必要了解秦汉时期的神仙信仰，特别是西王母信仰的发展与繁荣。

儒家对理想乐土的构建，主要是通过对过去时代的怀念来表述的，《中庸》第三十章曰：

> 仲尼祖述尧舜，宪章文武。上律天时，下袭水土。辟如天地之无不持载，无不覆帱，辟如四时之错行，如日月之代明。万物并育而不相害，道并行而不相悖。小德川流，大德敦化。此天地之所以为大也。[2]

孔子把尧舜时代想象成一个近乎完美的时代，万物苍生都有条不紊地发展。《礼记·礼运》中孔子提出了"大同"与"小康"的构想：

> 大道之行也，天下为公。选贤与能，讲信修睦。故人不独亲其亲，不独子其子，使老有所终，壮有所用，幼有所长，矜寡孤独废疾者，

---

[1] 这种差别或许就是图像与文本、精英与民间的差别。从思想观念的角度来说，有些学者（比如余英时、葛兆光等）在论述古代思想史时会提到精英的（上层的）思想和民间的（下层的）思想的划分，认为我们掌握的不少古代经典文献大都是在言说一种精英的思想，不一定能够完全代表民间立场。如果说在先秦，我们更多可以找寻到的是诸子百家文献中的"理想乐土"，在魏晋以及之后的历史中，是陶渊明开辟的文人桃花源及其衍生，那么在汉代，论及"理想乐土"观念，当之无愧的是更能代表民间思想的汉画像图像中的"理想乐土"（当然，其中也夹杂着神话与汉赋、汉乐府，它们与汉画像之间一直是紧密联系、保持互动的）。

[2] 〔宋〕朱熹，《四书章句集注》，《新编诸子集成》（第一辑），北京：中华书局1983年版，第37页。

皆有所养。男有分，女有归；货恶其弃于地也，不必藏于己；力恶其不出于身也，不必为己。是故谋闭而不兴，盗窃乱贼而不作，故外户而不闭，是谓大同。今大道既隐，天下为家。各亲其亲，各子其子，货力为己。大人世及以为礼，城郭沟池以为固。礼义以为纪，以正君臣，以笃父子，以睦兄弟，以和夫妇，以设制度，以立田里，以贤勇知。以功为己，故谋用是作，而兵由此起，禹汤文武成王周公，由此其选也。此六君子者未有不谨于礼者也，以著其义，以考其信。著有过，刑仁讲让，示民有常。如有不由此者，在执者去，众以为殃，是谓小康。[1]

在此，儒家描述了理想中"大同"社会，经济上是"天下为公"，社会关系上秩序井然，人与人之间平等、博爱。而"小康"即"小安"，就是社会达不到理想中的"大同"社会，退而求其次的一种状态，在这样的社会状态里，一切不再是为"公"，而是"天下为家"，礼义开始在生活中占有重要地位。当然，必须说明的是，结合《礼运篇》上下文来看，大同与小康似乎只是过去时代时间上的两个阶段，并且目的是为了说明"礼"的由来和发展，但不可置疑的是，"大同"与"小康"（特别是前者）就是儒家在对现实的批判基础上所追求的一种理想状态。这一切仍然以"礼"为核心，强调社会伦理上的关系。

除此比较集中明确的表述以外，在儒家经典的一些零散细节中，也不乏对理想乐土的描述（实际上，可以认为，儒家一直致力于建立一个"礼"的乌托邦，孔孟推崇的都是一种理想的道德状态，拥有这种道德状态的人即是"君子"），在此只举一个有些特别的例子，以供参考。《论语·公冶长》中，子曰："道不行，乘桴浮于海。"刘宝楠在《论语正义》中认为孔子是因为在鲁国不得志，想要在海外行道。刘宝楠综合了各注家之说，

---

[1] 〔清〕阮元校刻，《十三经注疏》，北京：中华书局 2009 年版，第 3062—3063 页。

指出"海"就是"渤海",又与"东夷""朝鲜"联系了起来。[1] 张隆溪在《乌托邦:世俗理念与中国传统》一文中对此作了分析之后,认为"在孔子时代,朝鲜无疑是具有神秘色彩和异国情调的'外域',就像莫尔设想的乌托邦,或培根描绘的新大西岛,可以任人驰骋想象"。因为在那里"有海上的航行,有处在虚无缥缈之中有待发现的外域,有自然纯朴、天真无邪的人类,他们的本性可以不断改进而臻于完善,成为理想社会的成员"。[2]

相比孔子,孟子把他心目中的理想社会表述得更为现实也更明确,在《孟子·梁惠王上》中,孟子曰:

> 五亩之宅,树之以桑,五十者可以衣帛矣;鸡豚狗彘之畜,无失其时,七十者可以食肉矣;百亩之田,勿夺其时,数口之家,可以无饥矣;谨庠序之教,申之以孝悌之义,颁白者不负戴于道路矣。七十者衣帛食肉,黎民不饥不寒,然而不王者,未之有也。[3]

但是,当时的现实状态是战乱频仍、饿殍遍野的,正如他在上文之后紧接着描绘的:"庖有肥肉,厩有肥马。民有饥色,野有饿莩。此率兽而食人也。"[4] 因此,结合上文《礼记·礼运》中对"小康"的描述,孟子正是追求这样一种生活丰衣足食,社会秩序井然,道德上尊老爱幼的小康社会。

同样是把希望追溯到过去时代,道家与儒家的选择却不同。老子在《道德经》第八十章中表达了"小国寡民"的理想:

> 小国寡民,使有什伯之器而不用,使民重死而不远徙。虽有舟舆,

---

[1] 〔清〕刘宝楠,《论语正义》,《诸子集成》(第一卷),北京:中华书局1954年版,第90—91页。

[2] 张隆溪,《乌托邦:世俗理念与中国传统》,《山东社会科学》,2008年第9期。

[3] 〔清〕焦循,《孟子正义》,《诸子集成》(第一卷),北京:中华书局1954年版,第33—35页。

[4] 同上,第37页。

无所乘之；虽有甲兵，无所陈之。使民复结绳而用之。甘其食，美其服，安其居，乐其俗，邻国相望，鸡犬之声相闻，民至老死，不相往来。[1]

相比"大同"理想，老子的理想彰显了他所向往的"无欲"与"无为"。庄子继承了老子的这种理想，但他更极端，最集中的表述是《庄子·山木》中市南宜僚向鲁侯描述的"建德之国"的景象：

南越有邑焉，名为建德之国。其民愚而朴，少私而寡欲；知作而不知藏，与而不求其报；不知义之所适，不知礼之所将；猖狂妄行，乃蹈乎大方；其生可乐，其死可葬。吾愿君去国捐俗，与道相辅而行。[2]

可以看出，在这个庄子所期望的"建德之国"里，人民纯朴，少私欲；耕作而不储备，助人不图酬报；不去管义和礼；随心所欲任意而为，竟能各自行于大道；他们生时自得而乐，死时安然而葬；国君也要舍弃世俗，与大道通行。庄子的"大道"即是他所追求的自由。在他的理想乐土中，一切都是一种自然而然的美好状态。

至此，我们可以对几位重要的先秦诸子的理想乐土观念做一些总结。首先，表面上看，儒家与道家都是通过对过去时代的怀念来实现他们心中的理想乐土的。其实，稍作总结可以看到，中国古代哲人的空想一直是顺着神话传说的方向来描绘的，这在本章开头的文字中已做说明。

其次，无论儒家还是道家，都是通过对当时现实的批判来表达他们心目中的理想乐土的。他们虽然是努力回到所谓的"过去时代"，但并不是如西方基督教一样通过神启来回到一个天堂般的美好时代，而是通过人在

---

[1] 〔魏〕王弼，《老子注》，《诸子集成》（第三卷），北京：中华书局1954年版，第46—47页。
[2] 〔清〕郭庆藩，《庄子集释》，《诸子集成》（第三卷），北京：中华书局1954版，第295页。

现世的努力，构建"礼"的乌托邦，通过对过去的怀念来抵达完美世界。如果我们按照人与现实世界、人与神的关系，大致可以把理想乐土分为：现实的理想乐土、精神的理想乐土和神圣的理想乐土。可以发现，儒、道无论积极还是消极，都对"现实"充满了关怀，而这种现实的理想乐土，又都是通过提高精神修养，或者主体的生命超越，在精神的理想乐土中来实现。因此，儒家、道家的思想围绕着现实与精神两个方面展开，但却都没有直接涉及"神"这一维度。比照基督教的《圣经》，它对理想乐土的追求表现在两个方面，一方面是它从宏观上表现出来的，上帝对人类的正义、公道、博爱等等要求，再就是《圣经》中对伊甸园的描绘，而这一切都以上帝为中心展开。这种神圣的理想乐土，或许在中国古代的祭祀、神话、信仰中才能寻得，汉画像所反映的汉代人心目中的理想乐土，就是一种神圣的理想乐土，但与西方宗教中上帝的神圣所不同的是，它始终充满了世俗性，它是在世俗社会基于现实的内在超越，它的神圣指向的是"神仙世界"这个特殊的存在，这在下文会具体展开论述。

再次，中国古代先贤是着重从"民"的角度或者说民与社会关系的角度描绘一种理想的"状态"。而西方思想家在建构理想社会时一般从政治学的角度出发，描绘乐园或者城邦的经济、法律的详尽情况，从柏拉图的《理想国》到莫尔的《乌托邦》一直秉承这样的传统。柏拉图从"正义"的核心理念出发，设计一个由哲人当国王的理想国。莫尔的《乌托邦》就如他的书名一般，描绘了一个不存在的地方，他在书中描写了这个乌托邦社会的方方面面，特别是经济和法律，详尽至极。康帕内拉的《太阳城》、安德里亚的《基督城》以及培根的《新大西岛》都与莫尔的《乌托邦》在这一点上保持了统一。

既然神圣的理想乐土在祭祀、神话、信仰中才能寻得，汉画像图像又正是承载了这些信息的艺术，我们就必须通过研究汉画像的神话图像来追寻汉代人的理想乐土。而研究这一类图像，离不开对汉代的神仙观的分析。[1] 闻一多在《神仙考》中给神仙下了个定义："所谓神仙者，实即因灵魂不死观念逐渐具体化而产生出来的想象的或半想象的人物。"[2] 他强调的是神仙"不死"的特点，并且突出了神仙的虚幻性。实际上，所谓神仙，侧重点在仙，并且不是完全超脱世俗的仙，而是肯定人世欲望，追求"长乐未央"的仙。对"神"与"仙"的文字学解读或许可以说明这一问题。"神"，《说文》："天神引出万物者也，从示，申声。"又"示"下曰："天垂象，见吉凶，所以示人也。从二，三垂，日月星也，观乎天文以察时变，示神事也。"[3] "仙"，《说文》作"僊"或"仚"。《说文》："仚，人在山上皃，从人山。"《说文》："僊，长生僊去也，从人从䙴。"段玉裁注："僊去，疑当为䙴去。《释名》曰：老而不死曰仙，仙，迁也。迁入山也，故其制字人旁作山也。"[4] 可以看出，"神仙"既与神一样能超过时空的束缚，同时又满足了人的世俗享乐，其中虽然有"神"，但着重点放在了"仙"字，可以说，"神仙"相比"神"而言更具人格化，更具世俗性。从根本上来说，人类都有逃避死亡、追求生命永恒的渴望。"神仙"就是中国古人在面对死亡、想要追求永恒的世俗快乐而幻想出来的存在。在中国，"神仙"观的形成与人们在对外部世界的探索中对自身生命的思考相关，这种探索和思考的结果就是人们认为自身在宇宙中的存在能够"天人合一"，人们俯仰天地，发现天地四方、日月星辰存在一种永恒不变的规律，很自然地，人们认为自身的存在与活动也是这种宇宙、天地规律的表现。人与天上的神能够沟通，灵魂能够如日月星辰一样不灭，生命能够如天地般永恒，幸福快乐能够无限延绵，而一旦成了"神仙"，进入昆仑或者蓬莱仙境，就可以实现以上的所有可能。

神仙思想在汉代开始真正从贵族到平民全面流行，并且影响了汉代人生活的方方面面，比如建筑、养生、丧葬、文学艺术等等。但实际上，神

---

[1] 汉代神话发展的特点就是神话仙话化，重点由"神"转移到了"仙"，而仙话，至少在汉代的仙话，完全可以认为是中国神话的一部分。

[2] 闻一多，《闻一多全集》（第一卷），北京：生活·读书·新知三联书店1982年版，第159页。

[3] 〔汉〕许慎撰，〔清〕段玉裁注，《说文解字注》，上海：上海古籍出版社1988年版，第2页。

[4] 同上，第383页。

仙观是逐步从古代人的鬼神信仰、神话观念慢慢发展形成的，经历了一个较漫长的时期。我们可以将之大致分为三个阶段：第一阶段是西周之前，这一时期主要是神仙信仰的最初形态即原始的巫鬼信仰；第二阶段是从西周到战国，这一时期是神仙信仰的形成时期；第三阶段是秦汉时期，经过秦皇汉武的求仙活动，西汉后期神仙信仰在民间普及开来，并且特别表现为西王母信仰的盛行，西王母成了仙境的象征。

西周之前，巫鬼信仰是神仙信仰的最初形态。这一时期先民们对世界的认识是通过巫术、神话来进行的，譬如殷商之际人们用甲骨来占卜问神。他们信奉万物有灵，认为人死后可以灵魂不灭，或升为天神，或降为地鬼。但无论鬼神，都是他们崇拜的对象，因为鬼神可以庇佑他们，降福祛灾。这种思想的形成与原始人和自然的关系相关，在原始时期，自然对于原始人来说是神秘的，其力量远远胜过人类，故而人们把许多难以解释的现象归于鬼神，并且通过巫术来与鬼神沟通。《国语·楚语下》曰：

> 古者民神不杂，民之精爽不携贰者，而又能齐肃衷正，其智能上下比义，其圣能光远宣朗，其明能光照之，其聪能听彻之，如是则明神降之，在男曰觋，在女曰巫。[1]

这种巫术活动在后来《楚辞·招魂》中还有更形象的表现：

> 帝告巫阳曰："有人在下，我欲辅之。魂魄离散，汝筮予之。"
> 巫阳对曰："掌梦！"上帝命其难从！若必筮予之，恐后之谢，不能复用巫阳焉。
> 乃下招曰："魂兮归来！"[2]

---

[1] 徐元诰撰，王树民、沈长云点校，《国语集解》，北京：中华书局 2002 年版，第 512—513 页。
[2] 〔宋〕朱熹，《楚辞集注》，上海：上海古籍出版社 2001 年版，第 130 页。

汉代的谶纬思潮显然也是在这种巫术鬼神信仰的基础上发展的。总之，巫鬼信仰中相信灵魂可以不死，人神可以沟通，鬼神庇佑人类的思想正是神仙信仰最初的起源和形态。

西周之后，"天"的观念开始确立，国君被称为"天子"，人与神的直接关系，转为人与"天"的关系，而人与"天"又是通过人与"祖先"的关系建立的。这一时期的变化源于在生产力的发展推动下，自然对人来说，不再仅仅是一个到处充满神秘力量的存在，而演变为一个需要认真面对人与人关系的社会。不可知的"神"也慢慢演变为"天""祖先"这样能为人认识和掌握的更具人性的存在。同时，面对常年战乱，面对人世间的欢乐以及无常，人们越来越渴望能够长生不死。这一时期的神话文本《山海经》中出现了"不死国""不死民""不死药"以及"羽民"。《左传·昭公二十年》："公（齐侯）曰：'古而无死，其乐若何？'晏子对曰：'古而无死，则古之乐也，君何得焉？'"[1] 面对死亡，儒道两家也对不死或者"不朽"有自己的主张。简单来说，儒家通过集体意义上的祖先、血脉，以及个人的立德、立功、立言来实现君子在后世的不朽，道家则是用非理性的思维超越了生命的局限而达到不朽。当然这种主张并没有直接表述出来，而是从一种整体的哲学角度做出的归纳。叶舒宪认为儒家的哲学是一种作为汉民族原始生命哲学的孝，具有对抗死亡、消除死亡恐惧的作用，它以族类之不朽为内在精神实质。[2] 同时，他认为儒家思想中还有另一种克服死亡恐惧的精神慰藉，即个人的精神的不朽观念：德、功、言。而相比儒家的理性主义态度，道家面对死亡采用的是一种非理性主义的态度，道家思想就其实质而言乃是对神话思维成果的全面继承与发展。因此，在老庄一派的著作中，神话色彩浓重的神人、真人等取代了儒家所谓的圣人，成为人生追求的榜样。如果说儒家的不朽观建立在一种直线性的无限延长的时间观念基础上，如族类的永久绵续或德、功、言的芳名永传所体现的那

---

[1] 〔清〕阮元校刻，《十三经注疏》（第四卷），北京：中华书局2009年版，第4549页。
[2] 叶舒宪，《英雄与太阳——中国上古史诗的原型重构》，上海：上海社会科学院出版社1991年版，第197页。

样，那么道家的不朽观则建立在神话思维的循环时间观念之上。按照道家的观点，个体生命的不死不仅是可能的，而且是用不着竭心尽力去追寻的东西，关键在于领悟宇宙之道的循环变异规律，顺应自然而已。[1] 当然，除了这种抽象"不朽"观念的表达，从《逍遥游》诡谲多彩的文字中我们也能直接感受到一个神仙国度：

> 藐姑射之山，有神人居焉。肌肤若冰雪，绰约若处子。不食五谷，吸风饮露，乘云气，御飞龙，而游乎四海之外。[2]

另外，不可忽视的是，春秋战国时期阴阳五行思想的发展与方士的出现也对神仙观的形成起到了促进作用。《史记·封禅书》中论述了这种关系：

> 自齐威、宣之时，驺子之徒论著终始五德之运，及秦帝而齐人奏之，故始皇采用之。而宋毋忌、正伯侨、充尚、羡门高最后皆燕人，为方仙道，形解销化，依于鬼神之事。驺衍以阴阳主运显于诸侯，而燕齐海上之方士传其术不能通，然则怪迂阿谀苟合之徒自此兴，不可胜数也。[3]

《史记·封禅书》在上文之后紧接着又记载了一段文字：

> 自威、宣、燕昭使人入海求蓬莱、方丈、瀛洲。此三神山者，其

---

[1] 叶舒宪，《英雄与太阳——中国上古史诗的原型重构》，上海：上海社会科学院出版社1991年版，第200—202页。叶舒宪在文中还列出了西方文学批评家归纳出的"不死"原型。1.从时间中逃脱：重返乐园的理想境界，也就是人类失去不死性之前所享有的永生极乐境界。2.神秘地化入循环时间中：无休止地死与再生的主题——人类通过加入自然永恒循环的宏大而神秘节奏，获取一种周而复始的不死性。叶舒宪认为在中国文学史上，这两种超脱死亡的原型模式都很常见，前者以登天和成仙为常见母题，后者在老庄思想中发挥了重要作用。
[2] 〔清〕郭庆藩，《庄子集释》，《诸子集成》（第三卷），北京：中华书局1954年版，第14—15页。
[3] 〔汉〕司马迁，《史记》，《二十四史》，北京：中华书局2000年版，第1170页。

传在渤海中，去人不远；患且至，则船风引而去。盖尝有至者，诸仙人及不死之药皆在焉。其物禽兽尽白，而黄金银为宫阙。未至，望之如云；及到，三神山反居水下。临之，风辄引去，终莫能至云。世主莫不甘心焉。[1]

这段话中蕴含着丰富的信息：第一，我们可以大致确定在战国时神仙思想已经在上层社会流行。第二，蓬莱、方丈、瀛洲三仙山的神话传说在此时也确定流传开来，地点指向渤海，而且仙山中有仙人及不死药。第三，这些君王的求仙活动是失败的，神仙之地仍然难以抵达。

这一时期昆仑神话也早已经成型。《山海经》中有多处提及"昆仑"，屈原在《楚辞·涉江》曰："登昆仑兮食玉英，与天地兮同寿，与日月兮同光。"[2] 可以看出，昆仑这个圣地在此时已经完全可以被称为仙境了，成仙需要登昆仑，这样才能获得长生。

秦汉时期，神仙信仰在秦始皇和汉武帝的求仙活动的推动下，变得极为盛行，《史记》《汉书》中都有相当多的笔墨记载了秦始皇、汉武帝泰山封禅、蓬莱求仙活动，这些文字所记大多是皇帝与方士之间的交流，显示出方士集团在推动秦皇汉武求仙中所起的作用。《史记·秦始皇本纪》载："齐人徐市等上书，言海中有三神山，名曰蓬莱、方丈、瀛洲，仙人居之。请得斋戒，与童男女求之。于是遣徐市发童男女数千人，入海求仙人。"[3] 从《汉书·郊祀志》的记载则可以看出汉代方士人数多到了何种程度："元鼎、元封之际，燕齐之间方士瞋目扼腕，言有神仙祭祀致福之术者以万数。"[4]

西王母信仰在此时也渐渐发展起来并很快达到鼎盛。关于西王母信仰的由来，不管其更多来源于华夏文明，还是直接从中亚文化嫁接而来，有

---

[1]〔汉〕司马迁，《史记》，《二十四史》，北京：中华书局 2000 年版，第 1171 页。

[2]〔宋〕朱熹，《楚辞集注》，上海：上海古籍出版社 2001 年版，第 77—78 页。

[3]〔汉〕司马迁，《史记》，《二十四史》，北京：中华书局 2000 年版，第 176 页。

[4]〔汉〕班固，《汉书》，《二十四史》，北京：中华书局 2000 年版，第 1042 页。

神话之魅

一点是毋庸置疑的，西王母神话肯定是在战国以来中原文化与西域文化的交流中逐步形成的。西王母和昆仑本是两个不同的神话，但在战国之后的文献中已经能发现二者的不断融合。《山海经·西山经》载：

> 又西三百五十里，曰玉山，是西王母所居也。西王母其状如人，豹尾虎齿而善啸，蓬发戴胜，是司天之厉及五残。[1]

《山海经·大荒西经》载：

> 西海之南，流沙之滨，赤水之后，黑水之前，有大山，名曰昆仑之丘。有神——人面虎身，有文有尾，皆白——处之。其下有弱水之渊环之，其外有炎火之山，投物辄然。有人，戴胜，虎齿，有豹尾，穴处，名曰西王母。此山万物尽有。[2]

《山海经·海内北经》载：

> 西王母梯几而戴胜（杖），其南有三青鸟，为西王母取食。在昆仑虚北。[3]

这三则文献实际上呈现了一个西王母形象不断丰富的过程，第一则文献中西王母只是居住在玉山的神，第二则文献中则明确与昆仑确立联系，第三则西王母身边又多了"三青鸟""梯几"。到了西汉司马相如《大人赋》的描绘中，我们能解读出西王母已经完全成为"长生不死"的代表："吾乃今目睹西王母，曜然白首戴胜而穴处兮，亦幸有三足乌为之使。必长生

---

[1]　袁珂，《山海经校注》，成都：巴蜀书社 1993 年版，第 59 页。
[2]　同上，第 466 页。
[3]　同上，第 358 页。

若此而不死兮，虽济万世不足以喜。"[1]《淮南子·览冥训》中的材料则指明了不死之药与西王母的关系："譬若羿请不死之药于西王母，姮娥窃以奔月，怅然有丧，无以续之。何则？不知不死之药所由生也。是故乞火不若取燧，寄汲不若凿井。"[2]《汉书·哀帝纪》记载："（建平）四年春，大旱。关东民传行西王母筹，经历郡国，西入关至京师。民又会聚祠西王母，或夜持火上屋、击鼓号呼相惊恐。"[3]这说明了此时西王母信仰已经在民间普及。综合以上材料，可以认为，在西汉末期，以西王母为代表的昆仑山仙界系统的形象已经成型。

二、汉画像神话中理想乐土的空间性与象征性

在梳理了理想乐土在诸子观念中的表现，表述了在汉代成为风气的神仙信仰如何形成之后，我们回到图像本身，首先需要回答的问题是：在蕴含着神话观念的汉画像中，理想乐土又是如何表达的呢？在本文开头简单陈述了这种理想乐土的图像指向的是表现神仙世界的图像。在此结合学者们的研究成果，做出辨析与说明。信立祥将汉画像的图像分为四层：天上世界、仙人世界、人间世界以及鬼魂世界。[4]巫鸿也对"天堂"图像做了分类和解读。在《汉代艺术中的"天堂"图像和"天堂"观念》一文中，巫鸿首先区分了天堂与理想家园这两个概念："回过头来看一看汉代的墓葬，不难发现大量随葬品和画像的目的是构造一死后的理想世界。对考古略有涉猎的读者都知道汉马王堆轪侯妻墓中的丰富随葬品，既包括美食佳肴、珠被罗帐，又有大批木俑表现男女侍从、舞伶伎乐。大量东汉墓葬更饰以石刻壁画，惟妙惟肖地描绘种种现实生活场面以及孝子烈女、历史故

---

[1] 董治安等主编，唐子恒、刘晓东、李吉东整理，《两汉全书》（第四册），济南：山东大学出版社2009年版，第1956—1957页。

[2] 〔汉〕刘安，《淮南子》，《诸子集成》（第七卷），北京：中华书局1954年版，第98页。

[3] 〔汉〕班固，《汉书》，《二十四史》，北京：中华书局2000年版，第239页。

[4] 信立祥，《汉代画像石综合研究》，北京：文物出版社2000年版，第60页。

事。我们可以把这种种模拟和美化现实的器物和画像统称为'理想家园'（ideal homeland）艺术，其与表现'天堂'或'仙境'的作品在艺术语言及宗教含义上都是大相径庭的。"[1] 巫鸿认为二者不同主要有四点：

> 一、每一"理想家园"总是为一特殊死者所设，因此可以说是一种理想化的"私人空间"（private space）。"天堂"或"仙境"则是大家共同的理想，可以说是一种理想化的"公共空间"（public space）。二、"理想家园"是对"现实家园"的模拟和美化。"现实家园"属人间，"理想家园"属冥界，二者人鬼殊途，呈现出一种对称式的非联接关系。但汉代人心目中的"天堂"或"仙境"则往往是现实世界的延伸。不管是蓬莱还是昆仑，仙岛神山从不在天上或地下，而是存在于地上。只是由于路途之遥远艰险而使得这些地方似乎是个"非现实"的世界。三、成仙的企图和"恋家"的愿望是对立的，我已说过"恋家情结"源于对陌生世界的恐惧和躲避，成仙则必须离家冒险，或横越大漠，或漂洋渡海。四、仙山或天堂从不模拟现实世界，而必须"超越"（transcend）或"异化"（alienate）现实世界。[2]

接着巫鸿在文中区别了"天堂"与"天"，这里概而言之，"天"指汉画像中经常出现在最顶端的图像，或者说可以用"天文"一词来表达，而"天堂"，按照巫鸿的意思，大致则指仙山或者仙境。因此，参考以上二位学者的分类，汉画像神话中理想乐土的图像更侧重于表现为以伏羲女娲或者西王母为中心的神仙世界的图像。还需要说明的是，以上的分类只是一种宏观的分类，涉及汉画像发展的时期、地域，则情况就变得复杂，比如在陕西地区的许多画像中，几乎看不到特意表现天文图像的那一层，在最外围大多只是一些云气纹或者表现祥瑞的图纹，这类图纹更多地凸显了

---

[1] ［美］巫鸿著，郑岩等译，《礼仪中的美术》，北京：生活·读书·新知三联书店 2005 年版，第 244—245 页。
[2] 同上，第 245 页。

图 12-1　河南郑州画像砖

图 12-2　湖南长沙马王堆帛画（局部）

图 12-3　四川画像砖

仙境的气氛，因而可以将之归类于表现仙境的图像。总而言之，汉画像神话中的理想乐土指向的是以"仙"为中心的汉画像图像。因此，参考以上二位学者的研究，本文认为汉画像神话中理想乐土的图像更侧重于表现为以伏羲女娲或者西王母为中心的神仙世界的图像。图 12-1、图 12-2、图 12-3、图 12-4、图 12-5、图 12-6 分别为河南画像砖、湖南马王堆帛画、四川画像砖、四川石棺画像、陕西画像石以及山东画像石，我们可以发现，汉画像的神仙世界图像在不同地区不同形式中虽然各有差别，但还是

图 12-4　四川石棺画像石

图 12-5　陕西刘家沟画像石

图 12-6　山东画像石

存在一个基本稳定的系统。在这一神仙世界的图像中，伏羲、女娲、西王母、东王公扮演着主神的角色，围绕在他们周围的还有玉兔、三足乌（三青鸟）、蟾蜍、九尾狐、羽人、龙、虎、凤、玄武、朱雀以及其他人兽同体的形象，另外还有玉璧、华盖、仙草、车马、天门、天柱等其他形象，这些形象共同组成了一个仙境系统。这个汉画像艺术中的仙境系统最集中地表达了汉代人对理想乐土的追求，可以看出，这是一个天地人神共舞的世界，而所有这些形象，以伏羲女娲或者西王母、东王公这两大主神为统摄，表现出汉代人追求的理想乐土是一个"长生不死""长乐富贵""长宜子孙"以及"天人合一"的世界，这在后文会具体论述。

根据汉画像图像自身的特点，汉画像是一种宇宙象征主义的图式，因此，本章主要从空间性、象征性两个角度入手，解读汉画像神话中的理想乐土。

论及空间性，首先要问何为空间？康德认为时间、空间是先验的感性形式。梅洛·庞蒂强调了面对空间时主体（身体）的重要性，对海德格尔来说，空间和时间都与"存在"密不可分，在笔者的解读中，空间可以理解为"在世界之中（In-der-Welt-sein）"[1]，可以理解为人"诗意的栖居"的场所，理解为"天地人神"四个维度所代表的存在。而哈维、福柯、詹明信等则从社会文化理论角度阐释与权力、历史紧密相关的人类生存的"空间"。本章集中关注的是，从汉代思想与艺术的角度（具体到汉画像）我们该如何探讨空间性？显然仅仅从美术学的角度探讨二维平面空间所营造的空间感与三维透视的空间是不够的。从某种程度上说，这种二维平面空间是现代人对汉代艺术的一种解读，而对于汉代乃至更遥远的古代社会，人们对空间的理解是与生存、生死紧紧联系在一起的，是一种具体的空间知觉而非抽象的几何空间概念。[2]宗白华认为："（在中国）空间不离天地乾坤，为表情性的，不化为抽象之点与数。而为八卦成列之'象'（意象）、理（生生条理，始条理、终条理之理），所以成位，非依抽象之空间地位以示物理。"[3]他认为"鼎为烹调之器，生活需用之最重要者，今制之以为生命意义，天地境界之象征"[4]。远古时期的先民首先通过观察日月运行而建立的就是天地、上下、四方的概念。《管子·宙合》："天地，万物之橐也；宙合，有橐天地。天地苴万物，故曰万物之橐。宙合之意，上通

---

[1] ［德］海德格尔著，陈嘉映、王庆节合译，《存在与时间》，北京：生活·读书·新知三联书店1987年版，第66页。

[2] ［德］恩斯特·卡西尔著，甘阳译，《人论》，上海：上海译文出版社1985年版，第54—59页。

[3] 宗白华，《宗白华全集》（第一卷），合肥：安徽教育出版社1994年版，第621—622页。

[4] 同上，第612页。

神话之魅

于天之上，下泉于地之下，外出于四海之外，合络天地，以为一裹。"[1]《管子·九守》："一曰天之，二曰地之，三曰人之，四曰上下、左右、前后，荥惑其处安在？"[2] 除了这种生存空间的定位意识之外，古人对空间的追求更主要表现在空间的博大无限之上。《老子》《庄子》中经常会提及"无极"二字，《荀子·礼论》曰："故天者，高之极也；地者，下之极也；无穷者，广之极也。"[3] 汉赋在体物铺陈上也总是突出空间的广博与无限，就如司马相如《答盛览问作赋》中说："赋家之心，苞括宇宙、总览人物。"[4] 因此，可以说，古时中国人的空间意识建立在自身生存空间之上，是一种具体的空间知觉。

着眼于美术学的研究，巫鸿在多本著作中都分析了"空间性"这一概念，他对空间性的探讨分为两部分：一是象征性框架，指"生者为死者创造的黄泉之下的幻想的生活环境"，这一环境"或是理想的幸福家园，或是长生不老的仙境，或是永恒的宇宙"；二是"位"这个概念，"也就是墓葬中专为死者灵魂设置的位置"，而"象征性框架"与"位"又蕴含着两个互补的基本动机："一个是为死者创造具象或抽象的环境，另一个是在此环境中赋予死者以主体性（subjectivity）。每个动机都激发了墓葬艺术创作的巨大动能。而当这两种目的结合在一起的时候，为死者在黄泉之下建造象征性永恒家园的欲望就具备了无限的可能性。"[5] 在巫鸿对空间性的思考基础上，笔者从海德格尔的"天地人神"四维结构思路里找到些启发，如果说"诗人以语词命名的方式将物和天地人神呼唤到彼此的近处"[6]，那么中国汉代的画家（工匠）则在诸神的命名中，以图像的方式处理"天地人神"的关系。他们营造出一个关于生存、生死的空

---

[1] 〔清〕戴望，《管子校正》，《诸子集成》（第五卷），北京：中华书局1954年版，第63页。
[2] 同上，第301页。
[3] 〔清〕王先谦，《荀子集解》，《诸子集成》（第二卷），北京：中华书局1954年版，第237页。
[4] 董治安等主编，唐子恒、刘晓东、李吉东整理，《两汉全书》（第四册），济南：山东大学出版社2009年版，第1967页。
[5] 〔美〕巫鸿著，梅玫等译，《时空中的美术：巫鸿中国美术史文编二集》，北京：生活·读书·新知三联书店2009年版，第167页。
[6] 余虹，《艺术与归家——尼采·海德格尔·福柯》，北京：中国人民大学出版社2005年版，第171页。

间，一个神圣的空间[1]，这不仅表现为宏观的墓室、祠堂空间，而且也表现为画像石上微观的仙境空间，当然还有仙境空间与墓室、祠堂空间的内外交流，而贯穿其中的是汉代人对天地人神关系的理解，对现实物理空间与幻想的精神空间（这种幻想按照卡西尔的说法，也是一种客观化的存在[2]）的思考与描绘。

在汉代，无论是实在的墓室、祠堂还是虚幻的仙境，都可理解为墓主死后的"家宅"，在巴什拉看来，"家宅是一种强大的融合力量，把人的思想、回忆和梦融合在一起。在这一融合中，联系的原则是梦想。过去、现在和未来给家宅不同的活力……没有家宅，人就成了流离失所的存在。家宅在自然的风暴和人生的风暴中保卫着人。它既是身体又是灵魂。它是人类最早的世界"[3]。巴什拉发现了家宅这一空间包含的哲学意义，人在家宅中获得安定与幸福。这一家宅不仅仅是一个实在的建筑，同时也构建在人内心深处的记忆之中。对于地下墓室、地上祠堂，它们也都是墓主死后的家宅，同时，刻在墙壁中下方的那些似乎表现现实生活的画像，比如庖厨、宴饮等，也是"家宅"生活的一种表现，虽然仍然可能是一种理想中的生活，但是体现了"人"这个维度，同时也体现了人在"天地人神"四维中所处的"位置"。至于在我们看来虚幻的仙境空间，一般处于整幅图像的上方，乃至顶端，这一空间的存在如果联系现实的家宅生活，则表明了从人到仙到神的过渡。我们可以在长沙马王堆帛画中看到这种细致的描绘（图12-7）。综上，我们可以把汉代人对死亡的思考，对不死或者

---

[1] 在伊利亚德看来，存在着一个神圣的空间："对于宗教徒而言，空间并不是均质的。宗教徒能够体验到空间的中断，并且能够走进这种中断之中。空间的某些部分与其他部分彼此间有着内在品质上的不同。耶和华神对摩西说：'不要近前来，当把你脚上的鞋脱下来，因为你所站之地是圣地。'于是，就有了神圣的空间……"参见［罗马尼亚］米尔恰·伊利亚德著、王建光译《神圣与世俗》，北京：华夏出版社 2002 年版，第 1 页。

[2] 卡西尔在《语言与神话》中说："我力图对我认为是人类最基本、最有代表性的特征之一的那个缓慢而连续不断的过程作一番概览。我试图将这一过程描述成客观化过程。在人类活动的各种不同形式中——在神话和宗教、艺术、语言、科学中，人所追求和达到的就是将他的感情和情感、他的愿望、他的感觉、他的思想观念客观化。"参见［德］卡西尔著、于晓等译《语言与神话》，北京：生活·读书·新知三联书店 1988 年版，第 169 页。

[3] ［法］加斯东·巴什拉著，张逸婧译，《空间的诗学》，上海：上海译文出版社 2009 年版，第 5 页。

死后升仙的追求，对永恒理想乐土的追求在空间上进行一种逻辑展开：墓室空间是安放死者现实的身体的场所，同时也是灵魂得以超越的中介，墙壁上的图画展示了死者的灵魂一步步脱离人的维度，向神靠近，从大地升向天空，最后达到永恒、和谐的仙境，在那里灵魂将获得不朽。当然，祠堂空间也表达了这种逻辑，灵魂可以飞升向上成仙，福禄吉祥同样可以自上而下由神向人传递，并且因为祠堂为地上的空间，这意味着它同时是一个生者与死者交流的场所与空间。

当然，除了这种诗学性质的空间阐释，我们仍然可以把画面中的仙境空间当作艺术本体来欣赏和解读。首先，从这个空间所呈现的状态上来说，这是一个和谐、平衡的空间，从图像反映的观念来说，表达了一种人神共处、阴阳相合的状态，图 12-7 的长沙马王堆帛画已经很好地表达了这种状态。从图像的

图 12-7　长沙马王堆一号汉墓出土的"T"形帛画

视觉呈现来说，中心和对称是达成空间和谐与平衡的最佳表现。汉画像中大部分的西王母形象都是正面端坐，身旁侍从俯首而拜，使得西王母形象无论是否处于画面真正的几何中心，都会是视觉的中心。而"对称"典型的表现为伏羲女娲阴阳对偶神的对称以及西王母与东王公的对称，伏羲女娲或者相互交尾或者分别在门柱的两边对称分布。我们可以从图 12-8 中体会这种"中心"与"对称"的呈现。

其次，汉画像中的门、阙与天梯可以理解为两个空间的界限，因此虽

图 12-8　西王母、人物、牛羊车画像

图 12-9　河南新郑汉代"天门"榜题画像

图 12-10　陕西米脂伏羲女娲图

图 12-11　陕西米脂墓门左右立柱画像

然在视觉上我们无法透视出一个更深远的空间，但是在意识上却能理解穿过"天门"之后，进入的是不同于现实空间的仙境空间。在马王堆"T"形帛画中（图 12-2、图 12-7）我们可以看到这种天门的设置，图 12-9的画面中则直接刻有"天门"二字。陕西地区的墓门表现得更为形象、直接（图 12-10），图 12-11 即为天柱或者天梯的一种图像表达。门、阙、天梯等图像实际上是在一个象征性的角度分割空间。下文论及象征性时还会对此论述。

再次，无论是作为整体的仙境空间与表现现实生活的空间还是单独就兽首人身（人首兽身）的图像来看，不同空间的事物被并置在了一幅完整的图像中。

因为时间与空间自古以来不可分割的联系，论述某一主题的空间性而不提及时间是不可能的。叶舒宪是从神话思维的角度来解读原始人的时空观的，他认为"在古代中国哲学的思维模式中时间与空间总是交错混同，彼此不分的"[1]，这从本章的主题"理想乐土"两个词的组合也能直接解读出来，理想显然指向未来时间，乐土则是表达了某种空间存在。之所以集中论述空间性是因为汉代墓室与汉画像本身的特点，或者也可以说，在汉画中，时间在很大程度上空间化了。巴什拉从存在与体验的角度来阐述时间与空间的关系："我们无法重新体验那些已经消失的绵延。我们只能思考它们，在抽象的、被剥夺了一切厚度的单线条时间中思考它们。是凭借空间，是在空间之中，我们才找到了经过很长的时间而凝结下来的绵延所形成的美丽化石。无意识停留着。回忆是静止不动的，并且因为被空间化而变得更加坚固。"[2]巴什拉在这里论述的是过去，这并不妨碍我们去理解理想与未来，可以这么说，我们对未来的想象具体表现为一种空间存在，如此这般，所有漂浮在时间中的东西才能固定下来，我们才可以去理解它们，表达它们。在汉画像的理想乐土表达中，这种时间性就隐藏在从现实世界到仙界的"旅行"之中，隐藏在由生到死再到永恒的观念之中。

理想乐土所指向的仙境空间并不是一个实在的确定的空间，而是一个充满象征性的空间，因此我们有必要接着从象征性的角度来探讨汉画像神话中的理想乐土。

论及符号与象征，德国哲学家恩斯特·卡西尔提出"人是符号的动物"，他认为人类生活在一个符号的世界中。神话、艺术和宗教等就是这

---

[1]　叶舒宪，《中国神话哲学》，北京：中国社会科学出版社1992年版，第12页。

[2]　［法］加斯东·巴什拉著，张逸婧译，《空间的诗学》，上海：上海译文出版社2009年版，第8页。

个世界的组成部分。"符号化的思维和符号化的行为是人类生活中最富于代表性的特征，并且人类文化的全部发展都要依赖于这些条件。"[1] 荣格在《人类及其象征》中对"象征"下了一个定义："当一个字或一个意象所隐含的东西超过明显的和直接的意义时，就具有象征性。"[2] 在书中荣格通过梦的象征分析来证明现代人实际上和原始人一样，象征在其日常生活中占据了很重要的成分。在中国，从汉字到八卦再到先秦"铸鼎象物"，无不体现着象征的观念。汉画像就是一种象征型的艺术，并且汉画像所体现出的总体观念是一种"宇宙象征主义"的。这种观念很典型地表现在汉代的墓室、祠堂和椁棺画像中：汉代的墓室往往建造成上圆下方的样子，以象征"天圆地方"的古老宇宙观。汉代人将宇宙分成天地人鬼四大部分，并把这四大部分放在一个整体的图式中来表现。天上是诸神世界（汉代主要是自然神），地上有昆仑山、三神山、天柱等可以与天上世界沟通。祠堂和椁棺画像往往也按天地人鬼的信仰观念来安排图像，以体现人在宇宙中的位置。但人们对宇宙及其生成的认识，都不是人认识世界的目的。宇宙只有成为人类生存的环境，并根据天地的自然之道而为人所利用时，宇宙论才对人生有意义。我们在这里着重讨论的神仙世界的图像也要放在宇宙论的图式中去阐释它的象征意义。[3]

实际上，神仙世界一方面是一个沟通天地的场所。人（不管是灵魂还是肉身）通过飞升仙界，在仙境中寻找与天神的联系，而神仙世界的伏羲女娲、西王母又可以赐福人类，让生活在地面上的人类幸福快乐。另一方面，我们也可以将其理解为一个独立的空间，在这个空间中，可以无忧无虑，长生不死，长乐富贵。它是汉代人在神话时代消逝、人的力量崛起的时代，面对生命的残酷与喜乐而造出的一个现实世界的幻象，在这个世界中所有的事物都被赋予了象征的意义，正是通过这种象征，汉代人才把握

---

[1] ［德］恩斯特·卡西尔著，甘阳译，《人论》，上海：上海译文出版社 1985 年版，第 35 页。

[2] ［瑞士］卡尔·荣格著，张举文、荣文库译，《人类及其象征》，沈阳：辽宁教育出版社 1988 年版，第 2 页。

[3] 朱存明，《汉画像宇宙象征主义图式及美学意义》，《文艺研究》，2005 年第 9 期。

住了这个世界，而这个神仙世界也就是通过这些象征意义才与人世紧密相连。也正是在这个意义上，可以说汉代人的宇宙观中就真实地存在着这样一个地方，正是有了这样一个理想乐土的存在，人世间的快乐得以长久延绵，而人世间的痛苦在这里却不复存在，人不再会受到时空的限制、死亡的威胁。因此我们可以概括性地说，汉画像中神仙世界的图像象征着汉代人对幸福的追求，对永生的渴望。当然我们还是需要更具体的分析，这个神仙世界中有始祖神、阴阳对偶神伏羲女娲，也有西王母与东王公以及围绕在他们周围的一系列与升仙不死有关的侍者图像，并不是所有的图像会同时出现，这一系统的形成实际上经历了上百年的演变，同时也表现出了地域性的不同。

伏羲、女娲与西王母、东王公都是汉代人信仰的主神，不过从西汉到东汉，呈现出西王母与东王公越来越占据重要地位、伏羲女娲逐渐被边缘化的趋势，究其原因，如果从象征的角度来看，或许是汉代人"长生不死"的愿望从西汉到东汉不断增强，而西王母掌握"不死之药"，成为仙境的象征，因而越来越受到重视。伏羲女娲图像在这方面的象征意义就比较弱，他们更多是承袭了神话传说的创世、始祖神的含义，主要表现出了在天地生成、化育万物方面的象征内涵。伏羲女娲图像上的共同特征都是人面蛇身，作为对偶神，他们或相对而立，或并肩交尾。他们一般会手捧仙草，或手擎日月，或手执规矩，或手举乐器，等等，除此之外，玉璧、华盖、玄武、朱雀、九尾狐、羽人以及西王母这些图像都随伏羲女娲一起出现过。汉画像中的伏羲女娲图，手捧仙草自然是象征了"长生不死"的仙人权力；手擎日月则象征了阴阳；手执规矩即是规天矩地，象征了天圆地方的宇宙论观念。再联系到伏羲女娲的"交尾"，则前面的图像又多了一层象征含义：阴阳交感、化育万物，这体现了伏羲女娲的始祖神地位与汉代阴阳哲学的融合。另外，因为伏羲女娲的神性和以上的这些象征性，他们也拥有了赐福、辟邪的功能。

李淞的《论汉代艺术中的西王母图像》是一本比较全面深刻的研究汉代西王母图像的书，在书中作者依照一种图像的逻辑，将西王母图像系统

图 12-12　河南郑州新通桥画像砖

分为核心图像、必要图像、辅助图像与区域图像三个层次。[1] 其中核心图像为西王母（戴胜）与玉兔（图 12-12）。我们把这个图像系统称为西王母图像系统，就因为西王母在图像中至高无上的中心地位，西王母就是整个仙境的象征。从图像的辨识度来说，西王母要戴胜，有捣药兔在身旁，这样的图像才能确定为西王母仙境。因此我们也能确立"胜"本身的象征（出现在仙境空间中的），它是西王母最直接的象征。玉兔的象征则指向月亮以及"不死"。

　　必要图像有蟾蜍、三足乌与九尾狐（如图 12-3、图 12-4）。蟾蜍代表了月亮，也因与不死药的联系而象征了长生不死。三足乌代表着太阳，三青鸟为西王母的使者，因而某种程度上，它的象征性是依附于西王母的。有一类比较普遍的图像是日中金乌与月中玉兔，成语"乌飞兔走"即是这种图像的文字表达，它们联系在一起，象征着时间的流转，生命的无限、循环。至于九尾狐，一般从"九"（九重天，九族）这个数字以及"尾"（交合、繁衍）的含义入手，象征了生命的生生不息。

　　辅助图像与区域图像指的是在西王母图像系统中那些不十分普遍和

---

[1]　李淞，《论汉代艺术中的西王母图像》，长沙：湖南教育出版社 2000 年版，第 248—270 页。以下对这三类图像的具体分类也是参考此文。

图 12-13　陕西米脂墓门左立柱画像

稳定的图像，一般具有阶段性、区域性，或集中在某类特殊介质上。如河南的凤凰，山东的建鼓舞、交尾侍者、双首神，陕北和四川的华盖、各种形式的天柱、侍者与兽首人身侍者、龙虎座、天门、祭祀图、灵芝，铜镜上的辎軿车、伯牙弹琴以及六博图等。这些图像中比较特别的是"天柱""天门"，它们显然具有突出的象征意义。天柱，在图像上也被认为是"神树""仙山"，鲁惟一将三者并列为"宇宙树或柱，以及昆仑山"，这表明了三者之间的深刻联系，伊利亚德在论述"世界体系"（System of the world）这个概念时指出，一个圣地在空间的均质性中形成了一个突破，这种突破是以一种通道作为标志的，正是借此通道，从一个宇宙层面到另一个宇宙层面过渡才成为可能（从天国到尘世或从尘世到天国、从尘世到地下的世界），与天国的联系通过某些宇宙的模式来表达，这一切都被视为宇宙之轴、支柱，被视为梯子，被视为山、树、藤蔓等等。在这宇宙轴心的周围环绕着世界，因此宇宙的轴心是在我们宇宙的"中心"。[1] 由此，

---

[1]　[罗马尼亚] 米尔恰·伊利亚德著，王建光译，《神圣与世俗》，北京：华夏出版社 2002 年版，第 12 页。

我们可以看出，不管是山、树、柱、梯，都可以理解为沟通天地的象征，并且隐含了"世界的中心"这一层面的意义。天门的象征意义就更容易理解，门首先是一种界限，门里和门外是不同的世界，在伊利亚德那里，教堂的门代表着一种空间连续性的中断，代表着阻隔开了世俗与神圣的界限。而门又代表着一种沟通，因为正是通过门，诸神才能从天国降临尘世，人类也才能借此门在象征的意义上升向天国。[1]

汉画像中遍布的云气纹相比以上的具象图像，是一种更抽象的象征符号。云气纹在基本的装饰功能之外，代表着弥漫于宇宙之间的真气，象征着天空、天界、仙界、龙凤以及吉祥等。当然最核心的是云气纹与"仙"的联系。云首先是"龙"的符号化，《周易·乾卦》曰："云从龙。"[2]云与龙紧密联系在一起，共同象征了仙界，《庄子》中的一些描述最典型地表现了这种联系，《庄子·逍遥游》中"若夫乘天地之正，而御六气之辨，以游无穷"[3]，"肌肤若冰雪，绰约若处子，不食五谷，吸风饮露，乘云气，御飞龙而游乎四海之外"[4]。《齐物论》中"乘云气，骑日月，而游乎四海之外，死生无变于己"[5]，云气在此已经成了飞升仙界的工具。因此，汉画像中，云气的出现，往往与升仙或者仙境密切相关，由此也就衍生出了其吉祥的象征。（图 12-13 中，云气漫布在动物周围，周围的边框也用云气纹象征了仙境与吉祥。）

对于这一神仙世界中的某一个体形象的象征与文化内涵的分析，学术界研究成果颇多，因此本章也只是简单阐述，并未展开，重点要指出的是以下的思考：

首先，应该在象征本身具有的整体性中理解这些图像的意义。这个整体性是指某些事物"由于变成了象征，也就变成了超越现实的符号，这些符号取消了它们物质的限制，不再是孤立的碎片，而是成为一个完整的体

---

[1]　[罗马尼亚] 米尔恰·伊利亚德著，王建光译，《神圣与世俗》，北京：华夏出版社 2002 年版，第 4 页。
[2]　〔清〕阮元校刻，《十三经注疏》（第一卷），北京：中华书局 2009 年版，第 28 页。
[3]　〔清〕郭庆藩，《庄子集释》，《诸子集成》（第三卷），北京：中华书局 1954 版，第 10 页。
[4]　同上，第 14—15 页。
[5]　同上，第 46 页。

系，或者更确切地说，尽管有着不稳定的、碎片化的性质，它们自身还是体现着相关体系的整体性"[1]。可以确定的是，这些图像都是仙境的象征，所有的图像都指向了升仙、不死，同时也都有庇佑死者或者生者的意义。而并不是需要所有图像都出现（甚至不需要西王母形象出现），才能形成这种象征意义，也就是说我们不能把这些图像理解为仙境的"组成元素"，实际上，"一个事物变成一个象征，它就倾向于和整体合而为一，就像神显倾向于体现一切的神圣，倾向于将所有神圣权能的显现囊括在自身之内"[2]。最典型的例子是西王母的"胜"，已经可以单独作为一个符号出现，象征着西王母，而这种象征还可以指向整个仙境以及庇佑的功能，如果小南一郎"胜"与"滕"的关联能够成立的话，那么这个象征就扩大至更广的"织"这一行为所包含的宇宙论的意义。

其次，存在这样一种可能性：在一个象征系统内，一件事物的象征性会受到它所关联的另一事物的影响。这实际上就如伊利亚德所说的象征是有内在一致性的，存在着一种象征的逻辑，"一种不仅来自巫术－宗教的象征体系的逻辑，而且是一种人类的无意识和超意识行为所表达的逻辑"[3]。李凇在论述蟾蜍的图像象征时，提到了蟾蜍与兔二者的关系和来源一直是个谜。闻一多从蟾蜍的蛤与兔的音易混淆，提出讹传说，袁珂认为"其言当是"。读音能够混淆，根本其实是意识上、思维上的混淆，即蟾蜍与兔子两者之间存在着相互影响以及象征性上的替代。这种替代实际上是一种思维上的相互影响、同化。（这种思维实际上从古至今一直存在，比如古人会将关公的青龙偃月刀当作关公的象征，在当代社会，我们为了怀念故去的亲人，而将与其关系最密切的事物当作亲人的象征，比如一幅唯一的自画像。）假如我们确定了兔子和蟾蜍都代表了月亮，实际上就建立了兔子与蟾蜍的联系。而假如蟾蜍又代表了"不死药"，那么图像中出现

---

[1] ［美］米尔恰·伊利亚德著，晏可佳、姚蓓琴译，《神圣的存在——比较宗教的范型》，桂林：广西师范大学出版社 2008 年版，第 421 页。
[2] 同上。
[3] 同上，第 420 页。

捣药的兔子也就不足为怪了。当然具体的情况有待考证，在此只是一种假设。这同样可以从弗雷泽《金枝》中提到的"接触律"获得某些启发。弗雷泽在《金枝》中对原始巫术进行了分类。他分析了巫术赖以建立的思想原则，发现它们可以归结为两个方面：第一是同类相生或果必同因；第二是物体一经相互接触，在中断实体接触后还会继续远距离相互作用。前者称为"相似律"，后者称为接触律或"触染律"。[1]这两个规律包含着的一个最基本的认知即相信事物的模仿或事物的图像同样是有灵的，它们之间或是因相似，或是因有过接触而相互联系、相互渗透、相互影响。虽然我们在此分析的并不是巫师施展巫术，但是思维以及语言之间的相似、图像之间的替代，显然也会造成事物的象征性指向之间相互影响与渗透。至少，在一个象征系统之下的不同符号之间的象征性互相影响、融合能给我们分析类似图像提供参考。

再次，象征性是解读神话与汉画像（文与图）深层关系的一个角度。因为如前所述，我们从图像中解读出的象征性根本离不开图像本身的神话原型。不过图像本身的特点，也会影响到象征性的传达，从一些图像上我们虽然能确定其形象，却不一定能确定其指向。例如云气纹的象征性不仅与其背后的神话内涵与哲学内涵相关，从原始时期艺术品的纹路，到商周的"云雷纹"、先秦的"卷云纹"，再到汉代的"云气纹"这样的图像自身发展逻辑也是分析象征性的重要方面。

三、汉画像神话中的理想乐土的审美分析

前文已经论述，汉画像神话中的理想乐土在图像上主要表现为神仙世界的图像，这一神仙世界围绕着伏羲、女娲，或者是西王母、东王公建立起来。李泽厚认为，汉代艺术"通过神话跟历史、现实和神、人与兽同

---

[1] ［英］弗雷泽著，王培基、徐育新、张泽石译，《金枝》，北京：商务印书馆 2012 年版，第 25 页。

台演出的丰满形象画面，极有气魄地展示了一个五彩缤纷、琳琅满目的世界"，这一世界"很不同于后代六朝时期的佛教迷狂。这里没有苦难的呻吟，而是愉快的渴望，是对生前死后都有永恒幸福的祈求"[1]。可以说，汉画像神话中的理想乐土就是一个"长生不死""长乐富贵"以及"长宜子孙"的世界，是一个"天人合一"的世界，是一个审美的乌托邦的世界。对这一理想世界图像做审美的范畴的分析，可以概括地表述为：从审美主体来看，这一图像反映的是汉代社会世俗与超越的统一；从审美本体来看，这一图像是怪诞与和谐的统一；从审美的根源来说，这一图像是一种审美乌托邦，反映的是人类根本的精神——乌托邦精神。

世俗与超越。汉画像神话中的理想乐土最突出的特点即为"长生不死"，因为这是一个充满神性的神仙世界，人们可以无限靠近甚至拥有神仙的能力，可以拥有某种神性，可以不死、获得永生；但另一方面，其所观照和开启的仍然是一个世俗的幸福世界，人们努力追逐不死，或者死后灵魂不灭乃是为了享受人世间的幸福与欢乐，不仅为现世生活，也为后世子孙求得福祉（长乐富贵与长宜子孙）。

从马克斯·韦伯的《新教伦理与资本主义精神》《儒教与道教》问世开始，世俗与超越的问题就成为一个热点。在马克斯·韦伯的论述中，世俗化被看作现代性转折的重要维度，现代社会是一个"祛魅"之后的"世俗社会"，在这个社会中"那些终极的、最高贵的价值，已从公共生活中销声匿迹"。[2] 虽然这主要集中于现代性问题，但中国传统社会的世俗性与超越性也是谈论中国社会的现代性绕不开的一环。在伊利亚德那里，"世俗"是通过一种宗教的角度规定的，是作为"神圣"的对立状态存在，张隆溪在《乌托邦：世俗理念与中国传统》中指出，基督教的"上帝之城"与乌托邦是对立的，因为乌托邦是人的理想社会，不是关于灵魂与天国的幻想。他引用英国学者库玛（Krishan Kumar）的话说："宗教与乌托邦之

---

[1] 李泽厚，《美的历程》，天津：天津社会科学院出版社 2001 年版，第 121 页。

[2] ［德］马克斯·韦伯著，冯克利译，《学术与政治》，北京：生活·读书·新知三联书店 2005 年版，第 48 页。

间有原则上根本的矛盾，因为宗教典型地具有来世的关怀，而乌托邦的兴趣则在现世。"中国古代社会不同于西方社会的地方在于，古代中国一切都是以"天人合一"的理念为根本的，无论是儒家强调的德性，道家强调的自然、虚静、无为还是西王母信仰，都呈现出对这种理念的追求。在古代中国人那里，神圣与世俗、超越与现世之间并没有什么严格的界限。因为日常生活的世俗性与灵魂不灭的信仰、天命、天道的世界是一体的，没有像西方一样分割出上帝之城与世俗之城，因此，中国古代社会既像韦伯总结的那样充满了世俗精神，但同时也是超越的。所不同的是，这种超越并不是对此世的超越，而是对限度的超越，这种超越在时间上表现为对寿命的超越，在空间上是对无穷的追求，这种追求要达到的效果就是"天人合一"。

在《中国审美文化史》中，作者总结了两汉的文学艺术的两个特点：一是"大美"，"大美"者，高大、宏大、博大、壮大之美也，[1] 主要是西汉的特点。二是"实"，主要是东汉的特点。这两个看似有些对立的特点实际上都和汉代生活更根本的一个特点——"世俗性"息息相关。追求"大美"，是一种世俗生活中的恢宏大气的美，而尚"实"，更是世俗生活的写实。从华美宏大的宫殿到市井中的乐舞，从汉赋的世俗生活场景的铺陈到乐府诗中的饮酒享乐等等，无不体现了强烈的世俗性特征。而这一特点在汉画像中有更广泛更直接的体现，在汉画像中，有大量的庖厨图、宴饮图、乐舞图、博弈图、百戏图、狩猎图、车马出行图以及表现两性生活的图像，而铜镜铭文或者瓦当上经常出现"富""贵""乐""千秋""万岁""未央"等字眼（如图12-14中的铜镜中刻有"长宜子孙"的字样、图12-15中瓦当文字为"长乐未央"），更明确道出了汉代人追求享乐、长生的心理。实际上，最能深刻体现汉代的"世俗性"这一特征的，不是那些表现现实生活的图景，而恰恰是表现神仙世界的这一类图像，因为汉代人升仙的目的，其实是希望长寿、长生、不死。他们迷恋这个尘世，不是

---

[1]　陈炎主编，《中国审美文化史·秦汉魏晋南北朝卷》，济南：山东画报出版社2000年版，第4页。

图 12-14　瑞兽纹镜　　　　　　　图 12-15　"长乐未央"瓦当

想要抛弃它，而是在更广、更深的意义上保留它。即使是对那些底层人民来说，虽然一些战乱、灾害、压迫等等让他们觉得这个世界不尽如人意，他们还是希望在死后过着与人世间相类似的生活，这表明对汉代人来说，尘世中一直存在着一个幸福图景，而对神仙世界的幻想、描绘就是这种认识的外化表达。

　　神仙世界超越的一面，是如何表现呢？这种超越不是对世俗社会的摒弃，不是回到一个没有世俗生活的伊甸园，也不同于后世归隐山林不问世事的隐士、求仙问道之士的超越。恰恰相反，它是在对生命的渴望的基础上对死亡的超越，这种超越的结果就是死亡在汉代人看来不那么恐怖了，而成了一个更美好生活的契机。它的否定性或许只是表现在对生命短暂的不满，这种不满的背后实际上是对现世价值的绝对肯定。如果说现实世界是一个享乐的世界的话，他们想要追求的是一个极乐世界，在这个世界中，世俗性的享乐将不再有时间上的终点以及空间的限制，就像铜镜铭文与瓦当文字上表达的"长乐未央""长乐无边"。于是我们又返回到一开始论述的汉代人对"大"的追求，这种"大"就是不断地扩展边界，突破时空的限制，在语言的表达上，汉代人将这种"大"扩展至"天地""宇宙"。司马迁写《史记》是要"究天人之际，通古今之变"，司马相如在《答盛览

图 12-16　西王母、九尾狐、异兽图像

图 12-17　滕州画像石拓片　西王母、神人图像

问作赋》中说："赋家之心，包括宇宙，总览人物。"这很明显是沿袭了庄子的"天地有大美而不言"、屈原的"登昆仑兮食玉英，与天地兮同寿，与日月兮同光"的思路，表达的是人希望生存的空间像宇宙一般广阔，存在的时间像天地日月星辰一般永恒。但是现实的时空总归是有限的，生命也终有尽头，那么就需要一个理想乐土来满足人们的这种渴望。汉代人通过汉赋、汉乐府、汉画像等艺术形式表达了这种渴望，我们将之解读为一种审美的超越，应该是合理的。

怪诞与和谐。当我们（以现代人的身份）对这一神仙世界的图像凝视时，立刻能感觉到怪诞，特别是将神仙世界中的图像个体（比如人首蛇身、鸡首人身、牛首人身、马首人身的怪物，比如羽人）与那些表现日常现实生活的图像（比如车马出行图、宴饮图以及庖厨图）对比的时候，它们呈现出一种怪异的拼贴，一种畸形、一种奇怪的比例，正是这些特征让它们从形式上远离了"美"。（我们可以在图 12-16 和图 12-17 中感受这种怪诞）我们现代人将其称为"怪诞"。（某种程度上，这只是现代人对古代艺术的一厢情愿的解读，就像西方人将中国寓意吉祥的"龙"当作怪兽一样，当然这并不妨碍我们研究怪诞，只是提醒我们时刻注意"怪诞"这一视觉存在与心理感觉是受文化环境限制的。）追溯怪诞的来源与发展，似乎应该从文艺复兴时期在原始洞窟中发现的被称为"grottesco"的绘画风格说起，到浪漫主义时期怪诞成为一种审美范畴，再到20世纪被现代艺术重新青睐，直至今天怪诞成为一种重要的美学范畴。但实际上，怪诞艺术并不是从文艺复兴时期才发端，它在更久远的原始时期就存在，在世界各个地区原始社会流传下来的神话中，都可以找到怪诞的艺术。《山海经》中就记载了大量的人兽同体的怪物，汉画像中的怪诞形象在《山海经》中都可以找到文字的或者图像的对应，在古老的中国岩画以及青铜器上，我们也能发现许多怪诞的形象。

这些怪诞形象的产生，无疑与早期宗教信仰密不可分。在原始信仰以及原始思维中，原始人并未将"自我"抽离出大自然，自然对他们来说是神秘可怖的。对于原始人来说，"他的自然观既不是纯理论的，也不是纯实践的，而是交感的（sympathetic）……原始人绝不缺乏把握事物的经验区别的能力，但是在他关于自然与生命的概念中，所有这些区别都被一种更强烈的情感湮没了：他深深地相信，有一种基本的不可磨灭的生命一体化（solidarity of life）沟通了多种多样形形色色的个别生命形式"[1]。"人与动物、动物与植物全部处于同一层次上。"[2] 正是出于这样的原因，原始艺术中的人、动物、植物处于一种奇怪的杂糅的状态而显出怪诞。因此，"汉代人追求艺术创作中的怪诞形象，是汉代人集体无意识下的原始思维在墓葬艺术中的集中体现"[3]。

然而，从整体上来看，我们又能感觉到神仙世界也是和谐的，这种"和谐"感的来源，一方面是通过与原始艺术（比如古老岩画、春秋战国青铜器）的对比，我们发现，与那些恐怖狰厉的古老艺术图像比较，汉画像中的神仙世界图像变得和谐了，尽管仍然怪异，但是在慢慢远离恐怖狰

---

[1] ［德］恩斯特·卡西尔著，甘阳译，《人论》，上海：上海译文出版社1985年版，第105页。
[2] 同上，第106页。
[3] 朱存明、李姗姗，《汉画像西王母神怪侍者研究》，载张文军主编《中国汉画学会第十三届年会论文集》，郑州：中州古籍出版社2011年版。

狩。这或许是因为，随着生产力的发展，人与自然、人与动物的关系从自然绝对的压倒性中解脱出来，呈现出对立统一的状态。和谐永远是对立中的和谐。亚里士多德在《论宇宙》中说："也许，自然喜爱相反的东西，且正是从它们中，而不是从相同的东西中，才求得了和谐，就像自然把雌与雄结合在一起，而不是使每对相同性别的东西结合一样；所以，最初的和谐一致是由于相反，不是由于相同。"[1] 张光直在论述商周神话与美术中的"人与动物关系"时认为："在商周的早期，神奇的动物具有很大的支配性的神力，而对动物而言，人的地位是被动与隶属性的。到了周代的后期，人从动物的神话力量之下解脱出来，常常以挑战者的姿态出现，有时甚至成为胜利的一方。"[2] 到了汉代，面对神秘的大自然时，人的力量变得更为强大，人可以主宰更多的事物。自然不再是一种压倒性的力量（当然对于某些自然界的异常现象，汉代人还是将其解释为某种神秘的预兆，汉代的这种谶纬思潮相当盛行，甚至成为哲学与宗教信仰的重要组成部分），人不再仅仅是敬天、畏天，而是强调"天人一也"，人与自然在古代社会的初期达成了某种和解。可以说，这个神仙世界的和谐，是一种天地人神共舞的和谐、生与死的和谐。在这个时代，人诗意地栖居在世界之中，这就是一种最根本的和谐。另外还有重要的一方面，表现为形式上的和谐。因为和谐与对称、平衡、均匀、比例、协调等这些形式美的因素有着密不可分的联系。[3] 和谐在最初的毕达哥拉斯学派那里，就是一种数量关系，或者说各部分之间的对称、比例以及各阶段之间的节奏、韵律。因此通过观察汉画像整体的绘画风格，不论是现实生活图像还是神仙世界的图像，或者是天象图，画面整体的对称、比例以及营造出来的秩序均呈现出"和谐"之感。就对称来说，日与月、伏羲与女娲、西王母与东王公、规与矩

---

[1] 亚里士多德，《论宇宙》，《亚里士多德全集》（第 2 卷），北京：中国人民大学出版社 1991 年版，第 618 页。

[2] 张光直，《中国青铜时代》，北京：生活·读书·新知三联书店 1983 年版，第 295—296 页。

[3] 所有这些都是美的体现，鲍桑葵在《美学史》中说："在古代人中间，美的基本理论是和节奏、匀称、各部分的和谐等观念分不开的，一句话说，是与多样性的统一这一总公式分不开的。"（[英]鲍桑葵著，张今译，《美学史》，北京：商务印书馆 2010 年版，第 4 页。）

图 12-18 武梁祠西壁画像

等等无不体现着阴阳和谐，山东嘉祥武梁祠的墙壁画像（如图 12-18）中我们也能很直接地感受到图像的比例以及秩序。

　　总的来说，汉画像神话中理想乐土的"和谐"表现在"天人合一"的和谐，以及画面形式中的"对称、比例以及秩序"的和谐，而阴阳哲学、儒家思想以及道家思想是这种"和谐"产生的根源。阴阳哲学、儒道与"天人合一"和谐观的联系自不必赘述，需要说明的是以上思想对形式的"和谐"的影响，从《易经》八卦的卦象中我们已经能感受到它所表达的宇宙万物对立统一以及宇宙的秩序性，阴阳思想在画面中最明显的体现就是对称，以此来表达阴阳相合、不可分割之意。而儒家思想对画面形式中的"和谐"的影响应该在于其"礼教"的观念，汉画像图像在功能上有宣传伦理纲常思想的作用，故而这种上下有别、尊卑有序的思想在汉画像中也表现了出来，使得画面富有秩序感。至于道家，一直与神仙思想关系最密切，对画面形式的影响来自其浪漫飘逸的特点，这体现在画面中就是使得仙境图像变得婉转曼妙，富有动感（特别是云气的存在），也起到了冲淡"怪诞"的作用。以上这些说明了正是在汉代儒道互补、阴阳哲学的影响下，汉画像神话中的理想乐土得以呈现出"和谐"之感。

乌托邦精神与审美乌托邦。要更进一步解释上文所言的"世俗与超越"，探究审美的超越的根源，就要论述到人类的普遍的乌托邦精神。赫茨勒在《乌托邦思想史》中说："乌托邦的基础是乌托邦主义精神，即认为社会是可以改进的，而且可以改造过来以实现一种合理的理想的……"纵观整本书，赫茨勒实际上还是把乌托邦看作一种空想的社会学说，仍然没有脱离"主义"，而乌托邦更深层意义上，并不是带有实践意图的生活蓝图，而是人类对美好幸福生活的一种渴望，是"人和哲学的根本精神"。[1] 马克思在《1844年经济学哲学手稿》中说"人不仅仅是自然存在物，而且是人的自然存在物，也就是说，是为自身而存在着的存在物，因而是类存在物"[2]。人的这种类存在本质决定了人与动物的根本性差异，即人除了是自然界的一部分之外，更重要的是生活在一个自身创造的"价值"世界之中。这个"价值"世界并非密闭的，而是一个还在开封的、尚未明确的巨大空间。乌托邦对于人来说，就是一个尚未存在的存在，是一个永恒存在的希望，乌托邦是只有人才能做的白日梦，"动物在任何情况下都不知道这样的梦，只有人才能沸腾起乌托邦之梦"[3]。"人的存在的根本特征不是如动物一般接受既定'事实'，而总是生活在'远方'，生活在'未在之乡'。"[4] 这就是乌托邦精神。从哲学上来说，人类一直在追求一个"应然"的世界，追求一个更美好生活的梦。没有了这种最基本的"饥饿"冲动（布洛赫语，显然这种饥饿不但是生理上的，更是精神上的），人类的生活仿佛也失去了价值。

汉画像神话中的理想乐土，其实就是汉代人用图像构建的一个乌托邦。在现实中不能得到的在艺术图像的想象中得以完成，因而这是审美的乌托邦。当然，审美乌托邦通常是指，在资本主义时代企图用艺术的或者审美

[1]　贺来，《乌托邦精神：人与哲学的根本精神》，《学术月刊》，1997年第9期。
[2]　《马克思恩格斯全集》（第42卷），北京：人民出版社1999年版，第169页。
[3]　[德]恩斯特·布洛赫著，梦海译，《希望的原理》（第一卷），上海：上海译文出版社2012版，第229页。
[4]　《马克思恩格斯全集》（第42卷），北京：人民出版社1999年版，第169页。

的方法来拯救这个异化的世界的这样一种行为或者思想。在马尔库塞看来，乌托邦是对人的解放、人的自由的全新构想。只不过在面对资本主义时代的现实境遇时，他只能选择在艺术－审美之维中展开对这乌托邦的追求，在社会的各个方面，比如经济、政治、日常生活等等都呈现出了"单向度"的一面，而只有在艺术中我们才有可能恢复人的自由、创造的一面，实现人的全面发展。当然古代艺术与资本主义时代的机械复制的艺术不同，如本雅明所认为的那样，古代的艺术最重要的特点是富有"光晕"的艺术，这种"光晕"可以解读为某种神性，或者说，艺术作为人的生存、生活的重要组成部分而与人的生命意义紧紧相连，艺术带给人的不是一种"展览价值"，而是一种"崇拜价值"。[1] 在汉代社会，这种由汉画像艺术构建的审美乌托邦与以上所言资本主义时代的审美乌托邦所不同的是，它本身就是汉代人日常生活中的积极实践，而非资本主义时代艺术的困兽之斗。汉代人在艺术图像中去沟通神灵，获得永生，就是对现实的反抗，它也并非不可实现的幻想，实际上，在墓室中、祠堂中、铜镜中、帛画中大量创作神仙世界的图像，表达的是汉代人强烈的升仙愿望，这种愿望不是虚无缥缈的，在汉代人看来，这是极可能实现的，只是需要用各种技术手段，一步步去达成。我们不要忘了，这类图像还有一个重要的现实功用是赐福避祸，因此这一审美的乌托邦是积极的，远非"救赎"一词可以概括。它是面向民众敞开的，存在于日常生活的方方面面。朱青生在《汉画作为图像》一文中分析了中国古代"艺术"的概念与古希腊以来的西方"艺术"概念的不同，他认为，中国古代没有希腊意义上的"艺术"这个词，也不是用埃及－两河流域－希腊这样对待图像的方法来看问题，而是"把自己的行为动作和跟这个行为有关的制作活动看成是艺术，而这样的活动是通过这样的行为和意愿对自己所不了解的力量进行干预、祈求和推动"，也就是说人"对不可知的干预的行为"才是一种艺术，这种行为在汉代分别称作"艺"和"术"，就是人们通过当时人的某种行为，并且为这种行为做一整

---

[1]　[德] 瓦尔特·本雅明著，张旭东译，《机械复制时代的艺术作品》，《世界电影》，1990 年第 1 期。

套的制作,然后来对自己不了解的一种力量或一种存在进行干预和推动。[1]
从这样的解读中我们能发现,汉画像神话中的理想乐土本身就是对人－神
关系的干预和推动,这一审美乌托邦是实实在在的行为。总之,汉画像作
为表现死亡的艺术,死亡又是汉代人生命中的重要一环,而对死亡的恐惧、
对生命永恒的渴望由神仙世界的图像表达了出来,这种呈现的过程也就是
恐惧得以消解、愿望得以实现(尽管只是在艺术描绘的图景中实现)的过
程,这也正是审美乌托邦的意义体现。

四、结语

汉画像艺术是汉代人生活的重要组成部分,它图画天地,品类群生,
刻绘出一个汉代人心目中的理想乐土。它最直接地描绘了汉代人对死亡与
重生的态度,描绘了汉代人对世俗与超越的追求,描绘了汉代人对长生不
死、长乐富贵、长宜子孙以及天人合一的向往。从这些图像中我们可以看
到汉代人对现世的生活持有的诚意与热情,可以看到他们对天地鬼神的尊
敬与信仰,而在天地之间的人,不卑不亢,在神的庇佑下努力追求生命的
长久、空间的无限、幸福的永恒。或许那只是一个乌托邦,但不可否认那
是一个充满着积极意义、乐观精神的乌托邦,它充满着对尘世的眷恋之意,
它不仅是苦难的慰藉,更是幸福的确证与绵延。

---

[1] 朱青生,《汉画作为图像》,《画刊》,2012 年第 2 期。

后记

2010 年以来，在完成国家社科基金项目"汉画像与中国传统审美观念研究"以后，又申报成功教育部项目"中国古代神话图像研究"（10YJA760084）。为此课题组成员按照申报协议书的要求进行了深入细致的研究，经过三年的研究，现在终于完成了预定的计划。

感谢课题组的一致努力，按期完成了研究工作。

现在把各章的分工情况介绍如下：

朱存明作第一章；

朱存明、周圣涵作第二章；

朱存明、马珍作第三章；

朱存明、翟洪勇作第四章；

朱晓峰作第五章；

姬长玲作第六章；

张珊珊作第七章；

朱婷作第八章；

董良敏作第九章；

刘纪作第十章；

熊继涛作第十一章；

邢龙、朱存明作第十二章。

课题组按照申报书的大纲进行研究，书稿完成以后，朱存明对书稿进行了审校与修订。

在著作出版之际，十分感谢国家社科基金项目的评委、教育部项目专家评委、江苏省政府项目专家的评委对江苏师范大学汉文化研究院工作的支持。

感谢教育部评奖专家、江苏省政府评奖专家对我多年汉画像石研究成果的高度评价，使我的汉画像石有关研究成果获得教育部优秀科研成果三等奖（专著《汉画像的象征世界》，2009），获得江苏省政府优秀成果二等奖（专著《汉画像之美——汉画像与中国传统审美观念研究》，2012年）。

感谢北京大学傅刚教授、朱青生教授，中国社科院党圣元教授、高建平教授、叶舒宪教授，南京大学赵宪章教授，中国清史办卜键教授等长期以来对我们的学术指导。

感谢徐州市委曹新平书记长期以来对我们研究院汉文化研究工作的大力支持。

感谢江苏师范大学校长任平教授、党委书记徐放鸣教授对此工作的大力支持。

感谢江苏师范大学华桂宏校长对此研究的支持。

感谢台湾邢义田教授、锺宗宪教授、郑文惠教授、高丽芬教授、刘惠萍教授在我2010年赴台湾辅仁大学任客座教授期间对我的研究给予的支持与提供的方便。

感谢江苏师范大学社科处张文德教授、研究生处顾明亮教授、文学院院长黄德志教授对我们研究工作的支持。

感谢出版社常绍民副主编对我们研究成果的大力支持。

感谢生活·读书·新知三联书店王秦伟、成华对此书出版所做的努力。

没有各方面的大力支持，我们不可能取得目前的成绩。

朱存明

　　　　　　　　　　　　　　　　　　　　　神话之魅